Libanon

Laila Atrache
unter Mitarbeit von
Margit Brenner-Elias

Der REISE KNOW-HOW
Verlag Därr GmbH ist Mitglied
der **Verlagsgruppe REISE KNOW-HOW.**

– REISE KNOW-HOW im Internet –

Aktuelle Reisetips und Neuigkeiten
Ergänzungen nach Redaktionsschluß
Büchershop und Sonderangebote
Leserforum rund ums Reisen

http://www.reise-know-how.de

Libanon

Laila Atrache

unter Mitarbeit von
Margit Brenner-Elias

Die Deutsche Bibliothek – CIP-Einheitsaufnahme
Ein Titeldatensatz für diese Publikation ist bei Der
Deutschen Bibliothek erhältlich

Auslieferung für den Buchhandel
Deutschland: Prolit Buchvertrieb, Postf. 9, 35463 Fernwald / Annerod
Schweiz: AVA Buch 2000, PF 89, CH-8910 Affoltern a.A.
Österreich: Mohr & Morawa Buchvertrieb, PF 260, A-1101 Wien
Niederlande: Nilsson & Lamm, Weesp

Impressum

1. Auflage 1999 (Redaktionsschluß: Sept. 1999)
REISE KNOW-HOW-Verlag Därr GmbH
Im Grund 12, 83104 Hohenthann,
Tel. 0 80 65 / 91 72, Fax 91 73, eMail: rkh.daerr@t-online.de

Umschlag-Konzept / -Design:
Manfred Schömann / Peter Rump, Bielefeld
Umschlag-Gestaltung: Michael Luck
Redaktion, Satz & Lektorat: Sabine Walentowski
Layout: Michael Luck
Fotos: Alle Fotos – mit Ausnahme der gekennzeichneten – stammen von
Dr. L. Atrache, M. Brenner-Elias und A. Liebling
Karten: Ing.-Büro für Kartographie B. Spachmüller, Schwabach
Druck & Bindung: Clausen & Bosse, Leck

Wer im Buchladen kein Glück hat, bekommt das Reisehandbuch
gegen Voreinsendung des Kaufpreises plus 5 DM
für Porto und Verpackung (Scheck im Brief) direkt beim Verlag
oder über die Internet-Homepage der REISE KNOW-HOW-Verlagsgruppe.

Vorwort

Die größte Sehenswürdigkeit,
die es gibt, ist die Welt –
sieh sie dir an.
Tucholsky

„Eine Reise von 1000 Meilen beginnt mit dem ersten Schritt", schrieb Laotse. Ein erster Schritt ist, sich über das Reiseland einen Überblick zu verschaffen. Ein erster Schritt ist, sich sowohl über das Heute als auch über das Gestern des Reiselandes zu informieren. Ein erster Schritt, Libanon in all seiner Vielfalt kennenzulernen, ist dieser Reiseführer. Er ist in **drei Teile** gegliedert:

Der erste Teil **„Praktische Tipps von A–Z"** liefert eine Vielzahl wichtiger und praktischer Informationen über Libanon. Er ist besonders bei der Reisevorbereitung von großem Nutzen.

Der zweite Teil beschäftigt sich mit **„Land und Leuten"**. Das erste Kapitel vermittelt einen Eindruck der außerordentlichen **landschaftlichen Vielfalt** Libanons. Nach einem kurzen Abriss über das **Klima** folgen Beobachtungen zur **Tier- und Pflanzenwelt**. Aber auch die **Umweltprobleme** des Landes werden nicht verschwiegen.

Anschließend reist der Leser in die **Geschichte**. Er wird zurückversetzt in die Jahrtausende vor Christus und lernt auf seiner Fahrt durch die Zeit die alten Götter, die Mythologien und die zahlreichen Kulturen kennen. Er erfährt Interessantes über Kulturvermischung und -einfluss und erkennt das große Erbe, das uns die Phönizier hinterließen. Unsere europäische Kultur hatte hier ihre Wurzeln! Dabei beschränken wir uns allerdings nicht lediglich auf eine nüchterne Wiedergabe der historischen Ereignisse und Verflechtungen, sondern wählen einige besondere Ereignisse und Personen der Geschichte, um anhand von Essays und Quellen dem Leser zu einem leichten Einstieg in die Geschichte der Antike zu verhelfen.

Beleuchtet werden aber auch die Hintergründe der jüngsten Geschichte des Bürgerkrieges, die daraus resultierenden Probleme und Folgen und die aktuelle politische Situation des Landes. Essays, Auszüge aus der Literatur und sozialkritische Darstellungen geben dem Ganzen eine besondere Note.

Interessante Informationen über Wirtschaft, Bevölkerung & Sozialwesen, Religion, Kunst & Kultur sowie die libanesische Küche vervollständigen das Bild von „Land und Leuten".

Der dritte Teil **„Städte, Routen, Sehenswürdigkeiten"** beschreibt Städte und interessante Reiseziele in Libanon – gegliedert in Ausflüge in die Umgebung Beiruts, Halbtagestouren und Tagestouren.

Vorwort

„Wen rühret nicht die herrlichen Denkmale, die das Altertum bezeugt und besiegelt hat?" fragte Cicero und wird sich jeder Reisende fragen, der vor der Tempelanlage in Ba^calbak steht, in Byblos oder Tyros. Die Geschichte und Beschreibung der jeweiligen historischen Stätten Libanons bleiben nicht „tot", sondern sind mit Leben gefüllt. Nimmt man sich an den jeweiligen Besichtigungspunkten die Zeit zum Genießen, dann beginnen die Steine ihre Geschichte selbst zu erzählen – gleich einem Zauber wächst die Faszination dann aus den Bildern der Fantasie. Essays, Quellen, Literatur und Poesie geleiten den Leser in die Welt der Archäologie, die, wie Dürrenmatt schrieb, „das durch die Geschichte Zerstörte wiederherstellt." Wir tauchen in das Leben der Menschen jener Zeit ein, beleuchten ihre religiösen Vorstellungen, ihr Leben und ihre politischen wie wirtschaftlichen Probleme. Aber auch **praktische Informationen**, die dem Leser das Zurechtfinden vor Ort erleichtern, kommen nicht zu kurz.

Ein **Glossar** im Anhang erläutert arabische und persische Wörter sowie archäologische und kunsthistorische Fachbegriffe.

Es sei an dieser Stelle noch darauf hingewiesen, dass wir im Gegensatz zu den meisten anderen Reiseführern über Libanon davon abgesehen haben, die Besichtigungspunkte in Südlibanon und in dem seit 1978 von Israel besetzten Sicherheitsstreifen zu erwähnen. Auch wenn Sie eine Reisegenehmigung bekommen sollten, so ist dennoch wegen der anhaltenden Kämpfe zwischen Hizb Allah und der israelischen Armee z. Z. von einem Besuch in diesem Teil des Landes abzuraten. Sobald die politische Lage sich ändert und ein gefahrloser Besuch möglich ist, werden wir die historischen Stätten selbstverständlich in eine der folgenden Auflagen aufnehmen.

Wir danken allen, die uns zur Seite standen, uns halfen, sei es beim Überarbeiten, Korrekturlesen, für Fotos oder bei den Tipps und den zusätzlichen Informationen. Besonders aber möchten wir uns bei Cornelia Schuster, Schirin Wiesand, Traudel Merkel, Alexandra Liebing und Fadi Younes für ihren Einsatz bedanken.

Inhaltsverzeichnis

Verzeichnis der Hintergrundtexte

Praktische Tipps von A – Z

Als Gast in Libanon

Was erwartet den Gast?

Wer sich selbst und andre kennt,
wird auch hier erkennen:
Orient und Okzident
sind nicht mehr zu trennen.
Goethe

Nirgendwo anders als an der libanesischen Küste sind die Worte Goethes aus dem „Westöstlichen Diwan" besser nachzuvollziehen. Hier, wo Kulturen und Völker sich vermischten, Dynastien im Laufe der Jahrtausende überall ihre Spuren hinterließen, treffen sich bis zum heutigen Tag Orient und Okzident.

Libanon – das bedeutet „weißer Berg". Diesen Namen trägt das Libanongebirge, das parallel zur Küste bis zu einer Höhe von 3088 m das Land durchzieht, da es fast das ganze Jahr über von Schnee bedeckt ist. Die arabischen Dichter sagten, Libanon trage den Winter auf seinem Haupte, auf seinen Schultern den Frühling, in seinem Schoße den Herbst, der Sommer aber schlafe zu seinen Füßen, vom Meer umrauscht. So trägt dieses Gebirge das ganze Jahr hindurch alle vier Jahreszeiten in sich.

Libanon – das ist eine Mischung aus Orient und Okzident, antiken Stätten und modernen Städten, Bergwelt und Badestränden. In dem landschaftlich schönen Gebirge nördlich von Beirut führen die Straßen vorbei an tiefen Schluchten, bewaldeten Hängen und Grotten, unter ihnen Jeita, eine der größten und eindrucksvollsten Tropfsteinhöhlen der Welt. Auf den Höhen der von November bis Mai/Juni schneebedeckten Kuppen liegen die Winterorte Faraya, Faqra, Zacarur und Laqluq, die seit Mitte der neunziger Jahre wieder von zahlreichen skibegeisterten Touristen aus Europa besucht werden. Während die Skifreudigen sich noch in den späten Frühlingsmonaten ihrer Begeisterung hingeben, genießen bereits die Ersten am Strand von Jounié, Byblos oder Beirut die Sonne.

Libanon – das ist ein altes Kulturland und Schmelztiegel unterschiedlichster Volks- und Religionsgemeinschaften, reich an landschaftlicher Gestaltung, mannigfaltig in den Einflüssen, vielfältig in seiner jahrtausendealten Geschichte. Entlang der Mittelmeerküste reihen sich wie Perlen an einer Kette die bedeutendsten antiken und modernen Städte. Die Absicht, ein Handelsnetz aufzubauen, bewog die Phönizier einst, wie die Libanesen heute, sich an der Küste anzusiedeln. Phönizier, Ägypter, Assyrer, Babylonier, Perser, Griechen, Römer, Byzantiner und Muslime prägten eine Geschichte von über 6000 Jahren, die zwar auch von militärischen Auseinandersetzungen, aber in erster Linie doch von wirtschaftlichen Motivationen gekennzeichnet war. Byblos, die Stadt des Adonis und des ersten Alphabets, Sidon, die Stadt des Purpurs und der meisterhaften, auch von Homer gelobten Handwerker, und Tyros, die Stadt der kühnen Seefahrer und des Königs Agenor, dessen Tochter Europa nach Kreta entführt wurde und dem Kontinent seinen Namen gegeben haben soll. Aber auch das Hinterland dieser einst mächtigen Stadtstaaten war von Bedeutung, gab es doch das für die Phönizier so unschätzbar wichtige Exportgut des Zedernholzes, von dem Ägypter, die Stadtstaaten Mesopotamiens und auch König Salomo gleichermaßen profitierten.

Libanon – das ist das Land, in dem auf Schritt und Tritt die Geschichte im wahrsten Sinn des Wortes vor den Augen eines jeden Gestalt annimmt. Klöster und Kirchen im Heiligen Tal, Mosaiken aus der römischen und frühen christlichen Schaffensperiode, Kreuzritterburgen in Tripolis, Sidon und Byblos, römische Kolonnadenstraßen in Tyros und Tempel in Byblos und Ba^{c}albak ergänzen das Bild einer reichen Kultur, die nicht zuletzt durch die islamische Kunst ihre Krönung erreicht. Ob in Tripolis, Anjar, Sidon oder in Bait ad-Din – die Bäder, Koranschulen, Moscheen, Karawansereien oder Paläste zeigen heute Ideenreichtum, künstlerisches Schaffen und eine außerordentliche Architektur in ihrer reinsten und dekorativ schönsten Form.

Libanon – das ist aber auch ein Land, das sich durch Handel und Bankwesen zu einem der wohlhabendsten und fortschrittlichsten Staaten im Mittleren Osten entwickelte und vor allem auch wegen seiner Gebirgslage als „Schweiz des Orients" bezeichnet wurde. Ein Land, das über 16 Jahre für Schlagzeilen in den Medien sorgte. Mit Mut, Elan und Hoffnung wird seit dem Ende des Bürgerkrieges 1991 Tag und Nacht gearbeitet, um die Spuren der jüngsten Geschichte zu beseitigen und vor allem um Beirut ein neues, wieder strahlendes Gesicht zu verleihen. Von Tag zu Tag verändert sich die Hauptstadt: moderne Hochhäuser und zahlreiche Hotels an der Küste schießen wie Pilze aus dem Boden, während Kinos, Restaurants, Bars und Cafés das Flair der Stadt von einst wieder aufleben lassen sollen. Beirut, das Tor zum Westen, soll wieder Paris des Ostens werden.

Libanon – das ist ein Land für Liebhaber von Geschichte und Kultur, aber auch von Landschaft, Skisport und Baden. Orientalisches und westliches Flair, alte und moderne Architektur, Traditionelles und Fortschrittliches geben dem Land, das seit Anfang der 90er Jahre seine Tore wieder dem Tourismus öffnet, eine einzigartige Mischung.

Strand von Beirut

Wie man als Gast ein Freund wird

Wenn man sich in anderen Ländern befindet, spürt man oft etwas Unsicherheit, wie man sich der einheimischen Bevölkerung gegenüber verhalten soll. Den Libanesen ist Aufgeschlossenheit und Gastfreundschaft ausländischen Besuchern gegenüber eine Selbstverständlichkeit. Höflichkeit gepaart mit distanzierter Neugierde wird Ihnen überall begegnen. Auch wenn die Libanesen traditionell ein kosmopolitisches Volk sind, das seit Jahrtausenden im Kontakt mit anderen Kulturen steht und daher eine große Toleranz entwickelt hat, sollte derjenige, der sich als Gast im Land befindet, doch einige Regeln beachten – um so zu einem Freund zu werden.

In der arabischen Welt ist die **Kleidung** tendenziell von größerer Bedeutung als in unseren Breitengraden. Sich auch äußerlich der jeweiligen Situation und dem Ort, an dem man sich gerade befindet, anzupassen, verschafft Respekt.

In Beirut tragen gerade in der heißen Jahreszeit auch viele libanesische Frauen kürzere Röcke und Shorts, so dass auch Sie sich hier nicht zu sehr einzuschränken brauchen. Wohler und weniger beobachtet fühlt man sich jedoch, wenn man die Röcke und Shorts auch in der Hauptstadt bis wenigstens zu den Knien gehen lässt. Überall in Libanon wie in anderen Gegenden der arabischen Welt gilt, dass Männer in kurzen Hosen oder gar mit entblößter Brust als lächerlich empfunden werden. In ländlichen Gebieten und Gegenden, die durch eine islamische Bevölkerung geprägt sind (Ba^{c}albak, Sidon, Tyros und Tripolis), sollten Frauen kurze Röcke, Shorts und ärmellose T-Shirts vermeiden. Dies gilt natürlich auch bei **Moscheebesuchen,** bei denen auch für die Männer lange Hosen obligatorisch sind. Für weibliche Reisende gilt: Sie sollten für den Fall eines Moscheebesuches immer ein Kopftuch im Handgepäck dabei haben, bei manchen Moscheen bekommen Sie aber auch einen langen Mantel überreicht, den Sie auf dem Moscheegelände tragen. Beim Betreten einer Moschee zieht man die Schuhe aus und erinnert sich dabei an Mose, dem Gott aus dem brennenden Dornbusch zurief: „Ich bin dein Herr. Zieh deine Sandalen aus" (Koran Sure 20, Vers 12; vgl. 2. Mose 3,5). Bei manchen Moscheen betritt man bereits den Hof ohne Schuhe, bei anderen wiederum müssen erst am Eingang zum Gebetssaal die Schuhe abgelegt werden. Es versteht sich von selbst, dass man sich im Innern eines Gotteshauses, und somit auch in der Moschee, ruhig und unauffällig verhält, insbesondere zur Gebetszeit. So sollten Sie grundsätzlich nie direkt vor Betenden vorbeigehen, denn damit stellen Sie sich symbolisch zwischen den Betenden und Gott. Menschen beim Gebet und somit in einer sehr intimen Situation zu **fotografieren,** sollte – wie überall auf der Welt – vermieden werden. Das Klischee, dass Muslime aufgrund eines Aberglaubens befürchten, durch das Fotografiertwerden ihre Seele zu verlieren, gehört in den Bereich der Phantasie. Doch denken wir einmal daran, wie wir uns fühlen würden, wenn wir unablässig als vermeintlich unersetzliches Fotomotiv für Tausende von Fotoalben zur Verfügung stehen müssten. Darum sollte es eine Selbstverständlichkeit sein, Menschen prinzipiell vorher zu fragen, wenn man sie fotografieren möchte. Vorher ein paar nette Worte zu wechseln, schafft Vertrauen und versieht ihr

Bild zu Hause im Album mit einer netten Erinnerung an den abgelichteten Menschen.

In Libanon wie in den anderen arabischen Ländern ist es üblich, dass sich die Menschen durch Händeschütteln **begrüßen,** wobei sich Angehörige des gleichen Geschlechts häufig auch umarmen und auf die Wange küssen. In Teilen der jungen, städtischen Bevölkerung kann dies auch zwischen Männern und Frauen der Fall sein. Für männliche Reisende gilt, dass sie Männer mit Handschlag begrüßen, bei Frauen jedoch insbesondere in traditionelleren Gegenden darauf verzichten. Weibliche Reisende begrüßen Frauen ebenfalls mit Handeschütteln, wobei es auch vorkommen kann, dass sie von den Libanesinnen umarmt und auf die Wange geküsst werden – ein besonderes Zeichen der Herzlichkeit.

Wenn Sie als Frau einem Mann zum ersten Mal begegnen, so warten Sie ab, ob er Ihnen die Hand reicht, wenn nicht, gilt auch ein kurzer Gruß und ein Lächeln als Begrüßung. Sollte Ihnen ein Mann zur Begrüßung nicht die Hand reichen, sollten Sie dies nicht als Ablehnung, Diskriminierung oder Unhöflichkeit interpretieren. Der Mann legt in diesem Fall die Regel, dass der Männer- und Frauenbereich (d. h. öffentlicher und privater Raum) voneinander getrennt sind, nur strenger aus als viele andere. Grundsätzlich empfiehlt es sich für weibliche Gäste, fremden Männern gegenüber stets höflich und etwas distanziert, jedoch bestimmt und selbstbewusst aufzutreten.

In der arabischen Welt ist es unüblich, in der Öffentlichkeit Zärtlichkeiten zwischen den Geschlechtern auszutauschen. Auch als Tourist ist man gut beraten, wenn man von Händchenhalten und romantischen Küssen im öffentlichen Raum absieht. Ein weit verbreitetes Klischee behauptet, dass arabische Männer, die Hand in Hand gehen, homosexuell sind. In Wahrheit ist es hier vollkommen natürlich und Ausdruck von Freundschaft, mit Angehörigen des gleichen Geschlechts Umarmungen und herzliche Gesten auszutauschen. Körperkontakt hat hier einen anderen Stellenwert und wird häufig völlig anders angewandt und verstanden als bei uns.

Die arabische **Gastfreundschaft** hat eine lange Tradition und wird von vielen Reisenden als beispiellos empfunden. Vor allem Individualtouristen werden die Erfahrung machen, dass sie immer wieder freundlich angesprochen und eingeladen werden. Hier ist Fingerspitzengefühl und Einfühlungsvermögen gefragt, denn trotz aller Gastfreundlichkeit ist es wenig angemessen, jede Einladung sofort anzunehmen, tagelang bei einer Familie zu verbringen oder größere Gefälligkeiten von Menschen, die man noch kaum kennengelernt hat, anzunehmen. Ein allgemein gültiger Rat ist schwierig. Als grobe Orientierung sei Ihnen empfohlen, bei Einladungen zunächst ein leichtes Zögern zu signalisieren. Sie werden merken, ob es ihr potentieller Gastgeber wirklich ernst meinte, denn in diesem Fall wird er mehrmals insistieren und Sie können die Einladung ohne Bedenken annehmen. Wenn Sie sich bei einer Familie befinden, so beobachten Sie unauffällig das Verhalten der Familienangehörigen. Die libanesische Bevölkerung ist durch die unterschiedlichsten Religionen und Traditionen geprägt, so dass eine allgemeine Verhaltensregel nur sehr bedingt zu geben ist. Prinzipiell kann man sagen, dass anfängliche Zurückhaltung gepaart mit

Arabische Gastfreundschaft: Einladung zum Essen

unkomplizierter, ungezierter Freundlichkeit Ihnen sicher die Tore zu den libanesischen Herzen öffnen wird.

Ein guter Rat beim **Essen:** Grundsätzlich wird es jede libanesische Gastgeberin erfreuen, wenn Sie die Ihnen servierten Köstlichkeiten, von denen die levantinische Küche eine Vielfalt zu bieten hat, mit großem Appetit verzehren und ihre Kochkünste lobend erwähnen. Auch hier sollte man jedoch jegliche Übertreibung vermeiden und beachten, dass ein ganz geleerter Teller bedeutet, dass Sie noch nicht gesättigt sind. In diesem Fall wird Ihnen nachgeschöpft werden und alle Argumentationen Ihrerseits werden erfolglos bleiben. Deshalb: Sind Sie satt, dann lassen Sie ein kleines bisschen auf dem Teller liegen.

Die Ratschläge, die wir Ihnen hier geben, können naturgemäß nur Anhaltspunkte bieten. Vertrauen Sie in der jeweiligen Situation auf ihr Einfühlungsvermögen und Sie werden sehen, dass die Libanesen neben Gastlichkeit und Offenheit auch sehr viel Humor an den Tag legen. Und dass dieser erheblich dazu beiträgt, dass Ihnen der Weg vom Gast zum Freund erleichtert wird.

Anreise

Mit dem Flugzeug

Folgende Fluggesellschaften bieten mehrmals pro Woche Flüge nach Beirut an: Die libanesische Fluggesellschaft **MEA** (Middle East Airlines), **Austrian Airlines** (AUA), **Swiss Air** und die **Lufthansa** (siehe „Flugverbindungen“).

Die **Preise** liegen zwischen 799 und 1199 DM. Zu allen Tickets kommt eine **Flughafensteuer** von ca. 85 DM auf den deutschen Flughäfen. In Beirut beträgt die Steuer 33 $.

Der **Rückflug** muss bei der Fluggesellschaft 48 bzw. 72 Std. vorher bestätigt werden. Die Adressen der Airlines in Beirut stehen in den „Praktischen Informationen" zu Beirut. Man sollte 2 Std. vor dem Abflug am Flughafen sein. Bei der Ausreise aus Libanon muss am Flughafen in Beirut eine **Sicherheitsgebühr** von 33 $ bezahlt werden, sofern sie nicht beim Kaufen des Tickets schon bezahlt wurde.

Die nachfolgend genannten Abflugs- bzw. Ankunftszeiten können sich je nach Saison geringfügig ändern.

Flugverbindungen ab Deutschland

- **Lufthansa**

Die Lufthansa fliegt am Dienstag-, Freitag- und Sonntagabend von Frankfurt nach Beirut. Sie kommen um 2 Uhr morgens in Beirut an. Flüge gehen auch von anderen deutschen Flughäfen. Die Preise liegen zwischen 799 und 1049 DM.

- **Middle East Airlines**

Die MEA fliegt Dienstag-, Freitag-, Samstag- und Sonntagmittag von Frankfurt nach Beirut. Sie kommen am Spätnachmittag in Beirut an. Die Preise liegen zwischen 799 und 1199 DM.

- **Austrian Airlines**

Die AUA fliegt Dienstag, Donnerstag und Sonntag früh von fast allen deutschen Flughäfen über Wien nach Beirut. Sie kommen um 14.40 Uhr in Beirut an. Am Freitag gibt es zudem einen Nachtflug um 22.50 Uhr von Wien nach Beirut, wo Sie um 3.05 Uhr Samstag früh ankommen. Die Preise bewegen sich zwischen 799 und 1199 DM.

Flugverbindungen ab Österreich

- **Austrian Airlines**

Ab Wien am Dienstag, Donnerstag und Sonntag früh sowie Freitag abend (s. o.)

Flugverbindungen ab der Schweiz

- **Swiss Air**

Die Swiss Air fliegt Montag-, Mittwoch- und Samstagabend von Zürich nach Beirut. Sie kommen um 2 Uhr nachts in Beirut an. Die Preise liegen ebenfalls zwischen 799 und 1199 DM.

Vom Flughafen in Beirut, der am Südrand der Stadt 5 km vom Zentrum entfernt liegt, kommen Sie mit einem Taxi problemlos ins Stadtzentrum.

Billigfluganbieter

Eine gute Übersicht über günstige Flüge und Billigflugbüros finden Sie in der zweimonatlich erscheinenden Zeitung *Reise & Preise* aus dem Relax-Verlag in Hamburg oder in der Schweiz in den Zeitungen des Globetrotter Travel-Service.

Zudem gibt es inzwischen in jeder größeren Stadt Billigflugbüros, die sich auf die Vermittlung von Flugtickets zu Sondertarifen spezialisiert haben. Inserate finden sich regelmäßig in den Reiseseiten der Zeitungen (*SZ, Die Zeit, Frankfurter Rundschau, Stern, Globo, GEO-Saison, Abenteuer & Reisen, Tours*). Da aber nicht alle Flugbüros seriös arbeiten, einige immer wieder pleite machen, hier einige zuverlässige Adressen:

In Deutschland:

- **Travel Overland**

  Barerstr. 73, 80799 München (Zentrale), Tel. 0 89/2 72 76-100, 2 72 76-300 (Buchungstelefon), 2 72 76-360 (Internet-Flugbüro)
  http://www.travel-overland.de
  Fax 0 89/2 71 97 45
  Filialen:
  Theresienstr. 66 und 48, 80333 München,Tel. 0 89/28 08 50, Fax 28 20 47 und 28 31 01;

Flughafen München FJS
Zentralbereich/Ebene 3/Zimmer 253
Tel. 0 89/97 59 90 50
Fax. 0 89/97 59 90;
Zeuggasse 5, 86150 Augsburg
Tel. 08 21/31 41 47
Fax 08 21/31 32 53;
Fedelhören 14, 28203 Bremen
Tel. 04 21/33 75 50, Fax 32 55 53;
Eppendorfer Landstr. 49,
20249 Hamburg,
Tel. 0 40/48 00 02 40, Fax 47 48 60;
Obere Bachgasse 9,
93047 Regensburg,
Tel. 09 41/59 30 10, Fax 56 00 74;
(Neue Reisewelle)
Goltzstr. 14,
10781 Berlin-Schöneberg,
Tel. 0 30/2 17 38 90, Fax 21 73 89 99;
Holtzendorffstr. 16,
14057 Berlin-Charlottenburg,
Tel. 0 30/3 23 10 78,
Fax 0 30/3 24 99 21;
Pfalzburger Str. 12,
10719 Berlin-Wilmersdorf,
Tel. 0 30/8 83 80 96

- **Explorer Fernreisen**
  Hüttenstraße 17, 40215 Düsseldorf
  Tel. 02 11/99 49 02, Fax 38 22 88
  http://www.explorer-fernreisen.com;
  Theodor-Heuss-Straße 6,
  70174 Stuttgart
  Tel. 07 11/1 62 52 22, Fax 1 62 52 22;
  Röselerstr. 1, 30159 Hannover
  Tel. 05 11/31 70 01, Fax 32 97 61;
  Weberstraße 1–3, 45127 Essen
  Tel. 02 01/23 36 41, Fax 23 81 94;
  Färberstraße 52, 90402 Nürnberg
  Tel. 09 11/20 94 49, Fax 20 49 37
- **Walther-Weltreisen**
  Hirschberger Str. 30, 53119 Bonn
  Tel. 02 28/66 12 39, Fax 66 11 81
- **Dt.-Arabisches Reisebüro**
  Mauritiusweg 85, 50676 Köln
  Tel. 02 21/23 40 04
- **Schwaben International**
  Charlottenplatz 6, 70173 Stuttgart
  Tel. 07 11/2 37 29–23
  Fax 07 11/2 37 29–31

In Österreich:

- **Ökista-Reisen**
  Türkenstraße 6, A-1090 Wien
  Tel. 01/40 14 80
  Filialen in Graz, Linz und Salzburg
- **Reiseladen**
  Reisebüro und Buchhandlung
  Dominikanerbastei 4, A-1010 Wien
  Tel. 01/5 13 75 77
  Fax 01/5 13 79 49 19

In der Schweiz:

- **Globetrotter Travel Service**
  Rennweg 35, CH-8001 Zürich
  Tel. 01/2 13 80 80, Fax 2 13 80 88;
  Neuengasse 23, CH-3001 Bern
  Tel. 031/3 26 60 60
  Fax 031/3 26 60 66
  Weitere Filialen in Basel, Luzern, St. Gallen, Winterthur, Baden, Thun und Zug.
- **Schweizer Studentenreisen SSR**
  Ankerstr. 112 (Zentrale)
  Tel. 01/2 97 11 11,
  Fax 01/2 97 11 12 und
  Leonhardstr. 10; weitere Filialen in Basel, Bern, Biel, Chur, Fribourg, Lausanne, Luzern, Neuchâtel, St. Gallen, Winterthur (günstige Flüge und Mietwagen mit dem *fly-and-drive-Tarif*).

Mit Bahn oder Bus

Es existiert eine **Eisenbahnverbindung** von München nach Damaskus: Mit dem **Istanbul-Express** von München nach Istanbul, dann weiter mit dem **Toros Expresi** über Aleppo nach Damaskus. Von dort fährt man mit Bus oder Servicetaxi nach Beirut.

Eine andere Möglichkeit besteht darin, mit dem **Bus** von München nach Istanbul zu fahren, dann weiter nach Aleppo und Damaskus.

Mit dem Auto

Wenn Sie mit dem Auto nach Libanon einreisen möchten, benötigen Sie ein **Carnet de Passage**, das Sie beim ADAC oder auch anderen Automobilclubs erhalten. Besitzen Sie dieses Dokument nicht, müssen Sie Zollgebühren entrichten, da die libanesischen Behörden dann davon ausgehen, dass Sie das Auto im Land verkaufen möchten.

Mit der Carnet de Passage ist auch die **Einreise mit Dieselfahrzeugen** möglich, allerdings nur für 1 Woche (eine Verlängerung auf 14 Tage ist möglich). In Ihrem Pass erfolgt der Vermerk, dass Sie ein Auto mit ins Land eingeführt haben.

In Libanon ist die **grüne Versicherungskarte nicht gültig**. Man kann auch vor Ort keine Versicherung abschließen, d. h. man fährt ohne Versicherung durch das Land.

Es existieren im Moment keine regelmäßigen **Fährverbindungen** nach Libanon, sondern nur Frachtschiffverbindungen. Das bedeutet, dass Sie mit dem Auto nur von **Syrien** aus einreisen können, z. B. über **Kasab**: Mit dem Carnet de Passage schnelle und problemlose Abfertigung. Keine Gebühren, keine Versicherung; Einfuhrgenehmigung für ein halbes Jahr erhältlich.

Autofahren und Mietauto

In Libanon gelten prinzipiell die gleichen **Verkehrsregeln** wie in Deutschland. Da sich jedoch kaum jemand dar-

Tankstelle in Beirut

an hält, sollten Sie beim Autofahren grundsätzlich Vorsicht walten lassen! Außerdem sollten Sie bei Fahrten durch das Land immer einen **Stau** mit einkalkulieren. Am chaotischsten ist es in und um Beirut.

Die **Beschilderung** ist gut. Überall sind die Straßen ausreichend mit zweisprachigen Orts- und Hinweisschildern versehen. Gut ist auch das **Tankstellennetz**. Fast in jedem Dorf ist eine Tankstelle zu finden. In Libanon gibt es Super, verbleites und bleifreies Benzin sowie Diesel. Die Preise sind jeweils für einen Kanister mit 20 l angegeben. 1 l Super kostet ca. 650 L. L., Diesel und Benzin sind etwas preisgünstiger. Normalbenzin hat 92 und Super 98 Oktan.

Mietauto

Reservierung in Libanon

Reservierungen von Mietwagen vor Ort sind telefonisch schon bei der Ankunft auf dem Flughafen oder vom Hotel aus möglich. Sie können einen Wagen entweder selbst führen, wobei Sie einen **internationalen Führerschein** benötigen und **mindestens 21 Jahre** alt sein müssen, oder aber sich von einem Fahrer der Agentur fahren lassen.

Die **Preise** liegen ab 20 $ pro Tag aufwärts, je nach der Automarke. Prospekte mit Preislisten erhalten Sie in fast allen Hotels. An **Automarken** gibt es alles, was das Herz begehrt: Mercedes, BMW, Golf, Chevrolet, Jaguar...

Die **Versicherung** ist im Preis enthalten, d. h. die Mietautos sind immer versichert.

Bei **Unfällen** ist die zuständige Versicherung oder der Verleiher und immer die Polizei anzurufen. Diese schickt sofort einen Gutachter der Versicherung, der den Unfall begutachtet. Man sollte sich nicht auf Absprachen mit den anderen Unfallbeteiligten einlassen.

Eine **Weiterreise nach Syrien** ist mit einem Mietauto nicht möglich, es sei denn der Vermieter hat die notwendige spezielle Versicherung für Syrien und einen Einreiseberechtigungsschein für das Auto.

Adressen der wichtigsten Verleihfirmen stehen in den „Praktischen Informationen" zu Beirut (s. S.210).

Reservierung in Deutschland

Wer sich vor Ort nicht mit der Beschaffung eines Mietautos aufhalten will, kann natürlich auch von zuhause aus einen Mietwagen buchen, z. B. bei Hertz, Avis oder Holiday Cars (über Travel Overland).

Preisbeispiele Holiday Cars (Preise pro Woche, Versicherungen etc. inklusive, unbegrenzte Kilometer, in Klammern die Preise für die Hauptsaison von Juni bis Oktober):

- *Dodge Neon*, 5türig, Automatik 629 DM (799 DM)
- *Chrysler Stratus*, 5türig, Automatik 1129 DM (1399 DM)
- *Jeep Cherokee*, Vierradantrieb 1399 DM (1699 DM)
- *Mega Cabriolet*, Vierradantrieb 499 DM (629 DM)
- *Dodge Caravan*, 7sitzig, Automatik 2599 DM (2999 DM)

Reservierungs-Telefonnummern (zum Ortstarif) und Zentralen:

- **Hertz**
  Tel. 01 80/5 33 35 35
  Zentrale: Ginnheimerstr. 4,
  65760 Eschborn
  Tel. 0 61 96/9 37-0
  In Österreich:
  Wien, Hauptstr. 2–4
  Tel. 01/79 53 2

In der Schweiz:
Zürich, Ifangstr. 8
Tel. 01/15 31 12 34

- **Avis**
  Tel. 01 80/5 55 77
  Zentrale: Zimmersmühlenweg 21, 61437 Oberursel/Ts.
  Tel. 0 61 71/6 81-0, Fax 68 10 01
  http://www.avis.de
- **Holiday Cars**
  über Travel Overland, s. S.17.

Behindertenreisen

Die archäologischen Stätten besitzen keine Rampen und die Straßen, die z. T. viele Schlaglöcher aufweisen, machen das Weiterkommen im Rollstuhl schwierig, so dass körperbehinderte Besucher auf jeden Fall eine **Begleitperson als Hilfe** dabei haben sollten.

Tipps und Hinweise finden Sie in den Reiseratgebern:

- *Handicapped-Reisen Ausland*
  FMG Verlag 1997
- *Besser reisen bei Krankheit und Behinderung*
  Ehrenwirth Verlag 1994

Allgemeine Informationen erhalten Sie bei folgenden Adressen:

- **Selbsthilfe Körperbehinderter**
  Newton Str. 5, D-53125 Bonn
  Tel. 02 28/25 04 20, Fax 25 09 13
- **Behinderte für Behinderte e.V.**
  Rödenheimer Landstr. 192
  D-60489 Frankfurt
  Tel. 0 69/7 89 82 75
- **Bundesarbeitgemeinschaft der Clubs Behinderter und ihrer Freunde e.V.**
  Langenmarckweg 23
  D-51465 Bergisch Gladbach
  Tel. 0 22 02/5 60 31, Fax 4 24 312

Botschaften und Infostellen

Botschaften und Konsulate

Vertretungen des Libanon

- **In Deutschland**

Botschaft des Libanon
Rheinallee 27, 53173 Bonn
Tel. 02 28/95 68 00, Fax 35 75 60
Konsulat des Libanon
Mainzer Landstraße 268
60326 Frankfurt, Tel. 0 69/7 39 22 44
Fax 7 30 61 65

- **In Österreich**

Botschaft des Libanon
Oppolzergasse 6, 1010 Wien
Tel. 01/5 33 88 21 oder 5 33 88 22
Fax 01/5 33 49 84

- **In der Schweiz**

Botschaft des Libanon
Thunstrasse 10, 3074 Muri
Tel. 0 31/9 51 29 72, Fax 9 51 81 19

Vertretungen in Libanon

- **Deutschland**

Deutsche Botschaft
Rabieh-Mtailib, neben dem „Jesus and Maria College"
Tel. 04/40 53 10, Fax 04/40 53 11

- **Österreich**

Österreichische Botschaft
Honorarkonsulat in Sidon
Riad as-Sulh-Straße, c/o Assurex
Tel. 07/2 53 12

- **Schweiz**

Schweizer Botschaft
Centre Debs, Jounie/Kaslik
Tel. 09/91 62 79 und 09/93 88 94
Fax 09/93 88 95

In Baᶜalbak: Erinnerung an den Besuch des deutschen Kaisers im Jahr 1898

Informationsstellen

- **Deutsch-libanesische Kulturgesellschaft**

Reuterweg 93, 60322 Frankfurt, Tel. 0 69/59 71 998, Fax 50 63 996 (Förderung der Zusammenarbeit zwischen Deutschland und Libanon v.a. im kulturellen Bereich)

- **Tourismusministerium des Libanon**

Tourismus- und Informationsbüro
Wiesenhüttenplatz 26, 60329 Frankfurt, Tel. 0 69/24 26 47-0 und -11, Fax 24 26 47-220; das Tourismusbüro verschickt – gegen Erstattung der Portokosten – einen ganzen Packen hervorragenden Materials über Libanon. Sinnvoll ist es, vorher ein Merkblatt anzufordern, wo Sie ankreuzen können, was Sie benötigen).

- **Euro-arabischer Freundeskreis e.V.**

Köhlerweg 4, 83558 Maitenbeth, Tel. 0 80 76/17 46 (Förderung und Ausbau der Beziehungen der Völker in kulturellen, zwischenmenschlichen und politischen Bereichen, Infos und Tipps zu Kultur und Touristik, Infohefte- und treffen, Dia-Abende).

- **Auswärtiges Amt**

Adenauerallee 99–103, 53113 Bonn
Tel. (02 28) 17 22 70, Fax 17 5 22 70
Aktuelle Informationen zur Sicherheitslage, Einreisebestimmungen, Gesundheit etc.; auch im Internet unter http://www. auswaertiges-amt.de

- **Informationen zu den** verschiedenen sommerlichen **Festspielen in Libanon** finden sich im Internet unter http://www.lebanon-online.com/festival/index.shtml

Touristenbüros in Libanon

Das **Hauptbüro** befindet sich **in Beirut,** in der Rue Banque du Liban 550, in der Nähe der Hamra-Straße, im gleichen Gebäude wie das Tourismusministerium, Tel. 01/34 30 73, Fax 01/34 09 45.

Außerdem gibt es **Büros in Byblos** in der Nähe des Ausgrabungsgeländes, Tel. 09/54 03 25, und **Tripolis**, Tel. 06/43 35 90.

Einreise- und Zollbestimmungen

Einreisebestimmungen

Für die Einreise nach Libanon benötigen Sie ein **Visum**. Für Besucher mit deutscher, österreichischer und schweizerischer Staatsangehörigkeit oder mit einer der Schengener Staaten ist es möglich, am Flughafen Beirut, in den libanesischen Seehäfen und an den Grenzübergängen zwischen Syrien und dem Libanon ein Einreisevisum zu erhalten. Dazu muss man allerdings ein Rückflugticket vorweisen können. Angehörigen anderer Staaten wird empfohlen, sich bei den libanesischen Vertretungen in ihren Heimatländern nach Einreisebestimmungen zu erkundigen.

Preise: bis 48 Std. Aufenthaltsdauer kostenfrei, bis 14 Tage ca. 30 DM, 50 Tage bis drei Monate ca. 55 DM.

Möchten Sie mehrmals nach Libanon einreisen (etwa bei einer Rundreise), ist es empfehlenswert, ein **multiply entry-Visum** zu beantragen.

Der **Reisepass** muss noch mindestens ein Jahr gültig sein und darf **keine israelischen** Sichtvermerke beinhalten, da Sie sonst an der Grenze abgewiesen werden. Außerdem empfiehlt es sich, auf Rundreisen durch Libanon den Reisepass stets bei sich zu tragen, da es – wenn auch selten – vorkommen kann, dass Sie von libanesischen oder syrischen Straßenposten gebeten werden, sich auszuweisen.

Zollbestimmungen

Erlaubt ist die Einfuhr von **persönlichen Dingen** sowie **zwei Flaschen Alkohol** und **400 Zigaretten** oder **20 Zigarren** pro Person. Die Einfuhr von **Handys** und **Laptops** ist erlaubt, aber nur ein Gerät pro Person.

Für das **libanesische Pfund** und für **ausländische Währungen** existieren keine Ein- und Ausfuhrbeschränkungen.

Entfernungen

Libanon ist ein **kleines Land.** Von Beirut aus sind auch die weiter entfernten Städte und Sehenswürdigkeiten problemlos an einem Tag zu erreichen:

- ➡ Beirut – Alay: 20 km
- ➡ Beirut – Anjar: 56 km
- ➡ Beirut – Ba^calbak: 89 km
- ➡ Beirut – Byblos: 38 km
- ➡ Beirut – Bscharré: 115 km
- ➡ Beirut – Les Cédres: 121 km
- ➡ Beirut – Sidon: 43 km
- ➡ Beirut – Tripolis: 83 km
- ➡ Beirut – Tyros: 85 km

Essen und Trinken

Um **Darmerkrankungen** vorzubeugen, sollten Sie folgende Regeln beachten:

- **Obst und Gemüse** sollten Sie immer waschen, wenn möglich schälen.
- **Wasser** sollten Sie nur aus den überall erhältlichen verschlossenen Flaschen trinken.
- Auf **Eis und rohe Salate** und auch auf Petersilie sollten Sie – wenn Sie einen empfindlichen Magen haben – im Sommer verzichten.
- Vermeiden Sie es außerdem, bei großer Hitze zu **kalte Getränke** zu sich zu nehmen.

Restaurants

Adressen zahlreicher Restaurants finden Sie in den „Praktischen Informationen" zu den einzelnen Städten.

Die **Öffnungszeiten** der Restaurants sind unterschiedlich, so dass allgemeine Aussagen nicht möglich sind.

Trinkgelder

Es ist üblich, Dienstleistungen in Restaurants und Hotels (Kellner, Kofferträger, Zimmermädchen) mit einem Trinkgeld zu honorieren. Auch wenn die meisten Restaurants einen Aufschlag von 16% für Service berechnen, wird ein Trinkgeld von 5–10% des Rechnungsbetrages erwartet.

Feste und Feiertage

Staatliche Feiertage

01. 01. Neujahr
01. 05. Tag der Arbeit
06. 05. Tag der Märtyrer
22. 11. Tag der Unabhängigkeit

Religiöse Festtage

Christliche Festtage

09. 02. Tag des Heiligen Marun (maronitisch)
15. 08. Mariä Himmelfahrt
01. 11. Allerheiligen
25. 12. Weihnachten

Ostern bei den westlichen Kirchen entspricht unserem Ostern, bei den östlichen Kirchen eine Woche später.

Islamische Festtage

Die islamischen Feiertage verschieben sich nach dem Mondkalender um 10–11 Tage nach vorne.

Die folgenden Daten sind ungefähre Angaben **für das Jahr 2000:**

06. 01. Fest des Fastenbrechens/ Ende des Fastenmonats
14. 03. Opferfest/Ende des Pilgermonats
05. 04. Beginn des neuen Jahres
13. 04. Aschura (schiitisch)
17. 06. Geburtstag des Propheten

Finanzen

Währung

Die Währungseinheit ist das **Libanesische Pfund** (als Lira oder Livre Libanaise bezeichnet), abgekürzt L. L.

Scheine gibt es zu 100 000, 50 000, 20 000, 10 000, 5000, 1000 und 500 Pfund (von letzteren noch keine neuen Scheine), **Münzen** zu 500, 200, 100 und 50 Pfund.

Wechselkurse

Die folgenden Angaben stammen von Anfang Oktober 1999:

- 1 DM = 823 L.L.
- 1 SFr = 1008 L.L.
- 1 US $ = 1500 L.L.

Wechselstuben

In zahlreichen Wechselstuben können **Bargeld** (DM, Österreichische Schilling, Schweizer Franken und US $) sowie **Reiseschecks** eingetauscht werden.

Da für Reiseschecks eine **Gebühr von 5%** erhoben wird, empfiehlt es sich, Reiseschecks mitzunehmen, die auf höhere Beträge ausgestellt sind.

Banken

In Banken kann nur umtauschen, wer dort ein Konto besitzt. Nur einige Filialen der Mawarid-Bank machen hier eine Ausnahme.

Zahlungsmittel

Neben dem libanesischen Pfund gilt der **US-Dolla**r als anerkannte Zweitwährung. Es empfiehlt sich daher, Dollars in kleinen Noten mitzunehmen.

Die gängigen **Kreditkarten** wie MasterCard, American Express, Diner's Club und Visa Card werden in größeren Geschäften und Hotels akzeptiert.

Mit der Master- oder Visa-Card kann man außerdem an den **Automaten** Bargeld erhalten. Die Gebühr liegt allerdings bei stattlichen 9 %!

Euroschecks und **Euroscheckkarten** werden nicht akzeptiert.

Fotografieren und Filmen

Viele Tipps und Hinweise zu Ausrüstung, Fototechnik und Fotografierverhalten finden sich in Helmut Hermanns Handbuch (vgl. nächste Seite):

- Die Welt im Sucher
  Handbuch für perfekte Reisefotos
  Reise Know-How Verlag H. Hermann

Fotomotive/ Fotografierverhalten

Verboten ist es, militärische Anlagen, wichtige Regierungsgebäude oder Straßenposten zu fotografieren.

Wenn Sie **Menschen** fotografieren möchten, versteht es sich von selbst, vorher um Erlaubnis zu bitten. Grundsätzlich vermeiden sollten Sie es, Menschen beim Gebet zu fotografieren!

Zubehör

Fotomaterial von Fuji, Agfa und Kodak ist fast überall im Land erhältlich, wobei Schwarzweißfilme nicht sehr verbreitet sind. Es empfiehlt sich grundsätzlich, auf das Verfallsdatum des Filmmaterials zu achten. Die **Preise** entsprechen ungefähr denen in Deutschland. **Fotolabore** sind in großer Zahl vorhanden.

Tipps zum Thema „Menschenbilder“

1. Zum Fotografieren nicht in Gruppen gehen. Alleine oder zu zweit sein. Nur so kann man unauffällig Kontakte knüpfen.
2. Zeit lassen. Wer immer nur im Laufschritt fotografiert, wird nie zu guten Resultaten kommen, schon gar nicht bei Menschen und Porträts. Gute Bildchancen eröffnen sich oft mehr beim Warten an einer günstigen Stelle als bei dauerndem Herumgehen.
3. Augenkontakt aufnehmen; mit der Kombination aus Körpersprache, Freundlich-keit und Gesten die Reaktion auf die Fotografierabsicht testen.
4. So, wie Sie die nötigsten Worte wie „bitte“, „danke“, „Entschuldigung“, „Guten Tag“ etc. in der Landessprache lernen sollten, so sollten Sie auch den Satz parat haben, der um Erlaubnis zum Fotografieren bittet.
5. Nicht herausfordernd auftreten und nicht direkt auf das Ziel zusteuern. Ist das „Modell“ bereit, sich fotografieren zu lassen, sollte man erst einmal auf dessen Wünsche eingehen.
6. Bevor ich mit meiner Kamera auf einen Menschen zugehe, sollte ich ihm erst einmal Zeit geben, mich betrachten zu können.
7. Nahezu beiläufig fotografieren: aus einem Gespräch heraus, ohne lange Vorbereitungen. Die Kamera muß voreingestellt sein, das Auslösen ist eine Sache von Sekunden.
8. Alle Fotografen sagen „Bitte lächeln“, doch vormachen tun es wenige. In Afrika beobachtete ich einmal einen Straßenfotografen, der nach seinen Einstellungen kurz vor der Aufnahme das gewinnendste Lächeln hinter der Kamera hervorschob und dann beim – meist unwillkürlichen – Zurücklächeln seiner Modelle nur noch abzudrücken brauchte...
9. Wenden Sie sich nicht sofort zum Gehen, sondern bedanken Sie sich freundlich.
10. Bei Erinnerungsaufnahmen von Sehenswürdigkeiten ist eine Nahaufnahme mit Kopf und Schultern (Weitwinkel), die die Sehenswürdigkeit im Hintergrund hält, vorteilhafter als das Aufstellen davor.

aus: Helmut Hermann, Die Welt im Sucher.
Handbuch für perfekte Reisefotografie. Reihe REISE KNOW HOW

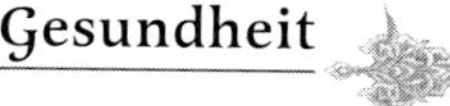

Gesundheit

Literatur

- Kretschmer u. Kaiser
  Gesund Reisen in fernen Ländern.
  TRIAS. Gesundheitstips für erwachsene Fernreisende.
- Lössl, Rainer
  Dünnpfiff, Gips und Reisefieber. Gesundheits-Wegweiser für Nah und Fern.
  R. Lössl-Verlag, München
- Müller-Sacks, Eckehard
  Ärztlicher Ratgeber für Auslandsaufenthalte.
  Reihe Reisepraxis
  Springer Verlag 1997
- Werner, David
  Wo es keinen Arzt gibt – Medizinisches Gesundheitshandbuch zu Hilfe und Selbsthilfe auf Reisen.
  REISE KNOW-HOW Verlag P. Rump. Deutschsprachige Ausgabe des inzwischen in 60 Sprachen übersetzten Standardwerks *Where There is No Doctor.*
- Wirth, Armin
  Erste Hilfe effektiv.
  REISE KNOW-HOW Verlag P. Rump. Neuerscheinung 1999.

Informationsstellen

Bei der Weltgesundheitsorganisation *WHO* und dem *Grünen Kreuz* können diverse Informationsschriften angefordert werden:

- **WHO**
  20, Avenue Applian
  CH–1211 Génève
  Tel. 0 22/7 91 21 11, Fax 7 91 07 46
- **Deutsches Grünes Kreuz**
  Schuhmarkt 4, D–35037 Marburg
  Tel. 0 64 21/29 30

Weiteres Material erhält man bei **Gesundheitsämtern** und **Tropeninstituten**, die in fast allen Großstädten zu finden sind (s. u.).

Nützliche Adressen im Internet

- **http://www.who.int**
  in Englisch oder Französisch, die Homepage der *Weltgesundheitsorganisation,* von hier aus sind allgemeine Informationen für Reisende und die aktuellsten Informationen über Seuchen abrufbar.
- **http://www.cdc.gov**
  in Englisch, die Homepage des *Centers for Disease Control* in Atlanta, allgemeine Informationen und nützliche Links, z. B. zum Yellowbook mit landesspezifischen Informationen.
- **http://www.rki.de**
  in Deutsch, die Homepage des *Robert-Koch-Instituts* in Berlin verfügt über ein Verzeichnis der Gelbfieberimpfstellen in Deutschland, hat Informationen zu importierten Erkrankungen, Adressen von Speziallaboren und nützliche Links.
- **http://www.fit-for-travel.de**
  in Deutsch bietet das *Tropeninstitut der LMU* München reisemedizinische Informationen.

Tropenmedizinische Institute

In Deutschland:

- **Institut für Tropenmedizin**
  Spandauer Damm 130, Haus 10
  14050 Berlin, Tel. (0 30) 30 11 66
- **Universitätsklinikum R. Virchow**
  Standort Wedding, II. Med. Abt.
  Augustenburger Platz 1
  13353 Berlin, Tel. (0 30) 45 05-0
- **Institut für Medizinische Parasitologie der Universität Bonn**
  Sigmund-Freud-Str. 25, 53127 Bonn
  Tel. (02 28) 2 87-56 73

- **Städt. Klinikum Dresden, Institut für Tropen- und Reisemedizin**
  Friedrichstr. 39, 01067 Dresden
  Tel. (03 51) 4 80 38 01
- **Centrum für Reisemedizin (CRM)**
  Oberrather Str. 10
  40472 Düsseldorf
  Tel. (02 11) 90 42 90
- **Bernhard-Nocht-Institut für Tropenmedizin**
  Bernhard-Nocht-Str. 74
  20359 Hamburg
  Tel. (0 40) 3 11 82-0
- **Klinikum der Univ. Heidelberg, Institut für Tropenhygiene**
  Im Neuenheimer Feld 324
  69120 Heidelberg
  Tel. (0 62 21) 56 29-05 od. -99
- **Abt. Infektions- und Tropenmedizin der Klinik für Innere Medizin IV**
  Härtelstr. 16–18, 04107 Leipzig
  Tel. (03 41) 9 72 49 71
- **Städtisches Klinikum St . Georg, II. Klinik für Innere Medizin**
  Delitzscher Straße 141
  04129 Leipzig
  Tel. (03 41) 9 09-00 od. -26 01
- **Institut für Infektions- und Tropenmedizin der Universität München**
  Leopoldstr. 5, 80802 München
  Tel. (0 89) 21 80 35 17
- **Städtisches Krankenhaus Schwabing, IV. Medizinische Abteilung**
  Kölner Platz 1, 80804 München
  Tel. (0 89) 3 06 81
- **Klinik und Poliklinik für Innere Medizin, Abteilung Tropenmedizin und Infektionskrankheiten**
  Ernst-Heydemann-Str. 6
  18057 Rostock
  Tel. (03 81) 4 94-0 od. -75 83
- **Institut für Tropenmedizin der Universität Tübingen**
  Keplerstr. 15, 72074 Tübingen
  Tel. (0 70 71) 29 23 65
- **Tropenklinik Paul-Lechler-Krankenhaus**
  Paul-Lechler-Str. 24, 72076 Tübingen
  Tel. (0 70 71) 20 60
- **Medizinische Universitätsklinik und Poliklinik, Tropenmedizinische Abt.**
  Robert-Koch-Str. 8, 89081 Ulm
  Tel. (07 31) 5 02 44 27
- **Missionarsärztliche Klinik, Tropenmedizinische Abteilung**
  Salvatorstr. 7, 97074 Würzburg
  Tel. (09 31) 7 91-2 82

In Österreich

- **Institut für Tropenmedizin der Universität Wien**
  Kinderspitalgasse 15, A-1090 Wien
  Tel. (01) 4 06 43 92

In der Schweiz

- **Schweizer Tropeninstitut**
  Socinstr. 57, CH-4002 Basel
  Tel. (0 61) 2 84 81 11

Impfungen

Offiziell sind **keine Impfungen vorgeschrieben**. Trotzdem sind Impfungen gegen Hepatitis A, Tetanus, Diphterie und Polio empfehlenswert.

Krankheiten

Eine Gefahr stellen vor allem Krankheiten dar, die durch Wasser oder Lebensmittel übertragen werden, wie **Typhus** und **Virushepatitis**. Außerdem sind Fälle von Brucellose, Bilharziose, Poliomyelitis, Trachom und Tollwut bekannt.

Ärztliche Versorgung

Vor allem in Beirut und den übrigen Städten an der Küste ist die **ärztliche Versorgung sehr gut**. Die libanesi-

schen Ärzte sprechen in aller Regel Englisch, Französisch oder auch eine andere Fremdsprache. Adressen deutschsprachiger Ärzte bekommen Sie bei der deutschen Botschaft.

Die Hotels verständigen im Krankheitsfall einen Arzt. Sollte ein Krankenhausbesuch notwendig sein, sind die **Klinik der Amerikanischen Universität** von Beirut in der Rue du Caire (Tel. 01/ 34 04 60) oder das **Hotel Dieu** in Aschrafiye (Tel. 01/42 29 70 -3, 01/38 70 00, 01/32 99 66) zu empfehlen.

Die gute medizinische Versorgung bedingt teilweise auch hohe Behandlungskosten, so dass es sich dringend empfiehlt, eine **Auslandskranken- und Unfallversicherung** abzuschließen (vgl. den Abschnitt „Papiere und Versicherungen" S.41).

Apotheken

In den Apotheken, die in den Städten sehr zahlreich sind, sind die gängigen Arzneimittel in der Regel problemlos und sogar billiger als in Deutschland erhältlich. Die Apotheken haben täglich außer an Sonn- und Feiertagen von 9–18 Uhr geöffnet. Dennoch empfiehlt sich eine **Reiseapotheke**, die Sie zu Hause zusammenstellen und die folgendes enthalten sollte:

- Schmerztabletten
- fiebersenkende Mittel
- Kreislaufmittel
- Medikamente gegen Magen- und Darmerkrankungen
- Wundbinden und Pflaster
- für die heiße Jahreszeit Sonnenschutzmittel

Brotverkäufer (Foto: L. Huber)

Kleidung und Reisezeit

Sehr wichtig ist, dass Sie **bequemes und festes Schuhwerk** dabei haben, das bei Beginn der Reise bereits eingelaufen sein sollte.

Da auch im Frühjahr in manchen Gebieten noch ein kühles Klima herrscht, sollten Sie stets eine **Jacke** oder einen leichten **Pullover** zum Überziehen mitnehmen. In den Bergen kann es gar im Juni noch empfindlich kühl werden.

Frauen sollten bei der Wahl ihrer Kleidung immer berücksichtigen, dass sie sich in einem Land aufhalten, in dem in manchen Gebieten und Städten islamische Werthaltungen vorherrschen (siehe dazu S.14).

Die angenehmsten Temperaturen herrschen von **März bis Juni** und **September bis Anfang/Mitte November**. Nähere Informationen über die klimatischen Verhältnisse in Libanon sowie eine Klimatabelle finden Sie im Kapitel „Klima" (S.62).

Literatur und Landkarten

Reiseführer

Ann Jousiffe
Lebanon
Lonely Planet 1998 (praxisgerecht und gut recherchiert; empfehlenswert)

Anke Röhl/Andrea Rosebrock
Libanon Reisehandbuch
Conrad Stein Verlag 1995 (empfehlenswert, wenn auch nicht ganz so ausführlich wie der Lonely Planet-Führer)

Birgit Bogler
Libanon
Marco Polo, 2. Aufl. 1996 (bedingt empfehlenswert; sehr kurz; Informationen z. T. nicht stimmig)

Geschichte, Kunst und Kultur des alten Orients

Horst Klengel (Hrsg.)
Kulturgeschichte des alten Vorderasien
Akademieverlag (3000 Jahre vorderasiatischer Geschichte, Kunst, Kultur, Literatur und Mythologie geben einen Einblick in die Welt Mesopotamiens zur Zeit der großen, bedeutendsten Dynastien. Dabei stehen u. a. die Sumerer, Akkader, Bybylonier, Assyrer, Perser sowie die Phönizier im Mittelpunkt des Buches)

Frühe Phöniker im Libanon
Philipp von Zabern (Einführung in die Geschichte und Kunst der Phönizier)

Die Phönizier im Zeitalter Homers
Philipp von Zabern (Geschichte, Kunst und Kultur des Seefahrer- und Handelsvolkes an der Levante und in ihren Handelsniederlassungen im europäisch-mediterranen Raum – z. B. Karthago. Da-

bei verdeutlichen die Autoren, dass die Phönizier entscheidend Kunst und Kultur der Griechen, Etrusker und Iberer prägten)

Geschichte, Kunst und Kultur der Griechen und Römer im Vorderen Orient

Colin Wells
Das Römische Reich
dtv Geschichte der Antike (Einführung in die römische Geschichte zur Zeit der bedeutenden Kaiser. Der Autor deckt Strukturen auf und beschreibt die Entwicklungen in den römischen Provinzen des Vorderen Orients)
Henri Stierlin
Städte in der Wüste
Benedikt (Die Handelszentren am Karawanenweg in griechisch-römischer Zeit, der Handel zwischen Orient und Okzident und die Verschmelzung der hellenistisch-römischen Kultur und Religion mit den lokalen Einflüssen stehen im Mittelpunkt des Buches. Dabei geht der Autor auf die Geschichte, Kultur und Bedeutung der zahlreichen Orte, u. a. Palmyra, Petra und Ba^{c}albak, ausführlich ein. Die interessanten Beiträge werden durch sehr gute Fotografien ergänzt)
Karl-Wilhelm Weeber
Panem et circenses. Massenunterhaltung als Politik im antiken Rom
Philipp von Zabern (Die verschiedenen Massenunterhaltungsformen dienten in römischer Zeit zur Zerstreuung des Publikums. Ob Gladiatorenkämpfe, Tierhetzen, Wagenrennen, Athleten-Wettkämpfe, Schauspiele oder Badevergnügen – sie alle hatten eine spezielle Funktion in der Unterhaltung und in der Ablenkung des Volkes von der kaiserlichen Politik)

Michael Grant/John Hazel
Lexikon der antiken Mythen und Gestalten
dtv (Von der zartesten Nymphe bis zum Göttervater Zeus ist in diesem Buch die gesamte griechische und römische Sagenwelt sowie Mythologie alphabetisch registriert und in ihren oft recht unterschiedlichen Überlieferungen dargestellt)

Geschichte, Kunst und Kultur des Frühchristentums

Karl Suso Frank
Grundzüge der Geschichte der Alten Kirche
Wissenschaftliche Buchgesellschaft (Abriß der Geschichte der Kirche von ihren Anfängen bis in das 6. Jahrhundert. Die „Alte Kirche", das Christentum des Orbis Romanus, ist nicht nur eine zeitliche Begrenzung, sondern auch eine inhaltliche Bestimmung. Es geht dabei um jene Form des Christentums, die entscheidend von der antiken Umwelt geprägt wurde, um zu verdeutlichen, dass das frühe Christentum auch immer Antike ist)

Die Religion des Islam und der Prophet Muhammad

Rudi Paret
Der Koran, 2. Bde., Bd. 1: Ubersetzung, Bd. 2: Kommentar und Konkordanz
Kohlhammer (Beste Übersetzung des Koran, mit ausführlichen Anmerkungen versehen)
Peter Antes
Der Islam. Religion – Ethik – Politik
Kohlhammer (Der Autor vermittelt ein Grundwissen über den Islam und zeigt, wie der Islam als Religion die Vorstellun-

gen der Muslime von Ethik und Politik prägt und wie unterschiedliche theologische Positionen bis in den Alltag von Ethik und Politik hinein wirksam wurden und noch werden)

Heinz Halm
Der schiitische Islam. Von der Religion zur Revolution
Beck (Nach einer Einführung in die Entstehungs- und Entwicklungsgeschichte der Schiiten, erläutert der Autor die im Zentrum der schiitischen Religiosität stehenden Rituale, vor allem die Bußprozessionen der Geißler und die Passionsspiele. Besondere Aufmerksamkeit schenkt er dem Stand der Mullahs und Ayatollahs, seiner historischen wie auch neuen Rolle seit der islamischen Revolution im Iran)

Rudi Paret
Mohammad und der Koran
Urban (Eine knappe Darstellung der Geschichte und Verkündung des Propheten Muhammad)

Islamische Mystik

Annemarie Schimmel
Mystische Dimensionen des Islam. Die Geschichte des Sufismus
Dietrichs (Eine gute Einführung in die Geschichte der islamischen Mystik. Die Orientalistin informiert über Ursprünge, Entwicklungen und über die verschiedenen sufischen Orden)

Islamisch-arabische Geschichte

Albert Hourani
Die Geschichte der arabischen Völker
Fischer (Eine umfassende Geschichte der arabischen Völker vom 7. bis zum 20. Jahrhundert. Albert Hourani analysiert die Wirkung der historischen Ereignisse auf die Völker des Vorderen Orients und Nordafrikas. Dieses Werk, das als „einzigartig und konkurrenzlos" in der deutschen und amerikanischen Presse gelobt wurde, bietet auch „Nichtkennern" eine sehr gute und verständliche Einführung in die Religion des Islam, in die Geschichte, Literatur und in die heutige politische Lage bzw. in die Auseinandersetzung der arabischen Staaten mit Israel)

Gerhard Endreß
Der Islam. Eine Einführung in seine Geschichte
Beck (Eine Einführung in Religion und Recht, Staat und Gesellschaft der Muslime, Regionen und Perioden ihrer Geschichte)

Maria Haarmann (Hrsg.)
Der Islam. Ein Lesebuch
Beck (Die Beiträge dieses Buches bieten aus den unterschiedlichsten Blickwinkeln einen Einblick in die Glaubens- und Lebenswelt des Islam. Aus dem Inhalt: Der Prophet und die Offenbarung; Glaube und Recht; Wirtschaft und Gesellschaft; Wissenschaft und Kunst; Alltag und Lebenszyklus; Kreuzzüge und Reconquista; das Orientbild des Westens; der Einbruch der Moderne; Krisen der Gegenwart)

Gernot Rotter (Hrsg.)
Die Welten des Islam. Neunundzwanzig Vorschläge das Unvertraute zu verstehen
Fischer (Die Beiträge dieses Bandes vermitteln einen Eindruck von der Vielfalt der historischen, kulturellen und politischen Entwicklungen und Erscheinungen des Islam. Aus dem Inhalt: Die Religion des Islam und seine Ausbreitung, die religiösen, ideologischen und politischen Strömungen; länderspezifische Problemstellunge, u. a. Syrien, Libanon,

Palästina; Demokratieverständnis, Frauenfrage, der islamische Fundamentalismus; Einflüsse islamisch-arabischer Literatur, Naturwissenschaften, Mathematik und Musik)

Steven Runciman
Geschichte der Kreuzzüge
Beck (Ausführliche Geschichte der Kreuzzüge)

Régine Pernoud
Die Kreuzzüge in Augenzeugenberichten
dtv (Eine Auswahl aus Quellen europäischer und arabisch-islamischer zeitgenössischer Berichte)

Islamische Kulturgeschichte

Annegret Nippa
Haus und Familie in arabischen Ländern. Vom Mittelalter bis zur Gegenwart
Beck (Im ersten Teil des Buches werden die verschiedenen Haustypen und Bauweisen in der arabischen Welt dargestellt. Im Anschluß daran skizziert die Autorin die Bedeutung der Familie in der islamisch-arabischen Gesellschaft und geht u. a. auf die Rolle der Frauen und der Männer ein, die Familienfeste, Hochzeiten und Beerdigungen).

Erdmute Heller/Hassouna Mosbahi
Hinter den Schleiern des Islam. Erotik und Sexualität in der arabischen Kultur
Beck (Dieses Werk will dem infolge des Islamismus sich verbreitenden Eindruck entgegenwirken, der Islam sei eine lustfeindliche Religion. Die Autoren zeigen anhand zahlreicher Quellen, dass auch die Erotik im Zentrum des islamischen Weltbildes steht)

Walter Weiss/Kurt Michael Westermann
Der Basar. Mittelpunkt des Lebens in der islamischen Welt
Brandstätter (Eindruckvolles Buch mit zahlreichen fantastischen Fotos über die Suqs/Basare der arabischen/islamischen Länder. Nach einer ausführlichen Einführung in die Bedeutung des Handels und in die verschiedenen Handwerke – wie Glas, Bronze, Teppiche, Silber usw. – im Vorderen Orient sowie in Nordafrika stellt der Autor die wichtigsten und schönsten Suqs/Basare des Orients vor)

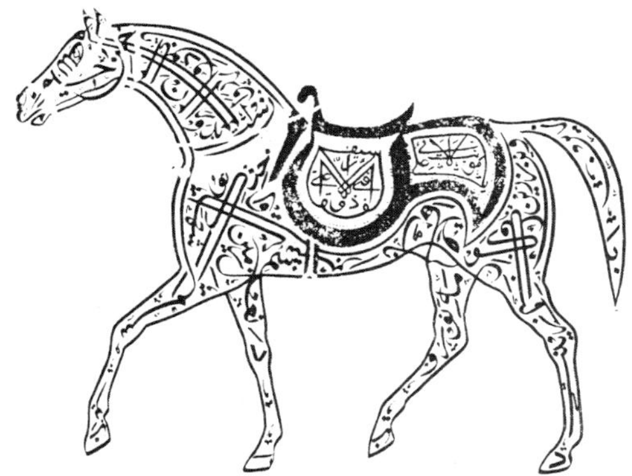

Islam und Europa

Annemarie Schimmel
West-östliche Annäherung. Europa in der Begegnung mit der islamischen Welt
Kohlhammer (Die Begegnung Europas mit der islamischen Welt führte in jüngster Zeit zu heftigen Diskussionen und Irritationen. Immer wieder kommt es zu einer Verwechslung des Islam mit den als „Fundamentalismus" bezeichneten Bewegungen. Dieses Buch zeigt, wie nachhaltig islamische Philosophie, Medizin, Naturwissenschaften und Mystik das christliche Mittelalter befruchteten. Die Orientalistin öffnet den Blick für die langen kulturellen Beziehungen zwischen Orient und Okzident)

W. Montgomery Watt
Der Einfluß des Islam auf das europäische Mittelalter
Wagenbach (Die arabische Expansion wurde und wird meist als Bedrohung gesehen, selten aber als Bereicherung. Dabei brachten die Araber nicht nur Lehren der Naturwissenschaften, der Physik, Astronomie, Geographie, Mathematik und Medizin nach Europa, sondern vermittelten auch die philosophische Tradition der Griechen, die Poesie und nicht zuletzt die Vorstellung von einem verfeinerten Leben, wie es sich die Europäer bis dahin nicht hatten träumen lassen)

Sigrid Hunke
Allahs Sonne über dem Abendland. Unser arabisches Erbe
Fischer (Eine interessante Lektüre über die Zivilisation und Kultur des Orients und seine weitgehenden Einflüsse auf das Abendland. Dabei geht es u. a. um die Entwicklung des arabischen Zahlensystems, um die Medizin, Philosophie, Literatur und Astronomie)

Peter Heine
Konflikt der Kulturen oder Feindbild Islam
Herder (Im Westen ist das Bild des Islam geprägt von Schlagworten wie Fanatismus, Intoleranz, Gewalt. Nur Klischees? Droht ein Konflikt der Kulturen? Der Orientalist Peter Heine arbeitet die Geschichte der Vorurteile auf und zeigt, wo Kritik angebracht ist und wo fatale Missverständnisse vorliegen. Ein aktuelles und aufklärendes Buch sowie ein fundierter Beitrag zur realistischen Wahrnehmung einer immer wichtiger werdenden Kultur)

Politik des Vorderen Orients

Reinhard Schulze
Geschichte der islamischen Welt im 20. Jahrhundert
Beck (Eine gute Einführung in die Zeitgeschichte und in die historischen Hintergründe der aktuellen Ereignisse im Vorderen Orient)

Arnold Hottinger
7mal Naher Osten
Piper (Eine der besten Darstellungen der politischen Verhältnisse im Vorderen Orient. Nach einem historischen Überblick geht der Schweizer Journalist auf das Gefecht politisch-militärischer Allianzen, Fronten und Auseinandersetzungen ein und versucht die tiefe Identitätskrise der arabisch-islamischen Kultur zu durchleuchten)

Islamische Kunst

Hans-Thomas Gosciniak (Hrsg.)
Kleine Geschichte der islamischen Kunst
Dumont (Eine knappe Darstellung der Entwicklung und Geschichte der islamischen Kunst. Die Autoren dieses Ban-

des erläutern die Grundlagen dieser Kunst, die – trotz regionaler Unterschiede – doch unverwechselbar ist. Ferner gehen sie auf ihre Funktion ein und untersuchen, welchem historischen Wandel sie seit ihren Anfängen unterworfen ist, indem sie auch detailliert das Grundmuster „Islamische Kunst" behandeln)

Literatur

Erdmute Heller/
Hassouna Mosbahi (Hrsg.)
Arabische Erzählungen der Gegenwart
Beck (Sehr gute Zusammenstellung von Erzählungen der bedeutendsten arabischen Schriftsteller/innen.

Suleman Taufik (Hrsg.)
Frauen in der arabischen Welt
dtv (Aus den literarischen Texten dieses Buches entsteht ein realistisches Bild vom Leben und Denken der Frauen in der arabischen Welt. Die Frauen erzählen über ihr Leben, ihre Probleme und über ihre Stellung innerhalb der islamischen Gesellschaft)

Hassouna Mosbahi (Hrsg.)
Die rebellischen Töchter Sheherezades. Arabische Schriftstellerinnen der Gegenwart
Beck'sche Reihe (Namhafte Schriftstellerinnen erzählen aus ihrem Leben und stellen ihre Kurzgeschichten sowie Auszüge aus ihren Romanen vor. Ein guter Einblick in das Leben einer Frau im Vorderen Orient)

Ghada Samman
Alptraum in Beirut
dtv (Die Geschichte einer Frau während des libanesischen Bürgerkrieges. Die Autorin erzählt eindrucksvoll, wie sie sich in ihrer Wohnung wegen der erbitterten Straßenschlachten zwischen den zahlreichen Milizen und des Terrors der

Im Suq von Sidon

Scharfschützen, verbarrikadiert. Der Leser bekommt ein lebendiges Bild davon, wie nicht nur Gebäude und Menschen der Zerstörung zum Opfer fallen, sondern auch Alltagsgewohnheiten, Wertvorstellungen und zwischenmenschliche Beziehungen, an deren Stelle Hysterie, Angst und Hass kommen)

Dominique Eddé
Briefe aus Beirut
Reclam (Die libanesische Autorin beschreibt in einer eindrucksvollen, fesselnden Sprache die Ereignisse des Bürgerkrieges in Libanon, vor allem aber das Leid der Zivilbevölkerung)

Emily Nasrallah
Septembervögel
Lenos (In ihrer ersten Erzählung beschäftigt sich die Libanesin mit zentralen Themen zeitgenössischer arabischer Literatur: die Auseinandersetzung junger Frauen und Männer mit dem tradi-

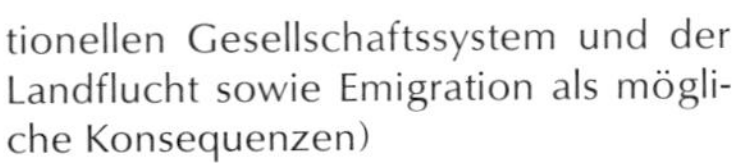

tionellen Gesellschaftssystem und der Landflucht sowie Emigration als mögliche Konsequenzen)

Emily Nasrallah
Flug gegen die Zeit
Lenos (Die Geschichte eines Mannes, der nach Jahrzehnten wieder in seine Heimat zurückkehrt)

Hannan al-Scheich
Sahras Geschichte
Lenos (Die Geschichte einer jungen libanesischen Frau, deren Leben von Angst, Unterdrückung, kulturellen und familiären Zwängen gezeichnet ist. Im Hintergrund der Erzählung schildert die libanesische Autorin die Grausamkeiten des Bürgerkrieges in Libanon)

Amin Maalouf
Die Häfen der Levante, Insel

Amin Maalouf
Der Felsen von Tanios, Knaur

Khalil Gibran
Das Khalil Gibran Lesebuch
Walter (Dieser Band enthält neben zahlreichen Texten des Libanesen Khalil Gibran auch Aufsätze seiner Dichterfreunde. Darüber hinaus informiert das Buch über das Leben des Dichters, über seine philosophischen Positionen, seine Malerei und seine literarischen Werke. Im Walter Verlag sind inzwischen fast all seine Werke erschienen, u. a. „Der Prophet. Wegweiser zu einem sinnvollen Leben", „Das Reich der Ideen", „Zerbrochene Flügel". Khalil Gibran ist ein Lesegenuss.)

Frauen und Islam

J. Szostak/S. Taufik (Hrsg.)
Der wahre Schleier ist das Schweigen. Arabische Autorinnen melden sich zu Wort
Fischer (Dieses Buch will den Vorurteilen und Stereotypen, mit denen die arabische Welt immer noch behaftet ist, entgegenwirken. Mit Hilfe von Beiträgen arabischer Autorinnen, die sich mit tabuisierten Themen auseinandersetzen und dafür in ihren Ländern kritisiert und zensiert werden, wollen die Herausgeber dieses Bild korrigieren. Bekannte arabische Schriftstellerinnen erzählen über ihre Ängste, Sorgen, Wünsche und Träume und zeigen so ein facettenreiches Bild der Situation arabischer Frauen)

Ina und Peter Heine
O ihr Musliminnen...
Frauen in islamischen Gesellschaften
Herder (Harem und Schleier, Emanzipation und Unterdrückung – die Lebenswelt der Musliminnen ist für viele zugleich faszinierend und vielschichtig, aber auch mit Klischees behaftet. Die Beiträge dieses Buch sollen sowohl zum Verständnis der Situation von Frauen in der islamischen/arabischen Gesellschaft in Gegenwart und Vergangenheit beitragen, als auch ihre Rolle im Zwiespalt zwischen religiöser, rechtlicher und sozial-gesellschaftlicher Realität verdeutlichen)

Fatema Mernissi
Die vergessene Macht. Frauen im Wandel der islamischen Welt
Orlanda

Fatema Mernissi
Der politische Harem. Mohammad und die Frauen
Herder (In den zwei genannten Werken der Marokkanerin, die sich seit Jahren für die Rechte der Frauen in der von Traditionen und Sitten geprägten islamischen Gesellschaft einsetzt, versucht sie die Rolle von Frauen in Vergangenheit und Gegenwart zu beleuchten, indem sie sich sowohl mit dem Islam bzw. mit dem Koran als auch mit den gesellschaftlichen „Wertvorstellungen" aus-

einandersetzt und Wege zu Veränderungen aufzeigt)

Märchen

Johannes Merkel (Hrsg.)
Das Mädchen als König. Orientalische Frauenmärchen
Unionsverlag
Johannes Merkel (Hrsg.)
Eine von tausend Märchen. Märchen aus dem Orient
Unionsverlag

Verschiedenes/Lesenswertes

Marie Seurat
Mein Königreich des Windes. Das Leben der Lady Hester Stanhope
Edition Ebersbach (Die Romanbiographie einer legendären Frau, die mit politischer Härte, diplomatischem Geschick, Intrigen und Kampfeslust den orientalischen Traum der Epoche für sich verwirklichte)
Oriana Fallaci
Inschallah
dtv (Der italienischen Autorin, Journalistin und Kriegsberichterstatterin ist es in ihrem Roman gelungen, eine eindringliche Beschreibung der Folgen des libanesischen Bürgerkrieges zu geben. Dabei geht es ihr nicht um eine Darstellung der Ereignisse, sondern vielmehr um die Menschen, um ihre Ängste, Verzweiflung und Hoffnungen und um ihren Hass, die sie anhand von Schicksalen der italienischen UN-Soldaten und der mit ihnen in Beziehungen stehenden Libanesen/innen sehr eindrucksvoll beschreibt)
Nabil Osman (Hrsg.)
Kleines Lexikon deutscher Wörter arabischer Herkunft
Beck
Petra Casparek/Erika Casparek-Türkan
Küchen der Welt: Arabien
Gräfe und Unzer

Landkarten/Stadtpläne

Es ist nicht einfach, zuverlässiges Kartenmaterial über Libanon zu erhalten. Man darf sich deshalb nicht wundern, dass die im Folgenden genannten Landkarten in einigen Punkten voneinander abweichen.

Einen **offiziellen Stadtplan** gibt es – da sich das Land im Wiederaufbau befindet und touristisch noch relativ unerschlossen ist – nur für Beirut.

Land- & Straßenkarten

Geo Projects Lebanon
1: 200 000 (mit Stadtplan von Beirut)
Liban
1: 200 000, Bureau G.& K. Stephan

Straßenatlas

Jordan, Syria & Lebanon Travel Atlas
1: 200 000, Lonely Planet

Stadtplan Beirut

Der beste Stadtplan ist von **Geo**, der für 8000 L. L. auch in Libanon erhältlich ist.

Medien

Fernsehen und Radio

Es existiert eine Vielzahl an kommerziellen Fernsehsendern, die zum großen Teil von einer bestimmten religiösen Gruppierung produziert werden. In den größeren Hotels, die meist eine Satellitenanlage besitzen, werden CNN, BBC London, Deutsche Welle sowie italienische und französische Programme empfangen. Englische **Nachrichtensendungen** überträgt die LBC ab 14 Uhr,

Sumerische Keilschrift: Nachrichten aus der Vergangenheit

Future um 16 Uhr. MTV bringt französische Nachrichten.

Ebenso vielseitig ist das **Radioprogramm**: auf 100 mHz empfangen Sie Switch FM mit Tanzmusik. Rock und Pop hören Sie auf 100.5 mHz bei Hit FM und auf 105.5 mHz bei Radio One. Orientalische Musik empfangen Sie bei Delta (102.4 mHz) und Radio Rama (96.9 mHz).

Englisch- und französische **Nachrichten** gibt es auf zahlreichen Radiosendern.

Presse

Libanon hat traditionell eine **sehr vielseitige, internationale Presse**. Sie erhalten die englischsprachigen Tageszeitungen „Beirut Times" und „Daily Star". In der englischsprachigen Wochenzeitschrift „Monday Morning" und der französischsprachigen Tageszeitung „L'Orient-Le-Jour" können Sie sich auch über die aktuellen kulturellen Ereignisse informieren. Die wichtigen **internationalen Tageszeitungen** (wie the Independent, the Times, the Guardian, le Monde, le Figaro, die FAZ und die Süddeutsche Zeitung) und **Wochenzeitungen** (wie Time, Newsweek, le Point, Paris Match, der Spiegel und die ZEIT) sind in der Regel einen Tag nach ihrem Erscheinen in den wichtigsten Buchgeschäften in Beirut erhältlich. Die bekannteste und zentralste Buchhandlung ist die Librairie Antoine in der Hamra-Straße.

Die **Preise** für englisch- und französischsprachige Zeitungen liegen zwischen 1500 und 2000 L.L., für die ausländischen Tageszeitungen zwischen 3000 und 5000 L.L.; die „ZEIT" kostet 8500 L.L., der „Spiegel" 9500.

Notfall und Hilfe

Die Telefonnummern und Adressen von Polizei, Krankenhäusern etc. stehen in den „Praktischen Informationen" zu den jeweiligen Städten. Eine eigene **Notrufnummer gibt es nicht.**

Medizinischer Notfall

Die ärztliche Versorgung in Libanon ist sehr gut (s. Abschnitt „Gesundheit" ab S.27). Sollten Sie dennoch so schwer erkranken, dass Sie sich nicht in Libanon behandeln lassen möchten, können Sie sich von einem der unten genannten **Rettungsflugdienste** nach Hause fliegen lassen.

Wenn Sie eine Auslandskranken- und Unfallversicherung abgeschlossen haben (s. unter „Versicherungen", S.41) und der behandelnde Arzt die Notwendigkeit eines Rettungsfluges bestätigt, übernimmt die Versicherung die nicht unerheblichen Kosten. Man kann aber auch Mitglied bei einem der Rettungsdienste werden; im Notfall übernimmt dieser dann die Aufwendungen.

- **Deutsche Flugambulanz**
  D-40474 Düsseldorf, Flughafen Halle 3, Tel. 02 11/43 17 17, Fax 4 36 02 52
- **Deutsche Rettungsflugwacht**
  Postfach 23 04 23, D-70624 Stuttgart/Flughafen, Tel. 07 11/7 00 70, Fax 70 07 33
- **Flugdienst des Deutschen Roten Kreuzes**
  Friedrich-Ebert-Allee 71, D-53113 Bonn, Tel. 02 28/91 73 00, Fax 23 00 27
- **Malteser Werke**, Rückholdienst
  Kalker Hauptstr. 22-24, D-51103 Köln, Tel. 02 21/9 82 23 33, Fax 9 82 23 39
- **SOS Flugrettung**
  Postfach 23 03 23, D-70623 Stuttgart/Flughafen, Tel. 07 11/7 97 79 25, Fax 7 97 89 27
- **Rettungsflugwacht REGA**
  CH-8008 Zürich, landesweites Service-Tel. 14 14, Fax 01/65 54 35 90

Verlust von Reisepapieren

Beim **Verlust von wichtigen Reisepapieren** (z. B. Reisepass) sollten die Polizei und die zuständige Botschaft verständigt werden. Adressen und Telefonnummern stehen unter „Botschaften und Informationsstellen" S.21.

Einen Ersatz **verlorener Flugtickets** erhält man bei den Vertretungen der Fluggesellschaft (die Adressen stehen in den „Praktischen Informationen" zu Beirut, S.210).

Grundsätzlich empfiehlt es sich, **Kopien** der wichtigsten Reisepapiere mitzuführen und getrennt von diesen aufzubewahren. Das erleichtert im Falle eines Verlustes die Arbeit!

Öffentliche Verkehrsmittel

Wenn Sie auf öffentliche Transportmittel zurückgreifen möchten, haben Sie die Wahl zwischen **Bussen** und **Taxis**.

Busse

Zwischen Beirut und den wichtigsten Städten des Landes existieren Busverbindungen von privaten Unternehmern mit **ein bis zwei Abfahrtszeiten täglich**, die allerdings häufig variieren. Für die Busse in Richtung Norden des Landes müssen Sie zur Haltestelle vor dem Nationalmuseum in Beirut, für diejenigen in Richtung Süden zur Haltestelle in den Stadtteil Mazraa. Die Fahrtrichtung steht in aller Regel nur auf Arabisch angeschrieben, man ist Ihnen jedoch sicher gerne behilflich. Die Gebühr für die Fahrt zahlen Sie im Bus.

Ungefähre **Preise** (Änderungen sind jederzeit möglich):

- Beirut – Sidon ca. 1800 L. L.
- Beirut – Tyros ca. 2500 L. L.
- Beirut – Tripolis ca. 2000 L. L.
- Beirut – Byblos ca. 500 L. L.

Taxis

Die meisten Libanesen benützen, sofern sie nicht selbst ein Auto besitzen, in Beirut und für längere Strecken eines der zahlreichen **(Überland)taxis.** Taxis erkennen Sie am roten Nummernschild, manchmal haben sie außerdem ein Schild mit der roten Aufschrift „Taxi". Sie haben zwei Möglichkeiten: Wenn Sie ein Taxi anhalten und es als ein **Servicetaxi** „mieten", kann der Fahrer bis zu fünf Personen in gleicher Fahrtrichtung mitnehmen. Möchten Sie das **Taxi für sich alleine**, so zahlen Sie den fünffachen Betrag. Wenn Sie im Stadtbereich bleiben, so zahlen Sie für ein Servicetaxi 1000 L. L., ein privates Taxi kostet dann 5000 L. L. Mit den Sevicetaxis können Sie außerdem die wichtigsten Städte des Landes erreichen. Pro Person variieren die Preise je nach Entfernung zwischen ungefähr 3000 L. L. (Beirut – Sidon) und 8000 L. L. (Beirut – Ba^{c}albak).

Öffnungszeiten

- **Staatliche Ämter**
  Mo bis Fr 8–14 Uhr und Sa 8–13 Uhr
- **Banken**
  8–13 Uhr, mit Ausnahme der Byblos Bank und der Mawarid Bank, die bis 16 Uhr geöffnet haben.
- **Wechselstuben**
  9–18 Uhr (außer Sonntag)
- **Post**
  9–14 Uhr

Sammeltaxi Beirut – Damaskus (Foto: L. Huber)

- **Geschäfte**
Mo bis Fr 8–18 Uhr (mancherorts auch länger) und Sa 8–15 Uhr
- **Private Büros, Agenturen**
Mo bis Fr 8–17 Uhr
- **Restaurants, Cafés, Bars**
Die Öffnungszeiten der Restaurants, Cafés und Bars sind sehr unterschiedlich, so dass sich keine allgemeinen Aussagen machen lassen.

Papiere und Versicherungen

Notwendige Papiere

- Reisepass
- Visum
- Flugticket
- Wenn Sie ein Auto leihen möchten: Internationaler Führerschein
- Wenn Sie mit dem Auto einreisen: Carnet de Passage, Internationaler Führerschein

Versicherungen

Auslandskranken- und Unfallversicherung

Da die Behandlungskosten in Libanon sehr hoch sind, empfiehlt es sich, eine **Auslandskranken- und Unfallversicherung** abzuschließen. Empfehlenswert sind:

- **Süddeutsche Krankenversicherung**
Postfach 1923, 70709 Fellbach
Tel. 07 11/5 77 80
Fax 07 11/5 77 87 77
Beitrag: 12 DM jährlich
- **Bayerische Beamtenkrankenkasse**
Richard-Reitzner-Allee 8, 85538 Haar
Tel. 0 89/2 16 00
Fax 0 89/21 60 81 08
Beitrag: 15 DM jährlich

Auslandskranken- und Unfallversicherungen können auch bei jeder **ADAC-Geschäftsstelle** abgeschlossen werden. Nichtmitglieder zahlen 26 DM jährlich, für Mitglieder liegt eine Familienversicherung je nach Mitgliedslage zwischen 30 und 56 DM.

Für die **Rückerstattung der Kosten** in Deutschland müssen Sie eine detaillierte Quittung des Arztes oder des Krankenhauses vorlegen.

Versicherungspakete

Die **Europäische Reiseversicherung AG** bietet verschiedene Versicherungspakete an, die Reiserücktrittsversicherung, Reisegepäckversicherung, Krankenversicherung und Soforthilfe und auf Wunsch auch Unfall- und Haftpflichtversicherung enthalten. Je nach Versicherungsmodell und Alter liegen die **Preise** zwischen 29 und 129 DM.

- **Europäische Reiseversicherung AG**
Vogelweidenstr. 5, 81677 München
Tel. 0 89/41 66 00

Post und Telefon

Post

Es gibt **kaum Briefkästen** – sollten Sie einen entdecken, benützen Sie ihn nicht, da er nicht geleert wird! Ihre Post sollten Sie entweder an der Rezeption Ihres Hotels oder direkt am Postschalter, am besten in größeren Städten, abgeben.

Briefmarken sind nur bei der Post erhältlich. Eine Postkarte ist mit 1100 L.L. zu frankieren. Ein Brief bis 100 g kostet 1500 L.L. und dann je 100 g Mehrgewicht 500 L.L. Aufpreis. Sie müssen nach Europa mit einer Laufzeit von ca. einer Woche rechnen.

Kurierdienste

Empfehlenswert ist **DHL:**
Tel. 01/39 09 00 oder 03/83 28 58 (Handy); e-mail: dhl@lb.dhl.com

Telefonieren

Obwohl noch nicht überall Telefonleitungen verlegt sind, ist Telefonieren in und aus Libanon kein großes Problem. Seit 1994 hat das Land Verträge mit zwei GSM Networks.

Öffentliche Telefonzellen sind allerdings relativ selten, so dass Sie am besten von den **Postämtern** aus telefonieren. Von dort aus kostet ein Anruf nach Europa ca. 3500 L. L. pro Minute.

Etwas teurer als in den Postämtern sind Gespräche von **privaten Anbietern** aus, die sich häufig in Geschäften befinden und als „bureau de téléphone" bekannt sind.

Telefonate von den **Hotels** aus sind sehr teuer, in jedem Fall wird dort eine Grundgebühr für drei Minuten berechnet, die ungefähr 30 DM beträgt. **Vorsicht:** Zahlreiche Hotels berechnen diese Gebühr bereits dann, wenn Sie versuchen, eine Verbindung ins Ausland zu bekommen, auch wenn sich am anderen Ende der Leitung niemand melden sollte!

Die meisten Einheimischen benutzen ein **Handy**, das in Libanon als „Cellulaire" bezeichnet wird. Die Vorwahl für ein Cellulaire ist 03. Sie können auch selbst ein Handy einführen (s. Abschnitt „Einreise- und Zollbestimmungen" S.23).

Internationale Vorwahlnummern

• Libanon	0 09 61
• Deutschland	00 49
• Österreich	00 43
• Schweiz	00 41

Vorwahlnummern in Libanon

• Beirut	01
• Byblos	09
• Nordlibanon	06
• Südlibanon	07
• Nördliches Libanongebirge	04
• Südliches Libanongebirge	05

Briefmarken gibt´s nur bei der Post. Eine Postkarte ist mit 1100 L.L. zu frankieren, ein Brief bis 100 g kostet 1500 L.L.

Reisen mit Kindern

Die Libanesen sind ausgesprochen **kinderfreundlich** und die Begleitung von Kindern wird die Kontaktaufnahme zu den Einheimischen noch beschleunigen und intensivieren.

Babynahrung ist in den zahlreichen Supermärkten des Landes problemlos erhältlich. Hier gibt es außerdem alles, was man sonst noch braucht, wenn man mit Kindern unterwegs ist.

Spielplätze gibt es in großen Spielparks und am Strand, der allerdings meistens mit Eintritt verbunden ist.

Reiseveranstalter

In Deutschland

Nachfolgend eine Auswahl von Veranstaltern, die Reisen nach Libanon anbieten:

- **Biblische Reisen Stuttgart**
  Tel. 07 11/61 92 50; 8 Tage Libanon
- **Dr. Tigges Hannover**
  Tel. 05 11/5 67 29 70; Libanon in Kombination mit Syrien
- **Meier's Weltreisen Düsseldorf**
  Tel. 02 11/94 18 09; 7 Tage Libanon
- **Phönicia Tours Nürnberg**
  Tel. 09 11/5 04 78 60; 8 oder 11 Tage Libanon oder Libanon in Kombination mit Syrien
- **Studiosus Reisen München**
  Tel. 0 89/50 06 00; 8 Tage Libanon oder in Verbindung mit Syrien

Tourveranstalter in Libanon

Zahlreiche Reiseveranstalter bieten **Touren zu den verschiedenen touristischen Zielen** an, z. T. mit mehrsprachigen Reiseführern. Die bekanntesten Agenturen sind:

- **Jet Travel & Tourism**
  Hamra, Beirut
  Tel. und Fax 01/34 03 80
- **Nakhal & Cie.**
  Avenue Sami el Solh, Beirut
  Tel. 07/7 72 34 23, Fax 72 19 39
- **Rida Travel & Tourism International**
  Al Arz Center, Jal ad-Dib, Beirut
  Tel. 04/41 87 97, Fax 41 87 58
  e-mail: ridaint@ridaint.com.lb

Die Reiseagentur **Adonis Travel** in Byblos (Tel. 09/94 95 99 und 09/94 63 51) bietet jedes Wochenende **Reisen nach Syrien** an, z. B. 2 Tage Damaskus 75 $, 2 (3) Tage Palmyra 70 (100) $, 3 Tage Latakia 105 $.

Sicherheit

Seit der Entwaffnung der Milizen in den frühen neunziger Jahren können Sie sich in Libanon – mit Ausnahme des besetzten „Sicherheitsstreifens" im Süden des Landes – überall frei bewegen. Über das ganze Land verstreut, jedoch deutlich häufiger in der Bekaa-Ebene und im Süden des Landes, befinden sich **libanesische und syrische Straßensperren**, die manchmal nach Ihren Papieren fragen. Dies ist eine Routinemaßnahme und kein Grund zur Beunruhigung.

Sie werden bemerken, dass Ihnen die Menschen sehr freundlich begegnen und bei Problemen gerne zu Hilfe eilen.

Die international empfehlenswerte Regel, Wertsachen nicht unbeaufsichtigt im Hotelzimmer zu belassen, sondern bei sich zu führen oder im Hotelsafe zu deponieren, gilt natürlich auch für Libanon. Geld und wichtige Papiere sind am sichersten in einem Geldgürtel oder Brustbeutel untergebracht.

Frauen auf Reisen

Als Frau können Sie sich in Libanon **frei bewegen**. Sie werden sehen, dass Sie sehr selten angesprochen werden und keine größeren Belästigungen fürchten müssen. Grundsätzlich empfiehlt es sich, ein freundliches, aber bestimmtes und selbstbewusstes Verhalten an den Tag zu legen. Dies wird Ihnen den Respekt der einheimischen (männlichen) Bevölkerung eintragen. Sollten Sie angesprochen werden, so ist der Grund meist Neugierde, um zu erfahren, woher Sie kommen und wie Ihnen Libanon gefällt.

Souvenirs

Orientalische Suqs, die Sie vielleicht aus anderen arabischen Ländern kennen, werden Sie in Libanon vor allem in Tripolis und Sidon kennen lernen. Grundsätzlich gilt, dass auf den Suqs gehandelt werden kann, natürlich nur dann, wenn Sie auch wirkliches Kaufinteresse haben. Sie können mit einem Endpreis von ca. 80% des vorgeschlagenen Preises rechnen.

In modernen Einkaufsstraßen und Geschäften ist Handeln unüblich. Einheimische **handwerkliche Produktionen** hoher Qualität finden Sie in den Artisanats, wo sie jedoch z. T. auch mit hohen Preisen rechnen müssen. Die Adressen der Artisanats stehen in den „Praktischen Informationen“ zu den jeweiligen Städten. Ausführliche Informationen über das einheimische Handwerk finden Sie im Kapitel „Kunsthandwerk“ S.174.

Im Beiruter Stadtteil Burj Hammoud gibt es viele Juweliergeschäfte, die insbesondere eine große Auswahl an hochwertigem **Goldschmuck** haben.

Unterschiedlichste **Glasprodukte** sehr guter Qualität kann man in Sarafand (s. Tagestour 6, S.318) erwerben und für **Töpferwaren und kunstfertig gearbeitete Messing- und Bronzewaren** empfehlen sich der Suq von Tripolis und das kleine Dorf Qalamun (s. Tagestour 2, S.260).

CDs und Kassetten mit arabischer und westlicher Musik finden Sie in zahlreichen Geschäften in der Hamra-Straße in Beirut.

Sport und Freizeit

Wenn Sie während Ihres Aufenthaltes Sport treiben oder Sportveranstaltungen besuchen möchten, so haben Sie dazu in Libanon die verschiedensten Möglichkeiten.

Baden, Wassersport

Die Strände werden schöner und das Wasser sauberer, je weiter man sich von der Hauptstadt entfernt. Nur wenige Strände sind kostenfrei, die meisten sind nur über ein **kostenpflichtiges Strandbad** (10 000–15 000 L. L.) zugänglich. Sandstrände sind sehr selten und nur südlich der Hauptstadt oder bei Tyros zu finden. Vergessen Sie beim Baden nicht, dass Sie sich in einem Land befinden, das zu einem großen Teil von einer **muslimischen Bevölkerung** bewohnt wird. Viele muslimische Männer und Frauen empfinden das Zeigen von zu viel Haut als Ärgernis und Beleidigung. **FKK** und **„Oben ohne“** sind verboten!

An fast allen Stränden gibt es Möglichkeiten zum **Wassersport**, die Preise sind jeweils angeschrieben. In Beirut vermieten einige Agenturen **Motorboote**. Die Adressen stehen in den „Praktischen Informationen zu Beirut“.

Souvenirs, Souvenirs

Skifahren

Morgens Skifahren und nachmittags im Mittelmeer schwimmen – Libanon macht's möglich! Wenn Ihr Besuch in den April fällt, dann werden Sie mit etwas Glück noch schneebedeckte Berggipfel vorfinden, während das Wasser an der nur eine bis zwei Stunden entfernten Küste schon zum Baden einlädt.

Der Skisport hat in Libanon eine **lange Tradition**. Als im Jahre 1913 ein libanesischer Ingenieur aus der Schweiz in seine Heimat zurückkehrte, brachte er den alpinen Sport mit. Richtig populär wurde der Wintersport aber erst in den dreißiger Jahren, als unter der französischen Mandatsmacht 1935 die erste Skischule gegründet wurde. Ende der vierziger Jahre begannen libanesische Skiläufer dann an den Olympischen Winterspielen teilzunehmen.

Zu Beginn der sechziger Jahre kam es zur **Gründung des libanesischen Skiverbandes,** der bald auch eigene regionale und internationale Wettbewerbe veranstaltete und zur Ausbildung seiner Skiläufer ausländische Lehrer nach Libanon holte.

Der Ausbau der insgesamt **sechs Skigebiete** wurde stets vorangetrieben und verbessert, bis 1975 der Bürgerkrieg begann, durch den einige Gebiete sehr in Mitleidenschaft gezogen wurden. Dennoch ließen sich viele skibegeisterte Libanesen auch während der Jahre des Schreckens nicht davon abhalten, in die Berge zu fahren und ihrer Leidenschaft zu frönen. Die ca. 40 000 einheimischen Skifahrer gehören einer betuchten Oberschicht an und sind meist Mitglieder der christlichen Religionsgemeinschaft, die sich zu einem überwiegenden Teil betont westlich gibt. Das

Gros der Bevölkerung fühlt sich von diesem kostspieligen Freizeitvergnügen wenig angesprochen, könnte es jedoch auch kaum finanzieren. Die Skibegeisterten jedoch zieht es insbesondere an sonnigen Wintertagen auf die Pisten, wo sich auch immer mehr für Snowboarding, den letzten Schrei vor allem bei den jugendlichen, begeistern.

Skigebiete

- **Faraya**

Das größte Skigebiet Libanons liegt auf 1850 m Höhe an den Hängen unterhalb des Sannin (s. Halbtagestour 3, S.233).

- **Laqlouq**

Als landschaftlich schönstes Skigebiet Libanons gilt Laqlouq unweit der Afqa-Quelle (s. Tagestour 1, S.243).

- **Al-Arz**

Das älteste und bekannteste Skigebiet Libanons ist Al-Arz – auch bekannt als Les Cèdres – in der Nähe von Bscharré (s. Tagestour 4, S.296).

- **Qanat Bakiche**

Das relativ kleine und unbekannte Skigebiet liegt ca. 7 km von Baskinta entfernt (s. Halbtagestour 2, S.232).

- **Faqra**

Die Nähe zu der römischen Tempelanlage von Faqra verleiht diesem privaten Skigebiet seinen ganz besonderen Reiz (s. Halbtagestour 4, S.236).

- **Zaarour**

Dieses Skigebiet ist als privater Club nur Mitgliedern vorbehalten.

Skier und Zubehör kann man in allen Skigebieten ausleihen. Die Kosten liegen bei ca. 10 $ pro Tag.

Sonstige Sport- und Freizeitbeschäftigungen

In Beirut existiert eine Vielzahl an **Fitness-Studios.** Eine Auswahl finden Sie in den „Praktischen Informationen" zu Beirut, S.211.

Libanon im April: vormittags Skifahren...
(Foto: National Council of Tourism, Lebanon)

Golfer kommen im **Golf Club of Lebanon** in Beirut auf ihre Kosten. Hier kann man auch **Tennis**, **Squash** und **Billard** spielen.

Wer sich für **Paragliding** begeistert, kann in der gut ausgerüsteten „L'Ecole de Parapente Thermique“ bei Bscharré einen Kurs belegen (s. Tagestour 4, S.291).

Für **Wanderungen** oder **Bergtouren** bieten sich die Libanonberge an. Von Baskinta aus kann man den Sannin besteigen (s. Halbtagestour 2, S.231), von Les Cèdres den Qurnat as-Sauda, den höchsten Berg Libanons (s. Tagestour 4, S.292).

Sport zum Zuschauen

In Beirut finden Sonntags hin und wieder **Pferderennen** statt, die bei den Einheimischen sehr beliebt sind. Termine sind über die Tageszeitungen, das Touristenbüro oder das Hippodrom selbst (Tel. 01/63 25 20) zu erfahren.

In Faqra (s. S.234) werden **Pferdespringen** veranstaltet.

Sprache

Der Tourist findet sich in Libanon auch ohne Arabischkenntnisse gut zurecht, da ein Großteil v. a. der jüngeren Bevölkerung die **französische oder/und englische Sprache** beherrscht. Doch wie anderswo gilt auch in Libanon: die – wenn auch nur rudimentäre – Kenntnis der einheimischen Sprache und das gezeigte Interesse daran erleichtern den Zugang zu den Menschen.

Die arabische Sprache

Das Arabische ist eine semitische Sprache. Der **Ursprung** der hocharabischen Form liegt im **klassischen Arabisch**, das durch den Koran festgelegt ist. Da der Koran für die Muslime das direkt von Gott geoffenbarte Wort darstellt, gilt seine Sprache als kanonische Vorgabe.

Mit der Ausbreitung der islamischen Religion ab dem frühen 7. Jh. ging auch die des Arabischen einher, das in den Sprachen der eroberten Gebiete seine Spuren hinterließ. Zahlreiche heutige deutsche Wörter haben ihren Ursprung im Arabischen – über das andalusische Spanien fanden sie Eingang in verschiedene europäische Sprachen (z. B. Algebra, Gibraltar, Alkohol).

Heute wird nicht mehr das klassische Arabisch, sondern das daraus entstandene **moderne Hocharabisch** – *fusha* – gesprochen, das in allen Ländern der arabischen Welt eine einheitliche Form besitzt. Hauptsächlich im schriftlichen Bereich verwendet, bleibt es im mündlichen Sprachgebrauch auf offizielle Sprechsituationen wie politische Reden, universitäre Vorlesungen, Vorträge u. ä. beschränkt. In alltäglichen Gesprächen findet der jeweilige **Dialekt** Anwendung, wobei die dialektalen Varianten sich zum Teil sehr voneinander unterscheiden.

Im Gegensatz zu den nordafrikanischen Dialekten, in denen der Einfluß der Berbersprachen und des Französischen unverkennbar ist, zeichnet sich das Arabische des Vorderen Orients, im allgemeinen als syrisch-palästinensischer Dialekt bezeichnet, durch seine relative Nähe zur Hochsprache aus. Dadurch wird diese Variante, zu der auch das Libanesische gehört, in der ganzen arabischen Welt verstanden. Die historische und kulturelle Rolle, die Frankreich für Libanon spielt, trägt dazu bei, dass das libanesische Arabisch heute teilweise mit französischen Grußformeln und

Floskeln durchsetzt ist. Dies ist insbesondere bei den libanesischen Christen verbreitet, die so ihre traditionelle (vermeintliche) Nähe zu Europa unterstreichen wollen.

Das arabische Alphabet

Das arabische Alphabet setzt sich aus **28 Buchstaben** zusammen, von denen drei (a, i und u) sowohl vokalisch als auch konsonantisch verwendet werden. Das Arabische ist eine **Konsonantenschrift**, bei der nur lang gesprochene Vokale im Schriftbild erscheinen. Praktisch alle Texte, mit Ausnahme des Korans, einiger Gedichte und Lehrbücher, sind unvokalisiert, haben also keine Kurzvokalzeichen über- bzw. unterhalb der Konsonanten. Deshalb kann nur derjenige Nichtmuttersprachler diese Texte korrekt lesen, der über einen breiten Wortschatz verfügt und die arabische Grammatik, die genaue Regeln für die Vokalfolge angibt, solide beherrscht. Das für Europäer fremde grammatikalische System wird dem Lerner insbesondere in den Anfängen schwierig erscheinen. Als Ermutigung sei angemerkt, dass dieses System jedoch eine sehr stringente Logik besitzt und teilweise – verglichen beispielsweise mit der deutschen Sprache – auch Erleichterungen enthält. So gibt es nur einen Artikel (al) und die im Deutschen übliche Kasus-Deklination entfällt.

In der alltäglichen Konversation wird ein **reicher Fundus an blumenreichen Formeln** verwendet, mit denen man Glück- und Segenswünsche, Dank und Ehrerbietung ausdrückt. Diese lassen sich nur sehr bedingt in die deutsche

...und nachmittags an den Strand (Foto: National Council of Tourism, Lebanon)

Die wichtigsten Worte und Redewendungen

Begrüßung

Hallo	marhaba
Antwort	marhabtên
Guten Morgen	sabâh al-khêr
Antwort	sabâh an-nûr (wörtl.: Einen Morgen des Lichts)
Guten Abend	masâ al-khêr
Antwort	masâ an-nûr
Gute Nacht	tisbah ᶜala-khêr
Antwort	wa ent b-khêr
Friede sei mit Dir	as-salâmu ᶜalaykum (als Begrüßung, v. a. von Muslimen verwendet)
Antwort	wa ᶜalaykum as-salâm (und auch mit Dir sei Frieden)
Auf Wiedersehen	maᶜas-salâme
Herzlich willkommen	ahlan wa sahlan
Antwort	ahlên

Anrede

Herr	sayyid
Frau	sayyida
Fräulein	ânisa (für ledige Frauen)

Das Befinden

Wie geht´s?	kîfak?(Frage an einen Mann)
Wie geht´s?	kîfik? (Frage an eine Frau)
Antworten:	
Gut, Gott sei´s gelobt	b-khêr, alhamdulillâh
Es geht so	mashi l-hâl

Fragen zur Person

Wie heißt Du?	shû ismak(m.)/ismek(f.)
Ich heiße	ismi
Woher bist Du?	min wên ente/enti
Ich bin aus Deutschland	ana min almânya

Die wichtigsten Worte und Redewendungen

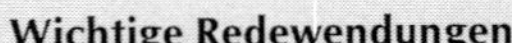

Wichtige Redewendungen

Ja	e, na^{c}am, aiwa
Nein	lâ
Danke	shukran
Bitte (Antwort auf Danke)	^{c}afwan, ahlan wa sahlan
Bitte (als Bitte an jemanden)	min fadlak(m.) / min fadlek (f.)
Sehr gerne	bi kull surûr
Entschuldigung	ana âsif/âsfe
Glückwunsch!	mabrûk
Antwort	allah j-ba^{c}rek fîk
Wo ist .... bitte?	wên ..... min fadlak/min fadlek

Zahlen

eins	wâhid
zwei	tnên
drei	tlâte
vier	arba^{c}a
fünf	khamse
sechs	sitte
sieben	saba^{c}a
acht	tmâne
neun	tisa^{c}a
zehn	^{c}ashara
zwanzig	^{c}ashrîn
einundzwanzig	wahid u-ishrîn
dreißig	tlatîn
vierzig	arb^{c}în
fünfzig	khamsîn
sechzig	sittîn
siebzig	sab^{c}în
achtzig	tmanîn
neunzig	tis^{c}în
hundert	mîye

Wochentage

Montag	jaum at-tnên
Dienstag	jaum at-tlâta
Mittwoch	jaum al-arba^{c}a
Donnerstag	jaum al-khamîs
Freitag	jaum al-djuma^{c}a
Samstag	jaum as-sebet
Sonntag	jaum al-ahad

Hotel, Essen und Trinken

Hotel	funduq
Zimmer	ghurfe
(öffentl.) Bad, Toilette	hammâm
Rechnung	hisâb
Die Rechnung, bitte	al-hisâb, min fadlak
Restaurant	mat^{c}am
Kaffee	ʼahwe
Tee	shai
Wein	nbîd
Bier	bîra
Saft	asîr
Wasser	may
Brot	khubz
Käse	djibne
Fleisch	lahem
Fisch	samak
Kartoffeln	atâta
Reis	riz
Salat	salata
Obst	fawâkih
Suppe	shorba
Salz	milh
Zucker	sukkar
Milch	halîb
Joghurt	laban

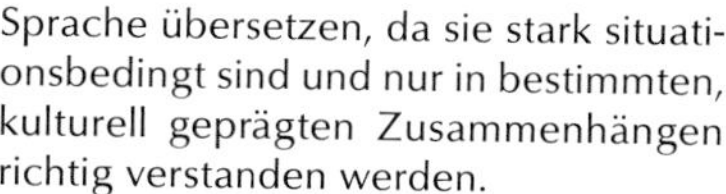

Sprache übersetzen, da sie stark situationsbedingt sind und nur in bestimmten, kulturell geprägten Zusammenhängen richtig verstanden werden.

Als kleine Sprachhilfe finden sich auf den folgenden Seiten das arabische Alphabet und einige wichtige Redewendungen.

Transkription

Die von uns verwendeten Umschriftzeichen beruhen auf den lateinischen Buchstaben, wobei man für einige arabische Konsonanten, die nicht in allen europäischen Sprachen eine Entsprechung haben, die Aussprache beachten muß. In der in Libanon allgemein gebräuchlichen Umschrift sind nicht alle hier aufgeführten Unterschiede in der Aussprache berücksichtigt.

- **q** der hintere Zungenrücken wird gegen das Halszäpfchen gedrückt, es entsteht ein tiefes k
- **gh** ein nicht gerolltes r, es klingt rauh
- **kh** der ach-Laut im Deutschen, wie in „auch"
- **z** stimmhafter s-Laut, wie in „Sonne"
- **s** scharfes s
- **j** dsch, stimmhaft
- **sh** sch, stimmlos
- **'** Stimmabsatz, wie im Deutschen „The-ater"
- **th** das englische th, stimmlos wie in „thing"
- **dh** das englische th, stimmhaft wie in „this"

In der Umschrift zeigen wir durch ein ^ über dem Vokal an, wenn dieser lang gesprochen werden muss.

In den hier dargestellten Dialektformen finden sich außerdem die Vokale e und o.

In diesem Buch findet sich in manchen Worten der **Buchstabe** ᶜ (z. B. in Baᶜalbak). Er ist für das Arabische typisch und klingt wie ein dunkles, gepresstes a.

Literaturtips

Wolfdietrich Fischer, Otto Jastrow,
unter Mitarbeit von *Zafer Youssef*
Lehrgang für die arabische Schriftsprache der Gegenwart
Wiesbaden 1996 (neue, überarbeitete Auflage), Dr. Ludwig Reichert Verlag (Wissenschaftlich gehalten)

Harald Funk
Langenscheidts Praktisches Lehrbuch Arabisch
Langenscheidt-Verlag Berlin und München, 1985 (Mit Lösungsschlüssel zu den Übungen und zwei Begleitkassetten, die Übungen zur Lautlehre sowie alle Lesetexte und Dialoge der ersten zehn Lektionen enthalten)

Strom

Das Stromnetz hat eine Spannung von 220 oder 110 Volt. Zeitweise kommt es zu Stromausfällen. Die Hotels und größeren Gebäude haben jedoch einen Generator. Es empfiehlt sich, einen **Universal-Adapter** mitzunehmen, den man aber auch in Libanon kaufen kann.

Unterkunft

Hotels

Das Angebot ist in den meisten touristisch interessanten Orten ausreichend, in Beirut gibt es eine unüberschaubare

Fülle von Hotels meist der **gehobenen Klasse**, zu denen ständig neue hinzukommen. Die **Ausstattung** entspricht in der Regel internationalem Standard.

Die **Preise** sind je nach Ort, Standard und Saison sehr unterschiedlich, so dass es sich prinzipiell empfiehlt, vorher (telefonisch) nachzufragen. Außerdem ist zu beachten, dass manche Hotels einen **Service-Aufschlag** von 16% berechnen, auch dies sollte vor dem Einchekken geklärt werden. Die unterschiedlichen Kategorien haben durchschnittlich folgende **Preise** je Doppelzimmer:

- Deluxe: ca. 150 $
- Fünf-Sterne: 120–150 $
- Vier-Sterne: 80–120 $
- Drei-Sterne: 60–80 $

Wer nach **billigen Hotels** sucht, tut sich in Libanon schwer. Viele der kleinen, einfachen Hotels wurden während des Krieges zerstört und in den wenigen, die noch übrig sind, ist es – v. a. in den Sommermonaten – schwierig, einen Platz zu finden.

Appartments

Wenn Sie einen längeren Aufenthalt planen und mehrere Personen sind, ist es preisgünstiger, sich ein **möbliertes Appartment** zu mieten. Je nach Saison liegen die Preise zwischen 200 und 300 $ pro Woche, wobei bei einem längeren Aufenthalt über mehrere Wochen über den Preis verhandelt werden kann. Das Angebot ist groß, v. a. in Beirut (s. dort, S.204).

Jugendherbergen

Jugendherbergen gibt es in Libanon nicht.

Camping

Es gibt nur **einen einzigen offiziellen Campingplatz** in Libanon:

- **Camping d'Amchit**
  Der auch unter dem Namen „Les Colombes" bekannte Campingplatz liegt sehr schön an der Küste etwas nördlich von Byblos (s. S.253).

Vom **„Wild Campen"** in freier Natur ist dringend abzuraten. Es besteht die **Gefahr von Minen**. Außerdem ist zu berücksichtigen, dass Libanon ein **relativ dicht besiedeltes** Land ist.

Veranstaltungen

Das kulturelle Leben in Libanon und insbesondere in Beirut ist sehr vielseitig und bietet dem Musik- und Theaterinteressierten unzählige Möglichkeiten der Unterhaltung.

Fällt Ihr Libanonbesuch in den Sommer, dann gönnen Sie sich einen Besuch der berühmten **Festivals,** deren Programm sehr facettenreich ist! Ob in

Flexibel und unabhängig: unterwegs mit dem Wohnmobil

Tyros, Bait ad-Din oder in Ba^c^albak – das Repertoire reicht von Jazz, Opern und Spirituals über Ballett und klassische Musik bis hin zu arabischen Tanzveranstaltungen. Auch die Größen der arabischen Vokalmusik (z. B. Fairuz oder Majida ar-Rumi) sind hier zu hören.

Genauere **Informationen** finden Sie jeweils in den „Praktischen Informationen" zu Beirut, Tyros, Bait ad-Din und Ba^c^albak.

Weiterreise in andere Länder

Mit dem Flugzeug

● **Ägypten**
Die Egypt Air und die Middle East Airlines fliegen täglich nach **Kairo**. Die Preise liegen zwischen 246 und 289 $.

● **Jordanien**
Mit der Royal Jordanian und der MEA können Sie nach **Amman** fliegen. Die MEA fliegt täglich, die Royal Jordanian fünfmal pro Woche. Die Preise liegen zwischen 440 und 566 DM.

● **Syrien**
Zwischen Libanon und Syrien bestehen keine Flugverbindungen.

● **Zypern**
Die zypriotische Fluglinie Cyprus Airways und die MEA fliegen nach **Larnaca**. Cyprus Airways fliegt für 230 DM fünfmal wöchentlich, die MEA ab 175 $ täglich außer Samstag.

Adressen und Telefonnummern der Fluggesellschaften finden Sie in den „Praktischen Informationen" zu Beirut, S.210.

Mit dem Auto

Mit dem Auto können Sie **nur über Syrien** in andere Länder reisen. Für die Einreise nach Syrien müssen Sie bereits in Deutschland ein Visum beantragt haben. Adresse der Botschaft: Botschaft der Arabischen Republik Syrien, Andreas-Hermes-Str. 5, 53175 Bonn, Tel. 02 28/81 99 20, Fax 8 19 92 99.

Syrien – Jordanien

Die Einreise von Syrien nach Jordanien erfolgt über den **Grenzübergang Ramtha**. Hier ist auch das Visum für Jordanien erhältlich.

Jordanien – Ägypten

Von **Aqaba** aus verkehren viermal täglich Fähren nach **Nuveiba**. Eine andere Möglichkeit ist der Weg durch **Elat in Israel**, den man aber nur in Betracht ziehen sollte, wenn man später nicht noch nach Libyen weiterreisen möchte!

Ein **Visum für Ägypten** kann man am jeweiligen Grenzübergang erwerben.

Literaturhinweise

- Wil und Sigrid Tondok
  Jordanien
  Reise Know How Verlag Tondok, 1999
- Wil und Sigrid Tondok
  Israel, palästinensische Gebiete und Ostsinai
  Reise Know How Verlag Tondok, 1999

Zeitverschiebung

MEZ + 1 Stunde. Die Umstellung Sommer-/Winterzeit erfolgt zur selben Zeit wie in Europa.

Land und Leute

Libanon auf einen Blick

Offizieller Name: Al-Djumhuriya al-Lubnaniya – Republik Libanon

Größe: 10 452 km²

Bevölkerung:
ca. 4 Mio; städtische Bevölkerung: ca. 86%; über die Hälfte im Großraum Beirut, 16 Mio. im Ausland

Bevölkerungswachstum: ca. 2,2%

Lebenserwartung: Frauen: ca. 69, Männer: ca. 67 Jahre

Analphabetenquote: ca. 20%

Religion:
Keine Staatsreligion. In Libanon leben 17 Religionsgemeinschaften: ca. 25% Sunniten, 24% 7er und 12er-Schiiten, 8% Drusen, 40% Christen (davon allein 21% Maroniten).

Ethnien: Kurden, Armenier, Araber

Flüchtlinge:
ca. 500 000 Palästinenser

Staatsform: Republik

Staatsoberhaupt: An der Spitze stehen der Präsident General Emile Lahud und der Premierminister Dr. Salim al-Hus (beide seit Nov. 1998).

Verfassung: Die im Mai 1926 verabschiedete Verfassung wurde 1927, 1929, 1943, 1947 und 1989 in einigen Punkten geändert. Seit dem Taif-Abkommen 1989 sind die Mandate für Christen und Muslime zu gleichen Teilen verteilt, außerdem müssen dem Kabinett 15 Christen und 15 Muslime angehören. An der Spitze stehen der Präsident, ein Maronit, der Premierminister, ein Sunnit und der Parlamentspräsident, ein Schiit. Der Präsident, der vom Parlament gewählt wird, ernennt den Premierminister und beauftragt ihn mit der Regierungsbildung. Alle Entscheidungen des Präsidenten bedürfen der Gegenzeichnung des Premierministers.

Volksvertretung: 128 Sitze werden paritätisch zwischen Christen und Muslimen alle vier Jahre verteilt (64:64); 34 für Maroniten, je 27 für Schiiten und Sunniten, 14 für Griechisch-Orthodoxe, 8 für Drusen, 8 für Griechisch-Katholiken, 5 für Armenisch-Orthodoxe, 2 für Alawiten, 1 für Armenisch-Katholiken, 1 für Protestanten und 1 für sonstige Minderheiten.

Letzte Parlamentswahl:
August/September 1996

Letzte Regierungsbildung:
November 1998

Wahlbeteiligung: ca. 20%

Parteien: Parteien spielen eine untergeordnete Rolle und setzen sich aus den jeweiligen Religionsgemeinschaften zusammen. Bei der letzten Wahl traten an die Stelle von einigen Parteien Blöcke bzw. Listen.

Zum Teil existieren noch die während des Bürgerkrieges gegründeten Parteien: Kata'ib, Nationale Liberale Partei, Nationaler Block (christlich/maronitisch); Progressive Sozialistische Partei (drusisch); Amal, Hizb Allah (schiitisch); Block für Rettung und Veränderung, Syrisch Sozial-Nationalistische Partei (christlich/islamisch).

Wichtige Minister: Premier- und Außenminister, Minister für die Angelegenheiten der Exil-Libanesen: Dr. Salim al-Hus; Innenminister und Vizepremier: Michel al-Murr; Finanzminister: Dr. George al-Qurm; Verteidigungsminister: Ghazi Z'aitar; Wirtschafts- und Handelsminister: Dr. Nasir as-Sa'idi; Kultus-, Erziehungs- und Sportminister: Muhammad Yusuf Baidun.

Verwaltung: Das Land ist in fünf Bezirke aufgeteilt: Nordlibanon, Zentrales Libanongebirge, Bezirk der Stadt Beirut, Südlibanon und Bekaa-Ebene; die Bezirke sind wiederum in 24 Kreise unterteilt.

Gewerkschaften: 150 Branchengewerkschaften in einem Zusammenschluß von neun Föderationen, von denen vier dem Dachverband angehören. Mitgliederzahl: ungefähr 250 000. Seit August 1997 Spaltung des Dachverbandes.

Militär:
Gesamtheeresstärke: etwa 49 000 Mann. Wehrpflicht: 1 Jahr. Verteidigungsausgaben: ca. 455 Mio. $.

Staatsverschuldung: ca. 16 Mrd. $

Haushaltsdefizit: ca. 14%

Beschäftigung: ca. 1,1 Mio. Libanesen; viele Gastarbeiter aus Syrien (ca. 1 Mio.), Ägypten und Sri Lanka/Philippinen (jeweils ca. 500 000).

Arbeitslosigkeit: 30–50%

Durchschnittslohn: 150–200 $

Industrie: Nahrungsmittel, Baumaterialien, Textilien.

Landwirtschaft:
Getreide, Kartoffeln, Zwiebeln, Knoblauch, Gemüse, Obst (v. a. Bananen und Zitrusfrüchte).

Import: Fahrzeuge, Nahrungsmittel, Erdöl und Erdölprodukte, Eisen, Stahl, elektronische Geräte; **Handelspartner:** USA, Italien, Deutschland, Frankreich, Syrien.

Export: Textilien, Agrarerzeugnisse, Maschinen, Metalle, chemische Erzeugnisse; **Handelspartner**: Saudi-Arabien, VAE, Syrien, Schweiz, Frankreich, Deutschland, USA.

Bodenschätze:
Eisenerz, Kupfer, Asphalt, Mangan, Chrom, Lignit, Kalk, Gips, Salz.

Internationale Mitgliedschaften:
UNO, Arabische Liga, Weltbank, IWF, FAO, International Finance Corporation, International Development Association.

Geographie und Geologie

Die levantinische Republik Libanon umschließt einen etwa 220 km langen und 40–70 km breiten Gebietsstreifen entlang der östlichen Mittelmeerküste. Im Süden grenzt sie an Israel, im Osten und Norden an Syrien.

Aufgrund der **vier sehr unterschiedlichen Landschaftsstriche**, die das Gebiet von Westen nach Osten gliedern, findet sich auf der kleinen Fläche von 10 400 km² eine erstaunliche landschaftliche Vielfalt.

Die Küste

Ein schmaler, fruchtbarer Küstenstreifen zieht sich entlang des Mittelmeeres, an dem sich wie die Perlen einer Kette die wichtigsten antiken und modernen Städte aneinander reihen.

Seit dem 3. Jt. v. Chr. bereits dicht besiedelt und landwirtschaftlich genutzt, bildet er bis heute den **kulturellen Schwerpunkt des Staates** mit der Hauptstadt Beirut und den wichtigen Häfen von Tripolis und Sidon. Lediglich südlich von Sidon, nördlich von Tripolis und um Beirut erreicht der überwiegend felsige Küstenstreifen eine Breite von mehr als 3 km. Die nördlich von Tripolis am Eingang des Nahr al-Kabir-Tales gelegene ʻAkkar-Ebene wird landwirtschaftlich intensiv genutzt und ist die **Kornkammer des Landes**. Vor allem zwischen Ra's Schakka und Beirut wird die Küste häufig von einzelnen Ausläufern des Libanongebirges unterbrochen, deren Vorgebirge bis an das Meer treten. Von der Hauptstadt bis zum südlich gelegenen Awali-Fluß bedecken **Orangen-, Zitronen-, Mandel-Mispeln- und Bananenbäume** die weiten Flächen wie ein Teppich.

Die im Weiteren ca. 2 km breite Küstenebene verläuft bis nach Tyros, wobei Ausläufer der obergaliläischen Berge die Verbindung mit der Ebene von ʻAkka versperren.

Das Küstengebirge

Parallel zur Küstenebene erhebt sich die imposante Gebirgswand der **Libanonberge**, deren Felsklippen an einigen Stellen steil ins Meer abfallen und deren Gipfel für den größten Teil des Jahres mit Schnee bedeckt sind. Die dem Meer zugewandten Flusstäler zerschneiden die Hänge des Libanongebirges. Diese westlichen Hänge, die im Winter reichlich beregnet werden, tragen heute anstelle einst dichter Nadelwälder Baumkulturen und Gärten in einer terrassenförmigen Abstufung.

Das Küstengebirge ist ein Bergriegel aus meist horizontal gelagerten Kalken der mittleren und oberen Kreidezeit, dessen Gipfelflur von Süden nach Norden ansteigt und im Qurnat as-Sauda **eine Höhe von 3088 m** erreicht. An seinem Westhang liegt der berühmte **Zedernwald**, der vom Dahir al-Qadib (3071 m) beherrscht wird. Nach Süden wird der Bergrücken im Jabal Sannin (2608 m) breiter, an dessen Fuß der Nahr al-Kalb entspringt. Eine Senke, in der die Straße von Beirut in das Bekaa-Tal verläuft, trennt den Jabal Sannin vom Jabal Knaise. Einen weiteren Einschnitt bildet der **Pass Dahir al-Baidar (1540 m)**, hinter dem sich die Kammlinie ständig senkt. Die Gipfel des sich nach Süden bis an die Berge von Galiläa ziehenden Libanongebirges erreichen im Jabal Baruk, Jabal Niha und Jabal Rihan Höhen von 1700–1850 m.

Alphonse de Lamartine. Tagebucheintragung, 1832

Ich habe mich mit dem neuen Tag erhoben. Ich habe den Fensterladen aus Zedernholz geöffnet, den einzigen Verschluß des offenen Raumes, in dem man in diesem schönen Klima schläft. Mein erster Blick galt dem Meer und der glänzenden Kette der Küste, die sich geschwungen von Beirut bis zum Kap Batrun, auf halbem Wege nach Tripolis, hinzieht. Nie hat das Schauspiel der Berge auf mich einen solchen Eindruck gemacht. Der Libanon besitzt einen Charakter, wie ich ihn weder bei den Alpen noch am Taurusgebirge bemerkt habe: Es ist eine Mischung imposanter Erhabenheit der Linien und Gipfel mit Anmut im Detail und einer Vielfalt von Farben. Ernst ist der Gebirgszug, wie auch sein Name. Es sind Alpen unter dem Himmel Asiens, deren luftige Höhen in die tiefe Klarheit eines beständigen Glanzes aufragen. Es scheint, als ruhte die Sonne ewig auf den vergoldeten Kämmen dieser Grate. Das blendende Weiß, das sie ihnen auferlegt, könnte man mit dem Schnee verwechseln, der sich bis zur Mitte des Sommers auf den Berggipfeln hält.

(Text aus Merian 12. XVIII, 1965, S. 8).

Mikhail Naimy. Brief, 1965

Lieber Freund,
wurde Ihnen je in Ihrem Leben die Entrückung des Gefühls zuteil, auf dem Gipfel der Welt zu stehen? Sie widerfuhr mir, als ich einmal auf dem Gipfel des (Berges) Sannin stand. Wohin ich blickte, ich sah nichts, das höher war als ich selbst, außer der blauen (Himmels)kuppel über mir. Und daher war mir, als stände ich auf dem Gipfel der Welt.

Der Sannin ist weder ein Riese noch ein Zwerg unter den Bergen. Er erhebt sich nicht höher als zweitausendsiebenhundert Meter über dem nur ungefähr fünfundzwanzig Kilometer entfernten Mittelmeer. Doch er erhebt sich im Zentrum der Bergkette des Libanon. Seine leuchtende Erscheinung beherrscht das ausgedehnte Panorama grüner Hügel und tiefer Senken, die sich von ihm aus verzweigen und ineinander übergehen, bis sie sich westwärts hinabwinden und schließlich in der zauberhaften Küstenebene des Libanon enden, die mit Orangen-, Zitronen- und Bananengärten bedeckt ist. Diese Berge, Täler und Ebenen sind mit großen und kleinen Siedlungen übersät, die alle miteinander und mit der Hauptstadt Beirut durch ein Netz moderner Straßen verbunden sind, auf denen der Verkehr weder tagsüber noch nachts abreißt.

Sechs Monate im Jahr trägt der Sannin eine Schneekappe. Doch zu allen Jahreszeiten gleiten und tanzen die Strahlen der Sonne, des Mondes und der Sterne über seine edle Stirn. Er ist stets ein Bühnenbild eines faszinierenden Spiels von Licht und Schatten, das jeden Augenblick wechselt. Kein Wunder, daß Dichter den Reiz des Sannin besangen und noch heute besingen. Einen Moment auf dem Gipfel des Sannin zu stehen, vermittelt das Gefühl, aus sich selbst herauszutreten und mit allem, was er sieht und hört, zu verschmelzen oder als schmölzen all diese Dinge in einen hinein. Es ist, als ob alles auf Erden und im Himmel eine Einheit bildet, die weder Anfang noch Ende kennt.

Das, mein Freund, ist die Entrückung, die man empfindet, wenn man auf dem Gipfel der Welt steht.

(Text aus Merian 12. XVIII, 1965, S. 64; Übersetzung, mit einigen eigenen Korrekturen, S. 117).

Walter Andrae. Auszüge aus Briefen, 1898

Für den Maler ist die Ruine eine wahre Fundgrube. Ihr glaubt nicht, wie golden die mächtigen Kalksteinsäulen gegen den blauen Himmel glänzen, dahinter die blendenden Höhen des Libanon und Antilibanon, die hier ihre höchsten Gipfel haben.

Jetzt schmilzt im Tale der Schnee, und die fruchtbare Bekaa-Ebene färbt sich wieder rot, intensiv rotbraun und stellenweise grün.

Abends wird's besonders herrlich, eine ungewohnte Farbenpracht entzückt das Auge, der Antilibanon erglüht in rosarotem Schein der untergehenden Sonne, das Tal hüllt sich in blauen und violetten Dämmer, und der Himmel verändert sich von Minute zu Minute; dann steigt der blankgeputzte Mond hinter dem Schneegebirge herauf und beleuchtet die nächtliche Landschaft so hell, daß man lesen und schreiben kann in seinem Schein. Wir sehen von unserem Zimmer aus die ganze Flanke der gespenstischen Ruine mit dem weißen Sannin dahinter. Die Luft ist hier herrlich, denn wir sind 1200 m über Meereshöhe.

Meine Arbeit ist sehr interessant, man dringt vollständig in die Absichten der großartigen Planung ein, und ich skizziere und aquarelliere aus Leibeskräften, zumal die Landschaft ganz herrlich ist. Von den Zinnen der arabischen Festungsmauer, die in den alten Tempelbezirk eingebaut ist, hat man einen herrlichen Fernblick über die weite rötliche Ebene der Bekaa und auf den ganzen mächtigen weißbeschneiten Libanon, der da glänzt im Sonnenschein. Und abends, wenn die Sonne hinter die Schneegipfel sinkt, dreht man sich um und sieht das Alpenglühen des Antilibanon, an dessen Fuß die Ruinen liegen.

(Aus: Ernst Walter Andrae/Rainer Michael Boehmer, Bilder eines Ausgräbers. Die Orientreise von Walter Andrae 1898–1919, Berlin 1992, S. 53).

Die Bekaa-Ebene

Das Libanongebirge fällt steil zur Bekaa-Ebene ab. Diese Ebene, die zum großen syrischen Grabenbruch des Vorderen Orients gehört, der sich weiter über den Jordangraben und das Rote Meer zum afrikanischen Kontinent erstreckt, ist eine 120 km lange und 8 bis 12 km breite **Hochebene** mit einer Durchschnittshöhe von 900 m. Während die Senke im Norden mit dem Quergraben des Nahr al-Kabir verbunden ist, wird sie im Süden von einer kleinen, vom Hermon-Berg ausgehenden Querkette, Tughmat Jazzin, unterbrochen, die die Verbindung mit der Senkung des Jordangrabens versperrt. Die Ebene besitzt die **Form eines Satteldaches** mit schwachen Neigungsflächen, deren Kamm auf der Höhe von Ba^c^albak (1175 m) liegt.

Landwirtschaftlich heute intensiv genutzt, dient die Bekaa-Ebene als **Gemüse- und Kornkammer** des Landes, deren beide hier entspringenden Flüsse, Leontes und Orontes, für die notwendige Bewässerung der Felder sorgen. Während der mittlere Teil durch die rote, fruchtbare Erde geprägt ist, wird die Ebene im Norden zunehmend karger, im Süden sumpfig und teils felsig, also kaum bebaubar.

Das Antilibanongebirge

Im Osten grenzt das Antilibanongebirge an die Bekaa-Ebene. Dieses **Tafelgebirge**, auf dessen Kammlinie die Grenze zu Syrien liegt, fällt stufenförmig auf die Hochebene hinunter. Im Gegensatz zum Libanongebirge ist dieses **weniger fruchtbar** und besteht vorwiegend aus einer **Felswüste aus kreidigem Kalk-**

Blick hinab in die Bekaa-Ebene, im Hintergrund der Berg Hermon

stein. Im Süden erreicht das Gebirge am **Hermon-Berg** seinen höchsten Punkt (2814 m).

Flüsse

Im Küstengebirge entspringen **zahlreiche kleine Flüsse**, deren Bette im Sommer oft ausgetrocknet sind. Die wichtigsten sind von Norden nach Süden Nahr al-Kabir, Nahr Abu 'Ali (Qadischa), Nahr Ibrahim, Nahr al-Kalb, Nahr Beirut, Nahr Damour und Nahr al-Awali.

Die **bedeutendsten Flüsse** des Landes sind der **Nahr al-Litani (Leontes)** und **Nahr al-'Asi (Orontes)**. Der Leontes (140 km) entspringt in der Bekaa-Ebene bei Baʿalbak, verläuft weiter nach Süden, durchfließt die tiefe Schlucht von Tughmat Jazzin, überquert bei Marj'uyun in einem Engpass das Küstengebirge und mündet nördlich von Tyros in das Mittelmeer. Der Orontes (450 km) entspringt in der Nähe der Litani-Quelle, fließt jedoch weiter nach Norden durch Syrien und mündet im Golf von Alexandrette in das Mittelmeer. Im Süden liegen am Fuße des Hermon die **Quellen des Jordan** (300 km), der weiter nach Jordanien in das Tote Meer fließt.

Klima

Libanon hat ein **ausgeprägtes Mittelmeerklima** mit milden, aber regnerischen Winter- und heißen Sommermonaten ohne Niederschläge.

Die **Küstenebene** erlebt von November bis April **heftige Regenfälle**. Aufgrund seiner Lage am Mittelmeer herrscht in den Sommermonaten an der Küste eine sehr **hohe Luftfeuchtigkeit**.

Im **Gebirge** ist das Klima **im Sommer mild und angenehm**, so dass viele Libanesen, die an der Küste wohnen, an Wo-

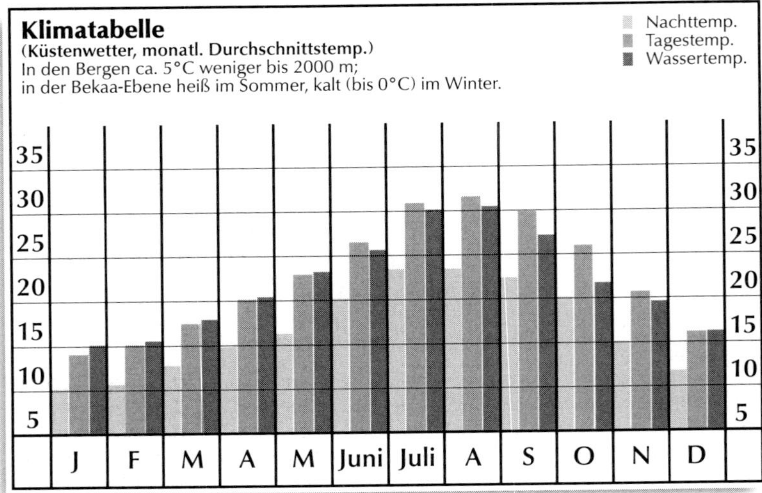

chenenden in die Berge fahren, um der Hitze zu entfliehen. Die **Winter** sind hingegen **sehr regnerisch** (ab 1000 mm pro Jahr) und von **starken Schneefällen** begleitet. In Höhen über 2500 m kann es sogar noch im April/ Mai schneien, und der Schnee bedeckt fast das ganze Jahr hindurch die obersten Gipfel.

In der vom Küstengebirge geschützten **Bekaa-Ebene** herrscht **Kontinentalklima** mit Regenfällen in den sehr kalten Wintern und mit heißen, trockenen Sommern.

Nicht nur die arabischen Nachbarländer, sondern auch Libanon ist fast jedes Jahr zum Ende der Regenzeit von **Unwettern** betroffen, vor allem hervorgerufen durch den Khamsin-Wind. Dieser heftige trockene Wind, der aus der nordafrikanischen Sahara kommt, führt gelb-roten Sand mit sich, der, sollte es nicht regnen, tagelang wie eine Dunstglocke über dem Land liegen kann.

Natur und Umwelt

„Überall ist der Frühling schön, am schönsten aber ist er im Libanon. Er ist der Geist eines unbekannten Gottes, der mit raschen Schritten die Erde umkreist; sobald er den Libanon erreicht, verlangsamt er seinen Schritt und geht gemächlich weiter, indem er sich nach allen Seiten umschaut" (Khalil Gibran).

Flora

Libanon ist tatsächlich voll landschaftlicher Schönheit, die sich dem Besucher nicht nur im Frühling offenbart. Die Natur Libanons hat ihr bekanntestes Sinnbild in der **Zeder**. Zwar nimmt sich der heutige Bestand an Zedern, schon vor Tausenden von Jahren Basis des Wohlstandes und noch heute Symbol Libanons, verglichen mit dem früheren Reichtum sehr bescheiden aus. Die geschützten Reservate, die sich im Libanongebirge verstreut befinden (Les Cèdres, Horsh Ehden, Ain Zhalta, Barouk, Maaser al-Chouf), beherbergen neben der Zeder jedoch auch eine Vielzahl weiterer Baum- und Pflanzenarten.

Allein im Naturreservat **Horsh Ehden** sind 42 verschiedene Baum- und mehr als 500 Pflanzenarten beheimatet. Einige sind **endemisch**, d. h. sie kommen nur hier vor. Deshalb versah man sie mit Namen, die auf ihre Heimat verweisen: das **Immergrün des Libanon**, die **Ehden-Wicke** und die rosarote **Orchidee von Fairuz**.

Libanon ist ein wasserreiches Land und die Schneeschmelze bringt der Küste und den Hängen des Libanongebirges, die zum Meer hin zeigen, ausreichend Wasser und Feuchtigkeit. Grüne **Pinienwälder** und zahlreiche **Kiefernsorten**, unter denen sich auch die bekannte Aleppokiefer befindet, machen Libanon zu dem am meisten bewaldeten Land des Vorderen Orients.

Begünstigt durch das feucht-milde Klima finden sich an der Küste **Oliven-** und **Obst**plantagen, deren Terrassen nicht nur Orangen, Zitronen, Mispeln und Bananen tragen, sondern im Frühling auch von einer verschwenderischen Vielfalt von Blumen, besonders den **Alpenveilchen** und **Anemonen** geschmückt werden.

Fauna

Neben den allgegenwärtigen **Schafen** und **Ziegen** und nur einigen wenigen Kamelen, die in Ba'albak als touristische Attraktion dienen, ist die Fauna des Landes vor allem durch viele **Raubvögel** ge-

„Michauxia campanuloides" aus der Familie der Glockenblumen

prägt, die sich in den Gebirgen aufhalten.

In den Naturreservaten, z. B. in **Horsh Ehden**, finden sich **Adler**, **Bussarde**, **Eulen**, **Singvögel** und **Stachelschweine**. Auch **gefährdete Tierarten** wie das Eichhörnchen, der Igel und Wildkatzen haben sich hier neben Reptilien, Amphibien, Schmetterlingen und Insekten ihre Unterkünfte geschaffen. In diesem Reservat herrscht neben der artenreichen Fauna auch eine große Pflanzenvielfalt (s. o.).

Landschaftliche Schönheit also ziert dieses Fleckchen Erde, das seit Jahrzehnten jedoch vor großen ökologischen Problemen steht.

Umweltprobleme

Giftmüllskandale, eine **hohe Luftverschmutzung** gerade im Bereich der Hauptstadt und eine z. T. **unbefriedigende Müllversorgung** bereiten sowohl dem Umweltministerium als auch den zahlreichen Aktivisten der verschiedenen Umweltorganisationen Kopfzerbrechen. Seit Beginn der neunziger Jahre wurden in Libanon – so berichtet die libanesische Zeitung as-Safir – 50 nicht-staatliche Umweltorganisationen gegründet, wobei andere Schätzungen von bis zu 100 Gruppierungen ausgehen. Die Organisationen, von denen wir hier nur einige exemplarisch nennen können, haben unterschiedliche Zielrichtungen.

Die **Freunde der Natur**, gegründet von Dr. Ricardo Harb, der als einer der aktivsten und kompetentesten Umweltschützer in Libanon gilt, konzentrieren sich auf die **Erhaltung von Naturschutzgebieten**. Vor allem ihnen ist es zu verdanken, dass das o. g. Reservat Horsh Ehden nun durch das Gesetz 121 geschützt wird, das jegliche Aktion, die das natürliche Gleichgewicht stören könnte, verbietet. Unter dieses Verbot fällt das Fällen von Bäumen ebenso wie das unkontrollierte Jagen und Fangen

von Tieren. Feuer machen, Campen und Picknicken – diese beliebten Freizeitbeschäftigungen, die dem Reservat früher großen Schaden zufügten – sind heute strengstens verboten.

Die Organisation **Grüne Linie**, deren Mitglieder größtenteils aus der landwirtschaftlichen Fakultät der Amerikanischen Universität von Beirut stammen, widmet sich v. a. der **Öffentlichkeitsarbeit**, dem **Schutz der Wälder** und der **Aufforstung**.

Manche Kritiker bemängeln sicher zu Recht, dass die Kooperation zwischen den einzelnen Gruppen als auch zwischen diesen und dem Umweltministerium noch einer erheblichen Verbesserung bedarf. Dennoch gebührt den Umweltaktivisten das Verdienst, ein **Problembewusstsein** zumindest in einigen Bereichen der Gesellschaft und Bevölkerung geweckt zu haben. Die Umwelt wurde zum viel diskutierten Thema: in den Zentren der einzelnen Organisationen, in den verschiedenen Bildungseinrichtungen und in Presse und Fernsehen. Und dass auch die Politik die Problematik und deren Bedeutung für die Bürger des Landes erkannt hat, zeigte sich bei den Kommunalwahlen vom Sommer 1998. Auf den Themenlisten der Kandidaten stand der Umweltschutz an einer der obersten Stellen.

Einen entscheidenden Anstoß, die Umweltzerstörung ins Licht der Öffentlichkeit zu rücken, gab der **Giftmüllskandal**, der 1995 weltweit Aufsehen erregte. Das Bürgerkriegschaos, das eine staatliche Kontrolle über die Machenschaften der einzelnen Milizen vollkommen unmöglich gemacht hatte, verschloss den Blick auf die insgesamt 16 000 Giftmüllfässer, die Mitte der achtziger Jahre aus Italien gebracht und erst 1994 und 1995 gefunden wurden. Im Rahmen des internationalen Abkommens von Basel des Jahres 1989, das ein Verbot des Giftmüllhandels v. a. in Entwicklungsländer formulierte, war bereits offenkundig geworden, dass Giftmüll insbesondere in Länder exportiert wird, die durch einen Krieg erschüttert werden. Die „Gegenleistungen" der exportierenden Länder wurden ein bedeutender Teil der Kriegsfinanzierung.

Die Mittelmeergruppe von **Greenpeace** (GP) unterrichtete die Öffentlichkeit von der Gefahr dieser ökologischen Zeitbombe. Der damalige Repräsentant von GP, der libanesische Politikwissenschaftler **Fuad Hamdan,** der seit Frühjahr 1999 in der Hamburger Zentrale als Pressekoordinator tätig ist, wurde zur Symbolfigur der Libanon-Kampagne. Die Beziehung zwischen GP und dem libanesischen Umweltministerium war in den Jahren 1995 und z. T. auch 1996 von Eiseskälte geprägt: GP beschuldigte die Umweltminister Moqbil und Pharaon, für den Giftmüllimport mitverantwortlich zu sein, von GP geplante Bodenuntersuchungen wurden behindert und vergeblich versuchte das GP-Boot, den Hafen von Beirut anzulaufen. Mit dem Nachfolger von Pharaon, dem Umweltminister **Akram Schuhayib**, dessen Kompetenz allgemein anerkannt wird, veränderte sich die Lage: Die Zusammenarbeit verbesserte sich entscheidend, seit Juli befindet sich ein GP-Boot in Beirut, ein Ministerbeschluss verbietet den Import von Giftmüll und GP verfolgt unterschiedliche Projekte. So versuchen Beobachtungsboote, die von Tripolis im Norden bis nach Tyros im Süden präsent sind, Firmen, die an der Vergiftung von Flüssen beteiligt sind, ausfindig zu machen und deren Namen zu veröffentlichen.

Natur und Umwelt

Die **industrielle Verschmutzung** ist sicherlich auch eine Folge des Wirtschaftswachstums, das seit Kriegsende stetig zunimmt. Die Konsumsteigerung bedingt eine erhöhte **Müllproduktion**, die – so Fuad Hamdan in einem Interview mit der Zeitung Nahar asch-Schabab – momentan bei **4000 Tonnen täglich** liegt.

Neben der Belastung des Fluss- und Meerwassers ist die **Verschmutzung der Luft** ein weiteres nach Lösung drängendes Problem. Neben den Fabriken, die sich v. a. um Schakka, südlich von Tripolis und um Beirut, konzentrieren, ist das Auto ein Hauptgrund für die schlechte Luftqualität. Allein zwischen Khalde und dem Hundsfluss, also im Großraum Beirut, sind ca. **850 000 Autos** registriert. Die dort lebenden Menschen sind von Atemwegserkrankungen wie z. B. Lungenkrankheiten und Asthma bedroht. Diejenigen, die sich für den Umweltschutz engagieren, seien es nun nicht-staatliche Organisationen oder der Umweltminister, inzwischen **A. Nazaryan**, und seine Mitarbeiter, stehen – nicht nur, aber auch in Libanon – vor großen Aufgaben, die nur durch Kooperation bewältigt werden können. Gabi Samaan hat in ihrem in Nahar asch-Schabab veröffentlichten Artikel dafür folgende Worte gefunden: *„Die Luft ist wie die Liebe. Sie kennt keine Grenzen und keine Nationalitäten und sie anerkennt keine Gebiete und keine Religionsgemeinschaften. Sie verbreitet sich überall und trifft alle ohne Ausnahme. Und keiner kann behaupten, sie nicht zu brauchen."*

850 000 Autos im Großraum Beirut tragen erheblich zur Luftverschmutzung bei

Geschichte und Zeitgeschehen

Geschichte ist die Biographie der Menschheit.
Börne

Spricht man von Libanon in der Geschichte, so darf man nicht von den heutigen Staatsgrenzen ausgehen, die erst seit Beginn der französischen Mandatszeit ab 1920 existieren. Mit **Laban** (weißer Berg) – so wie das Land in den Quellen der vorchristlichen Jahrtausende heißt – ist das parallel zur Küste verlaufende Libanongebirge gemeint. Da die Geschichte des heutigen Staates mit der Syriens, vor allem Mesopotamiens, über Jahrtausende eng verbunden war, müssen im Folgenden zahlreiche Dynastien erwähnt werden, die für den gesamten vorderasiatischen Raum prägend waren. Dabei werden allerdings nur diejenigen berücksichtigt, die für die Geschichte Libanons und zwar innerhalb der heutigen Grenzen von entscheidender Bedeutung waren.

Mesopotamien: Wiege der Zivilisation

Der Gründung der ersten Dörfer um **8000 v. Chr.** im sog. Fruchtbaren Halbmond war eine bedeutende Veränderung vorausgegangen: der Übergang vom Jagen und Sammeln zur Landwirtschaft und Nutztierhaltung und somit vom Nomadentum zur seßhaften bäuerlichen Gesellschaft. Dass die Landwirtschaft fortan zur Lebensgrundlage wurde, bedingte eine Veränderung der Nahrungsmittelgewinnung. Sie schuf die Voraussetzungen für die **Anlage von Dauersiedlungen und ersten Dörfern**. Diese neue Lebensform zog ein verändertes Wirtschaftsdenken, Arbeitseinteilung in der Feldarbeit und Vorratshaltung für den Fall von Missernten nach sich. Ca. 1000 Jahre später beherrschten die Menschen sogar die Technik des Webens und Töpferns und betätigten sich im Handel, der ihnen neue Einnahmequellen eröffnete.

Mit der Entstehung mehrerer Orte und der Aufnahme von wirtschaftlichen Kontakten untereinander kam es zur Notwendigkeit einer straffen Organisation und des Schutzes vor eventuellen Angriffen. Eine Stadtkultur entwickelte sich und Stadtmauer, Wohnanlagen, Paläste und Tempel für die schützenden Götter wurden fortan zum Bestandteil eines Stadtstaates.

Die **Sumerer** waren es, die um **3000 v. Chr.** das Bild in Mesopotamien veränderten. Eine neue gesellschaftliche und politische Struktur sowie differenzierte religiöse Vorstellungen bildeten sich heraus. Die Intensivierung der Wirtschaft und des Handels erforderte mit der Zeit eine schriftliche Fixierung: die **sumerische Keilschrift** wurde entwickelt. Sie sollte über zwei Jahrtausende von vielen Sprachen im vorderasiatischen Raum verwendet werden. Die während der Ausgrabungen geborgenen Objekte wie Plastiken, Rollsiegel und Werkzeuge aus Bronze und Kupfer, aber auch die auf den Tontafeln festgehaltenen Informationen über landwirtschaftliche Fragen, Vermessungen, künstliche Bewässerung von Feldern, mathematische oder astronomische Fragen legen heute Zeugnis von dem hohen Standard der Kultur und des Wissens jener Zeit ab.

Das Vordringen der **Akkader** in das Land der Sumerer um **2300 v. Chr.** zog eine Semitisierung in Sprache und Kul-

Die Geburt der Schrift

Die Schrift wurde in Mesopotamien erfunden. Erstmals um 3300 v. Chr. im Land der Sumerer in Erscheinung getreten, kennen wir heute den Beginn der Schriftkultur aus dem Tontafelarchiv Uruk im Irak. Der Anfang war eine Bilderschrift – Symbole der Gesellschaft und der Umwelt.

Anfangs eine einfache Gedächtnisstütze, entwickelten sich die Bilderzeichen im Laufe der folgenden Jahrhunderte in Form und Inhalt schrittweise weiter und verloren somit jede Ähnlichkeit mit ihren ursprünglichen gegenständlichen Umrissen. Da die piktographische, d. h. die symbolische Schrift, keine Gedanken und Handlungen ausdrücken konnte, begann die Umwandlung zur Zeichenschrift bzw. zur Silbenschrift. Die Erfindung der Zeichen, die einen Laut darstellten (Phonogramm), hatte zur Folge, dass die Ideogramme, also die Begriffszeichen, ihrer Bedeutung beraubt wurden und lediglich ihr Klang bewahrt blieb. Nun konnte man aber Eigennamen und grammatikalische Verbindungen schriftlich umsetzen. Dieses Verfahren führte zur Verringerung der Zeichenanzahl, so dass es möglich wurde, teilweise ein Silbensystem zu entwickeln, mit dessen Hilfe Sätze geschrieben werden konnten. So wurden aus den Bilderzeichen abstrakte Symbole, wie das Schema unten zeigt.

Die Entwicklung der Keilschrift (von oben nach unten):
(vgl. auch Abb. auf S.38)

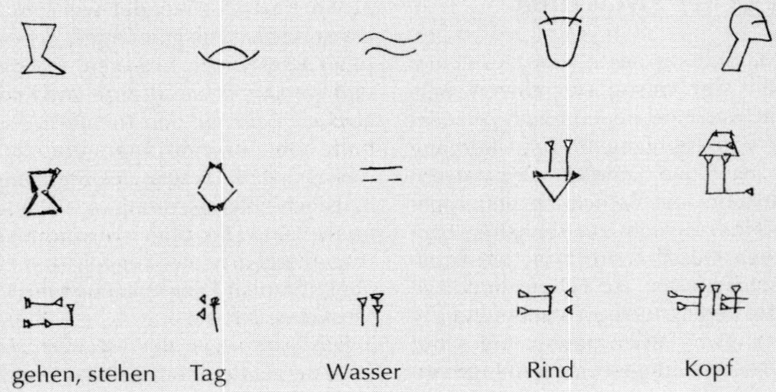

tur nach sich. Dem Gründer der Dynastie, Saragon, gelang es binnen kurzer Zeit sich der sumerischen Stadtstaaten zu bemächtigen und erstmals ein **Gesamtreich vom Persischen Golf bis zum Mittelmeer** zu gründen. Obwohl sein Enkel Naram Sin die Macht- und Expansionspolitik fortsetzte, zerfiel das akkadische Reich nach 180 Jahren aufgrund von inneren und äußeren Spannungen. Die Sumerer gewannen um **2050 v. Chr.** wieder die Oberhand. Urnammu gründete die **dritte Dynastie von Ur** und schuf eine effiziente Zentralverwaltung. Prächtige Tempelanlagen wurden gebaut, was wiederum eine Blüte der sumerischen Kunst und Literatur begünstigte: das berühmte **Gilgamesch-Epos**, eines der bedeutendsten Epen der Weltliteratur, wurde niedergeschrieben.

Politisch stabil war das ausgehende 3. Jt. v. Chr. jedoch nicht. Zahlreiche Völker aus Nordwesten versuchten die Macht im Land von Sumer und Akkad an sich zu reißen. Trotz der starken Verteidigungsanlagen konnten die Stadtstaaten den Eindringlingen keinen Widerstand entgegensetzen, so dass die westsemitischen Amuru, die **Amoriter**, sich des Gebietes vom mittleren Euphrat bis in den Westen Syriens bemächtigen konnten. Der Tod des Amoriters Schamschi-Adad setzte den Expansionsbestrebungen und ihrer Macht ein Ende, zumal seine Nachfolger die errungene Herrschaft nicht aufrechtzuhalten vermochten. Befreit von der Oberherrschaft, kamen die Stadtstaaten wieder zu Ruhm und Reichtum. Vor allem die am Euphrat gelegene Stadt **Mari** gewann wegen ihrer günstigen Lage an den großen Verbindungsrouten nach Anatolien, Südmesopotamien, Mittel- und Südsyrien sowie zur Küste eine **große Bedeutung im Fernhandel**: Kupfer, Zinn, Edelsteine, Holz und Öl passierten ihren Hafen. Als sich die Kontakte zur Mittelmeerküste intensivierten, schlug sich dies auch auf die zu jener Zeit hergestellten Kunstgegenstände nieder.

Die **Dynastie von Babylon** veränderte um **1830 v. Chr.** die politische Landkarte Mesopotamiens: **Hammurabi (1792–50)** brachte die Stadtstaaten zwischen Euphrat und Tigris unter seine Herrschaft und schuf, wie einst die Akkader, ein einheitliches Reich. Eingegangen in die Geschichte ist der Babylonier vor allem wegen seiner berühmten **Gesetzesstele**, die für alle Untertanen das verbindliche Recht verkündete. Auch die im Zentrum der Hauptstadt Babylon errichtete gewaltige Zikkurat für den obersten babylonischen Gott Bel Marduk erlangte als **Turm von Babel** Weltruhm.

Aufstieg der phönizischen Städte

Bevor die Menschen im Gebiet zwischen Euphrat und Tigris zur Sesshaftigkeit und somit zu Ortsgründungen übergingen, waren bereits zahlreiche Stämme auf der Suche nach einer Lebensgrundlage durch den vorderasiatischen Raum an die Küste gezogen. Um **3000 v. Chr**. erreichten erstmals **semitische Stämme** den Mittelmeerraum und ließen sich in Byblos nieder. Während die Stadtstaaten in Mesopotamien im Laufe des 3. Jt. v. Chr. in militärische Auseinandersetzungen verwickelt waren, entwickelten sich die Städte entlang der syrisch-libanesischen Küste zu wichtigen Handels- und Hafenstädten: Sie intensivierten die wirtschaftlichen Kontakte zu den Inseln im Mittelmeer und zu Ägypten und wurden fortan zum

Umschlagplatz notwendiger Produkte und Waren für Mesopotamien. Dieser Erfolg bewog letztendlich auch die **Phönizier**, Handelsniederlassungen rund ums Mittelmeer aufzubauen. Aber nicht nur als Zwischenhändler für wichtige Waren wurden sie bekannt, sondern auch ihre Handwerker waren „weltberühmt" und stets unterwegs, um prachtvolle Tempel und Paläste auszugestalten. Vor allem Byblos wurde wegen seines Handels mit Ägypten, wohin es ab Mitte des 3. vorchristlichen Jahrtausends Zedernholz exportierte, reich.

Die Phönizier waren **Semiten**. Sie nannten sich *Kinahu* oder *Kanaaniter*. Die Griechen kannten sie seit Homer unter dem Namen *Phoinikes*, die Purpurmänner, weil eines ihrer begehrtesten Produkte der Purpurstoff war.

Mit ihrem Aufstieg entwickelte sich an der Levante im ausgehenden 4. Jt. v. Chr. eine **Stadtkultur**: Gewaltige Stadtmauern mit Türmen, wie z. B. um **2800 v. Chr.** in Byblos, Tempel und zweistöckige Wohnanlagen wurden errichtet, die anfangs in ihrer Ausgestaltung und Form einen Einfluss Mesopotamiens zeigten. Die phönizischen Städte waren **unabhängige Stadtstaaten**, dessen größter und mächtigster **Tyros** wurde. Jedoch waren sie im Laufe ihrer Geschichte immer Angriffen und Eroberungen ausgesetzt und schlossen deswegen oft untereinander Bündnisse. Bereits im **2. Jt. v. Chr.** musste sich Byblos den **Amoritern** ergeben, konnte aber, auch nachdem die Eroberer die Stadt niedergebrannt hatten, diese wieder aufbauen. Byblos erlangte die Bedeutung von einst zurück. Während Byblos sich mit den Invasoren aus dem Nordosten schlagen musste, blieben Sidon und Tyros verschont, so dass sie ihr Imperium weiter erweitern konnten.

Das 2. Jt. v. Chr. war für die phönizischen Städte eine bewegte Zeit. **Hurriter, Hethiter** und **Ägypter** machten sich gegenseitig das Land streitig. **Thutmosis III.** von Ägypten (1504–1450 v. Chr.) führte sein Heer bis zum Euphrat und gliederte fast den gesamten Vorderen Orient mit dem Mittelmeerstreifen in sein Reich ein. Nach seinem Tod übernahmen die semitischen Hurriter die Macht und wurden zusammen mit den **Mitanni** zu einer ernstzunehmenden Großmacht. Der Konflikt mit anderen Konkurrenten ließ daher nicht lange auf sich warten: Die indogermanischen **Hethiter** machten den Mitanni die Herrschaft streitig, die aufgrund zahlreicher vorausgegangener Auseinandersetzungen derart geschwächt waren, daß sie den Hethitern 1350 v. Chr. unterlagen. Auch die Ägypter zur Zeit Ramses II. versuchten den Expansionsbestrebungen der Hethiter Einhalt zu gebieten. Die **Schlacht von Qadesch** am Orontes 1285 v. Chr. ging allerdings unentschieden aus und in dem 16 Jahre später unterzeichneten Friedensvertrag konnten die Ägypter lediglich ihr Interesse an Palästina verankern. Nicht nur Beute, Tribute und Prestigegewinn waren die Gründe für die Machtausdehnung der Hethiter, sondern auch die Kontrolle über den Transithandel vom Mittelmeer nach Osten und Westen. Daher eroberten sie all die Gebiete, durch welche die führenden Handelsrouten verliefen, um den Zugang zu den Häfen Byblos und Ugarit an der Levante in ihren Besitz zu bekommen.

Zwei Ereignisse prägten das **13./12. Jh. v. Chr.**: der Seevölkersturm und der Aufstieg der Assyrer. Die **Seevölker** zerstörten zahlreiche Städte entlang der Küste. Als sie sich gegen Ägypten zu sammeln begannen, zog Ramses III. ge-

gen sie und setzte nach seinem Sieg 1174 v. Chr. ihrer Zerstörungswut ein Ende. 1235 v. Chr. traten die aus dem oberen Tigris stammenden semitischen **Assyrer** auf die politische Bühne Mesopotamiens. In jener Zeit begannen die Hethiter an Macht und Einfluss zu verlieren, bis sie letztendlich um 1200 v. Chr. zur Bedeutungslosigkeit absanken. Die assyrischen Hauptstädte Kalach (Nimrud), Durr-Scharrukin (Chorsabad) und Ninive wurden mit prächtigen Bauten und Palästen geschmückt, deren Wände einzigartige Fresken und Elfenbeinschnitzereien überzogen. Zum dritten Mal entstand um 1100 v. Chr. ein einheitliches Reich.

Im **12. Jh. v. Chr.** erzielten die phönizischen Städte einen großen Erfolg. Sie befreiten sich von der Vorherrschaft des Pharaonenreiches, das in kriegerische Auseinandersetzungen verwickelt war, und nahmen eine führende Stellung im Handel ein. Das **„Goldene Zeitalter" der Unabhängigkeit Phöniziens** begann: Wein, Olivenöl, Purpur, Zedernholz, Metallwaren, Elfenbeinschnitzereien, Glas- und Goldschmiedearbeiten passierten ihre Häfen und wurden auf allen Märkten des Mittelmeerraums gehandelt. Der Seehandel wurde zu ihrer Domäne, ihre Schiffe beherrschten das Meer, und nach Herodot sollen sie sogar Afrika umsegelt haben. Da der Handel mit den eigenen Produkten nicht ausreichte, betätigten sie sich als Zwischenhändler. Wegen des Mangels an eigenen Ressourcen begannen sie mit der Erschließung von Rohstoffquellen und Agrarmärkten. Stets auf der Suche nach Metallen, Gold und Silber in den Küstenländern, wurden im Laufe des 1. Jt. v. Chr. Niederlassungen und Kolonien in Nordafrika, Spanien, Sizilien und Südfrankreich gegründet.

Assyrer, Neubabylonier, Perser

Im **1. Jt. v. Chr.** wurden die phönizischen Städte von zwei aufsteigenden Völkern wirtschaftlich wie politisch bedroht: Wirtschaftlich von den **Griechen**, die die Phönizier von den europäischen

Byblos: vorne Reste der phönizischen Stadt, hinten eine römische Säulenreihe

Zedern aus dem Libanon. Aus dem Reisebericht des ägyptischen Gesandten Wen-Amun (11. Jh. v. Chr.)

Ich schwieg eine lange Zeit. Da sprach er mich an und sagte zu mir: „Mit was für einem Auftrag bist du gekommen?" Ich sagte zu ihm: „Wegen des Bauholzes für die große herrliche Barke (Flußschiff) des Götterkönigs Amun-Re bin ich gekommen. Was dein Vater getan und der Vater deines Vaters getan hat, das wirst du auch tun." Er sagte zu mir: „Sie haben es wahrhaftig getan. Wenn du mir etwas dafür gibst, daß ich es tue, so will ich es auch tun. Wahrlich, nachdem der Pharao – er lebe, sei heil und gesund – sechs Schiffe, beladen mit ägyptischen Gütern, gesandt hatte, die in ihre Vorratshäuser ausgeleert wurden, haben die Meinen diesen Auftrag ausgeführt. Du aber, was hast du mir gebracht?" Er ließ die Tagebücher seiner Väter holen und ließ sie mir vorlesen. Es wurden insgesamt 1000 Deben Silber in seinem Buch verzeichnet gefunden. Er sagte zu mir: „Wenn der Herrscher Ägyptens der Herr meines Eigentums wäre und ich auch sein Vasall, hätte er mir dann mit den Worten: 'Führe den Auftrag des Amun aus!' Silber und Gold bringen lassen? Waren es etwa Geschenke, die er meinem Vater übergesandt hat? Was aber mich betrifft: Bin ich etwa dein Vasall? Oder bin ich etwa der Vasall dessen, der dich gesandt hat? Wenn ich zum Libanon rufe, so öffnet sich der Himmel, und das Holz liegt hier am Ufer des Meeres. Gib mir die Segel, die du mitgebracht hast, um deine Schiffe, die dein Holz befördern sollen, nach Ägypten zu fahren! Gib mir die Taue, die du mitgebracht hast, um die Zedernbalken zusammenzubinden, die ich dir fällen sollte. [...] Die Planken sind schwer und könnten zerbrechen, und du könntest inmitten des Meeres sterben. Sieh, am Himmel donnert Amun, nachdem er Seth neben sich gesetzt hat. Denn alle Länder hat Amun gegründet, nachdem er zuvor das Land Ägypten, aus dem du gekommen bist, gegründet hat. Von ihm (Ägypten) ist die Kunstfertigkeit ausgegangen bis zu dem Ort, wo ich bin. Von ihm ist die Gelehrsamkeit ausgegangen bis zu dem Ort, wo ich bin. Was sollen aber die törichten Reisen, die man dich machen läßt?" Ich sagte zu ihm: „Falsch! Es sind keine törichten Reisen, auf denen ich mich befinde. Es gibt keine Barke auf dem Fluß, die nicht dem Amun gehört. Sein ist das Meer, und sein ist auch der Libanon, von dem du sagst: 'Mir gehört er.' [...] Du aber stellst dich hin, um wegen des Libanon mit Amun, seinem Herrn, zu handeln! [...] Als Ersatz für Leben und Gesundheit haben sie die Güter deinen Vätern geschickt. Der Götterkönig Amun-Re aber ist der Herr über das Leben und die Gesundheit. Er war auch der Herr deiner Väter, und sie haben ihr Leben lang dem Amun geopfert. Auch du, du bist ein Vasall des Amun [...]". Der Fürst von Byblos beorderte 300 Mann und 300 Ochsen und setzte Aufseher an ihre Spitze, um das Holz fällen zu lassen. Sie fällten es, und es blieb die Wachstumszeit über dort liegen. Aber im 3. Monat der Hitzezeit wurde es an die Küste des Meeres geschleppt (aus: Elke Blumenthal (Hrsg.), Altägyptische Reiseerzählungen, Leipzig 1982, S. 32–35).

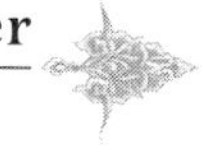

Phönizische Glasvasen aus der Nekropole von Tyros

Märkten zu verdrängen begannen, politisch von den **Assyrern**, die bis in das Laban (Libanon) vordrangen und die bedeutenden Hafenstädte unter ihre Kontrolle brachten. Zahlreiche Inschriften, wie z. B. die Siegesstelen am Hundsfluss und Fresken in ihren Palästen erzählen von den Eroberungszügen und der Machtausdehnung der Assyrer. So rühmte sich **Assurnasirpal II. (883–859 v. Chr.)** seiner Siege und der Besetzung des ganzen Gebietes des Libanongebirges: „Ich empfing Tribute von den Einwohnern an der Küste, von Tyros, Sidon, Byblos und Aradus. Sie bestanden aus Gold, Silber, Zinn, Kupfer, Metallgefäßen, leinenen Gewändern mit farbigen Säumen, großen und kleinen Eseln, Ebenholz, Bauholz, Elfenbein aus Walroßzähnen. Und sie küßten mir die Füße."

Nach dem Sieg des **neubabylonischen Reiches der Chaldäer** über die Assyrer erlebte Babylon seine zweite Blüte. Nabopolassar und sein Nachfolger **Nebukadnezar II. (604–562 v. Chr.)** bauten die Stadt in größerem Glanz als je zuvor wieder auf. Die Reste des Ischtar-Tempels, heute im Pergamonmuseum in Berlin, zeugen von der Pracht der Hauptstadt. Der neubabylonische Herrscher befreite die phönizischen Städte von der Herrschaft der Assyrer, und ließ sich im Lande Laban feiern. Lediglich Tyros hielt der Belagerung von dreizehn Jahren stand, musste sich aber letztendlich ergeben. Lange währte die babylonische Herrschaft jedoch nicht. Die persischen **Achämeniden** beendeten unter **Kyros II. 539 v. Chr.** ihre

Fortsetzung auf Seite 76

Die Phönizier bei Homer

Der griechische Dichter Homer war der erste Europäer, der die Phönizier erwähnte. Er beschrieb sie als kühne, geschickte und erfahrene Seefahrer und Kaufleute und rühmte ihre Kunstfertigkeit in der Herstellung schöner, kostbarer Gegenstände. Ihre kunstreiche Ornamentierung von Metallprodukten, Gold, Silber- und Bronzegefäßen erregte zu jener Zeit die Bewunderung vieler, und der Handel mit Zedernholz und Purpurstoffen brachte ihnen großen Ruhm. In Homers Epos *Ilias* (VI, 288–92) kommt diese Bewunderung deutlich zum Ausdruck: „Selbst aber stieg sie in die Kammer hinab, die duftende, wo die Gewänder ihr waren, die allgemusterten, Werke von Frauen Sidoniens, die Alexandros [Paris] selbst, der gottgleiche, von Sidon hatte gebracht, als er über das breite Meer fuhr, auf dem Weg, auf welchem er Helena mitgebracht, die Gutgeborene." An einer anderen Stelle (XXIII, 741–45) beschreibt Homer den von Achilleus gestifteten Kampfpreis für den Sieger bei den Leichenspielen zu Ehren seines gefallenen Freundes Patrokolos: „Einen silbernen Mischkrug, einen gefertigten, und sechs Maß faßte er, doch an Schönheit ragte er hervor auf der ganzen Erde bei weitem. Denn Sidonier, kunstreiche, hatten ihn gut gearbeitet. Doch Phoinikische Männer brachten ihn über das dunstige Meer und legten im Hafen an und gaben ihn zum Geschenk dem Thoas."

In dem späteren Werk Homers, der *Odyssee*, verändert sich das Phönizien-Bild, die Haltung wird distanzierter. Homer begann in seinem zweiten Werk zwischen den Sidoniern, denen nach wie vor sein großer Respekt galt, und den Phöniziern, vor denen man vorsichtig sein sollte, zu unterscheiden. Die stolzen Sidonier („aus Sidon, erzreich, rühme ich mich herzustammen") stehen den schlechten Phöniziern im 15. Gesang gegenüber: „Da kamen einst Phönizier, diese schiffsberühmten Männer, halbtrunken, hatten massenweise Tand und Putz im schwarzen Schiffe." Aber nicht nur Betrüger waren sie, sondern auch Diebe („Da ließ sie [die Phönizierin] schnell drei Becher in dem Bausch des Kleides verschwinden und trug sie fort. Ich aber folgte ihr in meiner Einfalt.") und Kindesentführer („Da kam ein Mann aus Phönizien, der betrügerische Dinge wußte. Halunke der! Der hatte schon vieles Übles zugefügt den Menschen! Der hat mich schlau beschwätzt und mitgenommen, bis wir kamen nach Phoinike, wo seine Hausbesitzungen und Güter lagen."). Dieses Klischee von den Phöniziern entstand zeitgleich mit der wirtschaftlichen Expansion Griechenlands. Den Griechen waren die Phönizier inzwischen ein Dorn im Auge, hatten sie doch ab dem 8. Jh. begonnen, Handel auf großer See zu betreiben und den Mittelmeerraum zu kolonisieren, wobei sie überall auf die Händler aus Phoinike stießen. Das Bild des betrügerischen, trickreichen und finsteren Phöniziers, der alles an- und verkauft – auch Menschen – hat hier seine Wurzeln.

(Die Zitate Homers nach: Homer, Ilias. Übertragen von Wolfgang Schadewald, insel taschenbuch).

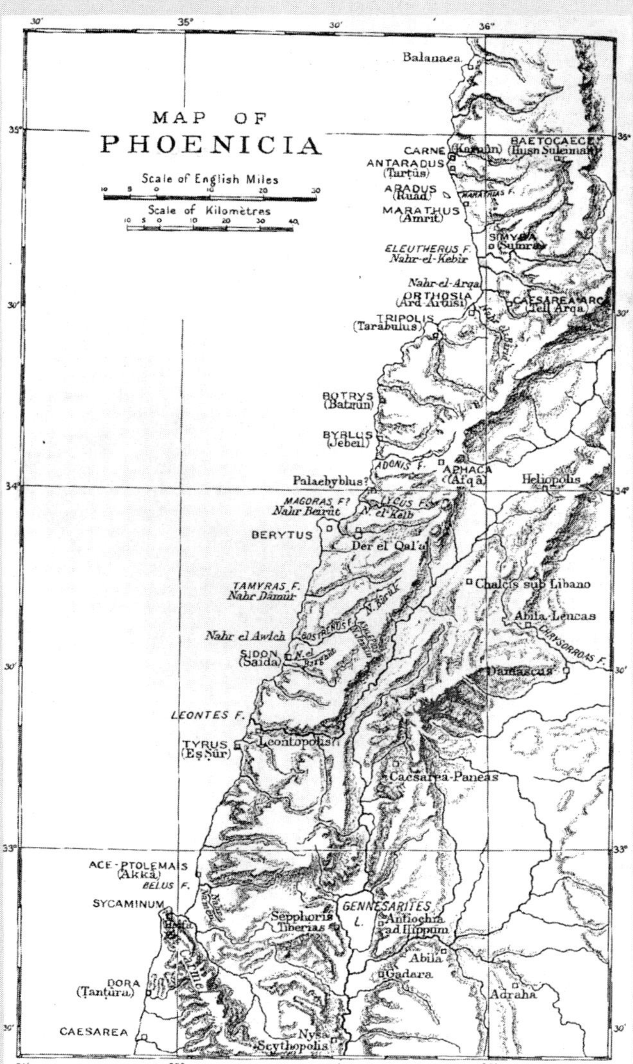

MAP OF
PHOENICIA

Scale of English Miles
10 5 0 10 20 30
Scale of Kilometres
10 5 0 10 20 30 40

Balanaea
CARNE (Karnûn)
BAETOCAECE (Husn Suleiman)
ANTARADUS (Ṭurṭûs)
ARADUS (Ruad)
MARATHIAS F.
MARATHUS (Amrit)
SIMYRA (Sumra)
ELEUTHERUS F. Nahr-el-Kebir
Nahr-el-Arqa
ORTHOSIA (Ard-Artûsi)
CAESAREA ARCA Tell Arqa
TRIPOLIS (Tarabulus)
BOTRYS (Batrûn)
BYBLUS (Jebeil)
ADONIS F.
APHACA (Afqâ)
Heliopolis
Palaebyblus?
MAGORAS F? Nahr Beirût
LYCUS F. N. el Kelb
BERYTUS
Der el Qal'a
Chalcis sub Libano
TAMYRAS F. Nahr Dâmûr
Abila Leucas
CHRYSORROAS F.
Nahr el Awleh
BOSTRENUS F.
SIDON (Saida)
N. el Barghût
Damascus
LEONTES F.
TYRUS (Eṣ Ṣûr)
Leontopolis
Caesarea-Paneas
ACE-PTOLEMAIS (Akkâ)
BELUS F.
SYCAMINUM
GENNESARITES L.
Sepphoris
Tiberias
Antiochia ad Hippum
Abila
Gadara
DORA (Ṭanṭûra)
Adraha
CAESAREA
Nysa
Scythopolis

Herrschaft und erhoben den Vorderen Orient zur persischen Provinz. Ihr Interesse galt vor allem den Küstenstädten mit ihren Häfen und den Kenntnissen der phönizischen Seefahrer, planten sie doch mit ihrer Flotte von der Levante aus, Griechenland zu erobern. In der Hoffnung, den Griechen, vor allem im Handel, Einhalt gebieten zu können und die Seeherrschaft wiederzuerlangen, verbündeten sich die Phönizier anfangs mit den **Persern**. Unter **Artaxerxes II. (405–359 v. Chr.)** entzogen sich Sidon, Tyros, Byblos und Aradus der persischen Herrschaft und erhoben sich unter der Führung von Tripolis gegen die Invasoren. 334 v. Chr. besiegte Alexander der Große die Perser.

Zeus oder Jupiter? Die Phönizier unter griechischer und römischer Herrschaft

Zwei Siege über die Perser öffneten **Alexander dem Großen** den Weg in den Vorderen Orient: 334 v. Chr. am Granikos und ein Jahr später am Golf von Issos. Sein nun ungehinderter Zug durch Kleinasien ermöglichte ihm die Befreiung der griechischen Städte und die Herrschaft über den vorderasiatischen Raum. Lediglich Tyros widersetzte sich dem Makedonier, gab aber nach einer neunmonatigen Belagerung seinen Widerstand auf. Mit der Eroberung Alexanders begann die **Hellenisierung** – in allen Bereichen vermochte sie sich durchzusetzen und vor allem in der Kunst, Kultur und Mythologie deutliche Spuren zu hinterlassen. Da es bereits Jahrhunderte zuvor aufgrund der engen wirtschaftlichen Kontakte Berührungspunkte zwischen Griechen und Phöniziern gab, fiel es dem Händlervolk leicht, sich dem Hellenismus zu nähern. Alexander brachte nicht nur politische Stabilität, sondern sorgte auch für einen erneuten Aufschwung im Handel. Phönizische Kaufleute zogen wieder über das Meer, um die Märkte mit wertvollen Gütern zu beliefern: Gewürze, Weihrauch, Seide, Wein, Olivenöl, Holz, Edelsteine, Papyrus, Purpurstoffe, Glas- und Metallwaren machten ihren Weg über die Häfen in Übersee.

Der Tod Alexander des Großen 323 v. Chr. brachte wieder Unruhe in die Region. Die **Diadochenkämpfe** brachen aus, in denen sich die Generäle des Makedoniers um die Herrschaft über das Alexanderreich stritten. Erst als in der Schlacht bei Ipsos 301 v. Chr. Seleukos Nikator seinen Hauptgegner Ptolemaios schlug, kehrte wieder Ruhe ein. Über ein Jahrhundert beherrschten die **Seleukiden** Syrien, Libanon, Mesopotamien und Kleinasien. Die **Ptolemäer** wurden nach Süden verdrängt und mussten sich mit Ägypten und Palästina begnügen. Der **Ausbreitung des Hellenismus** waren keine Grenzen mehr gesetzt. Eine Vermischung von vorderasiatischem und griechischem Gedankengut begann: Göttergestalten verschmolzen ineinander (Baal wurde zu Zeus, Astarte zu Aphrodite und Melkart zu Herakles), Mythologien nahmen neue Formen an (Adoniskult) und die Schulen der Stoiker in Tyros und der Epikureer in Sidon trugen zur Verbreitung neuen philosophischen Gedankengutes bei.

Zeus verdrängte Jupiter, Venus die Göttin Aphrodite! Zwar stand bereits seit dem 2. Jh. v. Chr. ein Teil Kleinasiens unter römischer Herrschaft, jedoch wurden Palästina, Libanon und Syrien erst nach dem Orientfeldzug des römischen Feldherrn Pompeius 64/63 v. Chr. in das Römische Reich eingegliedert. Durch die von **Kaiser Augustus** im

Jahre **31 v. Chr.** verkündete *Pax Romana* erlebte der Vordere Orient in den folgenden zwei Jahrhunderten einen **wirtschaftlichen wie kulturellen Aufschwung**. Die Römer unternahmen große Anstrengungen, in den eroberten Gebieten Landwirtschaft und Bewässerungsanlagen systematisch zu fördern sowie die Handelsbeziehungen zwischen Ost und West zu intensivieren. Diese erfolgreichen überseeischen Eroberungen und die Herausbildung eines Imperiums steigerten nicht nur die Macht und den Reichtum der Römer, sondern vergrößerten auch das Betätigungsfeld für Handwerk und Handel auf beiden Seiten. Vor allem die phönizische Wirtschaft erlebte eine neue Blüte. In Rom und seinen Häfen richteten die Händler von der Levante Kontore ein.

Ende des 2. Jhs. gründete Kaiser Septimius Severus eine römische Rechtsschule in Berytos (Beirut), die weltweiten Ruhm erlangte. Die Städte, die an den großen Handels- und Karawanenstraßen lagen und somit die wertvollen Luxusgüter in den Westen transportierten, gelangten zu großem Reichtum, der sich auf das Stadtbild niederschlug: prachtvolle Tempel, Theater, Bäder, Säulenstraßen und Marktplätze schmückten fortan die Zentren. Eine weitere Folge dieses Aufschwungs war die kulturelle Vermischung, die eine Synthese aus griechisch-römischer und orientalischer Architektur zur Folge hatte. Bauten in Baᶜalbak oder Palmyra sind Zeugen dieser goldenen Ära.

Zur Ruhe kamen die Römer jedoch nicht. Die Perser brachten wieder Spannungen in den Vorderen Orient, indem sie ihre Macht weiter ausdehnten und damit den Nerv der Römer empfindlich trafen. Zwar war es dem römischen Heer gelungen, den persischen **Parthern** im Westen Einhalt zu gebieten, weniger erfolgreich aber waren sie im Osten. Hier überschritten die Parther den Euphrat, die natürliche Grenze zwischen beiden Machtbereichen, und eroberten die wichtige Handelsstadt Dura-Europos – die Brücke zwischen West und Ost. Auch ihre Nachfolger, die **Sassaniden**, die **ab 227** Mesopotamien beherrschten, waren alles andere als friedfertig. Immer wieder in Kriege verwickelt, nutzten einige Lokalregenten die Schwäche Roms für kurze Zeit aus, um die Herrschaft an sich zu reißen. Bürgerkriege, Aufstände, wirtschaftlicher Niedergang und Invasionen führten dann im 3. Jh. zum Zusammenbruch des politischen Systems des Römischen Reiches.

Alexander der Große

Der Beginn des Christentums

Jesus und Maria – sie hielten sich eine Zeit lang in der Nähe von Sidon auf, wo Christus den neuen Glauben den Menschen kundgab. Paulus und Petrus – sie sprachen im Namen Christi, predigten und trugen zur Verbreitung des neuen Glaubens bei. Seit dem 1. Jh. hatte sich das Christentum unaufhaltsam ausgebreitet, fasste in einem großen Teil des Römischen Reiches Fuß, nicht zuletzt, weil es eine aktive missionierende Religion war, von der sich viele angesprochen fühlten. Zahlreiche christliche Gemeinden entstanden im Vorderen Orient, von denen Antiochia die erste war. Anfangs dem Druck des Römischen Reiches ausgesetzt, mussten die Christen vor allem zur Regierungszeit Diokletians (284–305), der ihre Verfolgung intensivierte, große Verluste und Demütigungen auf sich nehmen. Erst als **Konstantin 313** ein **Toleranzedikt** erließ, das die Kirche unterstützte, wurden die Feindseligkeiten beendet. Das Christentum wurde zur **Staatsreligion des Römischen Reiches**. Eine Distanzierung von den antiken Kulten begann, Tempel wurden zerstört oder in Kirchen umgebaut. So verbot 312 Kaiser Konstantin den Venuskult in Baᶜalbak und ließ im Hof des Jupiter-Tempels eine Kirche erbauen. Auch die **Mönchsbewegung** und deren Missionierung im **4. Jh.** trugen zur **Ausbreitung und Festigung des neuen Glaubens** bei. Binnen weniger Jahrzehnte wurden zahlreiche Kirchen und Klöster gebaut, bedeutende Wallfahrtsorte säumten die Pilgerwege.

Das **Konzil von Nicaea 325** war ein Wendepunkt in der Geschichte des Christentums: Die Distanzierung von der griechisch-römischen Kultur wurde manifestiert und das apostolisch-nicäische Glaubensbekenntnis zur katholischen Staatsreligion erhoben. **391/92** wurde dann endgültig das Christentum als **gleichberechtigte Religion** neben anderen anerkannt und 395 das Römische Reich in ein West- und Ostreich geteilt.

Die Gefahr, mit der sich die Römer jahrzehntelang auseinandersetzen mussten, war allerdings immer noch nicht gebannt: Die Sassaniden bedrohten weiterhin die Region. Das **7. Jh.** besiegelte jedoch endgültig die **byzantinische Herrschaft** über den Vorderen Orient. Die persischen Kriege und die Schlacht am Fluss Jarmuk 636, in der die muslimischen Truppen von der Arabischen Halbinsel einen glorreichen Sieg errangen, öffneten den Weg für die Eroberung Syriens, Libanons und Palästinas. Eine neue Religion begann mit dem Christentum zu konkurrieren: der **Islam**.

Das Ringen um Macht: die islamischen Dynastien

Die Moscheen in Qairawan und Damaskus, der Felsendom in Jerusalem und die Schlösser in Jordanien, Syrien und Libanon sind Zeugnisse der frühislamischen Kunst zur Zeit der **Umayyaden (661-750)**. Damaskus, die glanzvolle Hauptstadt des Islamischen Reiches, wurde zum Zentrum für Kunst und Wissenschaften und die Islamisierung zog ihre erfolgreichen Wege bis weit in den Osten und Westen. Lediglich die inneren Auseinandersetzungen um die Interpretation des Islam und vor allem um die Nachfolgeregelung nach dem Tod des Propheten Muhammad gab dem Glanz der Pracht um 800 einen matten Überzug. So hatte sich die **schiitische Opposition** mit den Persern verbündet, die als Nichtaraber keinen gleichberechtigten Status hatten und sich daher benachteiligt fühlten. Das Ziel, die umayyadischen Kalifen zu entmachten, gelang schließlich mit Hilfe der Sippe Abbas im Jahre 750. Die **Abbasiden** übernahmen die Macht und verlegten die Hauptstadt nach Bagdad.

Die goldenen Routen: Handelswege und -beziehungen

Handelsbeziehungen waren schon immer von großer Bedeutung. Sie schufen Kontakte, erweiterten das Wissen über andere Völker, trugen zur Entwicklung bei und schufen durch gegenseitigen Einfluss eine Synthese in Kunst, Kultur und Religion. Bereits die Assyrer hatten ein von Brunnen gesäumtes Straßennetz mit Plänen geschaffen, die Achämeniden bauten erste Rasthäuser in Abständen von 25 km, die den Handelsreisenden Schutz vor Wegelagerern boten, und die Griechen sowie Römer erweiterten das Handelsnetz zwischen Westen und Osten.

Seidenstraße und Weihrauchstraße, Königsstraße und Küstenstraße – wie ein Spinnennetz ziehen sie sich durch den Vorderen Orient und die Arabische Halbinsel. Gold, Silber, Edelsteine, Gewürze, Glas, Porzellan, Papier, Heilsubstanzen, Seide u. a. wurde auf den langen Strecken transportiert. 14 000 km musste ein Händler zurücklegen, wenn er auf der Seidenstraße zwischen dem Anfangs- und Endpunkt, China und dem Vorderen Orient, seine Waren transportieren wollte. So folgte die Straße südlich über Samarkand und Buchara, nördlich über das Kaspische Meer und die Wolga zur Bernsteinstraße, westlich über Nishapur, Isfahan, Bagdad nach Palmyra. Von der Oasenstadt konnte der Händler dann entweder nördlich nach Antiochia gelangen oder südlich nach Damaskus und weiter zur Küstenstraße nach Tyros und Gaza.

Die Drehscheibe aber war die Arabische Halbinsel. Hier an der Südküste und im Norden des heutigen Somalia wuchsen Myrrhe und Weihrauch. Bereits zur Zeit der Königin von Saba wurde vom Jemen aus der Nachschub dieser für den religiösen Kult so wichtigen Aromastoffe bis zum Mittelmeerraum organisiert. Die Nabatäer aber waren es, die ab dem 2. Jh. v. Chr. die begehrten Räucherwerke auf von ihnen bewachten Karawanenwegen bis in ihre Hauptstadt Petra über die Weihrauchstraße entweder zur Küstenstraße oder über die Königsstraße nach Damaskus transportierten. Und über das Meer – der Kulturbrücke zwischen Osten und Westen – gelangten die Güter dann nach Europa.

Von den ab dem 9. Jh. zahlreichen unabhängigen Lokaldynastien blieben die Abbasiden zunächst unberührt. Das Blatt schien sich zu wenden, als im 10. Jh. die **Fatimiden** in Nordafrika ein Gegenkalifat gründeten und binnen weniger Jahre den Vorderen Orient unter ihre Herrschaft brachten. Die Befürchtung, weitere Machteinbußen zu erleiden, und das Unvermögen, sich den Opponenten entgegenzustellen, trieb die abbasidischen Kalifen immer mehr in die Hände der turkmenischen **Seldschuken**. Ihrem Sultan Alp Arslan war es nach der Schlacht bei Manzikert 1071 gelungen, das byzantinische Heer zu schlagen und Anatolien unter seine Herrschaft zu bringen, 1070 Aleppo, 1076 Damaskus und 1084 Antiochia zu unterwerfen. Von Libanon, über Syrien, Irak, Iran bis zur Arabischen Halbinsel erstreckte sich im 11. Jh. ihr Einflussgebiet. Zwar waren die Abbasiden offiziell noch die Machthaber, die eigentliche Herrschaft übten aber die Seldschukensultane aus.

Deus lo volt: Kreuzzüge und Heiliger Krieg

Am 27. 11. 1095 rief **Papst Urban II.** auf dem Konzil in Clermont zum ersten Kreuzzug auf. In seiner Rede bat und ermahnte er die Zuhörer, „dieses gemeine Gezücht aus den von [ihren] Brüdern bewohnten Gebieten zu verjagen." Die Begeisterung der Massen und die Bereitschaft, sofort loszuziehen, um „das Grab des Herrn vom Joch der Heiden zu befreien", war kaum zu bremsen. **Gottfried von Boullion**, **Boemund von Tarent**, **Raimund von Toulouse** und **Graf Robert von Flandern** – das waren die vier großen Heeresführer, die

Handel in einer Karawanserei

sich im August 1096 in Marsch Richtung Palästina setzten. Dass die Eroberung einem Spaziergang gleichkam, lag an der Uneinigkeit der Muslime. Nicaea, Tarsus, Edessa, Antiochia, Bethlehem und 1099: Jerusalem, die Heilige Stadt! Nachdem fast alle Küstenstädte in ihrer Gewalt waren, begannen sie mit der Konsolidierung und der Gründung von christlichen Einflussgebieten: im Nordosten die Grafschaft Edessa, im Norden das Fürstentum Antiochia, in der Mitte die Grafschaft Tripolis und das Königreich Jerusalem mit Palästina und Transjordanien. Lediglich Zentralsyrien zwischen Aleppo und Damaskus konnte nicht erobert werden.

Mitte des 12. Jhs. begannen die **Zengiden** mit der Gegenoffensive. Zum ersten Mal sahen sich die Kreuzritter mit einem starken Gegner konfrontiert. Zengi eroberte den Norden Syriens und die Stadt Edessa, sein Sohn **Nur ad-Din** führte das Werk seines Vaters fort. Er vereinte die Muslime unter der Flagge des *Jihad* (**Heiliger Krieg**) und rief sie zu einem gemeinsamen Kampf gegen die Invasoren aus dem Abendland auf. Aber erst der ayyubidische **Sultan Saladin** konnte den großen Erfolg verzeichnen: Er beendete 1173 die Herrschaft der Fatimidendynastie und regierte somit fast unabhängig vom abbasidischen Kalifat Syrien und Ägypten. 1187 war das Jahr des Triumphes. Nach dem entscheidenden Sieg in der Schlacht bei Hattin fielen die meisten Zentren der Kreuzritter an der Küste wieder in die Hände der Muslime. Knapp ein Jahr später kapitulierte Jerusalem. Dies veranlasste den Papst, den **3. Kreuzzug** auszurufen. **Richard Löwenherz**, König Englands, und der französische König **Philipp II.** kamen ins Heilige Land. Weitaus bedeutender als die Siege und Niederlagen beider Seiten waren die Verhandlungen 1191, die ein Jahr später mit der Unterzeichnung des ersten Waffenstillstandes zwischen Muslimen und Franken endeten. 1193 starb der ayyubidische Sultan Saladin.

Ein großes Ereignis im 13. Jh. ist der 1229 abgeschlossene Jerusalem-Vertrag zwischen dem ayyubidischen Sultan al-Kamil und dem Stauferkaiser Friedrich II.

Kaum war Ruhe eingekehrt, traten die **Mongolen** ab der Mitte des 13. Jh. auf die Bühne. Seit 1250 an der Macht, verteidigten die **Mamluken** das Islamische Reich gegen die aus dem Osten kommenden Reiterscharen. Zwar konnten sie einige Siege verzeichnen, jedoch der Zerstörungswut der Mongolen nicht überall Einhalt gebieten. Erfolgreich war die Dynastie, vor allem **Sultan Baibars**, hingegen bei der Rückeroberung der letzten fränkischen Stützpunkte und Burgen. 1302 verließen die Kreuzfahrer endgültig den Vorderen Orient.

Die Herrschaft der Osmanen

1516 eroberten die osmanischen Truppen unter **Selim I.** den Vorderen Orient: Das Gebiet erlebte die längste Fremdherrschaft seiner Geschichte. Trotz Aufständen, die blutig niedergeschlagen wurden, und dem Versuch einiger Fürsten, sich von der Pforte unabhängig zu machen, endete die Herrschaft der Osmanen erst nach dem Ersten Weltkrieg.

In Libanon führten zahlreiche Fürsten erbitterte Kämpfe gegen die Osmanen. Der bedeutendste unter ihnen war **Fakhr ad-Din II.** (1590-1635). Er und

Fortsetzung auf Seite 84

Und die Tränen flossen um Jerusalem

„Als die Nachricht von der Übergabe Jerusalems an die Franken eintraf, stürzte in allen Ländern des Islam die Welt ein und das Unglück wog derart schwer, daß öffentliche Trauerfeiern angesetzt wurden. [...] Möge Gott die Kondolenze der Gläubigen zum Verlust Jerusalems gut gelingen lassen. Schande über die muslimischen Herrscher! Bei solchem Geschehen strömen die Tränen, brechen die Herzen vor Seufzern, ist der Kummer qualvoll."

Die Nachricht von der Übergabe Jerusalems an die Kreuzfahrer gleicht in den arabisch-islamischen Quellen einer Todesnachricht. Es ist als ob die Heilige Stadt Jerusalem zu Grabe getragen werde, begleitet von Tränen, Seufzern und Trauer. Was war geschehen, dass die Muslime bei dieser Nachricht zu schreien und zu weinen begannen? Wir sind im Jahre 1229. Der ayyubidische Sultan al-Kamil, ein Neffe Saladins, und Kaiser Friedrich II. schlossen den sog. Jerusalem-Vertrag ab, der unter anderem die Übergabe Jerusalems an die Franken zum Inhalt hatte, allerdings mit der Einschränkung, dass der heilige Bezirk mit dem Felsendom und der al-Aqsa-Moschee im Besitz der Muslime bleibe.

Jerusalem – die Heilige Stadt, die bei den Menschen jener Zeit endzeitliche Vorstellungen weckte, wie es die Apokalypse beschrieben hatte. Jerusalem – die Heilige Stadt, Mittelpunkt der geistigen Welt, Ziel der großen Pilgerreisen, wo Gott unter seinem Volk weilt, Sammelpunkt und Aufenthaltsort der Zerstreuten und Gerechten, wo die Auserwählten aufsteigen. Jerusalem – die Heilige Stadt, der endzeitliche Ort, das Paradies, der Lebensbaum. Ob für die Muslime oder für die Kreuzritter – während der Kreuzzugsbewegung des 12./13. Jahrhunderts ging es immer wieder um Jerusalem. Es war das Schlüsselwort.

Bereits vor dem Aufbruch der ersten Kreuzritterheere im August 1096 drehte sich alles um Jerusalem. Ein Kreuzzug, der nach den Worten des Papstes als Heiliger Krieg galt und dessen Ziel Schutz der Kirche des Ostens „gegen innere und äußere Feinde des Christentums" war, wurde von Anfang an mit der Wallfahrt verbunden. Daher musste jeder, der beabsichtigte, auf einen Kreuzzug zu gehen, zuvor ein Gelübde ablegen, um die gleichen Privilegien zu erhalten wie jemand, der eine Wallfahrt antrat. Wie enthusiastisch waren sie doch nach der Rede des Papstes im November 1095: „Welch wunderbares und liebliches Schauspiel waren sie für uns, alle diese leuchtenden Kreuze aus Seide, Gold oder jeder Art Tuch, welche die Pilger auf Befehl des Papstes auf die Schulter ihrer Mäntel, Röcke oder Joppen nähten." Durch die Verbindung mit der Wallfahrt wurde der Kreuzzug zum pilgernden Gehorsam und Jerusalem zur Metapher, und zwar überall, wo man im Namen Gottes gegen „Heiden" kämpfte.

So groß die Freude bei den Kreuzrittern nach der Eroberung Jerusalems 1099 war, so groß muss die Trauer bei den Muslimen nach dessen Verlust gewesen sein. Erst knapp neunzig Jahre später gelang es Sultan Saladin nach energischen, harten Kämpfen, „die Braut der Städte" wieder für die islamische Welt zurückzu-

Sultan Saladin – der große Held der Muslime

erobern. Und nun wurde sie 1229 an die Franken kampflos zurückzugeben. Wie dem zusehen, ohne zu weinen, wie dies akzeptieren, ohne zu schreien? Die Beweggründe des Sultans konnte das Volk sicherlich nicht nachvollziehen, sind sie doch nur im Rahmen der Gesamtpolitik des ayyubidischen Sultans al-Kamil und seiner Ziele zu verstehen. Während die Außenpolitik vom Kampf gegen die Franken geprägt war, gehörte die Verwirklichung des ayyubidischen Einheitsstaates zu den wichtigsten innenpolitischen Zielen. Da dies infolge der Machtbestrebungen seines Bruders al-Muazzam in Damaskus und der daraus resultierenden Auseinandersetzung allerdings gefährdet schien, galt es eine Lösung zu finden, besonders als der Sultan von einer weiteren bevorstehenden fränkischen Invasion erfuhr. Als er sich dieser Zweifrontenstellung gegenübersah, entschloss er sich zu einem gewagten Schritt: Er entsandte Anfang des Jahres 1227 einen seiner Emire als Gesandten zu Friedrich II. mit der Aufforderung, nach Akkon zu kommen. Dabei versprach er dem Kaiser die Rückgabe aller Eroberungen Saladins – einschließlich Jerusalems. Nach zahlreichen Verhandlungen, Briefen und dem Austausch von Gesandten kam es schließlich am 24. Februar 1229 zum Abschluss des Vertrages.

Jerusalem – die Heilige Stadt war wieder in den Händen der Franken. Zwar war das 13. Jh. von Kooperation und dem Abschluß zahlreicher Waffenstillstände geprägt, aber nichts wünschte man sich so sehr wie die Rückeroberung der Stadt. Daher enden auch die meisten Berichte über die Nachricht der Abtretung Jersualems an die Franken mit folgender Hoffnung: „Möge Gott seine Eroberung leicht machen und es an die Muslime zurückgeben durch seine Gnade und Güte. Amen."

später **Baschir II.** (1788-1849), der Erbauer des Schlosses in Bait ad-Din, versuchten, die Türkenherrschaft mit dem Ziel eines unabhängigen Libanon zu beseitigen. Der „kranke Mann am Bosporus", wie die Türkei in jener Zeit genannt wurde, musste zwar zeitweilig den Verlust der Herrschaft über Libanon hinnehmen, konnte jedoch mit Hilfe der Engländer, deren Flotte die Küste bombardierte, wieder die Kontrolle über die Region zurückerlangen.

Beginn der französischen Mandatsherrschaft

Ruhe war im Lande der Zedern nicht eingekehrt. 1860 kam es zu erbitterten Kämpfen zwischen **Maroniten** und **Drusen** in den Chouf-Bergen. Über 20 000 Christen wurden in zwei Monaten getötet. Die Franzosen marschierten in das Land ein, um den Massakern ein Ende zu setzen, und zwangen die türkische Regierung, der Autonomie Libanons unter einem französischen Gouverneur im Rahmen des Osmanischen Reiches zuzustimmen. Die autonome Provinz des Mont Liban entstand.

Während des **Ersten Weltkrieges** unterzeichneten Briten und Franzosen ohne Wissen der Araber 1916 das **Sykes-Picot-Abkommen**, das die Aufteilung des ehemaligen Osmanischen Reiches unter ihnen zum Inhalt hatte. Ein Jahr später wurde in der **Balfour-Declaration** der Beschluss der britischen Regierung von ihrem Außenminister Arthur J. Balfour dem französischen Baron Rothschild mitgeteilt: Die Errichtung einer nationalen Heimstätte für das jüdische Volk in Palästina. Dass die Briten im gleichen Atemzug den Arabern bei einer Beteiligung am Kampf gegen die Osmanen einen unabhängigen Staat versprachen, wurde ihnen nach Bekanntwerden der geheimen Verträge bitter nachgetragen. Denn erst als die ersten französischen und englischen Truppen in den Vorderen Orient kamen, erfuhren die Araber von den vorausgegangenen Vereinbarungen – sie fühlten sich gedemütigt, enttäuscht und betrogen. 1920 begann die **französische Mandatsherrschaft** über Syrien und Libanon. Die Versuche, ihre Herrschaft zu beenden, sei es 1922 oder 1925, misslangen. Die Losung „teile und herrsche" kennzeichnete die anschließenden französischen Maßnahmen: das syrische Kernland wurde weitgehend nach den siedlungsgeographisch markanten ethno-konfessionellen Kriterien in vier autonome Gouvernements geteilt. Vor allem um die Position der Maroniten in Libanon nicht zu gefährden, die schon seit Jahrhunderten enge Bindungen an Frankreich hatten, jedoch in einem islamischen großsyrischen Staat nur eine verschwindende Minderheit dargestellt hätten, schufen die Franzosen einen „Staat Libanon", indem der Kern Libanons, das Libanon-Gebirge, durch den Anschluss umliegender Gebiete erweitert wurde. **1926** kam es zur **Gründung der Republik Libanon** und am 23. Mai zur Verabschiedung der Verfassung.

Der Untergang der „Schweiz des Ostens"

Seit den 70er Jahren wird die „Schweiz des Ostens" mit unvergessenen Bildern und Nachrichten des 16 Jahre andauernden **Bürgerkrieges** verbunden. Ein Krieg, der nicht aufzuhören schien. Ein Krieg, in dem zahlreiche Milizen gegeneinander kämpften, aber auch auswärtige Kräfte ihre Macht zu demonstrieren versuchten. Ein Krieg, dessen Ursachen

Fakhr ad-Din und seine Unabhängigkeitsbestrebungen

„Wir sind klein, aber in den Augen der Feinde groß." Besonders groß war er nicht. Und mit Spott sparte man deswegen auch nicht. Hinter vorgehaltener Hand machten sich viele über ihn lustig und tuschelten: „Wenn ein Ei aus seiner Hosentasche fallen würde, würde es sicherlich nicht zerbrechen." Dass er hochintelligent, gerecht, gebildet und in Naturwissenschaften und Philosophie belesen war, kümmerte die Spötter nicht.

Fakhr ad-Din II. aus der Familie Ma'n war der erste Herrscher über Libanon. Fakhr ad-Din II. aus der Familie Ma'n sitzt nun in einer dunklen Gefängniszelle und wartet auf seinen Tod. Er denkt über die bewegte Zeit der letzten Jahrzehnte nach. Der Anfang war dunkel, das Ende ist dunkel. Aber zwischendurch begleitete ihn doch die Sonne mit ihren hellen Strahlen auf all seinen Wegen.

Die ersten Jahre verbrachte er in einer Höhle. Seine Mutter hatte ihn und seinen Bruder wegen Auseinandersetzungen zwischen den führenden drusischen Familien dort verborgen. Erst als wieder Ruhe eingekehrt war, erblickten sie das Sonnenlicht. Seine Gerechtigkeit verschaffte Fakhr ad-Din II. in den Chouf-Bergen binnen weniger Jahre Ansehen und Respekt. 1590 übernahm er die politische Führungsrolle über seine drusische Religionsgemeinschaft. Wie sein Vater, so hegte auch er keine großen Sympathien für die Türken, deren Fremdherrschaft über sein Land er zu beenden erstrebte. Dass dies eines harten Kampfes bedurfte, wusste er. Zunächst einmal mussten für ein gemeinsames Vorgehen die Streitigkeiten zwischen den drusischen Feudalfamilien beigelegt werden. Einfach war dies nicht, denn viele wollten sich seinem Willen nicht unterwerfen. Kämpfe prägten daher das Ende des 16. Jhs., Siege und Niederlagen sein Leben. Aber bald schien wieder die Sonne. Als er die bedeutendsten Familien auf seiner Seite hatte, arrangierte er sich mit den Osmanen und knüpfte wirtschaftliche Verbindungen mit Europa, indem er mit dem Herzog der Toskana 1607 einen Vertrag abschloss. Seine Idee eines größeren Libanon, frei von der türkischen Herrschaft und nach Westen orientiert, schien in greifbarer Nähe zu sein. Als er jedoch mit den Osmanen in eine politische Sackgasse geriet, floh er 1613 nach Italien. Es waren reiche Jahre. Kunst, Literatur, Musik umgab sein Leben. Tief beeindruckt von der europäischen Kultur und bereichert von der Renaissance in Kunst und Architektur kehrte er fünf Jahre später nach Libanon zurück. Er erwählte Dair al-Qamar zu seiner Sommer-, Sidon zu seiner Winterresidenz. Mit dem Bau von Palästen und Karawansereien hielt die italienische Kunst Einzug in Libanon. Aber auch Beirut veränderte sein Bild: Er ließ Gärten, mit Brunnen und Statuen geschmückt, wie er sie in Südeuropa kennengelernt hatte, sowie einen Tierpark in der neuen „Hauptstadt seines Reiches" anlegen.Fakhr ad-Din II. wollte Libanon in ein fortschrittliches Land verwandeln. Er gründete Schulen, kümmerte sich um die Bildung, intensivierte die Landwirtschaft und den Handel. Unter seiner Herrschaft betrat die römisch-katholische

Mission erstmals den Libanon und seine Häfen wurden zum Umschlagplatz begehrter Waren für europäische Kaufleute aus Florenz, Venedig und Marseille, die an der Levante ihre Niederlassungen gründeten. Olivenöl, Getreide und libanesische Seide wurden mit großen Profiten exportiert. Immer die lauernde Gefahr der Osmanen im Rücken, war er nun in der Lage, eine Armee von 40 000 Söldnern zu bezahlen und die verfallenen Kreuzritterburgen wieder zu befestigen. Er kaufte Waffen aus Europa, richtete Straßenpatrouillen ein und finanzierte Spione am Hof von Konstantinopel. Aber der Erfolg war ihm nur für kurze Dauer beschieden. Beunruhigt von der Machtausdehnung und dem starken Einfluss Fakhr ad-Dins II., boten die Osmanen 1633 ein großes Heer gegen ihn auf: Zu See und zu Land kämpften sie gegen den „Sultan des Libanon". Fakhr ad-Din II. floh nach Jezzin, verbarg sich in einer Höhle, wurde allerdings kurz darauf entdeckt und gefangen genommen. Es war wieder dunkel. Nur noch einmal sah er das Licht: bei seiner Hinrichtung in Istanbul 1634.

im politischen, wirtschaftlichen und sozialen Umfeld zu suchen sind. Nicht alle Stationen der komplexen Ereignisse 1975–1991 sollen im Folgenden erläutert werden. Vielmehr geht es um Ursachen, einschneidende Aktionen und Wendepunkte.

Die Jahre nach der Unabhängigkeit

Die letzte Inschrift im Felsmassiv am Nahr al-Kalb (Hundsfluss) erinnert an den **Abzug der französischen Truppen** am **31. Dezember 1946**. Zwar war es bereits am 23. Mai 1926 zur Gründung der Republik Libanon und Verabschiedung der Verfassung gekommen, jedoch gehörte Libanon noch zum französischen Mandatsgebiet. Drei Jahre vor dem Ende der Mandatsherrschaft hatten die Muslime den Christen in einem ungeschriebenen **„Nationalpakt"** zugestanden, dass nach dem Abzug der Franzosen die Christen weiterhin eine sechs zu fünf Mehrheit im Parlament haben sowie die Ämter des Staatspräsidenten und des Armeechefs bekleiden würden: Die priviligierte Stellung der christlichen Maroniten wurde dadurch endgültig gesichert. Die Libanesen erkannten schnell, dass das politisch-wirtschaftliche System des Landes weniger dem Volk, sondern vielmehr der privilegierten Schicht zugute kam. Eine Änderung der Regierung wurde zudem im Laufe der Jahre fast unmöglich, benachteiligte doch das Wahlsystem Parteien und begünstigte hingegen Familienverbände, so dass sich bereits in den ersten Jahren der Unabhängigkeit ein **Klientel- und Clanwesen bzw. die Herrschaft einer Klasse von Konservativen** herausgebildet und gefestigt hatte.

Ende der 40er Jahre traten auf die politische Bühne mehrere sozialistische, kommunistische und nationalistische Parteien, die sich für eine Sozialpolitik und für eine Revision des politischen Systems einsetzten. Auch forderten sie von der Regierung eine **neue Volkszählung**, beruhte doch die Sitzverteilung im libanesischen Parlament nach wie vor noch auf der Volkszählung von

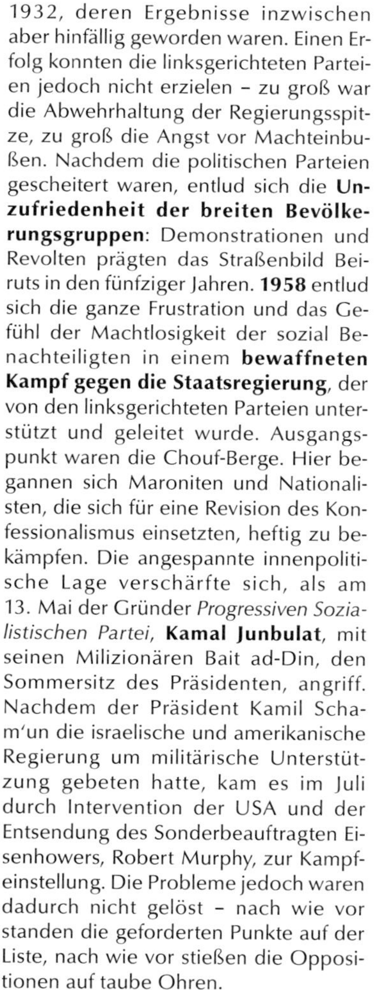

1932, deren Ergebnisse inzwischen aber hinfällig geworden waren. Einen Erfolg konnten die linksgerichteten Parteien jedoch nicht erzielen – zu groß war die Abwehrhaltung der Regierungsspitze, zu groß die Angst vor Machteinbußen. Nachdem die politischen Parteien gescheitert waren, entlud sich die **Unzufriedenheit der breiten Bevölkerungsgruppen**: Demonstrationen und Revolten prägten das Straßenbild Beiruts in den fünfziger Jahren. **1958** entlud sich die ganze Frustration und das Gefühl der Machtlosigkeit der sozial Benachteiligten in einem **bewaffneten Kampf gegen die Staatsregierung**, der von den linksgerichteten Parteien unterstützt und geleitet wurde. Ausgangspunkt waren die Chouf-Berge. Hier begannen sich Maroniten und Nationalisten, die sich für eine Revision des Konfessionalismus einsetzten, heftig zu bekämpfen. Die angespannte innenpolitische Lage verschärfte sich, als am 13. Mai der Gründer *Progressiven Sozialistischen Partei*, **Kamal Junbulat**, mit seinen Milizionären Bait ad-Din, den Sommersitz des Präsidenten, angriff. Nachdem der Präsident Kamil Scham'un die israelische und amerikanische Regierung um militärische Unterstützung gebeten hatte, kam es im Juli durch Intervention der USA und der Entsendung des Sonderbeauftragten Eisenhowers, Robert Murphy, zur Kampfeinstellung. Die Probleme jedoch waren dadurch nicht gelöst – nach wie vor standen die geforderten Punkte auf der Liste, nach wie vor stießen die Oppositionen auf taube Ohren.

Die Bedeutung dieser ersten militärischen Auseinandersetzungen nach der Unabhängigkeit wurde erst im Laufe des Bürgerkriegs deutlich. So stützte sich Kamal Junbulat 1958 nicht nur auf seine drusische Gefolgschaft und seine Partei, sondern stand an der Spitze breiter verschiedener Gruppen umfassender Oppositionsbündnisse. Diese Feindschaften, die spätere Instrumentalisierung der Palästinenser und die Betonung der „arabischen Solidarität" können als Vorstufe des im April 1975 beginnenden Bürgerkriegs betrachtet werden.

Die Jahre nach dem Sechs-Tage-Krieg von 1967

Nach der verheerenden Niederlage der Araber im Sechs-Tage-Krieg 1967 und der damit verbundenen Flüchtlingswelle der Palästinenser nach Jordanien und Libanon kamen auf die an Israel grenzenden Länder große Probleme zu. Die palästinensischen Widerstandsgruppen hatten begonnen, von Jordanien und Südlibanon aus militärisch zu agieren, wobei sich vor allem im Königreich Jordanien die **Formierung eines „PLO-Staates"** abzeichnete.

In Libanon begann die Frage Palästinas zunehmend die Innenpolitik zu bestimmen. Heftige Debatten führten zur Spaltung von Parteien. Nur noch die Frage „für oder gegen Palästina" entschied über die politisch-ideologische Haltung! Laut forderten die Oppositionen von der Regierung eine „arabische Solidarität", wobei die Haltung zum bewaffneten Kampf der im Libanon lebenden Palästina-Flüchtlinge zum Prüfstein der „arabischen Gesinnung" erhoben wurde. Zahlreiche Libanesen, vor allem Muslime, die über die wachsenden sozialen und wirtschaftlichen Missstände und die Privilegierung der Maroniten und einer kleinen muslimischen Elite verbittert waren, solidarisierten sich mit den Palästinensern und deren Kampf gegen Israel. Diese hatten seit 1968, unter Missachtung der Auflagen der Behörden, von Südlibanon aus Kommandoaktionen gegen Israel unternommen. Die Regierung befürchtete nun, die Palästinenser könnten wie in Jordanien zu einem Staat im Staate werden, Innen- wie Außenpolitik bestimmen und das Land in einen Krieg gegen Israel hineinziehen. Als diese Kommandoaktionen eine innerlibanesische Auseinandersetzung zu forcieren begannen, schritt die libanesische Armee zur Tat: Anfang der 70er Jahre meldeten sich Tausende von christlichen Freiwilligen für die Milizen zur „Verteidigung des Vaterlandes" **(Phalangisten)**, bereit zu kämpfen gegen jeden, der ihnen ihre Herrschaft streitig machte.

Die ersten Jahre des Bürgerkrieges

18. 4. 1975: 27 Palästinenser wurden in 'Ain ar-Rummane, einem Stadtteil Beiruts, in einem Autobus von Phalangisten erschossen. Die Kämpfe in Beirut begannen. Binnen weniger Tage breiteten sie sich auf die gesamte Umgebung der Hauptstadt aus. Die Stellungnahme für oder gegen die Palästinenser formierte anfangs die Bürgerkriegsfronten, die ihre jeweiligen Privatmilizen aufrüsteten. Tausende von Opfern forderten in den ersten Monaten des Kriegs die Kämpfe in Beirut, im Süden und in den Bergen. Der Staat war nicht mehr in der Lage, eine wirkungsvolle Ordnungsfunktion auszuüben – in Armee, Polizei, Verwaltung zeigte sich erstmals sichtbar der Nachteil des konfessionellen Proporzes. Nachdem sich die Armee und Polizei aufgelöst hatte, schlossen sich die ehemaligen Staatsdiener den Privatmilizen an. Der Zerfall des Staates begann.

1976 marschierten **syrische Truppen** in Libanon ein und kämpften zunächst auf Seiten der Maroniten, die in Damur, südlich von Beirut, gegen die verbündeten Milizen der *Nationalen Bewegung* – ein Zusammenschluss von 16 linksgerichteten Parteien – und die Einheiten der Palästinenser in Bedrängnis geraten waren. Seitdem ist Syrien in die libanesische Politik involviert, veränderte allerdings seine Koalitionen im Laufe des Bürgerkriegs und hat bis heute innen- wie außenpolitisch erheblichen Einfluss.

Die **Ermordung Kamal Junbulats** am 17. 3. 1977 war ein Schock für die gesamte Nation. Die Führung der Nationalen Bewegung wurde zwar von seinem Sohn Walid übernommen, jedoch vermochte dieser anfangs die Position seines Vaters nicht auszufüllen. Das Fehlen von klaren Linien und Zielen führte zur Uneinigkeit und Auseinandersetzungen innerhalb der Organisation, bis sie sich dann 1982 endgültig auflöste. Aber auch bei der drusischen Miliz war die Lücke nach dem Tod des charismatischen Führers zu spüren. Allmählich wurde die Ideologie von der Religion verdrängt und es zeichnete sich immer mehr ein **„Krieg der konfessionellen Milizen"** ab, der 1982 seine endgültigen Formen annahm.

Die militärischen Operationen der PLO gegen Israel führten 1978 zum **Einmarsch israelischer Truppen** bis zum Litani-Fluss bei Tyros. Nach heftigen Kämpfen zwischen den Palästinensern und der israelischen Armee in Südlibanon richtete die UNO eine Sicherheitszone ein, die sie unter die Kontrolle des libanesischen Generals Haddad und seine Truppen (SLA) stellte. Ihm hatten die Israelis bereits nach der dreimonatigen Besetzung bei ihrem Rückzug den 10 km breiten Streifen unterstellt.

Und in Beirut? Hier lieferten sich inzwischen die christlichen Milizen erbitterte Kämpfe. Erst als der spätere Präsident **Baschir Jumayil** 1980 mit Gewalt sämtliche christliche Milizen zur *Force Libanaise* vereinte, erstarkte die christliche Front, die nun gegen die schiitische *Amal-Miliz* und gegen die Syrer, die Libanon nicht zu verlassen gedachten, kämpfte.

Die Jahre des Grauens

Nach zahlreichen israelischen Luftangriffen auf palästinensische Siedlungen und libanesische Städte entlang der Mittelmeerküste bis Beirut im Juni 1982 begannen Ministerpräsident **Begin** und Verteidigungsminister **Sharon** ihre Operation **„Frieden für Galiläa"**. Die israelischen Truppen marschierten mit 60 000 Mann in Libanon ein, umzingelten Beirut und lieferten sich mit der syrischen Armee und den palästinensischen Widerstandskämpfern einen erbitterten Kampf. Siebzig Tage lang gelang es der PLO, sich des israelischen Ansturms zu erwehren, dann musste sie West-Beirut räumen. Am 1. September verließen die letzten von insgesamt 10 876 palästinensischen Widerstandskämpfern zusammen mit **Yasir Arafat** Beirut, entsprechend den Vereinbarungen in dem Evakuierungsplan und mit Hilfe der Interventionstruppen, die daraufhin wieder abzogen.

Die israelische Armee marschierte unter Bruch des Vertrages in West-Beirut ein. Erst die weltweiten Reaktionen führten zu ihrem Abzug aus der Stadt. Der im August unter Druck der Phalangisten und Israelis gewählte Präsident

Fortsetzung auf Seite 92

Viel Anlaß zu Trauer gab (und gibt) die Geschichte Libanons (Foto: AKG)

Ghada Samman: Alptraum in Beirut

Kann man sich als außenstehender Beobachter die Grausamkeit eines Krieges vorstellen? Kann man die alltägliche, immerwährende Angst, ja Panik eines Menschen, dessen Dasein einem Überlebensroulette gleicht, nachempfinden?

Es scheint unmöglich, sich die Schrecken der Beiruter „Hotelkämpfe", denen die Bevölkerung des einstigen „Paris des Orients" oft monatelang ausgesetzt war, in ihrer ganzen Tragweite auszumalen. Und doch vermittelt die syrische Schriftstellerin und Journalistin Ghada Samman in ihrem Roman „Alptraum in Beirut" zumindest eine Ahnung des nicht wirklich Fassbaren. Wohl kaum ein anderes Werk der arabischen Literatur hat die menschliche Ohnmacht angesichts des unbezwingbar scheinenden Ungetüms namens Bürgerkrieg realistischer und erschütternder dargestellt.

Im ersten Kriegsjahr 1975 teilt sie das Schicksal vieler Beiruter – ihr Haus von Milizen umstellt, verbringt sie Monate eingesperrt in ihrer Wohnung und muss mit ansehen, wie durch eine Granate ein Großteil ihrer Bibliothek den Flammen zum Opfer fällt. Während nur dreieinhalb Monate schreibt sie ihren zweiten Roman „Alptraum in Beirut", den sie widmet „den Druckereiangestellten, die trotz Raketen- und Bombenhagel an diesem Roman arbeiten ... den wahren Helden, die im stillen leben und sterben und ... mit prophetischer Beharrlichkeit unsere Geschichte prägen".

Alptraum 27

„Obwohl die Bombardierung aufgehört hat und völlige Ruhe mich umgibt, kann ich nicht wieder einschlafen. Die Lautlosigkeit jagt mir fast mehr Angst ein als der Lärm. In der Stille höre ich mein Herzklopfen, ich höre mich innerlich bluten. Tropfen für Tropfen fällt mein Blut auf die kalten Fliesen; oder hat jemand den Wasserhahn im Bad nicht richtig zugedreht? In der Stille höre ich die hungrigen Stimmen der Tiere in der Zoohandlung. Sie sterben vor Durst und Sehnsucht nach der Sonne. Mit ihrer Hoffnung und Geduld sind sie am Ende. Die einen schlagen rebellierend mit den Köpfen gegen die Gitterstäbe, andere liegen apathisch am Boden und warten einfach ab. Die einen beten oder meditieren, andere fluchen und versuchen zu fliehen –genau wie die Menschen, genau wie wir zahme Bewohner dieses Viertels.

Nach und nach setzen die Stimmen der Geschütze wieder ein. Sie sind jetzt ganz in der Nähe. Vermutlich wird unmittelbar vor unserem Haus gekämpft. Plötzlich heult eine Autohupe auf, ein ungewohntes Geräusch inmitten der donnernden, kreischenden, trommelnden Schüsse, so menschlich, so vertraut. Es klingt, wie wenn ein Mensch von einem Schuß getroffen aufschreit. Fünf Minuten lang jault das Fahrzeug in den höchsten Tönen, ganz allmählich wird es leiser wie ein Mensch, der im Sterben liegt. Einem der Schützen scheint das

Hupen auf die Nerven zu gehen, denn ein Trommelfeuer prasselt in die Richtung des Wagens, bis er endgültig verstummt. Er ist gestorben.

Ich vermisse die Autohupe. Ich vermisse das Leben, das Verkehrsgewühl, den Straßenlärm und Jussuf an meiner Seite. Wir waren immer schadenfroh, wenn wir ein Militärfahrzeug nach einem Unfall am Straßenrand liegen sahen. Ich höre mich mit leiser Stimme singen:

Es ist gut für dich, wenn der Regen fällt
Zur Zeit der Liebe in Andalusien...

Jussuf Bild und Tränen steigen mir in die Augen. Liegt es am Schrecken des Liedes oder an der leisen Stimme des Todes? Fängt so der Wahnsinn an?"

Libanon und Syrien: Die zwei Geschwister?

„Das was zwischen Syrien und Libanon geschaffen wurde, das hat Gott geschaffen." Ein großes Plakat mit diesen Worten schmückt die Corniche in Beirut – unübersehbar für jeden, ist neben dem Zitat der syrische Präsident Hafiz al-Asad abgebildet.

Seit 1976 steht die Schwester Syrien (in arab. fem.) an der Seite ihres Bruders Libanon (in arab. mask.). Inzwischen an die 40 000 Soldaten, sorgen sie, so offiziell, für Ruhe, Ordnung und für die Bewahrung des Friedens – sie sind die „Friedensbringer", sie sind die eigentlichen Machthaber hinter dem Vorhang.

Lange stand die Schwester im Schatten des Bruders. Die Schwester musste zusehen, wie der Bruder, unterstützt von Frankreich, die Früchte erntete, während im eigenen Land politische Instabilität und Armut herrschte. Aber das Blatt hat sich gewendet: Heute ist Syrien die starke Schwester, die den schwachen, hinkenden, kranken Bruder stützt.

Mehrere Gründe spielten eine Rolle, als sich der syrische Präsident 1976 entschloss, in Libanon einzumarschieren und dem Kriegsverlauf eine zu seinem Vorteil entscheidende Wende zu geben. Das Land, das den Syrern als ein von den Franzosen geschaffener Kunststaat galt, kam nun wieder in die Obhut der größeren Schwester. Um sich weiterhin der außenstehenden politischen Haltung und Nichteinmischung in den arabisch-israelischen Konflikt sicher zu sein, versuchte Syrien mit seinem Einmarsch, eine Niederlage der Maroniten und einen Sieg der linksgerichteten Kräfte zu verhindern. Aber vor allem die Palästinenser waren dem syrischen Präsidenten ein Dorn im Auge, entzogen sie sich doch jeglicher Staatsmacht und agierten, ohne sich mit den arabischen Staaten abzusprechen und über die Konsequenzen sich Gedanken zu machen, gegen Israel auf eigene Faust. Denn eine schnell wiedererstarkte palästinensische Befreiungsorganisation hätte das Land in Konfrontationen mit Israel verwickelt, was die politische wie militärische Situation zu jener Zeit nicht erlaubt hätte. Nur eine Schwächung ihrer Strukturen konnte das Übergreifen sozialrevolutionärer Strömungen von Libanon aus auf das eigene, damals noch innenpolitisch instabile Land verhindern. Das Ziel, die PLO unter eigene Kontrolle zu bekommen, um sie der Politik Syriens gegenüber Israel unterordnen zu können, schien in greifbarer Nähe zu sein. Denn die Palästinenser konnte der syrische Präsident für die eigenen politischen Ziele gut gebrauchen: Einerseits, um sich gegebenenfalls im arabischen Lager und auch bei der eigenen Bevölkerung als Schutzmacht und Förderer der Sache Palästinas profilieren zu können, andererseits, um weiterhin die Karte Palästinas hochhalten zu können, wenn es um Israel geht.

Die Gründe der 70er Jahre sind nicht mehr gegeben. Asad hat sein Ziel erreicht. Die Schwester hält immer noch die Hand des kleinen Bruders, als müsse sie ihn durch das Leben führen. Die einmal errungene Macht und den gewonnenen Einfluss aufzugeben, scheint alles andere als einfach. Gründe für eine weitere Stationierung der syrischen Truppen auf libanesischem Boden lassen sich immer finden, grenzt doch Libanon an Israel, dem zionistischen Feind, vor dem jeder geschützt werden muss. Und auch wenn Syrien 1990 Libanon erstmals als unabhängigen souveränen Staat anerkannte, so ist das Land heute ein Vasallenstaat Syriens.

Baschir Jumayil fiel einen Monat nach seiner Amtsbekleidung einem Bombenattentat zum Opfer, worauf es, allen internationalen Garantien für die Palästinenser zum Trotz, in den Lagern Sabra und Schatila zu **Massakern** kam – durchgeführt von Phalangisten unter dem Befehl von Elie Hubaiqa und beaufsichtigt von der israelischen Armee wurden dabei über 2000 Menschen getötet. Amin Jumayil wurde nach der Ermordung seines Bruders zum neuen libanesischen Präsidenten gewählt.

Die **Verhandlungen zwischen den USA, Israel und Libanon** zogen sich bis in das folgende Jahr und führten schließlich 1983 zum **Rückzug der Israelis** hinter den Awali-Fluss bei Sidon. Nach anfänglicher Ruhe kam es ab Mitte des Jahres wieder zu Unruhen: Erbitterte Kämpfe zwischen Christen und Drusen in den Chouf-Bergen forderten Tausende von Opfern und Zehntausende von Flüchtlingen; bei **Selbstmordanschlägen** auf Stützpunkte der Amerikaner und Franzosen in Beirut starben 219 amerikanische und 58 französische UN-Soldaten, bei denen auf das israelische Hauptquartier in Tyros über 100; prosyrische Palästinenser und Anhänger Arafats lieferten sich Kämpfe in der Bekaa-Ebene und in Tripolis, die erst nach dem Eintreffen Arafats und der Evakuierung seiner Anhänger unter französischem Schutz beendet werden konnten.

Während die drusischen Milizen sich erbitterte Kämpfe mit den Amerikanern lieferten, gelang es Amal 1984 nach mehreren Zusammenstößen mit der Armee, sich West-Beiruts zu bemächtigen. Die zahlreichen Verluste führten dann letztendlich zum **Abzug der internationalen Truppen** aus Libanon. Die Ver-

handlungen mit Israel erzielten 1985 einen Rückzug der israelischen Truppen aus Sidon bis zum Litani-Fluss. Trotz mehrerer Versöhnungskonferenzen, Waffenstillständen und der **Bildung einer neuen Regierung** der „Nationalen Versöhnung" unter Premierminister **Raschid Karame** kehrte im Land keine Ruhe ein.

Die Jahre der Hoffnung

Syrien hatte wieder begonnen, seinen Einfluss geltend zu machen, indem es Vorschläge zur Beendigung des Krieges unterbreitete. Zu diesem Zweck hatte Hafiz al-Asad im Oktober 1985 die drei Chefs der Hauptmilizen, Walid Junbulat (Drusen-Miliz), Nabih Birri (schiitische Amal-Miliz) und Elie Hubaiqa (Force Libanaise), zu **Verhandlungen nach Damaskus** eingeladen. Verhandelt werden sollte über eine Neuregelung des politischen Systems, Verminderung der Vollmacht des Staatspräsidenten und über den Abbau des Religionsproporzes. Während in Damaskus nach einer Lösung des Konflikts gesucht und Friedensregelungen besprochen wurden, erreichten die Kämpfe in Beirut wieder ihren Höhepunkt. Der **„Vertrag der drei Milizen"** wurde, vor allem wegen des starken syrischen Einflusses, von den christlichen Milizen abgelehnt – die Hoffnungen auf eine friedliche Lösung schienen wieder in weiter Ferne. Nach einem erneuten Streit um den „Vertrag der drei Milizen" erklärte Walid Junbulat diesen für „tot" und forderte eine getrennte Verwaltung für die verschiedenen Religionsgemeinschaften.

Inzwischen wurden angesichts der Übermacht der auswärtigen Kräfte die Milizen immer mehr zu Schachfiguren im eigenen Land. Je nach Interessen wurden sie von der USA, SU, Libyen,

Tyros: Gedenktafel für in Libanon gefallene UN-Soldaten

In Tripolis

Syrien, Irak und Iran unterstützt, die Stellvertreterkriege in Libanon führten. Nicht mehr der arabische Nationalismus, nicht mehr die Solidarität mit der PLO bestimmte die Politik des Vorderen Orients, sondern ganz konkrete politische Interessen der einzelnen arabischen Staaten. Der Staat war in einer Krise, die er nicht mehr zu bewältigen vermochte. Keine der Milizen respektierte die Waffenstillstände, die Kämpfe gingen mit erbarmungsloser Härte weiter und die Wirtschaftskrise führte das Land an den Rand des Ruins. Raschid Karame glaubte die Lösung bei den Syrern zu finden und rief diese 1987 erneut auf, in West-Beirut einzumarschieren – 7000 syrische Soldaten besetzten binnen weniger Tage die Hauptstadt. Kurz darauf erklärte Karame seinen Rücktritt und kam im Juni desselben Jahres bei einem Bombenanschlag in einem Militärhelikopter ums Leben.

Der Einmarsch der syrischen Armee zur Beendigung der Kämpfe war erfolglos: Die schiitischen Milizen bekämpften sich weiter und die christlichen Offiziere der regulären Armee unter General 'Aun lieferten sich mit der Force Libanaise erbitterte Kämpfe. In dieser Lage beschlossen die Syrer, wieder eine Konferenz einzuberufen. Ausgangspunkt für eine dauerhafte Beilegung des Krieges sollten **die Verhandlungen von Taif** (Saudi-Arabien) sein, die am 22. Oktober 1989 mit der Ausformulierung eines Kompromisses bezüglich einer Verfassungsreform in Libanon endeten.

Für Syrien war Taif ein großer Erfolg. Die Verhandlungen versprachen dem Nachbarstaat Sicherheitsgarantien für seine Interessen in Libanon. Die Gelegenheit, nicht nur politisch, sondern auch militärisch Einfluss zu gewinnen, ließ nicht lange auf sich warten. Als es zwischen den beiden Führern der gespaltenen Force Libanese, Ja'ja und 'Aun, im Oktober 1990 zu Kämpfen in Ost-Beirut kam, marschierten syrische Truppen ein, nachdem Hafiz al-Asad von der amerikanischen Regierung grünes Licht bekommen hatte. General 'Aun gelang es, in die französische Botschaft zu entkommen und kurz darauf das Land zu verlassen, Ja'ja ist bis heute noch im Gefängnis und muss sich vor Gericht zahlreicher Morde und Attentate verantworten.

Aktuelle Politik

Seit dem Ende des Bürgerkrieges versucht die Regierung, eine Normalisierung der politischen, wirtschaftlichen und gesellschaftlichen Situation herbeizuführen. Diese Aufgabe hat sich im Laufe der 90er Jahre alles andere als einfach erwiesen – sei es die Lösung der

Wo bleiben die Araber?

Der arabisch-israelische Krieg 1967 und die damit verbundene große Flüchtlingswelle der Palästinenser brachten der PLO außerordentliche Popularität in der arabischen Welt. Die Araber setzten all ihre Hoffnungen auf den Kampfgeist der Widerstandsorganisation, die die schmähliche Niederlage rächen sollte. Dass der gemeinsame Kampf der Araber zur Rückeroberung der besetzten Gebiete eher Theorie als Praxis ist, haben die letzten Jahrzehnte bewiesen. Die „arabische Solidarität" und der „Kampf für die Sache Palästinas" existieren nach wie vor nur auf dem Papier. Die Palästinenser bekamen im Laufe ihres Kampfes kaum Hilfe von den arabischen „Bruderstaaten", die sich – ganz im Gegenteil – eher von der PLO distanzierten, wenn diese dringend Hilfe benötigte. Ihrer Meinung nach sollte sie um Palästina kämpfen, jedoch die arabischen Regierungen dabei nicht in Gefahr bringen. Bedarf man der Palästinenser aber, so werden sie für die eigenen Ziele instrumentalisiert. Ob 1982 in Beirut, 1983 in Tripolis, 1996 in Libyen – immer wieder stellt sich die Frage: Wo bleiben die Araber? Was ist aus der so oft beschworenen arabischen Solidarität geworden, was aus dem arabischen Nationalismus und der bedingungslosen Unterstützung für die Sache Palästinas, dem – wie es heißt – Kernanliegen der arabischen Nation? Tatsache ist: Für eine palästinensische Revolution gab und gibt es im Kontext der Interessen der einzelnen arabischen Länder keinen Platz!

Das Taif-Abkommen vom 22. 10. 1989

Infolge dieses Abkommens wurde die Zahl der Sitze im Parlament von 99 auf 108 erhöht und u. a. verankert, daß die Mandate zu gleichen Teilen auf Christen und Muslime zu verteilen sind. Vor den Wahlen 1992 wurde die Zahl der Mandate weiter auf 128 erhöht. Eine bedeutende Änderung war die Reduzierung der präsidialen Machtbefugnisse und die Übertragung der exekutiven Macht auf die Regierung bzw. auf den Premierminister und Ministerrat, an dessen Sitzungen der Präsident nicht mehr automatisch teilnehmen kann. Auch ist der Staatschef nicht mehr befugt, die Regierung von sich aus zu entlassen und das Parlament aufzulösen. Von der Annahme des Rücktritts der Regierung und der Ernennung des Premierministers abgesehen, bedürfen alle Entscheidungen des Präsidenten der Gegenzeichnung durch den Regierungschef. Auch die Entlassung eines Ministers und die Unterzeichnung internationaler Verträge setzen die Zustimmung der Regierung voraus. Das Taif-Abkommen sollte ein Schritt in Richtung „Versöhnung" und Abbau des Konfessionalismus sein, denn langfristig soll auch das Parlament nicht mehr nach konfessionellen Gesichtspunkten besetzt werden. Ob jedoch die einzelnen Religionsführer, die gleichzeitig die Entscheidungsmacht über diese Änderungen haben, dazu gewillt sein werden, ihre Machtpositionen aufzugeben, wird erst die Zukunft zeigen!

wirtschaftlichen Probleme in dem vom Bürgerkrieg zerrütteten Land und die Beilegung der innerreligiösen und gesellschaftlichen Konflikte, oder seien es die Beziehungen zu Israel und Syrien, die Politik und Wirtschaft gleichermaßen belasten. Das politische Klima ist vor allem wegen der syrischen Präsenz gespannt. Immer wieder kommt es zwischen den Vertretern der prosyrischen Regierung und den Maroniten sowie zwischen der Regierung und dem Parlament zu großen Auseinandersetzungen bezüglich innen- wie außenpolitischen Fragen. Aber auch in anderen Bereichen hat die „Schutzmacht" Syrien inzwischen das Land unterwandert.

Innenpolitik: Hoffnung auf Stabilität

Die Verhandlungen in Taif im Oktober 1989 endeten mit einem politischen Kompromiss bezüglich einer Verfassungsreform. Syrien unternahm erste symbolische und praktische Schritte, die Friedensordnung zu realisieren. Nach der Entwaffnung der Milizen (außer *Hizb Allah* = Partei Gottes) konstituierten sich diese als politische Parteien und begannen, zum Aufbau einer neuen Zivilverwaltung beizutragen. Die syrische Armee bezog zusammen mit regierungstreuen Einheiten der libanesischen Armee ihre Stellungen im Land, um für Ordnung zu sorgen und den Frieden zu kontrollieren. 1991 unterzeichneten Syrien und Libanon einen **sog. Freundschaftsvertrag**, in dem die enge Zusammenarbeit beider Länder und der brüderliche Beistand beschlossen wurde. Ferner vereinbarten sie, dass ihre Politik in Zukunft miteinander im Einklang stehen müsse. Da dies in der Praxis eine enge Abstimmung zwischen den einzelnen Institutionen bedeutet, wurde ein syrisch-libanesischer „Hoher Rat" geschaffen – eine Basis, die den Syrern in allen Bereichen erlaubt, ihren Einfluss geltend zu machen.

Im **Mai 1992** erzwang ein mehrtätiger **Generalstreik**, an dem sich die Führer der großen Milizen, außer Hizb Allah und Force Libanaise, beteiligten, die **Bildung einer neuen Regierung**. Ein zweiter Generalstreik im August/September wegen der sich weiter verschlechternden Wirtschaftslage begünstigte **Neuwahlen**, die jedoch von den christlichen Parteien mehrheitlich boykottiert wurden, da diese noch vor dem von Syrien 1989 in Taif angekündigten Truppenabzug stattfanden.

Große Hoffnung nach dem zweiten gescheiterten Kabinett war ab 1994 **Rafiq al-Hariri**. Anfangs hatte er den Großteil der Libanesen, ungeachtet der Religion, hinter sich, ab 1997 aber geriet er wegen seiner Innen- und vor allem Wirtschaftspolitik ins Schussfeld der Politiker, Medien und Bevölkerung. Rafiq al-Hariri war zweifellos für mehrere Jahre Symbolfigur und Motor einer weiteren Rehabilitierung der libanesischen Staatsmacht wie auch eines ersten wirtschaftlichen Aufschwungs. Er schaffte es in wenigen Jahren, den zerrütteten Staat einen Schritt in Richtung „Normalität" zu bringen, im Ausland Vertrauen zu wecken und somit seine Kreditwürdigkeit zu beweisen. All diese Errungenschaften zählen heute allerdings nicht mehr, kämpfen doch z. Z. über die Hälfte der Libanesen mit großen wirtschaftlichen Schwierigkeiten und leben an der Armutsgrenze. Sie fühlten sich in den letzten Jahren vom Staat benachteiligt, hoffen aber, dass unter der neuen Regierung (ab November 1998) die Zeiten wieder besser werden.

Rafiq al-Hariri

Von 1992–1998 war Rafiq al-Hariri Premierminister. 1944 in Sidon geboren, reiste er nach seinem Wirtschaftsstudium in Beirut nach Saudi-Arabien und baute ein Konsortium aus Baugesellschaften und Banken mit der Zentrale in Djidda auf. Heute ist er einer der reichsten Männer der Welt – sein Vermögen wird auf über 10 Mrd. $ geschätzt. Nach seiner Amtsübernahme hatte er große Hoffnungen: „Ärmel hochkrempeln, tief Luft holen, volle Kraft voraus" – die Hariri-Methode. Er wollte, dass die Libanesen wieder an der Zukunft Geschmack finden, und versprach, dass binnen sechs Monaten seine Heimat zumindest wieder humpeln, in zwei Jahren wieder normal laufen könne. Um dies schneller voranzutreiben, begann er zugleich Geld zu investieren und mehrere Projekte ins Leben zu rufen: Gründung der Hariri-Stiftung, die Tausende von Studenten finanziert; Bau von Krankenhäusern auf eigene Kosten (z. B. die Herzklinik in Sidon); Unterstützung der Restauration antiker Baudenkmäler; Wiederaufbau Sidons; Bezahlung der Löhne einiger Regierungsangestellten in seinen Ministerien; Bezahlung der Löhne und Mieten seiner Sicherheitsleute. Der Reichtum al-Hariris machte ihn in Libanon zunächst glaubwürdig: „Er hat es nicht nötig, uns zu bestehlen", so die Meinung vieler Libanesen. Nachdem allerdings zahlreiche Korruptionsfälle in seinem Umkreis bekannt geworden waren, war das Vertrauen getrübt. Vor allem die Tatsache, dass die auf den Bürgern schwer lastenden Steuern keineswegs der Bevölkerung zugute kamen, sondern in die Taschen der Minister und ihrer Clans flossen, ließ viele an der Glaubwürdigkeit al-Hariris zweifeln. Auch wies er lange den Vorwurf der Interessensvermehrung entschieden zurück: „Erstens befindet sich mein Besitz hauptsächlich im Ausland. Und zweitens müßte ich vor allem eins tun, wenn ich noch reicher werden wollte: mein Engagement in diesem Land beenden." Heute, nachdem al-Hariri nicht mehr Premierminister ist, kommen von Tag zu Tag die Korruptionsfälle seiner Regierungszeit ans Tageslicht. Heute offenbart sich, wohin die Milliarden in den letzten Jahren flossen. Heute wissen die Menschen, warum die Minister immer reicher und sie immer ärmer wurden.

Unter Druck geriet der Premierminister vor allem dadurch, da er die beiden Hauptprobleme des Landes im Interesse aller lösen sollte: Libanon nach 16 Jahren Krieg wieder mit Hilfe von ausländischen Krediten aufzubauen und dadurch die wirtschaftliche Lage zu verbessern. Immer wieder im Schussfeld, versuchte er entsprechend seiner Möglichkeiten und auf seine Weise, das Land auf den Beinen zu halten. Allerdings zeigte sich bereits im Laufe des Jahres 1997, dass er den zahlreichen Interessen und Ansprüchen nicht gerecht werden kann. Zwei Gründe waren ein Hindernis zur Realisierung seiner Pläne: Einerseits der **starke Einfluss Syriens**, so dass die Entscheidungsmacht letztendlich nicht in seinen Händen lag, andererseits die **ständigen Auseinandersetzungen mit Nabih Birri**, dem Parlamentspräsident, und Elias Hrawi, dem Staatspräsident, die mehrmals zum Stocken von notwendigen Gesetzesentwürfen führten. Kritiker und Gegner der Politik al-Hariris versuchten mehrmals, ihn wegen Korruptions- und Bestechungsvorwürfen anzuklagen, indem sie ihm wiederholt falsche Prioritätensetzung und persönliche Bereicherungsmotive seiner Wiederaufbaupolitik vorwarfen. Nachdem al-Hariri erkannt hatte, dass ihm in vielen Entscheidungsbereichen die Hände gebunden waren, versuchte er, das Kabinett umzubilden, mit der Begründung, dass dieses nur aus „unfähigen, von Syrien protegierten Ministern und Spitzeln" bestehe. Seine Versuche allerdings wurden nicht nur von syrischer Seite vereitelt, sondern auch der Staats- und Parlamentspräsident blockierten seine Pläne.

Karikatur: Südlibanon – ein Vulkan; die israelisch-syrischen Verhandlungen – ein Iglu, den der Südlibanon-Vulkan dahinschmelzen läßt

„Und wir kämpfen, bis der letzte Stein zurückerobert ist!"

Die vom Iran finanziell und militärisch unterstützte **Hizb Allah** in Libanon wurde 1982 vom ehemaligen iranischen Botschafter in Syrien und dem späteren Innenminister Irans, Haschemi Mohtaschemi, gegründet. Wie bei allen islamischen Bewegungen lässt sich die Religion nicht von der Politik trennen. Der religiös-politische Kurs folgt dem des Iran: Kampf gegen Israel und Export der islamischen Revolution. Eine klare Ideologie hat die Partei jedoch nicht. In Libanon verstehen sie sich als islamische Widerstandsorganisation gegen Israel und den westlichen/amerikanischen Imperialismus.

Zwei maßgebliche Köpfe spielen bei Hizb Allah eine wichtige Rolle: **Muhammad Husain Fadlallah,** der den höchsten religiös-wissenschaftlichen Rang unter den schiitischen Geistlichen in Libanon bekleidet, und der **Generalsekretär Hasan Nasrallah.** „Wir unterhalten enge Beziehungen zum Iran", sagte Nasrallah bei einem Interview, „weil die Islamische Republik der einzige Staat in der Region ist, der sich den Hegemonieansprüchen der USA und Israels widersetzt. Doch wir sind keine Parteigänger Teherans, wir vertreten libanesische Interessen. Eine Islamische Republik ist im Libanon politisch nicht durchzusetzen." Auf die Frage, ob Hizb Allah eine Konfrontation ohne Ende mit Israel erstrebe, antwortete er: „Wir befinden uns in einem Heiligen Krieg gegen Israel. Und der wird so lange fortgeführt, bis der letzte israelische Besatzungssoldat den Südlibanon verlassen hat. Wir sind realistisch; wir wissen, daß die Ära des militärischen Widerstandes endet, sobald es zu einem Friedensvertrag zwischen Syrien und Israel kommt. Unsere Zukunft liegt dann auf anderem Gebiet: im politischen und sozialen Bereich." Nasrallah unterstreicht jedoch, daß ein Friedensvertrag mit Israel nicht Versöhnung zwischen den Völkern bedeutet, da „Palästina den Palästinensern gehört, nicht den Juden." Aus den Gesprächen mit den verantwortlichen Personen erfährt man, dass es verschiedene Fraktionen innerhalb der Partei gibt: auf der einen Seite die Pragmatiker, die durchaus bereit sind, sich mit dem Westen zu arrangieren, auf der anderen Seite diejenigen, die jeden Kontakt mit dem Westen ablehnen.

Der große Einfluss der Partei ist das Ergebnis jahrelanger israelischer Präsenz in Südlibanon. Die Tatsache, dass die israelische Regierung die Partei Gottes öffentlich zu ihrem Hauptgegner erklärte, stärkte ihren Nimbus nicht nur unter Schiiten. Zugute kommt der Partei ihr Realismus und bemerkenswerter Pragmatismus, der den politischen und kulturellen Realitäten im Land Rechnung trägt. Seit dem Ende des libanesischen Bürgerkrieges stehen die Kämpfer aus den Reihen von Hizb Allah an vorderster Front und kämpfen im Süden an der Grenze des Sicherheitsstreifens, um Israel dazu zu bewegen, sich aus dem besetzten libanesischen Gebieten zurückzuziehen. Diesen Kampf, so Hizb Allah, führen sie für ihr Vaterland und für die „libanesische Ehre". Über den Vorwurf, sie seien Terroristen, sagte Nasrallah: „Terroristen sind Leute, die Gewalt anwenden, um auf Kosten anderer Vorteile zu erringen. Unsere Widerstandskämpfer jedoch sind Helden, die sich gegen eine brutale ausländische Besatzung zur Wehr setzen. Den nationalen Widerstand der Libanesen Terror zu nennen wäre eine Entstellung der Tatsachen."

Aber auch ihr soziales Engagement für Arme und Bedürftige trug in den letzten Jahren zur Steigerung ihrer Popularität bei. Im Parlament präsent, setzen sie sich für die Abschaffung des religiösen Proporzes ein, da es ihrer Meinung nach rückständig ist, plädieren für eine Sozialpolitik und klagen die Politiker an, die sich am Volk bereichern. Hier fühlen sich viele Libanesen – ungeachtet der Religion – angesprochen, hier liegen die eigentlichen Probleme. Die Politiker von Hizb Allah bringen es auf den Punkt und – sie ernten dadurch noch mehr Respekt und Achtung.

Außenpolitik: Hoffnung auf Frieden

Seit dem Ende des Bürgerkrieges konnten **zahlreiche Erfolge** erzielt werden: Wiederaufbau der Staatsmacht (Polizei, Militär, Sicherheitsdienst) und der Zivilordnung (Gerichtswesen) sowie die Entwaffnung und der Rückzug der Milizen aus den eroberten Gebieten und Städten. Ein Problem jedoch konnte bisher nicht gelöst werden: Der Konflikt mit Israel und die im Süden operierenden Einheiten der Hizb Allah (Partei Gottes).

Der starke Einfluss Syriens zeigt sich auch in der Außen- bzw. Friedenspolitik. Der syrische Präsident hat bei den zahlreichen Friedensgesprächen immer wieder betont, dass die beiden Länder unzertrennlich miteinander verbunden seien. Dies bedeutet in der Praxis, dass er nur einen gemeinsamen Friedensvertrag akzeptieren wird, der den Rückzug der israelischen Truppen aus Südlibanon und von den Golanhöhen beinhaltet. Um weiterhin eine Karte gegen Israel in der Hand zu haben, wurde bei der Entwaffnung der Milizen 1990 bewusst Hizb Allah ausgenommen. Hier kann Syrien manipulieren, kann zu Kampfeinstellungen oderzu Eskalationen antreiben – je nachdem, was die Politik erfordert und welche Ziele sie verfolgt.

Im Juli 1993 erlebte die Konfrontation, in die auch die im Sicherheitsstreifen operierende Christenmiliz verstrickt war, einen neuen Höhepunkt. Israelische Truppen beschossen von der Sicherheitszone aus schiitische Dörfer mit Raketen und Bomben und marschierten schließlich in Libanon ein. Tausende mussten in den Norden fliehen. Ziel der israelischen Operation war die Zerschlagung der Stellungen von Hizb Allah, die wiederholt Ziele in Nordisrael mit Katjuscha-Raketen angegriffen hatten. Nachdem Israel betont hatte, daß die UN-Resolution 425 vom März 1978, also der bedingungslose Abzug der israelischen Truppen, für es nicht existiere, und klargestellt hatte, dass Israel von Libanon nicht nur Sicherheit, sondern einen vollständigen Friedensvertrag wolle, hörten die Kämpfe im Süden nicht auf.

April 1996. Israelische Flugzeuge beschießen Beirut, einzelne Städte an der Küste und schließlich den UNO-Stütz-

Hizb Allah-Plakat in Baᶜalbak (Foto: L. Huber)

punkt in Qana, im Süden des Landes. Hunderte von Kindern und Frauen sowie UNO-Soldaten finden den Tod. Weltweit kam es zum Protest gegen die israelische Regierung. Die Kampfhandlungen wurden vorübergehend eingestellt, aber endgültig konnte die Kritik an der Politik Israels die Kämpfe nicht beenden. Beide Seiten liefern sich – zum Leid der Zivilbevölkerung – nach wie vor im Sicherheitsstreifen erbitterte Kämpfe, während Politiker über Pro und Contra eines Abzuges diskutieren.

Probleme und Perspektiven

Das **Verhältnis zu Syrien, die Auseinandersetzungen mit Israel, die Abschaffung des Konfessionalismus** – das sind die Themen, die das politische Leben bewegen und täglich die Tageszeitungen füllen.

Für die Libanesen ist Syrien Besatzungsmacht. Auch wenn Politiker öffentlich über einen Abzug der seit 1989 stationierten Truppen debattieren, so wissen doch die meisten, dass dieser in weiter Ferne liegt. Die Einmischung Syriens in die Innen- wie Außenpolitik, die Kontrolle des Landes durch die syrische Armee und den syrischen Geheimdienst führten Libanon in eine **Identitätskrise**. Hinzu kommt, dass der Großteil der Parlamentarier und Minister inzwischen treue Gefolgsleute Syriens sind, das Land vom syrischen Geheimdienst unterwandert ist und die Gegner Syriens in den letzten Jahren in fragwürdigen Gerichtsverfahren zu hohen Haftstrafen verurteilt wurden. Die gegen-

Die Reise nach Zypern

Mit großem Interesse verfolgen George und Nada die Diskussionen im Parlament über die Einführung der Zivilehe. Kaum ein Thema erregt 1998 so viele Gemüter. Die Schlagzeilen füllen über Monate die Titelseiten der zahlreichen Tageszeitungen und müssen lediglich zur Zeit der Fußball-Weltmeisterschaft kurzzeitig weichen. Politiker, Persönlichkeiten, Geistliche – jeder gibt seine Meinung kund.

George und Nada hoffen. Er ist Christ. Sie ist Muslimin. Heiraten können sie in Libanon nicht, da es in ihrem Land nur die religiöse Eheschließung gibt. Dies bedeutet in der Praxis, dass einer von beiden konvertieren muss, oder: sie fliegen nach Zypern. Viele Ehen von Libanesen unterschiedlicher Konfessionen wurden in Zypern geschlossen und danach bei den staatlichen Behörden in Libanon registriert. Sie nehmen die Mühe, die Kosten und letztendlich auch die Auseinandersetzungen in der Familie in Kauf, um ein gemeinsames Leben zu führen.

Wie groß der Widerstand im Land ist, zeigen vor allem die Reaktionen der geistlichen Führer gegen die vom Präsidenten Elias Hrawi eingebrachte Gesetzesvorlage. Eine nie zuvor bestehende Einigkeit unter den religiösen Führern zeigt sich: Alle sprechen sich gegen die Zivilehe aus! „Verrat, Zerstörung der Religion und dessen Glaubensinhalte, ein gesellschaftliches Verderbnis, Verlust der moralischen Zurückhaltung und eine Entweihung der religiösen Werte" – solche Argumente liest und hört man von ihnen. Ob der sunnitische Mufti, der schiitische Imam, der drusische Scheich oder der maronitische Patriarch, alle verkünden, dass jeder, der der Zivilehe zustimmt, ein Apostat sei und die Religionsgemeinschaft verlassen müsse.

Geht es ihnen wirklich um den Verfall der religiösen Prinzipien? Sicherlich nicht! Die Gründe für ihre Ablehnung sind woanders zu suchen. Zwischen ihren Zeilen schimmert die Angst um einen Verlust der Macht und der privilegierten Stellung durch. Was tun, wie Aktionen rechtfertigen, wenn die Menschen nicht mehr in der Religion Zuflucht suchen? Was tun, wenn die Masse, die Stütze vieler Religionsführer, sich nicht mehr lenken lässt? Nur solange die Grenzen zwischen den Religionen bestehen, kann gegeneinander gehetzt werden, um die Feindbilder wachzuhalten und Vermischung auszuschließen. Die Diskussionen Mitte 1998 zeigen, dass die Zeit noch nicht reif für eine Trennung von Kirche und Staat ist. Vom Tisch ist das Thema „Zivilehe" jedoch noch nicht. Es schlummert in den Schubladen der Politiker und wird sicherlich noch einmal die Gemüter erregen. Ob dann mit Erfolg, kann zur Zeit nicht gesagt werden.

Und George und Nada? Sie werden nicht darauf warten, dass das Thema wieder aufgegriffen wird. Große Hoffnungen auf Erfolg machen sie sich seit der hitzigen Auseinandersetzung in den Medien nicht mehr. Sie werden wohl auch – wie viele vor ihnen – nach Zypern fliegen müssen.

wärtige „Präsidententroika", so der Vorwurf der oppositionellen und klerikalen Seite, betreibe keine souveräne Politik mehr, sondern habe sich zu einem Triumvirat von Befehlsempfängern im Dienste Syriens erniedrigen lassen. Die Libanesen bezweifeln, dass Syrien seine Truppen abziehen wird. Denn einerseits würden sie dadurch ihren politischen Einfluss, ihre politische Waffe und ihr Druckmittel gegenüber Israel verlieren, andererseits ihre finanzielle Quelle, mit der Syrien seine Wirtschaft seit Jahren saniert. Die inzwischen 1–1,5 Mio. Arbeiter aus Syrien müssten dann in ihre Heimat zurückkehren, Syrien jedoch kann z. Z. diese hohe Zahl an Arbeitskräften nicht aufnehmen.

Die seit Jahren andauernden Kämpfe im Süden gegen Israel und die tägliche Bombardierung nicht nur schiitischer Stützpunkte führte zur Festigung bzw. zum **Wiederaufleben des „Feindbildes Israel"**. Von einem Großteil der Libanesen unterstützt, werden die schiitischen Milizen bei jedem Sieg gefeiert und als Helden, Märtyrer und Verteidiger des Vaterlandes bezeichnet. Mit ihren Kommandoaktionen genießen sie zur Zeit große Sympathien in der Bevölkerung, die besonders seit April 1996 glaubt, dass Israel nur auf diese Weise in die Ecke gedrängt werden kann.

Auch nach dem Ende des Bürgerkrieges haben die Diskussionen über die Abschaffung des politischen Konfessionalismus nicht aufgehört. Wird dieses Thema angeschnitten, so hat man den Eindruck, als gäbe es zahlreiche Befürworter. Auf der anderen Seite jedoch wird der Anschein erweckt, als manifestierten die Politiker die Abgrenzung zwischen den einzelnen Religionsgemeinschaften, um ihre Machtpositionen und ihren Einfluss nicht zu verlieren.

Gesellschaft

Die Bedeutung der Religion

Die Gesellschaft befindet sich in einem **Identitätskonflikt**. Die Nationalität ist sekundär, die Zugehörigkeit zu einer Religionsgemeinschaft überwiegt im Gefühl der Libanesen.

Mehrere Aspekte sind für die Politik Libanons charakteristisch, die das Land von allen anderen arabischen Staaten unterscheidet: Der religiöse Faktor spielt eine entscheidende Rolle! Dieser hatte im Laufe dieses Jahrhunderts auf dem Umweg über die sich verschärfenden politischen, sozialen und militärischen Konflikte seinen heutigen starken Einfluß gewonnen und dient den Politikern als Mittel zum Erreichen ihrer Ziele. Auch wenn für Außenstehende nicht spürbar, so zieht sich doch die **religiöse Trennungslinie** durch fast alle Bereiche des Lebens.

Alle vier Jahre treten mehrere Parteien zu den **Parlamentswahlen** an. An ihrer Spitze stehen bekannte Persönlichkeiten, deren Namen der libanesischen Geschichte nicht unbekannt sind: Es sind ehemalige Führer von Milizen, Verwandte ehemaliger Präsidenten oder Minister, alteingesessene Familien der Feudalzeit. Sie symbolisieren weniger eine politische Linie, sondern vielmehr eine weltliche Führungsrolle der jeweiligen Religionsgemeinschaften. Fast alle politische Parteien sind de facto religiöse Parteien und setzen sich, was ihre Mitglieder wie Anhänger betrifft, aus den jeweiligen Religionsgemeinschaften zusammen. Auch die religiösen Oberhäupter, wie der Patriarch der Maroniten oder der Mufti der Sunniten, sind in erster Linie Politiker, die zu innen- wie außenpolitischen Themen, auch während des Gottesdienstes, Stellung nehmen.

Aber nicht nur auf oberster Stufe finden sich die Trennungslinien. So sind auch die **Fernsehsender** religionsbezogen, LBC z. B. ist maronitisch, MTV griechisch-orthodox und al-Manar schiitisch, aber auch Fußballvereine und deren Anhänger. Zahlreiche **Firmen und Fabriken**, die von einzelnen Religionsgemeinschaften finanziert oder geleitet werden, stellen fast ausschließlich Arbeiter aus der eigenen Religionsgemeinschaft ein. Nach wie vor sind Gebiete, Dörfer und Stadtviertel in den größeren Städten nach den einzelnen Religionen aufgeteilt und die interkonfessionelle Heirat ist wegen des Fehlens von Standesämtern unmöglich.

Klassengesellschaft par excellence

Einfach ist es nicht, in einem Land zu leben, in dem es weder ein Sozialsystem noch Unterstützung von staatlicher Seite gibt. Einfach ist es nicht, in einem Land zu leben, in dem die Preise, verglichen mit dem Einkommen vieler, zu hoch sind. Hinzu kommt, dass Schulen und ärztliche Versorgung kaum mehr zu bezahlen sind und die Steuern für die aufwendigen staatlichen Projekte von Jahr zu Jahr steigen. „Wenn der Staat etwas für uns tun würde, dann würden wir gerne Steuern zahlen", klagen überall die Menschen. Sie haben das Gefühl, das Geld fließt zum einen in dunkle Kanäle, zum anderen wird es an der für sie falschen Stelle investiert.

Sehr viele Millionäre leben im Land, gleichzeitig lebt über die Hälfte der Bevölkerung an der Armutsgrenze. Der Rest, zu denen jene zählen, die aufgrund eines Studiums einen gut bezahlten Beruf haben, gehört zum Mittelstand. „Brot statt Steine", rufen die Armen, die sich über die neuen Tunnel und Prachtstraßen, auf denen die Luxusautos fahren, beklagen. Aber wer wird ihnen schon zuhören. Die Klassenge-

Beirut 1905: Brunnen auf dem Kanonenplatz (Foto: AKG)

Die Vororte von Beirut: Tatort Uza'i

Beirut – die Stadt der Millionen, der Millionäre. Sie leben in Luxusappartments, deren Prunk keine Worte beschreiben können, und man trifft sie auf jedem Empfang, Abendessen, Fest – selbstverständlich immer in neuer Garderobe.

Beirut – die Stadt der Millionen. Der Millionen, die täglich um ihr Brot kämpfen, die in einfacher Behausung, manchmal ohne Strom und fließendes Wasser, zu mehreren Personen leben. Es sind die Millionen, die keine Lobby haben.

Verlässt man die glitzernde Hauptstadt mit ihren prachtvollen Hochhäusern, Villen, Luxusgeschäften und erreicht einen der Vororte, so glaubt man in einer anderen Welt zu sein. Hier sind nicht mehr alle Straßen asphaltiert, hier riecht es nach offener Kanalisation, hier häufen sich die Müllberge, die Krankheiten – hier wohnt das Elend. Kinder spielen am Rande der vierspurigen Autobahn, die nach Beirut führt und schauen den Luxuskarossen nach.

Wir sind in Uza'i, einem südlichen Vorort von Beirut, fast direkt an der Lande- und Startbahn des Flughafens. Wir sind in einem Teil der Stadt, in dem hauptsächlich Flüchtlinge aus dem Süden leben, die wegen der andauernden Beschießung durch die israelische Armee ihre Dörfer verlassen mussten. Wir sind in jenem Teil, in dem fast ausschließlich Schiiten leben.

In den arabischen Ländern, in denen sie leben, gehören die Schiiten zu den unterprivilegierten Bevölkerungsgruppen. So tritt die religiöse Gruppe als Solidargemeinschaft in der Öffentlichkeit auf und kämpft gegen Unterentwicklung und Benachteiligung. Ihr Wortführer in Libanon ist Hizb Allah. Diese Partei vermochte in den letzten Jahren die Lücke, die die Regierung offenließ, zu füllen, indem sie sich für die Armen und Bedürftigen einsetzt, Familien von Gefallenen finanziell unterstützt (z. Z. ca. 2500) und in vielen Regionen die Menschen mit Wasser und Strom versorgt. Ein Bewohner von Uza'i berichtet: „Obwohl wir Steuern zahlen, tut die Regierung nichts für die Schiiten. Das Zentrum Beiruts wird mit Milliardenbeträgen wieder aufgebaut, aber für die südlichen Vororte wird nichts getan. Der Staat ist nicht präsent. Es gibt bei uns nicht einmal eine Stadtverwaltung. Bis vor kurzem hatten wir kein Trinkwasser. Die Leute mussten in andere Stadtteile fahren und sich dort versorgen. Dann haben wir Zisternen aufgestellt, die täglich von Hizb Allah neu gefüllt werden."

Vom Iran finanziell unterstützt, konnte Hizb Allah auch Krankenhäuser, Schulen und Wohnungen bauen, die sie unentgeldlich zur Verfügung stellt. Hier in Uza'i schwört jeder auf Hizb Allah! Hier in Uza'i sieht man die Fehler der Regierung! Hier in Uza'i zeigen sich die Widersprüche Libanons. Bei den Kommunalwahlen im Juni 1998 haben die Politiker ihre Lektion erhalten. Keiner der Listen von Rafiq al-Hariri oder Nabih Birri gelang es, einen Gewinn zu erzielen. Ihre Vernachlässigung, einseitige Politik, falsche Prioritätensetzung mussten sie bezahlen. Beirut ist zwar eine Stadt der Millionen, es fragt sich nur, welche Millionen auf Dauer die Oberhand gewinnen werden.

sellschaft manifestiert sich von Jahr zu Jahr deutlicher. **Die Armen werden ärmer, die Reichen reicher**, und das Geld liegt wie seit jeher in den Händen bestimmter Familien und Clans. Es ist ein Kreislauf, aus dem niemand so recht auszubrechen vermag. Und wenn Bauern auf die Straße gehen und für staatliche Unterstützung der Landesprodukte demonstrieren, dann antwortet der Staat mit der Entsendung der Armee. Es scheint, als wiederhole sich die Geschichte. Nur mit einem Unterschied: Heute gibt es keinen Kamal Junbulat, der sich für die sozial Schwachen und Bedürftigen einsetzt. Heute gibt es nur Politiker, die sich um ihre eigenen Interessen kümmern und selbst bereichern wollen. Und: Heute gibt es zu viele Probleme, die gelöst werden müssen und in deren Schatten die Sozialpolitik steht.

Ein Großteil der Armen gehört zu einer bestimmten Religionsgemeinschaft. Das Gefühl der Vernachlässigung von staatlicher Seite stärkt ihren Zusammenhalt und ihre Verbundenheit mit der eigenen Religionsgemeinschaft. Hier liegt die Ursache für die Segmentierung der Gesellschaft in religiös definierte Gruppen. Und solange sich jeder über die religiöse Gemeinschaft identifiziert, die gleichzeitig die soziale ist, solange werden die Religionen in Libanon ihre außerordentliche Bedeutung behalten.

Korruption

„Es ist das Recht des Volkes zu wissen, wie sein Geld ausgegeben wird", sagte **General Emile Lahud** – bis zu jenem Zeitpunkt Oberkommandierender der Armee – in seiner Antrittsrede vor dem libanesischen Parlament im November 1998. Bei diesem Satz fühlten sich sicherlich mehrere Abgeordnete wie ehemalige Minister angesprochen, klatschten aber wie alle anderen auch Beifall, als wären diese Worte nur Luftblasen, die schnell zerplatzen. Für andere war diese Bemerkung des neuen Staatspräsidenten eine Hoffnung auf eine drastische Bekämpfung der Korruption. Seit letztem Jahr steht **Libanon in der Korruptionsskala mit Kolumbien an der Spitze**. Diese Erklärung der Weltbank wird von einem verheerenden Urteil über die wirtschaftliche Entwicklung des Landes begleitet: **16 Mrd. $ Schulden** und ein **Haushaltsdefizit von 14%**! An der Plünderung der Staatsgelder beteiligten sich die letzten Jahre fast alle Regierungsmitglieder und ihre Gefolgsleute: jeder wollte ein Stück vom Kuchen haben. Wurde dieses Thema von Oppositionellen zur Regierungszeit al-Hariris im Parlament zur Sprache gebracht, so stießen sie nur auf taube Ohren; der Premierminister scheute sogar nicht davor zurück, bei solchen Debatten den Saal demonstrativ zu verlassen. Nun sollen „die Diebe" zur Rechenschaft gezogen werden, denn – wie Emile Lahud auch in seiner Antrittsrede sagte – „niemandem ist es erlaubt, über dem Gesetz zu stehen, und auch ich werde mich dem Gesetz unterstellen." Also keine Vetternwirtschaft mehr! Keine Protektion seitens führender Politiker mehr! Jeder wird in den kommenden Monaten für seine Taten verantwortlich gemacht werden.

Seit Anfang 1999 mussten bereits viele ihren Posten verlassen, und es ist nur eine Frage der Zeit, wann sie vor Gericht stehen werden. Als erster musste Rafiq al-Hariri weichen. Nachdem er nach der Amtsübernahme des Präsidenten entsprechend des libanesischen Wahlgesetzes mit seinem gesamten Kabinett zurückgetreten war, beauftragte

Karikatur zur Korruption der Regierung

Emile Lahud ihn zwar mit einer neuen Regierungsbildung, allerdings zu seinen Bedingungen. Rafiq al-Hariri lehnte ab. Emile Lahud ernannte daraufhin **Dr. Salim al-Hus** zum neuen Premierminister. Der Stein kam ins Rollen. Eine **neue Regierung**, neue Gesichter und neue Hoffnungen! Ein erstes tiefes Aufatmen ging durch die Straßen des Landes, als die Libanesen von der Ernennung Lahuds erfuhren, ein zweites, als sie das Ende der Hariri-Ära vernahmen.

Über einen Zauberstab wie im Märchen, der alle Träume über Nacht erfüllen wird, verfügt er nicht, warnt der neue Präsident vor zu viel Euphorie. Er weiß, dass die alte Regierung wenig Vertrauen hinterlassen hat, und er weiß auch, dass es ein harter, steiniger Weg bis zum Ziel werden wird. Ob er die so dringend benötigte Wende in der libanesischen Politik erreichen kann, ist nicht sicher. Zunächst einmal gilt es, das Versäumnis der Politiker nachzuholen, das Land auf ein politisch und wirtschaftlich tragendes Fundament zu stellen. Aber eines wird sich sicherlich nicht ändern: die enge Bindung an Syrien, das letztendlich auch die Nominierung Emile Lahuds befürwortete. Syrien bleibt weiterhin der enge Verbündete und Freund Libanons. Und solange der Süden von Israel besetzt ist, gilt es, gemeinsam den Drohungen zu begegnen. So werden sich die Reformen des Präsidenten auf die Innenpolitik beschränken, an der außenpolitischen Orientierung jedoch wird sich nichts ändern.

Fortsetzung auf Seite 112

Zeitreise in Stichpunkten

9000–8000 v. Chr.	Gründung von ersten Dörfern im sog. Fruchtbaren Halbmond.
7000–6000 v. Chr.	Landwirtschaft, Weben, Töpfern und der Handel werden zu den Einnahmequellen der sesshaft-bäuerlichen Gesellschaft.
ab 3200 v. Chr.	Auftreten der Sumerer. Eine Stadtkultur entsteht und die sumerische Keilschrift entwickelt sich.
2700–2220 v. Chr.	Ägyptisches Altes Reich. Erste ägyptische Flottenexpedition nach Libanon unter Pharao Snofru.
2300 v. Chr.	Die Akkader erobern die sumerischen Stadtstaaten. Die Semitisierung Mesopotamiens beginnt.
2050 v. Chr.	Die dritte Dynastie von Ur gewinnt in Mesopotamien wieder die Oberhand. Das Gilgamesch-Epos, eines der bedeutendsten Epen der Weltliteratur, wirdniedergeschrieben.
2040–1786 v. Chr.	Ägyptisches Mittleres Reich. Libanon kommt wieder unter ägyptischen Einfluss.
1950 v. Chr.	Unter Schamschi-Adad erobern die westsemitischen Amuru, Amoriter, einen Großteil Mesopotamiens und erweitern ihr Einflussgebiet bis zur Levante.
1830 v. Chr.	Die Babylonier bringen unter Hammurabi (1792–50) die Stadtstaaten zwischen Euphrat und Tigris unter ihre Herrschaft.
1670–1570 v. Chr.	Herrschaft der Hyksos in Unter- und Mittelägypten.
1560–1080 v. Chr.	Ägyptisches Neues Reich.
1450–1190 v. Chr.	Hethitisches Reich. Pharao Thutmosis I. erobert Gebiete von der Levante bis zum Euphrat. Beginn der Auseinandersetzungen mit den Mitanni und Hethitern.
1285 v. Chr.	Schlacht bei Qadesch zwischen Hethitern und Ägyptern.
um 1235 v. Chr.	Die aus dem oberen Tigris stammenden semitischen Assyrer treten auf die politische Bühne Mesopotamiens und errichten binnen weniger Jahrzehnte ein Großreich.
um 1200 v. Chr.	Eindringen der Seevölker.
1174 v. Chr.	Sieg von Ramses III. über die Seevölker.
1150–750 v. Chr.	„Goldenes Zeitalter" der Unabhängigkeit Phöniziens. In der Zeit der wirtschaftlichen und politischen Schwäche der Großmächte entstehen zahlreiche Territorialstaaten im Vorderen Orient.

	Beginn der Gründung von phönizischen Handelsniederlassungen im Mittelmeerraum.
1004–926 v. Chr.	Davidisch-salomonisches Reich in Palästina.
911–609 v. Chr.	Neuassyrisches Reich.
980–817 v. Chr.	Blütezeit von Tyros unter König Hiram I.
883–859 v. Chr.	Der Assyrer Assurnasirpal II. unterwirft die phönizischen Hafenstädte.
745–727 v. Chr.	Der Assyrer Tiglatpilesar III. unterwirft Syrien, Phönizien und Palästina.
625–588 v. Chr.	Neubabylonisches Reich.
ab 604 v. Chr.	Nebukadnezar II. gliedert Syrien, Phönizien und Palästina in das neubabylonische Imperium ein.
538–330 v. Chr.	Persisches Weltreich.
492–448 v. Chr.	Auseinandersetzungen zwischen Persern und Griechen unter Führung von Sparta und Athen.
ab 370 v. Chr.	Phönizien erhebt sich gegen die Perser.
334 v. Chr.	Alexander der Große eröffnet die Kriege gegen die Perser.
333 v. Chr.	Schlacht bei Issos.
332 v. Chr.	Alexander der Große erobert Phönizien und Ägypten.
330–323 v. Chr.	Das Alexanderreich.
323–280 v. Chr.	Diadochenkriege.
280–40 v. Chr.	Die Zeit der hellenistischen Großreiche. Phönizien gerät zunächst unter Ptolemäer-, dann unter Seleukidenherrschaft.
191–189 v. Chr.	Krieg der Römer gegen Antiochios III. Durch den Frieden von Apameia gewinnt Rom die Kontrolle über das Seleukidenreich.
ab 64 v. Chr.	Der römische Feldherr Pompeius gründet nach seinem erfolgreichen Orientfeldzug die Provinz Arabia.
40/39 v. Chr.	Die Parther besetzen die Provinz Arabia. Nur Tyros widersteht.
31 v. Chr.	Durch die von Kaiser Augustus verkündete „Pax Romana" erlebt der Vordere Orient einen kulturellen und wirtschaftlichen Aufschwung.
98–117 n. Chr.	Unter Kaiser Trajan erreicht das Römische Reich seine größte Ausdehnung.
227	Die Sassaniden treten das Erbe der Parther in Mesopotamien an.
284–305	Christenverfolgung zur Regierungszeit Kaiser Diokletians.

313	Kaiser Konstantin erlässt ein Toleranzedikt zur Unterstützung der Kirche. Das Christentum wird zur Staatsreligion des Römischen Reiches.
325	Konzil von Nicaea. Das apostolisch-nicäische Glaubensbekenntnis wird zur katholischen Staatsreligion erhoben.
636	In der Schlacht am Fluss Jarmuk besiegen die muslimischen Truppen das byzantinische Heer. Beginn der Islamisierung Syriens, Libanons und Palästinas.
661–750	Dynastie der Umayyaden.
750–1258	Dynastie der Abbasiden.
909–1171	Gegenkalifat der Fatimiden in Ägypten.
1071	Die turkmenischen Seldschuken erobern in der Schlacht bei Manzikert unter Führung ihres Sultans Alp Arslan Anatolien. Beginn der Eroberungen des gesamten Vorderen Orients.
27. 11. 1095	Papst Urban II. ruft auf dem Konzil in Clermont zum ersten Kreuzzug auf.
1099	Eroberung Jerusalems durch die Kreuzritter. Gründung der Kreuzfahrerstaaten.
1144	Zengi erobert Edessa zurück. Aufruf zum zweiten Kreuzzug.
1187	Schlacht bei Hattin. Saladin gelingt es nach der Niederlage des fränkischen Heeres, einen Großteil der Eroberungen der Kreuzritter zurückzugewinnen.
1188	Rückeroberung der Heiligen Stadt Jerusalem durch Sultan Saladin.
1191	Erster Waffenstillstand zwischen Saladin, Philipp II. und Richard Löwenherz.
1229	Der Stauferkaiser Friedrich II. und der ayyubidische Sultan al-Kamil schließen den Jerusalem-Vertrag ab.
ab 1258	Die Mongolen beginnen in den Vorderen Orient einzudringen.
1250–60	Die Mamluken erringen die Macht in Ägypten und Syrien. Rückeroberung der gesamten fränkischen Stützpunkte.
1516	Die osmanischen Truppen erobern unter Selim I. den Vorderen Orient.
1590–1635	Herrschaft des Emirs Fakhr ad-Din II.
1788–1849	Herrschaft des Emirs Baschir II.

1861	Militärische Auseinandersetzungen zwischen Maroniten und Drusen in den Chouf-Bergen. Einrichtung der autonomen Provinz „Mont Liban".
1916	Sykes-Picot-Abkommen.
1917	Balfour-Declaration.
1920	Beginn der französischen Mandatsherrschaft über Syrien und Libanon.
1922–1925	Aufstände gegen die Franzosen.
1926	Gründung der Republik Libanon und Verabschiedung der Verfassung.
Ende 1946	Abzug der französischen Truppen.
1958	Militärische Auseinandersetzung zwischen Kamal Junbulat und seiner drusischen Gefolgschaft und der libanesischen Regierung.
1967	Niederlage der Araber im Sechs-Tage-Krieg. Flüchtlingswelle der Palästinenser nach Jordanien und Libanon.
1970/71	Erste libanesische Milizen werden gegründet, u. a. die maronitischen Phalangisten.
1975–1991	Bürgerkrieg.
1976	Einmarsch Syriens.
März 1977	Ermordung Kamal Junbulats.
1978	Israel besetzt den Süden. Einrichtung des Sicherheitsstreifens.
1982	Israelische Operation „Frieden für Galiläa". Massaker an Palästinensern. Gründung Hizb Allahs.
1989	Taif-Abkommen. Syrien unterbreitet Vorschläge zur Beilegung des Krieges.
1991	Sog. Freundschaftsvertrag zwischen Syrien und Libanon; Ende des Bürgerkrieges.
1992	Bildung einer neuen Regierung; Rafiq al-Hariri wird Premierminister.
1996	Israel bombadiert Libanon, u. a. den UNO-Stützpunkt in Qana. Hunderte sterben.
Nov. 1998	Bildung einer neuen Regierung; Dr. Salim al-Hus wird Premierminister.

Wirtschaft

Landwirtschaft wie Industrie spielen eine untergeordnete Rolle im Rahmen der Wirtschaftsstruktur. Der größte Teil des libanesischen Volkseinkommens beruht nach wie vor auf dem **Dienstleistungssektor**, v. a. Handel und Finanzwesen. Nachdem das Vertrauen des internationalen Kapitalmarkts und das der Geschäftswelt wiedergewonnen werden konnte, ist eine Verbesserung der Wirtschaftslage zu beobachten. Die Hoffnungen der Regierung ruhen seitdem auf einer **langfristigen Stabilisierung und auf einer Investitionssteigerung**. Bisher hingen die ausländischen Investitionen und die finanziellen Hilfen zum Wiederaufbau des Landes zum Großteil mit der Person des ehemaligen Pemierministers **Rafiq al-Hariri** zusammen. Sein Rücktritt, so befürchteten viele, könnte den wirtschaftlichen Zusammenbruch Libanons bedeuten, zumal die Auslandsverschuldung seit Jahren wächst, die Zinsen kaum noch beglichen werden können und die notwendigen Gelder für die Finanzierung des Wiederaufbaus nach wie vor nicht ausreichen. Eine weitere Kreditaufnahme würde jedoch nur den Schuldenberg vergrößern und erneute Steuererhöhungen die Menschen auf die Straße bringen. Die neue Regierung (seit November 1998) wird in ihrer Legislaturperiode eine schwere Aufgabe haben: einerseits die Schulden verringern, andererseits für Wirtschaftswachstum und die Verbesserung der wirtschaftlichen Lage der Libanesen sorgen.

Landwirtschaft

Im Vergleich zu den anderen Ländern im Vorderen Orient ist Libanon ein **fruchtbares Land** mit guter Bodenbeschaffenheit für die Landwirtschaft. Von ca. 721 000 ha fruchtbarem Land werden allerdings nur 260 000 ha genutzt. Die Weltbank stellte in den letzten Jahren Kredite bereit, um die bewässerte Anbaufläche von 67 000 ha um weitere 96 000 ha zu vergrößern.

Am Mittelmeer werden hauptsächlich **Zitrusfrüchte, Bananen und Mispeln** angebaut, im Norden, in der 'Akkar-Ebene, sowie auf einigen Terrassen bis 1500 m **Getreide und Oliven**. Rebstöcke bedecken weite Flächen in den Hochebenen und in der Bekaa-Ebene, wo die beiden **Weingüter** Ksara und Kefraiya liegen. Das Libanongebirge versorgt die Bevölkerung mit zahlreichen **Obst**sorten: Kirschen, Aprikosen, Pfirsiche, Äpfel und Birnen. In der Bekaa-Ebene, dem Hauptanbaugebiet des Landes, wachsen **Getreide, Kartoffeln, Hülsenfrüchte, Obst und Gemüse**.

1993 verabschiedete das Landwirtschaftsministerium einen Zehnjahresplan mit 2,1 Mrd. $ zur Erhöhung des Selbstversorgungsgrades und des Agrarexportes. Die UN unterstützt dieses Projekt mit über 4 Mio. $. Trotz der Zuschüsse und Intensivierung der Landwirtschaft seitens der Regierung reichen die Gelder nicht, so dass der Agrarsektor Mitte der 90er Jahre nur 8–10% zum BIP beitrug. Der Anteil am Export lag bei 9%.

Industrie

Wegen des Mangels an Bodenschätzen ist die industrielle Möglichkeit beschränkt. Lediglich **Eisenerz, Salz, Kalk und Gips** werden gewonnen, andere Bodenschätze wie Kupfer, Asphalt, Phosphate, Mangan und Chrom sind noch unerschlossen. Die geförderte

Erdölmenge blieb bedeutungslos, hingegen zieht Libanon Gewinne aus dem Öltransit. Durch Instandsetzung der beiden **Erdölraffinerien** nördlich von Tripolis und Sidon soll in den nächsten Jahren nicht nur der Eigenbedarf an Benzin und Heizöl gedeckt, sondern darüber hinaus auch ein Exportüberschuss erzielt werden. Geplant ist ferner der Bau von zwei Kraftwerken. Vier Wärme- und zahlreiche kleine Wasserkraftwerke sorgen heute für Energie. Die Energie für die anderen Kraftwerke wird in den Raffinerien aus Erdöl erzeugt, das aus Syrien, den Golfstaaten und Saudi-Arabien bezogen wird.

Die **Konzentration auf den Handel** führte bereits vor dem Bürgerkrieg zur **Vernachlässigung der Industriezweige**. Lediglich die Nahrungsmittel- und Textilindustrie expandierten in den letzten Jahren. Aufgrund des Baubooms seit dem Ende des Bürgerkrieges wurden große Anstrengungen im Ausbau der beiden Zementwerke bei Schakka unternommen; seitdem kann sogar Zement zu einem geringen Teil exportiert werden. Von dem 1993 erreichten BIP-Wachstum kommen allein 10% auf den Bausektor.

Handel

Zwar kann Libanon seit 1998 eine leichte **Steigerung im Außenhandel verzeichnen**, jedoch werden nach wie vor die meisten Waren importiert. Ihren Ruf als geschickte Händler haben sich die Libanesen erhalten; viele Importgüter werden wieder re-exportiert. Bereits vor dem Ausbruch des Bürgerkrieges war Libanon das **Handelszentrum des Orients**, der Hafen Beiruts das Tor zum Westen. Nachbarländer exportierten und importierten Waren über den Hafen in Beirut. Große Anstrengungen wurden unternommen, um dieses ertragreiche Geschäft wieder in die Hände zu bekommen. Eine erste Steigerung im Ex- wie Import über den Hafen in Beirut konnte 1994, seitdem die Schiffe aus Europa und USA wieder im Hafen von Beirut anlegen, verzeichnet werden.

„Die Stadt der 101 Banken" wurde Beirut vor 1975 genannt. Internationale Banken hatten hier ihre Filialen und das Finanzgeschäft florierte. Diese dominierende Finanzrolle verlor das Land zwar im Krieg, aber seit 1993 haben wieder internationale Banken ihre Filialen geöffnet. 1996 betrug der Marktanteil der Geschäftsbanken 98%, der der Finanzinstitutionen und Spezialbanken für lang- und mittelfristige Kredite jeweils 1%. Die Notenbank ist seit 1994 Banque du Liban.

Wiederaufbau der Wirtschaft

Der seit 1993 eingeleitete wirtschaftliche Aufschwung setzte sich in den folgenden Jahren mit einem geschätzten **Wachstum von 8%** fort. Die Öffnung der Wertpapierbörse, die die Wirtschaft mit dringend benötigtem Kapital versorgen sollte, war ein erster Schritt in Richtung Normalisierung und Verbesserung der wirtschaftlichen Situation. Vor Schließung der Börse 1983 wurden in Beirut **Aktien** von 45 Gesellschaften gehandelt, heute sind es lediglich vier. Allerdings hofft man, dass bis Ende 1998 die Zahl auf 14 steigt. Optimistischen Berechnungen zufolge könnte die Marktkapitalisierung, also der Gesamtwert der an der Börse gehandelten Aktien, auf 4,25 Mrd. $ steigen, womit Beirut der Börse in Amman Konkurrenz machen könnte.

Vor allem der **Wiederaufbau**, so die Weltbank, soll dem Land bis zum Jahre 2000 ein reales Wachstum von 8% bringen. Neben privatwirtschaftlichen Projekten wie **Solidere** wurden daher zahlreiche staatliche Großprojekte zum Wiederaufbau bzw. zur Modernisierung der Infrastruktur eingeleitet, die zum mehrmals geänderten **Zehnjahresplan Horizon 2000** (1993–2002) gehören, der mit einer Gesamtsumme von 18 Mrd. $ veranschlagt wurde. Auf der Liste stehen bisher in diesem Rahmen Investitionen für folgende Projekte: Kapazitätsvergrößerung der Elektrizitätswerke, Verbesserung und Ausbau des Leitungs- wie Telefonnetzes, Müllverbrennungs- und Kompostierungsanlagen, Ausbau des Flughafens, Autobahnprojekt von Beirut bis zur libanesisch-syrischen Grenze und entlang der Küste, Bau von Sozialwohnungen auf Staatsland, Bereitstellung größerer Summen für das Gesundheitswesen und das Ministerium für Vertriebene. Seit Anfang 1998 wird immer deutlicher, dass die Summe von 18 Mrd. $ nicht ausreicht; einige Ministerien meldeten sogar leere Kassen. In heftigen Parlamentsdebatten, die von der Opposition geschürt wurden, gingen Politiker der Frage nach, wo die Gelder geblieben sind. Seit dem Amtsantritt des neuen Premierministers Dr. Salim al-Hus im November 1998 kam Licht in das Dunkel. Nun ist bekannt, dass ein Großteil der Gelder nicht in die staatlichen Projekte, sondern in die Taschen von Ministern floss.

Der **wirtschaftliche Aufschwung** basierte nach dem Krieg hauptsächlich auf dem boomenden Bau- und Immobilienbereich, in dem große Investitionen, hauptsächlich von Exil-Libanesen, getä-

Der Wiederaufbau in Beirut kommt voran

tigt wurden. Aber immer mehr kommt man zu der Einsicht, dass auch andere Wirtschaftszweige als die Bauindustrie angekurbelt werden müssen – besonders seitdem 1997 die Wirtschaft stagniert, der Staat hoch verschuldet ist und die Kassen der Regierung leer sind. Die Finanzexperten bauen nun vor allem auf die Exil-Libanesen, die seit 1994 vom ehemaligen Premierminister al-Hariri dazu motiviert wurden, in Libanon Kapital zu investieren bzw. Aktien zu erwerben. Die wichtigsten Aktien stellen dabei die Solidere-Papiere dar. Diese private Aktiengesellschaft, die auf die Initiative al-Hariris zurückgeht, übernahm 1993 den Wiederaufbau des Beiruter Stadtzentrums. Seit der Aktienausgabe ist ihr Kurs um 40% gestiegen. Solidere sah eigentlich eine Beteiligung an Aktien der rechtmäßigen Eigentümer der Gebäude im Stadtzentrum vor. Da viele allerdings aus finanziellen Gründen keine Aktien erwerben konnten, kaufte ihnen al-Hariri Grund und Besitz zu geringen Preisen ab. Nicht nur das private Unternehmen liegt inzwischen in seinen Händen, sondern auch die meisten Aktien, die er mittels Scheinfirmen aufkaufte. Die Libanesen sagen heute, dass ihm inzwischen das ganze Land gehört.

Probleme

Die meisten Staatsprojekte werden seit der drastischen Erhöhung der Preise und Steuern von den Libanesen nicht mehr toleriert. Die Ziele der ehemaligen Regierung, so die öffentliche Meinung, werden ohne Rücksicht auf soziale Belange durchgesetzt. Sei es die schlechte Infrastruktur in zahlreichen Regionen oder sei es die Wohnqualität, eine Verbesserung der Lage ist kaum zu spüren. Auch die Versprechungen, Wohnungen zu angemessenen Preisen, Schulen und Krankenhäuser zu bauen, wurden nicht eingehalten. Seitdem die reale Kaufkraft gesunken ist – offiziell liegt die **Inflationsrate bei 17%** – machte der Gewerkschaftsbund erneut darauf aufmerksam, dass der z. Z. gültige Mindestlohn von 200 000 LL nur 19,5% der notwendigen Ausgaben einer Familie decken würde, und forderte wiederholt eine Lohnerhöhung von 80%. Ohne Erfolg! Lediglich einer Lohnerhöhung von 20% stimmte die al-Hariri-Regierung zu. Hinzu kommt, dass der Zustrom billiger Arbeitskräfte, vor allem aus Syrien, das allgemeine Lohnniveau drückt und ein Großteil des Kapitals nicht im Land bleibt. Der Devisenabfluss nach Syrien wird z. Z. auf ca. 1,2 Mrd. $ geschätzt.

Preissteigerung für Nahrungsmittel, Erhöhung der Steuern und Mieten, fehlende Sozialpolitik und steigende Arbeitslosigkeit brachte die Menschen auf die Straße. **„Brot statt Steine"** fordern sie seit Mitte 1997. Diese Unzufriedenheit führte vor allem in den vernachlässigten Regionen des Landes zu Aufständen. So kam es im August in der Bekaa-Ebene zu einer Rebellion gegen die Staatsführung, organisiert und geleitet von schiitischen Führern, bei der erstmals seit Ende des Bürgerkrieges wieder Menschen mit Waffen auf die Straßen gingen. Die Antwort der Regierung war nicht der Dialog, sondern die Entsendung von Truppen, so dass es zu **Straßenkämpfen** kam. Der Staat hat seine Macht gezeigt, aber die Probleme wurden dadurch nicht gelöst und die Kritik der Menschen verhallte im Nichts. Nun liegen alle Hoffnungen in der neuen Regierung des Premierministers **Dr. Salim al-Hus.**

Bevölkerung und Soziales

Herkunft und Zusammensetzung der Bevölkerung

Durch die Jahrtausende war Libanon stets ein **Durchzugsgebiet vieler Völker**. Militärische Einfälle, Niederlassungen aus wirtschaftlichen Gründen und die immerwährenden Völkerwanderungen verhinderten die Herausbildung einer ethnischen Einheit. Heute zeichnet sich das Land durch eine **außergewöhnliche Mischung** aus. So ist die altkanaanäisch-phönizische Urbevölkerung, von der wir im 4. Jt. v. Chr. zum ersten Mal hören, aus dem Gebiet zwischen Euphrat und Tigris an das östliche Mittelmeer gekommen. Ihr folgten verschiedene andere Völker, Rassen und Stämme unterschiedlichster Abstammung, wie die Amoriter, Ägypter, Hethiter, Assyrer, Perser und Araber. Das Ergebnis der Mischung semitischer und indogermanischer Völker waren die **Levantiner**, die – trotz aller Unterschiede – jedoch aufgrund ihrer gemeinsamen Sprache sowie ihrer Sitten und Traditionen eine Einheit bilden.

Die **Einwohnerzahl** Libanons beläuft sich nach UN-Schätzungen auf ca. 4 Mio.; 16 Mio. Libanesen leben im Ausland, davon alleine 6 Mio. in Brasilien. Ende des 19. Jhs. suchten erste Auswanderer ihr Glück in der weiten Welt. Dieses Fieber übertrug sich schnell auf andere, so dass bereits vor dem Bürgerkrieg Millionen von Libanesen im Ausland lebten, die ihre Verwandten ab 1975 folgen ließen.

Ein schweres Erbe, das die Libanesen seit dem Ende des Krieges tragen müssen, ist die **große Zahl der Flüchtlinge**. Abgesehen von jenen, die im Ausland leben, wurden 600 000 Libanesen zu Flüchtlingen im eigenen Land, und ca. 30% leben nach wie vor noch in Lagern, in einfachen oder zerschossenen Häusern, ohne ein festes Dach über dem Kopf. Hinzu kommen ca. 500 000 Flüchtlinge aus Palästina, von denen, nach Angaben der UNRWA (United Nations Relief and Work Agency), über die Hälfte unter schweren Bedingungen und schlechten hygienischen Verhältnissen in Lagern leben. Seit der Unterzeichnung des **Gaza-Jericho-Abkommens** 1993 hat sich ihre Lage verschlechtert: Gelder der PLO und der UNRWA fließen nun zunehmend in das Autonomiegebiet und nicht mehr wie einst in die Palästinenserlager in den arabischen Ländern. Als Vertriebene ohne libanesische Staatsangehörigkeit bleiben ihnen die Bürgerrechte verwehrt. Zwar diskutieren seit Mitte der 90er Jahre Politiker über eine Einbürgerung, stoßen jedoch bei der Regierung, die ihren Status nicht ändern will, auf erheblichen Widerstand. Sie befürchten, dass eine **Einbürgerung der Palästinenser** das Gleichgewicht der Religionsgemeinschaften im Land zugunsten der Muslime kippen würde. Abgesehen von der Weigerung, die Palästinenser zu integrieren, möchten aber auch die meisten Palästinenser ihren Flüchtlingsstatus aufrechterhalten, um nicht ihr Recht auf Rückkehr zu verlieren.

Sitten und Traditionen

Ob Muslim oder Christ – in punkto Sitten und Traditionen überschneiden sich ihre Wege und finden ihre Ansichten eine gemeinsame Basis. Ob Muslim

Fortsetzung auf Seite 120

Orient und Okzident – zu Feindbildern und Feindbildentstehung

Fundamentalismus, Terror, militanter Islam – Schlagworte, welche die Medien füllen und die von vielen gedankenlos aufgegriffen und undifferenziert wiederholt werden.

„Das Schwert des Islam", „Allahs Schwert", „Im Namen Allahs" – Titel von Sachbüchern sog. Nahostexperten, die die angeblich unberechenbare Leidenschaft der Muslime, die arabische Lust zur Selbstzerstörung und die Irrationalität der Araber darstellen.

„Nicht ohne meine Tochter", „Ich war eine Prinzessin aus dem Hause Saud", „Leben in 1001 Nacht" – Bestsellerromane von Autorinnen, die von ihren Erlebnissen im islamischen Kulturraum berichten, von der Unterdrückung der Frau, dem schlagenden Ehemann und von den unzivilisierten, fanatisierten Muslimen.

Bücher, die verschlungen werden. Bücher, die Vorurteile festigen. Bücher, die das Bild des Anderen in seinen vorgefassten Rahmen stecken. So ist Araber gleich Muslim, gleich Schiit, gleich Sunnit, gleich Iraner – da wird nicht mehr unterschieden, sondern alles über einen Kamm geschert.

Feinde schaffen! Ist die Schablone erst einmal gezeichnet, wird die Begründung für ihr Anderssein und für ihre Ausgrenzung in den Büchern gleich gratis mitgeliefert: Sie sind unübersehbar nicht wir. Ein einfaches, unkompliziertes und für jeden nachvollziehbares Argument!

Feindbilder schaffen! Unterstützt und geschürt durch Berichte, Bücher und Romane rückt das Bild des grundsätzlich gewalttätigen und agressiven Islam immer mehr in den Mittelpunkt und wird als Bedrohung für die abendländische Kultur dargestellt. Die Botschaft mit ihrer Intention hat den Empfänger erreicht: Die Muslime sind fanatisierte, dem Mittelalter verhaftete Massen, die nichts anderes im Sinn haben, als den „teuflischen christlichen Unglauben" zu bekämpfen. Mit solchen Bildern verknüpft, werden Angst und Schrecken hervorgerufen.

Angst und Schrecken hervorzurufen, war und ist nach wie vor keine Schwierigkeit für Autoren, Verleger und Journalisten. Besonders seit der islamischen Revolution im Iran tendieren die Islam-Berichterstattungen zu einer Reduktion der Vielfalt der islamischen Ideengeschichte auf eine einzige Facette: den radikalen und modernitätsfeindlichen Fundamentalismus. Dieses führte in der letzten Zeit zur mangelnden Unterscheidung zwischen radikal-militantem und moderatem Islamismus. Auch wird seit jeher die Gefahr des Islam in Europa mit Ereignissen aus der Geschichte illustriert: Die Schlacht von Tours und Poitiers 732 oder die Belagerung Wiens durch die Türken im 16./17. Jh. Die Folgen solcher Griffe in die Geschichte werden dann mit den aktuellen Meldungen über Terroraktionen militanter Islamisten in Ägypten oder Algerien und über Staatsterror im Iran verknüpft, um sie medienwirksamer für das Feindbild Islam verwerten zu können. Auf diese Weise werden Ereignisse der Gegenwart mit historisch tradierten Bildern rückgekoppelt.

Angst und Schrecken verbreiten auch Nachrichten, die immer wieder betonen, dass die neue sog. fundamentalistische Welle Europa zu überrollen droht, wenn ihr kein Einhalt geboten, kein Kampf angesagt wird. Dass die überwiegende Mehrzahl der Muslime jedoch selbst das Phänomen „Fundamentalismus" als eine beunruhigende Erscheinung betrachtet und dass Islam nicht gleich militanter Fundamentalismus ist, erreicht die Ohren der Zuhörer nicht. Die Worte derer, die zu vermitteln und zu erklären versuchen, dass solch ein politisch mißbrauchter Islam etwas ganz anderes ist als ein gelebter Islam, verhallen im Nichts. Immer wieder weisen diese Verfechter darauf hin, dass der Islam, wie auch das Christentum, nicht monolithisch ist – weder ist er auf die arabische oder iranische Welt beschränkt, noch gibt es eine geeinte islamische Front, denn zu groß sind die politischen Zerwürfnisse zwischen den arabischen Staaten, zu groß die wirtschaftliche Abhängigkeit vieler vom Westen und von der USA. Und die islamische Solidarität und *Umma* (arabische Nation) sind schon lange Zeit illusorisch.

Wie im Westen der Islam als ein mit Feuer und Schwert vor den Toren des christlichen Abendlandes lauerndes Ungeheuer dargestellt wird, so beschwören islamische Kreise ihrerseits auch ein Feindbild vom Westen herauf, der jede Gelegenheit nutze, um die Muslime zu beherrschen, zu unterdrücken und zu erniedrigen. Von vielen Muslimen wird die historische Auseinandersetzung mit dem Westen nicht als Ergebnis einer spezifischen historischen Situation betrachtet, sondern als Beleg für die seit Jahrhunderten unveränderten Versuche des Westens, den Islam zu vernichten. Besonders seit den achtziger Jahren erscheinen zahlreiche Bücher und Artikel über den „bösen Westen" und „die westliche Verschwörung". In diesen werden in erster Linie die leidvollen historischen Ereignisse und Erfahrungen der islamischen Welt mit dem Westen beschrieben. Vor allem das Kapitel der Kreuzzüge wird immer wieder aus der Schublade hervorgeholt. Als ein Auftakt zu einer langen Serie westlicher Agressionen wirkt es heute nach wie vor in der Politik als antiwestliches Argument. Während der Golf-Krise 1990/91 wurde in der ägyptischen Tageszeitung „al-Ahram" die Frage gestellt, ob dies „eine Rückkehr zum Trommelschlag der verfluchten Kreuzzüge" sei.

Und auch der irakische Präsident Saddam Hussain sparte nicht mit solchen Vergleichen und sprach von einem „Jihad" (Heiliger Krieg) gegen die Vereinigten Staaten, um seine Politik zu legitimieren. Wie einst Saladin Jerusalem von den Franken (Bezeichnung für die Kreuzritter in jener Zeit) wieder für die islamische Welt zurückerobert hatte, so werde er die Franken (also die Amerikaner) heute bekämpfen, da „dem Bösen, seinen Urhebern und den Ungläubigen zu begegnen" die Pflicht eines jeden Muslim sei.

Orient und Okzident – zwei Kulturräume, die sich durchaus beeinflussten und viel voneinander lernten, sich aber heute als zwei auseinanderstrebende Blöcke der Welt zeigen. Orient und Okzident – zwei Kulturräume, die sich aufgrund der politischen Lage heute und der sog. neuen Weltordnung mit Feindbildern zu schützen versuchen und sich in Agressionen und Angst dem Anderen gegenüber verfangen. Das Verstehen fremder Kulturen, zu dessen Voraussetzung auf beiden Seiten ein „vorurteilsloser" Dialog gehört, erwächst aber lediglich aus der Kenntnis historischer Tatsachen, Hintergründe und Entwicklungen. Wird allerdings, vor allem in den Medien, ein negatives Bild des Anderen gezeichnet, welches mit Schrecken und Sorge erfüllt, so verhindert dies von Anfang an ein positives Verhältnis zum anderen Kulturkreis. Eine kritische Betrachtung der Berichterstattung und der Versuch, bei der Beurteilung vorgefaßte Sichtweisen abzulegen, kann jedoch die kulturelle Abgrenzung beseitigen. Ist der erste Schritt zur Annäherung, zum Verständnis und Dialog getan, können Klischeevorstellungen abgebaut werden, indem die neugewonnenen Erkenntnisse das scheinbare Wissen über das „Fremde" korrigieren, ohne es in den Mantel der Exotik zu hüllen – eine Rückkehr zur romantisierenden „Orienteuphorie" würde deshalb nicht weiterhelfen.

Die Marienstatue in Harisa (Foto: L. Huber)

Im Kaffeehaus

oder Christ – sie pflegen ihre Bräuche und versuchen diese von Generation zu Generation weiter zu vererben. Ob Muslim oder Christ – die Befürchtung, die Moderne könnte mit ihrem Schleier Werte und Normen überdecken, zieht sich durch beide Religionsgemeinschaften, ist doch inzwischen die Nachahmung westlicher „Ideale" allgegenwärtig und kaum noch aufzuhalten.

„Wir ehren unseren Gast, solange er unter uns ist, und senden ihm Ehrengaben nach, wohin immer er sich wendet", sagt ein arabisches Sprichwort, dessen Bedeutung trotz der Veränderungen der Zeit kaum an Gewicht verloren hat. Nach wie vor steht die **Gastfreundschaft** in der arabischen Gesellschaft an erster Stelle, nach wie vor erntet ein „Haus mit offenen Türen" Ehre und Ansehen. Gastfreundschaft bedeutet auch, dass weder Anmeldungen noch Besuchszeiten notwendig und jederzeit Gäste willkommen sind. Verändert hat sich in dieser Hinsicht lediglich die Tatsache, dass heute vor allem in den größeren Städten viele vor einem Besuch anrufen, um sicherzugehen, nicht vor verschlossenen Türen zu stehen. Die Dauer eines Besuches hängt vom Gastgeber ab, je nachdem, ob er Saft, Obst, Süßigkeiten und Kaffee oder nur Kaffee und Süßigkeiten anbietet. Während Getränke gereicht werden, ist es üblich, Höflichkeiten auszutauschen. Die Konversation beläuft sich im weiteren auf Alltägliches – es geht um gemeinsame Bekannte, Familien, Kinder, Gesundheit, Tratsch und Klatsch. „Höflichkeitsbesuche" bei Geburt, Umzug, Abreise, Ankunft oder Krankheit sind ein Muss! Ferner gilt: Wer mich besucht, den muss auch ich besuchen.

Einladungen zum Mittag- oder Abendessen finden zu bestimmten Anlässen statt und werden lange vorbereitet. Sie sind vor allem für die Frauen sehr aufwendig, muss doch der Tisch mit mehreren Vorspeisen, Hauptgerichten und Nachtisch gedeckt sein, auch wenn mehr als die Hälfte übrig bleibt. Dabei geht es dem Gastgeber in erster Linie um den Ruf eines *karim* (spendabel). Aber ob ein kurzer Besuch oder ein Mittagessen, ein Sprichwort sagt: Wenn Du keinen Kaffee serviert hast, ist es, als hättest Du gar nichts serviert. Der arabische Mokka ist die Krönung eines jeden Besuches! Es ist aber auch eine freundliche Geste, ohne Worte anzudeuten, dass der Besuch beendet ist.

„Mit **Geduld** bekommst du auch von unreifen Trauben Sirup." Für Europäer mag es Langsamkeit oder Trägheit sein, wenn sie einen Händler oder Angestellten bei der Arbeit beobachten, für die Araber ist es jedoch Ruhe und Gelassenheit. Ruhe, Gelassenheit und Geduld prägen den Alltag. Jedem Besucher der arabischen Länder fällt es auf: ob auf Behörden, im Straßenverkehr, in Geschäften oder Restaurants – die Uhren laufen langsamer im Vorderen Orient! Die Erfahrung lehrt, so die Araber, dass mit Geduld alles zu erreichen ist, also: Wozu die Hektik, wenn letztendlich doch alles klappt? Und klappt es heute nicht, dann klappt es morgen, wobei allerdings selten der nächste Tag gemeint ist, sagt doch ein Sprichwort: Alle Hast kommt vom Teufel.

Leben und **Genießen** steht für die Libanesen an erster Stelle. Auf diese Weise versuchen sie, Sorgen und Alltag zu vergessen und auf ein besseres Morgen zu hoffen. „Und wenn die Nachtigallen so zierlich ihre Sprache reden, dann verjage die Sorgen durch das Schlürfen gefüllter Weinkannen", sagte doch einst ein Dichter, der sich den Alltag mit den angenehmen Seiten des Lebens verschönerte. Sicherlich auch geprägt durch die langen Jahre des Krieges, spüren Gäste in Libanon den Nachholbedarf der Libanesen in allen Bereichen des Lebens. Die Restaurants und Snackbars sind an fast allen Wochentagen gefüllt; nachts tummeln sich die jungen Leute in Cafés, Bars, Discotheken und Kneipen, sie fahren schicke Autos, tragen die teuersten Kleidungsstücke, haben aber kaum Geld zur Verfügung. Und dennoch: sie geben um des Vergnügens willen so viel Geld aus wie sie können. Sie holen Verlorenes nach, denn keiner weiß, was morgen ist.

Politik, Essen und **Heiraten** – das sind die Themen, die jeden beschäftigen und einen Großteil des Familienlebens prägen. Die Hochzeit ist der wichtigste Tag im Leben, die Ehe und Familie das Ziel eines jeden. Kaum haben Kinder das Licht der Welt erblickt, hört man überall: „Mögt ihr euch an ihm/ihr erfreuen!" Da geht es nicht um Schule, Studium, Beruf, da geht es um die Freude, die sie – so Gott will – haben werden, wenn die Kinder heiraten.

Ist ein gewisses Alter überschritten, so beginnen alle zu drängen, sagt doch ein Sprichwort: Bis 20 heiratet eine Frau, ohne daß man viel tun muss, zwischen 20 und 30 muss sie verheiratet werden und ab 30 kann noch nicht einmal Gott sie verheiraten! Die Menschen definieren sich über die Ehe. Von klein auf werden sie darauf vorbereitet, und sobald sie das Heiratsalter (ab 20 Jahren) erreicht haben, beginnen Eltern und Verwandte zu drängen und sich nach etwas „Passendem" umzusehen. Letztendlich aber kommt es auf die Persönlichkeit eines jeden an, inwieweit er/sie dies durchsteht und mitmacht, ist doch das Ledigsein, vor allem im hohen Alter, nicht einfach in einer von Ehe und Kindern geprägten Gesellschaft.

Es ist ein langer Weg bis zum Tag der **Eheschließung**. Kennt der junge Mann kein Mädchen, das ihm gefällt, so muss sich die Mutter – Brautsuche ist Frauensache – darum kümmern, die geeignete Person zu finden. Aber auch Bekannte, Freunde und Verwandte mischen sich ein und unterbreiten ihre Vorschläge. Bis heute noch kommen über der Hälfte der Ehen, vor allem auf dem Land, durch Vermittlung der Eltern zustande; bis heute noch entscheidet bei über die Hälfte aller Eheschließungen Ansehen, Namen und Stand der Familie, die finanziellen Möglichkeiten sowie die Religionszugehörigkeit; bis heute noch stimmen über die Hälfte der Mädchen nach einigen Treffen mit dem „Zukünftigen" – natürlich im Kreise der Familie – zu, ohne ihn genau zu kennen oder gar an die große Liebe zu denken. Die Liebe spielt eine untergeordnete Rolle. Bei den meisten Eheschließungen geht es den Frauen in erster Linie um die Verbindung der beiden Familien, soziale Absicherung und um eine gesicherte Zukunft. „Hauptsache, die beiden verstehen sich, das übrige ergibt sich von selbst", sagen die Älteren, die selbst nach alter Tradition durch Vermittlung der Eltern verheiratet wurden. Sie sehen die jungen Leute kopfschüttelnd an, wenn sie von Liebe und Gefühlen sprechen. Auch wenn es hier und dort „Überschreitungen der gesellschaftlichen Vorschriften" gibt, so gilt für ca. 90% aller jungen Leute: die Eltern müssen mit der Verbindung einverstanden sein! Willigen die Eltern nicht ein, so gilt es mit diesem Widerstand und den Schwierigkeiten zurechtzukommen und diese durchzustehen. Zwar lenken einige Eltern irgendwann ein, die „Übergangszeit" ist aber ein harter steiniger Weg, der Durchhaltevermögen, eine starke Persönlichkeit und Selbstbewusstsein erfordert. Meist löst sich das Problem beim ersten Kind von selbst. Sind die Eltern jedoch einverstanden mit der Heirat ihrer Kinder, so werden zunächst alle wichtigen „Formalitäten" – dies ist wiederum Männersache – erledigt: Regelung der Finanzlage, Absicherung für die Frau und Festlegung des Verlobungstermins. Nach der Zeit des Kennenlernens während der Verlobung setzen die beiden Familien den Hochzeitstermin fest.

Die **Hochzeit** ist der größte Tag im Leben. Lange vorher wird geplant, vorbereitet, eingekauft und eifrig über den Verlauf diskutiert. Der Brautschmuck, eine Absicherung für die Frau, muss gekauft werden, das Hochzeitskleid, die Abendgarderobe für die Braut und, sollte der Mann eine eigene Wohnung haben, die Wohnungseinrichtung. Kann er sich keine eigene Wohnung leisten, so müssen die Neuvermählten zunächst bei den Eltern des Ehemannes leben. Ein Schicksal, das viele erleiden müssen! Die gesamte finanzielle Last liegt beim Mann. Lediglich die Verlobungsfeier ist „Sache" des Brautvaters, die Hochzeitsfeier hingegen muss die Familie des Bräutigams vorbereiten und finanziell bestreiten. Für die meisten jungen Männer ist dies kein billiges Vergnügen, wenn die Eltern finanziell nichts beisteuern können. Während auf dem Land die Menschen nach alter Tradition in den Dörfern feiern, ziehen die Stadtleute und natürlich die Oberschicht ein Fest mit Abendessen in den großen Hotels vor. So kommen weitere hohe Kosten hinzu, muss man doch mit mindestens 200–250 Gästen rechnen. Nicht selten stürzen sich daher junge, nicht finanzkräftige Männer in hohe Schulden.

Nach der Hochzeit warten alle auf das nächste große Freudenfest: **Kinder**! „Sie sind die Krone und der Schmuck des Lebens. Sie sind das Glück auf Erden. Sie sind es, die das Leben bereichern und erst lebenswert machen", sagen alle einstimmig, sobald das Gespräch auf Kinder kommt. Überall wo sie erscheinen, stehen sie im Mittelpunkt, die Eltern sind stolz, denn eine Ehe ohne Kinder ist undenkbar. „Es ist der Lauf der Welt; ohne Kinder ist das Leben sinnlos", muss sich jedes neuvermählte Paar monatelang anhören, während der Blick fragend zum Bauch der Frau wandert. Ist es dann endlich soweit, ertönt es von überall her: „Wenn möglich ein Junge!" Das wünschen sich auch viele Eltern. Der Vater wegen seines Stolzes und Namens, den sein Sohn weiter tragen wird, die Mutter, sollte sie später alleine sein, wegen der Altersversorgung. Für sie ist es auch ein Gefühl der Erleichterung: sie hat ihre Verpflichtung erfüllt und der Familie des Ehemannes einen männlichen Nachkommen geschenkt. Für beide Elternteile kommt ferner hinzu, dass sie sich ab der Geburt eines Sohnes mit „Um soundso" (die Mutter von soundso) und „Abu soundso" (der Vater von soundso) schmücken können. Lautes Trillern und Rufen ertönt, erblickt ein Junge das Licht der Welt, ein leises „Gesegnet sei die Braut", ist es ein Mädchen. Aber wie dem auch sei, ein Sprichwort sagt: Kinder verjagen den Satan aus dem Haus! Und ob Mädchen oder Junge, Kinder werden liebevoll und fürsorglich behandelt. Stets sind alle Erwachsenen besorgt um sie, droht doch große Gefahr durch eine Vielzahl von Übeln. So ist der „böse Blick" der Schrecken jeder Eltern, können doch neidische Menschen durch ihre Blicke demjenigen, dem ihr Neid gilt, Schande und Übel zufügen, aber auch Krankheit und Tod verursachen. Daher behängen sie ihre Kinder mit Amuletten oder blauen Perlen, und sollte man ein Kind schön, niedlich oder goldig finden, dann fügt man nach Lobesworten stets hinzu: „Möge das Auge geblendet werden!"

Die **Familie** und das Zusammengehörigkeitsgefühl spielen in der arabischen Gesellschaft eine große Rolle. Nicht nur bei Festen und besonderen Anlässen besuchen sie sich gegenseitig, sondern auch an Wochenenden oder in den Ferien, um die freie Zeit gemeinsam zu ver-

Fortsetzung auf Seite 126

Kinder in Tripolis (Foto: L. Huber)

Emily Nasrallah: Septembervögel

Ich kann mich nicht mehr erinnern, wie Leila vorher war. In meinem Gedächtnis ist nur das Bild von ihr lebendig geblieben, wie sie dasteht, von Freudentrillern und den jungen Mädchen des Dorfes umringt, und nach den Anweisungen der Friseuse den Kopf hebt oder neigt. Hanne, die kein gesellschaftliches Ereignis ausläßt, tritt hinzu und ruft: „Ihr müßt ihr den Schmuck anlegen. Wo bleiben die Halskette, die Ohrringe, die Armreifen. Zieh am besten gleich zwei Halsketten an, mein Schatz, schließlich bist du die Braut!"

„Aber Hanne, das ist doch geschmacklos", widerspricht Nadschla. „Sie muß jedesmal, wenn sie sich umzieht, die zur Garderobe passende Halskette tragen. Meine Güte, daß die Leute die Braut immer so herumstoßen müssen!"

Ich beobachtete die routinierten Finger, die an der Braut herumhantierten. Jede der Frauen wollte bei der Verschönerungsaktion ihr Geschick unter Beweis stellen, und Leila mußte als Versuchsobjekt herhalten.

„Weniger Antimon. Dieser Lippenstift paßt nicht zum Kleid."

„Das Haar muß über die Schultern fallen."

„Wo ist das Parfum? Nun sprüh schon, Hanne, ah, das riecht gut!"

„Die Hochzeit schien jede der anwesenden Frauen persönlich zu betreffen, mit Ausnahme der Braut. Leila war weit weg in einer anderen Welt. Ich sah ihr an, wie sie hilflos, unfähig, einen klaren Gedanken zu fassen, von der reißenden Strömung auf einen bestimmten Punkt zugetrieben wurde. Als unsere Blicke sich begegneten, spürte ich, daß sie sich ihrer Lage bewußt war. Sie war sich darüber im klaren, daß sie ein Opfer bringen mußte, um ihre Familie aus der Armut zu befreien. Ihre Worte haben sich mir tief ins Herz eingegraben. Es hat mir die Seele zusammengeschnürt, als sie mich fragte:

„Was hältst du von dem Bräutigam, Muna? Glaubst du, daß ich mit ihm glücklich werde?"

„Wenn du es so willst...", erwiderte ich unsicher und suchte etwas, an dem ich mich festhalten konnte. Da wandte sie sich ab und wischte sich eine Träne aus dem Augenwinkel, damit sie nicht herunterliefe und die farbenfrohe Maske zerstörte, die ihr die Mädchen auf das Gesicht gemalt hatten. Warum hast du das getan, Leila? Für wen?

Ich betrat das Brautzimmer. In dem Hochzeitskleid unter ihrem weißen Schleier sah Leila aus wie eine Taube. Als ich sie auf ihren Polstern thronen sah, mußte ich an das Märchen von dem hungrigen Drachen und der schönen Königstochter denken. Jedes Jahr kam der Drache in die Stadt und verlangte eine Jungfrau, um sie zu verschlingen. Nun war das Los auf die schöne Prinzessin gefallen, und sie mußte an den Meeresstrand gehen. Dort sollte der Drache sie holen. Mit vor der Brust gefalteten Händen, demütig gesenkten Augenlidern und schicksalsergebenem Gesicht stand das arme Mädchen ruhig da, während der Drache immer näher und näher kam... Suchend drehte ich mich um. Irgendwo mußte

doch jetzt der Held auftauchen, der das schöne Mädchen den Klauen des Ungeheuers entriß, ihm seine scharfe Lanze in den Rachen stieß und den Drachen besiegte. Ein Bild von diesem Helden hing bei uns in der Küche. Aber er kam nicht. Tatenlos überließ er Leila dem Drachen.

Als hätte sie meine Gedanken gespürt, sah Leila mich an und fing an zu weinen. Da flüchtete ich zu Mirsal, die in einer Ecke saß und mit den anderen klatschte und trillerte. Für sie war es ein Mittel, mit dem sie ihren Kummer zu betäuben versuchte. Sie brauchte etwas, was sie die Wirklichkeit vergessen ließ und ihr den unerträglichen Druck von der Seele nahm. Die Freudentriller, die aus ihrer Kehle kamen, hörten sich an wie die Hilferufe einer Ertrinkenden mitten im Ozean, für die es weit und breit keine Rettung gibt. Und von den schweigenden Wänden meines Herzens hallte ihre Stimme wider, während wir gemeinsam Leila das Abschiedsgeleit gaben und zusahen, wie sie ihre zitternde Hand auf den Arm des Bräutigams legte.

Am folgenden Tag verfiel das Dorf wieder in seinen gemächlichen Alltagstrott, und jeder ging seiner Arbeit nach.

Vor dem kleinen Schlafraum, in dem Leila die erste Nacht mit ihrem Bräutigam verbracht hatte, stand ihre Mutter, hob mit stolzem Lächeln das blutbefleckte Brauthemd in die Höhe und rief:

„Komm her, Umm Samaan! Komm, und gib deiner Schwiegertochter einen Kuß!"

(Ausschnitt aus dem Roman von Emily Nasrallah, Septembervögel, Lenos-Verlag, S. 78–81; zu Emily Nasrallah s. Kapitel „Die libanesische Literatur", S.166).

bringen. Die Großfamilie ist insofern von Bedeutung, als sie eine soziale und finanzielle Absicherung ist, sei es für die Älteren oder sei es für die Bedürftigen. Sie bietet Geborgenheit und das sichere Gefühl, dass jeder in Nöten auf Hilfe rechnen kann und Schwierigkeiten sowie Probleme gemeinsam bewältigt und gelöst werden. Die Großfamilie ist eine Stütze der Gesellschaft, die zu verlieren erhebliche negative Folgen nach sich zieht. Dies ist auch der Grund, weswegen die Araber stets darauf bedacht sind, die Eltern oder Großeltern nicht zu verärgern. Sagt doch ein Sprichwort, daß „das Wohlgefallen Gottes und das Wohlgefallen der Eltern" das Wichtigste im Leben sind.

Sozial- und Gesundheitswesen

Die Sozialgesetzgebung in Libanon ist **schwach ausgebildet**. 1963 wurde durch ein Sozialversicherungsgesetz die Familienhilfe, Altersversorgung und Abfindung im Invaliditäts- oder Todesfall geregelt, 1971 die Krankenversicherung für Regierungsangestellte eingeführt.

Da es nur wenige staatliche Krankenhäuser gibt, liegt die Krankenpflege überwiegend in privater Hand. Das **Fehlen der Krankenversicherungspflicht** zwingt viele, sich privat zu versichern. Die meisten in- und ausländischen Versicherungen kommen nicht für Zahnbehandlung und für die Kosten von Medikamenten auf. Bei einigen notwendigen Operationen (z. B. Herz) können Bedürftige einen Antrag beim Gesundheitsministerium stellen, um Zuschüsse zu bekommen. Die Behandlung in privaten Krankenhäusern ist teuer. So kostet z. B. ein Bett im Krankenhaus der Amerikanischen Universität zwischen 100–150 $ pro Tag, eine medizinische Betreuung bzw. Behandlung von einer Woche, ohne Operation, zwischen 6000 und 8000 $.

Bildungswesen

In Libanon gibt es **keine gesetzliche Schulpflicht**. Das bedeutet, dass viele Eltern aus finanziellen Gründen ihre Kinder nicht in die Schule schicken können. Denn staatliche wie private Schulen sind mit hohen Kosten verbunden. An den staatlichen Schulen muss eine Anmeldegebühr zwischen 80 und 150 $, je nach Schule, entrichtet werden. Da auch die meisten Bücher von den Schülern selbst bezahlt werden müssen – nur einige Schulen stellen wenige Bücher für das jeweilige Schuljahr zur Verfügung –, wie auch die Schuluniform und die Transportkosten, erreichen die Ausgaben eine Summe von 350–500 $. Die Kosten für Privatschulen liegen zwischen 1500–3000 $ pro Jahr.

Das **Schulsytem** gründet sich auf drei Etappen: Nach dem Abschluss der Grundschule folgt die vierjährige höhere Primarschule, darauf die dreijährige Oberschule. Ab der 10. Klasse entscheiden die Noten der Schüler, ob sie die literarisch-historische oder die naturwissenschaftliche Richtung einschlagen. Inzwischen folgen einige staatliche Schulen dem System der privaten und bieten Unterricht für Kinder ab drei Jahren an (Kindergarten). Großen Wert legte das Bildungsministerium schon immer auf **Fremdsprachen**. Englisch und/oder Französisch bieten ab der ersten Klasse nicht nur private, sondern auch staatliche Schulen an. In Schulen mit Kindergarten lernen die Schüler bereits ab drei Jahren die angebotene Fremdsprache. Darüber hinaus unterrichten einige aus-

Tradition versus Moderne

Rima bereitet das Essen vor, während ihre Mutter die Wohnung aufräumt. Rima geht nicht mehr zur Schule. Rima ist 16. Träume, ja Träume hatte sie genug, aber auf den großen Traum, auf den wartet sie bis heute noch. Ihre Mutter kann weder lesen noch schreiben. Sie hat sich für die Familie entschieden, früh geheiratet, sich aufgeopfert und immer zurückgesteckt. Rima sieht ihre Mutter kaum ruhen, nur „schuften und ackern". Nein, so wie sie will sie nicht werden, aber Mann und Kinder, die will sie auch haben. Rima war nie gut in der Schule. Die Wohnung ist zu klein, um in Ruhe zu lernen, und als Älteste von sieben Kindern muss sie stets auf die Geschwister aufpassen und ihrer Mutter im Haushalt zur Hand gehen. Zum Lernen war da nie Zeit.

Wir sind in Libanon. In einem Dorf in den Bergen.

Muna geht auf die Universität. Sie studiert Jura. Alle ihre Geschwister gehen auf die Oberschule und werden nach dem Abitur auch studieren. Muna ist 22. Bis jetzt hat sie alle Heiratsanträge abgeschlagen. Sie möchte erst einmal das Studium beenden, um auf eigenen Beinen stehen zu können. Die Eltern unterstützen sie bei ihrer Ausbildung, überlassen ihr die Wahl ihres Weges, da „die Ausbildung das Kapital jeder Frau ist", sagt der Vater. „Sie soll es einmal besser haben als ich", sagt die Mutter, die nun selber, nachdem ihre Kinder alt genug sind, die Universität besucht. Nebenbei arbeitet sie als Lehrerin für Physik und Mathematik auf einer Privatschule. Auch Muna gibt seit einem Jahr Biologieunterricht für die Klassen 1–6, um selber etwas zu verdienen und ihrem Vater „nicht auf der Tasche zu liegen".

Europa? Nein, wir sind in Libanon! In einem Dorf in den Bergen. Viele Frauen erziehen heute ihre Töchter zu Selbstständigkeit, Selbstbewusstsein und Durchsetzungsvermögen. Nur auf diese Art, so meinen sie zu Recht, kann eine Frau in der noch stark männergeprägten Gesellschaft überleben. Die Zeiten haben sich geändert. Die seit Jahrzehnten vorherrschende Meinung, die Frau habe sich unterzuordnen, ihrem Mann zu gehorchen und für Haus und Kinder zu sorgen, gehört fast der Vergangenheit an. Auch die arabische Frau hat sich emanzipiert. Zwar nicht nach westlichem Muster, aber in dem von der Gesellschaft vorgesteckten Rahmen ist sie einen großen Schritt nach vorne gesprungen. Die Emanzipation geht in arabischen Gesellschaften langsam voran. Alice Schwarzer wäre mit dem Ergebnis nicht einverstanden, die arabischen Frauen jedoch jubeln über die Errungenschaften der letzten Jahrzehnte. Aus europäischer Sicht kann man leicht darüber urteilen, was zu tun ist, aber hier zu leben und zu überleben, seinen eigenen Weg zu gehen, ohne dabei alle vor den Kopf zu stoßen oder gar die Familie zu verlieren, erfordert einen harten Kampf – einen Kampf mit Kompromissen. Viele Frauen verstehen es – auf ihre Weise – sich durchzusetzen. Sie verstehen es, diplomatisch ihre Ziele zu erreichen, und das zu bekommen, was sie möchten. Taktik und Durchsetzungsvermögen, Stärke und Geduld ist gefordert, und viele haben gelernt, diesen Weg langsam und mit viel Überlegung zu beschreiten.

Und die arabische Gesellschaft? Sie akzeptiert, respektiert, kritisiert. „Eine Frau hat auch ihre Rechte", sagen die modernen arabischen Männer laut, „nur soll sie dem Mann nicht den Rang ablaufen", fügen sie leise hinzu. Hat eine Frau auch außerhalb der vier Wände das Sagen, so wird der Ehemann schnell zur Karikatur in der Gesellschaft. Und dies, dies lässt keine Frau zu! Denn letztendlich geht alles über den Mann. Auch viele Frauen sind der Meinung, dass Traditionen bewahrt bleiben müssen, und dass ihnen zufolge die Rollen in der Gesellschaft verteilt bleiben sollen. Zwar werden diese manchmal vertauscht, allerdings nur hinter den Kulissen.

Muna wird Juristin werden und vielleicht irgendwann heiraten. Rima wird Mutter werden und – so Gott will – eine Muna zur Welt bringen.

ländische Schulen in deutscher, italienischer und spanischer Sprache. Weder die staatlichen noch die privaten Schulen unterrichten klassische Sprachen.

Nach dem Abschluss der 9. Klasse gibt es mehrere Wege zur **Weiterbildung**. So können die Schüler entweder auf eine staatliche bzw. private Berufs- oder Fachhochschule gehen, ein Handwerk erlernen oder, wenn die Noten es erlauben, die Schule bis zum Abitur weiterbesuchen. Die meisten Schulabgänger entscheiden sich für das Erlernen eines Handwerks in den jeweiligen Betrieben, ohne theoretischen Unterricht, vor allem da der Unterricht an den Weiterbildungsinstituten auch mit hohen Kosten verbunden ist. Der Besuch einer Fachhochschule in Verwaltung, Computer oder Finanzwesen berechtigt nach drei Jahren zum Studium des auf der Fachhochschule gewählten Faches.

Das **Abitur** nach der 12. Klasse, in welchem die Kenntnisse im Fach arabische Literatur und Grammatik sowie in einer der Fremdsprachen geprüft werden, berechtigt nicht zum Studium. In der darauffolgenden Klasse mit dem zum Studium berechtigten Abschluss werden Schüler, je nach Fachrichtung ab der 9. Klasse, in Philosophie/Literatur, Biologie/Chemie oder Mathematik geprüft. Die Fachrichtung entscheidet auch über den Studiengang.

In Libanon gibt es zahlreiche gute **Universitäten**, private wie staatliche. Die Kosten für die staatlichen Universitäten belaufen sich auf 350–1500 $, die der privaten auf 10 000–30 000 $ pro Jahr. Die staatlichen geben Kindern von Beamten einen Zuschuss von 50%. Für alle anderen Kosten wie z. B. Bücher müssen die Studenten selber aufkommen. Die besten Universitäten sind die American University of Beirut, University of Beirut und die Université Saint Joseph. Der Unterricht erfolgt in englischer oder/und französischer Sprache. Neben diesen gibt es noch zahlreiche Akademien und Kollegs, ferner Bibliotheken und ausländische Institute, die in verschiedenen Kursen für eine zusätzliche Ausbildung sorgen.

Die Vielfalt der Religionen

Besser das Leben verlieren
als den Glauben.
Arabisches Sprichwort

Das frühe Christentum im Vorderen Orient

Im Laufe seiner Geschichte hat das Christentum immer wieder seine Gestalt, Inhalte und Auffassungen entsprechend den geistigen Strömungen und politischen Verhältnisse der Zeit verändert. Während anfangs die innerchristlichen Streitigkeiten lediglich zu innenpolitischen und sozialen Spannungen führten, spaltete sich die Kirche in der Folge in zahlreiche Untergruppen auf. Auf dem ersten bedeutenden Konzil, dem **Konzil von Nicaea 325**, verkündete der Kaiser ein Glaubensbekenntnis, das für alle Christen im Reich als orthodox (rechtgläubig) und katholisch (allgemeingültig) zu betrachten war: das apostolisch-nicäische Christentum wurde zur katholischen Staatsreligion! Der Hauptstreit in der Kirche wurde dadurch nicht beigelegt. Es ging um die Natur Christi. So war das Christentum im Vorderen Orient von Anfang an von unterschiedlichem philosophisch-religiösem Gedankengut durchdrungen und ließ sich nicht in ein von Konstantinopel aufgezwungenes Schema pressen. Christen und Mönche waren Anhänger des Monophysitentums. Die Lehre von der einen, reinen göttlichen Natur Christi entsprach dem traditionellen religiösen Empfinden mehr als die orthodoxen Vorstellungen, dass Christus wahrer Gott und Mensch in einer Person sei. Schließlich führte dieser Streit zur ersten Spaltung. Als auf dem **Konzil von Chalkedon 451** Christus in zwei Naturen unvermischt, unverwandelt und ungetrennt anerkannt wurde, trennten sich die ägyptische Kirche/die Kopten, die Westsyrer/Jakobiten und Armenier von der byzantinischen Reichskirche, den Malikiten (Kaiserlichen). Im Jahr 1054 entzweiten sich das abendländische und das morgenländische Christentum endgültig voneinander.

Madonna mit Kind im Leuchtenden Kloster (Foto: A.u.H. Six)

Die Orientalischen Nationalkirchen

Zu den Orientalischen Nationalkirchen gehören diejenigen, die sich nach dem Konzil von Chalkedon von der byzantinischen Reichskirche trennten.

Die **Jakobiten**, die alte monophysitische syrische Kirche, gehen auf Jakob Baradeus zurück, der im 6. Jh. in Antiochia wirkte. Ihr Oberhaupt ist der Patriarch von Antiochia, der allerdings seit längerer Zeit in einem Kloster bei Diarbekir am oberen Tigris oder im Markuskloster in Jerusalem residiert. Sie sind die einzigen, die bis heute noch die syrisch-aramäische Liturgie bewahrt haben. Gespalten in **Syrisch-Orthodoxe** und **Syrisch-Katholiken**, gehören sie heute zahlenmäßig zu den kleinsten christlichen Gemeinden im Vorderen Orient.

Die **Nestorianer** gehen auf Nestorius, den Patriarchen von Konstantinopel zurück, der im 5. Jh. einen erbitterten Kampf gegen die Monophysiten führte. Seine scharf zwischen göttlicher und menschlicher Natur Christi unterscheidende Lehre wurde von der byzantinischen Reichskirche verworfen. Später wurde er selbst verbannt, vor allem als er verkündete, dass Gott/Christus weder geboren wurde, noch gelitten habe. Seine Anhänger aber bildeten in Ostsyrien eine Kirche, die sich unter Ablehnung des Monophytismus und des griechischen und des römischen Katholizismus selbstständig entwickelte. Sie wird heute auch als assyrische Kirche bezeichnet. Ihre Kirchensprache ist syrisch-aramäisch, sie verwerfen den Bilderkult, essen kein Schweinefleisch und gestatten die Priesterehe.

Die **Armenier** waren die ersten, die 310 das Christentum als „Staatsreligion" annahmen. Der Tradition nach kam das Christentum durch den Apostel Thaddäus nach Armenien. Als ihren Begründer sehen sie Gregor den Erleuchteten, wonach auch ihre Kirche als gregorianisch bezeichnet wird. Zur Zeit des Katholikos Sahak (390–414) kam es zur Einführung eines eigenen Kultus. Sitz des Katholikos ist Edschmiadsin, Patriarchensitze sind Jerusalem und Konstantinopel. Die Armenier sind Indogermanen. Um 400 entwickelte sich die Schrift, die zur indogermanischen Sprachfamilie gehört. Die Reihenfolge der Buchstaben zeigt griechischen Ursprung, der Wortschatz besteht aus griechischen, syrisch-aramäischen und persischen Worten. Während die **armenisch-gregorianische** Kirche, auch armenisch-orthodox genannt, monophysitisch ist, ist die **armenisch-katholische Kirche** mit Rom uniert.

Die griechisch-orthodoxen/katholischen Kirchen

Die griechisch-orthodoxe/katholische Kirche des Ostens, auch apostolische genannt, zerfällt in eine große Zahl autokephaler (selbstständiger) Kirchen. Die Einheit der Kirche wird trotz der Verschiedenheit der Kultsprachen durch das gemeinsame kanonische Recht, das Dogma und die gemeinsame Form des Kultus aufrechterhalten. Die Ostkirche hat zwar mit der römischen viel gemein, lehnt jedoch ab, dass der Heilige Geist nicht nur vom Vater, sondern auch vom Sohn ausgeht und verwirft die Lehre vom Fegefeuer, der unbefleckten Empfängnis Marias, die Besprengungstaufe, die Verwendung ungesäuerten Brotes bei der Eucharistie (Abendmahl) und die Unfehlbarkeit und die Herrschaftsansprüche des Papstes.

Die Ostkirche teilt sich in die **griechisch-orthodoxe** und **griechisch-katholische** Kirche. Sitz des griechisch-orthodoxen Patriarchen von Antiochia und des Orients und des mit Rom unierten griechisch-katholischen Patriarchen ist Damaskus. Beide Kirchen gehörten bis zur Spaltung im 18. Jh. zur byzantinischen Reichskirche; die Bezeichnung Malikiten beanspruchen heute noch die Griechisch-Katholiken für sich. Die Orthodoxen, die sich als Nachfolger der Alten Kirche verstehen, betrachten Christus als Gründer der Kirche. „Mystisch-sakramental" ist er in ihr anwesend und stellt sich in der Liturgie, in den Mysterien (Sakramenten), in den Bildern und den Heiligen dar. Im Zentrum steht die Überzeugung, dass Christus, der Gottmensch, Tod und Vergänglichkeit überwunden habe. Hohe Verehrung erfährt Maria. In den Ikonen und Bildern eröffnet sich den Gläubigen ein Stück weit der Blick in die himmlische Welt.

Die römisch-katholische Kirche

Die abendländische Christenheit ist seit der Reformation in konfessionelle Teilkirchen zerfallen, zu denen die **römisch-katholische** Kirche gehört. Sie erhebt den Anspruch, die einzige und allein wahre Kirche Christi zu sein. Die Bezeichnung „katholisch" (allgemein, das Ganze betreffend) findet sich seit dem 2. Jh. als Name der christlichen Gesamtkirche, um sich von den Teilkirchen zu unterscheiden. Im 3. Jh. verstand man dann darunter die rechtgläubige Kirche in Abgrenzung zu den Häretikern. Der Papst hat die volle und höchste kirchliche Gewalt inne. Die römisch-katholische Kirche beansprucht die Merkmale der Apostolizität, Einheit,

Katholizität und der Heiligkeit für sich. In ihrer Kultfeier mit der Eucharistie als Höhepunkt vergegenwärtigt sie das göttliche Mysterium und die Macht in den Sakramenten. Nach katholischer Auffassung hat die Weltgeschichte ihren geheimen Grund in der Heilsgeschichte Gottes, dessen Organ die Kirche ist. Charakteristisch für ihre Frömmigkeit ist die Verehrung Marias, der Heiligen, der Seligen.

Die **Maroniten** sind die größte christliche Gemeinde in Libanon. Sie benannten sich nach ihrem ersten religiösen Zentrum, dem syrischen Kloster des Heiligen Maron. Anfangs Monophysiten, unierten sie sich zur Zeit der Kreuzzüge (12./13. Jh.) mit Rom und erkennen seitdem als Katholiken den Papst als ihr religiöses Oberhaupt und als oberstes Organ ihrer Kirche an.

Der Islam

Närrisch, daß jeder in
seinem Falle seine
besondere Meinung preist!
Wenn Islam Gott ergeben
heißt, im Islam leben und
sterben wir alle!
Goethe

Unter dem arabischen Begriff „Islam" versteht man die Hingabe des Gläubigen an den göttlichen Willen. Der Gläubige ist als **Muslim** (w. Muslima) zu bezeichnen, während der Begriff „Mohammedaner" eine westliche Fehldeutung ist und dem islamischen Selbstverständnis widerspricht. **Muhammad** (wörtl.: der Gepriesene) war zwar Gottes Prophet und Gesandter und – so beschreibt es die *sira*, die kanonische Muhammadbiographie – der „treueste im Vertrag", der „die vortrefflichste Hand, das kühnste Herz, die wahrhaftigste Zunge" besaß. Doch Gott alleine, er, der allmächtige Schöpfer, steht im Mittelpunkt der Anbetung. Religiöse Verehrung auf einen Menschen, sei er auch wie Mohammad das „schönste Beispiel", zu konzentrieren, entspräche nicht der **Forderung nach einem konsequenten, absoluten Monotheismus** – das wichtigste Charakteristikum der islamischen Religion.

Das **vorislamische Mekka** des 6. und beginnenden 7. Jh. war von einer polytheistischen Verehrung Hunderter von Götzenbilder geprägt. Sie schmückten die *Kaaba*, die bereits vor dem Islam ein Heiligtum war und die als Anziehungspunkt vieler Pilger den Wohlstand der mekkanischen Händler sicherstellte. Muhammad, der im Jahre 570 in Mekka zu Welt kam, erhielt im Alter von 40 Jahren seine erste Offenbarung durch den Erzengel Gabriel (arab.: Jibril). Zunächst verängstigt und betroffen, von Gott als dessen „Schreibrohr" erwählt worden zu sein, gewann Muhammad in seinem Glauben allmählich an Sicherheit. Er begann, die Worte, die ihm Gabriel übermittelte, weiterzugeben, den Glauben an den einen Gott zu verkünden, polytheistische Verehrungen öffentlich anzuprangern und vor Gottes Bestrafung der Polytheisten zu warnen. Der Konflikt mit der mekkanischen Gesellschaft, allem voran der Händler, die nun ihre wichtigste Einnahmequelle bedroht sahen, war somit vorprogrammiert. Die Spannungen nahmen zu und mit dem Tod seiner ersten Frau Hadija verlor er seine wichtigste Vertraute und Stütze, so dass er sich schließlich zur *Hijra*, der Auswanderung entschloß. Im Jahr 622 zog er mit einigen Anhängern nach Yathrib, das sich später Madinat annabi, die Stadt des Propheten, nannte,

Die Fatiha, die erste Sure des Korans, auch Eröffnungssure genannt:
„Im Namen des barmherzigen und gnädigen Gottes. Lob sei Gott, dem Herrn der Menschen in aller Welt, dem Barmherzigen und Gnädigen, der am Tag des Gerichts regiert! Dir dienen wir, und dich bitten wir um Hilfe.

Führe uns den geraden Weg, den Weg derer, denen du Gnade erwiesen hast, nicht (den Weg) derer, die d(ein)em Zorn verfallen sind und irregehen!"

und das wir heute als Medina kennen. Mit diesem Jahr beginnt die islamische Zeitrechnung, die sich am Mondjahr orientiert. Dieses hat nur 354 Tage, deckt sich also nicht mit dem christlichen, woraus sich z. B. ergibt, dass der Ramadan jedes Jahr elf Tage früher anfängt.

In **Medina** schuf Muhammad die erste muslimische Gemeinde, die sog. *umma*, heute der Begriff für die weltweite muslimische Gemeinschaft, der jeder Muslim/jede Muslima ungeachtet seiner Nationalität angehört. Die erste Gemeindeordnung regelte das gesellschaftliche Leben, das nun vor allem durch das Zusammentreffen mit der christlichen und jüdischen Gemeinde geprägt war. Das Zusammenleben der drei Gemeinden verlief zunächst konfliktfrei, in Hinsicht auf Speisevorschriften und Gebetsrichtung, die Muhammad zunächst in Richtung Jerusalem festlegte, näherte sich der neue Prophet den jüdischen Regeln an. Als es jedoch verstärkt zu Auseinandersetzungen der jungen muslimischen Gemeinde mit den Mekkanern kam, die sich von Muhammads Botschaft nach wie vor provoziert sahen und zeitweise Koalitionen mit den Juden von Medina eingingen, wurden die jüdisch-muslimischen Beziehungen gespannter, bis es schließlich zu militärischen Auseinandersetzungen kam. Bis zu seinem Tod 632 empfing Muhammad in unregelmäßigen Abständen göttliche Offenbarungen, die zu seinen Lebzeiten zunächst auf Tonscherben, Lederstücken und Palmstengeln aufgezeichnet wurden. Erst nach seinem Tod wurden sie unter dem dritten Kalifen Othman gesammelt und als der Koran redigiert.

Der **Koran** (wörtl.: die Lesung), der in Reimprosa abgefasst ist und auch als liturgischer Rezitationstext eine große Bedeutung hat, gilt den Muslimen als das direkte Wort Gottes, Muhammad ist lediglich der Übermittler. Die Frage nach Exegese und Interpretation des heiligen Textes hatte so zu allen Zeiten der islamischen Geschichte eine gewisse Brisanz. Seine 114 Suren (Kapitel) sind ihrerseits in Verse unterteilt und haben ein sehr weit gefächertes Themenspektrum: Fragen des gesellschaftlichen und familiären Lebens, religiöse Vorschriften und Verbote, Figuren aus dem

Alten und Neuen Testament. Als Monotheisten und „Schriftbesitzer" sind Christen und Juden Anhänger einer gemeinsamen Urreligion, aus der sich nach islamischem Glauben alle drei monotheistischen Religionen entwickelten. Sie werden im Koran als Andersgläubige bezeichnet, für die innerhalb der islamischen Gemeinschaft verbriefte Minderheitenrechte und -pflichten gelten.

„Sagt: Wir glauben an Gott und (an das), was (als Offenbarung) zu uns und was zu Abraham, Ismael, Isaak, Jakob und den Stämmen (Israels) herabgesandt worden ist, und was Mose und Jesus und die Propheten von ihrem Herrn erhalten haben, ohne daß wir bei einem von ihnen (den anderen gegenüber) einen Unterschied machen." (Sure 2, Vers 136).

Alt- und neutestamentarische Propheten genießen im Islam große Verehrung, werden jedoch umgedeutet. Sie überbrachten eine göttliche Botschaft, die von den fehlbaren Menschen jedoch verfälscht wurde, so dass der eine gemeinsame Gott eine neue Offenbarung als Korrektur der vorausgehenden Religion sandte. Dabei ist der Islam die chronologisch letzte Religion, die monotheistisch ist und eine heilige Schrift besitzt – Kriterien, die für die islamische Anerkennung einer anderen Religion unabdingbar sind. Muhammad als der letzte Gesandte Gottes ist das „Siegel der Propheten".

Neben dem Koran wurde die in Schriften tradierte Lebensweise des Propheten (**Sunna**) und seine Aussprüche (**Hadithe**) zur wichtigsten Quelle der islamischen Religion. Auf der Basis der Hadithe und der Koranverse, die zu juristischen Fragen Stellung nahmen, wurde im Laufe der ersten drei Jahrhunderte islamischer Zeitrechnung die sog. **Scharia** entwickelt. In den verschiedenen Gegenden der islamischen Welt, v. a. auf der arabischen Halbinsel, in Syrien, Ägypten und dem Irak hatten sich wissenschaftliche Zentren gebildet. In diesen fanden sich Rechtsgelehrte, sog. *Ulama* zusammen, um für die Muslime eine Rechtsordnung zu schaffen. Diese sollte für alle den Islam betreffende Lebensbereiche (Gebräuche, religiöse Handlungen) klären, welche Handlung den Vorgaben von Koran und Sunna gerecht werde und welche nicht. Eine endgültige schriftliche Fixierung dieser Stellungnahmen fand jedoch erst ab dem 11. Jh. statt. Die Rechtsgelehrten gelten als die religiösen Autoritäten, besitzt der Islam doch keine Gemeindestruktur, keine Organisation, die mit der kirchlichen vergleichbar wäre und kein Oberhaupt, das allgemeine Anerkennung innerhalb der islamischen Welt genießt.

Durch Koran, Sunna, Hadithe und Scharia sind die Rechte und Pflichten der Gläubigen genau definiert. Die wichtigsten Pflichten, die gewissermaßen die Grundlage eines gläubigen Lebens darstellen, werden als die „fünf Säulen des Islam" bezeichnet.

Die „fünf Säulen des Islam"

1. *„Ich bekenne, daß es keinen Gott außer dem einen Gott gibt und daß Muhammad sein Gesandter ist. Ich glaube an Gott, an seine Engel, an seine Bücher, an seine Gesandten, an das jüngste Gericht und das Schicksal, sei es gut oder schlecht..."*.

Durch das **Glaubensbekenntnis**, die sog. **schahada**, bezeugt der Muslim seinen Glauben an den einzigen, ausschließlichen Gott, die Gesandtschaft Muhammads, die Engel, die Schriften und das jüngste Gericht. Die Betonung der Einzigartigkeit Gottes entstand aus der ganz bewußten Distanzierung vom mekkanischen vorislamischen Polytheismus und bekräftigt das Bekenntis zum monotheistischen Glauben.

2. *„Ihr Gläubigen! Wenn ihr euch zum Gebet aufstellt, dann wascht euch (vorher) das Gesicht und die Hände bis zu den Ellbogen und streicht euch über den Kopf und (wascht euch) die Füße bis zu den Knöcheln!"* (Sure 5, Vers 6).

Die **rituelle Reinigung** ist eine grundlegende Voraussetzung für die Gültigkeit des rituellen **Gebetes**, des **salat**, das fünfmal täglich in arabischer Sprache vollzogen werden soll. Ebenso muss die Kleidung und der Boden, auf dem man betet, sauber sein, was die Verwendung eines Gebetsteppiches und das Abstreifen der Schuhe beim Betreten einer Moschee oder des Gebetsraums erklärt. Die korrekte Gebetsrichtung nach Mekka (*qibla*) und die Einhaltung der Gebetszeiten, die mit dem Stand der Sonne zusammenhängen und so von Tag zu Tag variieren, sind ebenfalls von entscheidender Bedeutung.

Dass die Zeit zum Gebet gekommen ist, wird durch den **Gebetsrufer** (*Muezzin*), der in vielen Moscheen heute durch ein Tonband ersetzt wird, bekanntgegeben: „Gott ist groß! (viermal) / Ich bezeuge, daß es keinen Gott gibt außer Gott! (zweimal) / Ich bezeuge, daß Muhammad der Gesandte Gottes ist! (zweimal) / Herbei zum Gebet! (zweimal) / Herbei zum Heil! (zweimal) / Gott ist groß! (zweimal) / Es gibt keinen Gott außer Gott!"

Der Gebetsruf besteht immer aus dem gleichen Text, nur am frühen Morgen wird noch „Das Gebet ist besser als der Schlaf" hinzugefügt.

3. *„Man fragt dich nach dem Wein und dem Losspiel. Sag: In ihnen liegt eine schwere Sünde. Und dabei sind sie für die Menschen (auch manchmal) von Nutzen. Die Sünde, die in ihnen liegt, ist aber größer als ihr Nutzen. Und man fragt dich, was man spenden soll. Sag: Den Überschuß (von dem, was ihr besitzt)!"* (Sure 2, Vers 219).

Die **Almosensteuer**, die **zakat**, soll als Unterstützung für Arme, Gefangene, Verschuldete und Reisende gegeben werden und so den sozialen Frieden sichern. Der arabische Begriff zakat be-

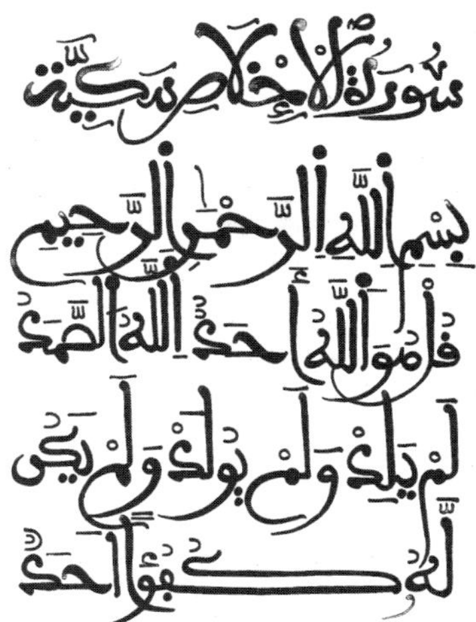

Sure 112: Die Reinigung
Sprich: Er ist der eine Gott,
Allah, der Alleinige;
er zeugt nicht und wird nicht gezeugt,
und keiner ist ihm gleich.

deutet „sich reinigen" und zeigt den eigentlichen Ursprung dieser Pflicht, der auch in der genannten Koranstelle zum Ausdruck kommt – ein Mittel zur Reinigung von Sünden. Während die Höhe der Steuer im Koran nicht festgelegt ist, hat sich nach dem Tode Muhammads die Empfehlung durchgesetzt, 10% seines Vermögens abzugeben.

> **4.** *„Ihr Gläubigen! Euch ist vorgeschrieben, zu fasten, so wie es auch denjenigen, die vor euch lebten, vorgeschrieben worden ist. Vielleicht werdet ihr gottesfürchtig sein."* (Sure 2, Vers 183).

Das **Fasten** (**saum**) wird im **Ramadan** durchgeführt. Er ist ein besonders heiliger Monat – in seiner 27. Nacht, der „Nacht der Bestimmung", empfing Muhammad zum ersten Mal die göttliche Offenbarung. Von der Morgen- bis zur Abenddämmerung verzichtet der Fastende auf Essen, Trinken, Rauchen und sexuellen Verkehr. Aber auch Streitigkeiten sollen in diesem Monat aus der Welt geschafft werden. Von der Fastenpflicht sind Reisende, Schwangere, Stillende, Alte und Kranke ausgenommen – ihnen wird empfohlen, das Fasten in einer Zeit nachzuholen, in der es ihnen leichterfällt – denn „Gott will es euch leicht machen, nicht schwer." (Sure 2, Vers 185).

Bei Einbruch der Dunkelheit wird das Fastenbrechen, der *iftar*, vollzogen – meist in Gesellschaft von Familie und Freunden. In manchen Gegenden der islamischen Welt sind die Tische beim Fastenbrechen üppig gedeckt – und erinnern so kaum an Muhammads Verhalten, der zum Fastenbrechen nur einige Datteln aß und ein Glas Wasser trank. Denn im Ramadan soll sich der Gläubige in Bescheidenheit und Dankbarkeit üben – im Bewusstsein über den Reichtum, das ganze Jahr über genügend Speise zu haben.

Von diesem Reichtum soll er auch anderen abgeben – in manchen Ländern besteht nach wie vor die Tradition, während des Fastenmonats Armenspeisungen vorzunehmen.

Am Ende des Ramadan wird das dreitägige Fest des Fastenbrechens gefeiert – gegenseitige Besuche und gemeinsame Unternehmungen machen auch den gemeinschaftlichen Charakter des Ramadan, den dieser in arabischen Ländern besitzt, deutlich.

Abhängig von der Stellung des Mondes, wird der Ramadan 1999 etwa am 9. 12. beginnen.

> **5.** *„Führt die (große) Wallfahrt und die Besuchsfahrt im Dienste Gottes durch!"* (Sure 2, Vers 196).

Die **Pilgerfahrt** nach Mekka, der **hajj**, orientiert sich in ihrem Ablauf an der „Abschiedswallfahrt", die Muhammad ein Jahr vor seinem Tod in seiner Geburtsstadt vorgenommen hat. Sie ist Pflicht – vorausgesetzt, daß der Gläubige gesundheitlich und finanziell zur Pilgerfahrt in der Lage ist. Vor Betreten des heiligen Bezirkes wird der Weihezustand angenommen – der Muslim kleidet sich in zwei weiße Tücher, die er um Taille, Brust und die rechte Schulter legt, die Muslima trägt ein schwarzes Gewand, das auch ihren Kopf bedeckt. Durch die einheitliche Kleidung wird jeglicher soziale Unterschied unsichtbar. Das Zusammengehörigkeitsgefühl aller Muslime, unabhängig von nationaler Zugehörigkeit, spielt eine große Rolle. Die Wallfahrt besteht aus unterschiedlichen Elementen, zu denen eine

symbolische Steinigung des Satans, die Besteigung des Berges Arafat, das Trinken aus der heiligen Quelle Zamzam und Wanderungen zwischen den beiden Hügeln Marwa und Safa gehören. Der eigentliche Mittelpunkt der Wallfahrt ist die **Umrundung der Kaaba** (Würfel, Kubus), die das Zentrum des heiligen Bezirks ist. Sie gilt als Rest eines heiligen Gebäudes, das Abraham und Ismael hier dem einen Gott errichteten (Sure 2, Vers 127). Im vorislamischen Mekka war sie mit Götzenbildern geschmückt und Gegenstand polytheistischer Verehrung – was Muhammad dazu veranlaßte, sie im Jahre 630 zu reinigen, d. h. die Götzenbilder zu entfernen und die Fresken in ihrem Innern zu zerstören. Nach dem siebenmaligen Umrunden der Kaaba küssen die muslimischen Pilger den schwarzen Stein, der sich in ihrem östlichen schwarzen Pfeiler befindet und als heilig gilt. Am Ende des Pilgermonats findet das viertägige Opferfest statt, das an das Opfer Abrahams erinnert. Dabei soll von dem geschlachteten Fleisch 1/3 an Bedürftige verteilt werden.

Während des Pilgermonats kommen inzwischen jedes Jahr ungefähr zwei Millionen Gläubige nach Mekka. Diese große Zahl an Pilgern, die sich zum Teil in Wartelisten eintragen lassen, verlangt eine äußerst genaue und sorgfältige Organisation von Seiten der saudisch-arabischen Regierung.

Die Spaltung: die Schiiten

632 starb der Prophet Muhammad. Da er weder einen Erben noch einen designierten Nachfolger hinterlassen hatte, begannen unter den Prophetengenossen die Diskussionen über seinen Nachfolger (Khalifa). Auf die zwei ersten Kalifen einigten sie sich schnell: **Abu Bakr (632–34)** und danach **Umar (634–44)**, beide Schwiegerväter Muhammads. Bei der Ernennung des dritten Kalifen Othman kam es jedoch zu Meinungsverschiedenheiten. Zwar gehörte er zu jenen, die sich nach dem Vorbild des Propheten zur Auswanderung nach Madina 622 entschlossen hatten, stammte jedoch aus der Sippe der Umayya, einer der Familien, die lange gegen den Propheten agierten. Hinzu kam, dass Ali, der Vetter, Schwiegersohn und engste Vertraute des Propheten, als nächster Verwandter seine Rechte auf das Kalifat anmeldete. Bereits die Unterstützung für Othman auf der einen und für Ali auf der anderen Seite zeichnete den Weg der späteren Spaltung vor. Aber diejenigen, die Ali unterstützten, stießen auf taube Ohren. **Othman (644–656)** wurde, wenn auch umstritten, der dritte Kalif des Islamischen Reiches. Dieses Reich war inzwischen durch die Eroberungszüge der letzten Jahrzehnte stark expandiert: Iran, Irak, der gesamte Vordere Orient sowie große Teile Nordafrikas wurden von den Muslimen beherrscht. Die Islamisierung hatte zwar weite Kreise gezogen, die Integration der „neuen Muslime" gelang jedoch wegen der unterschiedlichen Traditionen und Interessen niemals. Die daraus resultierenden sozialen Gegensätze, vor allem die Benachteiligung nichtarabischer Muslime, waren letztendlich auch die Ursache für den Beginn einer innerislamischen Auseinandersetzung zur Regierungszeit Othmans. Außerstande der Lage Herr zu werden, wurde der Kalif schließlich während des Betens 656 ermordert. **Ali (656–661)** wurde der vierte Kalif in der islamischen Geschichte. Aber auch sein Kalifat war von Anfang an umstritten.

Zudem kam, dass er sich vor allem auf die Kräfte stützte, die gegen den dritten Kalifen opponiert hatten, so dass seine Gegner ihn der Anstiftung zum Mord Othmans beschuldigten. Der Statthalter Syriens, Muawiya aus der Sippe der Umayya, trat sogar als Bluträcher seines Vetters Othman auf und erklärte die Wahl Alis als ungültig. Nachdem sich die beiden Kontrahenten heftige Kämpfe geliefert hatten, zog sich Ali nach Kufa in den Irak zurück, worauf Muawiya sich in Jerusalem 660 als Kalif huldigen ließ. Damit war die Umma, die islamische Gemeinde, auseinandergebrochen!

661 fiel Ali einem Attentat zum Opfer. Das Kalifat des Umayyaden Muawiya wurde daraufhin fast überall anerkannt. Lediglich die Anhänger Alis widersetzten sich: muslimische Nichtaraber, die nach sozialer Gleichstellung strebten, und muslimische Araber, die Ali als den einzig rechtmäßigen Kalifen anerkannten. Da sie als geschlossene Gruppe auftraten, wurden sie fortan Schia, zu deutsch „Partei", genannt. Sie sind in einem politischen Machtkampf um den rechtmäßigen weltlichen und geistlichen Führer der Umma entstanden – ein Charakteristikum, das sie im Laufe der Geschichte niemals verloren haben. Stets das Ziel vor Augen, das Kalifat zu bekleiden, waren sie doch den Großteil ihrer Geschichte, mit wenigen Ausnahmen, in der Opposition.

Nach der Ermordung Alis 661 formierte sich die Partei in dem von Ali gewählten Zentrum Kufa. Ihr Versuch, den beiden Söhne Alis, Hasan und Husain, zum Kalifat zu verhelfen, war allerdings erfolglos. Husain gab sogar sein Blut für die Sache des Islam: Er und seine Anhänger wurden von den umayyadischen Truppen bei Karbala geschlagen und auf grausame Art niedergemetzelt.

Ali, Hasan und Husain – das sind die ersten drei Imame der Schiiten. Für sie sind nur die Nachkommen des Propheten Muhammad bzw. Alis zur Führung der Umma befugt. Die sunnitischen Kalifen hingegen waren in ihren Augen Usurpatoren. Dieser Streit um den politisch-religiösen Führer hatte letztendlich zum **Schisma der Umma** geführt. Da keiner der zwölf Imame je die politische Macht ausübte, entwickelte die in die Opposition gedrängte Partei Charakteristika, die über den ursprünglichen Anlass der Spaltung hinausgingen: eine besondere Beziehung zu ihren Imamen, die für sie alle Märtyrer sind, Passionsfreudigkeit wie z. B. während der Aschura-Feste, eigene Wallfahrtsorte (zusätzlich zu Mekka), an denen ihre Imame und deren Familienmitglieder bestattet wurden, und eine eigene

Die Katastrophe von Karbala. Augenzeugenbericht des Aschura-Festes in Nabatiya in Südlibanon

Nichts als schwarze Fahnen auf dem Weg nach Süden. Über der Straße hängen Spruchbänder mit Schriftzügen über Karbala und Husain. Die Stimmung wird fast bedrückend, während wir uns dem Zentrum der Schiiten bei Nabatiya nähern. Es gibt kaum ein Durchkommen. Überall Menschen, überall Autos. Kaum in der Stadt, hören wir auch schon die ersten Rufe: Husain, Husain! Eine Stimme übertönt jedoch alle. Auf einer Erhöhung, mit einem Mikrophon in der Hand, steht ein Geistlicher, der den Massen die Worte Husains zitiert, in denen der Imam sich selber über die Mächtigkeit der schiitischen Trauer ausspricht, die den Gläubigen Kraft und Trost gibt:

„Wenn von jenen Tränenflaschen zur Zeit der Auferstehung / Ein Tropfen auf die Hölle tröpfelt, / wird wie durch den Stein der Weisen / Das Kupfer des Wesens der Hölle durch und durch Gold. / So groß ist die Achtung vor den Tränen, / die aus Trauer um mich vergossen werden. / Daß die ganze Hölle zum Entgelt für meinen Blutpreis / Für die Schiiten ein Rosengarten wie das oberste Paradies wird."

Ein Rosengarten für die Schiiten. Das jährliche Trauer- und Bußritual um Husain, den Sohn Alis und Fatimas, und die Bereitschaft zum Selbstopfer vergegenwärtigt das Martyrium des dritten Imams, indem es den Gläubigen ermöglicht, an dessen Leid teilzuhaben und somit einen Teil ihrer individuellen Sünden abzubüßen... für einen Rosengarten wie das oberste Paradies! Denn der Enkel des Propheten Muhammad ist **der** Märtyrer ihrer Geschichte. Was war passiert? 680 war Husain an die Spitze einer Aufstandsbewegung getreten, die von den umayyadischen Regierungstruppen in Karbala (im heutigen Irak) niedergeschlagen wurde. Husain, seine nächsten Verwandten und Gefolgsleute wurden in der Schlacht getötet. Es war ein harter Kampf. Zehn Tage rangen sie ums Überleben. Das grausame Gemetzel am 10. des islamischen Monats Muharram sollte im Bewusstsein der Schiiten eine außerordentliche Bedeutung gewinnen. Bis heute beherrscht die Erinnerung an Karbala und die Beweinung Husains das gesamte religiöse Leben. Der Höhepunkt eines jeden Jahres, *Aschura*, der 10. des islamischen Monats Muharram, ist Trauer- und Bußtag. Unter starker öffentlicher Erregung werden an diesem Tag Prozessionen abgehalten, deren Teilnehmer sich blutig geißeln und die Vorgänge in einem Passionsspiel darstellen. Den schiitischen Theologen zufolge gab der Imam Husain sein Leben hin, um die Religion seines Großvaters Muhammad neu zu beleben und vor der Zerstörung durch die tyrannischen umayyadischen Kalifen zu bewahren. Im Volksglauben tritt die Überzeugung hinzu, dass Husain, weil er am meisten gelitten hat, beim Jüngsten Gericht die Möglichkeit haben wird, für die sündigen Menschen Fürsprache einzulegen, wenn sie sich nur während ihres Lebens zu ihm bekannt haben. So wird Husain zu einer Erlöserfigur, die durch Hingabe ihres Blutes die Welt rettet. Die Aschura-Feiern üben zusammen mit der Lehre des entrückten

Imam starke Anziehungskraft auf Menschen aus, die die Ungerechtigkeit und das Elend auf Erden als unabänderlich empfinden und sich durch die Hoffnung trösten lassen, im Jenseits bzw. am Ende der Zeit für ihr Leiden entschädigt zu werden.

Wir bleiben am Straßenrand stehen und beobachten, wie der Zug der Menschen sich in Bewegung setzt. Die Männer tragen einfache, weiße Gewänder, auf der linken Seite offen. Den Dolch an der Seite, eine Mütze auf dem Kopf oder ein Stirnband mit der Aufschrift „Karbala", wirken sie mit ihren Blicken gen Himmel wie entrückt. Dann, wie auf Befehl, formen sie die rechte Hand zu einer Art Schale und schlagen sich damit heftig und im Takt unterhalb der linken Schulter, wodurch ein dumpfes Geräusch entsteht, das, von vielen Händen erzeugt, auf große Entfernung zu hören ist und einen großen Eindruck macht. Manchmal fallen die Schläge schwer und im Abstand und scheinen den Rhythmus träg zu machen, manchmal sind sie hastig und in schneller Folge. Während sie mehrmals auf der Stelle in die Höhe springen, rufen sie immer wieder mit kurzer, abgehackter Stimme: Husain! Husain! Husain!

Eine Menge von Männern bleibt im Stadtzentrum und lauscht weiter den Worten der Geistlichen, deren Lobesworte auf Ali und Husain kein Ende zu nehmen scheinen. Aber dann plötzlich: Stille! Die Menge schweigt. Leise Musik durchdringt die Stille. Als sie immer lauter und lauter wird und die Stille zu erobern beginnt, nehmen die auf dem Platz versammelten Männer ihre Eisenketten und spitze Nadeln in die Hände. In Prozession beginnen sie im Kreis zu gehen und intonieren, zunächst ziemlich langsam, eine Litanei: Husain, Husain! Einige von ihnen halten Scheiben, die sie im Takt aneinander schlagen, worauf alle zu tanzen beginnen. Nach einiger Zeit beginnen sie sich mit Ketten zu geißeln, zunächst leicht, dann erregen sie sich und schlagen stärker zu. Diejenigen, die Nadeln tragen, beginnen sich in Arme und Wangen zu stechen. Das Blut fließt, die Menge berauscht sich und schluchzt, die Erregung steigt. Die Szene wird von den Geistlichen auf dem Podium beobachtet, die jederzeit, wenn der Rausch überhandzunehmen droht, die Musik schweigen lassen und dem Ganzen ein Ende machen können. Denn die Aschura-Bräuche sind ein Ritual. Und ein Ritual ist seinem Wesen nach auf Wiederholbarkeit angelegt. Das Selbstopfer muss überleben, denn das Vergießen des Blutes durch Geißelung soll lediglich den Sühnetod ersetzen.

„Jedes Land ist Karbala und jeder Tag ist Aschura", ertönt es plötzlich im Chor aus dem Mikrophon und die Menge wiederholt die Worte leise, dann immer lauter und schneller. Wir sind wieder in der Gegenwart. Wir sind nicht mehr im 7., wir sind im 20. Jh. Und Karbala ist der seit 1978 von Israel besetzte Südlibanon und Aschura ist der Kampf gegen die Besatzungsmacht. Die Schiiten wissen, daß der durch das Ritual ersetzte Sühnetod jederzeit eingefordert werden kann. Sie wissen, dass sie dann beweisen müssen, wie ernst ihre Bereitschaft zum Selbstopfer ist – für einen Rosengarten wie das oberste Paradies.

Rechtsschule, die den Koran anders interpretierte als die Sunniten. Eines der wichtigsten Glaubensmerkmale ist das **„ghaiba-Modell".** Danach glauben die Schiiten, dass der 12. Imam seit 873/74 in der Verborgenheit (ghaiba) lebt, d. h. abwesend ist. Sein Vater, so die schiitische Überlieferung, hatte ihn als Kind verborgen, um ihn dem Zugriff der abbasidischen Kalifen zu entziehen. Diese Vorstellung führt letztendlich dazu, dass sie auf die Rückkehr des 12. verborgenen Imams warten. Die Wiederkehr des „Rechtgeleiteten" (*Mahdi*) – wie sie ihn bezeichnen – wird die Spaltung der Muslime beenden, den ursprünglichen Islam des Propheten wiederherstellen und ein paradiesisches Reich der Gerechtigkeit auf Erden errichten. Erst dann wird es auf der Welt einen legitimen Herrscher geben.

Seit ihrer Entstehung ist die Schia politische Opposition und religiöse Minderheit. Erst im 16. Jh. gelang es ihr, im Iran an die Macht zu kommen. Diese Zeit der Opposition prägte tiefgehend ihre Glaubensvorstellungen und -überzeugungen. Bei der Unterscheidung zwischen Schiiten und Sunniten spielen jedoch dogmatische Differenzen eine untergeordnete Rolle. Auch ist die Schia kein Bekenntnis für sich. Die beiden Richtungen im Islam unterscheiden sich nur insofern, als dass die Sunniten sich zu einem bestimmten Dogma, die Schiiten zu ihren Imamen bekennen.

Die Abspaltungen von den Schiiten

Alawiten und Drusen – zwei Religionsgemeinschaften, deren Glaubensinhalte bis heute noch zum Teil im Verborgenen liegen, da es sich bei ihnen um Geheimreligionen handelt.

Mitte des 9. Jhs. werden die **Nusairier** erstmals in den Quellen erwähnt. Sie führen ihre Lehre auf die Offenbarungen des 11. Imams, dessen Schüler Ibn Nusair, nach dem sie genannt wurden, sowie al-Khasibi zurück. Anfangs in Bagdad, verbreiteten sie sich bis nach Mossul und Aleppo, mussten sich allerdings aufgrund des sunnitischen Drukkes ins Gebirge zurückziehen, fern von den Zentren der politischen Macht. Ihr Glaube an Seelenwanderung, die spirituelle Deutung des Koran und der islamischen Gesetze, ihre gnostischen Vorstellungen, die Vergöttlichung Alis und die Umdeutung von Husains Martyrium brachte ihnen den Ruf der Ketzerei ein. Um diesen loszuwerden, nannten sie sich zu Beginn des 20. Jhs. **Alawiten**, Anhänger Alis bzw. Schiiten, in der Hoffnung, die Anerkennung als gleichberechtigte Religionsgemeinschaft innerhalb der islamischen Gesellschaft zu erhalten. Heute leben die Alawiten in Latakia und dem nördlichen Küstengebirge in Syrien, in der kilikischen Ebene um Adana und Tarus in der Türkei sowie am mittleren Euphrat.

Zu Beginn des 11. Jhs. kam eine weitere Religionsgemeinschaft hinzu, die als Ketzer bezeichnet wurden: die **Drusen**. Hamza, der Imam und Begründer des Drusentums, hatte in Kairo die Aufmerksamkeit der Menschen auf sich gezogen, vor allem da er es wagte, die zu jener Zeit regierende schiitische Dynastie der Fatimiden wegen ihrer Umdeutung und Änderung des Glaubens zu kritisieren. Zusammen mit dem aus Persien stammenden ad-Darazi lehrte er die Göttlichkeit des fatimidischen Kalifen al-Hakim bi-Amr Allah, die Abrogation der koranischen Offenbarung und

Fortsetzung auf Seite 147

„Checkliste" Islam

علي

Ali
Vetter Muhammads und Mann von dessen Tochter Fatima. Er gilt den Sunniten als vierter rechtgeleiteter Kalif, während ihn die Schiiten als den ersten legitimen Nachfolger des Propheten betrachten.

الله

Allah
die arabische Bezeichnung für Gott, von arabischen Christen, Juden und Muslimen gleichermaßen verwendet.

نهضة

Aufklärung, islamische
die Konfrontation mit der europäischen Welt in der Neuzeit, beginnend mit der Niederlage gegen Napoleon in Ägypten, führte zu der Erkenntnis, in technischer und militärischer Hinsicht Europa unterlegen zu sein. Reformgedanken, die schon vor dem 19. Jh. formuliert worden waren, begannen konkretere Formen anzunehmen. Westliches Gedankengut und westliche Technologie wurden bewusst übernommen, die Vereinbarkeit von Moderne und Islam von den reformistischen Denkern des 19. Jhs. explizit bejaht.
Während westliche Studien bis vor kurzem davon ausgingen, dass in der islamischen Welt keine Aufklärung stattgefunden habe, gibt es in den letzten Jahre neue Forschungsansätze, die in der islamischen geistesgeschichtlichen Entwicklung des 18. und 19. Jhs. Anzeichen einer Aufklärung sehen.

بسم الله

Basmala
mit der Basmala ruft der Gläubige seinen Gott an – „Im Namen des barmherzigen und gnädigen Gottes". Sie steht zu Beginn einer jeden Koransure (Ausnahme Sure 9).

فاطمة

Fatima
die Lieblingstochter Muhammads. Sowohl von Sunniten als auch Schiiten sehr verehrt. Die Frau Alis, des vierten rechtgeleiteten Kalifen. Mutter von Husain, der als Märtyrer bei den Schiiten eine große Verehrung genießt. Eine große Bedeutung hat sie auch im Volksglauben, die „Hand der Fatima", ein Talisman, soll den sog. bösen Blick abwenden.

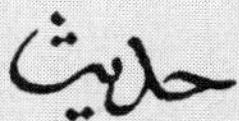

Hadith

ein Ausspruch des Propheten Muhammad, den dieser zu den unterschiedlichsten Themen religiöser oder auch alltäglicher Bedeutung tat. Ein Hadith besteht aus dem eigentlichen Text, der die Aussage Muhammads wiedergibt, und der sog. Überliefererkette, in der die verschiedenen Personen genannt werden, über die der Ausspruch auf Muhammad zurückgeführt wird.

Hijab

„Und sag den gläubigen Frauen, sie sollen (statt jemanden anzustarren, lieber) ihre Augen niederschlagen, und sie sollen darauf achten, daß ihre Scham bedeckt ist, den Schmuck, den sie (am Körper) tragen, nicht offen zeigen, soweit er nicht (normalerweise) sichtbar ist“ (Sure 24, Vers 31). Eindeutig ist die Frage nach dem Verschleierungsgebot nicht zu beantworten, auch der Koran bleibt hier vage und gibt somit Raum für Interpretationen. Ursprünglich ein verbreitetes vorislamisches Phänomen, hatte der Schleier im Frühislam die Funktion, eine Muslimin von einer Sklavin abzuheben. Heute gibt es ihn in den verschiedensten Formen, Art und Häufigkeit variieren von Land zu Land stark.

Die zwölf Imame der Schiiten

Der Prophet Muhammad
|
Fatima —— und —— Ali bin abi Talib (gest. 661)
|
al-Hasan —— und —— al-Husain (gest. 680)
|
Ali Zain al-Abidin (gest. um 713)
|
Zaid ——————————|
|
Muhammad al-Baqir (gest. um 733)
|
Ja´far as- Sadiq (gest. 765)
|
Abdallah —— und —— Ismail
|
Musa al-Kazim (gest. 799)
|
Ali ar-Rida (gest. 818)
|
Muhammad at-Taqi (gest. 835)
|
Ali al-Hadi (gest. 865)
|
al-Hasan al-Askari (gest. 873)
|
Muhammad al-Mahdi, der Verborgene Imam

Hijra
die Auswanderung des Propheten von Mekka nach Medina 622 n. Chr.; mit diesem Jahr beginnt die islamische Zeitrechnung. Das islamische Mondjahr ist 11 Tage kürzer als das christliche, im April 1999 beginnt nach islamischer Zeitrechnung das Jahr 1420.

إمام

Imam
bei den Sunniten Vorbeter in der Moschee, für die Schiiten das geistige Oberhaupt, dessen Legitimität auf die Verwandtschaft mit dem Propheten zurückgeführt wird.

جاهلية

Jahiliyya
wörtl. die Zeit der Unwissenheit, zeitlich bezogen auf die vorislamische Zeit, geographisch auf die Arabische Halbinsel.

جهاد

Jihad
meist mit „Heiliger Krieg" übersetzt, geht der Begriff auf das Verb jahada (fisabili-llah), sich auf dem Weg Gottes einsetzen, zurück. Damit kann ein ethisches Prinzip gemeint sein, das den Gläubigen dazu anhält, gegen die eigenen menschlichen Schwächen zu kämpfen oder – als ein gesamtgesellschaftliches Anliegen – der Einsatz für Gerechtigkeit und Sicherheit innerhalb der islamischen Gemeinschaft. Der Jihad als Mittel zur Selbstverteidigung klingt in Sure 22, Vers 39 an. Gegen Andersgläubige, d. h. Juden und Christen, war der Jihad nur dann legitim, wenn diese sich weigerten, die vorgeschriebene „Kopfsteuer", jizya, zu entrichten.

كعبة

Kaaba
altarabisches Heiligtum und Gegenstand polytheistischer Verehrung, bevor Muhammad die Götzenbilder aus ihr entfernte. Heute Mittelpunkt der islamischen Pilgerreise.

خليفة

Kalif
nach dem arabischen „Khalifa", der Nachfolger. Da Muhammad in Bezug auf seine Nachfolge keine Anweisungen gegeben hatte, entbrannte nach seinem Tod der Streit über die Kriterien zur Auswahl des Nachfolgers. Die Legitimati-

onsfrage war von Beginn der islamischen Geschichte an nicht nur eine geistliche, sondern auch eine politische und somit eine Machtfrage. Atatürk schaffte das letzte Kalifat, dasjenige der Osmanen, im Jahre 1924 ab.

Koran
wörtl. das (immer wieder) zu Rezitierende. Er gilt den Muslimen als das direkte Wort Gottes. Er ist in 114 Suren eingeteilt, die sich wieder in Verse gliedern.

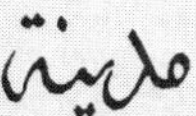

Madina
das vorislamische Yathrib, nach der Hijra Muhammads als Madinat an-nabi, die Stadt des Propheten bezeichnet. Mit der Grabmoschee des Propheten ist die saudi-arabische Stadt heute nach Mekka die zweitwichtigste Wallfahrtstätte der Muslime.

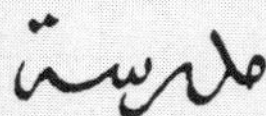

Madrasa
Koranschule, in der sich in aller Regel auch das Grab des Stifters oder Gründers befindet. Zahlreiche Gründungen vor allem ab dem 12. Jh., als sich die Schwächung der sunnitischen Abbasiden in Bagdad immer mehr abzeichnete und schiitisch ambitionierte Lokalherrscher an Einfluss gewannen. Mit den Madrasas sollte das sunnitische Gedankengut gestärkt werden.

Mekka
Geburtsort Mohammads und bereits vorislamische Pilgerstätte. Heute der heiligste Ort der muslimischen Gemeinschaft, Ziel der Pilgerfahrt.

Minarett
Turm der Moschee, von dem aus zum Gebet gerufen wird. Die Anzahl der Minarette und deren Position innerhalb der Moschee ist nicht festgelegt.

Moschee
wörtl. der Ort, an dem sich der Gläubige niederwirft, d. h. das Gebet verrichtet. Die Funktion als Versammlungsplatz, die sie seit ihrer Entstehung innehat, hat sich bis heute erhalten. Dies zeigt sich auch an dem Begriff gami^{c}a (von gama^{c}a, sich versammeln), der ebenfalls zur Bezeichnung der Moschee gebräuchlich ist.

مؤذن

Muezzin
der Gebetsrufer, heute oft durch ein Tonband oder eine Kassette ersetzt.

ملّا

Mullah
aus dem persischen Molla, Bezeichnung für einen Rechtsgelehrten.

شريعة

Scharia
wörtl. der Weg zur Wasserquelle, entstammt der gleichen Wortwurzel wie das moderne Wort für „Straße". Die Quelle bedeutet im beduinischen Milieu natürlich Leben und Heil, das durch die Befolgung der islamischen Rechtslehre, die als Scharia bezeichnet wird, erreicht wird.

سيرة

Sira
die Biographie des Propheten Muhammads aus dem 8. Jh.

سلطان

Sultan
vom arabischen Sulta, die Macht, abgeleitet, hat sich der Begriff während der abbasidischen Epoche herausgebildet, als die lokalen Herrscher, nun als Sultane bezeichnet, zunehmend gegenüber dem Kalifen an Macht gewannen. Im Gegensatz zum Kalifen, der auch das geistliche Oberhaupt darstellt, ist der Sultan ein rein politischer Führer.

سورة

Sure
Kapitel des Korans, insgesamt 114.

أمة

Umma
nach den Worten des Propheten die Gemeinschaft, die im Gottesdienst und im öffentlichen und privaten Leben eine Einheit bilden. Heute politisch verstanden als die arabische Nation.

ihre Deutung durch die Ismailiten (7er Schiiten). An deren Stelle tritt das bloße Bekenntnis von Gottes Einzigkeit, das alle kultischen Handlungen überflüssig macht. Durch die Inkarnation Gottes im Kalifen folgte auf die Ära der Verhüllung die Ära der Enthüllung. Als aber 1021 al-Hakim „verschwand" – er fiel wohl einer Palastrevolte zum Opfer – und kurz darauf Hamza, deuteten dies die Drusen als ein Zeichen dafür, dass sich der Schöpfergott wieder der Menscheit entzogen hätte. Die seitdem andauernde Ära der Verhüllung ist eine Prüfung für alle Gläubigen. Verfolgungen und der Vorwurf der Ketzerei bewogen die Drusen letztendlich im 11. Jh. in den Untergrund zu gehen – seitdem hüten sie ihr Geheimnis wie einen wertvollen Schatz.

Licht in das Dunkel der Religion brachte im 19. Jh. der französische Orientalist de Sacy. Die Übersetzung einiger Schriftstücke aus den Büchern der Drusen gab einen Eindruck vom Aufbau des komplizierten drusischen Lehrgebäudes. Basierend auf philosophischen, neuplatonischen und ismailitischen Vorstellungen und Begriffen gehen viele Ideen auf Platon und Plotin zurück. Vor allem ihr Glaube an Seelenwanderung erinnert stark an die Lehre Plotins. Nach Hamzas Worten schuf Gott eine bestimmte Anzahl von Seelen, deren Zahl sich nicht verändert. Stirbt ein Mensch, so tritt seine Seele sofort in einen Neugeborenen über. Die Seele strebt nach Vollkommenheit, vollkommener Erkenntnis und Wahrheit und wandert so lange von Körper zu Körper, bis sie dieses Ziel erreicht hat. Auf der höchsten Ebene angelangt, trennt sie sich dann vom Körper und vereinigt sich mit dem Imam Hamza und mit al-Hakim. Die sieben heiligen Bücher der Drusen, al-Hikma (die Weisheit), erläutern diesen wichtigsten Punkt der Seelenwanderung in aller Ausführlichkeit. Die Geheimnisse kennen allerdings nur die 'Uqqal, die eingewiesenen Wissenden. Wie bei den Alawiten, so gehören Verschwiegenheit, Verantwortungsbewusstsein und Treue zu den Grundprinzipien des Glaubens, sind die Drusen doch nach wie vor darauf bedacht, ihre Religion geheimzuhalten.

Die Drusen haben ihre eigenen Sitten und Traditionen, sie heiraten auch nur – von einigen Ausnahmefällen abgesehen – untereinander und haben ein ausgeprägtes Zusammengehörigkeitsgefühl, welches dadurch verstärkt wird, dass keiner der Religion beitreten kann: Als Druse wird man geboren. Heute leben sie im Süden Syriens, in den Chouf-Bergen Libanons, auf den Golanhöhen und im Norden Israels.

Bait ad-Din: Drusen in typischer Tracht

Besuch bei einem Drusenscheich

Seine [des Drusenscheichs] Lage machte ihn im übrigen sehr geduldig und begierig auf Unterhaltung und Gesellschaft. Vor allem kam mir meine Kenntnis der Geschichte seines Landes zustatten, ihm zu beweisen, daß mich nur der Wissensdurst zu ihm führte. Da ich wußte, wie schwierig es war, aus den Drusen Näheres über ihre Religion herauszuholen, wandte ich einfach die halb fragende Wendung „stimmt es, daß...?" an und legte alle Behauptungen von Niebuhr, Volnes und de Sacy dar. Der Druse schüttelte mit der klugen Zurückhaltung der Orientalen den Kopf und sagte immer nur: „Wie? Ach, wirklich? Sind die Christen so beschlagen...? Wie haben sie denn das herausbekommen?" und andere abweichende Redewendungen. Ich sah ein, daß für diesmal nicht viel mehr aus ihm herauszuholen war. Ich bat ihn um die Erlaubnis, ihn wieder besuchen zu dürfen, um ihm einige Fragmente einer Geschichte über den [drusischen] Großemir Fachreddin zu zeigen, mit dem ich mich beschäftigte, wie ich ihm sagte. Ich vermutete, sein Nationalstolz würde ihn zumindest verleiten, die für sein Volk wenig schmeichelhaften Dinge zu berichtigen. Hierin täuschte ich mich nicht. Vielleicht sah er ein, daß es in einer Zeit, da Europa soviel Einfluß auf die Lage der orientalischen Völker nimmt, doch angebracht war, ein wenig dieses Festhalten an einer Geheimdoktrin aufzugeben, die der Erforschung durch unsere Gelehrten ohnehin nicht entgangen war. [...]

Die Drusen kennen nur einen einzigen Gott, und das ist Hakem; aber dieser Gott ist wie der indische Buddha in mehreren verschiedenen Gestalten auf Erden erschienen. Er hat sich an zehn verschiedenen Punkten der Welt verkörpert, zuerst in Indien, dann in Persien, im Jemen, in Tunis und in anderen Ländern. Das nennt man die Stationen. [...]

Nach ihm kommen fünf Gesandte, direkte Emanationen der Gottheiten, deren Engelnamen Gabriel, Michael, Esrafil, Asrail und Metatron sind. [...]

So ist nach dem drusischen Katechismus der wichtigste, mit Gabriel identische Gesandte namens Hamsa siebenmal erschienen, er hieß Schatnil zur Zeit Adams, später Pythagoras, David, Schoaib; zu Jesu Zeit war er der wahre Messias und hieß Lazarus; zu Mohammads Zeit nannte er sich Salman al-Farsi, und schließlich war er unter dem Namen Hamsa der Prophet Hakem, des Kalifs und Gottes und Gründers der drusischen Religion.

(Aus: Gérard de Nerval, Reise in den Orient. Werke, S. 419–423).

Kunst und Kultur

Das höchste Ziel der Kunst ist Schönheit und ihre letzte Wirkung Gefühl der Anmut.
Goethe

„So sende ich nun einen tüchtigen und verständigen Mann […]. Der versteht zu arbeiten mit Gold, Silber, Kupfer, Eisen, Steinen, Holz, rotem und blauem Purpur, feiner Leinwand und Scharlach, und Bildwerk zu schnitzen und alles, was man ihm aufgibt, kunstreich zu machen mit deinen Meistern meines Herrn, des Königs David, deines Vaters." (2. Chronik 2, 12/13).

Einen tüchtigen Mann, einen geschickten Handwerker wollte König Salomo für die Ausstattung des Tempels in Jerusalem. Und König Hiram I. von Tyros erfüllte ihm diesen Wunsch. In allen vorliegenden Überlieferungen kommt den phönizischen Handwerkern großes Lob und Respekt zu. Ihre Arbeiten waren begehrt und gehörten zu den Luxusartikeln jener Zeit. Heute repräsentiert sich die **phönizische Kunst**, deren Vorbilder aus einem Repertoire ägyptischer, mesopotamischer, hethitischer, persischer, minoischer und griechischer Kunst bestehen, in einer äußerst interessanten Vielfalt.

Libanon, das Durchzugsgebiet von Völkern, der Schmelztiegel der Kulturen, der Begegnungsort zwischen Osten und Westen – das Mittelmeer als Kulturbrücke zwischen den „Welten". Hier an der Levante mischten sich verschiedene Völker, lernten voneinander, beeinflussten sich und schufen Neues. Und durch Handel, Seefahrt und Gründung von Niederlassungen im Mittelmeerraum weitete sich der Horizont der Phönizier. Dies alles ließ eine einzigartige Kunst- wie Kulturvermischung entstehen. Heute erzählen uns nicht nur die in den Museen ausgestellten Objekte von dieser Geschichte, sondern auch die inzwischen bekanntgewordenen mythologischen Texte, die interessante Parallelen zu den anderen Völkern aufweisen.

Die Götterwelt der phönizischen Städte

Die Entwicklung differenzierter religiöser Vorstellungen ab dem 3. Jt. v. Chr. war die Voraussetzung für den Übergang von den Naturreligionen zur Personifizierung von Himmel, Erde, Wind und Wasser sowie anderen Naturelementen. Beibehalten bei der Darstellung der Götter wurden lediglich ihre Attribute, wie z. B. Lichtstrahlen beim Sonnengott und das Blitzdreieck beim Himmelsgott. Der Tempel war die Wohnstätte der Götter und das Zentrum des Stadtstaates. In seinem Bezirk versammelten sich die Menschen, um ihre Götter zu feiern, zu ehren und ihnen wegen des segenspendenden Regens, der erfolgreichen Ernte oder der Siege über die Feinde zu danken. Dreh- und Angelpunkt des Glaubens waren die großen Opferzeremonien. Sie mussten jedes Jahr zu bestimmten Zeiten, wie z. B. im Frühling stattfinden. Dabei wurden den Göttern Tieropfer dargebracht, um sie gnädig und milde zu stimmen und ihnen Kraft zu verleihen. Aber auch die Deutung von Vorzeichen und Wahrsagerei spielte eine große Rolle. Drohte Gefahr oder eine kriegerische Auseinandersetzung, so musste der Orakelpriester aus der Leber geopferter Tiere die Zukunft voraussagen. Die Götter waren für die Menschen keine unnahbaren mächtigen

Wesen, sondern Personen, den Menschen ähnlich, die man ansprechen und auf die man einwirken konnte und deren Nähe daher in den Tempeln gesucht wurde.

Die Bindung der Götter an bestimmte Kultplätze führte zu ihrer Differenzierung in verschiedenen Städten und somit zu lokalen Ausprägungen. Jede phönizische Stadt hatte ihr eigenes, unterschiedlich aufgebautes Pantheon, auch wenn es im Grunde aus den gleichen Göttergestalten, nur mit anderen Namen, bestand.

Der oberste Gott Libanons war **Baal**, der Herr, wie sein phönizischer Name lautet. Er war der Fruchtbarkeits- und Stiergott in Syrien, Kanaan und Libanon. In den mythologischen Texten wird er wegen seines segenspendenden Regens auch „Wolkenreiter" genannt. Seinen Eigenschaften entsprechend, wurde er in der Schritthaltung, mit einem Donnerkeil oder Hammer in der Hand und zu Seiten eines Pflanzenstabs oder fließenden Wassers dargestellt. Baal hatte seinen Sitz in den Bergen. Reste alter Kultstätten finden sich noch heute auf manchen Erhebungen des Libanongebirges in einer schlichten Ausstattung: ein in Felsen gehauener Altar und einige Vertiefungen zur Aufnahme von Gussopfern. Meist trat noch ein heiliger Baum oder Hain als Repräsentant der Vegetationsgöttin hinzu. In einigen Kultstätten wurde auch eine Grotte einbezogen, die Orakelzwecken diente. Die Heiligtümer förderten im Laufe der Geschichte die Herausbildung lokaler Baalsgestalten, die ihre eigene Geschichte und Kultlegende bekamen. Mit blutigen wie unblutigen Opfergaben sparten die Phönizier nicht: ganze Viehherden standen auf den Opferlisten, Fische, Früchte, Wein, Honig, Kostbarkeiten, Gold- wie Silbermünzen. Es war auch Baal, der **El**, den Erschaffer der Welt und der Geschöpfe, verdrängte. Er, dessen aramäischer Name „Gott" lautet, musste seinen Platz Baal überlassen wie im AT die El-Religion durch die Verehrung des Gottes Jahwe abgelöst wurde. Wegen der bedeutenden Stellung Baals im Pantheon der Levante setzten ihn die Griechen mit Zeus, die Römer mit Jupiter gleich. Auch sein Sitz verdeutlicht seine herausragende Stellung: Er thronte auf dem Zapon. Heute Jabal al-'Aqra genannt, erhebt sich der 2000 m hohe Berg an der Küste südlich der Orontesmündung. Die Kanaanäer nannten ihn Zapon (Nordberg) wegen seiner Lage am nördlichen Ende der kanaanäischen Küstenregion. Er war der heilige Götterberg, auf dessen Gipfel der Palast Baals stand und über den die Götter vom Himmel herabstiegen. Auch in hellenistischer Zeit hatte der Berg seine Heiligkeit nicht verloren: Er war die Wohnstätte des Gottes Zeus.

Die nackte Göttin und der Stier waren die ersten mythologischen Darstellungen in Mesopotamien. Sie symbolisierten das zeugende und das gebärende Element, waren Ausdruck der Fruchtbarkeit und damit auch Sinnbilder des Ursprungs allen Lebens. Die sumerische Göttin **Inanna** geht auf diese Urform zurück. Erste Funde von weiblichen Idolen weisen auf die Bedeutung der Fruchtbarkeitskulte hin. Inanna war die Muttergöttin, die Himmelsherrin sowie das Sinnbild des ewig sich verjüngenden Lebens und der Fruchtbarkeit. Im 3. Jt. v. Chr. vereinigte sie die Eigenschaften mehrerer Gottheiten in sich. Als Göttin der Liebe und der Fruchtbarkeit, aber auch des Krieges wurde sie zur weiblichen Zentralfigur des sumerischen Pantheons. Als **Ischtar** und **Ast-**

arte herrschte sie im babylonisch-assyrischen wie im altsyrischen Raum als oberste Göttin. Wir begegnen ihr in den phönizischen Mythen und finden Züge ihres Wesens in der griechischen **Aphrodite** wieder, mit der sie in hellenistischer Zeit identifiziert wurde. Ihr Mythos ist die Brücke zwischen den Kulturen und den Zeiten. Der Mythos des Wiedererwachens des Lebens, wobei die Garantie der wiederhergestellten göttlichen Ordnung die Vermählung des jugendlichen Gottes **Adonis** mit der Großen Mutter, der Erd- und Fruchtbarkeitsgöttin Inanna-Ischtar-Astarte-Aphrodite war.

Ascherat bzw. **Astarte**, die kanaanitische bzw. phönizische Form der Göttin Inanna/Ischtar, stand im Pantheon neben Baal und war wegen ihrer kriegerischen Fähigkeiten in Tyros und Sidon sogar die „Herrin der See". Eine Inschrift auf dem Sarkophag des Königs Eschmunazar von Sidon aus dem 5. Jh. v. Chr. bestätigt die herausragende Stellung der obersten Göttin Ascherat. Ihre Schwestergestalten waren Ascherat von Tyros und Baalat von Byblos. Als Herrin wurde sie in Form eines Steines (Betyl) von unterschiedlicher Form verehrt. Viele Münzen aus Sidon zeigen einen Festwagen mit ihrem Thron, dessen Sitz ein Stein einnimmt.

In Tyros stand an der Spitze der Gott **Malqart**, was „König der Stadt" bedeutet. Er war die Lokalform des Wetter- und Fruchtbarkeitsgottes Baal, der allerdings im Laufe der Zeit auch andere Elemente in sich aufgenommen hatte. So war er auch der Sonnengott und der Gott der Seefahrer, den die Griechen später mit **Herakles** identifizierten.

Baalat, zu deutsch „die Herrin", stand an der Spitze des Pantheons in

Tyros – Heimat des Gottes Malqart

Byblos. Sie war die Schutzgöttin der Zedern und die Quellgottheit. Verehrt wurde sie in ihrem Tempel in Byblos und in Afqa, an der Quelle des Adonisflusses gelegen. **Baal Schamin/Schamem** stand zu Seiten Baalats. Als Sturm-, Himmels- und Wettergott thronte auch er über die so wichtigen Zedernwälder. Seine Bedeutung wird durch die Eigennamen von Königen deutlich, die sich nach ihm nannten. Als dritten wichtigen Gott in Byblos nennt eine Inschrift **Reschef**, den Unterwelts-, Seuchen- und Kriegsgott. Die Freilegung seines Tempels brachte mehrere Obelisken ans Tageslicht, die seine Beziehung zum Sonnenkult belegen. Diese Züge des Sonnengottes erinnern an ägyptische Anlagen der Sonnenheiligtümer. Seine Identifizierung mit **Apollo** in römischer Zeit bestätigt seine Funktionen als Sonnen- und Seuchengott.

Baal Hammon ist der einzige Gott, der mit Kindesopfern verbunden wird. Während er in Phönizien – soweit bisher bekannt – nicht verehrt wurde, war er in den sizilianischen und afrikanischen Kolonien der Hauptgott. Hier wurden in seinem Tempelbezirk einige Brandopferstätten neben großen Kinderfriedhöfen entdeckt, so dass an dem Kult außerhalb Phöniziens nicht gezweifelt wird.

Die phönizische Kunst

In der Zeit Homers waren u. a. Bronzeschalen, Elfenbeinschnitzereien und Goldschmuck aus Phönizien begehrte und hochgeschätzte Waren. Die ältesten bearbeiteten Stücke stammen aus dem 3. Jt. v. Chr. Die Handelsbeziehungen vor allem zu Ägypten prägten nicht nur Formen, sondern auch Ornamentik und Symbole späterer Kunstgegenstände. Die Ausweitung des Handels, die Eingliederung in Provinzen von Invasoren aus dem Norden und Nordosten und die Gründung von Kolonien schufen weitere Anregungen. Auch wenn die phönizische Kunst durch dieses Zusammenwirken bestimmt wurde, darf sie dennoch nicht ausschließlich als eine Übernahme oder Vermischung fremder Formen und Stile definiert werden. Auch an der Levante entwickelte sich eine eigenständige Kunstauffassung, die wiederum neue Formen und Stile bedingte.

„Denn du weißt, daß bei uns niemand ist, der Holz zu hauen versteht wie die Sidonier" (1. Könige 5, 20). Mit dieser Begründung beauftragte König Salomo im 10. Jh. v. Chr. König Hiram I. von Tyros, in Libanon Zedern- und Zypressenstämme für den Bau des Tempels in Jerusalem zu schlagen. Der biblische Bericht erwähnt in diesem Zusammenhang auch die Entlohung der sachkundigen Bauarbeiter aus Phönizien sowie die Vergabe des Auftrags für die Ausstattung des Tempels mit Bronzewerk an einen bekannten Kunstschmied aus Tyros. Seit dem 2. Jt. v. Chr. bearbeiteten die Phönizier **Bronze**. Vor allem die Produktion kleiner Statuetten war in der nördlichen Levante verbreitet. Charakteristisch waren die Göttergestalten in größeren Variationen, zum Teil vergoldet und oft mit ägyptischen Attributen versehen, wie z. B. die Schilfbündelkrone und rundplastisch modellierte figürliche Darstellungen, vornehmlich weibliche Gottheiten. Aber auch Räuchergeräte, verzierte Dreifuß- und Wagenuntersätze für Lampen oder für Trank-, Brand- und Weihrauchopferschalen wurden in den Werkstätten Sidons und Tyros' gefertigt. Wahre Meisterstücke wurden im 10.–7. Jh. v. Chr.

Anhänger mit Edelsteininkrustation, 1800 v. Chr. (Beirut, Archäologisches Museum)

gearbeitet, wie reich dekorierte Schalen aus Bronze oder Edelmetall, deren Ornamentik an ägyptische und hethitische Vorbilder erinnert.

In der **Elfenbeinschnitzerei** kamen die Phönizier zu ihrer höchsten Entfaltung, indem sie verschiedene Einflüsse zu vollendeter Harmonie brachten. Als Spezialisten für die Anfertigung von Möbelbeschlägen waren sie im gesamten Vorderen Orient gefragt. Archäologen bargen in den assyrischen Palästen unzählige Elfenbeinplatten, die zur Verzierung von Möbelstücken dienten. Die technisch wie künstlerisch hervorragenden Erzeugnisse weisen auf eine lange Tradition dieses Handwerks hin und vermitteln eine Vorstellung von der Pracht der phönizischen Paläste und Tempel. Fast alle Kunstwerke haben Inschriften in phönizischer Schrift. Die Darstellungen auf den Elfenbeinfriesen informieren uns über die religiösen und kosmologischen Vorstellungen der Phönizier im 1. Jt. v. Chr. Mit den zum Teil erzählenden mythologischen Szenen wurden Thronsessel, Schemel, Kästen und Schatullen geschmückt.

Am begehrtesten aber war der phönizische **Goldschmuck**. Ohrringe, Ketten, Armbänder, Diademe, häufig reich mit Granulationen versehen, fanden überall ihre Abnehmer. Und keiner verstand es besser, die Siegel kunstvoll in Ringfassungen einzubetten, die auch um den Hals getragen werden konnten. Der gravierte oder intarsierte Bildschmuck hatte oft symbolische oder sakrale Motive und erinnerte an mesopotamische und ägyptische Formen. Die Kombination kleinerer Goldstücke mit ägyptisierenden Amuletten aus Edelmetall, Halbedelsteinen, Fayence oder Steatit zu Halsketten war weit verbreitet. Die Goldschmiede waren aber nicht nur mit der Herstellung von Schmuck beschäftigt: ihnen oblag auch die Vergoldung von Schalen, Götterstatuen und Trinkbechern, deren Verzierungen den ägyptischen Einfluß verraten.

Die Bilderwelt der **Siegel** vermittelt einen Einblick in Denkmuster, Kunstauffassung und religiöse Vorstellungen im alten Phönizien. Die Glyptik, die Kunst des Steinschneidens, entwickelte starke regionale Besonderheiten, z. B. die altsyrischen Rollsiegel und die Hyksos-Skarabäen. In ihr mischten sich alte überkommene Motive und zeitgenössische Stile, so dass nebeneinander Siegel im traditionellen Stil und solche, die in ein ägyptisches Gewand gekleidet waren, gearbeitet wurden. Bevorzugt wurde der Stempelsiegel in der Form des plastischen ägyptischen Skarabäus. Als Material dienten harte Steine, wie Bergkristall, Achat, Amethyst oder Karneol. Erst in der persischen und griechischen Zeit veränderten sich Formen wie Verzierungen der Siegel.

Plinius der Ältere (23/24–79 n. Chr.) schreibt die Entdeckung der Glasherstellung einer phönizischen Schiffsbesatzung zu. In der *Historia Naturalis* erzählt er, wie sie am Strand kochen wollte, jedoch nur Sand vorfand, so dass sie zur Aufstellung ihres Kochkessels einige Sodabrocken von Bord holte: „Als diese heiß wurden und mit dem Sand des Strandes sich verbanden, da entstand der durchsichtige Fluß einer neuen Art von Flüssigkeit. Und das, so wird gesagt, war die Entstehung des Glases." Bis heute ist es schwierig, den phönizischen Anteil in der Entstehung und Entwicklung dieses Kunsthandwerks einzuschätzen. Zerbrechlich, dünn und äußerst fein gearbeitet, präsentiert sich uns heute dieses kostbare Glas in wunderschönen Farben und Formen. Mit Kobalt gefärbte Rollsiegel aus Glaspaste, eine täuschende Imitation des Lapislazulisteins, Glasschalen und Vasen zeigen, dass die Phönizier die Technik des kaltgeschnittenen Glases bereits im 1. Jt. v. Chr. vollkommen beherrschten. Die in Sandkerntechnik gefertigten Augenperlen wurden sogar in Massenproduktion hergestellt und in den gesamten Mittelmeerraum exportiert.

Die **Keramik** stand im Schatten der anderen Kunstwerke und fand bei den Zeitgenossen kaum Erwähnung. Bei dem Großteil der bisher gefundenen Stücke handelt es sich um reine Gebrauchskeramik. Erst ab dem 9. Jh. v. Chr. kamen Tonwaren mit besonderen Formen, oft mit glasharter Gussmasse überzogen, hinzu. Die meisten Amphoren, Vasen, Schalen und kleinen Kannen mit pilzförmiger oder Kleeblatt-Mündung sind zwar mykenisch oder kanaanäisch beeinflusst, entwickelten aber bald regional bestimmte Typen, die die geometrischen Ornamentalfelder mit Tierfriesen auflösten. Der enge Kontakt zu Zypern im frühen 1. Jt. v. Chr. brachte dem Händlervolk viele neue Anregungen. So wurden Gefäße in Tierformen gefertigt, deren Repertoire im Laufe der Entwicklung durch menschliche Gestalten erweitert wurde.

Die **Plastik** hielt sich am meisten an ägyptischen Vorbildern fest. Imitiert wurde vor allem die Großplastik der ägyptischen Pharaonen als Ausdrucksform der Exekutivgewalt. Ob Körperhaltung, Kleidung, Brustschmuck oder göttliche Symbole – die kolossalen Statuen sahen den ägyptischen zum Verwechseln ähnlich. Die Sarkophage in Pharaonengestalt wurden sogar mit

Hieroglyphen beschriftet. Ihre Form änderte sich erst im 6./5. Jh. v. Chr. An den neu gearbeiteten anthropoiden (griech. anthropos = Mensch) Sarkophagen verschmolzen meisterhaft die persischen, ägyptischen und griechischen Kunstelemente miteinander. Ägyptisierende Götterstelen wie die des Baal und Grabstelen in der Gestalt von Kultnischen mit ägyptisierenden Reliefs und der Darstellung eines von Sphingen flankierten Thrones in der Nische hielten sich bis in die persische und griechische Zeit. Vor allem die persische Herrschaft hat ihre Spuren deutlich an der Levante hinterlassen: Löwenstatuen oder Kapitelle mit Stierprotomen schmückten seither Tempel wie Paläste.

Theater, Tempel und Kolonnadenstraßen

Die Hellenisierungspolitik Alexanders des Großen stieß bei den Phöniziern kaum auf Widerstand, hatten sie doch bereits seit dem 8. Jh. v. Chr. die griechische Welt kennengelernt. Ab dem 4. Jh. v. Chr. wurden die Kontakte zwischen den beiden Völkern enger, der Kulturaustausch intensiver. Es kam zu einer **verstärkten Hellenisierung** in Kunst und Kultur, die gleichzeitig das antike Erbe mitbestimmte und die einheimischen Kulturen bereicherte. Sei es in den philosophischen und religiösen Vorstellungen, sei es in der Kunst oder Architektur – es kam gleichermaßen zur Verflechtung und zur Neuformierung, die wir heute als Synthese östlicher und westlicher Elemente bezeichnen können. Wie eng sich der griechische und phönizische Geist miteinander verbanden, beweist die Gründung einer stoischen Philosophieschule durch den phönizischen Kaufmann Zenon im 3. Jh. v. Chr. Kein Zufall war sicherlich auch, dass Anfang des 1. Jhs. v. Chr. die phönizische Schrift und Sprache nicht mehr verwendet wurde – alle Inschriften waren nun in griechischer Sprache. Nur noch in den zweisprachigen Inschriften auf Münzen hielt sich die phönizische Sprache bis in das 1. Jh. n. Chr.

Die Hellenisierung beruhte auf der Absicht, Ideen, Sitten und Bräuche in den eroberten Gebieten einzuführen. Die Gründung von Städten im 3. Jh. v. Chr. sah daher große städtebauliche und architektonische Projekte vor, in denen die Völker des Ostens eine ihnen fremde Stadtkultur kennenlernten: Säulenstraßen, große, prachtvoll geschmückte Tempel, Villen, Paläste, Thermen und Gymnasien. Diese Bauwerke waren der Rahmen des griechischen Lebens und Denkens, mit denen ihr Einfluss geltend gemacht und ihre Kultur eingeführt werden sollte. Erfolg war ihnen beschieden in der Durchsetzung des Herrscherkults mit seinen besonderen architektonischen Formen und Machtsymbolen, die den Römern später sogar als Vorbild diente. Weniger erfolgreich waren sie hingegen bei ihren Bemühungen um eine Assimilierung der religiösen Traditionen. Zwar führten die Griechen ihre Mythologie ein, die Verehrung der lokalen Götter konnten sie jedoch nicht verhindern, so dass persische, phönizische oder syrische Gottes- und Kultvorstellungen fortbestanden. Auch lebte die Tradition der Antike in der Architektur fort und schuf eine Mischung aus östlichen und griechischen Vorbildern, wie neue Formen von Verzierungen, z. B. die Herausarbeitung von Details oder die Bewegungen in den Ornamenten.

Die Nachfolger der hellenistischen Monarchen des Vorderen Orients gestalteten das Land gemäß den eigenen Auffassungen im Bereich des Städtebaus, der Architektur und der Kunst. Die römischen Kaiser, die die gesellschaftliche, politische und religiöse Einheit des Reiches zu verwirklichen suchten, bedienten sich der kulturellen Gegebenheiten, indem sie Stadtplanung und Städtebau als Werkzeug der Staatspropaganda und territorialen Organisation benutzten. Die Umwandlung der Städte und die Schaffung neuer monumentaler und prunkvoller Einrichtungen zeugten letztendlich von der Notwendigkeit der Machtpräsenz in den eroberten Gebieten. Abgeleitet vom römischen Lager, wurden nun die Städte stark geometrisch konzipiert: Ein befestigtes Quadrat bildete die Grenzen, jeweils in der Mitte einer jeden Seite ein Stadttor, zwei sich rechtwinklig kreuzende Säulenstraßen, Cardo (S–N) und Decumanus (W–O), und in der Mitte ein Forum mit dem Altar für die Götter. Für dieses strenge System gab es aber auch vielfältige Abwandlungen, die den lokalen Notwendigkeiten Rechnung trugen. Das Gesicht der phönizischen, zum Teil hellenistisch geprägten Städte veränderte sich. Beirut, Byblos, Ba'albak, Sidon und Tyros bekamen ein neues Gewand. Groß angelegte Plätze, von Portiken gesäumte Prachtstraßen, weitläufige Tempelanlagen mit wertvollen Säulen aus Marmor oder Rosengranit und mit vergoldeten Kapitellen prägten das neue Stadtbild. Die Eingänge, sei es in die Stadt oder in Tempel und Paläste, wurden prunkvoller und großzügiger und der kaiserliche Luxus offenbarte sich in geschmückten Bögen, Tetrapylen, Nymphäen, Thermen, Pferderennbahnen und Theatern. Charakteristisch für die Zeit der römischen Herrschaft ist die Errichtung von Kultbauten, Kultur- und Sportstätten, Markthallen und anderen öffentlichen Bauten durch kaiserliche Stiftungen.

Höhepunkt des kulturellen Aufschwungs war das 2. Jh. Zwei Personen waren hierfür maßgeblich: der Baumeister **Apollodor aus Damaskus** und Kaiser **Septimius Severus**. Apollodors Ruhm verbreitete sich sogar bis nach Rom. Keinen anderen wollte Kaiser Trajan Anfang des 2. Jhs. mit dem Bau des großartigen Forums in Rom beauftragen. Durch ihn wurde der Hauptstadt des Imperium Romanum ein ehrwürdiger Glanz verliehen. Das umfassende Programm des Baumeisters beschenkte aber auch den Orient reich – viele Bauwerke versah er mit seiner Handschrift, deren Ergebnis eine einzigartige Mischung aus hellenistisch-römischen und lokalen Architekturformen war. So gehört die Baudekoration des syrischen Giebels, eine Kombination von Halbkreis mit einem Dreiecksgiebel, zu jenen im Orient entstandenen Neuerungen. Nur wenige Jahrzehnte verstrichen, bis die Bauten in den Städten des Ostens eine weitere besondere Note bekamen. Die Herrschaft der Familie von Septimius Severus (193–235) versah Kunst und Architektur mit einem neuen Charakter, der in die Kunstgeschichte als **„severischer Barock"** eingegangen ist. Mit dieser barocken Ausschmückung der Bauwerke wurden alle Spielarten erprobt. In Baᶜalbak kann man heute dieses Spiel der Formen und ihrer Bewegungen, die Tiefenwirkung sowie Licht- und Schatteneffekte der Verzierungen an Giebeln, Gebälken und Bögen am eindrucksvollsten nachvollziehen. Auch die Stadtplanung musste Veränderungen hinnehmen und

Fortsetzung auf Seite 160

Als Antigone nicht mehr IN war!

„Sie aber war göttlich und Göttern entstammt, / Wie sterblich, von Menschen gezeugt. / Und hast doch Großes erlost: / Gehst unter, gerühmt wie ein Gott / Schon lebend und künftig im Tode."

Der Chor wiederholt zweimal den Text. Die Tragödie *Antigone* von Sophokles geht dem dramatischen Höhepunkt zu.

„Wehe! Ich werde verlacht! / Warum, bei den Göttern der Väter, / Höhnst du mich Lebende, eh' ich dahin bin?"

Die Worte Antigones verhallen im Theater. Gebannt schauen die Zuhörer zur Bühne, in Erwartung ihres Todes.

Tragödie und Komödie – die zwei Formen des Schauspiels in griechischer Zeit. Während erstere meist von religiösen und moralischen Problemen handelte, verarbeitete letztere das tägliche Leben. Bereits im 4. Jh. v. Chr. fanden Hunderte von Theater-Wettbewerben und Aufführungen statt – von morgens bis abends verfolgten die Zuschauer kritisch die Inszenierungen der Stücke. Diente das Theater anfangs zur Erklärung der Handlungen und Entscheidungen der Götter, so spielte der religiöse Charakter in römischer Zeit eher eine untergeordnete Rolle.

346 v. Chr. hatten die Römer erstmals Gelegenheit, ein Bühnenschauspiel zu erleben, das jedoch noch vollkommen von fremden Einflüssen bestimmt war. Nachdem sich das Theaterspiel um 240 v. Chr. in Rom etabliert hatte, wurden griechische Tragödien und Komödien auch ins Lateinische übersetzt und auf römische Verhältnisse zugeschnitten. Man begann zu unterscheiden zwischen *Ludi Graeci*, klassischen Theaterstücken, und *Ludi Romani*, bei denen vor allem Volkspossen zum Besten gegeben, aber auch die alten Mythen von großen Tragikern in eine dramatische Form gefasst und dem Volk vorgestellt wurden.

„Unbeweint, ungeliebt, unvermählt / Führen sie mich den beschlossenen Weg. / Nie mehr darf ich Arme dich schauen, / Heiliges Auge des Lichts, / Und mein Los beklagt / Keines Freundes Träne."

Während die Worte Antigones in griechischer Zeit mit Wehmut aufgenommen und bei den Zuschauern Gefühle und Mitleid weckten, lockten Stücke des „alten Repertoires" in römischer Zeit kaum noch jemanden ins Theater. Zu lang, zu traurig und zu tragisch wurden die Tragödien von Sophokles und Aischylos empfunden. Die Menschen wollten sich unterhalten, wollten abgelenkt werden von den Problemen und Sorgen des Alltags. Um den Zuschauern die ernsten Stücke schmackhaft zu machen, begann man zu neuen Mitteln zu greifen, indem man mit Schaueffekten Langeweile und Desinteresse zu vertreiben suchte, um das Volk „bei Laune zu halten."

Auch wenn Ovid sich der Kritik an dem zeitgenössisch-augusteischen Theater und der Laszivität der Bühnenstücke nicht enthalten konnte: ganz vorne in der Rangfolge der Themen standen erotische Stoffe. Liebschaften und Heiraten, Ehebrüche und abwegiges sexuelles Verhalten kamen neben Kriminalstoffen wie Schiffbruch, Tod, Giftmord, Betrügereien und handfesten Auseinandersetzungen als Sujets am besten an. Für Ovid unverständlich: „Was, wenn ich Schauspiele geschrieben hätte, die mit dem Anstößigen ihr Spiel treiben, die stets den Makel haben, verbotene Lieben darzustellen, in denen ständig der geschniegelte Ehemann auftritt und die schlaue Ehefrau ihren törichten Ehemann betrügt? Nicht genug damit, daß die Ohren durch unzüchtige Reden beleidigt werden; auch die Augen gewöhnen sich daran, vieles Schamlose zu erdulden. Und wenn der Liebhaber den Ehemann durch irgendeinen neuen Trick getäuscht hat, dann wird geklatscht, dann wird dem unter großem Beifall der Siegespreis zugesprochen." Die Römer jedoch fanden daran Gefallen. Auch wenn der Inhalt der aufgeführten Stücke banal war, so erwartete das Publikum dennoch von den Schauspielern höchste Anstrengung und beste künstlerische Qualität. Da viele Schauspiele aus Prosapartien, Gesangsnummern und Balletteinlagen bestanden, musste ein guter Darsteller auch singen und tanzen können.

„Unfaßbares Bild entzweit meinen Sinn: / Sag ich, Augen, ihr lügt, / Das ist Antigone nicht? / Unglückselige du, / Des unseligen Ödipus Kind! / Was geschah? Sie haben dich doch / Nicht ergriffen bei sinnlosem Tun, / Wider Königs Gesetz dich empörend?"

Im 2. Jh. musste Antigone dem Chor nicht mehr antworten. Eine Geste, eine Mimik, eine Bewegung genügte. Die Pantomime hatte sich als Massenunterhaltung etabliert. Hatten die Akteure auf der Bühne gleichermaßen rezitieren, singen und gestikulieren müssen, so wurden nun die Aufgaben neu verteilt und eine „moderne" Aufführungsform der Tragödie geschaffen: Die Trennung des Vortrags von der Bewegung, wodurch der Schauspieler zum bloßen Pantomimen wurde, der die Handlung durch Gebärden und Gesten zum Ausdruck brachte. Zudem hatte die Pantomime einen unschätzbaren Wert: Sie war für jeden verständlich, wenn sie ausdrucksvoll dargestellt wurde. Die Rezitation der Textpartien übernahm ein Chor, dessen Gesang – je nach Stück – entweder von einem Flötenspieler oder Orchester begleitet wurde. Zwar wurde der griechische Text nicht verstanden, dem Publikum kam es jedoch in erster Linie auf die Melodie und die Musikdarbietung an. Die Pantomime als Nachfolger der Tragödie hatte sich durchgesetzt! War Antigone wieder modern? Es kam auf die Inszenierung an. Und es kam auch auf die Ausschmückung der Theater an, an denen man nicht sparte: teure Baumaterialien wie Travertin und Marmor zur Verkleidung der Außenfassaden, luxuriöse Gestaltung der Innenräume und eine mit Säulen, Stuckarbeiten, Nischen und Statuen dekorierte Bühnenwand. Auch für den Komfort der Zuschauer wurde gesorgt: Vergrößerung der Theaterbauten, eine hölzerne Dachkonstruktion oder eine riesige Zeltplane zum Schutz vor übermäßiger Hitze und Regen. Im Laufe der Zeit kam es sogar immer mehr in Mode, dass sich die Festgeber auch um das leibliche Wohl kümmerten und kleine Appetithäppchen oder auch ganze Mahlzeiten, Erfrischungen oder auch Wein in den Pausen reichen ließen.

„Chor: Noch reißen Stürme sie hin / Mit gleicher Gewalt wie zuvor. / Kreon: Drum werden auch ihre Geleiter / Jammernd ihr Säumen büßen! / Antigone: Weh mir! Ganz nah an den Tod / Traf dieses Wort. / Kreon: Laß jegliches Hoffen, rat ich: / So und nicht anders wird es / vollstreckt. / Antigone: O Land Theben, o Vaterstadt! / Ihr Ahnengötter! Sie führen mich fort, / Und ich darf nicht mehr weilen."

Antigone musste gehen. Sterben wie in der Tragödie von Sophokles. Denn die bewusste Ausrichtung des Theaters als Unterhaltung für weiteste Kreise der Bevölkerung führte zwangsläufig zur Verflachung und zum Qualitätsverlust. Der Chor überlebte. Zwar war er nicht mehr so wichtig wie einst, seine Worte aber trugen nach wie vor die Bedeutung der großen Zeiten in sich:

„Allen Segens Anfang heißt Besinnung, / Was der Götter ist, entweihe keiner! / Überhebung büßt mit großem Falle / Großes Wort, dem Alter zur Besinnung."

(Zitate entnommen aus: Sophokles, Antigone. Übersetzt von Wilhelm Kuchenmüller, Reclam).

Baʿalbak: „Severischer Barock“

die rhythmische Ordnung mit Schwingungen, die Perspektiven brach, hielt Einzug in die Städte. Während sich die Römer mit der Veränderung des Rahmens leicht taten, erzeugte das Eingreifen in tiefverwurzelte religiöse Traditionen – wie bereits zur hellenistischen Zeit – große Schwierigkeiten. Die Forderung der Römer, die orientalischen Gottheiten mit römischen Namen zu versehen, war leicht, die beiden Pantheons zu vereinen hingegen schwer. Septimius Severus respektierte die lokalen Götter und akzeptierte das Fortbestehen ihrer Kulte. Dem Kaiser waren die Götter nur allzu gut vertraut, stammte er doch selbst aus Leptis Magna, der phönizischen Kolonie in Nordafrika, heute in Libyen, und seine Frau Julia Domna aus Emesa, dem heutigen Homs in Syrien. So erhielten sich die lokalen Sonderformen am nachhaltigsten im Bereich der Religion und der sakralen Architektur. Die semitischen Gottesvorstellungen beeinflussten sogar die römischen. Das beste Beispiel dafür ist der Kult der Dea Syria, die eine griechisch-römische Weiterbildung der syrischen Göttin Atargatis war.

Die islamische Kunst – Faszination durch Wiederholung

Daß du nicht enden kannst,
das macht dich groß,
Und daß du nie beginnst,
das ist dein Los.
Dein Lied ist drehend
wie das Sterngewölbe,
Anfang und Ende
immerfort dasselbe,
Und was die Mitte bringt,
ist offenbar
Das, was zu Ende bleibt
und Anfangs war.
Goethe über die Arabeske

Im Zuge der islamischen Ausbreitung stießen die Eroberer zum Teil in Gebiete vor, in denen sich schon seit Jahrhunderten, oft gar Jahrtausenden verschiedene Kunstformen entwickelt hatten. Diese blieben naturgemäß nicht ohne Einfluss auf die Kunst der neuen Herrscher, die – bis dahin in Wüstengegenden lebend – nur eine recht rudimentäre Volkskunst besaßen, die sich in der Gestaltung einiger weniger Ornamente erschöpfte.

Der Islam steht der Kunst nicht grundsätzlich feindlich gegenüber. Gott – so will es ein Hadith des Propheten – liebt die Schönheit. Und so finden sich im Koran auch keine Bestimmungen, aus denen sich ein Bilderverbot herleiten läßt. Der islamische Monotheismus verabscheut jedoch jeglichen *„schirk"* (wörtl.: Beigesellung), also die Anbetung und Verehrung anderer als Gott, und kommt hierin der Aussage von 2. Mose 20, 4 sehr nahe („Du sollst dir kein Bildnis noch irgendein Gleichnis machen, weder von dem, was oben im Himmel, noch von dem, was unten auf Erden, noch von dem, was im Wasser unter der Erde ist"). Götzen- und Götterbilder sind dem Islam ein Greuel – was Muhammad in mehreren Hadithen zum Ausdruck brachte, ohne jemals die Darstellung von lebenden Wesen ausdrücklich zu verbieten.

Zahlreiche theologische Diskussionen des späten 7. und frühen 8. Jhs., die ca. 100 Jahre später und in ähnlicher Weise auch die byzantinische Kirche umtrieben, führten innerhalb des Islam dann zu einem Verbot figürlicher Darstellung – das sich jedoch in dieser strengen Form auf Moscheen und andere sakrale Orte beschränkte. Außerdem galt es nur für die Darstellung von Wesen, die als „lebensfähig" angesehen wurden. Eine Figur mit einem Loch in der Körpermitte fiel nicht unter diese Rubrik – ein Kunstgriff, mit dem das Bilderverbot umgangen werden konnte. Dennoch blieb eine gewisse **Scheu vor figürlichen Darstellungen**, die auf die islamische Kunstentwicklung jedoch eher anregend wirkte, indem sie zu einer Konzentration auf nicht-naturalistische Stile und Motive führte. In diesen fand die islamische Kunst ihre typischsten und schönsten Ausformungen.

Aus Palmetten- und Rankenmustern, einem Charakteristikum der griechischen und ägyptischen Kunst, entwikkelte sich die **Arabeske**. Sie wurde in der Folge das Kleinod der islamischen Kunst, das in seiner Unendlichkeit nicht nur islamische Betrachter als unbeschreiblich, magisch, gar metaphysisch priesen: „Diese Figuren von Arabesken lassen sich ebensowenig in Worten schildern, wie eine Symphonie von Tönen; hier wie in der Musik ist alles Empfindung. Sprüche und Gedichte flechten sich organisch in die Ornamentik, winden und ranken sich mit ihr und spotten des langweiligen Gesetzes von den Grenzen der Malerei und der Poesie, das uns die klassischen Stile beschert haben" (Ernst Kühnel über die Arabesken in „Granada", S. 80).

Jegliche Kunstentwicklung hat ihren Ursprung in der Philosophie und Religion, mit der sie wechselseitige Impulse verbinden. Nicht das Äußere der Schöpfung, also Lebewesen, sondern das nicht-naturalistische, das Ewiggültige darzustellen – das ist Ziel und Anliegen der islamischen Kunst, die so zu einer abstrakten wird. Die Arabeske ist Ausdruck dieser Abstraktion, die sich auch im absoluten Gottesbild der islamischen Religion zeigt. Im Gegensatz zu einer naturgetreuen Darstellung, bei der aus einem fortlaufenden Stengel Blätter hervorsprießen, entsteht die Arabeske dadurch, dass ein drei-, vier- oder fünflappiges Blatt in Längsrichtung in zwei Hälften gespalten wird. Lässt man dann aus einer oder auch aus beiden Blattspitzen Blattstiele sprießen, die die Ranke wiederum fortsetzen, erhält man die sogenannte Gabelblattranke – das Motiv der Arabeske. Die Arabeske zeichnet sich durch eine unbegrenzte Wiederholung aus. Sie läuft nicht in eine bestimmte Richtung, wie etwa der Mäander und ist so nicht zielgerichtet, sondern kann an jeder beliebigen Stelle abgeschnitten werden. Sie ist prinzipiell „Muster ohne Ende" und gibt so Goethes Worten Recht.

Auch die **Ornamentik**, die – abgesehen von der Arabeske – durch geometrische Formen gekennzeichnet ist, fand eine vielseitige Verwendung. Baumeister, Töpfer, Weber, Bronzegießer und Schreiner – unvergessene Meister der Verzierung. Auch die Moschee-Lampen, die mit vergoldeten Ornamenten versehen waren, brachten den Glaszentren großen Ruhm ein. Die Ornamentik war jedoch auch unverzichtbarer Bestandteil der Schnitzkunst. Durch Bearbeitung von Holz und Elfenbein ließ sie die Moscheeausstattung zum Ausdruck einer stilvollen, zurückhaltenden Ästhetik werden. Die Kassettendecken von Privathäusern und Palästen, zum Teil bemalt und mit arabischen Schriftzügen versehen, beweisen hohes handwerkliches und künstlerisches Niveau – das uns heute noch einige Räume der beiden Paläste von Bait ad-Din eindrücklich vermitteln. Ein Wahrzeichen der islamischen Kunst wurde die **Kalligraphie**, die sich zu einem großen Teil der Darstellung sakraler Texte, allen voran natürlich dem Koran, widmet.

Zoomorphe Kalligraphie

Sie wird häufig mit dem Ornament kombiniert. Wie auch in der Arabeske und im Ornament findet sich in ihr das Prinzip der prinzipiell unbegrenzten Repetition. Es existieren unzählige Beispiele von Spiegelschriften, die sowohl durch eine vertikale als auch eine horizontale Achse entstehen können. Die Spiegelung hat nicht nur einen rein ästhetischen, sondern auch einen geistigen Hintergrund – ist sie doch Sinnbild dafür, wie sich Gottes Worte im Herzen der Menschen spiegeln.

Darüberhinaus hat die zoomorphe Kalligraphie, die Tiere anhand schriftlicher Verzierungen darstellt, eine große Bedeutung. Auch sie war ein Mittel, das Bilderverbot zu umgehen.

Die libanesische Literatur

Libanesische Literaten – Kosmopoliten und ihre Heimat

Amin Maalouf, Taufik Jussuf Awwad, Adonis, Emily Nasrallah... – Namen libanesischer Schriftsteller und Schriftstellerinnen, die inzwischen auch in Europa bekannt sind. Früchte einer regen Übersetzungstätigkeit der letzten Jahre, die einen Blick auf die vielseitige libanesische Literaturbühne erlaubt. Dem Leser bietet sich ein thematisch umfangreiches Repertoire. Inszeniert von Dichtern und Literaten, die bis zum Kriegsausbruch 1975 die geistig freie Luft von Beirut atmeten und in dessen intellektuellem Klima ihre individuellen Entwicklungen fanden. Heute meist im Ausland

Die Moschee – Ort nicht nur des Gebets

Nach all den vielen Eindrücken in den verwinkelten Altstadtgassen, die uns an ein Labyrinth denken lassen, betreten wir die Moschee. Um der gleißenden Mittagssonne zu entgehen, die an diesem Freitag auf uns niederbrennt, setzen wir uns zunächst in den Schatten der Säulenhalle und lauschen gespannt den Worten von Hanan, unserer libanesischen Freundin. Sie erzählt uns von ihrer Religion und der Bedeutung, die die Moschee darin spielt, ist sie doch der Ort, an dem – so sagt uns schon der Name – die Muslime ihr Gebet verrichten. Dass das Gebet jedoch auch außerhalb der Moschee seine Gültigkeit besitzt, brachte **Muhammad** mit den Worten „die ganze Welt ist eine Moschee" zum Ausdruck. Hanan erzählt vom Haus des Propheten, das dieser in Medina als Führer der islamischen Gemeinde bewohnte und das zur ersten Moschee der islamischen Geschichte werden sollte. In dessen Hof sich die ersten Gläubigen zum Gebet versammelten, vielerlei Diskussionen stattfanden und Muhammad seine Funktion als Schiedsrichter ausübte. Das Haus, das später sein Grab bergen sollte und – nachdem es der Umayyade **Walid I.** hatte völlig umbauen lassen – in seinem neuen hellenistischen Gewande zum Vorbild der späteren Moscheen wurde.

Hanan zeigt auf das **Minarett** und erklärt, dass es keine Vorgaben gibt über deren Anzahl und Form oder die Stelle, an der sie innerhalb der Moschee angebracht werden. Vom Minarett aus ruft der **Muezzin** nun zum Gebet.

Wir betreten leise den **Gebetsraum** der Moschee und empfinden nun das ganz Unverwechselbare und Individuelle einer jeden Moschee. Und Hanan, die Architektin und Kunsthistorikerin, ist in ihrem Element. Sie spricht von den Eigenheiten, die einen Gebetsraum der Moschee so deutlich von einer Kirche abheben. Wir hören von der **horizontalen Tendenz** der islamischen Architektur, die Moscheen, aber auch Paläste und andere profane Gebäude, nie als „himmelsstürmende Bauten", Kennzeichen christlicher Baukunst, konzipieren ließ. Wir bemerken, wie sehr der Gebetsraum auf eine **Breitenausdehnung** abzielt, während unsere Kirchen ganz deutlich eine Richtungsbewegung aufweisen. Die Betenden, die nun langsam den Raum füllen, stellen sich in langen Reihen nebeneinander, nicht hintereinander, mit Blick zur **Mihrab**, der Gebetsnische, die die Richtung nach Mekka angibt. Hanans Stimme wird etwas leiser, das Gebet hat begonnen. Die Mihrab ist für die Muslime das Symbol für das Tor zum Paradies, erklärt sie, und macht uns auf die Nischenform der Mihrab aufmerksam. Dieses Motiv spielt in der islamischen Architektur eine bedeutende Rolle. Es ist ein Sinnbild der göttlichen Gegenwart – vergleicht doch ein Koranvers Gottes Licht mit einer Nische, in der sich eine Lampe befindet (Sure 24, Vers 35). Die muschelartige Höhlung der Mihrab verleiht den Worten des Vorbeters, des **Imam**, einen Widerhall, so dass sie – Hanans Augen leuchten – auch von Gott gehört werden. Wir hören die Stimme des Predigers, der nun – wie üblich zum freitäglichen Mittagsgebet – die Predigt, die **Khutba,** hält. Er steht auf der

Gebetskanzel, der **Minbar**, die sich vor der Ehrenloge, der sog. **Maqsura** befindet. Die Ehrenloge wurde von den Umayyaden eingeführt und bot nicht nur dem Herrscher, sondern auch dessen Leibwache Platz. War doch Othman, der dritte Kalif, der den eigentlichen Grundstein zur umayyadischen Macht legte, beim Gebet ermordet worden.

Die Idee der Predigtkanzel war schon zu Zeiten Muhammads vorhanden, der noch von einer ganz einfachen Kanzel aus sprach. Muhammad und die ersten Kalifen – alle waren sie Herrscher und Prediger in einer Person. Die Einsetzung eines neuen Kalifen zeigte sich dadurch, dass er sich auf den Sitz setzte, der früher die Herrschaft des Propheten versinnbildlichte. Kann die staatliche Bedeutung der früheren Moscheen sich augenscheinlicher präsentieren? Erst als die abbasidischen Kalifen eigene Rechtsgelehrte als Prediger einsetzten, wurde der Minbar zur Gebetskanzel und verlor seine Bedeutung als Herrschersitz. Den Namen des Herrschers in der Freitagspredigt zu nennen, war jedoch immer noch ungeschriebenes Gesetz. Uns fällt auf, dass der Prediger die letzte Stufe freihält – Pietät vor Muhammad.

Wir lauschen wieder der wohltönenden, fast singenden Stimme des Predigers – was er wohl gerade sagt? Hanan beeindruckt durch ihre gekonnte Simultanübersetzung – wir hören von Koranstellen und dem rechten Verhalten des Gläubigen im Ramadan. Ach ja, wussten wir, dass in den Nächten des Fastenmonats in früheren Zeiten Feste in der Moschee gefeiert wurden? Alles wurde hell beleuchtet, man aß und trank und neben mystischen Ritualen und Lesungen aus dem Koran wurde Räucherwerk verbrannt, dessen Verwendung man aus dem christlichen Ritual kannte.

Die Predigt und das Gebet sind zu Ende, die Gläubigen verweilen noch in der Moschee. Wir setzen uns auf den Boden, der mit herrlichen Teppichen ausgelegt ist – soll der Boden, auf dem man betet, doch rein sein. Deswegen hatte schon der Prophet seinen Hof mit Matten versehen. Die Verwendung von Teppichen war eine Neuerung der osmanischen Herrscher und wurde von manchen als Luxus abgelehnt – einer Moschee einen Teppich zu spenden, ist heute allerdings ein gottgefälliges Werk. Oder gar eine Moschee zu stiften? Hanan zitiert einen Hadith des Propheten: „Wer eine Moschee baut, dem wird Gott im Paradies ein ähnliches Bauwerk errichten".

Die Moschee – Ort nicht nur des Gebets. Einige Kinder spielen, nur manchmal von ihren Eltern zu mehr Ruhe ermahnt. Verstreut sitzen junge Mädchen und junge Männer, die sich in Bücher vertiefen oder eifrig Blätter beschreiben. Hanan erinnert sich an die Zeit ihres Studiums. Wollte sie sich in Ruhe auf die Prüfungen vorbereiten, ging auch sie in die Moschee. Eine Gruppe von Frauen jeden Alters hat es sich auf dem Boden bequem gemacht und führt – wenn auch mit leicht gesenkter Stimme – ganz offensichtlich angeregte Gespräche, dabei heftig gestikulierend und uns immer wieder mit neugierigen, freundlichen Blikken zulächelnd. Die Moschee – Ort nicht nur des Gebets.

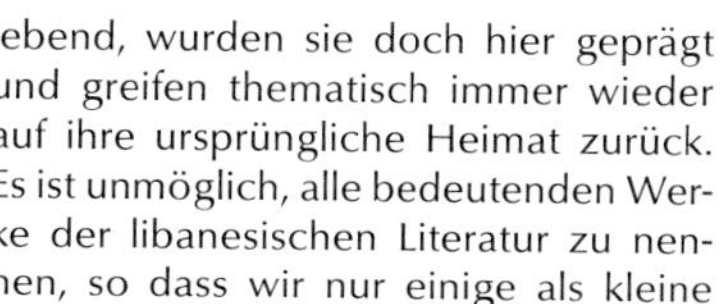

lebend, wurden sie doch hier geprägt und greifen thematisch immer wieder auf ihre ursprüngliche Heimat zurück. Es ist unmöglich, alle bedeutenden Werke der libanesischen Literatur zu nennen, so dass wir nur einige als kleine Auswahl und zur Anregung erwähnen.

Der Liebhaber von Poesie wird vielleicht die Gedichte von **Adonis** bevorzugen, dem Dichter und Journalisten, dessen Vorreiterschaft in der modernistischen Dichtung zu dem Begriff „Adonismus" führte. Aus Nordsyrien stammend, lebte er fast dreißig Jahre in Beirut, bevor es ihn 1986 als Kulturrat bei der UNESCO nach Paris verschlug. Die Auswahl an ins Deutsche übersetzten Gedichtsammlungen ist groß: „Der Baum des Orients", „Zeiten und Städte" und „Die Lieder von Mihare dem Damaszener" – alle zeugen sie von dem herausragenden Wortschatz und der Sprachgewalt eines der bedeutendsten zeitgenössischen arabischen Lyriker.

Auch der Freund von Prosa kann sich an sprachlicher Schönheit und thematischer Vielfalt erfreuen.

Der heute in Paris lebende **Amin Maalouf** ist ein Meister breitangelegter Romane, die er vor einem historischen Hintergrund aufbaut. Er verfasst seine Werke zwar in Französisch – aber dennoch entführt er seine Leser immer wieder in seine alte Heimat und versetzt sie in die unruhigen Zeiten der wechselvollen Geschichte des 19. und 20. Jhs. Ob nun „Der Felsen des Tanios", für den Maalouf den Prix Goncourt erhielt, oder „Die Häfen der Levante" – die authentische Schilderung seiner Protagonisten und lebendige Skizzierung der historischen Zusammenhänge machen die Lektüre seiner Romane zu einem spannenden und erkenntnisreichen Unterfangen.

Koran: Sure 11, Vers 114

Taufik Jussuf Awwad – einer der ganz großen Namen der libanesischen Literaturszene und für viele der Wegbereiter des realistischen Gesellschaftsromans in Libanon – gelang es mit seinem Roman „Tamima", dem Leser die Stimmung der ausgehenden sechziger Jahre eindrücklich nahe zu bringen. Demonstrierende Studenten, provoziert durch soziale Ungerechtigkeit und zu starkem ausländischen Einfluss, schreiben die Abschaffung des Konfessionalismus und die Unterstützung der palästinensischen Befreiungskämpfer auf ihre Fahnen. Das Schicksal des Landes wirft seine Schatten voraus – wenige Jahre später werden die ungelösten Probleme zum Ausbruch des Bürgerkrieges führen.

Fortsetzung auf Seite 168

Emily Nasrallah – In der Fremde liegt die Einsamkeit

Emily Nasrallah – Journalistin und Schriftstellerin. Eine der großen literarischen Figuren Libanons. Unbestritten Meisterin darin, Menschen und deren Gefühle, Landschaften und deren Stimmungen zu schildern. Meisterin auch der klaren Sprache, die dem Leser die Protagonisten nahe bringt. Und auch deren Zerrissenheit zwischen Heimat und Fremde, deren Versuch, die Heimat hinter sich zu lassen und schließlich deren Scheitern an der Fremde. Einer Fremde, die immer Einsamkeit in sich birgt – die Quintessenz all ihrer Bücher.

Schon in „Septembervögel" – ihrem ersten Roman, in dem sie sich als erste Schriftstellerin der Frau im libanesisch-dörflichen Milieu widmet – wird der Konflikt deutlich. Er scheint der libanesischen Seele innezuwohnen, die immer wieder vor der Frage steht: Heimat oder Fremde?

Heimat bedeutet für die jungen Frauen hier, sich den Normen und Traditionen des Dorfes zu unterwerfen (s. Kapitel „Sitten und Traditionen"). Wo der Dorfpriester Liebe als eine Todsünde bezeichnet und das Dorf als entscheidende moralische Instanz über die Ehre seiner jungen Mädchen wacht, können alle Gefühle nur scheitern. Für wahre Empfindungen und eigene Lebensentwürfe ist kein Platz. Najla verliert ihre große Liebe – unterschiedlichen Religionen anzugehören, macht jede Heirat unmöglich. Laila geht eine Vernunftehe mit einem reichen Emigranten ein – ihre Familie findet so den Weg aus der Armut.

Die Mädchen des Dorfes träumen alle den gleichen Traum – das Dorf zu verlassen, wo ihre Existenzberechtigung „einzig von der Zahl der Kinder abhängt, die sie in die Welt setzen". Mit sehnsüchtigen Blicken schauen sie den Zugvögeln nach – Symbol der Emigration und damit der erhofften Freiheit.

Die Ich-Erzählerin tut es den Zugvögeln gleich – und erlebt neben Freiheit auch Einsamkeit und Leere. So wird sie zu einer „verstörten Heldin in der Arena des Existenzkampfes". Die Möglichkeiten sind begrenzt – Anpassung an die dörflichen Normen, Aufbegehren und damit Scheitern oder Emigration und dadurch zugleich Einsamkeit. Emigration bewirkt Entfremdung, Entfremdung bedeutet Einsamkeit – mit dem Beginn des Bürgerkrieges gewinnt Nasrallahs Hauptthema eine neue Qualität. Der Roman „Flug gegen die Zeit" vermittelt die Liebe der Schriftstellerin zu ihrer Heimat – schrieb sie ihn doch auch in der Fremde von Kairo, wohin sie die Wirren des Bürgerkrieges für fünf Jahre verschlagen hatten. Mit großer Sympathie, ja Liebe zeichnet sie die Figur des 70jährigen Radwan – er verkörpert die Liebe zur Heimat, zur libanesischen Natur, zur dörflichen Gemeinschaft, die ihm menschliche Nähe, Wärme und Sicherheit bietet. Nicht ganz freiwillig ist seine Emigration, die mit einem Besuch bei seinen Kindern in Kanada beginnt. Alle wurden sie zu Emigranten – und entfremdeten sich von all dem, was dem Vater Heimat ist. Die Emigration verändert die Menschen, aber auch die alte Heimat erleidet Verlust – „mit ihren strahlenden Gesichtern betreten sie ihre neue Heimat, und welche Leere hinter-

lassen sie in der alten!". Trotz großer Liebe und Fürsorge seiner Kinder –in Kanada kann er nur Leere und Sehnsucht empfinden. Sehnsucht nach Libanon, dem „fernen Land, das ihn immer in seine Arme nimmt, ihn bei jedem Schicksalsschlag, den er nicht ertragen kann, auffängt". Die Liebe zu seinem Land hat lange seinen Blick getrübt – erst hier in Kanada nimmt er das Chaos des Bürgerkrieges, das seine Heimat schonungslos in den Abgrund reißt, wahr. Liebe und Sehnsucht kennen keine Vernunft – taub gegenüber allem Bitten und Flehen, scheinbar regungslos gegenüber allen Warnungen kehrt er in die so schmerzhaft entbehrte Heimat zurück. Dort begegnet ihm, was zum Libanon jener Zeit gehört: Entführung, Tod und – die menschliche Wärme seiner langjährigen Wegbegleiter, alten Freunde und Verwandten, die ihm bei seiner Bestattung „eine Liebeserklärung mit ihren Tränen" schreiben. Das Lächeln auf seinen Lippen, das er mit in den Tod nimmt – ist es nicht eine Botschaft seiner Dankbarkeit an sie? Auch Dankbarkeit dafür, nicht in der Fremde gestorben zu sein, dort, wo der Tod „einsam und kalt" ist, ohne Totenklagen, ohne Weinen und letztlich ohne Trost.

Nicht nur mit diesem Roman schrieb Emily Nasrallah eine Liebeserklärung an Libanon. Ihr ganzes Werk ist ein Hilferuf für die Heimat, der die Libanesen davon überzeugen soll, in ihrem Land zu bleiben, denn – in der Fremde liegt die Einsamkeit.

In folgendem Auszug aus „Flug gegen die Zeit" (S. 249–254) befindet sich Radwan in Kanada, wo er der Beerdigung eines emigrierten Libanesen beiwohnt:

„Radwan sitzt ruhig da, in seiner Brust brodeln die Fragen wie in einem Wasserkessel. Wie sind die Totenzeremonien in diesem Land? Warum Stille statt Jammer und Tränen? Und die Klagelieder? Wo bleiben die Klageweiber, die den Verstorbenen umkreisen und deren schrille Stimmen den Toten fast ins Leben zurückholen? Wo sind sie, wo? ... Hier versammeln sich die Leute, um den Verwandten ein schüchtern geflüstertes Wort des Beileids auszusprechen. Keine Frauenstimme erhebt sich jammernd und klagend für den Verstorbenen und die, die vor ihm dahingingen. Keine Totenklagen ertönen im Haus, um die Wogen der Trauer ins Unermeßliche zu steigern. ... Hier sitzt Radwan an einem fremden Ort, trotz all der lieben Geschwister, der Kinder, der Verwandten, der Leute aus seinem Dorf. Leute aus seinem Dorf? Sind sie das wirklich? Warum haben sie die alten Trauerbräuche abgelegt? ... Er wendet sich an seinen Nachbarn Saadallah. „Wird der Tote nicht beklagt?" Der Mann unterdrückt nur mühsam ein Lächeln wegen dieser einfältigen Frage. „Nein, Abu Nabil, diese Bräuche haben wir schon lange abgelegt ... Die Anteilnahme an der Trauer ist ebenso begrenzt wie die an der Freude." Der Mann sagt die Wahrheit, das Klagen macht den Toten ebensowenig wieder lebendig wie das Weinen oder die schwarze Kleidung. All das sind nur Bräuche ... nichts als Bräuche. Aber wenn unsereinen dieser schmerzhafte Druck im Innern quält, spürt er ein heftiges Bedürfnis, sich auf einen Arm zu stützen, sich an eine Brust zu werfen oder sich in der Welt seiner Vergangenheit zu verlieren. Ich sage dir, lieber Saadallah, unsereins stirbt so einsam, wie er geboren wurde, aber der Tod verliert seinen Schrecken, wenn man bekannte, vertraute Gesichter um sich sieht. ... Dann wandern seine Gedanken zu Muchtar, und er fragt sich, ob dieser, wäre er nicht in diesem Land geboren, hier begraben sein wollte. ... Wie kalt sie ist, die letzte Ruhestätte in diesem Land! Wie einsam und kalt er ist, der Tod in der Fremde! ...

Radwan hat das Gefühl, die Erde bebe unter seinen Füßen, welle sich wie ein leichter Teppich und schüttle ihn ab. Für wenige Augenblicke löst er sich aus Raum und Zeit, dann kehrt er an seinen Platz zurück, auf einen behaglichen Sessel im Haus seines Schwiegersohnes Muin. Von dort aus beobachtet er jede Bewegung und jede Regung, außerstande, sein Unterbewußtsein zu bändigen, es zu hindern, aus den Tiefen der Erinnerung die dort gespeicherten Bilder hervorzuholen, um immer wieder zu vergleichen und immer wieder zum selben Ergebnis zu gelangen, der Ablehnung. Ja, er lehnt Bräuche ab, mit denen er nicht aufgewachsen ist. Er spürt, daß sein Geist nicht willig ist und seine Gefühle nicht nachgeben wollen ... Es ist nicht so einfach wie der Genuß einer Tasse Kaffee, zu der er sich zwingen kann. Hier geht es um die Beziehung des Menschen zu allem, was ihn umgibt, zu den Lebendigen und zu den Toten".

Dieser führte dazu, dass die Religion mißbraucht wurde – als Mittel zu politischen Zwecken. Dies zeigt uns **Etel Adnan** in ihrer Geschichte „Sitt Marie-Rose", die auf einem wahren Ereignis beruht. Die Titelheldin engagiert sich als libanesische Christin für die Palästinenser und liefert den christlichen Milizen damit einen Grund, sie zu entführen. Während der endlosen Befragungen lässt sie die Entführer ihr religiöses Bekenntnis hören – „Doch in diesem Zimmer ist Christus ein Stammesfürst. ... Man kann nie recht haben, wenn man sich unter solchen Umständen auf ihn beruft, denn der wahre Christus existiert nur dann, wenn jemand aufsteht und den Fremden gegen seinen eigenen Bruder verteidigt". Ihre Worte bleiben unverstanden – sie wird als „Verräterin" von ihren Entführern ermordet.

Krieg bringt ethisch-moralischen Verfall – wird dieser bei libanesischen Autoren beschrieben, dann wird für uns die Atmosphäre einer allgemeinen Vereinsamung spürbar (s. Exkurs „Ghada Samman: Alptraum in Beirut"). So auch in **Venus Khoury-Ghata**s Roman „Die Geliebte des Notablen". Die Autorin lässt all ihre Protagonisten letztendlich scheitern, der Roman atmet eine düstere und pessimistische Stimmung. In der schonungslosen Schilderung eines Scharfschützen, der „zu jedem Hochhaus gehört wie zu jedem Kamin ein Storch", findet der alltägliche Schrecken, der das Leben an der Demarkationslinie kennzeichnet, seine deutlichste Darstellung. Ein Thema, das auch die große libanesische Schriftstellerin **Hanan al-Scheich** in ihrem Roman „Sahras Geschichte" aufgenommen hat.

Resignation, Pessimismus und Scheitern – nicht nur die Romane, die den Bürgerkrieg thematisieren, werden von diesen Empfindungen bestimmt. Sie durchziehen auch den Roman „Ich lebe" von **Laila Baalbaki**, von manchem Literaturkritiker als „grande affaire" des 20. Jhs. bezeichnet, schildert die Autorin doch die sexuellen Bedürfnisse der Romanheldin auf ungewohnt offene Weise. Gesellschaftliche Tabus und Traditionen triumphieren über individuelle Träume und Wünsche. Ihr Ziel, ihrem Leben selbst einen eigenen Sinn zu geben, bleibt unerreichbar, resigniert zieht die Protagonistin ihr Resumée – „Immer muß ich nach Hause zurück. Dort schlafen. Essen. Baden. Mein Schicksal besiegeln lassen."

Die traditionelle arabische Musik

Musik – die Sprache zwischen den Völkern

In der arabischen Welt nimmt die Musik einen großen Raum ein. Wo auch immer man sich befindet, begegnen einem die unvergleichlichen Stimmen der großen Sänger und Sängerinnen oder auch die der kometenhaft aufsteigenden und häufig genauso schnell verschwindenden Stars des arabischen Pophimmels. Der Alltag der Menschen wird von der Musik begleitet, ein Fest ist ohne Musik und Tanz nicht vorstellbar und eine Musikveranstaltung lebt von der aktiven Teilnahme des Publikums – was wäre eine Konzertveranstaltung ohne das rhythmische Mitklatschen und Tanzen der Zuhörer?

Die Melodie der Lieder und der Text, der oft von enttäuschter Liebe oder verlorener Heimat handelt – sie erwecken Gefühle von Melancholie, Trauer und Sehnsucht.

Ohne den Text zu verstehen, der sich angesichts vieler sprachlicher Zweitbedeutungen häufig nur dem arabischen Muttersprachler vollständig offenbart, ist es für Mitteleuropäer oft schwierig, die Stimmungen nachzuempfinden, die diese Musik bei den Menschen in der arabischen Welt auslöst. Hinzu kommt, dass Harmonien, Melodien und Rhythmen ungewohnt klingen und nicht selten Befremdung, ja gar Ablehnung hervorrufen.

Der **Ursprung der arabischen Musik** reicht in das 7./8. Jh. zurück. Nachdem die wechselseitige Durchdringung griechischer, byzantinischer, persischer und indischer Musikelemente zu einer eigenen musikalischen Form geführt hatte, wurde ein **Tonsystem von mehr als 24 Tonstufen** entwickelt. Heterophonie,

Traditionelle Musikinstrumente

das Zusammenspiel von mehreren Instrumenten und Gesangsstimmen, die zwar alle derselben Melodie folgen, diese jedoch mit eigenen Interpretationen verzieren, gibt der arabischen Musik erst ihren individuellen Charakter. Variationen zur Grundmelodie zu finden – das macht aus einem Musiker erst einen Meister seines Faches. Nur so kann seine Virtuosität und sein Musikgespür zum Tragen kommen. Ganz anders das musikalische Empfinden des Europäers. Geprägt von einem zwölfstufigen temperierten Tonsystem, ruft eine Melodie, die innerhalb einer Oktave mehr als 12 Stufen aufweist und kleinere Intervalle als Halbtöne besitzt, ein Gefühl von Disharmonie hervor.

Ungewöhnlich ist für ihn auch der sogenannte **maqam**, der auf einem bestimmten Tonsystem aufbaut. Der maqam ist bestimmt durch den jeweiligen Gesangsstil, rhythmische Muster, Improvisationen, Musikinstrumententypen und Musikauffassungen. Die unterschiedlichsten Stimmungen und Gefühle können durch einen bestimmten maqam zum Ausdruck gebracht werden: Während der **saba** Trauer und Schmerz beklagt, besingt der **sigah** die Liebe. Der **bayati** hingegen drückt Lebensfreude und Kraft aus. Mit Leichtigkeit kann der geübte Hörer schon bei den ersten Takten erkennen, um welchen maqam es sich handelt.

Lautenspieler

Die **arabische Rhythmik** bietet 100 verschiedene Formen (*wazn*), von denen eine der jeweiligen Komposition zugrundeliegt. Bei einer Improvisation wird es dem Musiker überlassen, seine Variationen freirhythmisch zu gestalten.

Dichtung spielt in der arabischen Welt seit jeher eine große Rolle. Altarabische Gedichte gewannen vertont früh eine große Popularität. Das Repertoire hat sich jedoch geändert und beinhaltet heute Liebes-, Heimat- und Volkslieder.

Das traditionelle Ensemble bestand aus der Laute, der Geige, der Zither, der Rohrflöte, der Schellen- und der Blechtrommel. Westlicher Einfluss hat jedoch auch hier nicht Halt gemacht und verdrängte neben dem ursprünglichen Ensemble auch die traditionellen Gesangsformen. Die aus Europa übernommenen Instrumente sind für originär arabische Musik jedoch nur von sehr bedingtem Nutzen – sind sie doch für das temperierte Tonsystem geschaffen. Dies führte dazu, dass ganz entscheidende Charakteristika der arabischen Musik verloren gingen. Eine starke Anpassung an den internationalen Musikgeschmack war die Folge. Die traditionelle, ursprünglich arabische Musik zu bewahren oder gar weiterzuentwickeln, ist heute nur noch wenigen Musikern ein wirkliches Anliegen.

Tanz

Der Dabke – unverzichtbares Element jedes libanesischen Festes

Beginnt auf einem libanesischen Fest jemand auf der Derbekke, der Bechertrommel, die allbekannten Rhythmen zu spielen, lässt sich kaum jemand lange bitten – es ist Zeit für den **Dabke**, den beliebten Folkloretanz, der in Libanon wie in den umliegenden Ländern eine Hochzeit erst zu einer wahren Hochzeit und ein Picknick erst zu einem richtigen Picknick macht.

Männer und Frauen halten sich an den Händen oder fassen sich an den Schultern und nun wird getanzt oder – wie es der Name Dabke schon sagt – mit den Füßen auf den Boden gestampft. Man darf sich von der vermeintlichen Einfachheit des Tanzes nicht blenden lassen, denn – die Schritte werden vom ersten Tänzer vorgegeben und vielseitig variiert und der Trommler wird seine Freude daran haben, das Tempo allmählich zu steigern. Aber auch wer seinen Atem und seine Füße schonen möchte, lieber bei seiner Wasserpfeife oder den Leckereien der arabischen Küche und Keller verweilt, wird doch einen wichtigen Part zur Stimmung beitragen – Jung und Alt kennen die unzähligen Lieder, die nun zu den Tänzen gesungen und von rhythmisch klatschenden Händen begleitet werden.

Mit den Baᶜalbak-Festspielen setzte sich der Dabke, der inzwischen in speziellen Schulen im ganzen Land unterrichtet wird, ab den frühen 60er Jahren auch als professioneller Tanz durch. Seinen Ursprung hat er jedoch in alten Zeiten, als die Häuser der libanesischen Bergdörfer noch aus Baumästen bestanden und mit Lehm bedeckt waren. Es war die Zeit vor den heutigen Ziegeldächern und – da der Lehm durch Wind und Wetter in Mitleidenschaft gezogen war – musste er alljährlich vor Einbruch des rauhen Winters erneuert werden. In einer dörflichen Gemeinschaft, die keine abgrenzenden Gartenzäune sondern gemeinsames Arbeiten schätzte, bat der jeweilige Hausbesitzer Nachbarn und Freunde um Hilfe. Die Männer hielten sich an den Händen und stampften den Lehm fest – um effektiv zu sein, musste dies natürlich in einem gemeinsamen Schritt und Rhythmus erfolgen. Der Dabke war geboren! Als diese Arbeit später durch eine Steinrolle übernommen wurde, hatte sich die Tradition ihren Platz schon erobert – den Dorfplatz, auf dem der Dabke nun als Gemeinschaftstanz der Freude an Rhythmus und Bewegung seinen spezifischen Ausdruck gab und bis heute noch gibt.

Fortsetzung auf Seite 174

Fairuz: Die türkise Stimme einer Nation

Beirut – irgendein Tag in der Woche. Eine Stadt erwacht. Die Radiosender spielen Lieder von Fairuz. Die Stimme des Morgens weckt die Einwohner aus ihrem Schlummer: „Ya Beirut" (oh Beirut). Ein neuer Tag beginnt.

London – März 1994. Vor dem Eingang der Olympia Grand Hall stehen Tausende von Exil-Libanesen, aber auch Engländer und Franzosen. Sie wollen „ihre" Fairuz, die berühmteste arabische Stimme hören – ein Stück Heimat in der Fremde. Die Musik erklingt. Sie betritt die Bühne. Der Applaus scheint nicht aufzuhören. Dann, nach einer Verbeugung zum Publikum, plötzlich Stille. „Al-Ard lakum" (das Land ist Eures) – und wieder Applaus. Eine Woge der Nostalgie schwebt durch den Saal.

Beirut – September 1994. Auf dem Märtyrerplatz, Symbol der im Bürgerkrieg geteilten Stadt, gibt Fairuz ihr erstes Konzert seit 1975. Über 50 000 Menschen strömen zum Platz. Lautsprecher tragen die Stimme in die umliegenden Straßen: „Oh Brise meiner Stadt Beirut, oh Brise der vergangenen Tage, kehre zurück Beirut, dann kehren die alten Tage zurück." Sie trägt die Hoffnungen für ein Volk nach den vielen Jahren des Grauens – die Hoffnungen auf Frieden.

Die Stimme von Fairuz – das arabische Wort für Türkis – erklang erstmals 1952 in Radio Damaskus. Es war ein besonderer Augenblick für die Geschichte der arabischen Musik des 20. Jhs. Über 45 Jahre vermochte Fairuz, die Königin der Musik – wie die Araber die libanesische Sängerin bezeichnen –, die Herzen von Millionen Musikliebhabern zu erobern. Aber Fairuz war nicht allein. An ihrer Seite standen über 20 Jahre die Rahbani-Brüder, Mansur und 'Asi, der ihr Ehemann wurde. Wie ein vollkommenes Meisterwerk fügten sich Stimme, Musik und Text zu einer Einheit zusammen. Die Rahbani-Brüder vermochten die reine Stimme mit dem passenden Gewand zu kleiden. Sie schufen einen neuen Musikstil, eine Mischung aus traditioneller arabischer, andalusischer und klassisch-europäischer Musik. Und sie sang. Sie sang zu diesen Klängen und binnen weniger Jahre stand sie an der Spitze und wurde zum Inbegriff der arabischen Musik unserer Zeit. Ob traditionelle oder moderne Musik, Tanz- oder Folklorelieder, andalusische Gesänge, Gedichte oder christliche Choräle – mit ihrer meisterhaften Präsentation und ihrer Stimme verzaubert sie jeden.

Aber auch die Vielfalt ihrer Texte vermochte das Spektrum des Publikums zu vergrößern. Nicht nur Liebesworte erklangen in den Konzertsälen, sondern auch Lieder auf Libanon und seine ruhmreiche Geschichte. Mit ihren eindringlichen Worten baute sie die Grundmauern für die Liebe zu Libanon, aber auch zur arabischen Welt. Sie sang für Freiheit und Gerechtigkeit, sie rühmte in ihren Liedern die vergangenen Zeiten der arabischen Kultur, erinnerte an die Geschichte von Städten wie Petra, Palmyra und Baalbak, und vergaß nicht, Bagdad, Beirut und Damaskus einen ebenso ehrenvollen Platz zu geben.

„Ich liebe dich, oh Libanon, oh du, meine Heimat, ich liebe dich" – ihre Verbundenheit zu Libanon klingt besonders seit den 70er Jahren in ihren Liedern. „Sie schlossen die Straßen, verjagten die Menschen, pflanzten Kanonen und machten die Straßen leer"– ihre Trauer um ihr Land, ihre Sehnsucht nach Frieden prägten die Lieder der 80er Jahre, als in der Erde ihrer Heimat das Blut Tausender versickerte.

Und dann: die Liebe. Ein immerwährendes Thema. Traurig, ja fast melancholisch, durchdringen einen die poetischen Worte, denen man sich nicht zu entziehen vermag: „Deine schwarzen Augen bringen mich zum Weinen, sie lassen mich in Liebe erglühen, sie schmeicheln mir zu den Klängen der Laute und singen ein Lied, sie singen ein Lied für mich. Du sagst, versteck mich in deinen Augen, und laß mich vergessen..." Und da jedes Herz liebt, und jede Liebe ihre Erinnerungen mit all den glücklichen und traurigen Tage, die die Zeit nicht auszulöschen vermag, in sich trägt, erwärmt die Stimme der Liebe und des Zaubers das Herz eines jeden Liebenden.

Bis heute sitzt Fairuz auf dem Thron – sie ist eine wirkliche Königin, die die Liebe der Menschen empfängt und dafür ihre Wohltaten und Gaben verströmt. Nach dem Tode ihres Mannes 'Asi ar-Rahbani 1979 übernahm ihr Sohn Ziyad das Komponieren der Lieder seiner Mutter. Seine Musik, eine Mischung aus traditionell arabischen Klängen und Rhythmen des Blues und Jazz, verhalf der Königin zu einer neuen Richtung, die letztendlich auch eine moderne Interpretation ihrer früheren Lieder nach sich zog.

Ihre Stimme ist ewig, ja unsterblich, da in ihr die Erinnerungen der Zeit wohnen, das Gefühlsleben von Generationen und ihren Leidenschaften. In Wogen zieht sie zu allen Städten des Orients und des Okzidents und trägt die Wärme, Liebe und Einzigartigkeit mit sich. Wie eine Flamme, die die Kerzen der Sehnsucht und der Nostalgie anzündet. Unvergessene Lieder und Melodien, die Jahrzehnte überlebten, genauso wie Fairuz – die Legende Libanons.

Bauchtanz

Im Westen bekannter, für die libanesische Alltagswelt jedoch von geringerer Bedeutung ist der **„Bauchtanz“** oder besser gesagt **„orientalische Tanz“**. In seinem Ursprung ein religiöses Ritual und vom Westen in orientalistischer Manier v. a. als Ausdruck der gerühmten und Phantasie anregenden „orientalischen Sinnlichkeit“ aufgefasst, bleibt der Tanz in der heutigen libanesischen Gesellschaft auf verschiedene exklusive Veranstaltungen und Lokale beschränkt.

Zwar spielt auch der individuelle Tanz, bei dem sowohl Frauen als auch Männer Arme, Schultern und Hüften sehr gefühlvoll und rhythmisch bewegen, neben dem Dabke seine anerkannte Rolle auf privaten Veranstaltungen. Mit dem heute im Westen wieder so beliebten „orientalischen Tanz“ hat dieser jedoch nicht viel gemeinsam.

Kunsthandwerk

Handwerker sind Künstler. Kreativität und Fantasie, künstlerisches Können und Fingerfertigkeit zeichnen sie aus. Ihr guter Ruf eilt ihnen voraus, und sie sind hoch angesehen in der arabischen Gesellschaft, tragen doch ihre Werke zur Schönheit und zum Schmuck bei.

Seit Anfang der 90er Jahre besinnen sich auch wieder die Libanesen der Handwerkskunst. Lange beherrschten die aus Europa und aus den USA importierten Waren den Markt, galten sie doch als modern und fortschrittlich. Inzwischen aber weitet sich der Kunsthandel aus, und die Menschen versuchen, ihre Tradition und Kultur wieder zum Leben zu erwecken. Zahlreiche Geschäfte wie z. B. das **Artisanat** in Beirut, erfreuen sich ebenso eines großen Kundenkreises wie die nach dem Vorbild eines Handwerkersouqs umgebaute Straße in Byblos.

Meisterhaft und in aller Perfektion beherrschten die Phönizier die Herstellung dünnwandigen, buntschimmernden Glases. Bis heute noch wird **Glas** in verschiedenen Formen und Farben nach dem alten Verfahren hergestellt. Mehrere Glasbläsereien, u. a. in Khaizaran, ad-Damur und Halat zeigen Interessierten wie aus geschmolzenen Glasbruchstücken wieder neue Gegenstände entstehen. Das Angebot reicht von Vasen, Gläsern, Schalen, Kerzenleuchtern bis hin zu Lampen. Ihre künstlerischen Fähigkeiten beweisen die Glasbläser in den Verzierungen: emailliert, mit bunten Farben bemalt oder sogar mit vergoldeten Ornamenten verziert.

Kupfer, Messing, Bronze – seit altersher wird es bearbeitet, und vor allem Bronzegegenstände erfreuten sich größter Beliebtheit. Wieder waren es die Phönizier, die in diesem Handwerk Ehre und Ruhm ernteten. Heute beherrschen nur noch wenige Meister die traditionelle Technik des Tauschierens, also des Verzierens von Messing- oder Bronzegegenständen mit Ornamenten aus Kupfer oder Silber. Bei den meisten Stücken handelt es sich aber heute um schlichte Gebrauchsgegenstände wie z. B. Kupfergeschirr. Daneben werden in den Werkstätten in Sidon, Tripolis, Ba^c^albak und Beirut aber auch Becher, Kerzenhalter oder Kaffeekannen mit filigranen Mustern angeboten sowie Messingtabletts in allen Größen und mit unterschiedlichen Ornamentverzierungen oder Kalligraphie, die als kleine Tische benutzt werden.

Töpfereien gibt es wie Sand am Meer. In der Bekaa-Ebene, bei Sidon und Tripolis stapeln sich am Straßenrand Schalen und Teller, Wasserkrüge und Blumentöpfe, schlicht oder bemalt, alte oder moderne Formen und Muster. Besonders war immer die Keramik mit einer weißen, zinnhaltigen Glasur. Dabei handelt es sich um jene Technik, die im 9. Jh. entwickelt wurde und als die erste echte Fayence in der Geschichte der Keramik gilt. Aber auch heute zeigt sich die Töpferkunst in ihrer ganzen Vielfalt; seien es die verschiedenen Brennvorgänge, die Bemalung oder Fayencetechnik, begehrt sind sie als Gebrauchsgegenstände, zum Schmücken und Verschönern von Wohnungen oder Gärten.

Die Kunst des **Holzschnitzens** wird ebenso noch betrieben. Kunstvoll ornamentierte Türen, Fensterflügel, Möbel, Zimmerdecken werden in den Werkstätten Beiruts und Tripolis' gearbeitet. Aber nicht nur einfache geometrische Muster schmücken das bearbeitete Holz, sondern auch Schriftzüge, Blattornamente, Sechsecke, Sterne und Arabesken.

Intarsienarbeiten findet man in fast jedem Haus. Wie einst die Phönizier ihr Holzinventar mit Mosaiken aus verschiedenfarbigen Hölzern, Elfenbein oder Perlmutt dekorierten, so werden heute große und kleine Gegenstände mit Muscheln oder Perlmutt in einem filigranen Muster geschmückt.

Das Erzeugen von **Textilien** war jahrhundertelang ein bedeutender Wirtschaftszweig für Libanon. Während unter der Herrschaft des Drusenemirs Fakhr ad-Din zu Beginn des 17. Jhs. **Seide** das Hauptexportprodukt nach Europa war, ist die Kunst des Seidenwebens heute fast ausgestorben. Unter der Konkurrenz europäischer, maschinell gefertigter Produkte begann Mitte des 20. Jhs. der Niedergang der traditionellen Textilproduktion, die durch den Bau von Industrie in den arabischen Ländern endgültig verdrängt wurde. Nicht mehr auf Jaquard-Webstühlen wie einst, sondern in Fabriken werden heute die edlen Fasern hergestellt. Nur noch auf dem Land sieht man vereinzelt Frauen, die diese traditionelle Herstellungstechnik beherrschen, vor allen in den ländlichen Gebieten wie in Zgharta, Baskinta oder in der Bekaa-Ebene. Feine, edle Gewänder, mit Goldverbrämung, mit Schnüren, Kordeln und Knöpfen verziert oder mit traditionellen Mustern bestickt, sind heute – handelt es sich um Handarbeit – Mangelware.

Phönizische Elfenbeinschnitzerei

Schmuck war und ist ein Statussymbol. An erster Stelle steht das **Gold**, das aus Prestigegründen vor Jahrzehnten das Silber ablöste. Und der Orient ist ein Goldparadies! In den Goldsouqs einer jeden Stadt reihen sich die zahlreichen Geschäfte wie Perlen an einer Kette aneinander und präsentieren fast ihr gesamtes Angebot in den Schaufenstern. Dass die meisten Stücke vorfabriziert über die großen Umschlagsplätze Istanbul und Dubai aus Europa kommen, spielt dabei eine untergeordnete Rolle. Die Goldschmieden in Baᶜalbak, Beirut, Zahle, Tripolis, Tyros und anderswo ahmen zwar antiken und traditionellen Schmuck nach, sie stellen aber auch moderne, phantasievolle Stücke her. In vielen Geschäften findet man noch traditionellen, hochwertigen **Silberschmuck**. Die Technik des Stechens, Stanzens, Ziselierens, Gießens und Emaillierens beherrschen nach wie vor einige Silberschmiedemeister, u. a. in Beirut und in Raschaya al-Wadi in der Bekaa-Ebene.

Im Bazar in Tripolis (Foto: L. Huber)

La ilaha illa al-lah (es gibt keinen Gott außer dem Einen). Die Schönheit, der Rhythmus und Klang dieses Satzes bewog bereits die Meister im 8. Jh. dazu, diese Worte des islamischen Glaubensbekenntnisses in endloser Form kreativ zu schreiben, ja zu malen. Auch die **Kalligraphie** hat in der islamischen Kunst einen hohen Stellenwert und wird heute noch in zahlreichen Schulen gelehrt. Während sie anfangs als Schmuck islamischer Bauwerke diente, gingen die Künstler im Laufe der Jahrhunderte dazu über, auch auf Brokat, Seide, Marmor, Holz, Bronze- und Messinggegenständen sowie auf anderen Materialien Verse aus dem Koran, Aussprüche des Propheten Muhammad oder Segenswünsche zu applizieren (s. Kapitel „Die islamische Kunst – Faszination durch Wiederholung“).

Die **Miniaturmalerei** bediente sich vor allem der Motive aus den großen Epen, in erster Linie Liebes-, Jagd- und Kampfszenen. Vor allem die Perser schufen Meisterwerke in kräftigen Farben, manchmal sogar in Goldtönen. Die Nachahmung dieser Malart führte letztendlich dazu, dass nicht nur auf Papier, sondern auch auf Dosen, Tellern und anderen Gegenständen die alten Motive nachgemalt wurden und heute noch werden.

Olivenölseife wird vor allem in Syrien und Libanon nach dem alten Verfahren hergestellt. Im Hof der Seifenkarawanserei in Tripolis sind die inzwischen verschiedenen Formen und Farben der Seifen ausgestellt. Die echte Olivenölseife ist quadratisch, von grüner Farbe, mit oder ohne zusätzlichem Duftstoff wie z. B. Lorbeer. Der traditionellen Verfahrensweise folgend, werden in großen Kesseln Wasser, Soda und Olivenöl zum Sieden gebracht. Anschließend wird der

Seifenschleim in große, flache Becken zum Abkühlen geleitet. Nach dem Erhärten dieser Masse wird sie in quadratische Stücke geschnitten und zum Trokken in den Sommermonaten im Hof gestapelt.

Ein speziell für Libanon bekanntes Kunsthandwerk ist die Herstellung von besonderem **Besteck**. Die Stadt der Messer, wie Jazzin genannt wird, kann sich rühmen, dieses traditionelle Handwerk seit über 200 Jahren als ihre Domäne bezeichnen zu dürfen. Die Formen, Intarsien, Bemalung, das Muster und Material der Griffe – all das hebt die Messer, Gabeln und Löffel von allen anderen ab. Seit Jahrzehnten kommen die Handwerker in dem kleinen Ort, 20 km südlich von Sidon, den Bestellungen kaum noch nach.

Theater

Keine andere Stadt im Vorderen Orient war beliebter als Beirut. In keiner anderen Stadt als Beirut wollten Künstler, Musiker, Schriftsteller, Theaterregisseure leben und arbeiten. Hier pulsierte das Leben, hier war der Treffpunkt, hier hatte jeder die Freiheit das zu sagen, zu schreiben oder zu malen, was er dachte und fühlte. Ihren Ruf hat die Stadt nicht verloren. Zwar herrschte für kurze Zeit eine Sendepause, aber jetzt drehen wieder die Kameras und das Fernsehen strahlt über Satelliten das Neueste aus dem Land der Zedern in die ganze Welt. Galerien und Theater füllen die Stadt, Künstler aus der ganzen Welt reisen wieder nach Libanon, um ihre Werke dem interessierten Publikum zu präsentieren.

Die Libanesen lieben das Theater. Ob während der zahlreichen Festspiele im historischen Ambiente in Ba^calbak, Tyros, Byblos oder Bait ad-Din, oder ob auf den Bühnen in Beirut, die Karten sind schnell verkauft. Und das Repertoire ist groß! Stücke antiker, europäischer, amerikanischer und arabischer Autoren werden aufgeführt und erfreuen sich beim Publikum größter Beliebtheit. Die „arabische Bühne" bietet den Zuschauern mehrere Themenbereiche. Wir finden die **„leichte Kost"** mit viel Musik und Gesang, wobei der Inhalt im Gegensatz zur Musik und zu den Interpreten eine untergeordnete Rolle spielt. Daneben werden **Komödien, Satiren und Stücke mit tiefgründigen, ernsten Themen** aufgeführt, die sich mit der heutigen politischen sowie wirtschaftlichen Situation des eigenen Landes, aber auch des Vorderen Orients auseinandersetzen oder historische Ereignisse verarbeiten. Ein Ergebnis der jahrzehntelangen engen Kontakte zu Europa, vor allem zu Frankreich, ist das große Interesse der Libanesen an europäischen Theaterautoren. Diese kulturellen Beziehungen hatten bereits in den 60er Jahren eine moderne Theaterbewegung ins Leben gerufen, die sich durch Experimentieren und Kreativität auszeichnete.

Die langen Jahre des Bürgerkrieges lieferten dem Theater ein neues Thema, wobei die Suche nach der Identität und die Bewältigung der Nachkriegsprobleme im Mittelpunkt standen. Zu den größten Theatererfolgen der letzten Jahre gehört das Stück *Mémoires de Job* von **Elias Khoury**, das in der Inszenierung von Roger Assaf bei den Theaterfestspielen von Karthago mit einem Preis ausgezeichnet wurde. Es handelt, wie viele andere Werke auch, vom Krieg, vom Erinnern und vom Verges-

Fortsetzung auf Seite 180

Wir brauchen eine neue Identität!

Sie ist die „First Lady" der libanesischen Bühne. Sie studierte in London, spielte in Theaterstücken, aber auch in Filmen und Fernsehserien. Sie wurde mehrmals für ihre Arbeit in Libanon, aber auch im Ausland, geehrt, so 1984 auf den Festspielen von Karthago und 1986 in Tunis. Sie rief die „Libanesische Komödien-Gesellschaft" ins Leben, gründete ein **Theater,** inszeniert und schreibt Theaterstücke und arbeitet hart an einer neuen kulturellen Identität ihres Landes. Von allen Künstlern Libanons gibt es niemanden, dem es mehr gebührt, stellvertretend für die Theaterkultur Libanons zu sprechen: **Nidal al-Aschqar!**

„Gab es Ihrer Meinung nach ein *Goldenes Zeitalter* des libanesischen Theaters?"

„Vor dem Krieg war Beirut das Theater der Träume für die Intellektuellen des Libanon und der arabischen Welt. Beirut war die Hauptstadt der Fantasie und der Abenteuer. Maler, Dichter und Schriftsteller sammelten sich um uns. Und in dieser wunderbaren Atmosphäre machten wir die Erfahrung eines *Theater-Workshops* in Beirut – es war ein kultureller, dynamischer, künstlerischer Ausgangspunkt, eine lebendige Suche nach einer neuen Art von Theater. Dieses neue Theater sollte uns ähneln und unsere Hoffnungen, Ängste und Sorgen heraustragen. Der Libanon erlebte in den 60er und 70er Jahren eine kulturelle Renaissance, die eine neue Epoche von Dramen und Kultur im Land schuf."

„Was geschah?"

„Der Krieg unterbrach diese Zeit. Daher konnte sich diese Zeit nicht selber vervollständigen. Eine Epoche im kulturellen, gesellschaftlichen und politischen Sinne braucht 30 Jahre."

„Wird eine neue Generation von Fremden eine neue Ära beleben?"

„Nein. Jetzt muss ein Moment der Reflektion sein. Die Künstler müssen sich fragen, welche Ausdrucksform sie für die Gegenwart und Zukunft wählen. Unsere Kriegsgeneration ist verloren. Aber jetzt, da sich Libanon wieder politisch stabilisiert, müssen wir eine neue Grundlage für unsere Ausdrucksform schaffen; eine Grundlage, die im Krieg nicht existierte, da wir keinen wahren Sinn für Bildung hatten und infolgedessen auch keine Leidenschaft. Erst mit dieser Ausdrucksform können wir etwas vollkommen Neues sehen. Die alte Generation ist müde. Wir brauchen neues Blut, um diese neue Bewegung zu beginnen."

„Müssen wir uns kulturell der Welt beweisen?"

„Nein. Wir müssen uns selbst beweisen. Unsere Identität ist sehr wichtig: wer wir sind, was wir sind und wohin wir gehen. Diese Besonnenheit in Kultur ist als Basis das höchste. Vor dem Krieg gab es französische, englische und andere ausländische Produktionen von nicht großem kulturellem Wert für die Libanesen, aber ihre Gegenwart erzeugte eine Bewegung. Die Menschen hatten eine Auswahl. Heute haben sie keine. Stattdessen haben sie Angst! Angst vor dem wahren Ausdruck! Alles ist trübe, verschleiert."

„Können wir diese neue Ausdrucksform mit Sicherheit wieder in anderen Werken finden?"

„Sicherlich. Alles ist Ausdruck. Aber was wir wollen, ist, dass diese Kriegserfahrung etwas Gutes hervorbringt. Es ist vollkommen gleichgültig, woher es kommt, solange es ein Ausdrucksmittel für unsere Gefühle ist, so wie z. B. die schwarze Komödie, die Satire oder die großen poetischen Epen. Es soll ein wirklicher Ausdruck dessen sein, was passierte. Jetzt ist die Zeit, uns in eine Erklärung zu vertiefen und zu überlegen, was passierte und wie wir heute fühlen. Aber das braucht Zeit."

„Warum?"

„Weil wir wieder ursprünglich werden müssen. Die meisten Theaterstücke und -inszenierungen basieren noch immer auf Nachahmung des Bestehenden. Dies ist ein Fehler. Das ist einer der Gründe, warum ich dieses Theater habe. Als Künstlerin brauche ich eine Hoffnung für den Libanon. Und die habe ich auch."

„Werden Sie eine Auswahl der Stücke machen, die in Ihrem Theater gezeigt werden?"

„Ja, das ist kein kommerzielles Theater. Wenn wir damit Geld machen können, wäre es großartig, aber es gibt keinen Raum für Mittelmäßigkeit. Ich möchte wunderbare Kreativität von jungen Leuten genauso wie das Theater Leute sucht und nicht darauf wartet, dass sie kommen. Ich hoffe, dass wir eines Tages überall kulturelle Zentren haben werden. Wäre das nicht großartig? Wir brauchen auch Bibliotheken und mehr Theater, vor allem im Süden. Vor allem dort brauchen es die jungen Leute anstelle dieser Mittelmäßigkeit, der sie ausgesetzt sind. Sie müssen produzieren. Aber bevor sie dies tun können, müssen sie ihre Jugend wiederentdecken, die ihnen während des Krieges genommen wurde. Ein Drama ist eine gute Therapie. Ein Drama kann Menschen befreien."

„Eine gute Methode, die Gesellschaft aus anderem Blickwinkel zu zeigen?"

„Natürlich. Wenn die Gesellschaft von Künstlern betrachtet wird, ist es immer interessant. So können Menschen sehen, wie mit ihren Problemen einfallsreich und auf eine andere Weise umgegangen wird. Das ist auch ein Grund, weswegen wir uns nicht nur auf Dramen beschränken. Wir haben Jazz-Festspiele veranstaltet; es war ein großer Erfolg. Wir hoffen, Aufführungen für Kinder und auch andere Inszenierungen aus der ganzen arabischen Welt, aus Tunis, Syrien und Ägypten, produzieren zu können. Ich habe ein Skript von *Antonius und Kleopatra* in arabischer Sprache. Es ist großartig. Antoine Karbaj möchte *Othello* inszenieren. Alle großen Tragödien haben in unserem Leben eine Bedeutung. Die Menschen sollten dies erkennen."

„Es ist ein großes Konzept!"

„Wir sind dabei, einen Kern zu schaffen. Das ist alles, was wir tun können, bis wir alle Künstler, Schauspieler, Dichter und Schriftsteller gefunden haben. Dann können wir anfangen!"

(Aus einem Interview, erschienen in: Visitor 2, 2nd Quarter 1996, S. 24/25).

sen. In den letzten Jahren durchlebte die Theaterkultur einige Veränderungen. So versuchen heute viele bekannte Regisseure, ihre Stücke in den Mantel der Satire zu hüllen. Sie sehen in dieser Theatergattung ein geeignetes Mittel zur Veränderung, Verarbeitung und zum Erkennen der eigenen Situation in einem vom Krieg zerrütteten Land – nicht nur in politischer und wirtschaftlicher, sondern auch in gesellschaftlicher und zwischenmenschlicher Hinsicht. Namen wie **Raymond Jabara, Roger Assaf, Siham Naser, Giselle Buaiz, Rabi Mrouhe, Elias Khoury und Mansur ar-Rahbani** machten und machen immer noch Theatergeschichte. Sie versuchen den Libanesen, ihre eigenen Probleme zu zeigen, sie sprechen das aus, was viele denken und fühlen: Sie sind die Zunge des Volkes. Ein gutes Beispiel dafür ist das Theaterstück „Die letzten Tage von Sokrates" von Mansur ar-Rahbani, der die politische Situation Athens zur Zeit des griechischen Philosophen auf die heutige politische Situation Libanons überträgt.

Bildende Kunst

Die bildende Kunst wurde lange vom Krieg beeinflusst. Künstler versuchten bis vor kurzem, die Ereignisse der 70er und 80er Jahre bildlich zu verarbeiten, um den Libanesen eine Hilfestellung zu geben, sich mit ihrer jüngsten Geschichte auseinanderzusetzen. Inzwischen spürt man aber eine Übersättigung und Müdigkeit, sich mit diesem Thema zu beschäftigen: die Menschen wollen vergessen und die grausamen Erinnerungen verdrängen. Daher greifen heute die meisten Künstler, im Gegensatz zu den letzten 15 Jahren, eine **Vielfalt von Inhalten** auf. Nicht mehr Bomben, Flugzeuge, schreiende Menschen oder weinende Kinder vor den Leichnamen ihrer Eltern zeigen die Gemälde, sondern Landschaften, Tiere, Menschen, Städte und Stillleben mit Öl- oder Aquarell, Kohle oder Bleistift gemalt bzw. gezeichnet. Auffällig ist auch eine starke Hinwendung zur Heimat! Es geht um das Haus, den Baum, den Garten, es geht um das Wasser, die Erde, den Himmel; es geht um den seit 1978 besetzten Südlibanon, um die Erde, die wieder libanesisch werden soll! Bei einem Besuch von einigen der zahlreichen Galerien in Beirut wird dem Kunstliebhaber die Nachahmung alter Kunstrichtungen wie z. B. die des Impressionismus auffallen. Fast alle libanesischen Maler bevorzugen die getreue Wiedergabe, selten finden sich Gemälde mit symbolischem Gehalt oder mit einer bestimmten Intention des Künstlers. Nur wenige experimentieren und schaffen Neues. Dabei beschränken sie sich allerdings lediglich auf das Spiel mit Farben und auf neue Techniken, wobei einige Maler versuchen, dem Ganzen eine gesellschaftskritische Note zu verleihen. **Hasan Junieh** (Öl) oder **Fuad Jauhar** (Aquarell) durchbrechen seit einigen Jahren diesen Kreis der Nachahmung und Lähmung, wie sie es nennen. Sie haben es trotz aller Kritik und Schwierigkeiten geschafft, sich mit ihrer „anderen Kunst" einen Namen zu machen.

Die moderne Kunst konnte bisher in Libanon noch nicht Fuß fassen. Zwar wird sie von einigen Galerien gefördert, das Interesse jedoch konnte beim Publikum noch nicht geweckt werden. So stehen die meisten Libanesen kopfschüttelnd vor den Gemälden dieser Kunstrichtung, und ein Maler wie Jamil Mla'ib stößt mit seinen Bildern oft auf Unverständnis und Kritik.

Die libanesische Küche

In der arabischen Welt wird nicht nur gegessen, um den Hunger zu stillen, nein, die Mahlzeit, die fast immer gemeinsam mit Freunden oder der Familie eingenommen wird, ist eine unverzichtbare gesellige Angelegenheit. Insbesondere dem Abendessen wird viel Zeit gewidmet, während der man die aktuellsten Neuigkeiten aus der Familie, der Nachbarschaft und dem Bekanntenkreis austauscht, über Politik und die neuesten Fernsehserien diskutiert, und während der viel gelacht und manchmal gar gesungen wird.

In der kälteren Jahreszeit wird zur „Eröffnung" des Abendessens gerne eine Suppe gegessen, wobei die bekannteste sicherlich die Linsensuppe ist, die mit Zitronensaft abgeschmeckt und teilweise mit kleinen, in Öl gebratenen Brotstücken serviert wird. Der eigentlich erste Gang ist von den **Mezze** bestimmt, den zahlreichen Vorspeisen, in deren Zubereitung die Libanesen die unbestrittenen Meister sind. Das arabische **Fladenbrot,** das aus Weizen, Wasser und Hefe hergestellt wird und bei keiner arabischen Mahlzeit fehlen darf, wird zu kleineren Schaufeln geformt, mit denen man in die zahlreichen Schälchen fährt, die die Gaumenfreuden der berühmten levantinischen Vorspeisenkarte enthalten.

Ein obligatorischer Bestandteil der Mezze-Tafel ist **Hummus,** eine Paste, die aus pürrierten Kichererbsen, Sesamöl und Zitronensaft hergestellt wird. Daneben gibt es **Mutabbal,** eine Auberginen-Creme mit Sesamöl. Da die Auberginen im Ofen gebacken werden, hat sie einen etwas rauchigen Geschmack und mutet dem nicht-orientalischen Gaumen vielleicht zunächst etwas fremd an. **Muhammara,** eine scharfe Paprikapaste, darf ebensowenig fehlen wie **Ful,** die braunen Bohnen, die mit Öl and Knoblauch angemacht werden und für sich alleine schon sehr sättigend wirken.

Diese Variationen an Pasten werden umgeben von gebratenen Auberginen und Zucchinis und den „arabischen Pommes", die allerdings mitnichten an Imbisse oder Tiefkühltruhen erinnern, sondern von frischen Kartoffeln geschnitten und z. T. mit kleinen Zwiebelringen fritiert werden. Die kleinen eckigen, runden oder ovalen Blätterteigtaschen, die mit Käse, Hackfleisch oder Spinat gefüllt sind, nennen sich **Fatayir** und gehören zu den besonderen Köstlichkeiten des Landes. Dass bestimmte Speisen mit Füllungen hergestellt werden, gehört zu den Charakteristika der libanesischen Küche. Dadurch wird die Essenszubereitung eine sehr zeitaufwendige Angelegenheit, insbesondere dann, wenn für mehrere Gäste gekocht wird. Und traditionellerweise kocht man immer etwas mehr, könnte doch jederzeit noch ein unerwarteter Besuch eintreffen, der ganz selbstverständlich zum Mitessen aufgefordert bzw. häufig gar genötigt wird. Eine besondere Spezialität der gefüllten Speisen sind die **Weinblätter,** die man mit Reis oder Fleisch belegt und dann zusammenrollt. Die eigroßen Kugeln aus Hackfleisch und Weizengrütze, die man **Kibbeh** nennt, und die mit Hackfleisch und Pinienkernen gefüllt sind, zählen ebenfalls zu den beliebtesten Mezze. Wenn man sehr viel Glück hat, wird man auch die Gelegenheit haben, von **Makdus** zu kosten, das in Restaurants allerdings nur sehr selten angeboten wird. Dabei handelt es sich um Auberginen, die mit einer Mischung aus scharfen Paprika und

Walnüssen gefüllt und in Öl eingelegt werden. Man sollte Libanon nicht verlassen, ohne vorher **Manaqisch** gegessen zu haben, die frischen, fast hauchdünnen Fladenbrotscheiben, die mit etwas Öl und frischem Thymian, mit Käse oder manchmal auch mit Gemüse belegt werden. Zu den bekanntesten Mezze zählen **Felafel,** kleine fritierte Ringe oder Bällchen, die aus Kichererbsenbrei hergestellt werden. Salate und Gemüsesorten gehören zu den wichtigsten Anbauprodukten des Landes und so gehört **Fattusch,** ein gemischter Salat, in den kleine Stücke von in Öl geröstetem Fladenbrot gegeben werden, zu den Besonderheiten der levantinischen Küche. Die Königin der Mezze ist jedoch **Tabbouleh,** ein Salat, der aus ganz fein geschnittener frischer Blattpetersilie besteht, die mit Weizengrütze, Tomaten und Gurken versehen und mit Zitronensaft begossen wird. Man nippt also mal hier, mal da, nimmt von den Oliven oder den klein geschnittenen Tomaten- und Gurkenstücken und genießt nebenbei den mit Salbei oder Zimt gewürzten und stark gezuckerten **Schwarztee.** Ist man für den Moment zunächst einmal gesättigt, legt man eine kleine Pause ein, die häufig dazu benützt wird, eine Zigarette oder auch eine **Wasserpfeife** zu rauchen. Der Apfel- oder Erdbeerduft des parfümierten Tabaks erfüllt nun die Luft.

Bald schon ist die Zeit für die **Hauptgerichte** gekommen, die Vorspeisen werden jedoch nicht abgeräumt, sondern laden auch weiterhin zum Naschen ein. Besonders lecker schmecken vor allem die Pasten auch zu den zahlreichen **Grillgerichten,** die von Hühner- und Lammspießen über verschiedenste Fischsorten (in Küstengebieten) bis zu Kebab, den Hackfleischspießen reichen. Aber auch außerhalb der Grillgerichte bietet die libanesische Küche viel Abwechslung. Der Liebhaber von Gemüse wird sich vielleicht für **Umluhiyye** begeistern, eine Mangoldart, die mit Öl und Knoblauch zubereitet und mit Reis gegessen wird. Beliebtes Nationalgericht ist **Maqlube,** ein gestürzter Reistopf, in dem sich neben Rindfleischstücken und gebratenen Auberginen auch Hackfleisch und Pinienkerne befinden. Meist wird er mit einer erfrischenden Joghurtsauce, die häufig mit Gurkenstücken versehen wird, gereicht.

Wenn nach der Hauptspeise nun auch der Hungrigste sich vollkommen gesättigt fühlt, kommt es zu einer erneuten Pause, in der man sich wieder ganz der Geselligkeit widmet. Man genießt die freudige Stimmung, die sich häufig in wort- und gestenreichen Unterhaltungen ausdrückt, bei einem starken arabischen **Kaffee,** dessen Kardamomduft die Luft erfüllt. Und vielleicht fühlt sich sogar jemand berufen, seine Begabung als Kaffeesatzleser unter Beweis zu stellen? Doch noch einmal wird der Tisch gedeckt – riesige Schalen drohen unter den verschiedensten **Früchten** fast zusammenzubrechen.

Kleine, süß schmeckende Bananen, Äpfel, Orangen und Trauben laden immer wieder zum Zugreifen ein, während das Abendessen zu später Abendstunde ausklingt.

Städte, Routen, Sehenswürdigkeiten

Beirut

„Meine Stadt hat ihre Lichter gelöscht, hat ihre Türen geschlossen, wurde einsam am Abend, alleine mit der Nacht. Und die Wunden meines Volkes wachsen und die Tränen der Mütter fließen. Du mein Beirut. Ach, umarme mich doch!" Mit Trauer in der Stimme sang Fairuz dieses Lied während des Bürgerkrieges. Beirut – Paris des Ostens, die Stadt der 101 Banken, die Stadt, in der das Leben pulsierte und wieder pulsieren soll. Beirut – es soll wieder mit Licht erfüllt werden, seine Türen wieder öffnen, die Einsamkeit soll der Vergangenheit angehören.

In Beirut, der Hauptstadt der libanesischen Republik, dem Regierungs- und Parlamentssitz, leben, rechnet man die Vororte hinzu, **ca. 2 Mio. Menschen**. Einst erstreckte sich die Altstadt am Meer zwischen den Anhöhen von Ra's Beirut und Aschrafiye. In den 20er und 30er Jahren dehnte sie sich nach Norden und Süden aus, in den 70er und 80er Jahren nach Westen und vor allem nach Osten auf die Ausläufer des Libanongebirges. In der heute modernen Metropole sind Besucher mit der typischen Vorstellung von einer orientalischen Stadt oft enttäuscht: keine Suqs wie in Damaskus oder Kairo, sondern moderne, **prachtvolle Neubauten, Hochhäuser und Luxusgeschäfte** säumen die Straßen. Die alten malerischen Häuser mit ihren roten Dächern und den Spitzbogenfenstern sind heute eine Rarität, mussten sie doch der Modernisierung bereits vor Ausbruch des Bürgerkrieges weichen. Im Osten erhebt sich majestätisch das Libanongebirge. Vor allem bei Sonnenuntergang ist die Farbskala atemberaubend, auch wenn inzwischen nicht mehr Kiefern- und Pinienwälder die Flächen bedecken, son-

Teilansicht von Beirut, mit den Libanonbergen im Hintergrund

Tagebuchauszüge von Joseph Russegger, 1835–41

Am frühen Morgen des 4. Mai segelten wir auf die Reede von Beirut der Küste entlang, hingerissen von den Reizen der herrlichen Lage. Die Morgensonne vergoldete die hohen, mit Schnee bedeckten Gipfel des Libanon, die See war ruhig und glatt wie ein Spiegel. Zwischen dem frischen Grün der Bäume der weit in der Ebene längs des Gebirges ausgedehnten Gärten von Beirut glänzten die freundlichen Landhäuser, und der Blütenduft der Orangen- und Zitronenbäume erfüllte die milde Morgenluft. Hoch über die Bäume weg ragten die Minaretts des Städtchens, und die Gipfel des Dschebel Sannin, des Dschebel Kennise und der lange Rücken des Dschebel el Drus bildeten den Hintergrund der paradiesischen Landschaft. [...] Soweit wir kamen, war alles ein Garten, eine ununterbrochene Anpflanzung von Weinreben und Maulbeerbäumen, die eigentlich die Hauptzahl der Bäume ausmachen, da die Seidenkultur einen der Haupterwerbszweige des Landes umher bildet. Viele Dattelpalmen geben der Vegetation einen eigentümlichen schönen Ton, den Charakter des hohen Süden, doch tragen sie in dieser Breite nie reife Früchte. Unter den Schatten dieser Bäume lagerten sich mehrere maronitische Familien, die auf ihrer Rückkehr aus der Stadt auf das Gebirge begriffen waren. Rosse und Maultiere weideten im Freien, während die Männer und Frauen mit ihren Kindern, in der bunten Tracht ihres Lande, im Gras ruhten. Das Ganze sah idyllisch aus. [...] Beirut, das alte Berytos, liegt auf dem Vorgebirge gleichen Namens und zwar an der Nordküste desselben. Dieses Vorgebirge ist ein Teil der Küstenebene, welche sich längs des Libanon in Süd über Saida hin erstreckt. Im Süden der Stadt und ihrer sie auf drei Seiten umschließenden Gärten breitet sich eine ein paar Stunden breite Sandebene aus, Dünenland vom Meer angeschwemmt, dessen Sand sich aber mehr und mehr ausbreitete und den Gärten gefährlich zu werden begann. Da verfiel man auf den Gedanken, an dem Rande dieser Duodez-Wüste einen Wald von Pinus maritima anzupflanzen. Diese Baumart gedieh in dem Sande vortrefflich, die Bäume wurden in kurzer Zeit hoch und kräftig und bildeten einen natürlichen Damm, der das Vordringen des Sandes in das kultivierte Land verhinderte. Als ich Beirut im Jahr 1836 zum erstenmale sah, mochte es über 8000 Einwohner gehabt haben, es war jedoch im raschen Aufblühen begriffen, und bereits hatten sich mehrere ansehnliche europäische Häuser daselbst etabliert.

(Text aus: Editha Wolf-Crome (Hrsg.), Pilger und Forscher im Heiligen Land. Reiseberichte aus Palästina, Syrien und Mesopotamien vom 11. bis zum 20. Jahrhundert, Gießen 1977, S. 20–23).

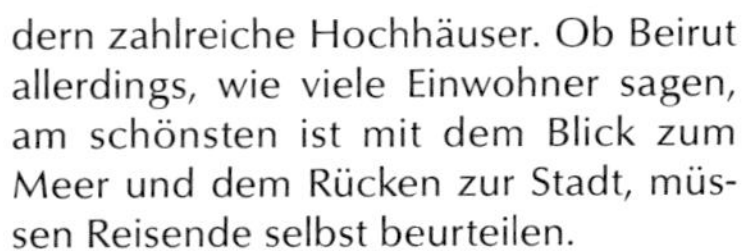

dern zahlreiche Hochhäuser. Ob Beirut allerdings, wie viele Einwohner sagen, am schönsten ist mit dem Blick zum Meer und dem Rücken zur Stadt, müssen Reisende selbst beurteilen.

Geschichte und Bedeutung

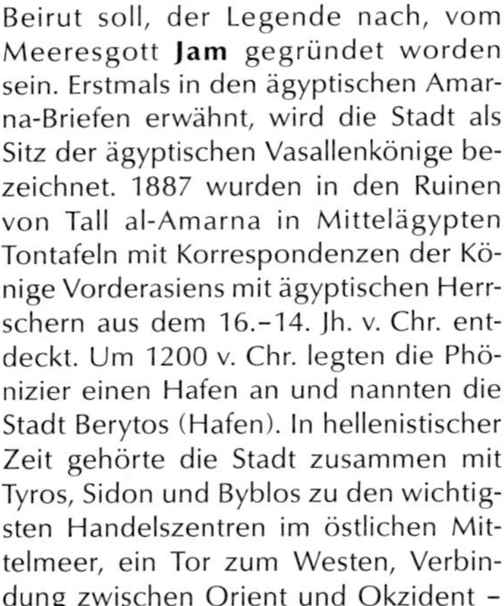

Beirut soll, der Legende nach, vom Meeresgott **Jam** gegründet worden sein. Erstmals in den ägyptischen Amarna-Briefen erwähnt, wird die Stadt als Sitz der ägyptischen Vasallenkönige bezeichnet. 1887 wurden in den Ruinen von Tall al-Amarna in Mittelägypten Tontafeln mit Korrespondenzen der Könige Vorderasiens mit ägyptischen Herrschern aus dem 16.–14. Jh. v. Chr. entdeckt. Um 1200 v. Chr. legten die Phönizier einen Hafen an und nannten die Stadt Berytos (Hafen). In hellenistischer Zeit gehörte die Stadt zusammen mit Tyros, Sidon und Byblos zu den wichtigsten Handelszentren im östlichen Mittelmeer, ein Tor zum Westen, Verbindung zwischen Orient und Okzident – eine Stellung, die es in der Geschichte bis heute innehat.

Während die Stadt im Vergleich zu Sidon und Tyros in phönizischer Zeit von sekundärer Bedeutung war, gelangte sie in römischer Zeit zu Ruhm und bekam unter Kaiser Augustus den Namen *Colonia Julia Augusta Felix Berytus* mit den Rechten eines Stadtstaates. Einer Colonia entsprechend wurde sie mit prächtigen Bauwerken geschmückt. Um 250 wurde in Beirut sogar eine Rechtsschule gegründet, die der in Alexandria nichts an Bedeutung nachgestanden haben soll. Der Beiname *Mutter und Amme der Gesetze* verhalf der Stadt zu größerem Ansehen. Seine besondere Stellung verlor Beirut auch in byzantinischer Zeit nicht: Es wurde zum Seidenhandels- und Seidenweberzentrum und zum Bischofssitz.

Im 6. Jh. wurde Beirut durch ein Erdbeben und eine Feuersbrunst zerstört, 635 fiel es in die Hände der Araber, im 12. Jh. in die der Kreuzfahrer. So nahm 1109 Balduin I. die Stadt ein, die erst 1187 von den Kriegern Saladins wieder zurückerobert werden konnte. Ruhe kehrte jedoch nicht ein. So griff die Flotte der auf Zypern verbliebenen Nachfahren der Kreuzfahrer im 15. Jh. Beirut mehrmals an, ohne ihm allerdings schaden zu können.

Nachdem der Vordere Orient ab 1516 dem Osmanischen Reich einverleibt worden war, genoss Beirut wegen seiner Stellung als Hafenstadt weitgehende Unabhängigkeit, waren die Sultane doch lediglich an den Tributen, die aus den Steuern bezogen wurden, interessiert. Der Drusenemir **Fakhr ad-Din II.** (1585–1634) verhalf der Stadt wieder zu Glanz (s. Essay in Kapitel „Die Herrschaft der Osmanen"), als er sie zu seiner Winterresidenz auserkoren und sogar einen Zoo und einen weitläufigen Park eingerichtet hatte. Nachdem im Oktober 1918 die britische Armee, der eine französische Einheit angeschlossen war, in Beirut einmarschiert war, übergab der Völkerbund im April 1920 Frankreich die Mandatsverwaltung von Syrien und Libanon: Beirut wurde zur Hauptstadt und zum Sitz der französischen Behörden. Im Zweiten Weltkrieg war der Hafen ein wichtiges Versorgungszentrum für die alliierten Truppen. 1946 verließen die letzten französischen Einheiten die Stadt.

Bis 1975 blieb Beirut Drehscheibe des gesamten Handels- und Bankwe-

Fortsetzung auf Seite 190

Der Fall von Beirut

[...] Zur selben Zeit kamen neunzehn Kriegsschiffe der ägyptischen Flotte an, gewannen die Oberhand über die fränkischen und enterten einige von ihnen; als sie mit Nachschub in den Hafen von Beirut eingelaufen waren, faßten die Verteidiger wieder Mut. König Balduin schickte darauf Boten nach Suwaidijja [Hafen von Antiochia], um die dort liegenden Genuesen mit ihren Schiffen zu Hilfe zu rufen, und wirklich kamen vierzig Schiffe voller Soldaten von dort nach Beirut. Daraufhin griffen am Freitag, dem 21. Schawwal (13. Mai 1109), alle Franken gemeinsam zu Wasser und zu Lande Beirut an und konnten nach hartem Kampf zwei Belagerungstürme gegen die Mauern richten. Der Befehlshaber der ägyptischen Flotte und eine große Zahl Muslime fielen, und weder zuvor noch später hatten die Franken jemals eine schwerere Schlacht zu bestehen. Schließlich verloren die Einwohner der Stadt den Mut und waren sich ihres Unterganges sicher; am Abend desselben Tages stürmten die Franken und nahmen die Stadt im Kampf. Der Statthalter, der mit einigen seiner Leute geflohen war, wurde vor die Franken gebracht und mit seinen Begleitern getötet; das Geld, das er bei sich gehabt hatte, fiel ihnen als Beute zu. Die Stadt wurde geplündert, ihre Einwohner gerieten in Gefangenschaft und Sklaverei, ihre Reichtümer und all ihr Gut wurde in Beschlag genommen. Kurz danach kamen aus Ägypten dreihundert Reiter, um Beirut zu verteidigen; als sie den Jordan erreicht hatten, sahen sie sich einer kleinen Schar Franken gegenüber und flohen vor ihnen ins Gebirge, wo ein Teil von ihnen umkam. Nachdem die Angelegenheit von Beirut beendigt war, zog König Balduin mit den Franken ab und belagerte Sidon. [...]

(Ibn al-Qalanisi, aus: Die Kreuzzüge aus arabischer Sicht. Aus den arabischen Quellen ausgewählt und übersetzt von Francesco Gabrieli, München 1976, S. 66–68).

Beirut

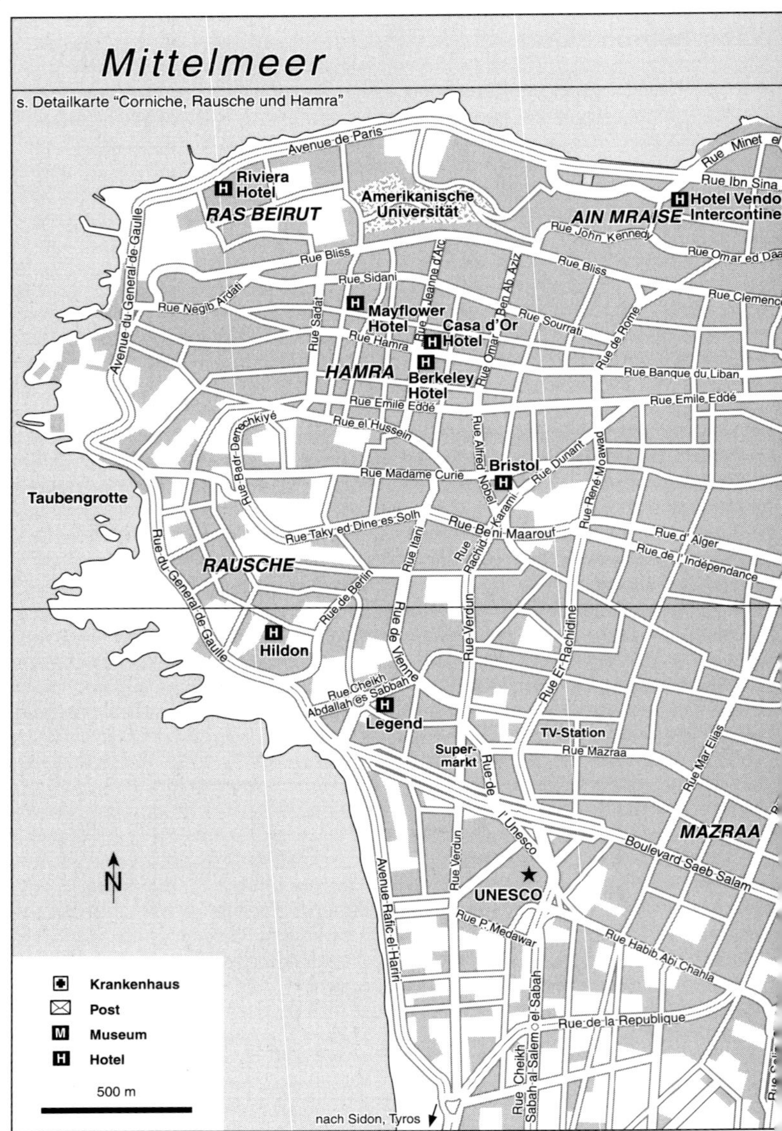
Mittelmeer
s. Detailkarte "Corniche, Rausche und Hamra"
Avenue de Paris
Rue Minet el
Rue Ibn Sina
Riviera Hotel
Amerikanische Universität
RAS BEIRUT
AIN MRAISE
Hotel Vendor Intercontiner
Rue John Kennedy
Avenue du General de Gaulle
Rue Bliss
Rue Omar ed Daa
Rue Sidani
Rue Jeanne d'Arc
Rue Omar Ben Ab. Aziz
Rue Negib Ardati
Rue Sadat
Mayflower Hotel
Casa d'Or Hotel
Rue Sourrati
Rue de Rome
Rue Clemence
Rue Hamra
HAMRA
Berkeley Hotel
Rue Banque du Liban
Rue Emile Eddé
Rue Badr-Demechkiyé
Rue el Hussein
Rue Alfred Nobel
Rue René Moawad
Bristol
Rue Dunant
Rue Madame Curie
Taubengrotte
Rue Taky ed Dine es Solh
Rue Beni Maarouf
Rue Rachid Karami
Rue Itani
Rue d' Alger
Rue de l' Indépendance
RAUSCHE
Rue du General de Gaulle
Rue de Berlin
Rue de Vienne
Rue Verdun
Rue Er-Rachidine
Hildon
Rue Cheikh Abdallah es Sabbah
Legend
TV-Station
Rue Mazraa
Super-markt
Rue Mar Elias
Rue de l'Unesco
MAZRAA
Boulevard Saeb Salam
Avenue Rafic el-Hariri
Rue Verdun
UNESCO
N
Rue P. Medawar
Rue Habib Abi Chahla
Rue de la Republique
Rue Cheikh Sabah al Salem el Sabah
nach Sidon, Tyros
Krankenhaus
Post
Museum
Hotel
500 m

S. 188, 191, 194

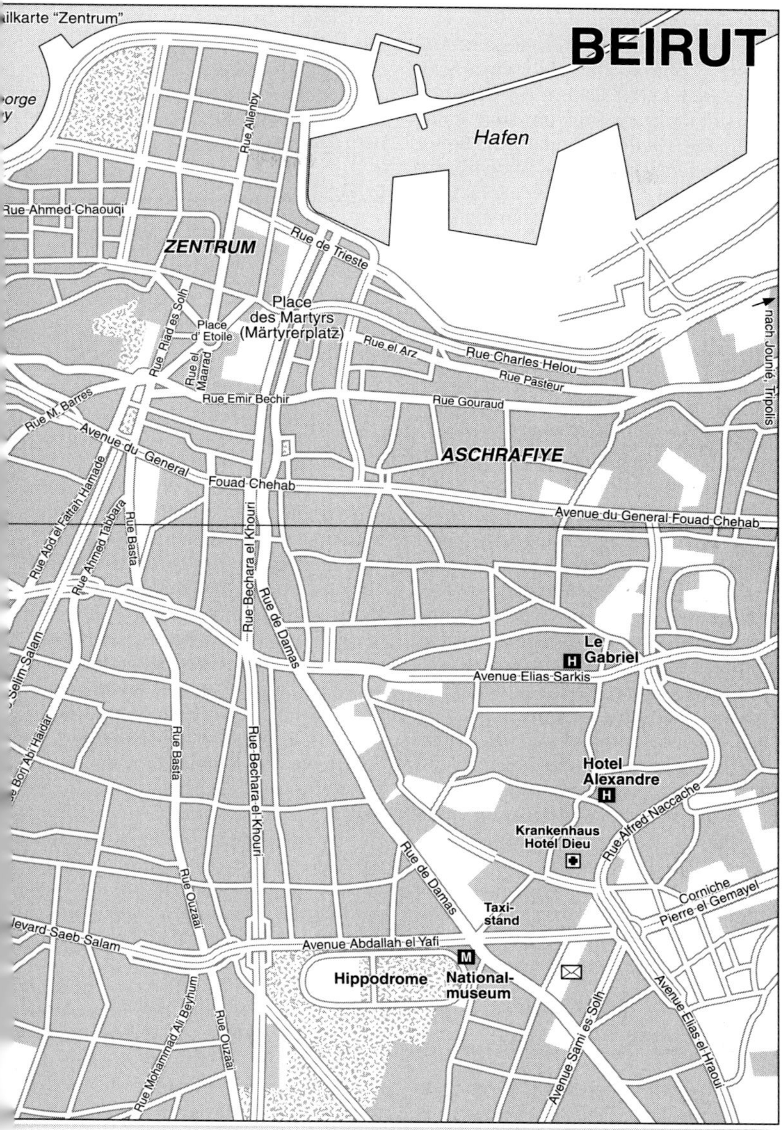

BEIRUT

ilkarte "Zentrum"
orge
y
Hafen
Rue Allenby
Rue Ahmed Chaouqi
ZENTRUM
Rue de Trieste
Place des Martyrs (Märtyrerplatz)
Place d' Etoile
Rue Riad es Solh
Rue el Maarad
Rue el Arz
Rue Charles Helou
Rue Pasteur
nach Jounie, Tripolis
Rue M. Barres
Rue Emir Bechir
Rue Gouraud
Avenue du General Fouad Chehab
ASCHRAFIYE
Avenue du General Fouad Chehab
Rue Abd el Fattah Hamade
Rue Ahmed Tabbara
Rue Basta
Rue Bechara el Khouri
Rue de Damas
Le Gabriel
Avenue Elias Sarkis
Selim Salam
Rue Borj Abi Haidar
Rue Basta
Rue Bechara el Khouri
Hotel Alexandre
Rue Alfred Naccache
Krankenhaus Hotel Dieu
Rue de Damas
Rue Ouzaai
Corniche Pierre el Gemayel
Taxi-stand
levard Saeb Salam
Avenue Abdallah el Yafi
Hippodrome
Nationalmuseum
Rue Mohammad Ali Beyhum
Rue Ouzaai
Avenue Sami es Solh
Avenue Elias el Hraoui

sens der Levante und des Vorderen Orients und war zugleich geistiges und kulturelles Zentrum des arabischsprachigen Raumes. Mit langsamen Schritten versucht die Stadt Stufe um Stufe ihr altes Image wieder zu erlangen. Beirut wird wieder zu einem Ort, an dem jeder Intellektuelle oder Künstler einmal gelebt haben muss. Hier beginnt man seine Karriere, versucht bekannt zu werden und sein Publikum zu finden. Die Menschen sind voller Vitalität und Energie und machen sich mit Mut und Hoffnung an die großen Aufgaben – sie alle lieben ihre Stadt. Der Dichter Nazih Khater, Kulturkritiker bei der Tageszeitung *an-Nahar*, formuliert die Liebeserklärung an seine Stadt wie folgt: „Um Beirut zu begreifen, muss man wissen, dass diejenigen [damit sind die Künstler der gesamten arabischen Welt gemeint, die in Beirut vor dem Krieg lebten und wirkten], die aus der Stadt geflohen sind, in keiner anderen arabischen Metropole heimisch geworden sind. Die Künstler und Intellektuellen, die ins Exil gehen mussten, sind nicht in ihre Heimatländer zurückgekehrt, sondern nach London oder Paris gegangen. Und sie sind wiedergekommen, als die Rückkehrbewegung einsetzte. Beirut bleibt der Ort, an dem die unterschiedlichsten Erfahrungen und Absichten zusammentreffen, wo sich die verschiedenen Formen des Denkens und der Kunst in der arabischen Welt verbinden können. Beirut ist weiterhin der Prüfstein für die arabische Moderne, hier ist die arabische Welt auf der Suche nach ihrer Identität im 21. Jahrhundert."

Sehenswertes

Es ist schwierig, einen Stadtrundgang zu Fuß zu machen. Zum einen liegen die Besichtigungspunkte zu weit auseinander, zum anderen ist der starke Verkehr oft störend. Daher wählen wir im Folgenden die interessantesten Plätze Beiruts aus und empfehlen, diese mit einem Auto zu besuchen.

In West-Beirut

Die schönsten Ecken und Straßen in West-Beirut können wir zu Fuß besichtigen; dafür sollte ein Tag eingeplant werden.

Wir beginnen an der Corniche beim Wahrzeichen Beiruts, der **Taubengrotte**, arab. *ar-Rausche*. Bei dieser handelt es sich eigentlich um einen ausgehöhlten, freistehenden Felsen, der malerisch in unmittelbarer Küstennähe liegt. Genießen Sie von den zahlreichen Gartencafés und Restaurants am Ufer aus den Blick zu dem aufragenden Felsen!

Wir verlassen die Corniche und halten uns östlich, bis wir die berühmte **Hamra-Straße** erreichen. Vor 1975 die berühmteste Einkaufsstraße im Vorderen Orient, musste sie während des Bürgerkrieges ihren Ruhm an andere abgeben. Zahlreiche andere Zentren bildeten sich in den 80er Jahren heraus, so dass heute die Hamra nicht mehr die Luxusstraße par exellence ist. Zwar finden sich noch einige gute Geschäfte und Fünf-Sterne-Hotels wie das Bristol, aber die exklusiven Modeschöpfer residieren heute in den Vierteln Verdun, Aschrafiye, Clemenceau oder in den nördlich gelegenen Vororten Jal-ad-Dib und Antelias.

Wieder zurück auf der Corniche führt uns der Weg entlang der **Amerikanischen Universität** von Beirut (AUB). 1866 von Daniel Bliss im Auftrag der amerikanischen Presbyterianer gegründet, zählt sie nach wie vor zu den besten

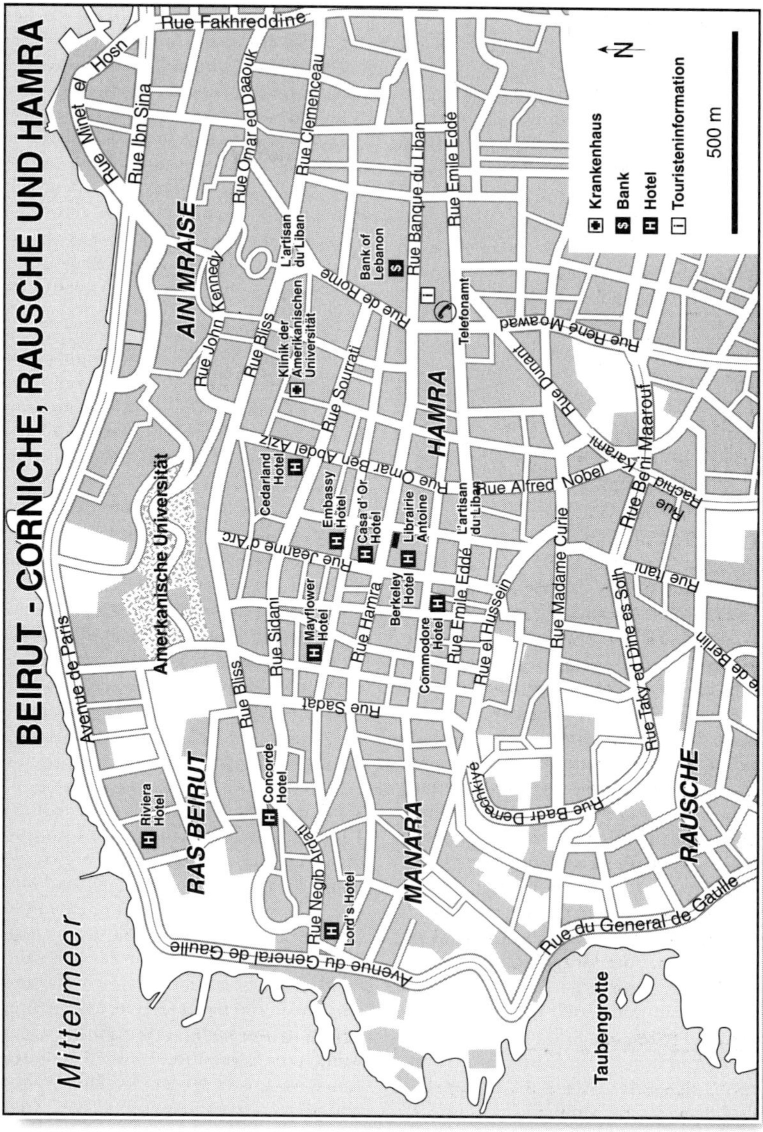

BEIRUT - CORNICHE, RAUSCHE UND HAMRA

Krankenhaus
Bank
Hotel
Touristeninformation
500 m

Mittelmeer
Taubengrotte
AIN MRAISE
HAMRA
RAS BEIRUT
MANARA
RAUSCHE

Rue Fakhreddine
Rue Minet el Hosn
Rue Ibn Sina
Rue Omar ed Daaouk
Rue Clemenceau
Rue Banque du Liban
Rue Emile Eddé
Rue John Kennedy
Rue Bliss
Rue de Rome
Rue Sourati
Rue René Moawad
Rue Dunant
Rue Omar Ben Abdel Aziz
Rue Alfred Nobel
Rue Karami
Rue Beni Maarouf
Rue Rachid
Rue Jeanne d'Arc
Rue Madame Curie
Rue Itani
Rue Hamra
Rue Sidani
Rue el Hussein
Rue Taky ed Dine es Solh
Rue de Berlin
Rue Sadat
Rue Badr Demechkiye
Rue Negib Ardati
Avenue de Paris
Avenue du General de Gaulle
Rue du General de Gaulle

L'artisan du Liban
Bank of Lebanon
Telefonamt
Klinik der Amerikanischen Universität
Amerikanische Universität
Cedarland Hotel
Embassy Hotel
Casa d'Or Hotel
Librairie Antoine
Berkeley Hotel
Mayflower Hotel
Commodore Hotel
Concorde Hotel
Riviera Hotel
Lord's Hotel

Beirut aus der Luft

Universitäten der arabischen Welt. Ein weitläufiges Gelände mit Park (19 ha), eigenem Strand, großen Bibliotheken, einem archäologischen, botanischen und zoologischen Museum sowie mit mehreren Sälen für sportliche, künstlerische (Konzerte, Theater) und gesellschaftliche Aktivitäten zeichnen sie aus. Zur Universität gehört ein Krankenhaus (AUH). Es ist das größte und modernste des Vorderen Orients, dem ein medizinisches Forschungszentrum angeschlossen ist.

Folgen wir der Corniche entlang der AUB Richtung Osten, so erreichen wir das Viertel **ᶜAin Mraise**. Unternehmen Sie einen Spaziergang durch diesen Stadtteil, in dem noch einige alte Häuser mit roten Ziegeldächern und mit den typischen bogenförmigen Fenstern und Holzläden, wie z. B. in der Clemenceau-Straße, stehen!

Nach dem Leuchtturm führt uns der Weg entlang der Küste zum ehemaligen **Hotelviertel**. Hier stehen nur noch die Ruinen des Holiday-Inn, Phoenicia, Intercontinental und des Saint George. Letzteres war ein berühmtes Luxushotel mit eigenem schönem Badestrand, einem Yachthafen und einem sehr guten Restaurant. Wenige Schritte davor ist das **Maison de l'Artisant**, das „Haus des Kunsthandwerks", in dem Sie Produkte des einheimischen Kunsthandwerkes sehen und kaufen können.

Einige Meter weiter beginnt das **Zaitune-Viertel**, einst das berühmte Nachtclubviertel Beiruts. Vor 1975 pulsierte hier das Leben. Wie Perlen an einer Kette reihten sich Tanz- und Nachtlokale, Kabaretts und andere Vergnügungsstätten aneinander. Heute liegen hier das „Hard Rock Café" und „Mc Donald's" inmitten von zerschossenen Häusern, und die Baukräne dominieren in der Straße.

Wir verlassen die Küstenstraße, halten uns südlich und biegen in die **Straße des Patriarchen Hoyek** ein, die uns bis zum Bab Idris und weiter zum Zentrum Beiruts führt.

Im Zentrum

Das Herz der Stadt erstreckte sich bis 1975 zwischen Carrefour, Bab Idris und dem **Märtyrerplatz**, arabisch *al-Burj* genannt. Da sich allerdings während des Bürgerkrieges hier die Grüne Linie, die Grenze zwischen dem Ost- und Westteil Beiruts, durchzog, wurden die zahlreichen schönen und zugleich ältesten Bauwerke, die den Märtyrerplatz säumten, stark beschädigt und zum Teil sogar vollkommen zerstört. Heute ist dieser Teil eine große Baustelle. Die Pracht und der Luxus dieses einstigen Zen-

Reste des wieder aufgebauten Tetrapylons in Anjar

Burgen / Schlösser / Klöster

Die „libanesische Alhambra" nennen manche den **Palast von Bait ad-Din** (großes Bild), der sich harmonisch in die faszinierende Landschaft der Chouf-Berge einfügt. Damaszener Handwerker haben diesem Bauwerk zu Beginn des 19. Jahrhunderts einen ganz besonderen Zauber verliehen.

Einen Blickfang und ein beliebtes Fotomotiv stellt die Eingangstür in den Audienzsaal (Bild li. oben) dar, die mit ihrer Vermischung von europäischen und orientalischen Kunststilen die architektonische Intention des Bauherren Baschir II. verdeutlicht. Bemalte Holzvertäfelungen schmücken Wände und Decken (Bild re. oben) der verschiedenen Empfangsräume.

Die Anlage von Bait ad-Din bietet eine bezaubernde Atmosphäre für die alljährlichen sommerlichen Festspiele und ist darüber hinaus ein beliebter Drehort für syrische und libanesische Film- und Fernsehproduktionen.

Europäische und arabische Architektur harmonisch miteinander verbunden kann man auch in **Dair al-Quamar** bewundern, dessen Serail aus dem 18. Jh. (Bild re. Mitte) den Dorfplatz auch heute noch prägt.

Die Bedeutung von **Byblos** auch im Mittelalter zeigt sich an der imposanten Kreuzfahrerburg, die das gesamte Ausgrabungsgelände majestätisch überragt (Bild re. unten).

Impressionen aus Libanon

Menschen

Spontane **Lebensfreude** trotz vielseitiger alltäglicher Probleme und eine unkomplizierte, selbstverständliche **Offenheit** zeichnen die libanesische Bevölkerung aus. Kontakte sind schnell geknüpft, ein kleiner Plausch gehört zum üblichen Tagesablauf, und Gäste sind dabei jederzeit willkommen. Berührungsängste sind – auch angesichts der allgemein guten Fremdsprachenkenntnisse der Libanesen – fehl am Platze. Und sollte wirklich mal nur Arabisch gesprochen werden – Mimik und Gestik sind hier stark ausgeprägt und lassen, verbunden mit der sprichwörtlichen arabischen **Herzlichkeit,** ein Gefühl der Fremdheit gar nicht erst entstehen. (Foto li. oben auf der rechten Seite: A.u.H. Six.)

Beirut – eine Stadt im Aufbau

Viel diskutiert und heftigst umstritten, von den einen kritisiert, von den anderen gelobt und stolz präsentiert – der Wiederaufbau von Beirut scheidet die Geister. Rund um die Uhr wurde und wird gearbeitet, bereits fertig gestellte Gebäude und Straßen prägen das Bild der Hauptstadt ebenso wie Baugerüste. Mit der von der Wiederaufbaugesellschaft „Solidere" geplanten Rekonstruktion des Märtyrerplatzes, so wie sie sich auf großen Plakaten zeigt (großes Bild, Foto: L. Huber), sind nicht alle einverstanden. Kritik kommt vor allem auch von Archäologen, die sich unter einem enormen Zeitdruck befinden, um die Grabungen, Archivierungen und Erhaltungsmaßnahmen rund um den Märtyrerplatz durchführen zu können (Bild re. Mitte).

Impressionen aus Libanon

Spuren aus der Vergangenheit

Eine jahrtausendealte Geschichte prägt das Gesicht Libanons. Der **Bacchus-Tempel** in Ba^calbak (Bild li. oben) gehört zu einer der größten Tempelanlagen, die die Römer je schufen. Ba^calbaks Wahrzeichen jedoch sind die **sechs Säulen des Jupiter-Tempels** (Bild re. unten).

Die zweite bedeutende Sehenswürdigkeit der Bekaa-Ebene ist **Anjar,** dessen umayyadische Reste in einer idyllischen Umgebung liegen, wie Teile der Kolonnadenstraße hier zeigen (Bild li. auf der rechten Seite).

Auf den **Triumphbogen von Tyros** fällt der erste Blick, wenn man die berühmten Nekropolen aus der römischen und byzantinischen Zeit besucht (Bild re. oben). Die archäologisch höchst interessante Stadt belegt die bewegte Geschichte im Laufe von Jahrtausenden – welche Schätze sich unter den neueren Bauten noch verbergen, lässt sich nur erahnen (gr. Bild, Foto: L. Huber).

Impressionen aus Libanon

Unternehmungen in Libanon

Libanon bedeutet Vielfalt. **Vielfalt der Landschaften** etwa: im Hinterland Berge mit Skigebieten, die im Sommer natürlich verwaist sind (1. Bild li. oben: Skigebiet bei Les Cèdres, Foto: L. Huber); die Mittelmeerküste, die von den Einheimischen gerade während der sehr heißen Sommermonate geschätzt wird (2. Bild li. oben, Foto: L. Huber).

Vielfalt der Sehenswürdigkeiten – Harmonie von Farbe und Stein in Bait ad-Din (1. Bild re. oben, Foto: L. Huber) und römische Baukunst in Ba^{c}albak (2. Bild re. oben, Foto: L. Huber).

Und **Vielfalt der Religionen,** unter denen vor allem im Chouf-Gebirge die Drusen eine große Rolle spielen. Im drusischen Friedhof von Baq´ata (großes Bild) zeigt sich dann auch die Vielfalt der drusischen Gedankenwelt – das kosmische Ei steht hier neben einem kleinen asiatischen Tempel, und die Kerze deutet auf mystische Gehalte hin.

Essen

Die Libanesen verstehen es, zu genießen – aber auch, ihre Gäste kulinarisch zu verwöhnen. **Hummus,** das bekannte, mit Sesamöl abgeschmeckte Kichererbsenpuree, ist ein Genuss auch für den verwöhnten Gaumen (re. unten, linkes Bild), und **Maqlube,** ein Reistopf mit Mandeln, Fleisch und Auberginen, lässt Gourmets ins Schwärmen geraten (großes Bild).

Freunde von **Süßspeisen** fühlen sich angesichts der großen Auswahl an appetitlichen Leckereien hin und wieder vor die Qual der Wahl gestellt (Bild re. oben). Für den kleinen Hunger zwischendurch sei das frisch gebackene Brot empfohlen (Bild re. Mitte).

Die Libanesen haben Sinn für geschmackvolles Ambiente – einheimische Handwerksstücke, wie hier die typischen Kaffeekannen, zieren Restaurants und Cafés (Bild re. unten).

بنك لبنان

Landschaften

„Überall ist der Frühling schön, am schönsten aber ist er in Libanon" (Khalil Gibran). Nicht nur im Frühling – wenn auch vor allem dann – wirkt die libanesische Natur auf den Betrachter. Die **Taubengrotte,** Wahrzeichen von Beirut, erhebt sich vor der Uferpromenade aus dem Wasser (gr. Bild).

Bewaldete Schluchten sind kennzeichnend für das **Qadischa-Tal** im Norden des Landes (Bild re. unten).

Vom Baruk-Pass öffnet sich ein herrlicher Blick auf die südliche **Bekaa-Ebene** (Bild li. oben); eine wild zerklüftete Landschaft prägt das Gebiet um **Faqra** (Bild re. oben).

Der kleine Fischerhafen von **Byblos** strahlt in der frühen Abenddämmerung einen ganz besonderen Reiz aus (Bild rechts Mitte).

Orientalisches Flair im Souq von Tripolis (Foto: A.u.H. Six)

trums können wir nicht mehr nachvollziehen. Von der einst berühmten überwölbten Ladengasse der Gold- und Silberschmiede ist nichts mehr zu sehen, der malerische Blumen-, Obst- und Gemüsemarkt wechselte seinen Standort, das Rathaus und die Oper sind mit Gerüsten versehen und die Hauptkirchen und -moscheen gleichen Ruinen.

Während der Bauarbeiten wurde ein Teil der antiken Stadtanlage entdeckt. Einiges wurde wieder zugeschüttet, anderes „durfte" bleiben. So können wir Reste der römischen Säulenstraße sowie eines Tempels sehen (neben der maronitischen Kirche), die Mauernische des Forums, die Thermen, byzantinische Mosaiken und phönizische Sarkophage.

Auf dem Platz stand einst eine **Statue**, die zur Zeit restauriert wird. Sie ist das Werk des italienischen Bildhauers Marino Masucarati und wurde am 6. 5. 1960 feierlich auf dem Platz aufgestellt. Die zwei Personen stehen für die unzähligen Opfer während des Kampfes der Libanesen um Unabhängigkeit und Freiheit gegen die Türken. Heute dient der Platz als Kulisse für Konzerte, Aufführungen und Modeshows, wobei die symbolische Bedeutung, an der Stelle der ehemaligen Grenze zwischen den beiden Teilen Beiruts zu feiern, eine große Rolle spielt.

Die **Große Moschee**, *Jami*ᶜ *al-Kabir* oder *Jami*ᶜ *al-'Umari*, wurde auf den Fundamenten der Johanneskirche errichtet, die von den Johannitern zur Zeit der Kreuzzüge gebaut wurde. Nach der Einnahme Beiruts 1109 wurde ein lateinisches Bistum gegründet, dessen erster, im Jahre 1112 gewählter Bischof **Balduin von Bologna** war. Zwischen 1113 und 1150 errichteten die Kreuzritter an der Stelle einer alten byzantinischen Kirche, die seinerseits den Platz eines zerstörten antiken Tempels eingenommen hatte, die Johannes dem Täufer geweihte Kirche. 1291 wandelten die Mamluken sie in eine Moschee um und veränderten den Innenraum wie auch die Außenfassade. Dennoch können wir im Inneren den ursprünglichen Grundriss nachvollziehen; auch die von den Kreuzfahrern hier verehrten Reliquien des Hl. Johannes, der auch von den Muslimen hoch geachtet und angebetet wird, liegen in der heutigen Moschee.

Daneben liegt die **Emir Mansur ᶜAssaf-Moschee** aus dem 17. Jh.

Gegenüber der Moschee steht das **Rathaus**, der ehemalige Verwaltungssitz Beiruts. Das Gebäude wurde in der französischen Mandatszeit im orientalischen Stil gebaut und wird z. Z. restau-

Römische Thermen im Zentrum von Beirut

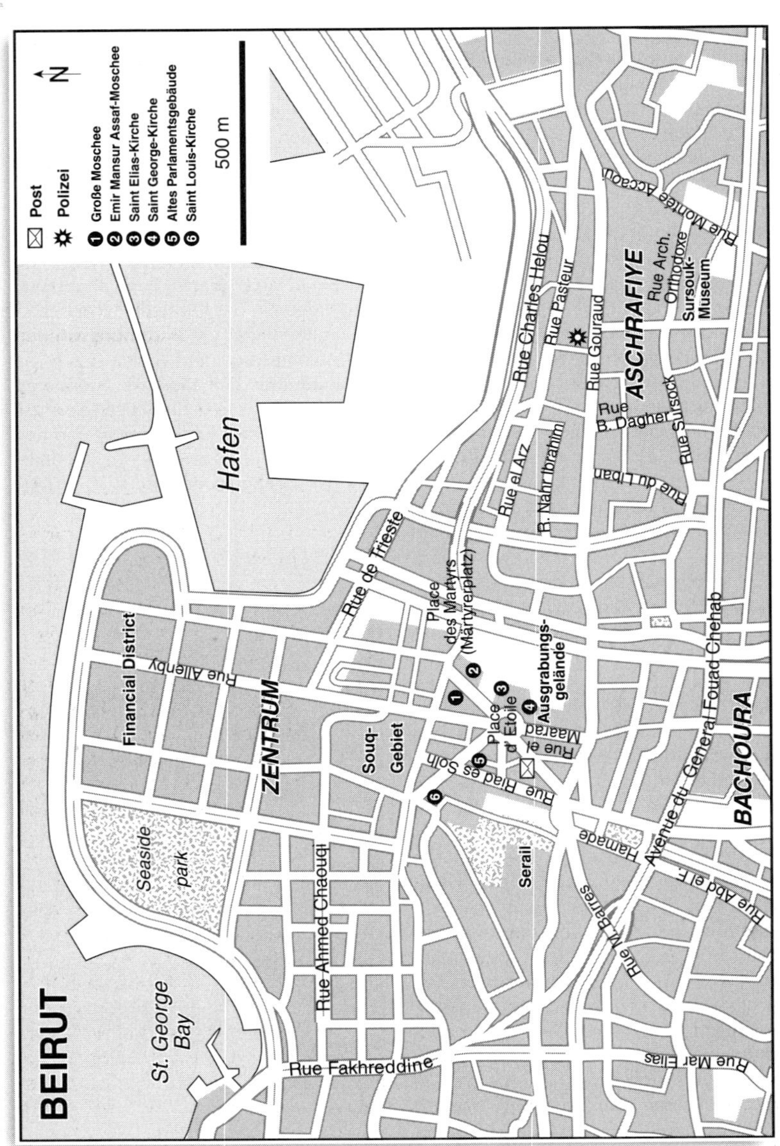
BEIRUT
Post
Polizei
1 Große Moschee
2 Emir Mansur Assaf-Moschee
3 Saint Elias-Kirche
4 Saint George-Kirche
5 Altes Parlamentsgebäude
6 Saint Louis-Kirche
N
500 m
St. George Bay
Seaside park
Financial District
Hafen
ZENTRUM
Souq-Gebiet
Rue Allenby
Rue de Trieste
Place des Martyrs (Märtyrerplatz)
Place d'Etoile
Ausgrabungs-gelände
Rue el Maarad
Rue Riad es Solh
Serail
Rue Ahmed Chaouqi
Rue Fakhreddine
Rue Charles Helou
Rue Pasteur
Rue Gouraud
Rue el Arz
R. Nahr Ibrahim
Rue B. Dagher
Rue du Liban
Rue Sursock
ASCHRAFIYE
Rue Arch. Orthodoxe
Sursouk-Museum
Rue Montée Accaoui
Avenue du General Fouad Chehab
BACHOURA
Hamade
Rue Abd el F.
Rue M. Barres
Rue Mar Elias

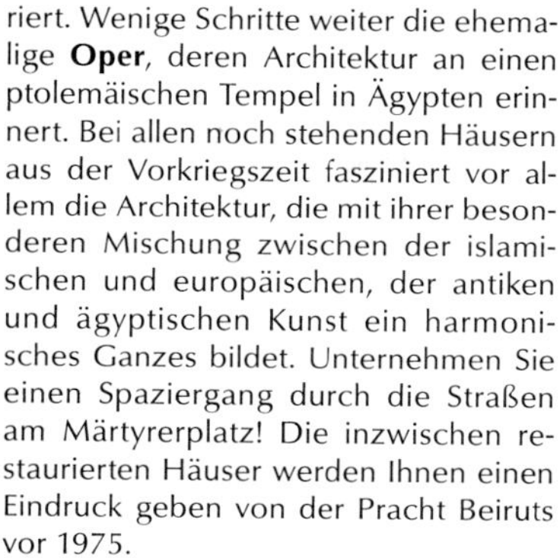

riert. Wenige Schritte weiter die ehemalige **Oper**, deren Architektur an einen ptolemäischen Tempel in Ägypten erinnert. Bei allen noch stehenden Häusern aus der Vorkriegszeit fasziniert vor allem die Architektur, die mit ihrer besonderen Mischung zwischen der islamischen und europäischen, der antiken und ägyptischen Kunst ein harmonisches Ganzes bildet. Unternehmen Sie einen Spaziergang durch die Straßen am Märtyrerplatz! Die inzwischen restaurierten Häuser werden Ihnen einen Eindruck geben von der Pracht Beiruts vor 1975.

Auf dem Platz stehen zwei Kirchen: die griechisch-katholische **Saint Elias-Kirche** und die maronitische **Saint George-Kirche**. Letztere wurde 1890 vom Erzbischof Beiruts nach dem Vorbild der Santa Maria Maggiore Kirche in Rom gebaut.

Neben dem Märtyrerplatz liegt der **Place de l'Etoile** (Platz der Sterne) an der Stelle des römischen Forums. Die Säulen, die während der Ausgrabungen ans Tageslicht kamen, stehen heute vor dem Archäologischen Nationalmuseum. Der Uhrturm wurde wieder restauriert wie auch das **Parlamentsgebäude**. Die Türen der **Nationalbibliothek** hingegen sind noch geschlossen. 1918 gegründet, gehörte sie mit ihren 40 000 alten Bänden und ihrer umfangreichen Sammlung von arabischen Handschriften zu den größten der Welt.

Überragt wird der Platz durch das **Serail**, die ehemalige Kaserne der türkischen Soldaten, das gleichzeitig den Osmanen als Verwaltungshauptsitz diente. 1950 wurde ein Teil des Gebäudes zerstört. Auch der weitläufige Garten mit seinen Brunnen und Pavillons musste weichen, um Parkmöglichkeiten im Zentrum zu schaffen. Während des Bürgerkrieges stark beschädigt, wurde der prachtvolle Gebäudekomplex 1997/98 vom ehemaligen Premierminister Rafiq al-Hariri restauriert. Heute ist das Serail der Sitz der Regierung bzw. der Ministerien. Halten wir uns vom Serail aus westlich, so gelangen wir wieder zur Hamra-Straße.

Zum Meer hin erstreckt sich die große **Hafenanlage**, die vor dem Krieg der Umschlagplatz für die arabischen Länder war. Seit wenigen Jahren hat der Hafen seine einstige Bedeutung wieder gewonnen; auch die Waren aus aller Welt, die in der Freihandelszone lagern, können hier wie vor 1975 wieder zu günstigen Preisen gekauft werden.

In Ost-Beirut

Am besten gelangen Sie vom Märtyrerplatz aus in den Ostteil Beiruts.

In der Sursouk-Straße im **Aschrafiye-Viertel** stehen heute noch schöne Villen aus dem 19. Jh., u. a. das **Sursouk-Museum**. 1912 baute Nicholas Ibrahim Sursouk dieses Haus neben das seines Cousins. Nach seinem Tod übergab es ein Verwandter Nicholas' 1952 dem Staat. Da nach dem ausdrücklichen Willen der Sursouk-Familie die Villa für jedermann offen stehen soll – sogar während des Krieges schloss sie nicht ihre Türen – entschied sie sich aufgrund ihrer Liebe zur Kunst, das Wohnhaus in ein Museum umzubauen. Der ehemalige Präsident Camille Chamoun benutzte die Villa während seiner Amtszeit als Gästehaus der Republik Libanon. 1961 wurde das Museum eröffnet. Dabei stand an erster Stelle das Ziel, vor allem die einheimische Kunst zu unterstützen und zu fördern. Seitdem finden in der Villa Ausstellungen zur Kultur und Kunst des arabischsprachigen Raumes statt.

Die zweite wichtige Universität der Hauptstadt liegt in Ost-Beirut: die französische **Saint Joseph Universität**. 1843 von den Jesuiten als Hochschule gegründet, erhielt sie 1881 den Status einer Universität. Wegen der wertvollen Orientalistik-Sammlung zählt ihre große Bibliothek zu den wichtigsten der Welt. Der weiter südlich gelegenen Medizinischen Fakultät ist das französische Krankenhaus „Hotel Dieu" angeschlossen.

Archäologisches Nationalmuseum

Öffnungszeiten:
tägl. außer Mo 9–16 Uhr
Eintritt: 5000 L. L.

1923 wurde das „Komitee der Museumsfreunde" gegründet. Sein Ziel: Bau eines Museums für die wertvollen Schätze der Geschichte Libanons aus 6000 Jahren. Nachdem die Stadt Beirut dem Komitee ein Stück Land in der Nähe der Pferderennbahn kostenlos überlassen hatte, begannen 1930 die Bauarbeiten. Der Architekt Antoine Nahhas wurde mit dem Bau beauftragt. Inspiriert von seiner Studienzeit in Ägypten, entschied er sich für die ptolemäische Tempelarchitektur des Pharaonenlandes. 1942 konnten dann die Exponate in die neuen Säle umziehen. Um dem Museum eine besondere Note zu verleihen, wurden vier korinthische Säulen des römischen Forums mit einem reich verzierten Gebälk vor dem Eingang aufgerichtet.

Wegen seiner Lage an der grünen Linie, der Grenze zwischen dem Ost- und Westteil Beiruts während des Bürgerkrieges, wurde die Fassade des Museums stark beschädigt. Die Museumsleitung hatte bereits zu Beginn des Krieges Vorkehrungen zum Schutz der Exponate getroffen: Die kleinen transportablen Stücke kamen ins Ausland, vor allem nach Deutschland, und in den Safe der Banque du Liban, die großen, wie die

Beirut: eine Stadt wird instand gesetzt

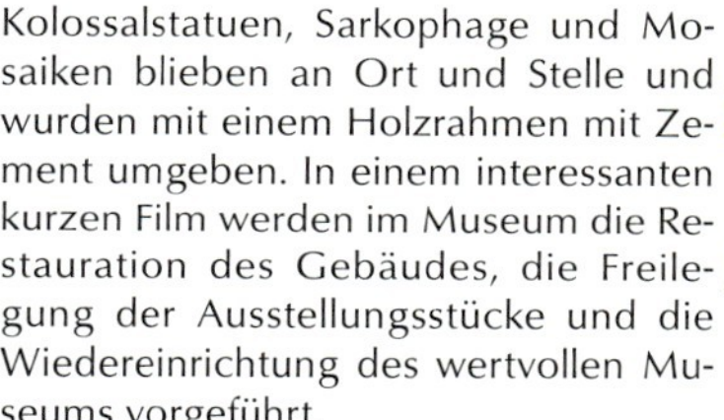

Kolossalstatuen, Sarkophage und Mosaiken blieben an Ort und Stelle und wurden mit einem Holzrahmen mit Zement umgeben. In einem interessanten kurzen Film werden im Museum die Restauration des Gebäudes, die Freilegung der Ausstellungsstücke und die Wiedereinrichtung des wertvollen Museums vorgeführt.

Das Museum besteht aus einem Unter-, Erd- und Obergeschoss, die regional- und themenbezogen in mehrere Teile unterteilt sind. Ende 1997 wurde das Unter- und Erdgeschoss für das Publikum geöffnet, wobei den Besuchern jedoch im Erdgeschoss nach wie vor die Mosaiken und Fresken vorenthalten blieben. Im Sommer 1998 schloss das Museum wieder seine Tore. Da einige Objekte zu einer Ausstellung nach Paris „reisten", nutzte die Museumsleitung die Gelegenheit, mit den Renovierungs- und Restaurierungsarbeiten fortzufahren. Geplant ist die Eröffnung des Obergeschosses im Jahr 2000. Dass auch die Mosaiken und Fresken zu besichtigen sein werden, konnte von der Museumsverwaltung nicht bestätigt werden (Stand Feb. 1999).

Das Museum ist in Bezug auf die Präsentation der Kunstgegenstände exzellent. 6000 Jahre libanesische Geschichte überwältigen jeden Besucher und laden ein, lange im Ausstellungssaal zu verweilen. Es sollen im Folgenden nur einige ausgewählte Stücke beschrieben werden; über die Exponate, die ab 2000 im Obergeschoss zu sehen sein werden, gitb es bisher keine Auskunft. Wir gehen allerdings davon aus, dass es sich um jene Stücke handeln wird, die uns aus der Zeit vor 1975 als Museumsobjekte bekannt sind: Schmuck, Waffen, Grabbeigaben, Götterdarstellungen u. a. aus Byblos, Tyros und Sidon.

• Erdgeschoss (Mitte)

Ein großes **Mosaik** aus der römischen Zeit liegt am Eingang des Erdgeschosses. Es wurde in einem Triklinium einer Villa in Baᶜalbak gefunden und zeigt **Sokrates und die sieben Weisen**. Die Villa wurde von Patricus aus Olympia gebaut, der ein großer Verehrer Platons war, so dass er sich beim Schmuck des Bodens für die Darstellung der bedeutendsten Philosophen jener Zeit entschied.

In der Mitte erkennen wir Kalliope, die Mutter von Orpheus und die älteste der neun Musen, unter deren Schutz sich epische und elegische Dichter stellten. Links von ihrem Kopf ist ihr Name in griechisch zu lesen, rechts der des Künstlers Amphion. Alle Weisen sind namentlich mit ihren Herkunftsorten erwähnt. Weise Aussagen, die ihnen zugeschrieben werden, sind in griechischer Sprache hinzugefügt worden. Sokrates bildet die Mitte des Philosophenkreises. Wenn wir vom Eingang kommen, ist er direkt über Kalliope abgebildet. Es folgen – im Uhrzeigersinn – Chilon aus Sparta, Pittakos aus Lesbos, Periander aus Corinth, Cleobolus aus Lindos, Bias aus Priene, Thales aus Milet und Solon aus Athen.

Den oberen Abschluss bilden allegorische Figuren des Sommers und der Erde, die griechische Inschriften nennen. Ein Kind übergibt einer Frau, die mit einer Krone aus Blumen und Früchten geschmückt ist, einen Weizenzweig, das Symbol der Fruchtbarkeit.

• Erdgeschoss (rechts)

Vier Sarkophage aus Tyros von unbeschreiblicher Schönheit stehen sich links und rechts des Eingangs, getrennt durch das Sokrates-Mosaik, gegenüber. Wir halten uns zunächst rechts. Die beiden Marmorsarkophage aus der Nekropole in Tyros aus dem 2. Jh. zeigen **Szenen und die Hauptpersonen des Trojanischen Kriegs**: Achilles, Hektor, Priamus, Odysseus und Agamemnon, wie wir sie aus Homers *Ilias* (24, 477–505) kennen. Achilles ist an dem Pfeil in seiner Hand zu erkennen. Vor ihm kniet Priamus, der ihn um den Leichnam seines Sohnes Hektor, der von einem Wagen geschleift wird, bittet.

Priamus war der König von Troja. Als Paris, einer seiner fünfzig Söhne, die schöne **Helena** entführte, brach das Unglück über Troja herein. Ihr Ehemann **Menelaos** bat seinen Bruder **Agamemnon**, den König von Sparta, nach der Entführung seiner Frau um Hilfe. Darauf versammelte der König die Streitkräfte aus fast ganz Griechenland, um gegen Troja zu ziehen. Zehn Jahre wurde die Stadt belagert, und Priamus verlor fast alle seine Söhne. Der größte Verlust allerdings war **Hektor**! Er, der tapfere, warf Feuer in die Schiffe der Angreifer und erschlug Patroklos, einen Freund Achilles'. **Achilles**, der nicht mehr kämpfen wollte, wurde von seinem väterlichen Freund **Phönix** wieder zur Kampfaufnahme gedrängt, hatte ihn doch **Odysseus** auf seinem Weg nach Troja als Mädchen verkleidet unter den Töchtern des Lykomedes, des Königs von Skyros, gefunden und mitgenommen. Darauf stellte Achilles Hektor zum Zweikampf. Er siegte. Der Leichnam Hektors wurde an einen Streitwagen gebunden und mehrmals um Trojas Mauerring geschleift. Achilles wollte ihn den Hunden zum Fraß vorwerfen, doch als Priamus ihn mit reichen Gaben um den Leichnam seines Sohnes bat, ließ sich der Sieger erweichen. Troja fiel und Priamus wurde am Altar des Zeus, zu dem er flüchtete, erschlagen. Und Achilles? Der sterbende Hektor prophezeite seinen Tod, wie schon zuvor das Delphische Orakel, was der Grund für sein Versteck auf Skyros gewesen war. Ihn, den großen Helden der Griechen, traf schließlich der von Apollo gelenkte Pfeil des Paris, des Entführers der Helena. Aber auch in der Unterwelt herrschte er wie ein König über die Toten.

Die Menschen jener Zeit glaubten, dass nur durch das Begräbnis ein jeder das Reich der Toten betreten kann. Das Thema „Loskauf Hektors" taucht daher oft auf Sarkophagen auf und hat symbolische Bedeutung. Es bekräftigt die griechische und römische Vorstellung vom Überleben der Seele, die ihren körperlichen Charakter im Jenseits nur durch die Beisetzung bewahren kann. Daher bat Priamus auch um den Leichnam seines Sohnes, um ihn zu bestatten.

Auch auf dem **zweiten Sarkophag** erkennen wir Achilles auf einem Stuhl sitzend, der den Tod seines Freundes Patroklos, der auf einem Bett liegt, betrauert. Vor ihm kniet bittend Priamus, während die Füße des Leichnams seines Sohnes Hektor am Wagen angebunden sind. An den Vorderseiten der Sarkophage ist die Hinrichtung von Gefangenen aus Troja zu sehen.

Einige Schritte weiter sind wir im **6.–4. Jh. v. Chr. in Eschmun**, wenige Kilometer nördlich von Sidon (s. Tagestour 5). In den Vitrinen liegen mehrere **Kinderstatuen** aus dem 6./5. Jh. v. Chr., die von Eltern als Dank für die Genesung ihrer Kinder dem Gott der Heilkunst gestiftet wurden. Sie zeigen bereits den Einfluss der griechischen Kunst in der Levante, der sich vor den Eroberungszügen Alexanders des Großen im 4. Jh. v. Chr. an der Küste wegen des engen wirtschaftlichen Kontakts ab 800 v. Chr. zu verbreiten begann. Der französische Archäologe Maurice Dunand, der ab 1926 in Eschmun grub, geht davon aus, dass die elf Fragmente der Kinderstatuen nach der Widmung an den Heilgott bewusst zerstört wurden. Sie wurden wohl anschließend in den heiligen Kanal der Tempelanlage geworfen. Ihrer Form nach müssen die Marmorstatuen auf Basen gestanden haben. Jede von ihnen trug eine Widmung in phönizischer Sprache an Astarte oder Eschmun. Eine gut lesbare Inschrift gibt einen Eindruck von den Segenswünschen jener Zeit: „Diese Statue ist Baalchillen zugeschrieben, Sohn des Königs Ba'ana, König Sidons, Sohn von Abdamon [...] für den Gott Eschmun, nahe der Jidlal-Quelle. Möge er seinen Segen bekommen."

Die französischen Archäologen bargen in der Tempelanlage auch eine Statue aus Kalkstein, die sich in Form, Bearbeitung und Schmuck von den anderen unterscheidet. Sie zeigt einen Jüngling mit langem, auf die Schulter flutenden Haar und wurde lediglich für die Vorderansicht geschaffen. Dieses Stück zählt zu den bisher ältesten geborgenen Weihegeschenken an den Gott Eschmun und wurde von einem Bewohner der phönizischen Kolonie auf Zypern dem Heiligtum gestiftet.

In der Tempelanlage Eschmuns wurde ein besonders schön gearbeiteter **Fries** geborgen, der ein Musterbeispiel für die griechische Kunst in der Levante ist. Mehrere Personen sind zu erkennen. In der Mitte stehen sich **Apollo** mit einer Kithara in den Händen und seine kriegerische Schwester **Athena** gegenüber, die, von der Musik berauscht, den Helm abgenommen hat und sinnend ihr Haupt neigt. Hinter ihr ruht auf einem Sphingenthron der Göttervater **Zeus**, dem sich **Hera** entschleiernd nähert. Hinter Apollo sitzt seine Mutter **Leto**, der **Artemis**, als Zeichen des Triumphes ihres Zwillingsbruders Apollo einen Kranz auf das Haupt setzt. Die beiden mittleren Dreiergruppen sind links und rechts von je einem Götterpaar eingerahmt. Unterhalb dieser Szene tanzen beschwingten Schrittes **Nymphen** auf einen Flötenspieler zu. Die nuancierten Bewegungen der Figuren und die weiche Oberflächenbehandlung der zarten, schwingenden Gewänder sprechen für die Mitte des 4. Jhs. v. Chr.

Weitere Objekte im Raum: Kopf des Pan und ein Kapitell mit vier Stierköpfen aus Eschmun und aus der Umgebung Sidons aus dem 5. Jh. v. Chr. mit deutlichem achämenidischen Einfluss; Grabstelen aus Byblos und Sidon mit Segenswünschen und Abbildungen von Personen; Götterstelen wie die des Malqart aus Tyros.

• Erdgeschoss (links)

Hinter den beiden Sarkophagen aus Tyros, die je den Krieg zwischen den Griechen und einen Kinderzug zeigen, ruht der wohl berühmteste Fund aus Libanon: der **Sarkophag des Ahiram** aus Byblos (s. Tagestour 1). Zu datieren in das 1. Jt. v. Chr., handelt es sich hierbei um eine Mischung aus semitischer und hethitischer Kunst. Vier Löwenprotome bilden den unteren Abschluss. Die langgezogenen Löwenleiber sind an den Seiten in Reliefform wiedergegeben, die kubischen Köpfe sind rundplastisch gearbeitet und ragen über die Längsseiten an den jeweiligen vier Ecken hinaus. Das Motiv wiederholt sich auf dem daneben liegenden Deckel. Auf der einen Längsseite sitzt der König auf einem Sphingenthron und speist. Diener schaffen auf ihren Köpfen und Schultern Körbe mit Speisen und Amphoren mit Wein zur königlichen Tafel herbei. Der König nimmt die Huldigung seines Sohnes und die seiner Untertanen entgegen. Auf der anderen Längsseite treibt ein Mann eine Ziege herbei, gefolgt von drei Untertanen mit ehrfürchtig erhobenen Händen. An den Vorderseiten stehen Klagefrauen, die sich die Brust entblößen und zerkratzen.

Den Deckel überzieht eine phönizische Inschrift. Dieser Fund war der Ausgangspunkt für die Erforschung der Schriftentwicklung und -entstehung. Die Inschrift besagt: „Der Sarg, den Itobaal, der Sohn des Ahiram, des Königs von Byblos, für seinen Vater als Wohnstätte für die Ewigkeit machte; wenn ein König, Statthalter oder Feldherr Byblos angreift und diesen Sarg freilegt, möge dann sein Richterschwert gebrochen und sein königlicher Thron umgestürzt werden. Möge ihn der Friede fliehen. Sein Andenken möge ausgelöscht sein."

Eingang zum Museum

Gegenüber erkennen wir mehrere, von Löwen oder Sphingen flankierte **Throne für die Göttin Astarte**, die in der Umgebung von Tyros und Sidon geborgen wurden. Die Repräsentation der Astarte durch Sphingen kennen wir von der phönizischen Küste seit dem 2. Jt. v. Chr., die durch Löwen seit der akkadischen Zeit ab 2300 v. Chr.; beide Symbole hielten sich bis in die römische Zeit.

Die **Galerie des Alphabets** zeigt mehrere Stelen, einen Stein mit einer Tempelbaubeschreibung und einen weiteren mit der Erwähnung des Sieges des moabitischen Königs Mescha über Ahab, den König Israëls – es sind die ältesten erhaltenen Buchstabenschriften, die bisher gefunden wurden. Eine kleine Skulptur aus dem 8. Jh. v. Chr., genannt „der Vertrag der zwei Könige", zeigt zwei Personen, eventuell Herrscher, die den Baum des Lebens von zwei Seiten begießen – ein Ritual, das eine politische Übereinkunft symbolisiert.

Die **Galerie der Kolosse** wird überragt durch Monumentalstatuen aus Byblos im ägyptischen Stil; daneben ein Obelisk aus dem Reschef-Tempel. Beide sind in das 2. Jt. v. Chr. zu datieren.

Weitere Funde hinten im Raum: Marmorprotom mit zwei Stierköpfen aus einer königlichen Residenz in Sidon aus dem 5. Jh. v. Chr. und die besonders schöne Marmorbase einer Säule aus Sidon, die wegen ihrer bauchigen Form und den besonderen Verzierungen zu den seltenen Ausführungen aus achämenidischer Zeit gehört.

• Untergeschoss

Das Untergeschoss ist einem phönizischen Grab nachgebaut. Hier ruhen friedlich 26 **anthropoide Marmorsar-**

S. 188, 191, 194

Römische Säulen vor dem Archäologischen Museum

kophage, die 3 km von Sidon am Fuße des Miyumiya-Hügels vom ehemaligen Schuldirektor Ford im Park der amerikanischen Schule gefunden wurden. Das Wort „anthropoid" leitet sich vom griechischen „anthropos = Mensch" ab. Dieser Begriff wurde gewählt, um die Form der Marmorsarkophage besser charakterisieren und von anderen abheben zu können. Die aus dem 5./ 4. Jh. v. Chr. stammenden Sarkophage nehmen die Form menschlicher Körper an und zeigen den ägyptischen Einfluss, ähneln sie doch sehr den Mumiensarkophagen des Pharaonenreiches. Die Köpfe sind hingegen im griechischen Kunststil gearbeitet, vor allem die Form der Augen und die der sorgfältig ausgearbeiteten Haartracht. Die Gesichter sind alle individuell gestaltet.

• Obergeschoss

Wie bereits anfangs erwähnt, wird dieser Bereich erst im Jahr 2000 eröffnet. Unter den Exponaten werden u. a. die wertvollen Fundstücke aus Byblos sein. So die berühmten **Statuettenfragmente** einer neolithischen Gottheit aus dem 5. Jt. v. Chr., die sog. **Vierfüßervase** aus dem 4. Jt. v. Chr. und die zahlreichen **Tonfiguren**, die wegen ihrer Ähnlichkeit mit jenen in Mesopotamien, besonders in Bezug auf die Form der Augen und die Haltung der nach vorne genommenen Arme, den engen Kontakt der beiden Regionen zeigt. Auch zahlreiche **Fragmente von Siegelabdrucken** in mesopotamischem Typus wie der Abdruck von Siegelzylinder mit Löwen und Stieren aus dem 3. Jt. v. Chr., die aus dem Baalat Gebaal-Tempel geborgenen

Opfergaben wie die Gefäße in Form eines Stieres oder mit Stierkopf-Verzierungen aus dem 3. Jt. v. Chr., sowie die große Anzahl von **zoomorphen Vasen** bereichern den Byblos-Bereich.

An den **Siegeln in ägyptischer Form** aus dem 3. Jt. v. Chr. für den Gott Reschef erkennen wir, dass die ägyptischen Etiketten und die Kunst der Pharaonen als Vorbild in jener Zeit dienten, wie auch die Insignien der pharaonischen Königswürde als Schmuck. Die Gräber enthielten nicht nur die Sarkophage, sondern auch **reiche Grabbeigaben**: eine Krone, Amethystringe in Skarabäusform, goldenes Handgeschmeide, das ein Falke mit ausgebreiteten Schwingen ziert, Medaillons aus emailliertem Gold mit ägyptischem Themenrepertoire, Pektorale des Königs, Medaillons mit dem in eine Kartusche eingesetzten Namen des Königs, Statuetten mit ägyptischem Kopf und Fruchtbarkeitsgöttinnen, ähnlich der mesopotamischen Göttin Ischtar. Im Reschef- bzw. Obelisken-Tempel kam ein wertvoller Dolch ans Tageslicht, dessen Griff Rücken an Rücken stehend zwei vorüberziehende Hirsche zieren, die sich die Köpfe zuwenden. Aber auch eine wunderschön gearbeitete Fensteraxt mit Darstellung einer Opferszene vor einer Gottheit und eine zweite mit Filigranverzierung und einer Szene mit Gilgamesch und Enkidu zeigen die Stücke aus dem 18. Jh. v. Chr.

West-Beirut: südl. Teil der Corniche

Aus der **hellenistischen Zeit** wurden u. a. mehrere Waffen, eine schön gearbeitete **Axt**, ein verzierter Dolch sowie ein **Bronzeschiff** aus dem 3. Jh. v. Chr., das als Lampe diente, im Ausgrabungsgelände gefunden.

Auch die **Grabkammern in und um Sidon** zeigen uns die Kunstfertigkeit und den Ideenreichtum der Künstler: Halsschmuck, Ringe mit Edelsteinen, ein Medaillon aus dem 1. Jt. v. Chr. und ein goldenes Diadem mit Einlagen aus farbiger Glaspaste aus der achämenidischen Zeit des 6./5. Jhs. v. Chr. Eine Schminkdose in Form einer Ente mit einem Vogel auf dem Rücken aus dem 14. Jh. v. Chr. zählt zu den besonderen Funden, neben den unzähligen vielfarbigen Glaswaren wie Spindelvasen, Parfüm- und Schminkfläschchen.

Praktische Infos

Touristeninformation

Rue Banque du Liban 550, in der Nähe der Hamra-Straße, im gleichen Gebäude wie das Tourismusministerium
Tel. 01/34 30 73, Fax 34 09 45.

S. 188, 191, 194

Notfall

Polizei:
Tel. 01/42 52 50, 01/39 27 50
Feuerwehr:
Tel. 01/31 01 05, 01/31 00 11, 01/30 15 13
Krankenwagen:
Tel. 01/86 32 95, 01/86 55 61
Rotes Kreuz:
Tel. 01/86 32 95, 01/86 55 61, 01/32 33 46, 01/44 82 00
Touristenpolizei:
Tel. 01/39 06 45
Internationale Sicherheit:
Tel. 01/42 52 50

● Krankenhäuser

Klinik der Amerikanischen Universität
Rue du Caire, Tel. 01/34 04 60
Hotel Dieu
Aschrafiye, Tel. 01/42 29 70-3, 01/38 70 00, 01/32 99 66

Hotels

● Fünf-Sterne-Hotels

Le Vendome Intercontinental
Ain Mraise, Hotel mittlerer Größe (73 Zimmer), Tel. 01/36 92 80, Fax 01/ 36 01 69
Marriott
Großes Hotel (160 Zimmer), Jinah, Tel. 01/84 05 40,Fax 01/84 03 45
Riviera
Direkt an der Corniche, neben der Amerikanischen Universität, 135 Zimmer, Ain Mraise, Tel. 01/86 06 34, Fax 01/60 22 72
Summerland
In Jinah, großes Hotel (151 Zimmer), direkt am Meer gelegen, Preise unterhalb der üblichen Skala (ca. 130 L. L. pro Person im DZ), Tel. 01/82 41 12, Fax 01/ 86 31 63

● Vier-Sterne-Hotels

Alexandre
1997 völlig renoviertes, sehr großes Hotel mit 250 Zimmern, Aschrafiye, Rue Adib Ishak, Tel. 01/32 57 36, Fax 01/ 20 39 40,
e-mail:HOTEL.ALEXANDRE@inco.com.lb.
Bristol
Sehr schönes Hotel mit angenehmer Atmosphäre und Fünf-Sterne-Service, 162 Zimmer, Hamra, Mme. Curie-Straße, Tel. 01/35 14 00, Fax 01/35 14 09,
e-mail: bristol@dm.net.lb.
Casa d'Or
Kleineres Hotel mit 68 Zimmern, Hamra, Jeanne d'Arc-Straße,
Tel. 01/34 78 50, Fax 01/34 78 40,
e-mail: casador@attmailcom
Commodore
Neues, sehr großes Hotel mit 239 Zimmern in unmittelbarer Nähe zur Hamra-Straße. Schöne Zimmer, guter Service. Verschiedene Restaurants mit internationaler, arabischer oder japanischer Küche, Hamra, Tel. 01/35 04 00, Fax 01/34 58 06,
e-mail: mail@commodore.com.lb.
Coral Beach
Direkt am Meer gelegen, neben dem Hotel Summerland, 95 Zimmer, Jinah, Tel. 01/31 72 00, Fax 01/31 95 00
Hildon
Kleineres Hotel mit 68 Zimmern, Rausche, Tel. 01/86 41 24,
Fax 01/60 35 47
Le Gabriel
75 Zimmer, Aschrafiye, Al-Istiqlal-Straße, in der Nähe zum Sassine-Platz,
Tel. 01/20 37 00, Fax 01/32 00 94,
e-mail: legabriel@inco.com.lb.
Legend
Kleineres Hotel mit 46 Zimmern, Verdun, Tel. 01/80 10 62,
Fax 01/80 72 38

● **Drei-Sterne-Hotels**

Hotel Mayflower
Swimmingpool auf dem Dach, sehr zu empfehlen, DZ 60 $ (ohne Frühstück) zzgl. 5% Tax; Fax 01/34 20 38

Berkeley Hotel
Hamra, Jeanne d´Arc Street, P.O.B. 18-5806; Tel. 01/34 06 00, Fax /60 22 50, 60 22 51 und 60 22 81, EZ ca. 50 $

● **Billighotels**

In der Hamra-Straße gibt es einige billige Hotels (Preise wechseln):

Moonlight
Tel. 01/35 23 08

Al-Mashrek
Tel. 01/34 46 27

New Hamra
Tel. 01/34 60 46

Saint Lorenzo
Tel. 01/34 86 04 und 43 86 05

Appartments

Plant man einen längeren Aufenthalt in Libanon, ist es billiger, ein Appartment zu mieten:

Al Jamila
Jnah, Tel. 01/82 67 90

Al Keep
Rausche, Tel. 01/80 91 59, 01/80 71 39

Beirut Star
Hamra, Tel. 01/86 99 80

Haikal Center
Ras Beirut, Tel. 01/36 11 40, 01/36 33 39

Holiday Home
Ras Beirut, Tel. 01/ 74 15 61

Lahoya Suites
Manara, Tel. 01/37 26 71

Plaza Suites
Verdun, Tel. 01/78 67 50

Starlight Residence
Aschrafiye, Tel. 01/33 69 53

Restaurants

Al Ariche
Kleines Restaurant mit arabischer Küche Rausche; Tel. 01/86 67 86

Al Birkeh
Libanesische Spezialitäten, insbesondere eine große Auswahl an Mezze (Vorspeisen), abends Tanzmusik live, Panoramablick auf die Küste, gemütliche Atmosphäre; Naccache, Tell es-Srour, Tel. 01/40 40 49

Al Dente
Italienische Küche; Aschrafiye, Rue Abdel Wahhab al Inglizi, Tel. 01/20 24 40

Al Miarjan
Iranische Küche; Saqyit al-Janzir-Straße, Tel. 01/79 55 55

Al Mijana
Exzellente arabische Küche; Aschrafiye, Rue Abdel Wahhab al Inglizi, Tel. 01/32 80 82

Au Vieux Cartier
Hervorragende französische Gastronomie, jedoch sehr teuer (ca. 100 $ pro Person); Aschrafiye, Montée Accaoui, Tel. 01/20 08 70

Avanti
Sehr gute Speisen, tägl. Menüs für 10 000 L. L., in der Jeanne d´Arc Street, neben dem Berkeley Hotel

Bella Napoli
Gemütliche Pizzeria, günstige Preise; Rausche, Rue Chourane, Tel. 01/86 33 32

Café a-Mer
Im Cadmos Hotel, schöne Terrasse am Meer; Ain Mraise, Tel. 01/37 48 92-7

Casablanca
Sehr schöne Atmosphäre in einer alten Villa umgebaut im Stil moderner Kunst; preisgünstige internationale Küche; Ain Mraise, Tel. 01/36 93 34, täglich geöffnet, außer Sonntag abend und Montag mittag.

Casino Arabi
Sehr gute arabische Küche; Baabda, Tel. 01/45 52 60

City Café
Snacks und Mittagsmenü; Hamra, Rue Sadat, Tel. 01/80 22 88

Grand Café
Internationale Speisekarte; Chourane, Boulevard Rafiq Hariri, Tel. 03/88 40 04 (Handy)

Grill 101
Arabische und internationale Spezialitäten, teuer; Rue Makhoul, Tel. 01/35 44 37

Jardins de Chine
Sehr gute chinesische Küche; Jal ad-Dib, Tel. 04/40 46 33

L'Ecluse
Hat den Ruf, das beste Fischrestaurant Beiruts zu sein; vielfältige, ausgefallene Speisekarte (Kouskous mit Meeresfrüchten, Vorspeisen mit Fisch), teuer; Verdun, Centre Verdun Plaza, Tel. 01/60 32 70

L'Orangerie
Sehr gute internationale Küche, teuer; Verdun, Tel. 01/86 83 22

Mijana
In einer Villa mit orientalischem Interieur kann man hervorragende Vorspeisen zu angemessen Preisen genießen; Aschrafiye, Rue Abdel Wahab al-Inglizi, Tel. 01/32 80 82

Scoozi
Sehr gutes und preisgünstiges italienisches Restaurant; Verdun, Tel. 01/86 54 89

Nachtleben – Bars, Discos, Nachtclubs

Ob Partylöwen, Tanzfreaks, Jazzfans oder hartgesottene Rocker – in Beirut kommen alle auf ihre Kosten. Eine unüberschaubare Masse von unterschiedlichsten Discos, Nachtclubs, Bars und Cafés wird insbesondere am Wochenende von den Nachtschwärmern der Stadt besucht. Man hat seine Stammkneipe oder eine bestimmte Route, die man allwöchentlich mit Freunden nach dem immer gleichen Schema verfolgt. So weiß man, wer sich am Samstagabend um welche Uhrzeit in welcher Bar befindet – und trifft dort immer alte Bekannte, denen sich stets neue hinzugesellen. Ständig eröffnen neue Diskotheken, Pubs und Cafés, einigen gelingt es, ihren fast legendären Ruf über Jahre hinweg zu halten, doch viele gelten heute als der letzte Schrei und sind morgen absolut out. Denjenigen, die sich in das kosmopolitische funny life eines Freitag- oder Samstagabends stürzen wollen, sei empfohlen, sich ab 22 Uhr auf den Weg zu machen. Denn erst dann beginnen sich die wirklich guten Adressen zu fül-

Gedenkstatue auf dem Märtyrerplatz

Solidere und der Wiederaufbau Beiruts

Beirut, einst „Paris des Ostens", soll wie der „Phönix aus der Asche" wieder auferstehen. Das Zentrum der Stadt ist seit Jahren eine Baustelle von Tausenden von Quadratmetern, auf der Tag und Nacht gearbeitet wird – Neubauten schießen wie Pilze aus dem Boden, alte Häuser mit der für Beirut typischen Architektur des 19. Jhs. werden restauriert und die gesamte Infrastruktur wird erneuert. Allerdings sorgt das auf 25 Jahre angelegte Solidere-Projekt, das eigens zum Wiederaufbau des Zentrums gegründet wurde, seit Jahren für Unruhe. Die Kritik richtet sich vor allem darauf, dass die Regierung Milliarden für das Zentrum Beiruts ausgibt, andere Regionen des Landes wie die Bekaa-Ebene oder den Süden hingegen vernachlässigt oder gar nicht berücksichtigt. Warum sollen in Beirut von heute auf morgen alle Kriegsspuren verschwinden, während in einigen Landesteilen die Menschen weder fließendes Wasser noch Elektrizität haben? Diese falsche Prioritätensetzung können nur wenige nachvollziehen. Aber auch in Beirut spürt man eine Unzufriedenheit mit dieser neuen, modernen Architektur, welche die alte verdrängt und der Stadt ein neues Bild verleiht, so dass sich viele Beiruter in ihrer eigenen Stadt fremd zu fühlen beginnen. Wenn es so weitergeht, so sagen sie, wird Beirut zu einer Mischung aus Rio, Kuwait und Hongkong, zu einer Stadt ohne Leben, ohne Atmosphäre, ohne Identität. Diejenigen, die für den Erhalt des architektonischen Erbes kämpfen, unter ihnen Lady Cochron aus der berühmten Sursouk Familie, schöpften Hoffnung, als unterhalb des Märtyrerplatzes Schätze aus der Geschichte der Stadt entdeckt wurden. Allerdings kam die Arbeit nur kurzfristig zum Erliegen, und alle Einwände der Archäologen und Althistoriker halfen nur wenig: Im Interesse des Landes und der Wirtschaft, so hieß es offiziell, müssen die Bauarbeiten so schnell wie möglich fortgesetzt werden. Die Frage, ob es tatsächlich um die Interessen des Landes oder nicht eher um die des ehemaligen Premierministers al-Hariri geht, der Kapital in das Projekt investierte und dessen Baufirmen sich aus finanziellen Gründen keine Verzögerung leisten können, sei dahingestellt.

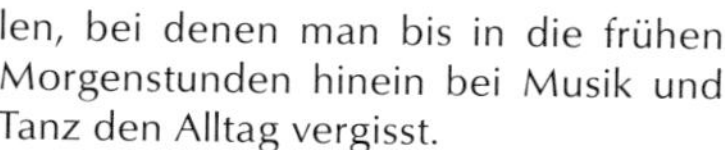

len, bei denen man bis in die frühen Morgenstunden hinein bei Musik und Tanz den Alltag vergisst.

Pacifico
Fast ständig randvoll gefüllte In-Bar im Stadtteil Aschrafiye, unterhalb des Sodeco-Platzes; mexikanisches Bier, gute Cocktails, junges, flippiges Publikum. Tel. 01/20 44 46

Zinc
Bar mit einem funkigen Design, die Jazz-Liebhabern einiges bietet. Um dorthin zu gelangen, gehen Sie vom Sodeqo-Square aus nach oben und biegen dann rechts ab.

Alecco's
Einer der bekanntesten Nachtclubs in der Gegend von Sodeco; der Besitzer, ein Sänger, erfreut manchmal seine Gäste mit seinen Sangeskünsten. Tel. 01/61 21 00

B018
Unbestritten eine der beliebtesten Diskotheken; ab Mitternacht tummeln sich vorwiegend Teenager auf der unterirdischen Tanzfläche; eine Sensation ist das Dach der Diskothek, das sich im Sommer öffnen läßt und den Blick auf den Sternenhimmel frei gibt. Das Musikrepertoire reicht über Funk und Techno bis hin zum arabischen Pop. Beim Daura-Highway in der Nähe des Forum de Beyrouth; Tel. 03/80 00 18 (Handy)

Blue Note Café
Jazzliebhaber sollten freitags oder samstags das Blue Note Café aufsuchen, die Live-Vorstellungen sind vom Feinsten, was man in der Stadt so hört; in der Nähe der Hamra-Straße; Tel. 01/74 38 57

Key-Club
Im Key-Club im Stadtteil Aschrafiye ist Freitag abends Ziyad Rahbani, der Sohn von Fairuz, zu hören. Seine Beliebtheit beruht darauf, dass er eine Art von „Oriental Jazz" mit arabischen Liedern verbindet, er produziert aber auch elektronische Musik und gibt in musikalisch umrahmten Sketchen politischer und gesellschaftlicher Kritik Ausdruck.

Hard-Rock-Cafés
Beirut ist die einzige Stadt auf der Welt, in der es **zwei** Hard-Rock-Cafés gibt. Im Stadtteil Ain Mraise, direkt bei der Corniche befindet sich die „amerikanische" Ausgabe, die wegen ihres schönen Meerblicks auch zur Mittagszeit besucht wird. Dank einer computerunterstützten Soundanlage und guten Diskjockeys ist das Café ein Eldorado für Tanzbegeisterte, Tel. 01/36 90 79.

Das zweite Hard-Rock-Café, das man das „kanadische" nennt, da seine Lizenz in Kanada erworben wurde, liegt im Concorde-Komplex bei der Rue Verdun. Hier kommen nicht nur Liebhaber des harten Rocks, sondern auch Sportfans auf ihre Kosten. Denn auf einer Großleinwand werden hier die wichtigsten Sportereignisse übertragen, Tel. 01/73 84 43.

Khiyam al-Hana
Wer für seinen abendlichen Ausflug eher orientalisches Flair sucht, ist mit dem Khiyam al-Hana gut beraten. In angenehmer Atmosphäre werden leckere libanesische Küche sowie Bauchtanz, arabische Folklore und Musik geboten; ein Abendessen mit Zusatzprogramm kostet 25 $ pro Person (bei größeren Gruppen kann gehandelt werden); bei der Unesco, Tel. 01/79 19 00, oder Handy 03/24 01 15.

Darüber hinaus bieten einige der großen Hotels, die direkt am Meer liegen, wie z. B. **Summerland** (Tel. 01/82 41 12) oder das direkt daneben gelegene **Coral Beach** (Tel. 01/31 72 00), Bauchtanz und manchmal Konzerte.

Naturgemäß können wir hier nur einige der bekanntesten Orte nennen, die nur einen kleinen, jedoch den momentan gefragtesten Teil der Beiruter Nightlife-Szene ausmachen. Im ganzen Stadtgebiet, vornehmlich an der Corniche, im Gebiet um die al-Hamra-Straße, in Aschrafiye und auch in Jounieh, werden Sie weitere Pubs und Discos finden, deren Zahl keine Grenzen zu kennen scheint. Sie werden sehen – Beirut ist ein **Paradies für Nachtschwärmer.**

Kino

Auch Cineasten kommen in Beirut auf ihre Kosten. Oft werden hier Filme früher als in Europa gezeigt, außerdem kommen Sie immer im Original, werden also nicht synchronisiert.

Elysee
Eines der bekanntesten Kinos der Stadt, mit mehreren kleineren und einem großen, sehr schönen Saal; in Aschrafiye unmittelbar beim Sodeco-Square, Tel. 01/32 01 57.

Empire
In Aschrafiye, Tel. 01/20 40 80

Picadilly
In der Hamra-Gegend, Tel. 01/34 00 78

Theater

Théâtre de Beyrouth
Geleitet von dem berühmten libanesischen Schriftsteller Elias Khoury; zur Zeit der Drucklegung war dieses Theater geschlossen, soll aber bald wieder eröffnet werden; Ain-Mraise, Tel. 01/ 34 39 88 und 36 34 66.

Theater al-Madina
Eine der bedeutendsten Bühnen Beiruts, geleitet von Nid al-Aschqar (vgl. S.178); Rue Clemenceau, Tel. 01/ 37 19 62.

Theater Ivoire
Tanztheater, in dem die berühmte Tanzgruppe Caracalla Vorführungen gibt; Sin el Fil, Tel. 04/49 03 80.

Picadilly
Früher eine der ganz großen Adressen, denn hier gab Fairuz (s. Essay auf S.172) häufig Konzerte. Heute wird hier v. a. Volkstheater geboten; in der Nähe der Hamra-Straße, Tel. 01/34 00 78.

Konzerte

Forum de Beyrouth
Das bekannteste kulturelle Zentrum der Hauptstadt verfügt über eine riesige Konzerthalle, in der sowohl Künstler aus Europa und den USA als auch die unbestrittenen Stars der arabischen Welt auftreten. Das Forum betreibt eine äußerst intensive Werbung für seine Veranstaltungen, seine großen Plakate fallen sofort ins Auge. Diese informieren über die aktuellen musikalischen Großereignisse.

Informationen über aktuelle Veranstaltungen und Kartenverkauf erhalten Sie in der **Librairie Antoine** in der Hamra-Straße, Tel. 01/34 14 70. Auch die **Tageszeitungen** berichten über aktuelle Veranstaltungen.

Feste und Festivals

Fällt Ihr Libanonbesuch in den Sommer, dann gönnen Sie sich einen Besuch der berühmten Festivals, deren Programm sehr facettenreich ist. Ob in Tyros, Bait ad-Din, Ba^{c}albak oder Beirut – das Repertoire reicht von Jazz, Opern und Spirituals über Ballett und klassische Musik bis hin zu arabischen Tanzveranstaltungen. Auch die Größen der arabischen Vokalmusik (z. B. Fairuz oder Majida ar-Rumi) sind hier zu hören.

Auskünfte erhalten Sie beim **Comiteé du Festival de Beyrouth** (Tel. 01/31 60 07, 86 30 03), in der **Librairie Antoine** (s. o.) oder im **Internet**: www.beirut99.org (jedes Jahr aktuell).

Galerien

Kunstfreunden bietet Beirut eine große Auswahl an Galerien, die wechselnde Ausstellungen organisieren:

Galerie Maraya
Am Boulevard Sami el Solh,
Tel. 01/39 05 55
Galerie Janin Rabiz, ar-Rausche
Galerie Samman
Hamra, as-Sadat-Straße
Tel. 01/74 55 71
Galerie im Théâtre de Beyrouth
'Ain Mraise (s. o.)

Informationen über verschiedene Ausstellungen erhalten Sie beim **Com-**

In Ost-Beirut: Sursouk-Museum im Aschrafiye-Viertel

mittee for International Exhibitions, Tel. 01/80 00 26 und 80 07 28.

Busverbindungen

Zwischen Beirut und den wichtigsten Städten des Landes existieren Busverbindungen von privaten Unternehmern mit ein bis zwei Abfahrtszeiten täglich, die allerdings häufig variieren. Für die **Busse in Richtung Norden** des Landes müssen Sie zur **Haltestelle vor dem Nationalmuseum** in Beirut, für diejenigen in **Richtung Süden** zur **Haltestelle** in den **Stadtteil Mazraa**. Die Fahrtrichtung steht in aller Regel nur auf Arabisch angeschrieben, man ist Ihnen jedoch sicher gerne behilflich. Die Gebühr für die Fahrt zahlen Sie im Bus.

Ungefähre Preise:

- Beirut – Sidon: ca. 1800 L. L.
- Beirut – Tyros: ca. 2500 L. L.
- Beirut – Tripolis: ca. 2000 L. L.
- Beirut – Byblos: ca. 500 L. L.

Änderungen sind jederzeit möglich und werden für die späteren Auflagen ständig neu überprüft.

Taxis

Die meisten Libanesen benützen, sofern sie nicht selbst ein Auto besitzen, in Beirut und für längere Strecken eines der zahlreichen **(Überland)taxis.** Taxis erkennen Sie am roten Nummernschild, manchmal haben sie außerdem ein Schild mit der roten Aufschrift „Taxi".

Sie haben **zwei Möglichkeiten**: Wenn Sie ein Taxi anhalten und es als ein **Servicetaxi** „mieten", kann der Fahrer bis zu fünf Personen in gleicher Fahrtrichtung mitnehmen. Möchten Sie das Taxi für sich alleine, so zahlen Sie den fünffachen Betrag. Wenn Sie im **Stadtbereich** bleiben, so zahlen Sie für ein **Servicetaxi 1000 L. L.**, ein **privates Taxi** kostet dann **5000 L. L.** Mit den Servicetaxis können Sie außerdem die wichtigsten Städte des Landes erreichen. Die Preise p.P. liegen je nach Distanz zwischen ca. **3000** (Beirut – Sidon) und **8000 L. L.** (Beirut – Ba^{c}albak).

Autoverleiher

Avis-Mecar-Middle East
Car Rental Co., Aschrafiye, Tel. 01/39 88 50, Fax 01/60 10 03; ab 40 $ pro Tag (Fiat Uno)

Budget
Hamra, Rue Mme. Curie, Tel. 01/74 07 41

City Car
Ras Beirut, Rue al-Qalaa, Tel. 01/86 59 66

Golden Car
Hamra, Rue Lion, Tel. 01/74 60 74

Hertz Lebanese Rental Company
Sami el-Solh-Straße, Tel. 01/42 32 44, 42 72 83, Fax 01/42 72 85; ab 40 $ pro Tag (Opel Corsa)

Jet Rent a Car
Hamra, Tel. 01/80 51 47

Lenacar
Ain Mraise, Tel. 01/60 22 23;
Sin el Fil, Tel. 01/50 22 00

Fluggesellschaften

MEA
Tel. 01/62 91 25, 01/82 27 80;
Reservierungen: Tel. 01/62 91 43, 01/82 28 66

Austrian Airlines (AUA)
Tel. 01/37 41 86, 01/37 41 87,
Fax 01/37 48 23

Lufthansa
Tel. 01/34 90 01, 01/34 70 05

Swiss Air
Tel. 01/73 86 40, 01/73 86 24, 01/73 86 36

Sport

- **Baden**

Beach Club
Khalde, Tel. 05/83 99 38, 30 06 00
Coral Beach Hotel
Jnah, Tel. 01/31 72 00, 86 79 01
Riviera
Ain Mraise, Tel. 01/86 06 43
Sporting Club
Schourane, Tel. 01/86 79 15
Summerland Hotel
Jnah, Tel. 01/86 56 70
Villamar, Khalde, Tel. 05/83 93 36

- **Motorboot -Verleih**

Solmarine
Tel. 01/89 88 77, Fax 01/88 49 76
Rent a Boat Club
Tel. 01/35 47 69
Saliba Marine Center
Tel. 01/89 64 24

- **Golf**

Golf Club of Lebanon
Tel. 01/82 63 35, Fax 01/82 24 74 (auch **Tennis, Squash** und **Billard**).

- **Fitness-Studios**

Eshmun Health Club
Antelias, Golden Beach, Tel. 04/41 49 19
Body Live
Sin el Fil, Jisr al Wati, Tel. 04/48 02 45
Summerland Health Club
Jnah, Tel. 01/86 38 44

Pferderennen

In Beirut finden Sonntags hin und wieder **Pferderennen** statt, die bei den Einheimischen sehr beliebt sind. Termine sind über die Tageszeitungen, das Touristenbüro oder das Hippodrom selbst (Tel. 01/63 25 20) zu erfahren.

Einkaufen

Die bekannteste und zentralste **Buchhandlung** ist die Libraire Antoine in der Hamra-Straße.

Einheimische handwerkliche Produktionen hoher Qualität finden Sie in den Artisanats, wo Sie allerdings teilweise auch mit hohen Preisen rechnen müssen.
Artisanat Tourass
In Sin el-Fil, Tel. 04/49 50 66
Artisans du Liban et d'Orient
In Ain Mraise
L'Artisan du Liban
s.a.r.l. in Hamra, Rue Clemenceau, Tel. 01/36 48 80

Im Stadtteil Burj Hammoud gibt es eine Vielzahl an **Juweliergeschäften**, die insbesondere eine große Auswahl an hochwertigem Goldschmuck haben.

Postämter

In der Hamra-Straße und auf dem Gelände der Amerikanischen Universität.

Reisebüros

Jet Travel & Tourism
Hamra, Tel. und Fax 01/34 03 80
Nakhal & Cie.
Avenue Sami el Solh, Tel. 07/7 72 34 23, Fax 07/72 19 39
Rida Travel & Tourism International
Al Arz Center, Jal ad-Dib, Tel. 04/41 87 97, Fax 04/41 87 58, e-mail: ridaint@ridaint.com.lb

Die Umgebung von Beirut

In den Sommermonaten vermag kaum einer die Hitze und die hohe Luftfeuchtigkeit in Beirut auszuhalten. Daher fliehen viele Beiruter in die Berge, um die frische, kühle Luft zu genießen und den hektischen Alltag Beiruts hinter sich zu lassen. Wohlhabende Familien, die an den Hängen der Libanonberge eine Zweitwohnung besitzen, verbringen den ganzen Sommer in ihrem „Feriendomizil". Die beruflich Gebundenen müssen allerdings jeden Tag die Strapaze auf sich nehmen und nach Beirut fahren – so ziehen sie Tag für Tag morgens mit dem Strom hinunter, abends wieder hinauf. Die Folge: Verkehrsstau! Die Küstenstraße, die Ein- und Ausgänge der Hauptstadt sowie die Straße Beirut–Damaskus, die durch den Reise- und LKW-Verkehr noch stärker belastet wird als andere Strecken, verlangen von Autofahrern viel Geduld und Zeit. Aufgrund des **großen Verkehrsaufkommens** und der **langen Wartezeiten im Stau** können wir im Folgenden keine präzisen Zeitangaben für die jeweiligen Fahrstrecken machen und beschränken uns daher auf Kilometerangaben. Hinzu kommt, dass die meisten Straßen bis heute in keinem guten Zustand sind, so dass sich auch dadurch die Fahrzeiten verlängern. Ausgenommen die Küstenstraße und ein Teil der großen Verbindungsstraße nach Damaskus gilt für Gesamt-Libanon: Seien Sie vorsichtig beim Fahren, rechnen Sie immer mit Staus, Baustellen, Umleitungen und vor allem in den Bergen mit schlechten Straßenverhältnissen!

Tipp: Um lange Wartezeiten im Stau zu entgehen, meiden Sie vor allem die frühen Morgenstunden (7–9.00 Uhr) und die Nachmittagsstunden (16–18.00 Uhr). Großes Verkehrsaufkommen gibt es morgens stadteinwärts und nachmittags stadtauswärts, wenn alle Beirut wieder verlassen.

Ausflug 1: Beirut – Bait Merry – Dair al-Qal^{c}a – Brummana – Beirut

Wir verlassen Beirut Richtung Norden bis zum Nahr Beirut (3 km). Vor der Brücke über den im Sommer ausgetrockneten Fluss biegen wir rechts ab und fahren bis zur Abzweigung nach Sin al-Fil (7 km), die links nach Bait Merry führt. Auf 770 m Höhe liegt Bait Merry (17 km), im Sommer Wochenendziel vieler Beiruter.

Bait Merry

Der Ort bietet zahlreiche schöne und gute Restaurants, einen **malerischen alten Ortsker**n für einen Spaziergang, frische Luft und einen **herrlichen Panoramablic**k über Beirut, die umliegenden Berge bis zum Jabal Sannin im Osten und das tiefeingeschnittene Tal des Flusses Jamani.

Hotel 

Hotel Al-Bustan*****

In wunderschöner Umgebung gelegen und mit einem fantastischen Blick auf Beirut und die Küste, bietet das Hotel zudem sehr schöne Zimmer, einen hervorragenden Service und exzellente Verpflegung. Die Preise sind mit 230 $ für das DZ jedoch sehr hoch. Sie können auch nur der zum Hotel gehörenden schottischen Bar einen Besuch abstatten oder im italienischen Restaurant

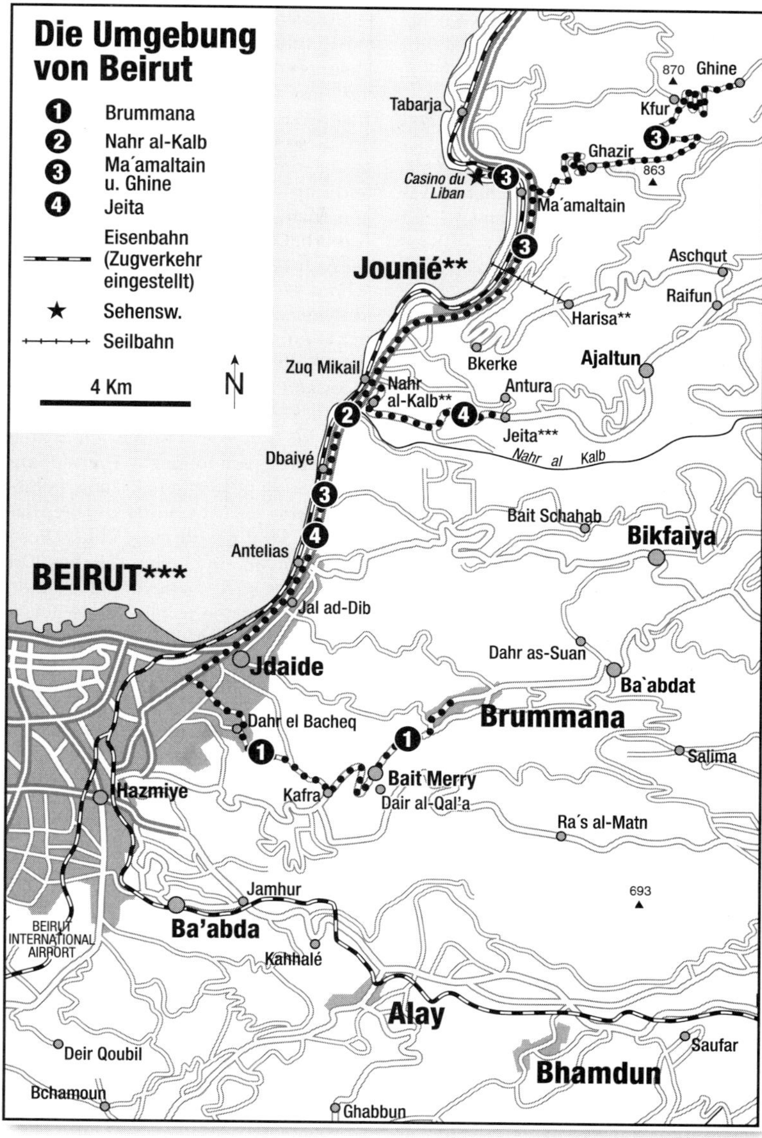

Die Umgebung von Beirut

1 Brummana
2 Nahr al-Kalb
3 Ma´amaltain u. Ghine
4 Jeita

Eisenbahn (Zugverkehr eingestellt)
★ Sehensw.
Seilbahn

4 Km

N

Tabarja
870 Ghine
Kfur
Ghazir
863
Casino du Liban
Ma´amaltain
Jounié**
Aschqut
Raifun
Harisa**
Bkerke
Ajaltun
Zuq Mikail
Nahr al-Kalb**
Antura
Jeita***
Nahr al Kalb
Dbaiyé
Bait Schahab
Bikfaiya
Antelias
BEIRUT***
Jal ad-Dib
Dahr as-Suan
Jdaide
Ba`abdat
Brummana
Dahr el Bacheq
Salima
Bait Merry
Kafra
Hazmiye
Dair al-Qal'a
Ra´s al-Matn
693
Jamhur
BEIRUT INTERNATIONAL AIRPORT
Ba'abda
Kahhalé
Alay
Saufar
Deir Qoubil
Bhamdun
Bchamoun
Ghabbun

Il Giardino die hervorragende Küche genießen; Tel. 04/97 04 00, Fax 04/97 24 39.

Restaurant

Hakim's Fast Food
Einfaches, preisgünstiges Restaurant mit einer großen Auswahl an kleineren Gerichten; Tel. 04/97 12 78.

Dair al-Qal^{c}a

Folgen wir der Straße durch Bait Merry in Richtung Brummana wenige Meter bis zur Kreuzung und biegen dann rechts ab, so erreichen wir nach 1 km Dair al-Qal^{c}a.

Die **Klosterkirche** des auf einem Felsvorsprung gebauten Maronitenklosters aus dem 17. Jh. wurde auf den Resten eines **römischen Tempels** errichtet. Ausgrabungen ergaben, dass es sich um eine großangelegte, einst bedeutende Tempelanlage gehandelt haben muss. Die von den Christen zum Bau ihrer Kirche wiederverwendeten römischen Steinquader, einige mit lateinischen Inschriften, und die Säulen mit einem Durchmesser von 2 m geben einen Eindruck von der Monumentalität der Anlage, erinnern die Säulen doch in ihrem Ausmaß an jene von Ba^{c}albak. Auch das inzwischen freigelegte Fundament der Cella und Teile der unteren Steinschichten mit schön gearbeiteten Großquadern bestätigen diese Annahme. Nach dem Fund eines Reliefs mit der Darstellung Baals, das den phönizischen Gott mit einer Krone aus Federn und einer Geißel in der Hand zeigt, wird ein phönizischer Vorgängerbau an dieser Stelle vermutet. Neben der Anlage steht eine Eiche. Sie galt als heilig und soll Rheumaleidende von ihren Schmerzen befreit haben.

Ungefähr 200 m von der Klosterkirche entfernt stehen **Reste mehrerer kleinerer Tempel**. Inschriften informieren, dass einer von ihnen unter Kaiser Trajan (98–117) für Juno errichtet wurde. Diese Göttin der Frauen war die Beschützerin der Hochzeit, Ehe und Geburt und wurde zusammen mit Jupiter und Minerva auf dem Capitol in Rom verehrt. Zu Seiten der Tempel liegen verstreut mehrere **Sarkophage** und schräg gegenüber erheben sich noch Reste einer aus römischen Spolien errichteten **byzantinischen Kirche** aus dem 5. Jh. Hier können Besucher die Mosaiken, die einst den Kirchenboden schmückten, bewundern.

In der Nähe des christlichen Sakralbaus wurde eine **römische Thermenanlage** mit Hypokausten-Heizung freigelegt sowie ein **Abschnitt der gepflasterten Straße** und eine **Villa**. Diese Funde deuten auf einen römischen Ort hin. Bereits im 1. Jh. bevorzugte die an der Küste lebende wohlhabende Bevölkerung im Sommer das angenehme Klima in den Bergen. Sie ließen sich Landhäuser mit großem Komfort und Einrichtungen für das gesellige Beisammensein (Bäder) bauen, wobei Standorte neben Heiligtümern, die als Wallfahrtsstätten galten, bevorzugt wurden.

Öffnungszeiten, Eintritt: frei zugänglich, kein Eintritt.

Brummana

Wieder zurück nach Bait Merry, folgen wir der Straße weiter nach Brummana (21 km). Dieser auf 720 m Höhe gelegene kleine Ort ist das ganze Jahr über ein beliebtes Ausflugsziel, in dem viele Libanesen Zweitwohnungen oder -häuser besitzen. Zahlreiche sehr gute arabische wie internationale Restaurants, Ca-

fés und für junge Leute Diskotheken, die an Wochenenden vollkommen überfüllt sind, ziehen die Menschen nicht nur im Sommer an.

Hotels

Hotel Printania Palace*****
Das unbestritten beste Hotel in Brummana in edlem Ambiente mit leicht über dem üblichen Niveau liegenden Preisen (DZ 160 $). Achtung: in der Hauptsaison wird es erheblich teurer; Tel. 04/96 04 16, Fax 04/96 02 87.

Kanaan Hotel***
Nettes, kleines Hotel mit familiärer Atmosphäre und schönem Blick auf die Küste; Tel. 04/96 00 84, Fax 04/96 12 13.

Belvedere**
Kleineres, einfaches Hotel. DZ für 50 $; Tel. 04/96 11 03.

Restaurants 

Al Bazerkan
Stilvolles Café und Restaurant im Bellevue Palace Hotel mit orientalischem Flair. Exzellente libanesische Küche. Am Abend Live-Musik und Bauchtanz; Tel. 04/96 02 57.

Al Chahrour
In der Nähe des Hotels Printania; Tel. 04/96 42 57.

Mounir
Sehr gutes Restaurant, bei guter Witterung auch Gartenbetrieb; gehobene Preise; Tel. 04/96 16 16.

Feste und Veranstaltungen 

Am **14. September** feiern die Bewohner das **Fest des Kreuzes.** Sie zünden Feuer auf den Höhen der umliegenden Berge an und Kerzen in Kirchen, Häusern und am Rande der Straßen. Jedes Jahr im **August** finden **Internationale Tennisturniere** statt.

Ausflug 2: Beirut – Nahr al-Kalb – Beirut

Auch bei diesem Ausflug verlassen wir Beirut im Norden und fahren auf der Küstenstraße Richtung Tripolis. Die beiden nördlich gelegegenen Vororte Beiruts, **Jdaide** (6 km) und **Antelias** (9 km), haben während des Bürgerkrieges ihr Gesicht stark verändert. Hierher flüchteten Tausende von Christen, wurden Büros, Firmen und Banken, die ihren Sitz in West-Beirut hatten, verlegt, da diese Gegend von Angriffen und Kämpfen zum Teil verschont blieb. Links und rechts säumen die Straße moderne, geschmackvolle Geschäfte, gute Restaurants und Hotels – hier hat jeder das Gefühl, als sei er nicht in Libanon. Dieses Gefühl verstärkt sich in **Jounié**. Die seit 1998 neu ausgebaute Autobahn soll

Am Hundsfluss (Nahr al-Kalb)

den Verkehrsstaus entgegenwirken, stehen doch hier die Autos oft in mehreren Reihen am Nordausgang bzw. -eingang Beiruts morgens wie nachmittags stundenlang im Stau. Nach 12 km führt die Straße an der Küste um ein Felsvorgebirge herum bis zum **Nahr al-Kalb** (15 km), dem Hundsfluss, zu dem ein kleiner Weg rechts abbiegt.

Nahr al-Kalb

Die Legende vom Nahr al-Kalb

„Ich errichtete eine Stele mit meinem Namen im Lande Laban an der Küste des großen Meeres". Diese Inschrift soll der amoritische Herrscher **Schmaschi-Adad I.** (1815–1783 v. Chr.) am Nahr al-Kalb angebracht haben (nicht gefunden!). Was den Engpass auszeichnet, ist die Anzahl von Inschriften aus dreitausend Jahren libanesischer Geschichte, deren älteste auf das 13. Jt. v. Chr. zurückgeht.

Der **Legende** nach nannten die Griechen den Fluss *Lykos* (Wolf, Hund). An stürmischen Tagen, so wird erzählt, soll das Meer wie eine Bestie in den Höhlen des Vorgebirges geschrieen haben, so dass man dem Fluss diesen Namen gab und mit einer Legende versah. Dem Mythos nach soll ein Gott oder Dämon einen riesigen Wolf an der Flussmündung angekettet haben, dessen Gebrüll bei der Überspülung durch die Meereswogen bis nach Zypern zu hören war. Nach einer lokalen Sage jedoch soll der Fluss seinen Namen einem an der römischen Straße aufgestellten Standbild ei-

Nahr al-Kalb: assyrische und ägyptische Stele

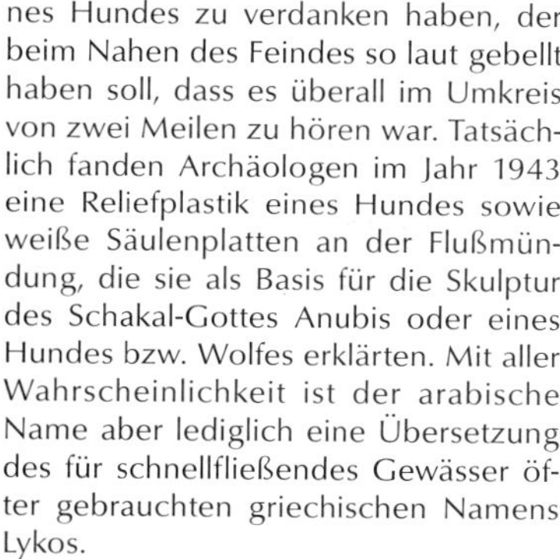

nes Hundes zu verdanken haben, der beim Nahen des Feindes so laut gebellt haben soll, dass es überall im Umkreis von zwei Meilen zu hören war. Tatsächlich fanden Archäologen im Jahr 1943 eine Reliefplastik eines Hundes sowie weiße Säulenplatten an der Flußmündung, die sie als Basis für die Skulptur des Schakal-Gottes Anubis oder eines Hundes bzw. Wolfes erklärten. Mit aller Wahrscheinlichkeit ist der arabische Name aber lediglich eine Übersetzung des für schnellfließendes Gewässer öfter gebrauchten griechischen Namens Lykos.

Geschichte und Bedeutung

Das Vorgebirge am Nahr al-Kalb war ein Hindernis sowie **Bollwerk der Phönizier**. Ihre Häfen lagen im Schutz des Libanongebirges, so dass die Eroberer zunächst versuchten, die Vorherrschaft über die Küstenregion zu erlangen. Dabei war es wichtig, das Durchgangsland selbst unter Kontrolle zu bringen – hier lag der Schlüssel für eine, im damaligen Sinne, Weltherrschaft. In zahlreichen Texten erwähnen **mesopotamische Herrscher** ihren Marsch zum „oberen Meer" (= Mittelmeer, im Unterschied zum „unteren Meer" = Persischer Golf). Die Bedeutung dieses Übergangs war der topographische Vorteil: er war die natürliche Grenze zwischen dem nördlichen und dem südlichen Teil der libanesischen Küstenregion. Gebildet wurde diese Grenze durch das tiefeingeschnittene Tal des Flusses, das nur an der Mündung, nicht aber landeinwärts zu überqueren war. Wem es gelang, diesen Pass unter seine Kontrolle zu bekommen, hatte in der Tat Anlass genug, hier eine Stele mit einer Felsinschrift als Zeichen des Besitzes anzubringen.

Später wurde der Übergang durch eine Brücke und einen schmalen Felsenpfad weit über das steile Vorgebirge erleichtert. Die **Ägypter** waren die ersten, die einen Weg in die südliche Klippe schlugen, der sich in Stufen nach oben wand. Später bauten die **Assyrer** ihn aus. Spuren dieses ältesten Weges zeigen, dass der Pass in jener Zeit für größere Karawanen und Kriegsheere nicht leicht, für Schwertransporte überhaupt nicht zu passieren war. Erst unter **Marcus Aurelius** wurde 179/180 eine weitere Straße in den Felsen gehauen, die den Steilhang in dreißig Meter Höhe überquerte und 382 von einem römischen Präfekten erweitert wurde. Bis 1960 verlief ein Weg auf schmalen, dem Vorgebirge abgerungenen Stufen nur wenige Meter über dem Meeresspiegel um das Massiv des Ra's al-Kalb herum.

Inschriften

Verborgen hinter Sträuchern auf der gegenüberliegenden Seite des unbegehbaren Flussufers ist die Inschrift des neubabylonischen Herrschers **Nebukadnezar**, der während der Belagerung Jerusalems 587 v. Chr. sich ein Denkmal in babylonischer Sprache am Lykos anbringen ließ. In dieser erklärt er, dass ein Feind Libanon plündere und die Bevölkerung umbringe, und dass er es übernommen habe, diesem Volk das Glück wiederzubringen. Ein Teil der Inschriften befindet sich auf gleichem Niveau wie der kleine Weg entlang des Flusses, zu den anderen führt eine Treppe hinauf. Folgen wir den Stufen des Felsens hinauf, so kommen wir an den ältesten Stelen aus ägyptischer und assyrischer Zeit vorbei. **Ramses II.** (1290–1223) war wohl der erste Herrscher, der einen militärischen Vormarsch auf dem Kü-

Gedenktafel General Gourauds zur Einnahme von Damaskus im Jahr 1918

stenpfad wagte. Alle Eroberer zuvor marschierten auf der üblichen Route durch die Bekaa-Ebene, nachdem sie eine Flotte entlang der Küste geschickt hatten, die von See aus operieren konnte. Nach Herodot hatte Ramses II. überall im östlichen Mittelmeer Denkmäler von sich errichten lassen. Mit drei Inschriften war er jedenfalls hier vertreten, von denen eine 1860 auf Befehl des französischen Generals Beaufort weggemeißelt wurde. Die eine zeigt den Herrscher nach einem Krieg gegen die Hethiter, die andere neben dem Gott Ammon, den ägyptischen Herde- und Weidegott mit Widderhörnern, Symbol der Macht und Kraft. Ramses mit hoher Krone erhebt seinen Arm, um einen vor ihm liegenden Gefangenen zu schlagen. Beide Stelen sind sehr verwittert, so dass wir heute die Hieroglyphen-Inschrift nur schwer erkennen können. Neben denen aus ägyptischer Zeit säumen den Stufenweg zahlreiche **assyrische Stelen**. In den üblichen, den assyrischen Herrschern eigenen Darstellungen spiegeln sie das königliche Selbstverständnis wider. Auf diesen genormten Standardreliefs wurden die Könige stets in Siegesposen und mit den unterworfenen Gegnern dargestellt, während neben ihren Häuptern Göttersymbole oder kleine Götterfiguren wiedergegeben wurden. Die Texte in aramäischer Sprache propagierten Lobeshymnen auf Taten der Herrscher und auf die Macht Assyriens.

Die am Wegrand in den Felsen eingemeißelten Inschriften stammen zum größten Teil aus dem 19. und 20. Jh. Ausnahmen sind die Stelen vom mamlukischen **Sultan Barquq**, die über den Bau der Brücke informiert, und die des römischen **Kaisers Caracalla**, der die Erweiterung der Straße ankündigt. Wir erkennen die Inschrift **General Beauforts**, der die ägyptische Gedenktafel Ramses II. löschte, um den Erfolg seines Feldzuges 1860 eingravieren zu lassen. Aus dem gleichen Jahrhundert stammt die Inschrift **Napoleons III.** neben der stark verwitterten assyrischen Inschrift. Alle weiteren hängen mit der französisch-libanesischen Geschichte zusammen: Ein Ehrenmal für die französische Armee, die als Befreier Syriens und Liba-

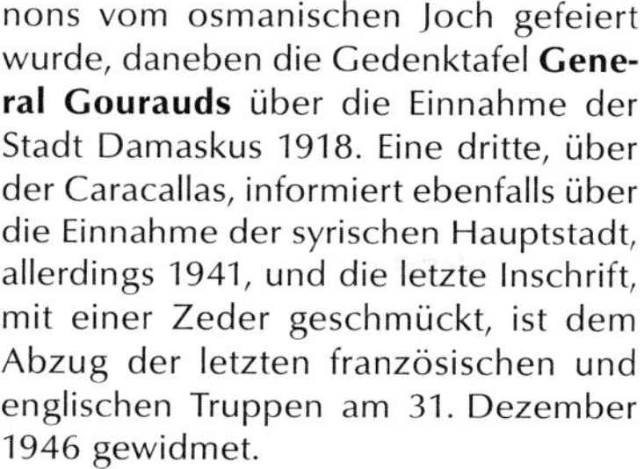

nons vom osmanischen Joch gefeiert wurde, daneben die Gedenktafel **General Gourauds** über die Einnahme der Stadt Damaskus 1918. Eine dritte, über der Caracallas, informiert ebenfalls über die Einnahme der syrischen Hauptstadt, allerdings 1941, und die letzte Inschrift, mit einer Zeder geschmückt, ist dem Abzug der letzten französischen und englischen Truppen am 31. Dezember 1946 gewidmet.

Restaurants

Tazka
Das Restaurant liegt direkt bei der arabischen Brücke. Auf der Terrasse kann man nur ein paar Vorspeisen oder auch vollständige Gerichte essen. Täglich außer Montag geöffnet. Gelegentlich gibt es hier abendliche Bauchtanzvorführungen; Tel. 09/21 68 30.

Happy Valley
In der am linken Flussufer gelegenen Anlage, die sowohl mehrere Bars als auch Restaurants umfasst, bekommen Sie preisgünstige Pizzen und Snacks. Ein Abenteuerspielplatz bietet Kindern Abwechslung.

Ausflug 3: Beirut – Jounié – Ma'amaltain und Umgebung – Beirut

Wir verlassen Beirut auf der Küstenstraße Richtung Tripolis über **Jdaide** (6 km) **Antelias** (9 km), **Nahr al-Kalb** (15 km) bis nach **Jounié** (20 km).

Jounié

Kurz nach Ortsbeginn folgen wir dem Wegweiser rechts zum Ort. Jounié war vor 1975 ein kleiner malerischer Ort, gelegen an dem wohl schönsten Abschnitt der libanesischen Küste. Zu Beginn dieses Jahrhunderts gründete Mary Eddy, die aus einer amerikanischen Missionarsfamilie stammte, in dem Dorf das erste TBC-Sanatorium. Heute kann von der frischen Luft, die einst die Missionarin dazu bewogen hatte, gerade an dieser Bucht eine Heilstätte bauen zu lassen, nicht mehr die Rede sein. Der Ausbau des Ortes und des Hafens ließen das Flair von einst, die Ruhe und die saubere Luft Vergangenheit werden. Einst war der Ort von Orangen- und Bananenhainen umgeben, jetzt ziehen sich wie ein Kranz um den ehemaligen kleinen Fischerort terrassenförmig angelegte zahlreiche Hochhäuser die Hänge hinauf. Die Fischer mussten weichen und an der einst verträumten Bucht reihen sich heute Hotels, viele erster Klasse mit allem Komfort und Wassersportmöglichkeiten, internationale Restaurants, Cafés, Bars, Nachtlokale und Diskotheken. Ein **europäisches Ambiente** – es ist, als sei man nicht in Libanon. Überall glitzert und funkelt es, Edel-Boutiquen mit Kleidung berühmter Modeschöpfer, Juwelen und Accessoires säumen die Straßen und modisch gekleidete junge Leute flanieren durch den Ort.

Tipp: Sollten Sie die Kirche von Harisa (s. Halbtagestour 3) nicht mit dem Auto besuchen wollen, so können Sie vom Aquarium-Hotel in Jounié die Seilbahn benutzen.

Hotels

Portemillo Suite*****
Großes, luxuriöses Hotel mit sehr gutem Service; Tel. 09/93 33 00, Fax 09/93 18 66.

Regency Palace*****
Das Hotel liegt in Adma oberhalb von Jounié; Tel. 09/93 70 45, Fax 09/91 87 83.

Arcada Marina****
Ein renoviertes altes Gebäude, das direkt beim Meer liegt. Hier können Sie entweder im hauseigenen Schwimmbad oder im Meer baden. Die Preise sind liegen mit ca. 80–90 $ für das DZ im unteren Bereich der üblichen Skala; Tel. 09/91 55 46.

Aquarium****
Neben der Seilbahn, die zur Statue von Harisa hochführt, liegt das Hotel direkt am Meer und hat außerdem einen hauseigenen Swimmingpool; Tel. 09/93 68 58, Fax 09/93 50 98.

Beverly Beach****
Tel. 09/90 02 55, Fax 09/91 66 37

Ferienwohnungen

Centre Amwaj
Moderne Wohnanlage mit Pool und schöner Bepflanzung an der Küstenstraße direkt am Meer mitten im alten Stadtzentrum; Preis monatl. 1250 $ (Dachterrassenwohnung für 4 Personen); B.P. 407 Jounieh, Tel. 09/91 87 00, Fax 09/93 58 51.

Restaurant

La Crêperie
Gute Auswahl an preisgünstigen Crêpes. Das Restaurant liegt auf einem Felsen und bietet eine wunderschöne Sicht auf die Bucht von Jounié;
Tel. 09/9 12 49.

Bars, Nachtclubs

Opera
In Kaslik, beim Centre Debs,
Tel. 09/90 02 96.

Bermuda
An der Autobahn Harat Sakher in Jounié, Tel. 09/93 61 38.

Galerie Alwan

In Kaslik, Tel. 09/83 21 74

Feste und Veranstaltungen

„Die Nächte des alten Suq"
Festival, Ende Juli/Anfang August in Zuq Mikail oberhalb von Kaslik/Jounié. Jedes Jahr zeigen hier ca. 400 Handwerker ab 18 Uhr ihre Kunstwaren.

Baden

In der Bucht von Jounié finden sich zahlreiche und gute Strandanlagen:
Amwaj, Tel. 09/91 10 86
Bel Azur
Entrée du Port, Tel. 09/93 77 52
La Palma, Tel. 09/93 01 35

Polizei

Tel. 09/91 59 67 oder 91 59 68

Ma'amaltain und Umgebung

Wieder auf der Küstenstraße fahren wir, vorbei an mehreren Eisenbahnwaggons, die zum Bahnhof der NBT-Eisenbahn gehörten (Zugverkehr wurde eingestellt), weiter nordwärts und erreichen – kurz bevor wir die Bucht verlassen – **Ma'amaltain** (22 km). Von Ma'amaltain führt rechts eine Straße hinauf nach **Ghazir** (7 km), einem maronitischen Dorf mit herrlichem Blick über die Bucht von Jounié. Hier kamen bei Ausgrabungen Reste einer römischen Straße zutage. 1843 eröffneten die Jesuiten in dem Ort ein Seminar, das 1875 nach Beirut verlegt wurde – der Vorläufer der heutigen St. Joseph-Universität. Der französische Orientalist Ernest Renan (1823–92) lebte mit seiner Schwester lange Zeit in Ghazir und verfasste hier sein Hauptwerk *La Vie de Jésus*.

Tipp: Besuchen Sie das Château Musar, eines der berühmtesten Weingüter des Landes. Die Familie, die das

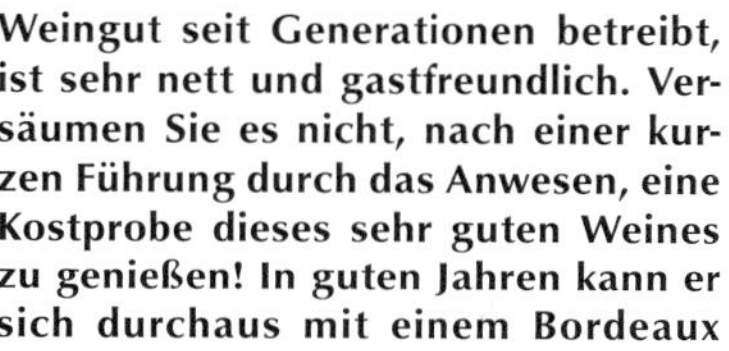

Weingut seit Generationen betreibt, ist sehr nett und gastfreundlich. Versäumen Sie es nicht, nach einer kurzen Führung durch das Anwesen, eine Kostprobe dieses sehr guten Weines zu genießen! In guten Jahren kann er sich durchaus mit einem Bordeaux messen.

Hinter Ghazir folgt die Straße dem grünen Tal des Nahr Ma'amaltain bis zum Kloster **Mar Abda** (12 km). Über den Sommerort **Kfur** (16 km) erreichen wir das kleine Dorf **Ghine** (18 km). Hier lohnt es sich auszusteigen und zu Fuß den Weg ca. 100 m hinter dem Dorf nach Westen zu gehen. Nach nur wenigen Schritten stößt man auf **zwei Reliefs**, von denen eine Darstellung bis heute umstritten ist. So behaupten einige, es handele sich um den Kampf Adonis' mit dem wilden Eber, auch wenn das Tier eher einem Bären gleicht. Die weinende Frau daneben soll Astarte/Aphrodite sein. Andere interpretieren das Relief als eine gewöhnliche Bärenjagd und setzen es mit der darunter liegenden Gruft in Verbindung. Die Darstellung zeige eher eine tragische Situation, vielleicht sogar die Todesursache des in der Gruft Bestatteten. Auf dem zweiten Relief ist ein stehender Mann mit einer Lanze in der Hand zu erkennen, der von zwei Hunden gefolgt wird. Anhänger der „Adonis-Aphrodite-Theorie" sehen in ihm den jagenden Adonis.

Zurück zur Küstenstraße. Vorbei an einem **römischen Brückenbogen** auf der rechten Seite (23,5 km) erreichen wir nach der Brücke über den Nahr Ma'amaltain das **Casino du Liban** (24 km) am äußersten Bogenende der Bucht, in schöner Lage auf einer Anhöhe gebaut.

Auf der gleichen Strecke fahren wir auf der Küstenstraße zurück nach Beirut (24 km).

Blick auf Jounié (Foto: L. Huber)

„Rien ne va plus!"

Rien ne va plus – der große Raum ist gefüllt mit Spieltischen, umgeben von gut gekleideten Männern und Frauen. Chips in allen Farben wechseln binnen Sekunden den Platz, Karten werden in Windeseile gemischt und ausgeteilt.

Rien ne va plus – im Casino du Liban kann man wieder seit Ende 1996 diesen Satz mehrmals am Abend hören. Einst Symbol des Wohlstandes im kosmopolitischen Vorkriegs-Libanon, wurde das in den 80er Jahren zerstörte Kasino nun vollkommen neu restauriert. Spiel- und Ballsäle, Restaurants, Konzert- wie Theaterräume sorgen für Unterhaltung, der Jachthafen und Landeplatz für Hubschrauber soll die reichen Gäste bringen, die wie einst, ohne darüber nachzudenken, Tausende von Dollars pro Nacht für das Spielvergnügen ausgaben. Bis Anfang 2000 soll auch das angeschlossene Luxushotel fertig sein, bereit, in 200 Zimmern Gäste aus aller Welt zu empfangen.

Rien ne va plus – um diesen Satz sagen zu dürfen, müssen die Croupiers sich erst einmal einem intensiven Training unterziehen. Die „Societé du Casino du Liban" hat daher einen Zehn-Jahres-Service-Vertrag mit Albert Abela und dem London Club International abgeschlossen, die nicht nur bei der Ausbildung der zukünftigen Angestellten, sondern auch beim Management des großen Unternehmens helfen.

Die Jahre 1997/98 waren vielversprechend. Die Hoffnungen und Träume haben sich erfüllt. Die Spielräume sind wieder gefüllt, die reichen Araber, vor allem von der Arabischen Halbinsel, reihen sich wieder um die Spieltische, Theaterstücke und Shows aus Frankreich ziehen wieder Hunderte von Zuschauern an und die Restaurants locken mit einer guten, abwechslungs- und phantasiereichen Küche. Es bleibt abzuwarten, ob das „Goldene Zeitalter" wieder wie eine Woge die Gegend überrollt. Das Management des einst größten Kasinos sieht jedenfalls gelassen in die Zukunft. Ihre harte Arbeit wird sich lohnen, so glauben sie, und der Ort wird wieder viele Menschen anziehen. Wie einst. Wie einst, als große Sänger/innen wie Charles Aznavour, Farid al-Atrasch, Dalida u. a. ihr Bestes gaben. Wie einst, als Stücke von Tennessee Williams, William Gibson u. a. aufgeführt wurden. Wie einst, als die Schönheitskönigin der Welt hier gewählt wurde. Die Zeiten von einst sollen wiederkehren. Der magische Schatten der 60er und 70er Jahre, der auf dem Kasino ruht, wird langsam wieder zum Leben erweckt. Rien ne va plus!

Geöffnet: ganzjährig, 12.00–4.00 Uhr (Slot Machines Area), 20.00–4.00 Uhr (Gaming Rooms).

Mindestalter: 21 Jahre, **Kleidung:** Frauen chic, Männer in Anzug und Krawatte, keine Jeans und Turnschuhe.

Tel. 09/93 29 32, Fax 09/93 27 79; e-mail: casino@cdl.com.lb; Website: www.cdl.com.lb

Hotel

Le Mirage***
In Ma'amaltain, kurz vor dem Casino du Liban, Tel. 09/93 61 27.

Theater

Theater Ma'amaltain
In Ma'amaltain, Tel. 09/83 06 19
Theater Casino du Liban
In Ma'amaltain, Tel. 09/83 20 97

Ausflug 4: Beirut – Jeita – Beirut

Wir verlassen Beirut auf der Küstenstraße Richtung Tripolis über **Jdaide** (6 km) **Antelias** (9 km) bis zum **Nahr al-Kalb**. Wenige Meter nach der Brücke über den Hundsfluss führt eine Straße auf der rechten Seite zu den Jeita-Grotten (22 km).

Grotten von Jeita

Einen Besuch der Grotten von Jeita, faszinierende und überwältigende Naturschauspiele, sollten Sie auf keinen Fall versäumen.

Die Anlage der seit Juli 1995 wieder eröffneten **Tropfsteinhöhlen** ist hervorragend ausgestattet. Nachdem Sie mit der Seilbahn bis zur oberen Grotte gefahren sind, haben Sie die Möglichkeit, sich durch einen **Film**, der zunächst allgemein über die geologische Entwicklung von Höhlen und die Entstehung von Tropfsteingebilden und dann über die Entdeckungsgeschichte der Grotten von Jeita berichtet, in eine geheimnisvolle Welt entführen zu lassen. Wir empfehlen, den sehr informativen und ansprechenden Film vor der Besichtigung der Höhlen anzuschauen. Die Grotten selbst werden die durch den Film geweckten Erwartungen nur noch übertreffen. Die **Entdeckungs- und Erforschungsgeschichte** der Grotten ist überaus spannend. Das Verdienst, als erster auf die Höhlen aufmerksam geworden zu sein, kommt dem amerikanischen Missionar **William Thomson** zu. Als er sich im Jahre 1836 in der Nähe der Grotten auf einem Jagdausflug befand und ein eigenartiges Echo auf einen Schuß vernahm, stieß er 50 Meter in die untere Höhle vor. Er war sich sicher, dass sich hier eine Grotte von beeindruckenden Ausmaßen befinden müsse. 1873 begannen Ingenieure der **Beiruter Wasserwerke,** die Höhle zu erforschen und drangen 1060 Meter in sie vor. Dort bot ihnen die Natur Einhalt, denn ein reißender Wasserfall machte ein Weiterkommen unmöglich – befindet sich in der Grotte doch die Hauptquelle des Nahr al-Kalb, des Hundsflusses, der für die Wasserversorgung der Hauptstadt Beirut von herausragender Bedeutung ist. In den folgenden Jahrzehnten wurden weitere, größtenteils ausländische **Expeditionen** durchgeführt, bis die untere Höhle 1940 auf einer Länge von 1750 Metern begangen und erforscht war. Nach der Unabhängigkeit im Jahre 1946 widmete sich die libanesische Vereinigung für Höhlenforschung weiteren Expeditionen. Das Jahr **1958** brachte nicht nur die **Eröffnung der unteren Grotte**, sondern auch die große Entdeckung: man fand den Zugang von der unteren zu der oberen Höhle, die eine Länge von 2130 Metern besitzt. Es musste ein Tunnel von 117 Metern gebohrt werden, um die obere Grotte erschließen und dann 1969 der Öffentlichkeit zugänglich machen zu können. Die Eröffnung war der überwältigenden Majestät des Naturschauspiels angemessen. Der französische Komponist **François Bayle** schrieb für diesen

Die Reise zum Mittelpunkt der Erde

„... Aber ich dachte überhaupt nicht mehr an die Sonne, ich vergaß den Mond und die Sterne. Kein Gedanke mehr an Häuser und Städte, an diese vielen Überflüssigkeiten, die der Mensch an der Oberfläche der Erde für dringend notwendig hält und von denen er sich abhängig gemacht hat. Wir als lebende Fossilien konnten über diese unnützen Herrlichkeiten nur die Nase rümpfen... Die Höhlendecke, die hochgewölbte Kuppel, die sich über mir erhob, der Himmel sozusagen, schien aus großen Wolken zu bestehen, beweglichen Dämpfen von wechselnder Form. An bestimmten Tagen würden sie sich durch die Wasserverdunstung stark auffüllen, und dann stürzte die Flüssigkeit wahrscheinlich in sintflutartigen Regenfällen wieder zurück. Ich hätte angenommen, daß bei dem hohen Luftdruck, der hier unten herrschte, so gut wie kein Wasser verdunsten könnte. Aber trotzdem sah ich, einem mir unverständlichen physikalischen Effekt zufolge, über dem Wasser diesen feinen Dunst schweben. Dabei hatten wir gerade „schönes Wetter". Die elektrischen Luftschichten produzierten in den höchsten Wolken erstaunliche Licht- und Farbenspiele. Scharfe Schatten ergaben sich an den Wölbungen ihrer unteren Ränder, während zwischen zwei Wolkenbänken, die sich gerade trennten, kurz ein heller Strahl von bemerkenswerter Kraft herausschoß. Aber, wie gesagt, es war nicht die Sonne. Was diesem Licht vor allem fehlte, war die Wärme. Das hatte eine überaus melancholische Wirkung. Man spürte über diesen Wolkengebilden keinen strahlenden, von Sternen belebten Himmel, sondern nur eine Felsendecke, ein Granitgewölbe, das alles unter sich erdrückte. Selbst der bescheidenste Mond hätte darin keinen Platz für seine Umlaufbahn gefunden ... Das Wort „Höhle" gibt einen nur unzureichenden Eindruck von dem endlosen Gehäuse wieder, das uns hier umgab. Überhaupt reicht die menschliche Sprache nicht mehr für den Forscher, der sich in die Abgründe unserer Erdkugel begibt ... Ich hatte schon von vielen Höhlen gehört und auch einige Reisebeschreibungen davon gelesen, aber nie war darunter eine von so gigantischen Ausmaßen ... – das hatte die Erdoberfläche nicht zu bieten. Die Unendlichkeit, die ich hier sah, überstieg meine kühnsten, wildesten Phantasien. All diese unglaublichen Wunder betrachtete ich ehrfürchtig schweigend. Mir fehlten die Worte, um meine Gefühle auszudrükken. Ich glaubte mich auf einen der fernsten Planeten versetzt, auf Uranus oder Neptun. Ich erlebte einen Anblick, den meine irdische Natur nicht mehr begreifen konnte. Für so völlig neue, andersartige Eindrücke hätte ich neue Wörter, eine neue Sprache gebraucht. Aber dafür fehlte mir die Erfindungsgabe. Ich schaute nur, ich dachte nach, ich staunte mit einer Verwunderung, in die sich eine gewisse Portion Schrecken mischte."

(Jules Verne in „Die Reise zum Mittelpunkt der Erde", ein Roman, der eine der faszinierendsten Höhlenbeschreibungen bietet).

Anlass ein Werk elektronischer Musik und die Grotte sollte noch vielen weiteren musikalischen Ereignissen eine faszinierende, bezaubernde Szenerie bieten. Die Natur erwies sich als die beste Bühnenbildnerin. **Herbert v. Karajan** und viele andere Größen der internationalen Musikszene traten in der Grotte, in der zudem eine unbeschreibliche Akustik herrscht, auf.

Doch die Kämpfe von 1975 bis 1990 haben auch vor den Grotten von Jeita nicht Halt gemacht. Am Ende des Bürgerkrieges war die Seilbahn und die gesamte Anlage, die für die Besucher geschaffen worden war, völlig zerstört. Nach eineinhalb Jahren engagierter Aufbauarbeit war die gesamte Anlage jedoch wieder hergestellt und die Grotten von Jeita konnten im Juli 1995 erneut eröffnet werden. Heute kann der Besucher in der oberen Grotte auf einer Länge von über 2 km die „unendliche schöpferische Kraft der Natur" bewundern, die eine erstaunliche Vielzahl an Formen und Skulpturen schuf. Das einzigartige Wirken der Natur zeigt sich u. a. in einem verschwenderischen Reichtum an **Stalagmiten** und **Stalaktiten,** die nicht selten zu Säulen zusammenwuchsen – ein Prozeß, der oft 100 000 Jahre oder auch länger dauern kann. Der Anmut der Formen und Farben wurde auch durch die ausnehmend stilvolle Beleuchtung der Grotte Rechnung getragen, die sich an dem Prinzip „weniger ist oft mehr" orientiert zu haben scheint.

Nach dem Besuch der oberen Grotte erreichen Sie entweder mit einer kleinen Bahn oder zu Fuß die untere Grotte. Hier können Sie sich mit einem Boot ca. 600 Meter tief in die Höhle fahren lassen, deren vollständige Länge allerdings fast 7 km beträgt.

Für den Besuch von Jeita sollten Sie mindestens zweieinhalb Stunden einplanen, um die Schönheit des von Wasser geschaffenen Wunderwerkes richtig genießen zu können. Nach der Besichtigung können Sie noch etwas die Landschaft genießen oder in einem der nahe gelegenen Restaurants die libanesische Küche kosten.

Praktische Infos

Öffnungszeiten:
Sommer 9–19 Uhr, Winter 9–17 Uhr (außer Montag). Von Mitte Januar bis Mitte Februar sind beide Grotten geschlossen.

Eintritt:
16 500 L. L.; der Eintritt berechtigt zum Besuch der beiden Grotten, zu einer Bootsfahrt in der unteren Höhle, zur Benutzung der Seilbahn und der kleinen Bahn von der oberen zur unteren Grotte und zum Besuch der Filmvorführung.

Termine der Filmvorführungen:
Englische Fassung um 9.30, 13.30 und 17.30 Uhr; französische Fassung um 11.30 und 15.30 Uhr; arabische Fassung um 10.30, 12.30, 14.30 und 16.30 Uhr.

Restaurant

Sfair
Nach der Einfahrt zur Anlage rechts; neben einer großen Auswahl an Mezze wird hier eine der besten Wasserpfeifen des Landes zubereitet.

Kein Mangel herrscht an frischem Obst und Gemüse

Halbtagestouren von Beirut

Tour 1: Beirut – 'Alay – Bhamdun – Saufar – Beirut

Wir verlassen Beirut auf der Straße Richtung Damaskus über **Hazmiye** nach **Ba'abda** (5 km), einen kleinen Vorort, einst die Residenz des Statthalters der autonomen Provinz Mont Liban (1861–1914). Heute steht hier der Präsidentenpalast bzw. der Palast des Volkes, wie die Libanesen den Regierungs- und Wohnsitz des Präsidenten nennen. Von Ba'abda aus beginnt die Straße an den Hängen des Libanongebirges zu steigen – ein herrlicher Blick öffnet sich auf die Hauptstadt. Vorbei am Verteidigungsministerium in **Yarze** (8 km), vor dem symbolisch für das Ende des Bürgerkrieges Panzer in Form eines Mahnmales einbetoniert sind, erreichen wir den christlichen Ort **Jamhur** (11 km), in dem eines der Jesuitenseminare liegt, und kurz danach **Kahhale** (14 km). Hier lohnt ein Stopp: Blick auf Beirut und nach Norden – bei klarer Sicht – auf den bis Mai/Juni schneebedeckten Berg Sannin. 19 km von Beirut entfernt, liegt **'Alay**, einst eine der bedeutendsten Sommerfrischen des Landes.

'Alay

840 m über Beirut, umgeben von Pinien- und Kiefernwäldern und von den Bergen des Libanongebirges, wurde 'Alay während der Kämpfe zwischen christlichen und drusischen Milizen sowie der syrischen Armee stark zerstört. Heute versuchen die Bewohner 'Alays ihrer Stadt das Flair von einst wiederzugeben. Seit Anfang der 90er Jahre kommen auch wieder zahlreiche Touristen, vor allem von der Arabischen Halbinsel,

um den Sommer in dem angenehmen Klima der Bergstadt zu verbringen. Zahlreiche Ausflugslokale und Cafés sollen aber auch den Libanesen einen Anreiz bieten, die Stadt zu entdecken, wie auch die 1998 geplante Restaurierung der Altstadt.

Hotels

Grand Hotel****
Tel. 05/55 47 60

Al Istirahat
Die zweite Alternative am Ort; Zimmer und Appartments. Nur mittelmäßiger Komfort und Service; Tel. 05/55 56 60.

Restaurants

Restaurant Asrar
Das Restaurant liegt direkt an der Hauptstraße. Hier bekommen Sie exzellente typische Vorspeisen, sehr guten Fisch, aber auch Snacks und Pizzen. Abends können Sie einem Lautenspieler zuhören; Tel. 05/55 53 78 oder 03/77 65 65 (Handy).

Al Istirahat
Das Essen hat mittleren Standard, ist jedoch preisgünstig; Tel. 05/55 56 60.

Casino Piscine
Restaurant unter freiem Himmel; im Sommer finden hier die Festspiele statt. Über zwei Monate lang treten Tanzgruppen und Sänger/innen aus der arabischen Welt auf. Außerdem finden hier Ausstellungen von Künstlern statt; Tel. 05/55 73 44 bzw. 05/55 40 01 (Informationen zu den Veranstaltungen im Casino Piscine).

Abstecher von 'Alay

Von 'Alay führt eine von Bäumen gesäumte Straße in Kurven hinunter zum **Jisr al-Qadi** (16 km), einem grünen, fast unberührten Tal mit einigen Lokalen entlang des Flusses. Wieder die Berge hinauf, durch kleine verträumte Dörfer, endet die Straße in **Kfarhim** (21 km) in den Chouf-Bergen. Achtung: Die Straße ist sehr schlecht!

Eine weitere Straße führt von 'Alay Richtung Süden zu dem einst beliebten und berühmten, auf 780 m gelegenen Luftkurort **Suq al-Gharb** (4 km). Die Spuren der heftigen Kämpfe zwischen den drusischen und christlichen Milizen in dem „Krieg der Berge" 1982/83 sind in dem zum Teil noch verlassenen Dorf unübersehbar. Nur noch vereinzelt erzählen uns heute die schön dekorierten Fassaden weniger Häuser am Wegrand von der Pracht von einst.

Bhamdun

Wir folgen der Straße weiter Richtung Damaskus und erreichen **Bhamdun** (25 km). Wie 'Alay war Bhamdun vor dem Bürgerkrieg einer der bedeutendsten Sommerorte des Landes. Schlägt man Reiseführer aus den 60er Jahren auf, so findet man eine lange Liste von Hotels und Restaurants. Nicht nur Libanesen ließen sich hier prachtvolle Villen bauen, sondern auch Urlauber aus Saudi Arabien, Kuwait und den Emiraten, die Libanon wegen der schönen Landschaft und des angenehmen Klimas bevorzugten. Nach dem Ende des Bürgerkrieges kommen die Araber aus den reichen Golfstaaten zwar zurück, die Investitionen jedoch lassen auf sich warten. Dennoch sind die Hoffnungen auf einen Tourismusboom groß. Finanzstarke Libanesen investieren wieder in Hotels, Restaurants und Ferienwohnungen und sehen in naher Zukunft eine zweite Blü-

Fortsetzung auf Seite 230

Halbtagestouren von Beirut

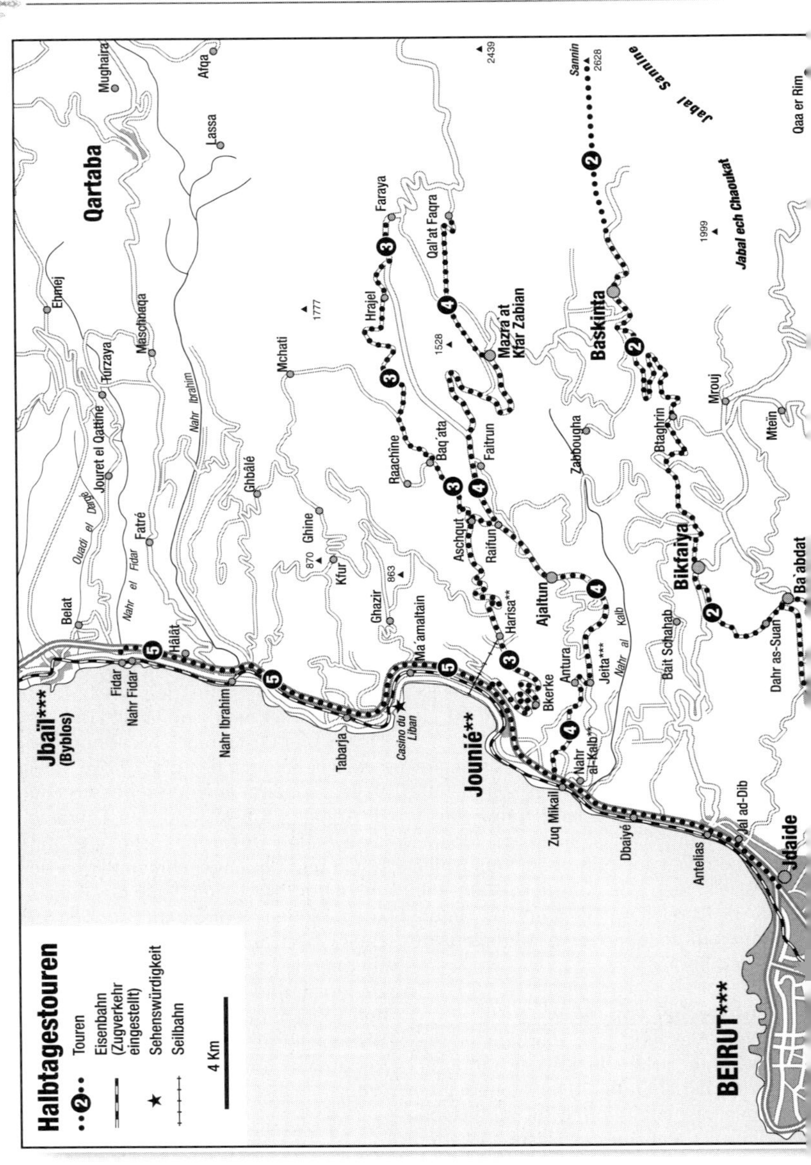

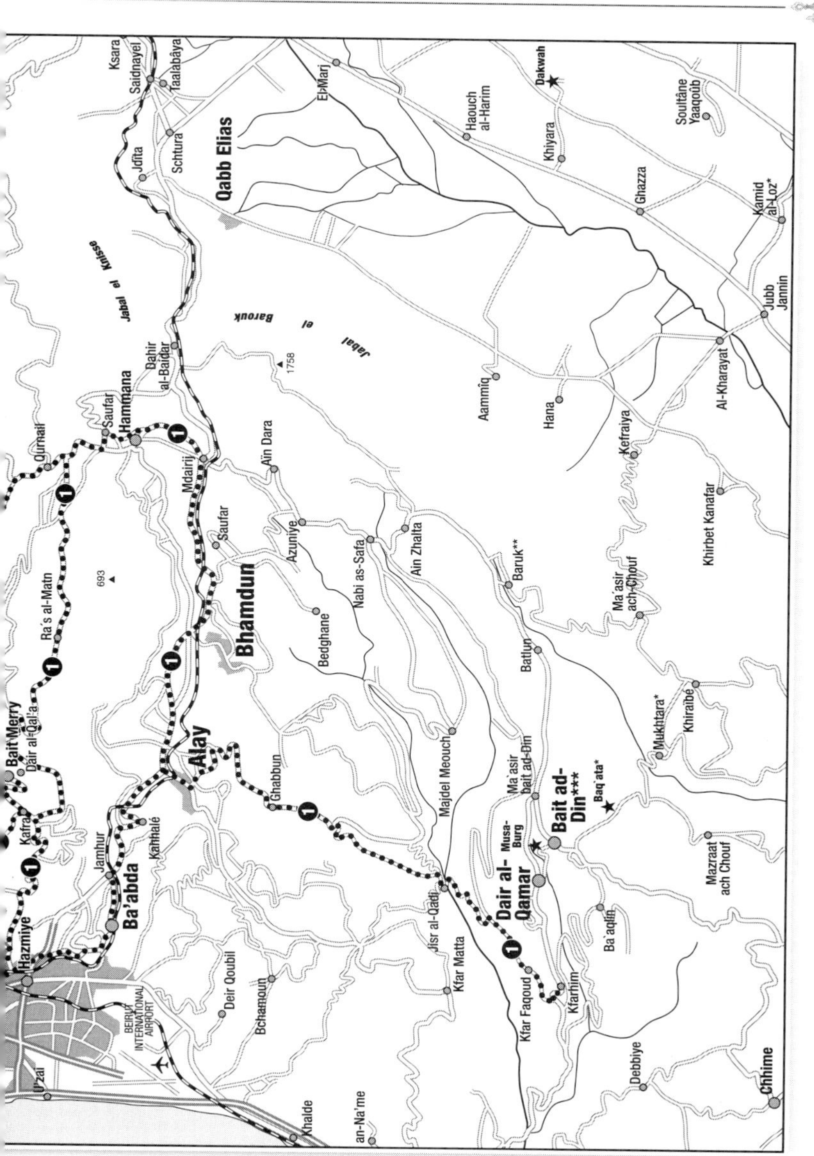

Beirut – Halbtagestouren

te der Region. Bhamdun teilt sich in Bahnhof-Bhamdun (1000 m) und die eigentliche Ortschaft (1510 m), zu der wir links von der Hauptstraße abbiegen müssen.

Tipp: Jedes Jahr zur Pflückzeit der Kirschen im Juni findet bei dem großen Wasserfall im Ort Hammana (s. u.) ein Kirschen-Festival mit Musik und Tanz statt.

Abstecher von Bhamdun

Folgen wir der Straße von Bhamdun aus links aus dem Ort heraus, so gelangen wir über **Qaraya** (1 km), **Qubbai'** (2 km) und **Schbaniye** (5 km) nach **Hammana** (7 km), dessen zahlreiche Wasserfälle und Bergquellen viele Urlauber im Sommer anlocken. Auf der gegenüberliegenden Seite des Tales liegt das Matn-Gebirge, auf dessen Hängen sich die größten Pinienwälder des Landes erstrecken.

Saufar

Weiter Richtung Damaskus liegt auf 1280 m Höhe Saufar (28 km), einst berühmt wegen seines „Grand Hotel Casino Saufar", eines palastartigen Hotels, in dem vor dem Krieg namhafte Persönlichkeiten abstiegen. Heute eine Ruine, zeigt sich Saufar aber dennoch Durchfahrenden von seiner besten Seite: Viele Villen sind restauriert worden, und auch der französische Botschafter ließ es sich nicht nehmen, sein Sommerdomizil so schnell wie möglich nach dem Krieg wieder herzurichten. Seit 1997 weht wieder die französische Flagge auf dem Dach (kurz nach dem Eingang, nach der Tankstelle auf der rechten Seite). Hier lohnt sich ein Stopp! Bei gutem Wetter und klarer Sicht haben Sie einen unvergesslichen Panoramablick über das gesamte Matn-Gebirge und das nach dem französischen Dichter benannte Lamartine-Tal bis zum Meer im Westen.

Auf zwei Strecken können Sie **zurück nach Beirut** fahren. Die eine Strecke führt auf der Straße Richtung Damaskus bis zum ehemaligen Gendarmerieposten **Medairij** (30 km), heute ein syrischer Militär- und Geheimdienststützpunkt. Fahren Sie von der Straße am Posten rechts ab, dann links unter der Brücke weiter über **Hammana**, **Falugha** und **Qurnail**. In Qurnail gabelt sich die Straße: eine führt über **Ra's al-Matn**, **Kafra**, **Mkalles** nach Beirut (40 km), die zweite über **Salima**, wo einst Seide hergestellt wurde und ein Drusenpalast aus dem 18. Jh. steht (heute ein Privathaus), **Ba'abdat** und **Brummana** nach Beirut (48 km).

Sollten Sie diesen Umweg vermeiden wollen, so fahren Sie die gleiche Strecke zurück (30 km).

Tour 2: Beirut – Brummana – Bikfaiya – Baskinta – Nabi' Sannin – Beirut

Wir verlassen Beirut gen Norden und biegen vor der Brücke über den Nahr Beirut (3 km) rechts nach Sin al-Fil bis zur Abzweigung (links, 7 km) nach **Bait Merry** (17 km) und **Brummana** (21 km) ab. Durch das Tal des Flusses Antelias gelangen wir über den auf 800 m gelegenen Sommerort **Ba'abdat** (25 km), aus dem der z. Z. amtierende Staatspräsident Emile Lahud stammt, nach **Dahr as-Suan** und **Bikfaiya** (33 km).

Bikfaiya

Während die Wintermonate ruhig verlaufen, pulsiert hier das Leben im Sommer. Viele Beiruter haben in der schönen Berglandschaft ihre Ferienwohnung und das angenehme Klima lädt zum Verweilen ein. In dem von Obstplantagen umgebenen Ort liegen das berühmte Thermalbad (**Fawwar-Quelle**) für die Behandlung von Leberkrankheiten sowie Seiden- und Wollindustrie. Beides schlummert heute. Die Stadt der Jumaiyel-Familie, die zwei Präsidenten in den 80er Jahren stellte, wurde während des Bürgerkrieges in den Kämpfen der einzelnen maronitischen Milizen 1987 untereinander stark beschädigt. Im Dorf weist ein Schild mit der Aufschrift *Présidence* den Weg des Familienbesitzes. Sehenswert ist der Palast der Abillama-Fürsten aus dem 19. Jh., die den christlichen Teil der Libanonberge beherrschten. Die ehemalige Residenz ist heute eine Schule der *Soeurs de la Charité*.

Tipp: Jedes Jahr im August findet in Bikfaiya ein Blumenfestival statt!

Abstecher von Bikfaiya

Eine schmale Nebenstraße führt von Bikfaiya über **Mtailib** (11 km) nach **Bait Schahab** (18 km). In diesem kleinen Dorf gibt es zahlreiche Töpfer- und Keramikwerkstätten und die einzige Glockengießerei Libanons.

Weiter von Bikfaiya auf der Hauptstraße nach **Dhur asch-Schwair** (42 km), einen auf 1220 m gelegenen Ort mit Blick zum Berg Sannin. Vom Ort führt links eine kleine Straße ca. 200 m hinunter nach **Schwair**, in dem das gemischt orthodox-maronitische Kloster Mar Musa steht. Von hier können Besucher einen eindrucksvollen Panoramablick genießen.

Baskinta – Nabi' Sannin

In Kurven verläuft die kleine Straße weiter von Schwair über den unterhalb des Klosters des Heiligen Johannes liegenden Ort **Khunschara** (51 km) und **Btaghrin** (53 km) bis auf eine Höhe von 1350 m nach **Baskinta** (63 km). Hier ist der Ausgangspunkt zur Besteigung des Berges **Sannin** (2628 m). **Nabi' Sannin**, die berühmte Wasserquelle, die die Libanesen mit Trinkwasser versorgt, liegt 16 km weiter entfernt.

Zwar wird offiziell von der **Besteigung des Berges** wegen der zum Teil sehr steilen Hänge abgeraten. Wander- und Bergsteigervereine in Libanon unternehmen jedoch Touren auf der Berg Sannin. Sie besteigen diesen aber nicht direkt von den steilen Hängen am Dorf, sondern von Süden. Ein kleiner Weg führt hier um den Berg nach Norden herum, der den Aufstieg wesentlich erleichtert. Hat man erst einmal den Gipfel erreicht, so wird man mit einer herrlichen Aussicht belohnt: Von Qurnat as-Sauda (3088 m) im Norden bis zum Hermon (2814 m) im Südosten, das Bekaa-Tal und der Antilibanon und im Vordergrund die Berge Knaise und Baruk und zu Füßen die Ausläufer des Libanon-Gebirges, die nördlich von Beirut ins Meer abfallen.

Achtung: Nur für Berggeübte geeignet! Der Aufstieg ist beschwerlich und dauert ca. 3 Std.!

Abstecher nach Qanat Bakiche

Qanat Bakiche, 7 km von Baskinta entfernt, ist das kleinste und **am wenigsten bekannte Skigebiet Libanons** und wird v. a. von den Bewohnern der umliegenden Dörfer besucht. Auf einer Höhe von 1904 m ist es jedoch für seine sehr gute Schneequalität bekannt. Die Hänge des Gebietes bieten zwar ein reiches Potential guter Loipen, dennoch ist die Ausstattung (noch) nicht mit derjenigen der anderen Gebiete zu vergleichen.

Skilifte: Tägl. von 8.30–16 Uhr in Betrieb, Preise: **Tagespass** für Erwachsene und Kinder 12 $ (am Wochenende 18 $), **Halbtagespass** 10 $.

Hotels: Qanat Bakiche*** und **Villa Bakiche*****.

Restaurants: Snow Land und **Terminus,** beide empfehlenswert.

Tour 3: Beirut – 'Antura – 'Ajaltun – Raifun – 'Aschqut – Harisa – Beirut

Auch bei dieser Strecke verlassen wir Beirut im Norden auf der Küstenstraße Richtung Tripolis über **Jdaide** (6 km), **Jal ad-Dib** (7 km) und **Antelias** (9 km). In Antelias steht eine große armenische Kathedrale mit einer oktogonalen Kapelle. Hier sind die Gebeine von Tausenden von Armeniern bestattet, die den Tod während der türkischen Pogrome am armenischen Volk 1915 fanden. Vorbei an schönen Geschäften, Bankfilialen, Hotels und Restaurants gelangen wir über **Nahr al-Kalb** (15 km) nach 2 km zur Abzweigung (rechts) Richtung 'Antura und 'Ajaltun. Oberhalb der Bucht von Jounié liegt **Antura** (22 km) auf 270 m Höhe.

Antura

In dieser stark christlich geprägten Gegend erheben sich überall die Kirchtürme und auf fast jeder Erhöhung große Klöster. In 'Antura steht das berühmte **Internat der Lazaristen**, der Nachfolger der hier seit dem 17. Jh. als Missionare tätigen Jesuiten. Dieses Kolleg wurde 1834 gegründet und war das erste französische Institut in Libanon. Nachdem es die Türken Anfang des 20. Jhs. zerstört hatten, wurde es in den 20er Jahren wieder aufgebaut. Der berühmte französische Dichter Lamartine hatte das Kolleg auf seiner Reise durch den Orient besucht.

Ajaltun – Raifun

Über **Ballune** (33 km) führt die Straße weiter hinauf bis zu dem malerischen **Ajaltun** (34,5 km). In 850 m Höhe über dem Meer gleicht die Landschaft von der Jounié-Bucht bis nach Beirut einem Gemälde. Der Ort ist heute touristisch weit entwickelt. Moderne Geschäfte, sehr gute Restaurants, Cafés und Hotels geben 'Ajaltun eine besondere Atmosphäre. Nicht anders ist es in dem ca. 250 m höher gelegenen Ort **Raifun** (37 km). Auch hier kommt jeder, der seinen Blick über die Landschaft vom Meer bis zum Jabal Sannin schweifen lässt, zum Träumen.

Abstecher von Raifun

Von Raifun führt eine kleine Straße nach **Qlai'at** (2 km), eine weitere nach dem Ort über **Faitrun** (3 km) und **Mazra'at Kfar Zabian** (8 km) nach **Qal'at Faqra** (12 km; s. Halbtagestour 4). Dieser kleine Abstecher lohnt der Landschaft wegen: wie ein Kalksteinlabyrinth wirkt die Gegend, der die Einheimischen den Namen „Gespensterhäuser" gaben.

Weiter auf der Hauptstraße erreichen wir **'Aschqut** (39 km). Von hier führt eine Straße 20 km über **Baq'ata** und **Mairuba** durch Obstplantagen (besonders gut sind hier die Äpfel!) zum Skiort **Faraya** auf 1250 m Höhe. Hinter Faraya verläuft eine kleine Straße in die Nähe der Naturbrücke **Jisr al-Hajar** über den Laban-Fluss, der zu Fuß in ca. 30 Min. zu erreichen ist.

Faraya-Mzaar

Faraya-Mzaar ist das ausgedehnteste und gleichzeitig am besten ausgerüstete Skigebiet an den Hängen unterhalb des Berges Sannin (1850 m). Neben 25 ausgebauten Strecken kann der Skiläufer noch Hunderte von anderen Abfahrtswegen wählen, die zwar nicht präpariert, aber dennoch lawinensicher sind. Die Anlage besteht aus acht Sessel- und fünf Schleppliften. Die Skischule verfügt über 25 Lehrer, und auch für professionelle Hilfe im Notfall ist durch ein zwölfköpfiges Rettungsteam und zwei Einheiten des Roten Kreuzes gesorgt. Begeisterung erntet das Gebiet aber auch durch den einzigartigen Blick, der sich vom Gipfel des Berges Mzaar (2463 m) aus dem Betrachter bietet. An klaren Tagen reicht das Auge bis zum Qurnat as-Sauda, dem höchsten Berg Libanons (3088 m) und über die Bekaa-Ebene hinweg zum Antilibanon-Gebirge mit dem Berg Hermon. Gleichzeitig ist jedoch auch das Mittelmeer mit der Hauptstadt Beirut zu erkennen, die nur 46 km entfernt liegt.

Hotels

Hotels der verschiedenen Kategorien sind ausreichend vorhanden:
Saint Georgio****, Tel. 09/72 07 20
Al Bader***, Tel. 09/95 16 01
Coin Vert**, Tel. 09/95 18 44
Weitere Informationen:
Tel. 09/74 50 77 od. 09/72 00 15

Restaurants und Bars

Für Liebhaber der libanesischen Küche stehen die Restaurants **Sultan Ibrahim** und **Wadi el-Nil** zur Verfügung. Weinkennern sei die Bar **Chez Mansour** empfohlen.

Skilifte

Tägl. von 8–16 Uhr in Betrieb. **Preise: Tagespass** für Erwachsene 18 $ (am Wochenende 28,50 $), für Kinder 14,50 $ (am Wochenende 22,50 $); **Halbtagespass** für Erwachsene und Kinder 12,50 $ (am Wochenende 19 $).

Harisa

Wir fahren zurück Richtung Küstenstraße. Über **Bzummar** (42 km), in dem ein großes armenisch-katholisches Kloster steht, erreichen wir **Harisa** (51 km), die Muttergottes Libanons, die auf 520 m Höhe thront. Diese große weiße Statue Marias aus dem 19. Jh. scheint über die Bucht von Jounié zu wachen. Sie erhebt sich auf einer runden, als Sockel dienenden Kapelle, von deren Terrasse aus die Besucher einen wunderbaren Blick über die gesamte Küste von Byblos bis Beirut haben. Neben der kleinen Kapelle wurde eine neue große Kirche in der Form einer Zeder errichtet, in der Papst Paul II. bei seinem Besuch in Libanon im Mai 1997 vor Tausenden von Libanesen predigte. Das großangelegte und von der maronitischen Kirche organisierte „Spektakel" wurde von allen libanesischen Fernsehsendern live übertragen.

Von Harisa aus kann man entweder mit der **Seilbahn**, die in Ma‘amaltain beim Hotel Aquarium endet bzw. beginnt, hinunterfahren, oder auf der kurvenreichen Straße über **Bkerke** (56,5 km; Achtung: schlechte Straße!). In diesem kleinen Ort liegt die Residenz des maronitischen Patriarchen von Antiochia und auf den umliegenden Höhen stehen Kirchen und Kathedralen aller christlichen Konfessionen.

Angelangt in Jounié (61,5 km) folgt man der Küstenstraße zurück nach Beirut (82 km).

Tour 4: Beirut – ‘Ajaltun – Faitrun – Qal‘at Faqra – Beirut

Wir verlassen Beirut auf der Küstenstraße Richtung Tripolis über **Jdaide** (6 km), **Antelias** (9 km) und **Nahr al-Kalb** (15 km) bis zur Abzweigung (17 km) rechts nach ‘Antura (22 km), **Ballune** (33 km), **‘Ajaltun** (34,5 km) und **Raifun** (37 km). Nach dem kleinen Ort führt eine Straße durch eine bizarre Kalksteinlandschaft über **Faitrun** und **Mazra‘at Kfar Zabian** nach **Qalᶜat Faqra** (49 km).

Harisa: Marienstatue; in der Kirche daneben predigte Papst Johannes Paul II. bei seinem Besuch in Libanon im Jahre 1997

Qal^{c}at Faqra

Geschichte und Bedeutung

Nach der Erschließung des Libanongebirges begannen die Römer Anfang des 1. Jhs. mit dem großzügigen Ausbau von Tempelanlagen und der Neugründung von Wallfahrtsstätten. Da es sich meistens um weit abgelegene, verlassene Gegenden handelte, entstanden nur selten in ihrer Nähe Siedlungen. In der Regel wurden an den Bergtempeln nur kleine Niederlassungen für das ständig anwesende Kultpersonal und manchmal auch Unterkünfte für die Pilger errichtet. Zwischen den einzelnen römischen Wallfahrtsstätten verliefen Pilgerwege; Reste wurden in Faqra freigelegt. Diese verbanden die zahlreichen Heiligtümer in den Bergen, aber auch von der Küste bis in die Bekaa-Ebene miteinander. Große Anstrengungen mussten die Pilger in jener Zeit auf sich nehmen, um durch die dichtbewaldete, zerklüftete Landschaft zu ihren Wallfahrtsstätten zu gelangen. Auch wenn viele der römischen Bergtempel architektonisch nicht aufwendig sind, so wirken sie dennoch, wie hier in Faqra, aufgrund der Gesamtanlage mit Nebengebäuden und mächtigen Mauern zur Umfriedung des heiligen Bezirks monumental. Der harmonische Eindruck vieler Bergheiligtümer aus römischer Zeit wurde durch die Einbeziehung der Landschaft in die bauliche Gestaltung erzielt. In dieser Hinsicht ist Qal'at Faqra unübertroffen.

Rundgang

Öffnungszeiten, Eintritt: kein Eintritt, das Gelände ist frei zugänglich.

Im Zentrum steht der **große Tempel**. Die Pilger erreichten den Eingang des Heiligtums auf dem Prozessionsweg zum heiligen Bezirk, der zu der schmalen Terrasse am Fuße des steil auftragenden Felsmassivs führte. Hier stand ein kleiner Altar für Gaben und Opferungen. Dem Tempel, mitten in einem Felslabyrinth gelegen, ist ein rechteckiger, aus dem Fels gehauener Hof vorgelagert. Der Portikus mit sechs noch stehenden korinthischen Säulen schmückt den Eingang. Die schlichte Innenarchitektur verrät die Übernahme der phönizischen Tradition, z. B. das erhöhte Adyton. Wegen der Größe des Tempels und der Lage an einer der wohl wichtigsten Pilgerwege in die Bekaa-Ebene nach Ba^{c}albak wird der Tempel Jupiter Heliopolitanus zugeschrieben – dem Hauptgott Ba^{c}albaks. Andere schreiben den Tempel Adonis zu. Datiert wird die Tempelanlage in die Zeit der ersten Konsolidierung der römischen Herrschaft. Eine Widmung im Kultturm an Kaiser Claudius im Jahre 43 weist auf Agrippa I., einen engen Freund des Kaisers. Der **kleine Tempel** links daneben wird nach einer Inschrift in die Regierungszeit des Agrippa II., also zwischen 40 und 60 n. Chr., datiert. Diese Inschrift bezeugt ferner, dass er der syrischen Göttin Atargatis geweiht wurde. Direkt an dem kleinen Tempel wurde in byzantinischer Zeit eine Kirche gebaut.

Aufmerksamkeit weckten auch die am alten Pilgerweg gelegenen **Altäre** und der große **Turm** im Norden der Anlage. Die beiden Altäre sind relativ gut erhalten; der kleinere ist von einer Säulenreihe umgeben, eventuell Astarte oder Venus geweiht, der größere mit einer zinnenförmigen Umgrenzung verziert, Baal Qalach, dem Gott des Kalksteines, geweiht.

Neben diesen stehen die Reste des inzwischen zusammengefallenen Kultturmes, der auf Kaiser Claudius zurückgeht. Da er von einer älteren Bautradition geprägt ist, vermuten einige Experten einen hellenistischen, andere einen phönizischen Ursprung. Einst mit einem Pyramidendach versehen, erinnert er stark an Grabmonumente wie jene in Hermel in der Bekaa-Ebene (s. Tagestour 9, ab S.377).

Das Skigebiet Faqra

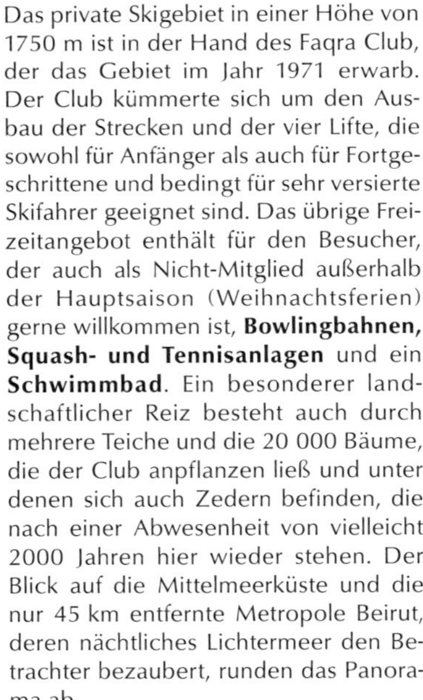

Das private Skigebiet in einer Höhe von 1750 m ist in der Hand des Faqra Club, der das Gebiet im Jahr 1971 erwarb. Der Club kümmerte sich um den Ausbau der Strecken und der vier Lifte, die sowohl für Anfänger als auch für Fortgeschrittene und bedingt für sehr versierte Skifahrer geeignet sind. Das übrige Freizeitangebot enthält für den Besucher, der auch als Nicht-Mitglied außerhalb der Hauptsaison (Weihnachtsferien) gerne willkommen ist, **Bowlingbahnen, Squash- und Tennisanlagen** und ein **Schwimmbad**. Ein besonderer landschaftlicher Reiz besteht auch durch mehrere Teiche und die 20 000 Bäume, die der Club anpflanzen ließ und unter denen sich auch Zedern befinden, die nach einer Abwesenheit von vielleicht 2000 Jahren hier wieder stehen. Der Blick auf die Mittelmeerküste und die nur 45 km entfernte Metropole Beirut, deren nächtliches Lichtermeer den Betrachter bezaubert, runden das Panorama ab.

Ein **Amphitheater** unter freiem Himmel lädt im Sommer zu kulturellen Veranstaltungen ein, bei denen manchmal international anerkannte Größen aus der Musikwelt ein Gastspiel geben. Die unmittelbare Nähe zur **römischen Tempelanlage** (s. o.) gibt dieser Anlage außerdem einen ganz besonderen Reiz.

Hotel

Das einzige Hotel am Ort, **L´Auberge de Faqra** (Tel. 09/71 02 90) offeriert Fünf-Sterne-Komfort.

Restaurants

La taverne de Faqra, **La Panoramiqu**e und **Le Restaurant des pistes** bieten libanesische und internationale Küche.

Skilifte

Tägl. von 8–16 Uhr in Betrieb, Preise: **Tagespass** für Erwachsene und Kinder 13 $ (am Wochenende 35 $), **Skipass für Nachtabfahrten** (nur am Wochenende) 20 $.

Um nach Beirut zurückzukommen, können wir entweder die gleiche Strecke (49 km) oder über **Bzummar**, **Harisa**, **Bkerke** zur Küste nach Jounié und weiter nach Beirut (82 km) fahren.

Tour 5: Beirut – Jounié – Adonis-Fluss – Fidar-Fluss – Beirut

Wir verlassen Beirut auf der Küstenstraße Richtung Tripolis über **Jdaide** (6 km), **Antelias** (9 km), **Nahr al-Kalb** (15 km) bis nach **Jounié** (20 km). Wir durchfahren die Bucht von Jounié über **Ma'amaltain** (22 km), vorbei an dem **Casino du Liban** (24 km) bis die Straße an der Küste um ein Felsvorgebirge herum aus der Bucht herausführt. Kurz vor **Tabarja** (25,5 km), einem kleinen Fischerort mit hübschem Strand, erblikken wir auf der linken Seite einen zerfallenen Wachturm, den **Burj Qadisat Helena**. Unter mamlukischer Herrschaft im 14. Jh. gebaut, steht er wahrscheinlich an der Stelle eines älteren Turmes, der von Helena, der Mutter des byzantinischen Kaisers Konstantin, errichtet wur-

Blick auf den Tempel von Faqra

de. Kurz darauf durchfahren wir eine mit Bananenhainen bebaute schmale Küstenebene und erreichen Nahr Ibrahim, den **Adonis-Fluss** (30 km).

Wir verlassen die Küstenstraße beim Adonis-Fluss. Auf der linken Seite liegt eine mit Bögen geschmückte Brücke, die in die arabische Zeit datiert wird, deren Ursprung aber sicherlich römisch ist. Noch bis heute können Fußgänger auf ihr von der einen Seite des Ufers zur anderen gelangen. Eine zweite unter Baschir II. zu Beginn des 19. Jhs. errichtete Brücke befindet sich weiter flussaufwärts. Ein Spaziergang auf der linken Uferseite führt nach ca. 2 km zu den Resten von römischen Aquädukten, die später von den Arabern ausgebaut und **Qanatir Zabaida** (die Bögen von Zenobia) genannt wurden.

Weiter auf der Küstenstraße, vorbei an dem restaurierten Wachturm **al-Muhaisch** aus dem Mittelalter (36 km), zu dem fast immer ausgetrockneten Wadi des **Nahr Fidar** (36,5 km). Historiker vermuten, daß an der Flussmündung ins Meer einst der phönizische Hafen des Ortes lag.

Auf der Küstenstraße geht es zurück Richtung Beirut (36,5 km).

Und sie verwandelte sich in eine Schwalbe

Sie suchte und suchte. Weinend, ja verzweifelt irrte sie durch das Gebirge des Fidar-Flusses, in der Hoffnung, ihren Bruder zu finden. „Wie konnte Seth dies nur seinem Bruder Osiris antun? Wie ihn töten, wo er doch sein eigen Fleisch und Blut ist?" Isis verstand es nicht, konnte es in ihrer Verzweiflung auch gar nicht verstehen. Aber soll nicht der Sarg des Osiris hier an der Küste, der Göttererde, bei Byblos an Land gespült worden sein? Dass er allerdings unter einem Busch verscharrt wurde und dieser sich in einen Baum verwandelte, den der König fällen ließ und als Säule zum Abstützen des Palastdaches verwandte, wusste Isis anfangs nicht. Sie suchte weiter. Verwandelt in eine Schwalbe und des Suchens müde, setzte sie sich weinend ans Ufer des Flusses Fidar. Ihre Tränen sollen der Legende nach den Strom ausgetrocknet haben. Eine andere Version des Mythos besagt, dass beim Verlassen Libanons ein Sturm im Anzug war, während Isis über den Fidar-Fluß flog. In einem Anfall von Ärger und Verdruss soll sie den harmlosen Fluß ausgetrocknet haben. Seitdem führt das Flussbett nur für kurze Zeit im Winter Wasser. Am Ende fand die Schwester ihren geliebten Bruder und brachte ihn nach Ägypten zurück – der Mythos endet mit einem Happyend.

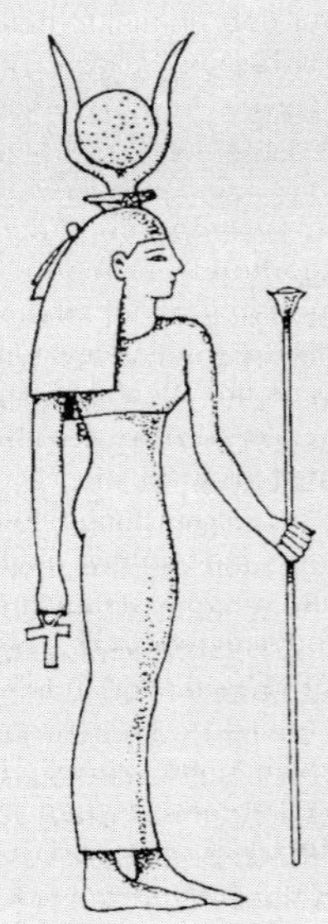

Tagestouren von Beirut

Tagestour 1: Beirut – Afqa – Jbail/Byblos – Beirut

Mehrere Wege führen hinauf zur Afqa-Grotte: der erste von **Jbail/Byblos**, der zweite beim **Adonis-Fluss**. Beide Strecken führen durch eine fast unberührte, einzigartige Landschaft mit einer erstaunlichen Vegetationsvielfalt, imposanten Felsformationen und Schluchten. Vorsicht ist wegen der schmalen, kurvenreichen und zum Teil schlechten Straße geboten! Die dritte Alternative ist von **Jounié** aus. Diese Strecke geht über 'Ajaltun, Raifun, Faitrun und Mairuba. Zwar sind die Straßenverhältnisse besser und sicherer, die Strecke jedoch landschaftlich nicht mit den beiden weiter nördlich zu vergleichen.

Wir verlassen Beirut auf der Küstenstraße Richtung Tripolis über **Jdaide** (6 km) und **Antelias** (9 km) bis nach **Jounié [1]** (20 km). Durch die Bucht von Jounié fahren wir weiter über **Ma'amaltain** (22 km), vorbei am **Casino du Liban** (24 km) und über **Tabarja [2]** (25,5 km) durch die fruchtbare Küstenebene bis zum **Adonis-Fluss** (30 km). Die Abzweigung rechts führt hinauf nach **Afqa**.

Durch das landschaftlich schöne Tal des Adonis-Flusses erreichen wir auf der schmalen, nicht sehr guten Straße, die wohl der alten Pilgerroute folgt, zunächst **Maschnaqa [3]** (43 km), den besten Aussichtspunkt zur Schlucht des Adonis-Flusses. Auf dem Hügel auf der rechten Seite, genannt **Schir al-Maidan**, stehen Reste eines kleinen, in den Felsen gehauenen Tempels, dessen Eingang zum Teil noch erhalten ist. Am Hofende gegenüber dem Tor bargen Archäologen einen quadratischen Sokkel, bei dem es sich um die Basis eines Altars handeln muss. Aller Wahrscheinlichkeit nach war der Tempel Adonis geweiht, lag doch das Heiligtum direkt an dem Pilgerweg hinauf zur Afqa-Grotte. Ca. 120 m nördlich wurde ein künstlich angelegter Gang im Felsen mit Reliefs zu beiden Seiten der Wände entdeckt. Sie zeigen Figuren mit ionischer Umrahmung und Medaillons. Weiter rechts ist ein drittes Relief zu sehen, das einen Mann in einem runden Rahmen zeigt. Bei den Personen könnte es sich um Baal/Adonis und Astarte/Aphrodite handeln. Ganz in der Nähe liegen Gräber in Form von Trögen mit Deckeln.

Die Straße führt in Kurven weiter hinauf Richtung **Jabal Mnaitra**, während links die Gipfel des **Jabal Laqlouq** zu sehen sind, nach **Qartaba [4]** (52 km), einem größeren Dorf, das steil über dem Tal des Adonis-Flusses aufsteigt. Durch eine malerische Landschaft mit Rebstöcken, Öl- und Maulbeerbäumen wie zahlreichen Quellen und kleinen Bächen erreichen wir die Abzweigung nach **Mughaira** (53 km).

Abstecher nach Mughaira [5]

In Mughaira (3 km) liegen verstreut einige Ruinen einer römischen Siedlung, mehrere kleinere zerstörte byzantinische Kapellen und Reste eines ausgedehnten Bauwerkes auf einem Plateau. Einige Meter höher stehen Reste eines Tempels, dessen schön verzierte Fenster an die Dekorationen der Tempelanlage von Baᶜalbak erinnern. Die Apsis verrät, dass das Heiligtum in byzantinischer Zeit in eine Kirche umgewandelt wurde.

Fortsetzung auf Seite 242

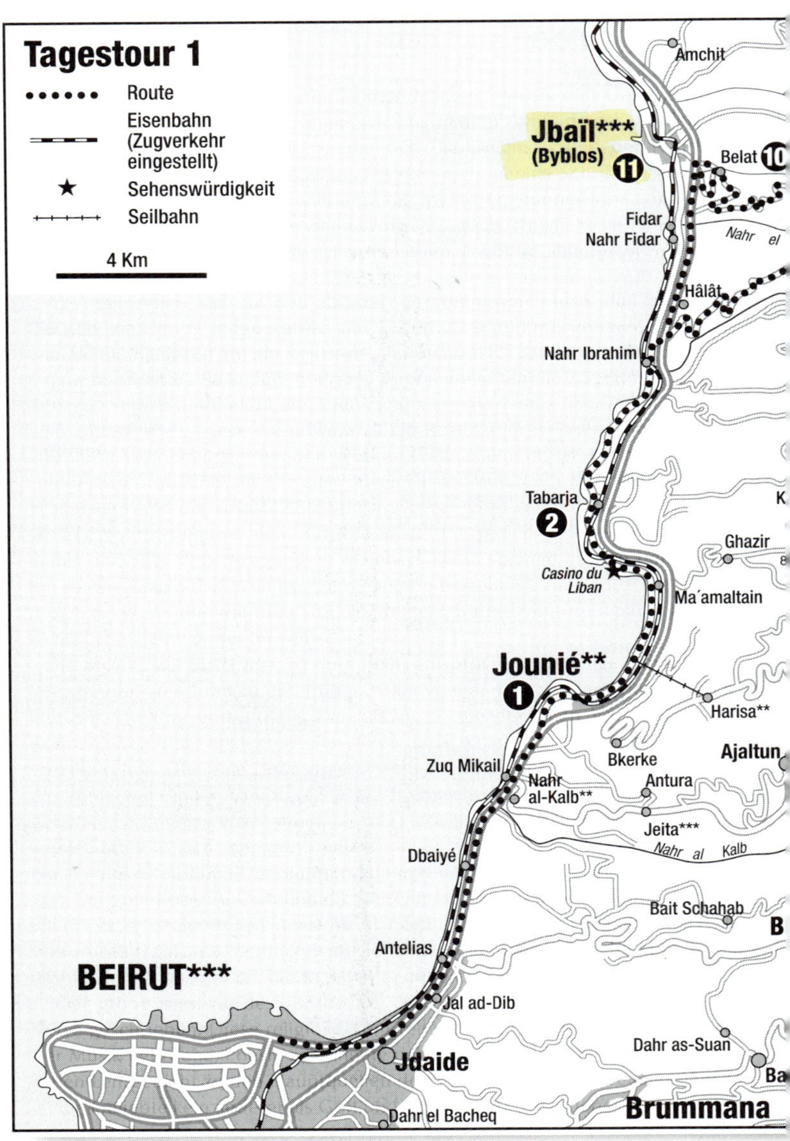
Tagestour 1
Route
Eisenbahn
(Zugverkehr
eingestellt)
Sehenswürdigkeit
Seilbahn
4 Km
Amchit
Jbaïl***
(Byblos)
11
Belat
10
Fidar
Nahr Fidar
Nahr el
Hâlât
Nahr Ibrahim
Tabarja
2
Ghazir
Casino du
Liban
Ma'amaltain
Jounié**
1
Harisa**
Bkerke
Ajaltun
Zuq Mikail
Nahr
al-Kalb**
Antura
Jeita***
Nahr al Kalb
Dbaiyé
Bait Schahab
Antelias
BEIRUT***
Jal ad-Dib
Dahr as-Suan
Jdaide
Dahr el Bacheq
Brummana

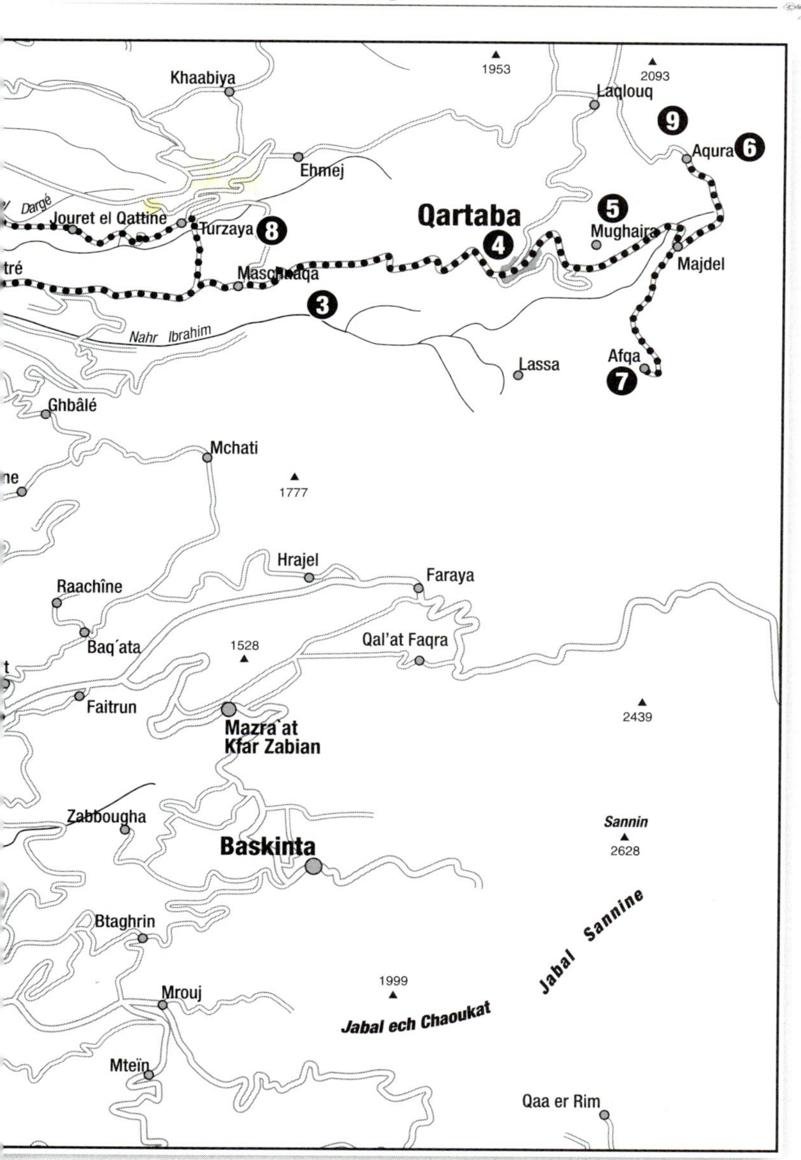
Khaabiya
1953
2093
Laqlouq
9
Aqura 6
Ehmej
Dargé
Jouret el Qattine
Turzaya 8
Qartaba
4
5
Mughaira
Majdel
tré
Maschnaqa
3
Nahr Ibrahim
Lassa
Afqa
7
Ghbâlé
Mchati
1777
Hrajel
Faraya
Raachîne
Baq´ata
1528
Qal'at Faqra
Faitrun
2439
Mazra`at
Kfar Zabian
Zabbougha
Sannin
2628
Baskinta
Jabal Sannine
Btaghrin
1999
Mrouj
Jabal ech Chaoukat
Mteïn
Qaa er Rim

Zurück zur Hauptstraße. In **Majdal** (58 km) gabelt sich die Straße. Links geht eine schmale Straße hinauf nach 'Aqura (4 km).

Abstecher nach 'Aqura [6]

Dieser malerisch an einem Felsmassiv gelegene Ort ist von Obstbäumen und Rebstöcken umrahmt. Am Fuße des Dorfes wurde eine Grotte entdeckt, die, so vermuten Archäologen, den Römern als Nekropole diente. Bei der Erforschung der Grotte entdeckten sie in den Wänden wannenartige Sarkophage, die aus dem Fels gehauen wurden. Die an den Wänden zum Teil noch lesbaren Inschriften in syrisch-aramäischer Sprache nennen christliche Heilige und erwähnen, dass die in eine Kirche umgewandelte Naturhöhle eine dem Hl. Petrus geweihte Pilgerstätte war. Ca. 10 Min. östlich von 'Aqura liegen weitere Felsgräber, weitere 5 Min. entfernt die Ruine der Kreuzfahrerkirche des Hl. Simeon.

Tipps für Wanderfreunde: 1. Von 'Aqura geht ein römischer Pfad hinunter in die Bekaa-Ebene bis Yammune (ca. 5 Std.). 2. Ein Weg führt von dem Dorf nach Laqlouq (ca. 2 Std.).

Afqa

Über **Majdal** erreichen wir Afqa [7] (63 km), die Grotte der heiligen Quelle des Adonis-Flusses, gelegen am Hang eines fast 200 m hohen Steilfelsens. Es ist ein Ort zum Verweilen, zum Träumen, der jeden in Erstaunen versetzt und den viele Reisende als **eine der schönsten Stätten der Welt** bezeichnen. Der Anblick des aus der Grotte schießenden Wassers ist überwältigend. Klettererfahrene können auf dem linken Flussufer den Pfad bis zur Grotte hinaufgehen.

Gegenüber der Grotte erstrecken sich die **Ruinen eines römischen Tempels**, dessen Grundriss nicht mehr genau zu erkennen ist. Geweiht der Aphrodite/Venus, wurde er von Konstantin im 4. Jh. zerstört und später teilweise wieder aufgebaut. Im Unterbau liegt ein Eingang in einen Tunnel, durch den einst das Wasser in ein Becken floss, in den die Gläubigen ihre Opfergaben warfen. Heute ist es aufgrund eingestürzter Felsbrocken kaum zu erkennen. Zwei **Rituale** aus jener Zeit haben sich erhalten. Zum einen stellen die Libanesen Öllampen in der Grotte zu Ehren der Frau, die hier umgeht, auf. Einheimische sehen in dieser mysteriösen Frau Zahra, die Nachfolgerin der Aphrodite/Venus. Zum anderen hängen die Menschen an den Ästen des in der Nähe stehenden alten Feigenbaumes die Kleidungsstücke Kranker auf, in der Hoffnung auf deren Genesung.

Ein einzigartiges Schauspiel ereignet sich jedes Jahr im Frühjahr. Wenn der Schnee in den Bergen zu schmelzen beginnt und heftige Regenfälle den Fluss aufwühlen, färbt sich das Wasser durch die eisenhaltige Erde rot. „Das Blut des Adonis", so glaubten die Menschen, fließe aus der Grotte hinunter. Aus der Grotte, in der der Verwundete starb, und die aufgrund dessen in römischer Zeit jedes Jahr im Frühling zum Ziel der großen Pilgerreisen wurde. Die Mythologie verlegte an diesen Ort die Geschichte der wunderbaren Liebe der Aphrodite und des Adonis.

Um zurück zur Küste zu kommen, fahren wir wieder über **Majdal** (68 km) bis nach **Maschnaqa** (88 km). Hier biegen wir rechts nach **Turzaya [8]**

(92 km) ab, wo sich die Straße gabelt. Die eine führt links hinunter zur Küste nach Jbail/Byblos, die andere rechts über **Ehmej** (4 km), gelegen an den Hängen des Berges Tannurin, hinauf zum Skiort Laqlouq (14 km).

Laqlouq

Laqlouq **[9]** (1920 m) gilt als eines der landschaftlich schönsten Skigebiete des Landes. Von Zehntausenden von Bäumen umgeben, liegt es zwischen terrassenförmigen Obstgärten und verfügt über sechs Schlepp- und drei Sessellifte. Die Loipen sind sehr sicher und sowohl für Anfänger als auch für Fortgeschrittene geeignet, außerdem steht eine Skischule mit acht Lehrern zur Verfügung.

Skilifte

Tägl. von 8–16 Uhr in Betrieb, **Preise: Tagespass** für Erwachsene 10 $ (am Wochenende 20 $), für Kinder 8 $ (am Wochenende 15 $). **Halbtagespass** für Erwachsene und Kinder 6 $ (am Wochenende 12 $).

Auf dem Weg zur Küste fahren wir an in den Felsen gehauenen Grabkammern vorbei bis **Belat [10]** (105 km).

In dem kleinen Dorf steht die **St. Elias-Kirche**, die an Stelle eines älteren Heiligtums gebaut wurde. Dem Namen des Ortes nach muss es hier eine phönizische Vorgängersiedlung gegeben haben, erinnert er doch an Baalat, die Schutzgöttin der Stadt Byblos. Die Christen benutzten für den Bau ihrer Kirche die großen Quadersteine und Teile von römischen Statuen des antiken Heiligtums. Einer in der Kirche geborgenen Inschrift zufolge wurde der römische Tempel im 1. Jh. v. Chr. errichtet; die Datierung der Kirche ist umstritten.

Wieder an der Küste, erreichen wir **Jbail**, das **antike Byblos** (UNESCO-Kulturdenkmal; 109 km).

Byblos

Geschichte und Bedeutung

Im AT ist die Stadt unter dem Namen **Gebal** erwähnt. Byblos **[11]** – die Stadt des Papyrus (griech. byblos) – nannten sie die Griechen, bezogen sie doch das für sie wichtige Schreibmaterial nicht direkt aus Ägypten, sondern auf dem Umweg über die Hafenstadt. Der arabische Name der Stadt heute, Jbail, bezieht sich auf die älteste Bezeichnung. Der Legende nach vom Gott **El**, dem Schöpfer aller Lebewesen und Vater aller Götter, gegründet, wurde Byblos zu einer der wichtigsten Hafenstädte in der Levante. Besonders stark waren die wirt-

Die Grotte von Afqa

Weh! Adonis ist tot, Aphrodite!

Adonis war der Sohn von Myrrha, der Tochter des Königs Kinyras von Zypern, und ihrem eigenen Vater. Keine andere als Aphrodite hatte sie in ihren Vater heftig verliebt gemacht, weil sie ihre Riten vernachlässigte. Als ihr Vater entdeckte, was geschehen war, wollte er seine Tochter töten. Sie aber floh nach Arabien, wo die Götter sie auf ihr Flehen hin in einen Myrrhestrauch verwandelten, der später von einem wilden Eber gespalten wurde, worauf Adonis herausfiel. Nach einer anderen Legende soll die Geburtsgöttin Eileithya den Knaben aus dem Baum befreit haben. Von der Schönheit des Knaben beeindruckt, legte Aphrodite ihn in einen Kasten und vertraute ihn Persephone, der Herrscherin der Unterwelt an. Da aber diese ihn auch bewunderte, sollte Zeus über das Geschick des Knaben entscheiden. Er soll dann entschieden haben, dass Adonis jeweils ein Drittel des Jahres bei jeder der beiden Göttinnen weile, das letzte Drittel wollte er ihn für sich haben. Eine andere Version des Mythos erzählt, dass die unparteiische Muse Kalliope darüber entschied, da Zeus nicht zu einem Schiedsspruch bereit war. Sie soll jeder Göttin ein halbes Jahr zugesprochen haben.

In römischer Zeit veränderte sich der Mythos. Adonis wurde zum Hauptakteur, Aphrodite zu seinem Verhängnis. Von seiner Schönheit berauscht, verliebte sich die Liebesgöttin in den Jüngling Adonis. Heimlich trafen sich die Verliebten in einer Grotte und gaben sich ihrer Liebe hin. Mehrmals warnte Aphrodite ihren Geliebten vor seinem Übermut während der Jagd. Er aber ignorierte ihre Warnungen und verlor so sein Leben durch einen wilden Eber, der ihn bei der Jagd im Wald angefallen hatte. Dieser soll kein anderer als der eifersüchtige, als Eber verkleidete Ares oder ihr Gatte Hephaistos gewesen sein. Der Tod des schönen Liebhabers stürzte Aphrodite in tiefe Trauer. Es gelang ihr schließlich, Persephone zu überreden, ihn alljährlich zu Beginn des Frühlings für vier Monate zurückkehren zu lassen.

Das Blut des Adonis – so glaubten die Menschen in der Antike – fließe aus der Grotte mit dem Quellwasser das Flussbett hinunter bis zum Meer. Denn war es nicht diese Stelle, zu der Adonis mit letzter Kraft kroch? War es nicht hier, wo das Blut aus seinen Wunden floss und er seinen Verletzungen erlag? Das Blut des Adonis – Tausende zogen jedes Jahr im Frühling zur Grotte hinauf. Der Tod des Adonis und seine Rückkehr aus der Unterwelt symbolisierten das Werden und Vergehen der Natur.

Byblos: Obeliskentempel

schaftlichen **Beziehungen zu Ägypten**, die nicht ohne Einfluss blieben: In Kunst, Kultur, Mythologie, Herrscher- und Totenkult hinterließen sie deutliche Spuren. Interessiert waren die Ägypter vor allem an Zedernholz, das sie aus Byblos bezogen. Erste Erwähnungen der Verschiffung dieses so wertvollen Exportproduktes, das die Ägypter für den Bau ihrer Schiffe benötigten, gehen auf die **Mitte des 3. Jt. v. Chr.** zurück. Byblos' größte Blütezeit begann. Die Stadt wurde zum Ort der Begegnung und des Austausches der großen Kulturen von Ägypten und Mesopotamien. Gegen Ende des 3. Jts. v. Chr. brachen unruhige Zeiten an: die **Amoriter** aus Mesopotamien eroberten die Hafenstadt, brannten zahlreiche Tempel nieder und beendeten die herausragende Bedeutung Byblos'. Erst zwei Jahrhunderte später erholten sich die Gibliter und begannen mit dem Wiederaufbau der zerstörten und niedergebrannten Bauten. Sie knüpften neue Beziehungen zu Ägypten und dehnten ihren Handel im Mittelmeerraum aus. Die **ägyptische Schutzherrschaft** ab dem 16. Jh. v. Chr. brachte Stabilität und große Einnahmen aus ihrer Handelstätigkeit, so dass Byblos wieder den Rang von einst erklimmen konnte. Die ägyptische Vasallenherrschaft dauerte das ganze zweite Jahrtausend an und wurde lediglich durch die **Hyksos** im 18. und die **Seevölker** im 13. Jh. v. Chr. unterbrochen. Das 1. Jt. v. Chr. war durch Eroberungszüge verschiedener Völker, denen sich die Stadt unterwerfen musste, geprägt: Im 8. Jh. v. Chr. die **Assyrer**, im 7. Jh. die **Neubabylonier** und im 6. Jh. die persischen **Achämeniden**. Während der Eroberungszüge **Alexanders des Großen** reihte sich Byblos freiwillig in dessen Reich ein, um den Schicksalsschlägen von einst zu entgehen. Nach der Einverleibung des Vorderen Orients in das **Römische Reich** durch die Eroberungszü-

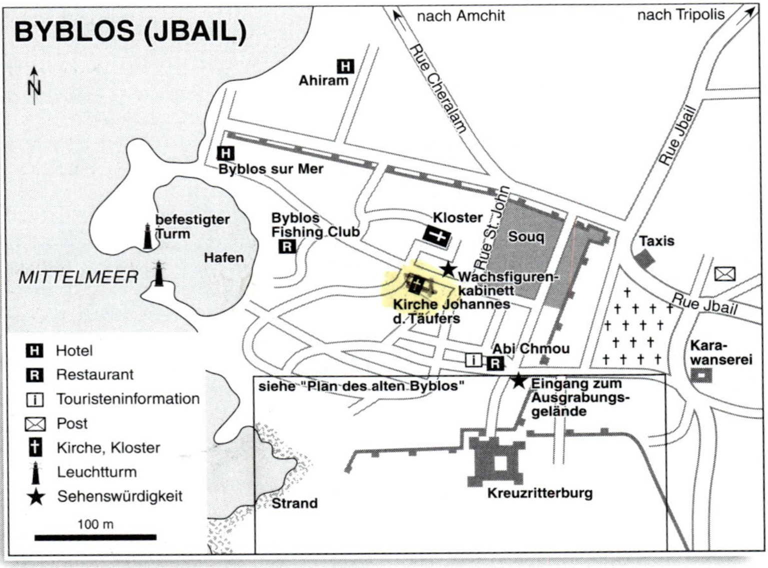

BYBLOS (JBAIL)

N
nach Amchit
nach Tripolis
Ahiram
Rue Cheralam
Rue Jbail
Byblos sur Mer
Rue St. John
Kloster
befestigter Turm
Byblos Fishing Club
Souq
Taxis
Hafen
MITTELMEER
Wachsfiguren-kabinett
Kirche Johannes d. Täufers
Rue Jbail
Abi Chmou
Kara-wanserei
siehe "Plan des alten Byblos"
Eingang zum Ausgrabungs-gelände
Strand
Kreuzritterburg

H Hotel
R Restaurant
i Touristeninformation
Post
Kirche, Kloster
Leuchtturm
Sehenswürdigkeit
100 m

ge Pompeius' ab 64 v. Chr. erlebte Byblos seine letzte Blüte. Es wurde zum religiösen Zentrum und Mittelpunkt glanzvoller Kulthandlungen. Bis in die späte römische Zeit zogen alljährlich im Frühling Tausende von Pilgern in die „Stadt des Adonis".

In **christlicher Zeit** Bischofssitz, wurde Byblos in den 30er Jahren des 7. Jhs. von den muslimischen Truppen eingenommen.

Erst wieder zur Zeit der **Kreuzzüge** rückte der inzwischen kleine Fischerort wegen seiner strategischen Lage ins Zentrum des Interesses. Nach dem Ende des ersten Kreuzzuges wurde Byblos 1104 von **Raimund de Saint-Gilles** aus Toulouse eingenommen und 1109 an das genuesische Geschlecht der **Embriaci** übergeben. Nach der Schlacht von Hattin 1187 musste die Stadt **Saladin** übergeben werden, da der Sultan als Lösegeld für den gefangenen Herrscher von Byblos verlangte. Lange konnten sich die Ayyubiden allerdings nicht am Besitz der Küstenstadt erfreuen. 1199 wurde sie unter **Guido von Giblet** wiedererobert und konnte erst 1266 vom mamlukischen Sultan **Baibars** eingenommen werden.

Rundgang

Wir beginnen unseren Rundgang beim Hotel Byblos sur Mer, gelegen an der kleinen Bucht, dem Fischerhafen. Der Weg durch die Bucht, vorbei an malerischen, alten, zum Teil restaurierten Häusern, führt zum dahinterliegenden **Ausgrabungsgelände.**

Öffnungszeiten: täglich von 8 Uhr bis zum Einbruch der Dunkelheit; **Eintritt**: 6000 L. L.

Am Platz **vor dem Eingang** liegen mehrere sehr gute kleine **Restaurants** sowie **Cafés** und das **Büro für Tourismus**, das – sollte es offen sein – kostenlos Informationsbroschüren zum Land und zu den Besichtigungsorten ausgibt.

Vom Platz aus geht links eine nach altem Stil gebaute Ladenpassage mit einigen **Souvenirgeschäften**. Seien Sie vorsichtig in den sog. Antiquitätengeschäften, die „antike Stücke" verkaufen!

• Die phönizische Stadt

Nach dem Eingang gehen wir nicht den leicht ansteigenden Weg hinauf zur **Kreuzritterburg**, sondern den kleinen Weg geradeaus an der Außenmauer der Burg zum Ausgrabungsgelände. 1860 begann der Schriftsteller und Historiker E. Renan mit den Ausgrabungen, die Geheimnisse der Stadt allerdings konnten erst P. Montet und M. Dunand ab 1921 lüften. Ein Abschnitt der phönizischen Stadtmauer, Gräber, Tempel, Ruinen aus römischer Zeit wie das Theater, ein Teil der Kolonnadenstraße und Reste des Nymphäums konnten inzwischen freigelegt werden.

Am Fuße der Südmauer der Kreuzritterburg erstreckt sich die **phönizische Stadtmauer**, die auf 250 m Länge freigelegt wurde. Bei den Ausgrabungen konnten sechs Mauerringe festgestellt werden, die hintereinander erneuert wurden. Das ursprüngliche Werk stammt aus der Zeit der Stadtgründung im 4. Jt. v. Chr. Die Mauer wurde nach innen von mächtigen Strebepfeilern gestützt, die noch zu sehen sind. Zwei Tore, die je einen Gang bildeten, der in die Stadt führte, wurden ausgegraben. Fugen in den Pflasterungen weisen auf Fallgatter, die die Tore uneinnehmbar machen sollten. Vor der Stadtmauer können wir die Grundrisse einiger Wohnhäuser aus jener Zeit sehen. Wir gehen weiter durch das Gelände auf den kleinen Pfad, der rechts den kleinen Hügel hinauf zu den noch stehenden römischen Säulen führt. Links lag der wichtigste Tempel der Stadt Byblos: der **Tempel der Baalat Gebal**. Die ältesten Funde gehen in das 4. Jt. v. Chr. zurück. Nach einem Brand um 2150 v. Chr. wurde er erst wieder um 1950 v. Chr. aufgebaut. Heute sehen wir lediglich die Reste des Grundrisses. Danach bestand er aus einem großen gepflasterten Hof, in dessen Mitte sich ein Sockel mit dem Götterbild erhob. In achämenidischer Zeit wurde das Heiligtum umgebaut.

Östlich des Tempels für die Schutzgöttin der Stadt stehen Reste eines **weiteren Heiligtums**, dessen Ursprung ebensoweit zurückreicht. Zwischen den Tempeln lag ein **geheiligter See**, dessen zerstörte Kais heute noch zu sehen sind. Der zweite Tempel besteht aus einem Hof, in dessen Zentrum der erhöhte allerheiligste Bereich war, zu dem zwei Stufen hinaufführen. In einer Ecke des Hofes an der Außenmauer liegen in situ eingelassene Tonfässer, die für Guss- und Sprengopfer genutzt wurden. So wie der Tempel der Baalat Gebal brannte auch dieser im späten 3. Jt. v. Chr. nieder und wurde erst ca. 300 Jahre später wieder aufgebaut. Das spätere Heiligtum wurde von den Archäologen weiter nach Süden verlegt, um den ursprünglichen Tempelgrundriss freilegen zu können. Der neue Bau, dem Gott Reschef geweiht, der **Obelisken-Tempel**, besteht ebenfalls aus einem Vorhof und einem Hof mit einem erhöhten Heiligtum. Im Hofe wurden mehrere Obelisken unterschiedlicher Größe und

Die Johanneskirche in Byblos

Höhe geborgen und wieder aufgerichtet. Sie symbolisierten die Gegenwart der Gläubigen vor ihrem Gott und stehen in Zusammenhang mit den Sonnenstrahlen – eine Übernahme aus dem ägyptischen Raum. Furore machten aber die hier gefundenen, 12 cm hohen Bronzestatuetten mit vergoldetem hohem Helm und Schurz. Diese phönizischen Opfergaben aus dem 18. Jh. v. Chr. waren Weihegaben wohlhabender Bürger und Könige an den Gott Reschef.

In der Mitte der Stadtanlage liegt **Bir al-Muluk** (Brunnen der Könige), der die Stadt durch die Jahrtausende mit Wasser versorgte. Im Süden wurden Gebäudereste der frühen Bronzezeit freigelegt sowie ein Teil der **neolithischen Siedlung** mit runden und ovalen Häusern, in denen noch einige Grabkrüge für Tote gefunden wurden.

Wir gehen wieder hinauf zum römischen Säulengang. Hier liegt die **phönizische Nekropole** mit neun unterirdischen Grabkammern. Zwei Gräber waren durch einen unterirdischen Gang miteinander verbunden. Zum **Grab des Abichimou** führt eine Treppe in einen viereckigen, in den Fels gehauenen Schacht, in dem Dunand zwei Leichname, allerdings ohne Sarg, sowie reiche Beigaben fand. Daneben liegt das **Grab des Ibchmou**, Vater des Abichmou, der im 19. Jh. v. Chr. in Byblos regierte. Parallel zur Säulenreihe liegt die bedeutendste Grabkammer: das **Grab des Ahiram** aus dem 13. Jh. v. Chr. Drei Sarkophage wurden gefunden, von denen einer mit einer phönizischen Inschrift versehen ist – heute im Museum in Beirut. In der Felswand des Schachtes warnt eine phönizische Inschrift Grabräuber: „Achtung, hier ruht dein Verderben!"

• Die römische Stadt

Wir bleiben bei der phönizischen Nekropole. Der bereits erwähnte römische **Säulengang** verband den Nordeingang zum römischen Heiligtum mit der Unterstadt. Sechs Säulen wurden wieder aufgestellt. Das zum Meer hin dahinter liegende **Theater** aus dem 2./3. Jh. wurde zwischen dem Obelisken-Tempel und der Kreuzritterburg entdeckt und hierher verlegt. Klein, aber fein ist es! Die Orchestra war mit einem Mosaik geschmückt, dessen Stelle heute die schwarzen Steine kennzeichnen. Die Darstellung des Gottes Bacchus', der einen blumengeschmückten Thyrsusstab in der Hand hält, liegt heute im Nationalmuseum in Beirut. Besonders schön und einzigartig ist der Bühnensockel.

Fortsetzung auf Seite 252

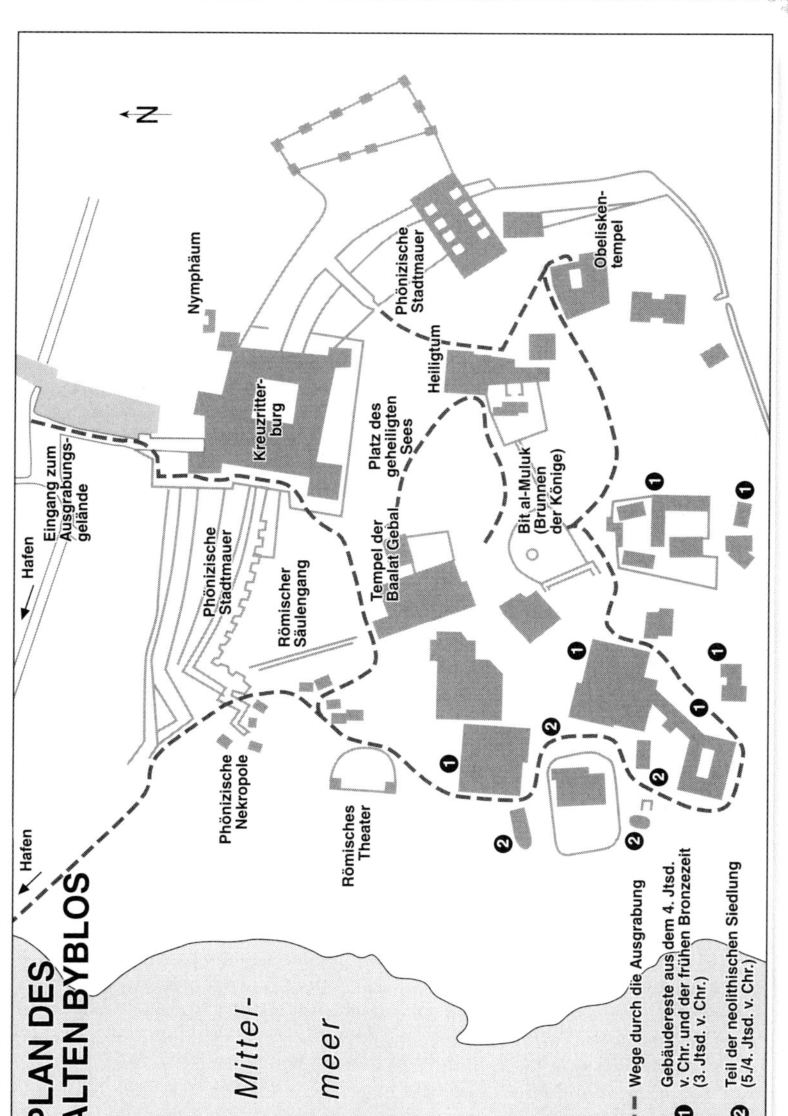
PLAN DES ALTEN BYBLOS
N
Mittel-meer
Hafen
Hafen
Eingang zum Ausgrabungs-gelände
Nymphäum
Kreuzritter-burg
Phönizische Stadtmauer
Phönizische Stadtmauer
Römischer Säulengang
Tempel der Baalat Gebal
Platz des geheiligten Sees
Heiligtum
Bit al-Muluk (Brunnen der Könige)
Obelisken-tempel
Phönizische Nekropole
Römisches Theater
Wege durch die Ausgrabung
1 Gebäudereste aus dem 4. Jtsd. v. Chr. und der frühen Bronzezeit (3. Jtsd. v. Chr.)
2 Teil der neolithischen Siedlung (5./4. Jtsd. v. Chr.)

Die Adonisfeste in Byblos

Erwähnten die Ägypter die „Göttererde", so wusste jeder, was sie damit meinten: Byblos. Bereits die ersten Kontakte zur Levante zeigen einen starken gegenseitigen Einfluss in der Mythologie, in den Sagen und Legenden, die uns die griechische Literatur überliefert. Danach soll der Sarg von Osiris an der Küste in Byblos angeschwemmt worden sein, und seine in eine Schwalbe verwandelte Schwester Isis ihn von hier aus wieder zurück nach Ägypten geholt haben. Für die Gibliten war Adonis niemand anderer als Osiris, den Isis, die Schutzgöttin von Byblos, erblickte und begehrte. Die Geschichte, die Jahrtausende das religiöse Leben prägen sollte, begann. Osiris/Adonis und Isis/Aphrodite! Die tragische Liebe der beiden, deren Liebesglück nur wenige Tage dauerte. Denn der schöne Jüngling starb. Und Isis? Sie jammerte und weinte. Aber durch die Kraft ihrer Liebe konnte sie ihn dem Tod wieder entreißen. Adonis kehrte zurück – allerdings nur einmal im Jahr: im Frühling! Sein Kommen und Gehen symbolisierte in der Antike die Jahreszeitenfolge: die Natur erwacht alljährlich im Frühling, blüht und gedeiht, stirbt im Sommer, verfällt in einen langen Winterschlaf bis die Frühlingswinde sie wieder wecken. Nirgendwo anders als in Byblos war das Grab des Adonis. Pilgerscharen zogen jedes Jahr nach Byblos, um an den großen Adonisfesten teilzunehmen: die Stadt wurde zu einem der größten Kultzentren des Orients.

„Weh! Adonis ist tot, Aphrodite! Was soll nun geschehen? Schlagt euch, Mädchen, die Brust, reißet entzwei eure Gewänder!" Mit Klagen und Heulen begannen die Zeremonien zu Ehren Adonis'. „Ich sah in Byblos einen großen Tempel, ein Heiligtum der Aphrodite", berichtete der Schriftsteller und Satiriker Lukian. „Es ist die Szenerie der geheimen Riten von Adonis: Ich meisterte sie. Sie bestätigen, daß die Legende über Adonis und den wilden Eber wahr ist und die Ereignisse sich in ihrem Lande zutrugen, und in Erinnerung an dieses Unheil schlagen sie ihre Brüste und wehklagen sie jedes Jahr. Dabei üben sie unter Zeichen der Trauer im ganzen Land ihre geheimen Riten aus. Wenn sie Trauer und Wehklagen beendet haben, opfern sie an erster Stelle Adonis als einem, der aus diesem Leben geschieden ist, danach behaupten sie, er sei wieder lebendig und zeigen sein Bildnis dem Himmel. Sie scheren auch ihre Köpfe kahl [...]. Frauen, die nicht geschoren werden wollen, müssen sich der folgenden Strafe unterziehen: Es wird ihnen auferlegt, sich einen ganzen Tag bereitzuhalten, ihren Leib zu vermieten. Der Zugang steht jedoch nur Fremden offen, und für den Verkehr mit diesen Frauen wird ein Opfer für Aphrodite bezahlt." Ein Spektakel ohnegleichen, würden wir heute sagen. Überall gerieten Priesterinnen im Tanz in Ekstase und stießen Orakelsprüche mit den Stimmen von Tauben oder Bienen aus. Mit der Darbringung eines Opfers besiegelten sie das Band zwischen ihnen und ihrem Gott und baten ihn um Schutz für ihre Zukunft. Anschließend zogen die Pilger in Prozessionen zum Tal des Adonis-Flusses und

S. 240

weiter hinauf nach Afqa – mindestens drei Tagesmärsche brauchten sie, um das Heiligtum der Aphrodite und die Grotte, in der Adonis seinen Wunden erlag, zu erreichen. Der Abschluß der Trauerzeremonien vollzog sich an der Küste. Auf Bahren trugen die Menschen die Figuren des Adonis' und unter Wehklagen der Frauen warfen sie sie in Quellen und Flüsse oder hinaus ins Meer. „Adonis ist wiedererstanden", riefen sie unter Tränen in der Dämmerung des nächsten Tages. Anschließend pflanzten sie Getreidekörner und Blumen in flache Gefäße und warfen die „Gärten des Adonis", wie sie sie nannten, ins Meer – als Symbol für das Leben und Sterben des Gottes, als Symbol für das Sterben und die Erneuerung der Vegetation.

Auf dem Sarkophag ist links der Kampf des Adonis mit dem wilden Eber dargestellt

Korinthische Säulen, Giebel, Bögen und Schmuckmuster wie Eierstab und Akanthusblätter schmücken ihn, die Dekorationen in Miniaturform erinnern an Eingänge in Tempel oder an Nischen.

Die anderen römischen Funde liegen auf der gegenüberliegenden Seite hinter der Kreuzritterburg: Reste der Kolonnadenstraße, des Forums und des **Nymphäums** aus dem 2. Jh. Mit Wasser- und Fruchtbarkeitsgöttinnen geschmückt war der große Brunnen ein Repräsentationsbau. Die hier geborgene Gesundheitsgöttin Hygieia steht heute im Nationalmuseum in Beirut.

● Die mittelalterliche Stadt

Die **Kreuzritterburg** überragt das gesamte Gelände. Bereits der Vorgängerbau wurde von den Fatimiden im 9. Jh. zum Teil auf der alten phönizischen und römischen Stadt errichtet. Nachdem die Kreuzritter Anfang des 12. Jhs. sich der Hafenstadt bemächtigten, bauten sie die Burg mit den gewaltigen Mauersteinen der phönizischen, achämenidischen und römischen Bauten aus und verstärkten sie, um sie uneinnehmbar zu machen. Eine rechteckige Ringmauer, die von einem tiefen Graben umgeben war, bildete den Verteidigungsring. Der einzige Zugang im Westen mit einem massiven Monolithen als Türsturz ist im Innern mit einem Rundbogen überdeckt; auch die Fenster im Erdgeschoss und die Öffnungen haben Rundbogenformen. Durch eine weite Halle mit Spitzbogentonnengewölbe führt der Weg zu den Stufen hinauf zur Oberburg. Das gesamte Kellergeschoss wird von einer Zisterne eingenommen. Nach mehreren Stufen gelangen wir durch die Wehrgänge, die nach außen mit Schießscharten versehen sind, wieder ins Freie. Hier sehen wir an drei Ecken der Mauer Türme. Ein einst vierter Turm wurde wahrscheinlich von Saladin zerstört, als er 1188 die Burg schleifen ließ. Ein weiterer zerstörter Turm liegt in der Mitte der Nordseite. Alle Türme hatten Säle und deren Außenmauern Schießscharten zur Verteidigung der Burg. In der nördlichen, bereits vor der Zeit der Kreuzzüge angelegten Mauer ist ein Tor ausgebrochen, vor dem eine gemauerte Brücke mit zwei Spitzbögen liegt. Der wichtigste Turm ist der große Donjon, der jüngst mehrmals restauriert wurde. Von hier aus können Sie das weitläufige Ausgrabungsgelände am besten überblicken.

Wieder auf dem Platz vor dem Eingang gehen wir geradeaus die asphaltierte Straße hinauf. Wir halten uns links, gehen vorbei am Wachsfigurenkabinett bis zur großen maronitischen Kirche, unübersehbar auf der linken Seite. Die **Kirche Johannes des Täufers**, in jener Zeit auch bekannt als Kathedrale von Giblet, ist eines der Prachtstücke der Kreuzritter im Vorderen Orient. 1115 wurde mit dem Bau der Kirche begonnen. Lediglich die Fassade stammt aus jüngster Zeit, ansonsten tauchen wir beim Betreten der Kirche in die Romanik ein. Dreischiffig, mit einem Spitzbogentonnengewölbe im Mittelschiff folgt der Bau streng der romanischen Norm. Besonders schön ist das außerhalb der Kirche gelegene Baptisterium. Dieser fast quadratische Bau, überwölbt mit einer Kuppel, wurde erst um 1200 gebaut, folgt aber dennoch dem romanischen Stil. Die Taufkapelle ist mit behauenen Bogenläufen, Zickzackmustern, Eierstabmotiven und Rosettenbändern geschmückt, also jene Dekorationsformen der Antike, die um 1200 besonders von italienischen Baumeistern bevorzugt wurden. Dies mag an dieser Stelle nicht

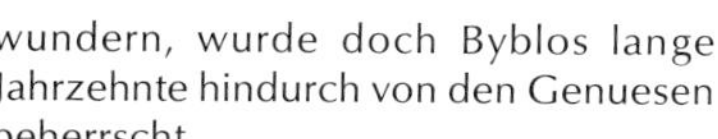

wundern, wurde doch Byblos lange Jahrzehnte hindurch von den Genuesen beherrscht.

Tipp: Sollten Sie noch Zeit haben, so besuchen Sie das Wachsfigurenkabinett, in dem 27 Szenen und 120 Personen zu sehen sind (geöffnet tägl. außer Mo 9–18 Uhr).

Zurück nach Beirut geht es auf der Küstenstraße (39 km).

Büro für Tourismus

Vor dem Eingang des Ausgrabungsgeländes, Tel. 09/54 03 25.

Hotels

Byblos sur Mer

Das kleine Hotel mit schönen Zimmern liegt idyllisch direkt am Meer neben dem kleinen Fischerhafen. Das dazugehörende Restaurant L'Oursin ist auf Fischgerichte spezialisiert; Tel. 09/54 03 56, Fax 09/94 48 59.

Ahiram

Preisgünstigeres Hotel (DZ ca. 65 $) mit kleineren, einfacheren Zimmern; nördlich der Altstadt am Meer gelegen, eigener Strand; Tel. 09/54 04 40.

Camping

Camping d'Amchit

Der einzige Campingplatz Libanons, auch als *Les Colombes* bekannt, liegt sehr schön an der Küste, etwas nördlich von Byblos Richtung Tripolis: Autobahnausfahrt Byblos. 2 km rechts die MARCO-Tankstelle, 200 m weiter links abbiegen Richtung Meer (nicht beschildert!). Es werden auch kleine Bungalows vermietet. Tel. 09/94 37 82 oder 09/54 03 22.

Ansicht von Byblos

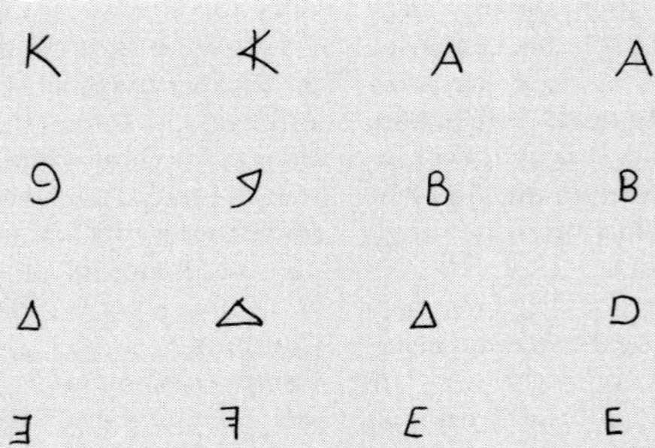

Das erste Alphabet

Die erste uns bekannte Schrift ist die sumerische Keilschrift (vgl. das Kapitel „Mesopotamien: Wiege der Zivilisation"). In der späten Bronzezeit (16./15. Jh. v. Chr.) wurde in Ägypten ein Hieroglyphen-Alphabet von 24 Zeichen entwickelt. Diese erste Konsonantenschrift war an der syrisch-libanesischen Küste der Ausgangspunkt für die Entwicklung einer Buchstabenschrift. Die Bewohner der Levante entwickelten die Schrift im 2. Jt. v. Chr. weiter und paßten sie ihrer eigenen Sprache, einem nordwestsemitischen, kanaanäischen Dialekt, an: die Abweichung von der traditionellen Wort-Silben-Schrift begann! Diese neu entwickelte Schrift folgte dem Prinzip der Akrophonie, d. h. die Zeichen entsprachen in der Form dem Anfangskonsonanten des Wortes, das mit ihm begann. Im 12. Jh. v. Chr. erfolgte in Byblos die formale Festlegung der Buchstaben: Für den ersten Konsonanten „Alepha" schrieben sie einen Rinderkopf, da Rind in ihrer Sprache „Aleph" hieß; für den zweiten Konsonanten „Beta" schrieben sie ein Haus, da Haus in ihrer Sprache „Bet" hieß usw. Der Buchstabe wurde also mit dem Begriff geschrieben, der mit den entsprechenden Buchstaben begann und somit das altkanaanäische Prinzip der Akrophonie weiterentwikkelt.

Die Griechen übernahmen die äußere Form der phönizischen Zeichen und behielten die Reihenfolge sowie ihre Namen (Alpha, Beta, Gamma) bei. Im Laufe der Jahrzehnte veränderte sich zum einen die Schriftform, zum anderen das Hinzufügen von Vokalen und die Schriftrichtung. Denn während die Phönizier linksläufig schrieben, setzte sich im europäischen Raum die Rechtsläufigkeit durch.

Die Tabelle zeigt die Entwicklung des Alphabets. Die erste senkrechte Reihe sind die ersten vier Buchstaben der kanaanäischen Schrift, es folgt die phönizische, griechische und lateinische.

S. 256

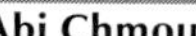

Restaurants

Abi Chmou

Am Eingang zum Ausgrabungsgelände gelegen. Von der Terrasse aus haben Sie einen unvergesslichen Blick auf die Kreuzritterburg. Große Auswahl an Vorspeisen. Tel. 09/54 04 84.

Byblos Fishing Club

Das direkt am Fischerhafen gelegene Restaurant begrüßte einst illustre Gäste. Marlon Brando, Brigitte Bardot und Frank Sinatra haben hier schon gespeist. Speisen und Getränke sind nicht billig! Tel. 09/54 02 13.

Baden

Strand beim **Hotel Byblos sur Mer,** direkt beim kleinen Fischerhafen, Tel. 09/ 54 03 56.

Tagestour 2: Beirut – 'Amchit – Batrun – Enfe – Dair Balamand – Beirut

Wir verlassen Beirut auf der Küstenstraße Richtung Tripolis über **Jdaide** und (6 km) **Antelias** (9 km) bis nach **Jounié** (20 km). Von Jounié gibt es zwei Strekken bis nach Tripolis. Die alte Strecke verläuft direkt entlang der Küste durch die einzelnen im Folgenden genannten Orte; parallel zu dieser wurde eine Autobahn gebaut. Wir wählen die neue Strecke und fahren durch die Bucht von Jounié über **Ma'amaltain** (22 km), **Tabarja** (25,5 km) und **Byblos** (39 km) bis 'Amchit (41 km).

'Amchit

In 'Amchit **[1]** wohnte der Literat und Historiker **Ernest Renan**, der 1860 mit den Ausgrabungen in Byblos begann. Seine Schwester Henriette, die ihn auf seinen Reisen begleitete, starb in dem kleinen Dorf und wurde beim Wohnsitz der Geschwister begraben – beides kann bis heute noch besucht werden. Im Ort selbst stehen **Ruinen eines Klosters** und **zwei Kirchen**. Diese wie auch andere zahlreiche Häuser wurden aus antikem Baumaterial errichtet.

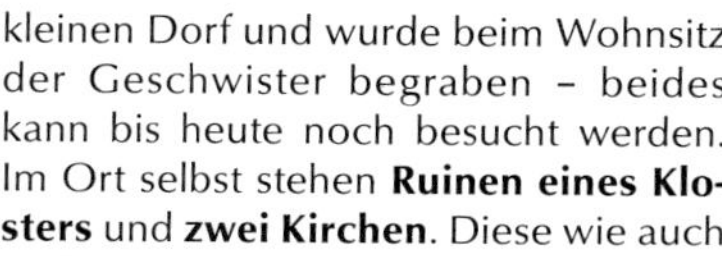

Ca. 10 Min. zu Fuß von 'Amchit entfernt liegt die **Mar Jirius-Kirche** (Hl. Georg). Gebaut auf den Fundamenten eines griechisch-römischen Tempels wurden die antiken Steine, so z. B. ein Altarstein mit griechischer Inschrift, zum Bau der Kirche wiederverwendet. In der angeschlossenen Grabkammer, die zu einer kleinen Kapelle umgebaut wurde, steht ein Sarkophag mit griechischer Inschrift, der als Altar diente. Diese Kapelle wurde **Mar Sofia** und ihren Töchtern geweiht, zu der die Menschen pilgerten, um die Heilige um Genesung von der Malaria zu bitten. Fahren wir nach Osten, so erreichen wir **'Abaidate** (8 km). In diesem Dorf steht eine Kirche mit Resten byzantinischer Fresken in der Apsis. Sie zeigen Christus zwischen Maria und Johannes dem Täufer und zu Füßen die vier Evangelisten, rechts und links zwei Seraphim, die Lichtengel des Alten Testaments, die eine Tafel mit einem syrisch-aramäischen Text tragen. Über **Haqel** (14 km) kommen wir nach **Maifuq [2]** (23 km), einen kleinen Ort mit Klosteranlage und einer Kirche, in der Reste von Malereien aus dem 18. Jh. zu sehen sind.

Zurück auf der Küstenstraße bis zur Abzweigung nach **Maad** sind es 49 km.

Abstecher nach Maad [3]

Eine schmale Straße führt rechts am Ufer eines Wadi bis Maad, in dem die **St. Charbolois-Kirche** an der Stelle des Jupiter-Tempels gebaut wurde. Die lateinischen Inschriften, Kapitelle

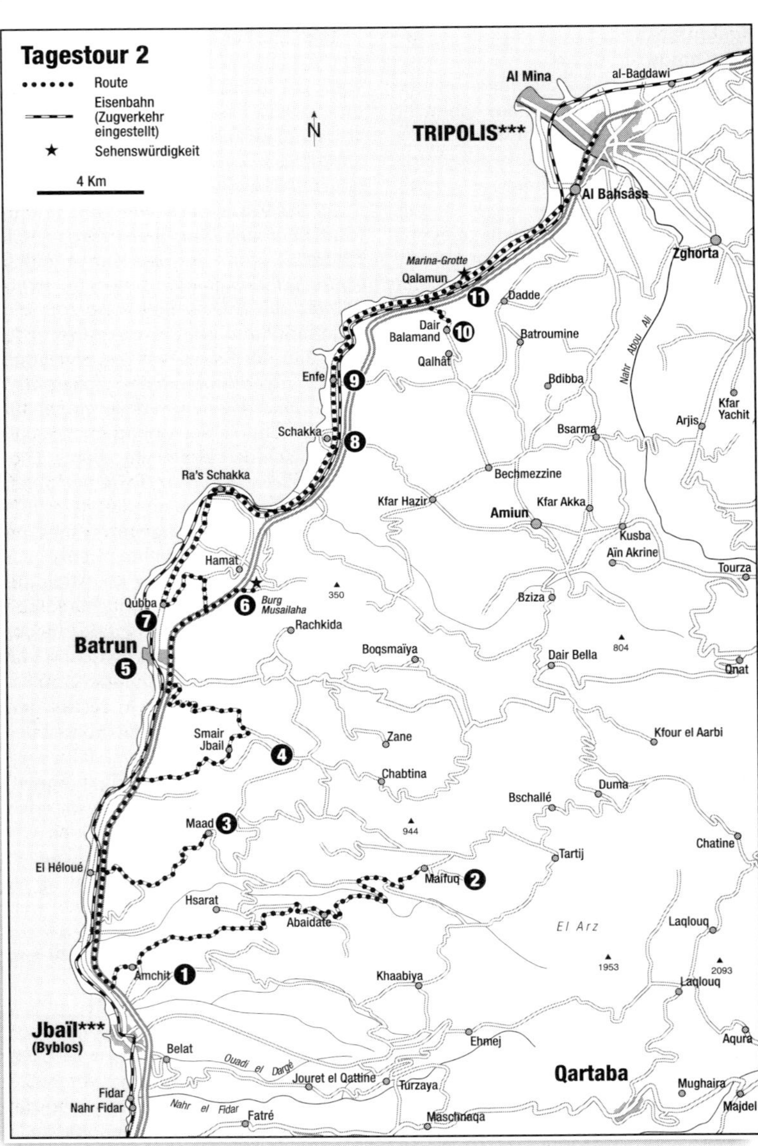
Tagestour 2
Route
Eisenbahn (Zugverkehr eingestellt)
Sehenswürdigkeit
4 Km
N
Al Mina
al-Baddawi
TRIPOLIS***
Al Bahsâss
Zghorta
Marina-Grotte
Qalamun
11
Dadde
Dair Balamand
10
Batroumine
Qalhât
Nahr Abou Ali
Enfe
9
Bdibba
Kfar Yachit
Arjis
Schakka
8
Bsarma
Bechmezzine
Ra's Schakka
Kfar Hazir
Kfar Akka
Amiun
Kusba
Aïn Akrine
Hamat
Tourza
350
Burg Musailaha
6
Bziza
Qubba
7
Rachkida
Batrun
5
804
Boqsmaïya
Dair Bella
Qnat
Smair Jbail
4
Zane
Kfour el Aarbi
Chabtina
Duma
Bschallé
Maad
3
944
Chatine
Tartij
El Héloué
Maifuq
2
Hsarat
Abaidate
El Arz
Laqlouq
1953
2093
Amchit
1
Khaabiya
Laqlouq
Jbaïl***
(Byblos)
Ehmej
Aqura
Belat
Ouadi el Dargé
Qartaba
Jouret el Qattine
Turzaya
Mughaira
Fidar
Nahr Fidar
Nahr el Fidar
Fatré
Maschnaqa
Majdel

und römischen Säulen im Innenraum und in der Vorhalle deuten auf den Vorgängerbau. Reste eines Mosaikbodens, römische Pflasterung und eine ägyptisierende Statue aus hellenistischer Zeit zeugen von der Bedeutung des Kultplatzes in der Antike. In der Kirche haben sich Fresken aus byzantinischer Zeit erhalten, die die Jungfrau Maria zeigen. Auf einer weiteren Darstellung sind die Apostel in stummer Trauer zu erkennen. Hier wurde im 14. Jh. die Französin Mary Boulanger bestattet – wer diese Dame war und warum sie hier bestattet wurde, ist bis heute noch unbekannt.

Weiter auf der Küstenstraße biegen wir bei **Fadus** (52 km) ab und fahren nach Osten zum malerisch gelegenen Dorf **Smar Jbail [4]** bis auf 400 m Höhe.

Die **mittelalterliche Burg** auf dem Felsen scheint über dem Dorf zu thronen. Nähern wir uns dieser Burg, so beeindrucken bereits von weitem die in den Felsen gehauenen Gräben. Wir betreten die Burg von Süden; die Wendeltreppe im Osten sollten wir aus Sicherheitsgründen nicht benutzen. Die Nordseite zeigt zwei Skulpturprogramme, die wohl auf die vorhellenistische Zeit zurückgehen. Einige hundert Meter nördlich der Burg liegt die **Nura-Kirche** (Licht-Kirche), lange Zeit ein Wallfahrtsort für Augenkranke. Der Überlieferung nach soll Nura aus dem persischen Raum an die Levante gekommen sein und wegen seines christlichen Glaubens unter Kaiser Diokletian Ende des 3. Jh. das Martyrium erlitten haben. Sein Leichnam soll an der Stelle der heutigen Kirche begraben worden sein.

Durch die schöne mediterrane Landschaft erreichen wir Batrun **[5]** (56 km).

Batrun

Bekannt in griechisch-römischer Zeit unter dem Namen *Botrys*, soll die Stadt nach dem jüdischen Historiker Flavius Josephus von **Ittobaal**, dem König der Stadt Byblos, **um 1000 v. Chr. gegründet** worden sein. Da der Ort allerdings in den berühmten Amarna-Briefen, in denen die Korrespondenz der Herrscher Vorderasiens mit Äygpten im 16.–14. Jh. v. Chr. überliefert ist, als Vasallenstadt der Könige von Byblos erwähnt ist, muss die Stadt älter sein, als der jüdische Geschichtsschreiber angibt. In griechischer Zeit ein Schlupfwinkel für Piraten und Räuber, wurde die Stadt in byzantinischer Zeit Bischofssitz. Diese Ehre behielt *Butrun*, wie es im 12./13. Jh. genannt wurde, bis in die Zeit der Kreuzzüge, als es zur Grafschaft Tripolis gehörte.

Im Nordosten des Ortes liegen die **Ruinen eines römischen Theaters**, dessen Sitze in Stufen in den Fels hineingehauen wurden. Auch wenn es nicht mehr gut erhalten ist, so lohnt ein Besuch, denn die Überreste verraten den einstigen Reichtum an Dekorationen.

Hotel

San Stephano Beach
DZ für ca. 70 $, Tel. 06/64 03 66.

Restaurants

Taj el-Mansur, Tel. 06/64 38 77
Badawni
Lecker zubereitete, günstige Vorspeisen, Tel. 06/64 01 56.

Fischer-Festival

Jedes Jahr am **16. August** kommen alle Fischer der Umgebung mit ihren Booten, und es wird getanzt, gesungen und viel Fisch gegessen.

Nach Batrun fahren wir vorbei an der **Burg Musailaha [6]** (59 km), die auf der Spitze eines Felsens ruht.

An strategisch wichtiger Stelle errichtet, um den Verbindungsweg zwischen Beirut und Tripolis verteidigen zu können, ist die Burg außen in einem guten Erhaltungszustand. Historiker glauben, dass die Stelle bereits in der Antike besiedelt war, jedoch wurden bis heute keine Beweise für diese Annahme gefunden. Die Meinungen über die Entstehungszeit gehen auseinander. So behaupten einige, die Burg gehe auf das Mittelalter zurück und sei entweder von den Kreuzrittern oder Arabern gebaut, andere datieren sie in die Zeit Fakhr ad-Dins II. in das 17. Jh. Von einer Besichtigung ist wegen der Baufälligkeit des Burginneren abzuraten.

Nur wenige Meter weiter scheint ein Berg, der ins Meer abfällt, die Küstenstraße zu versperren. Während des Ausbaus der neuen Straße, die die enge, direkt an der Küste gelegene Straße entlasten soll, wurde ein Tunnel durch den Berg gebohrt. Nach dem **Nahr al-Joz** (Nussbaum-Fluss) (57 km) erreichen wir das griechisch-orthodoxe Dorf **Qubba [7]**, das terrassenförmig am Fuße eines Plateaus angelegt wurde (58 km).

Wollen wir den Ort besuchen, so müssen wir die Küstenstraße verlassen. Östlich des Dorfes steht auf einem Hügel, dessen Ost- und Südhänge steil in den Nahr al-Joz abfallen, die **Erlöser-Kirche** aus dem 12. Jh. Antike Grabstätten in künstlichen Grotten sind an der Ostwand zu erkennen, die Apsis und das Spitztonnengewölbe eines Schiffes

Die Burg Musailaha (Foto: L. Huber)

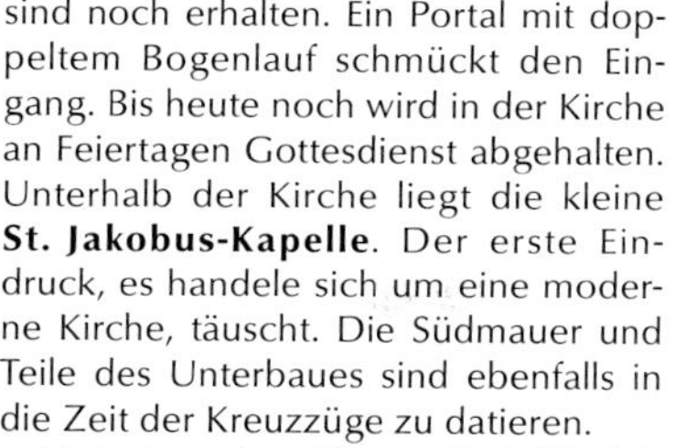

sind noch erhalten. Ein Portal mit doppeltem Bogenlauf schmückt den Eingang. Bis heute noch wird in der Kirche an Feiertagen Gottesdienst abgehalten. Unterhalb der Kirche liegt die kleine **St. Jakobus-Kapelle**. Der erste Eindruck, es handele sich um eine moderne Kirche, täuscht. Die Südmauer und Teile des Unterbaues sind ebenfalls in die Zeit der Kreuzzüge zu datieren.

Vorbei an dem Kloster **Dair Nurieh** (61 km) und **Ra's Schakka** (63 km), in der Antike *Theouprosopon* (Antlitz Gottes) genannt, erreichen wir nach Überquerung des Nahr al-'Asfur **Schakka [8]** (69 km). Diese ehemalige phönizische Siedlung ist heute eine kleine Industriestadt mit mehreren Zementwerken. Anschließend gelangen wir nach **Enfe [9]** (73 km).

Enfe

Das *Nephin* der Kreuzritter war eines der Lehen der Grafschaft Tripolis, deren Herren im 13. Jh. nach Zypern übersiedelten. Von der Kreuzritterburg jener Zeit sind nur noch wenige Mauerstücke erhalten. In Enfe selbst wurden einige **Felsengräber** entdeckt.

Sehenswert sind die **vier Kirchen**: Die am Meer gelegene erhebt sich gegenüber einer byzantinischen Kirche, die beide auf Felsen errichtet worden sind. Die größere wurde im 12. Jh. vom Lehensherrn von Nephin gebaut. Auch wenn nur noch die Apsis und Teile des Schiffes erhalten sind, wird die Kirche heute noch für den Gottesdienst benutzt. Die fast verschüttete **Marien-Kapelle**, Sayidat ar-Rih, besitzt nur ein Schiff, das im Osten in eine schmale Apsis übergeht und sich im Westen in eine viereckige Vorhalle öffnet. Ansonsten haben sich in dem schlichten Bau aus dem 12./13. Jh. Reste von Wandmalereien erhalten.

Weiter auf der Küstenstraße fahren wir vorbei an künstlich angelegten Wasserbecken, die der Meersalzgewinnung dienen. Nach wenigen Metern (76 km) biegen wir rechts ab und fahren nach Osten.

Die steile Auffahrt in Serpentinen führt vorbei am griechisch-orthodoxen Mönchskloster **Dair an-Natur** (85 km) durch eine ausgedehnte Hochebene über **Dadde** (87 km), in dem wir rechts zum griechisch-orthodoxen Kloster **Dair Balamand [10]** (90 km) auf 310 m Höhe abbiegen.

Dair Balamand

Das berühmte **Kloster Belmont** aus der Zeit der Kreuzzüge, das bis heute von orthodoxen Mönchen bewohnt ist, gehört zu den sehenswertesten Abteien des Landes. Der Blick über die weitläufigen Gärten mit Ölbäumen bis hin zum Meer und nach Tripolis ist herrlich!

1157 wurde die Zisterzienserabtei gegründet, 1289 mussten die Mönche nach der Einnahme von Tripolis und der Umgebung durch die Mamluken das Kloster verlassen. Im Laufe der Jahrhunderte stark durch An- und Ausbau verändert, können wir heute nur schwer das Werk der Kreuzritter erkennen. Eine Kirche aus dem 12. Jh. zeigt in beispielloser Art die schlichte, aber dennoch eindrucksvolle Architektur der Zisterzienser. Reste eines Turmes weisen auf Verteidigungsanlagen hin. In dem modernen Kreuzgang erkennen wir Bruchstücke aus dem 13. Jh., die zum ursprünglichen Kreuzgang gehörten.

Der Kapitelsaal wurde später in eine St. Georg-Kapelle verwandelt, ein weiterer großer Saal mit monumentalen

Dair Balamand: Kloster Belmont

Strebepfeilern aus dem 12. Jh. dient den Mönchen heute als Weinkeller. Bei einem Rundgang durch das Kloster werden die Führer sicher nicht versäumen, den Besuchern den aufwendigen Schmuck zu zeigen: Marmorfußboden, Inkrustationen in der Kirche und ein silbernes Vortragekreuz im gotischen Stil, das eine zypriotische Arbeit aus dem 15. Jh. sein dürfte. Besuchen sollten Sie auf jeden Fall auch den angeschlossenen Friedhof – die schöne Aussicht auf die Umgebung bleibt unvergessen.

Wir fahren zurück zur Küste (104 km) über **Qalamun [11]** (107 km) bis zum Abzweig zur **Marina-Grotte** (108 km).

Abstecher zur Marina-Grotte

Wir parken das Auto und gehen zu Fuß (ca. 30 Min.) an steinigen Hängen zur Grotte, die wegen ihres Orangefarbtons, der sich deutlich vom grauen Felsen abhebt, bereits von weitem zu erkennen ist. Haben wir die Grotte erreicht, so fallen als erstes die **Malereien** an der Südwand des Felsheiligtums auf. Die im byzantinischen Stil gemalten Fresken mit griechischen Inschriften zeigen u. a. die **Hl. Marina**, die den Teufel fesselt, eine **Verkündigung Marias** und den **Hl. Demetrius** zu Pferd. Die letzte Szene wurde im 13. Jh. mit acht Bildern übermalt, die Szenen aus dem Leben der Hl. Marina darstellen. Der Legende zufolge wurde Marina in Qalamun geboren und soll anfangs in Mönchskleidung im Männerkloster Qannubin in Wadi Qadischa gelebt haben. Sie wurde zur Einsiedlerin und soll wundertätig ein Findelkind gerettet haben, indem sie es stillte. Mütter, die Schwierigkeiten haben, ihre Säuglinge zu stillen, unternehmen noch heute Wallfahrten zur Grotte im Dair Qannubins, in der die Heilige starb und begraben wurde.

Tipp: Machen Sie einen Stopp in Qalamun! In der Hauptstraße des Ortes liegen die Werkstätten und Geschäfte, in denen die Kupferschmiede arbeiten und ihre Schalen, Kerzenleuchter, Teller, Platten und andere traditionelle Erzeugnisse ausstellen und verkaufen. Auch ist Qalamun bekannt für sein Rosenwasser, seinen Zitronen- und Orangensirup.

Durch eine schöne, intensiv landwirtschaftlich genutzte Fläche fahren wir durch das **Wadi Abu Halka** (113 km), in dessen Nähe sich eine Süßwasserquelle im Meer befindet. In der Nähe des Wadi steht ein Steilfelsen mit Grotten, in denen vorhistorische Steinwerkzeuge geborgen wurden. Weiter auf der Küstenstraße erreichen wir Tripolis (116 km). Zurück auf der Autobahn nach Beirut (204 km).

Tagestour 3: Beirut – Tripolis – Beirut

Auch bei dieser Tagestour verlassen wir Beirut Richtung Norden und fahren auf der Küstenstraße (s. Tagestour 2) bis nach Tripolis (88 km).

Tripolis

Tripolis (arab. *Tarablus*) ist die zweitgrößte Stadt Libanons mit ca. 200 000 Einwohnern. Die Stadt wird durch den Nahr Abu 'Ali, die Verlängerung des Qadischa-Flusses, in **zwei Teile** geteilt: auf der linken Uferseite **Abu Samra** und auf der rechten **al-Qubbe**. Im Stadtviertel Abu Samra liegen die historischen Bauwerke, die von der Kreuzritterburg St. Gilles überragt werden. Ca. 3 km entfernt erstreckt sich die Seestadt mit dem Hafenviertel, al-Mina, der eigentlichen Stadt Tripolis, auf der sich die phönizische Siedlung erstreckte. Erst nachdem die Kreuzritter auf dem sog. **Pilgerberg** am linken Ufer des Nahr Abu Ali die mächtige Burg errichtet hatten, verlegten die Mamluken nach der Einnahme der Stadt das Zentrum an die Ufer des Flusses. Heute liegen hier die zahlreichen mamlukischen und osmanischen Moscheen, Karawansereien, Koranschulen und Bäder. Zwischen diesem Teil und dem Hafen entstand in den letzten Jahrzehnten ein modernes Villenviertel mit einem Messegelände für internationale Ausstellungen; die weitläufigen Orangenhaine, von denen Reiseberichte erzählen, mussten weichen.

Die **wirtschaftliche Bedeutung**, die die Stadt vor dem Bürgerkrieg innehatte, hat sie bis heute noch nicht vollkommen wieder erlangen können. In den 50er und 60er Jahren kam es hier zur Industrialisierung: Die Pipeline, die Erdöl aus dem Irak ans Mittelmeer brachte, wurde gelegt sowie eine große Raffinerie gebaut. Eine Textilindustrie (Webereien, Baumwollspinnereien), Zuckerfabriken u. a. schossen wie Pilze aus dem Boden, und die Stadt gewann an wirtschaftlicher Bedeutung. Vor allem wegen ihrer Lage am Meer und an den wichtigsten Verkehrsverbindungen wurde sie zu einem bedeutenden Umschlagplatz. Das Gesicht Tripolis' veränderte sich: Es war nicht mehr die Kleinstadt, sondern eine Großstadt geworden! Die zahlreichen neuen Hochhäuser bilden heute fast einen Kranz um die Altststadt von Tripolis, in der die histori-

Fortsetzung auf Seite 264

Tanzende Derwische

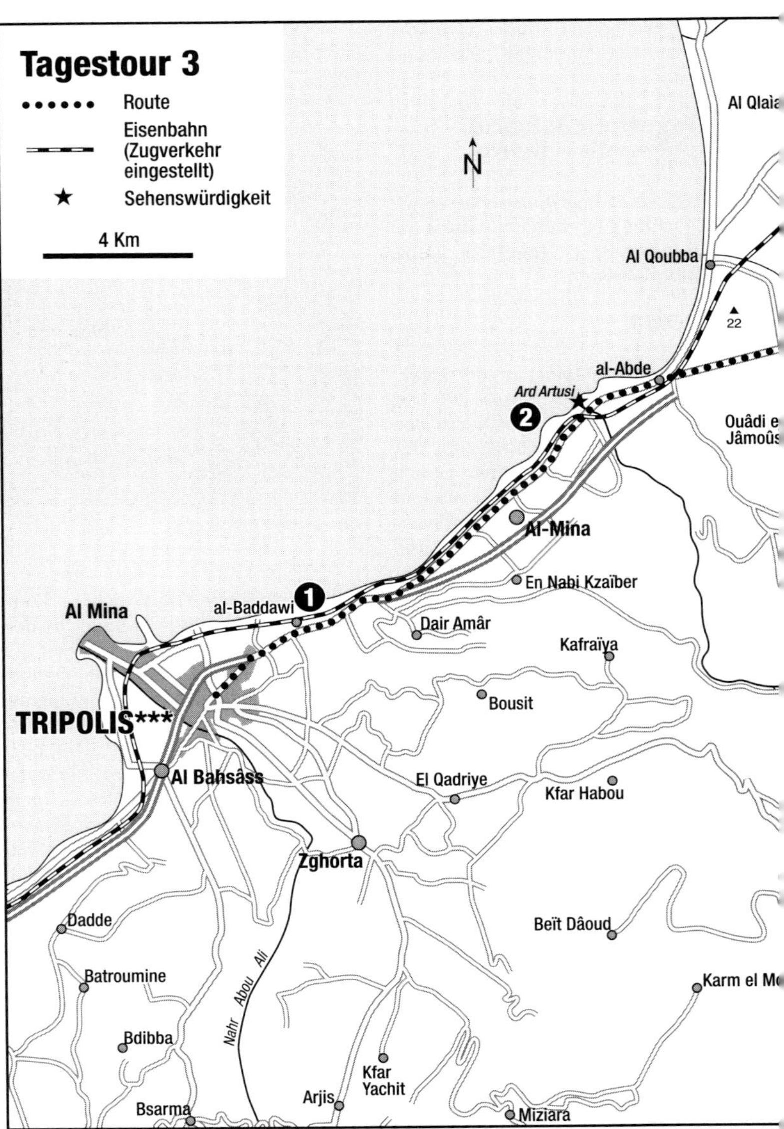
Tagestour 3
Route
Eisenbahn
(Zugverkehr
eingestellt)
Sehenswürdigkeit
4 Km
N
Al Qoubba
22
al-Abde
Ard Artusi
2
Al-Mina
En Nabi Kzaïber
1
al-Baddawi
Al Mina
Dair Amâr
Kafraïya
Bousit
TRIPOLIS***
Al Bahsâss
El Qadriye
Kfar Habou
Zghorta
Dadde
Beït Dâoud
Batroumine
Nahr Abou Ali
Bdibba
Kfar
Yachit
Arjis
Bsarma
Miziara

Tagestour 3 – Übersichtskarte

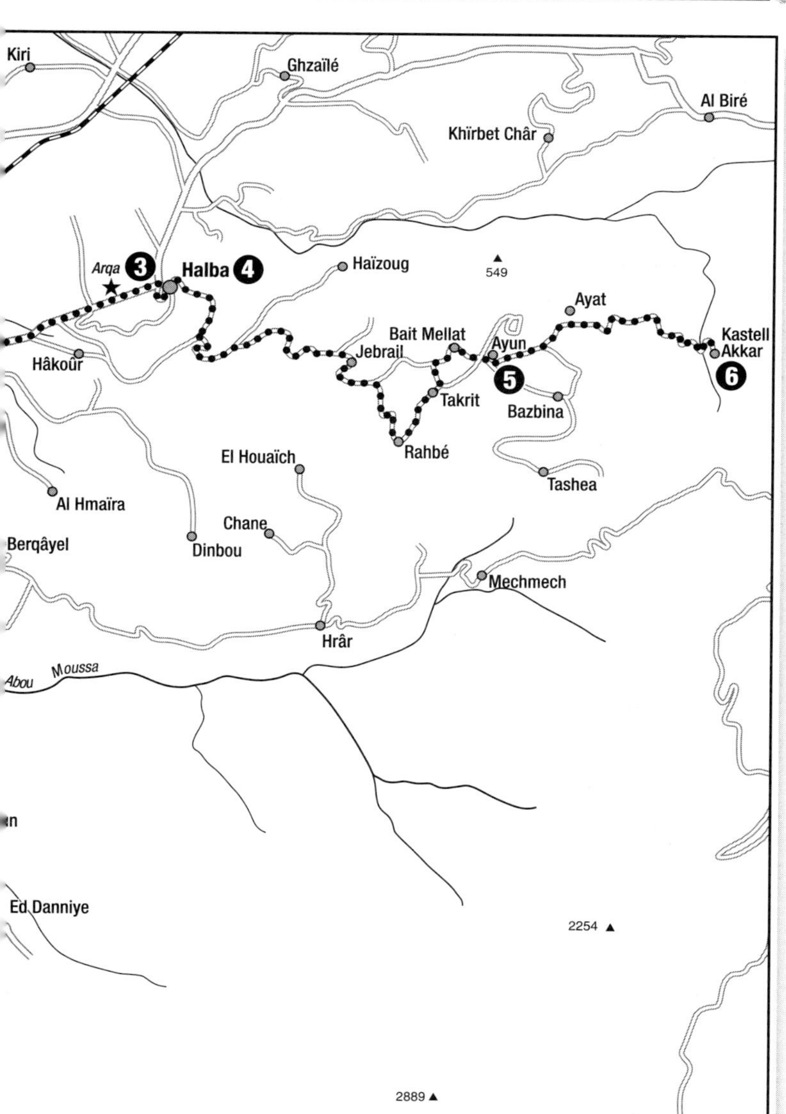

schen Monumente liegen, die ihm neben Kairo den Ruhm einer *mamlukischen Stadt* einbrachten. Besucher müssen daher den Reiz des Ortes erst einmal entdecken – und das geht nur zu Fuß!

Geschichte und Bedeutung

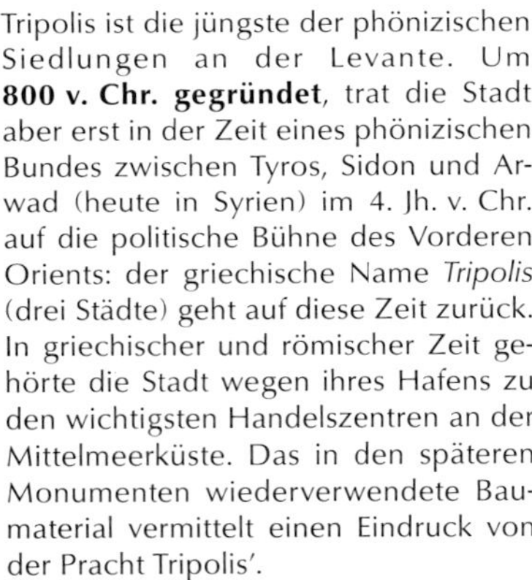

Tripolis ist die jüngste der phönizischen Siedlungen an der Levante. Um **800 v. Chr. gegründet**, trat die Stadt aber erst in der Zeit eines phönizischen Bundes zwischen Tyros, Sidon und Arwad (heute in Syrien) im 4. Jh. v. Chr. auf die politische Bühne des Vorderen Orients: der griechische Name *Tripolis* (drei Städte) geht auf diese Zeit zurück. In griechischer und römischer Zeit gehörte die Stadt wegen ihres Hafens zu den wichtigsten Handelszentren an der Mittelmeerküste. Das in den späteren Monumenten wiederverwendete Baumaterial vermittelt einen Eindruck von der Pracht Tripolis'.

Die Muslime hatten es im 7. Jh. alles andere als leicht, sich der Hafenstadt zu bemächtigen. Nach wochenlanger Belagerung bat die Bevölkerung schließlich den oströmischen Kaiser um Hilfe, der daraufhin alle Einwohner auf dem Seeweg evakuieren ließ. Als die Belagerer die Stadt am nächsten Morgen einnahmen, fanden sie sie leer vor. Eine Garnison wurde in Tripolis stationiert, die für Ruhe und Ordnung sorgen sollte. Als diese allerdings, aufgrund der inzwischen zahlreichen militärischen Auseinandersetzungen in umayyadischer Zeit (661–750), die Stadt kurzfristig verlassen musste, sahen die Tripolitaner ihre Chance gekommen, sich der Fremdherrschaft zu entledigen. Unter Führung eines in der Stadt niedergelassenen Byzantiners rissen sie die Macht an sich, die sie für 20 Jahre innehatten. Das Ringen um den Besitz von Tripolis hing vor allem mit dem Hafen zusammen, der für die Muslime im Kampf gegen Konstantinopel ein bedeutender Stützpunkt der Flotte war. Ab 969 regierten die Fatimiden aus Ägypten Tripolis. Zahlreiche Belagerungen durch die Byzantiner führten zu keinem Erfolg. Tripolis wurde zu einem Wirtschafts- und Kulturzentrum. Im Handel und Gewerbe stets den anderen Städten einen Schritt voraus, exportierten die Tripolitaner Zuckerrohr und andere landwirtschaftliche Produkte, die zur Basis ihres Wohlstandes wurden. Die größte Bibliothek jener Zeit mit über 100 000 Bänden lag in Tripolis, die ihm den Ruf **„Stadt der Wissenschaften"** einbrachte. Diese Ehrenbezeichnung war vor allem der Gelehrtenfamilie **Banu 'Ammar** zu verdanken, die ab 1070 den inzwischen unabhängigen tripolitanischen Stadtstaat regierte. Aber diese Blütezeit währte nicht lange. 1099 belagerten die Kreuzritter unter Führung Graf **Raimunds von Toulouse** die Hafenstadt, konnten sie allerdings erst 1109 mit Unterstützung der genuesischen Flotte einnehmen. Ein Großteil der Stadt wurde zerstört und die Bibliothek mit den wertvollen Bänden niedergebrannt: der wohl größte Verlust im Mittelalter.

Die von den Kreuzrittern gegründete Grafschaft Tripolis spielte in der Folgezeit eine einzigartige Rolle: Klöster, Kirchen und Krankenhäuser wurden gebaut, der Handel blühte wieder und in den neugegründeten Schulen der Nestorianer und Jakobiten wurde u. a. Medizin und Philosophie gelehrt. Tripolis wurde wieder zum **Kulturzentrum** – eine Begegnungsstätte zwischen Orient und Okzident, die eine einzigartige Verschmelzung der beiden Kulturen nach sich zog. 180 Jahre blieb Tripolis in den Händen der Invasoren aus Europa. Nach seiner Einnahme 1289 ließ der **mamlukische Sultan Qalawun** (1279–90) die Stadt am Fluss Abu 'Ali ausbauen. Mächtige Verteidigungswerke am Meer sollten Tripolis uneinnehmbar machen, befürchteten die Araber doch einen erneuten Angriff der Franken, die sich nach Zypern zurückgezogen hatten. Die Franken kamen nicht. Dafür im 16. Jh. die **Osmanen**. Tripolis gehörte wie der gesamte Vordere Orient ab 1516 zum Osmanischen Reich.

Rundgang

Der beste Ausgangspunkt für eine Stadtbesichtigung ist der **Raschid Karame-Platz**, die erste Hauptkreuzung, die wir bei der Einfahrt erreichen. Am Platz liegt ein Tourismus-Informationsbüro, in dem Besucher Broschüren und Stadtpläne bekommen können. Von hier aus halten wir uns ostwärts bis wir auf der linken Seite die mit grünen Kuppeln überwölbte **Tainal-Moschee** sehen.

Gegenüber einem Friedhof gebaut, gehört die Tainal-Moschee zu den schönsten der Stadt. Der mamlukische Emir Saif ad-Din Tainal, Regent Tripolis', ließ sie, einer Inschrift oberhalb des Eingangs zufolge, 1336 außerhalb der mamlukischen Stadt errichten. Ein Blick in den Innenraum verrät einen Teil der Geschichte dieses Baus: Korinthische Säulen und die ungewöhnliche Innenraumaufteilung gehören nicht in das 14. Jh. Einst ein römischer Tempel für Zeus/Jupiter bauten die Kreuzfahrer im 12. Jh. an dieser Stelle eine Karmeliterkirche, indem sie sich des alten Baumaterials bedienten. Der nördlich gelegene Vorraum mit vier römischen Granit-

Tripolis: Blick von der Zitadelle

Der Fall von Tripolis

Im Scha'ban [islamischer Monatsname] dieses Jahres (502/März 1099) kam Bertrand, der Sohn des Saint Gilles, der Tripolis belagert hatte, übers Meer aus dem Lande der Franken mit sechzig Schiffen voller Franken und Genuesen und schlug vor der Stadt sein Lager auf. [...] Die Franken griffen darauf Tripolis mit aller ihrer Kraft an, berannten es, schlossen seine Bewohner ab vom 1. Scha'ban bis 11. Dhu'l-Hijja dieses Jahres (6. März bis 12. Juli 1109) und lehnten ihre Belagerungstürme gegen die Mauern. Als die Einwohner diesen Aufwand an Kräften erblickten, gerieten sie in Bestürzung und waren sich ihres Unterganges sicher; sie verloren den Mut, verzweifelten über das Ausbleiben der ägyptischen Flotte, die ihnen Nachschub und Verstärkung bringen sollte. Es mangelte an der Ausrüstung der Flotte, und widrige Winde hielten sie auf, so daß sich mit Gottes Willen das verhängte Schicksal erfüllte. Die Franken verstärkten ihre Kampfanstrengungen, stürmten Tripolis von den Belagerungstürmen aus und nahmen es mit dem Schwert am Montag, dem 11. Dhu'l-Hijja dieses Jahres (12. Juli 1109). Sie plünderten es, nahmen die Männer gefangen und schleppten Frauen und Kinder in die Sklaverei. Unermeßliche und unschätzbare Beute fiel in ihre Hände, Gewänder und Kleinodien, Bände der dortigen Bibliothek, Wertsachen und Zimelien, die den Vornehmen der Stadt gehört hatten. Der Statthalter und alle seine Soldaten behielten ihr Leben, da sie vor der Eroberung um Schonung gebeten hatten; nachdem die Stadt gefallen war, konnten sie abziehen und erreichten Damaskus einige Tage nach der Eroberung. Die Bevölkerung jedoch wurde gefoltert und ihr Besitz in Beschlag genommen; ihre Schätze wurden in den Verstecken, in denen sie verborgen waren, aufgespürt, und die Menschen hatten schwere Prüfungen und grausame Qualen zu erleiden. Franken und Genuesen einigten sich dahin, daß ihnen ein Drittel des Landes und der Beute gehören solle, während die übrigen zwei Drittel Bertrand, dem Sohne Saint-Gilles', zufallen sollten. Für König Balduin legten sie von dem Hafen so viel zur Seite, wie ihnen als notwendig erschien.

(Ibn al-Qalanisi, aus: Die Kreuzzüge aus arabischer Sicht. Aus den arabischen Quellen ausgewählt und übersetzt von Francesco Gabrieli, Frankfurt 1976, S. 64/65).

säulen, der geschickt in den neuen muslimischen Bau integriert wurde, gehörte zur ehemaligen Kirche. Der Eingang in den Betsaal aus dem 14. Jh. wird von einer Portalnische mit Muqarnas und Stalaktiten bekrönt. Dieser dekorative Schmuck und die abwechselnd schwarz-weiß horizontal verarbeiteten Steinlagen sowie die für die islamische Kunst typischen Verzierungen sind ein Meisterwerk mamlukischer Architektur. Der Betsaal hingegen ist schlicht: zu den vier Seiten öffnen sich die Bögen der Iwane, die tieferliegende quadratische Mitte ist mit einer Kuppel überdacht und nach Süden, zur Gebetsrichtung nach Mekka, liegt der *mihrab*, die Gebetsnische, sowie der *minbar*, die Gebetskanzel. Die hölzerne Galerie oberhalb des Eingangs war für die Frauen bestimmt, die Tür auf der linken Seite führt in das Familienmausoleum.

Wir verlassen die Moschee und gehen rechts stadteinwärts. Am Ende der Straße halten wir uns links und erreichen einen kleinen Platz, an dem eines der **Stadttore** Tripolis', *Bab al-Hadid* (das Eisentor), stand. Die Grünfläche in der Mitte des Platzes ist mit Tischen umgeben, die zu dem rechts gelegenen Caféhaus *Musa* gehören. Immer gut besucht, trinken hier Männer ihren Kaffee oder Tee, spielen Karten oder *Tawle* (Backgammon) oder rauchen nur genüsslich ihre Wasserpfeife, während sie sich miteinander unterhalten. Wir gehen geradeaus weiter und kommen zu dem auf der linken Seite gelegenen Bad, dem **Hammam al-Jadid**. Sollte das Bad geschlossen sein, so fragen Sie auf der gegenüberliegenden Seite im Fotogeschäft *Hatem* nach dem Schlüssel.

As'ad al-'Azem, der Gouverneur der Stadt Damaskus im 18. Jh., gab den Auftrag für den Bau eines Bades in Tripolis, das 1740 fertiggestellt wurde. Nicht mehr in Betrieb, können wir in aller Ruhe den Hammam mit all seinen Räumen besuchen und die Schönheit der Verzierungen bewundern.

Eine Steinkette oberhalb des Eingangs hielt einst einen Eimer, der allerdings als Beute nach dem Ende der osmanischen Herrschaft mitgenommen wurde. Wir betreten den ersten Raum: Hier ruhten die Badegäste vor und/oder nach dem Baden, tranken Kaffee oder Tee, unterhielten sich und tauschten die neuesten Informationen aus. In der Mitte ein Brunnen, folgt der Ruhe- und Empfangsraum dem Grundriss eines Kreuzes, an dessen Innenwände sich die Sitzgelegenheiten entlangziehen. Ein kleiner Gang führt in den Baderaum. Hier wurden die Gäste geschrubbt und gewaschen, hier wurde ihnen die Hornhaut abgeraspelt, hier konnten sie sich – auf Wunsch – rasieren, die Haare schneiden oder massieren lassen.

Entlang von Überresten aus verschiedenen Epochen gehen wir weiter durch die Altstadt. Die Gassen werden schmaler, Rufe von Händlern, Gerüche von Gewürzen, Obst- und Gemüsestände begleiten uns in den Suq – wir sind mitten im Orient. Nach der Überquerung einer befahrenen Straße, der Schari' al-Mina, gehen wir nach wenigen Metern links in eine Gasse bis zur geschlossenen **Madrasat al-Qartawiya**, einer Schule für die Lehren der theologischen Wissenschaften.

Anfang des 14. Jhs. von Qartawiya, einem Statthalter Tripolis' gebaut, ist diese Koranschule der Großen Moschee angeschlossen. Der Grundriss entspricht einem Baptisterium, das wohl zur benachbarten Marienkathedrale gehörte, die heutige Große Moschee. Ein Reinigungsbecken im Inneren und die das Portal flankierenden, schmalen Säulen mit wiederverwendeten romanischen Kapitellen erinnern an den Vorgängerbau. Typisch mamlukisch sind die Portalnische mit Muqarnas und Stalaktiten oberhalb des Eingangs, die arabesken Formen sowie die Marmorfassade mit abwechselnd schwarz-weißen Steinlagen.

Wir halten uns leicht rechts, folgen dem Bogen der schmaler werdenden Gasse nach links und erreichen nach wenigen Schritten den Nordeingang der **Großen Moschee**, die von zwei Grabdenkmälern gesäumt ist. Der mamlukische Sultan Qalawun (1287–90) hatte mit dem Bau der Moschee begonnen, die aber erst unter seinem Sohn al-Aschraf Khalil (1290-93) fertiggestellt wurde, wie eine Inschrift auf dem Türsturz erwähnt. An der Stelle der Kreuzfahrerkathedrale St. Marie de la Tour erbaut, schließt die Moschee die Überreste der Marienkathedrale ein, auch wenn der Bau auf den ersten Blick einen typisch islamischen Charakter aufweist. Der Grundriss folgt der Anlage einer klassischen Moschee, die wir aus der frühislamischen Zeit kennen: Innenhof, zu den vier Seiten Portiken und zur Qibla, der Gebetsrichtung nach Mekka, der im Süden gelegene Betsaal. Die Moschee ist schlicht und wirkt durch die wenigen Verzierungen und Dekorationen ein wenig kühl. Aus der christlichen Zeit ist wenig zu sehen. So gehört das schöne, in situ belassene und unveränderte Nordportal zur ehemaligen Kathedrale wie auch das nach dem Eingang links gelegene Spitzbogenfenster mit Bogenläufen. Auch im Westen entdecken wir Reste aus der Kreuzfahrerzeit. Das Minarett der Moschee war einst der Glockenturm der Kathedrale. Es erinnert noch ein wenig an die lombardische Architektur des 12./13. Jhs., obwohl die muslimischen Architekten den Kirchturm stark veränderten. Den Betraum darf man nur in Ausnahmefällen betreten. Manchmal kommt es sogar vor, dass die Wärter Besucher nicht einmal in den Hof hineinlassen. Wir empfehlen, die Moschee auf jeden Fall außerhalb der Gebetszeit zu besuchen.

Östlich der Moschee liegt das **Hammam an-Nuri** aus dem 14. Jh., das heute noch in Betrieb ist.

Nach Verlassen der Moschee gehen wir nach Nordosten wieder Richtung Souq bis wir den Goldsouq erreichen. Auf der linken Seite führt ein Tor in einen großen Hof hinein. Wohlgerüche kommen uns entgegen und die Stände mit den bunten Kugeln und den aufgetürmten grünen Quadraten verraten die Funktion des Baues: Wir sind in dem **Khan as-Sabun**, der Seifenkarawanserei. Die Karawanserei wurde im 17. Jh. von den Osmanen gebaut. Sie folgt dem typischen Grundriss einer Karawanserei: Ein einziger Eingang führt in den quadratischen Innenhof mit einem Wasserbecken zur Tränkung der Tiere. Er ist von zwei übereinanderliegenden Stockwerken umgeben: Im unteren lagerten die Händler ihre Waren, im oberen lagen die Schreibzimmer. Heute werden hier die am Eingang aufgestapelten Seifen hergestellt.

Die Hauptstraße des Suq, zum Teil noch aus dem alten Pflaster, ist die enge *Schari' as-Sagha*, die Goldstraße, die sich malerisch zwischen den mamlukischen und osmanischen Häusern, Lagerräumen und Karawansereien hindurchschlängelt. Vorbei an einigen Koranschulen fallen auf der rechten Seite mehrere durchlöcherte Kuppeln in einer Seitengasse auf. Das **Hammam Izz ad-Din** ist das älteste und größte Bad in Tri-

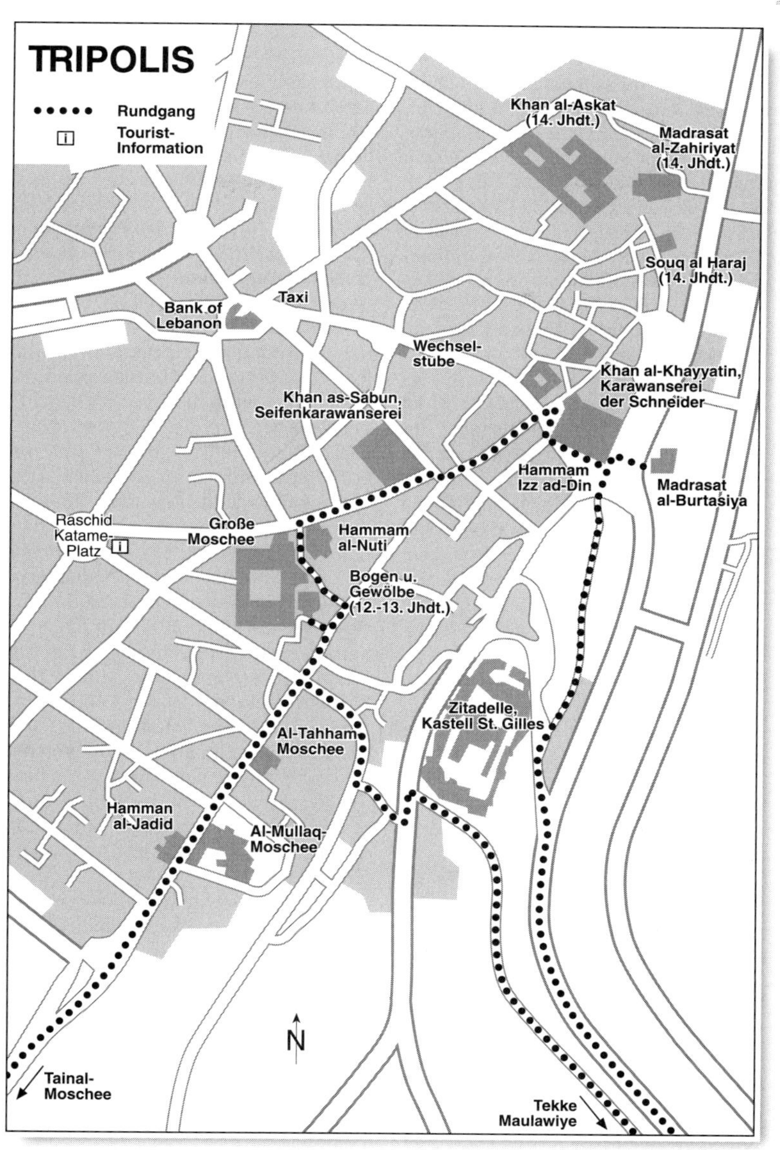
TRIPOLIS
Rundgang
Tourist-Information
Khan al-Askat (14. Jhdt.)
Madrasat al-Zahiriyat (14. Jhdt.)
Souq al Haraj (14. Jhdt.)
Taxi
Bank of Lebanon
Wechsel-stube
Khan al-Khayyatin, Karawanserei der Schneider
Khan as-Sabun, Seifenkarawanserei
Hammam Izz ad-Din
Madrasat al-Burtasiya
Raschid Katame-Platz
Große Moschee
Hammam al-Nuti
Bogen u. Gewölbe (12.-13. Jhdt.)
Zitadelle, Kastell St. Gilles
Al-Tahham Moschee
Hamman al-Jadid
Al-Mullaq-Moschee
N
Tainal-Moschee
Tekke Maulawiye

polis. Der mamlukische Gouverneur Izz ad-Din Aibak ließ es Ende des 13. Jhs. an der Stelle eines Baus aus der Kreuzritterzeit errichten. Die lateinische Inschrift *Sanctus Iacobus* (Hl. Jakob) an dem mit zwei Muscheln geschmückten Portal sowie die Abbildung eines Lammes zwischen zwei Rosetten mit der Inschrift *Ecce Agnus Dei* (siehe das Lamm Gottes) an einem weiteren Tor im Inneren des Bades stammen aus einer Kirche. Das Grab des mamlukischen Gouverneurs ist in einem kleinen Raum neben dem Bad.

Wir folgen der Hauptgasse weiter bis zum links gelegenen Eingang des **Khan al-Khayyatin**. Die Karawanserei der Schneider ist die älteste in Tripolis. Sie wurde vom mamlukischen Gouverneur Badr ad-Din 1341 auf den Fundamenten eines byzantinischen Bauwerkes errichtet und in diesem Jahrhundert von deutschen Archäologen restauriert. Bemerkenswert sind die hohen Bögen und der ungewöhnliche langgestreckte Grundriß. Bis heute noch säumen links und rechts die Geschäfte der Schneider den Gang des Khan.

Wir verlassen den Khan auf der gegenüberliegenden Seite. Hier verläuft die Hauptstraße parallel zum Nahr Abu 'Ali. Schräg gegenüber liegt ein islamisches Bauwerk mit einem monumentalen Kuppelbau und einem schönen Minarett. Die **Madrasat al-Burtasiya** gehört zu den schönsten Koranschulen der Stadt. Die theologische Schule wurde 1360 errichtet und gilt als Meisterwerk mamlukischer Architektur. Bei der Flutkatastrophe von 1955, in der auch zahlreiche fränkische Bauwerke an der Küste zerstört wurden, erlitt auch sie schwere Schäden. Nach mehreren Jahren Restaurierungsarbeit ist sie heute wieder zum alten Glanz gekommen. Bereits die Dekorationen am Eingang sind beeindruckend – Stalaktiten, Muqarnas, Arabesken und Flechtmuster ziehen sich über die Fassade. Am eindrucksvollsten aber sind die Goldmosaiken der Gebetsnische und die an den Ornamenten reichen Gewölbezwickel des Gebetsraumes.

Wir gehen entlang des Flusses Richtung Südosten bis zum rechts gelegenen **Kastell St. Gilles**, das die Altstadt überragt. Der Eingang liegt bei dem kleinen muslimischen Friedhof im Norden (Öffnungszeiten: tägl. 8–16 Uhr, Eintritt: 5000 L. L.). 1109 begannen die Kreuzritter mit dem Bau einer mächtigen Burg auf dem sog. Pilgerberg. Nach einem Brand 1287 wurde sie 1307/08 von Essendemir Kurdji erneuert. Eine arabische Inschrift über dem Nordeingang nennt den Mamlukensultan Scha'ban, eine weitere den osmanischen Sultan Sulaiman den Prächtigen. Mehrmals umgestaltet, sind große Teile der Burg nach dem 16. Jh. zu datieren. Lediglich ein Teil des Unterbaus, der Außenmauer im Osten, die parallel zum Fluss verläuft, das große Eingangstor und der Innenhof stammen aus der Frankenzeit. Im Inneren der Burg erkennen wir die Reste einer Kapelle aus dem 12. Jh., die ein Schiff mit Kreuzgratgewölbe und eine Apsis besaß. Umbauten zeigen, dass die Burg in osmanischer Zeit als Gefängnis diente.

Wir folgen weiter dem Fluss und gehen einen kleinen Weg ins Tal hinunter bis zur **Tekke Maulawiye**, einem Kloster des sufischen Ordens der tanzenden Derwische.

Wieder zurück zur Kreuzritterburg gehen wir nach Südwesten zurück zur Tainal-Moschee. Um das **Hafenviertel al-Mina** zu erreichen, fahren wir von der Tainal-Moschee auf der Boulevard

Tripolis: Tainalmoschee

de Tripoli Richtung Norden und biegen in die Avenue Azmi Bey ein, die durch ein modernes Stadtviertel bis zum Hafen führt.

Al-Mina ist das eigentliche **antike Tripolis**. Hier erstreckte sich die phönizische Siedlung, von der allerdings nichts mehr zu sehen ist. Lediglich einige zerbrochene Säulen wurden auf dem Meeresgrund gefunden. Zu sehen sind hingegen die Reste aus der mamlukischen Zeit. So begannen die Mamluken nach dem Abzug der Kreuzritter, die Stadt von der Meeresseite her zu schützen, da sie einen erneuten Angriff befürchteten, hatten sich doch die Franken nicht nach Europa, sondern ganz in die Nähe nach Zypern zurückgezogen. Daher errichteten sie in al-Mina mehrere Wach- und Verteidigungstürme, die mit Ausnahme des Löwenturms und einer weiteren, weniger bedeutenden Anlage völlig zerstört und im Laufe der Jahrhunderte abgetragen wurden. Um den Löwenturm zu erreichen, fahren wir in die Nähe des alten Bahnhofs, gelegen zwischen dem Hafenviertel und der Mündung des Nahr Abu 'Ali.

Der **Löwenturm** wurde 1441 von Sultan Qait Bey auf den Fundamenten eines – von den Kreuzrittern zur Befestigung der Stadt erbauten – älteren Turmes errichtet, den die Mamluken bei der Erstürmung zerstörten. Nachdem die Gefahr einer Einnahme Tripolis' durch die Franken inzwischen gebannt war, diente er zum Schutz des Küstenstreifens gegen die Osmanen. Er gehört heute zu den besten Beispielen der muslimischen Verteidigungsarchitektur

Fortsetzung auf Seite 274

Die Liebe zu Gott

„Suchst Du Gott, so suche Ihn in Deinem Herzen." Musik und Gesang ertönt uns von weitem entgegen. Je mehr wir uns nähern, umso lauter werden die harten Schläge der Trommeln, in die sich die weichen Töne der Rohrflöte einzuschleichen versuchen. Jetzt sind es nur noch wenige Schritte bis zu dem Hof, in dem sich eine Menschenmenge seit mehreren Stunden versammelt hat. „O Herr, ein jeder hat irgendwelche Wünsche, doch ich will keine haben. Und ein jeder hat ein Ich, doch ich will keines haben. Nicht Ich sein, ist alles, was ich will."

Vor uns drehen sich zu den Klängen der religiösen Musik die tanzenden **Derwische** in ihren langen weißen Gewändern. Die Trommel gibt den Rhythmus und die Schnelligkeit an, die Rohrflöte, das Symbol für die von ihrem göttlichen Urgrund getrennte Seele, die Melodie. Beobachtet man die Augen der Tanzenden, so hat man das Gefühl, sie seien nicht mehr auf Erden, sondern entrückt in eine andere Welt. Diese Weltabkehr ist ein Resultat ihres Streites mit der Welt und ihren Verlockungen. Als den größten Gegner empfinden die Mystiker das „niedere Ich", welches als Sitz aller bösen Lüste empfunden wird, die die wahre Weltabkehr und die ausschließliche Hingabe an Gott verhindern. Daher sehen sie es als ihre Aufgabe, sich und ihre Seele mit dem Ziel der Aufhebung des Selbst und aller Willensregung zu erziehen. Denn solange das Ich oder Selbst mit seinen Lüsten und Willensregungen noch besteht, ist ein wahrer Islam nicht möglich. „Wenn die Wahrheit von einem Herzen Besitz ergriffen hat, macht sie es leer von allem, außer Ihr selbst."

Die Mystik, der **Sufismus,** ist dem Islam entsprossen. Diejenigen, die diesem Weg folgten, gehörten zu den frühen Asketen, die, der zunehmenden Weltlichkeit der Muslime überdrüssig, sich genau an die ethischen Vorschriften des Koran hielten und versuchten, sich durch harte Askese auf das Jüngste Gericht vorzubereiten. Die reine Liebe zu Gott steht im Mittelpunkt. Der Weg zu Gott ist ein immerwährender Kampf gegen die Triebseele, die durch ständiges Gottesgedenken erzogen werden muss, bis das Herz zum reinen Spiegel wird, der das Licht Gottes in sich aufnimmt. Dieser lange Weg wird als Reise bezeichnet. Nach einer mystischen Überlieferung unternimmt der Sufi drei Reisen: die Reise von Gott, die Reise zu Gott und die Reise in Gott. „Von dem Augenblick an, da ich meine erste Liebesgeschichte hörte, begann ich Ausschau zu halten nach Dir und wußte nicht, wie blind ich war. Liebende begegnen sich nicht eines Tages, irgendwo. Sie sind immer schon einer im anderen."

Der große Mystiker des 13. Jh. Jalal ad-Din Rumi hat über 40 000 lyrische Verse geschrieben. Diese religiöse, zum Teil spontane und doch kunstvolle, aus der Musik geborene, Poesie zählt heute neben einem von ihm verfassten mystischen Lehrgedicht zu den Hauptquellen der Sufis. In diesen zahlreichen Versen ist die Geliebte kein anderer als Gott und das beschriebene Liebesverhältnis das

Verhältnis zu Gott. Hören die Sufis diese Liebesgedichte, so werden sie in einen Zustand der Verzückung gesetzt, welcher besonders durch das mit Hören verbundene Tanzen herbeigeführt wird. „Der wahre Liebende findet das Licht nur, wenn er, der Kerze gleich, sich selbst verzehrt."

Die Musik wird lauter, die Rhythmen und die Drehungen schneller. Die Arme mit nach oben gerichteten Händen steigen auf zum Himmel. *La illaha illa Allah* (es gibt keinen Gott, außer den einen Gott). Die Menge beginnt diesen Satz mehrmals zu wiederholen. Denn nicht nur in ihren Gedanken und Gefühlen, sondern auch in ihren Herzen soll Gott den Sufis stets gegenwärtig sein. Zu diesem Zweck wird der Name, wenn möglich bald leise, bald laut, mehrmals in einer erlernten Sprechtechnik wiederholt. *Allah, Allah, Allah* (Gott, Gott, Gott) – diesem Namen sprechen sie magische Kräfte zu.

Durch das Spielen und Anhören von Musik und weltlicher Liebesdichtung wird eine Intensivierung der Gottesliebe erreicht. Der Wirbeltanz nimmt ekstatische Formen an. Die Menge ist berauscht. Alle scheinen in einer anderen Welt zu sein. Der Meister des Ordens geht zwischen den Tanzenden umher und beobachtet ihren Zustand, denn die Gefahr der seelischen Abwege ist groß. Und dann: ein Wort, eine Bewegung und alles stoppt. Stille. „Werde still und geh den Weg des Schweigens hin zum Nichtsein. Und wenn Du nicht mehr bist, so wirst Du ganz zu Lob und Preis."

Die Liebe und Nähe zu Gott. Erreicht werden kann sie in Gesellschaft, aber auch alleine. So ziehen sich viele für einen bestimmten Zeitraum in Klausur zurück, um ungestört zu meditieren. Unter sachgemäßer Ausführung erleben sie Visionen, die allerdings nicht als Projektion des Innenlebens gedeutet werden, sondern als Wahrnehmung und Kundgebung anderer, höher angesehener Welten als der normalen Sinneswelt. Diesen mystischen Pfad zu betreten erfordert Diziplin, Gehorsam und Befolgung der vorgeschriebenen Verhaltensweisen. Von Stufe zu Stufe erreicht der Sufi dann auf seinem Weg ein näheres Verhältnis zu Gott. „Leeren möge Gott mich von allem und mit seiner Gegenwart mich ganz erfüllen."

Mystik ist zuallererst Erleben. Mystik ist Vereinigung mit Gott. Mystik ist – nach Jalal ad-Din Rumi – Freude zu empfinden im Herzen, wenn die Zeit des Kummers naht.

Sie verlassen den Hof. Wir verlassen den Hof. Wir in Gedanken. Sie in Gottesgedenken. Sie haben das Ziel erreicht: Die Vereinigung mit Gott. „Ich bin Er, den ich liebe, und Er, den ich liebe, bin ich. Zwei sind wir, in einem Körper nur. Und siehst du mich, so siehst du Ihn. Und siehst du Ihn, siehst du uns beide."

(Zitate der Sufi-Dichter entnommen aus: Llewellyn Vaughan-Lee (Hrsg.), Die Karawane der Derwische. Die Lehren der großen Sufi-Meister, Fischer-Verlag).

im Vorderen Orient. In den rechteckigen Wachturm mit einem Vorbau führt ein einziges Tor. Gebaut aus breiten Quadern, in die einige Säulen als Bindesteine eingelassen wurden, sind die Mauern nach unten stark abgeböscht. Das leicht erhöhte Erdgeschoss besteht aus einer Halle mit sechs Kreuzgratgewölben, die auf Strebepfeilern in der Wand und auf zwei mächtigen Pfeilern im Raum ruhen. Oberhalb des Treppenzugangs zum oberen Stockwerk sehen wir Spuren von Farbe, die darauf hindeuten, dass der Saal mit Malereien und Wappen geschmückt war. Gehen wir hinauf, so fallen im oberen Stockwerk zunächst einige im Boden eingelassene Gusslöcher auf. Acht Räume öffnen sich auf eine Mittelhalle, deren Kreuzgratgewölbe die Räume voneinander trennen.

Tripolis: in der Schneidergasse

Der Ostteil ist zum Teil eingestürzt, so dass wir auf der Terrasse nur noch wenige Reste der ehemaligen Verteidigungsanlage erkennen können.

Ca. 1 km östlich des Löwenturms, bei der Mündung des Nahr Abu 'Ali, liegen die Reste des **Burj Ra's an-Nahr**. Einst ein quadratischer Wachturm aus dem 15. Jh., hat sich lediglich das Erdgeschoss erhalten. Zu erkennen sind noch die runden Strebepfeiler an den Ecken, die in das Mauerwerk zur Verstärkung eingelassen wurden. Das Tor im Süden führt in den großen Raum, dessen Pfeiler in der Mitte ein Kreuzgratgewölbe stützt. An der Nordseite erstreckt sich ein viereckiger, einst mit Wehrmauern und Schießscharten versehener Erdwall, der sich in der Höhe des Erdgeschosses an die Bastei anlehnt. Im Gegensatz zur Gesamtanlage wurde dieser im 17./18. Jh. von den Osmanen angelegt.

In al-Mina selbst haben sich nur noch Reste von zwei mamlukischen Wehrtürmen erhalten: **Burj asch-Schaikh** und **Burj as-Saraya**.

Vor der Küste liegt eine kleine Insel, die heute ein Naturreservat ist. Auf der im Volksmund bekannten **Vogelinsel**, zu der Sie mit einem Boot gelangen können, wurde ein Park mit besonderen Blumen und Pflanzen angelegt, in dem Vögel auf ihrem Durchzug rasten und andere inzwischen eine Heimat gefunden haben.

Touristeninformation

Tel. 06/43 35 90

Polizei

Tel. 06/43 09 50-3

Hotels

Al Naoura*****

Tel. 06/43 05 42, Fax 06/44 02 32

Chateau des Oliviers****
Bekannt auch als *Villa Nadia*; luxuriöse Hotel-Villa auf einem Hügel südlich der Stadt. Sehr stilvolle Einrichtung, Ambiente wie aus 1001 Nacht. Preise ab ca. 100 $ bis zu 300 $ für eine der Suiten. Die Preise sind jedoch verhandlungsfähig, so dass es sich lohnt, anzufragen. Es empfiehlt sich insbesondere in der Hauptsaison dringend, frühzeitig zu reservieren. Tel. 06/62 92 71, Fax 06/ 61 02 22

El Sultan***
Kleines, einfacheres Hotel an der Corniche mit günstigen Preisen (DZ ca. 50 $); Tel. 06/60 16 27.

Im Gegensatz zu anderen libanesischen Städten finden sich in Tripolis einige **sehr günstige Hotels**, bei denen man allerdings auf jeglichen Komfort verzichten muss:

Palace Hotel
Ab 10 $ pro Person im DZ, Etagenbad. In einem sehr ansprechenden alten Gebäude; Tel. 06/43 22 57.

Hotel Koura
Bekannt auch als *Hotel Tall*; DZ ab 20 $. Ebenfalls in einem schönen alten Haus in der Nähe des Palace Hotels; Tel. 06/ 62 84 07.

Essen und Trinken

In der Tall-Straße (vom Khan al-Khayyatin westwärts) finden sich mehrere **Stände**, die Felafel, Hummus und andere typische Vorspeisen sowie Schaurma zu günstigen Preisen verkaufen.

Außerdem sind empfehlenswert:

The Chase
Snacks, Grillgerichte, libanesische Vorspeisen und Pizzen bekommen Sie in dem in Al-Mina gelegenen Restaurant; Tel. 06/44 24 69.

Hotel Sultan
Das hoteleigene Restaurant bietet eine reiche Auswahl an arabischen Vorspeisen. Angemessene Preise; Tel. 06/ 60 16 27

Kasr al-Shatir Hasan
Sehr gute Fischgerichte; al-Mounla-Straße, Tel. 06/44 14 84 und 06/60 02 86.

● **Konditorei, Cafés**
Verlassen Sie Tripolis nicht, bevor Sie die Spezialität der Stadt probiert haben: **Halawet al-Jibin**! Diese besondere süße Köstlichkeit bekommen Sie am besten in der Konditorei **Abdul Rahman Hallab & Sons** in der Riad as-Sulh-Straße, Tel. 06/44 44 45 oder 43 06 12. In dem angeschlossenen Café können Sie bei Kuchen und Kaffee/Tee einen Videofilm sehen, der anschaulich über die Herstellung von arabischen Kuchenspezialitäten informiert.

Eine **Mischung aus Café und Restaurant** sind:

Abu Nawwas
al-Mina, Tel. 06/49 01 00 und 49 01 37

Layalina
Azmi-Straße, Tel. 06/61 55 66

La Siesta, al-Mina

Bars, Nachtclubs

Bars und Nachtleben gibt es in Tripolis selbst nicht. Dazu muss man die Stadt verlassen und nach **Zghorta, Enfe** oder **Kura** fahren:

Under Ground Night Club, Zghorta, Tel. 06/66 09 35 und 66 09 26
Au Portofino, Enfe, Tel. 06/64 50 72
Chameleon, Kura, Tel. 06/65 03 46

Baden

Baden und Wassersport an den Stränden südlich der Stadt in den Touristic Resorts **Miramar** (Tel. 06/60 26 06), **Naji Beach** (Tel. 06/44 01 96) und **Pal-**

ma Touristic Center (Tel. 06/62 55 15). Es möglich, abends in diesen Resorts nur etwas zu trinken. Der Eintritt liegt zwischen 6 und 10 $ am Wochende, unter der Woche ist es etwas günstiger.

Veranstaltungen

Rachid Karami International Fair
Tel. 06/60 04 30 und 30 38 54
Goethe-Institut
Tel. 06/60 02 28

Kulturelle Veranstaltungen bieten auch das **Bait al-Fann** (Haus der Kunst) und das Kino/Theater **Rabiha**.

Einkaufen

Im Souq von Tripolis findet man **Töpferware** und kunstfertig gearbeitete **Messing- und Bronzewaren**. Vergessen Sie nicht, zu handeln! Sie können mit einem Endpreis von ca. 80% des vorgeschlagenen Preises rechnen.

Ausflüge von Tripolis

Wir verlassen Tripolis von Norden auf der Straße Richtung libanesisch-syrische Grenze bis zum östlich der Stadt gelegenen kleinen Derwischkloster **Qubbat al-Baddawi [1]** (3 km).

Der Überlieferung zufolge soll an dieser Stelle eine dem Hl. Antonius von Padua geweihte Propstei aus der Kreuzzugszeit gestanden haben. Der Westteil des Heiligtums, der gegenwärtige Wohnraum der Sufis, stammt aus dem Mittelalter, während der Betsaal des Klosters in das 20. Jh. zu datieren ist. Östlich des Klosters entspringt eine Quelle inmitten eines halbrunden Beckens, in dem zahlreiche Fische schwimmen, die die Einheimischen für heilig halten.

Über **Maniye** (8,5 km), vorbei an einer Karawanserei (11,5 km) erreichen wir **Ard Artusi [2]** (13,5 km), das antike

Orangenmarkt in Tripolis

Orthosia. Auf einer Steinbrücke überqueren wir den Nahr Barid und fahren, vorbei an den Ruinen einer Karawanserei, bis nach **al-'Abde** (14,5 km). Wir lassen die Straße zur libanesisch-syrischen Grenze links liegen und fahren weiter, bis wir auf der rechten Seite auf einem Hügel das Dorf **Dair Haddara** (20,5 km) sehen. Nach Überquerung einer Steinbrücke (22,5 km) über dem Nahr 'Arqa erreichen wir einen großen Tall (23 km): die antike Siedlung 'Arqa.

'Arqa [3]

'Arqa gehörte zu den bedeutendsten **phönizischen Siedlungen**, die in den berühmten Amarna-Briefen (16.–14. Jh. v. Chr.), aber auch in assyrischen Texten erwähnt ist. In römischer Zeit unter *Arca Caesares* bekannt, war es ein wichtiges Zentrum für den Kult der Göttin Venus, zu deren Ehren ein großer Tempel gebaut wurde. Ein weiteres Heiligtum war der phönizischen Göttin Astarte geweiht. Der römische Kaiser Severus Alexander (222–35) wurde in 'Arqa geboren und ließ sich, wie Quellen erwähnen, in seiner Geburtsstadt einen Palast bauen.

Nachdem sich die Kreuzritter Anfang des 12. Jhs. dieses Gebietes bemächtigt hatten, begannen sie mit dem Bau einer Festung auf den Fundamenten der antiken Siedlung. Da sie bereits eine befestigte Stadt inmitten eines fruchtbaren Gebietes mit reichen Wasservorkommen vorfanden, waren die wichtigsten Voraussetzungen erfüllt. Zudem lag Tripolis nicht weit entfernt, so dass sie im Falle einer Belagerung jederzeit Truppennachschub erhalten oder im Falle einer Eroberung abziehen konnten. Die eigentlichen Bauherren waren die Templer, die nach der Einnahme 'Arqas durch den mamlukischen Sultan Baibars (1260–77) 1266 den Ort verlassen mussten.

Viel ist in 'Arqa nicht mehr zu sehen. **Reste von Aquädukten** zur Herleitung des Wassers aus 'Akkar, einige **Säulen** aus Rosengranit sowie Spuren aus römischer, byzantinischer und arabischer Zeit, die allerdings aufgrund der Erdaufschüttungen im Laufe der Jahrhunderte fast vollkommen mit Sand überdeckt sind. Aber dennoch ist der Hügel einen Abstecher wert, denn belohnt werden Sie hier mit einem unvergesslichen Blick bis zum Meer und über die 'Akkar-Ebene, die Kornkammer des Landes.

Nach dem terrassenförmig angelegten Ort **Halba [4]** (24,5 km), das *Albe* der Kreuzritter, verläuft die Straße nach Südosten Richtung 'Akkar. Wir umfahren das auf einer Bergkuppe gelegene Dorf **ad-Dibel** (27,5 km), kommen an den römischen Aquädukten vorbei, die das Wasser von 'Akkar bis nach 'Arqa leiteten, und folgen der Straße in Serpentinen auf einen Hügel hinauf, der das linksgelegene Dorf ad-Dibel überragt (30,5 km). Weiter in Talrichtung öffnet sich vor uns der Blick auf den Jabal 'Akkar (31,5 km). Nach Überquerung des Nahr 'Arqa (34,5 km) fahren wir über **Jebrail** (35 km), **Takrit** (38 km), **Bait Mallat** (39,5 km) bis nach **Ayun [5]** (40,5 km) auf 500 m Höhe, wo sich die Straße dreifach gabelt. Wir lassen die linke, die nach **Baino**, und die rechte, die nach **Bazbina** führt, liegen und fahren Richtung **Burj** (42,5 km), einem Dorf mit einem alten Serail und einer Moschee. Nach **Ayat** (43,5 km) wird die Straße schmaler und steigt einen Hügel hinauf, von dessen Gipfel wir bei klarer Sicht und gutem Wetter die Mittelmeerküste von Tartus in Syrien bis nach Tripolis überblicken können. Nach Durchquerung von zwei Tälern erreichen wir auf 700 m Höhe das **Kastell 'Akkar** (50 km).

Kastell 'Akkar [6]

Muslimischen Geschichtsschreibern zufolge wurde das Kastell nach ihrem Gründer Muhriz ibn 'Akkar genannt, dessen Familie die Burg bis 1019 in Besitz hatte. Nachdem es erst den ägyptischen Fatimiden im 10. Jh. und dann den turkmenischen Seldschuken im 11. Jh. gelang, 'Akkar einzunehmen, wurde die Burg nach der Eroberung von Tripolis durch die Kreuzritter 1109 vertraglich den Invasoren aus Europa überlassen. Der zengidische Sultan Nur ad-Din (1146–74) bemächtigte sich vorübergehend der Festung, verlor sie allerdings 1170 wieder an die Kreuzritter. Der in jener Zeit das Königreich Jerusalem regierende Amaury übergab sie daraufhin dem Johanniterorden. Es ist nicht bekannt, wie lange der Orden die Burg in seinem Besitz hatte. Aus den Quellen erfahren wir lediglich, dass sie kurzfristig Eigentum der Lehnsherren von Nephin, heute Enfe, war, die sie 1202 an den Grafen von Tripolis abtreten mussten. Vor allem wegen der strategischen Lage war 'Akkar im Laufe der Jahrhunderte stets umkämpft, konnte man doch von hier aus die Achse Homs–Ba'albak kontrollieren und Überraschungsangriffe der Gegner jederzeit vereiteln bzw. ihnen zuvorkommen. Diese Vorteile bewogen letztendlich auch Sultan Baibars dazu, nach der Eroberung des Krak des Chevaliers (heute in Syrien) 1271 auszuziehen, um 'Akkar einzunehmen. Nach einer langen Belagerung und einem harten Kampf gelang es ihm schließlich, die Besatzung zur Kapitulation zu zwingen. In osmanischer Zeit wurde die Burg von den Emiren von Bait Safa verwaltet, bis der Drusenemir Fakhr ad-Din im 17. Jh. das Kastell erobern, zerstören und die Steine in die Chouf-Berge transportieren ließ.

Die Burg erstreckt sich auf einem ca. 150 m langen, nordsüdlich ausgerichteten Gebirgsvorsprung, der im Osten und Westen durch zwei tiefe Schluchten abgeschnitten wird. Im Süden trennt ein künstlicher Einschnitt den Burghügel vom Bergmassiv. Auf einem kleinen Pfad erreichen wir vom Nordende den heutigen Eingang in die Burg, der einst im Osten lag.

Ein rechteckiger Turm am Südende und vier Seitentürme, drei im Osten und einer im Westen, die durch Wälle mit Schießscharten miteinander verbunden waren, dienten zur Verteidigung der Burg. Im Nordosten der Festung ist ein großer Teil dieses Walls erhalten. Vor allem der Südturm mit seinem überwölbten Raum gibt uns einen Eindruck von der Innenarchitektur der inzwischen zerstörten Wehrtürme. Die unterschiedlichen Bausteine zeigen, dass dieser im Laufe der Eroberungen immer wieder neu aufgebaut wurde. Hier haben sich an der Süd- und Ostfassade Löwenreliefs mit Wappen erhalten, die aus der Zeit des mamlukischen Sultans Baibars stammen. Von dem Raum geht rechtwinklig ein Gang ab, der zu einer überwölbten Treppe führt, die auf der Turmspitze endet. Von hier aus haben Sie einen wunderschönen Blick auf das ganze Kastell und die gesamte Umgebung. Bei klarer Sicht können Sie von hier aus bis zu den Gipfeln des Jabal 'Akkar sehen; auch das Tal des Nahr al-Kabir und Safita sowie das Krak des Chevaliers erheben sich imposant auf den Spitzen der Berge in Syrien. An dieser Stelle

Die Steine aus 'Akkar

Nachdem der Drusenemir Fakhr ad-Din 1613 aus politischen Gründen Libanon verlassen mußte und in die Toskana reiste (s. Essay „Fakhr ad-Din und seine Unabhängigkeitsbestrebungen", S.85), nutzten seine Gegner – vor allem die mit ihm verfeindete Familie Saifa – die Gelegenheit, die Macht an sich zu reißen. In Freundschaft verbunden mit dem osmanischen Gouverneur der Stadt Damaskus, al-Hafiz, zog dieser an der Spitze von 50 000 Mann in die Chouf-Berge. Sie zerstörten zahlreiche Dörfer und in Dair al-Qamar die Häuser der Einwohner und die Paläste der Familie Fakhr ad-Dins. Nachdem der Emir 1618 nach Libanon zurückgekehrt war, lehnte er alle Versöhnungsversuche der Familie Saifa ab. Als diese ihm Geschenke überreichen wollten, lehnte er sie schroff mit folgenden Worten ab: „Sagt ihnen, daß wir keine Geschenke brauchen, sondern Holz, um unsere Häuser wieder aufzubauen, die Husain Saifa in Dair al-Qamar zerstörte und niederbrannte." Nach einer Auseinandersetzung zwischen den beiden Familien, in der sich vor allem die Frauen von Saifa auch über die kurze Statur Fakhr ad-Dins belustigten, sagte er in Reimform: „Wir sind klein, aber in den Augen der Feinde groß. Sie sind das harte Holz der Weißpappeln, wir sind die Säge dieses Holzes. Bei Tiba, Zamzam [Wasser der Quelle im heiligen Bezirk der Ka'ba in Mekka], und dem heiligen Propheten, wir werden unsere Häuser in Dair al-Qamar nur mit den Steinen aus 'Akkar bauen."

Und dies tat er auch!

können wir am besten nachvollziehen, weswegen diese Festung stets umkämpft war: von hier aus konnte man die gesamte Umgebung kontrollieren, zudem hatte man Sichtverbindungen mit den anderen Burgen, so dass man im Falle einer Gefahr jederzeit durch Lichtsignale um Hilfe bitten bzw. die Verbündeten warnen konnte.

Ansonsten ist nur noch wenig erhalten. Zwar erkennen wir noch die Umrisse der Ober- und Unterburg, und im oberen Teil die ehemalige Zisterne, aber der Großteil des Mauerwerks ist im Laufe der letzten Jahrhunderte eingestürzt. Nur noch stark zerstörte Stützmauern erinnern heute an die einstige Funktion jenes Abschnittes.

Gegenüber liegt das **Dorf 'Akkar** auf 790 m Höhe. In diesem mit malerisch schönen Häusern gebauten Ort liegen Ruinen einer Moschee und eines Derwischklosters aus dem 13. Jh., das nach einer Inschrift im 17. Jh. restauriert wurde. Fakhr ad-Din ließ nicht nur die Burg zerstören, sondern auch zahlreiche Häuser des Dorfes, um die Steine in die Chouf-Berge zu transportieren, so dass nur noch wenige Reste, u. a. einige Löwenreliefs aus dem 13. Jh. vor Ort zu sehen sind.

Auf einem Pfad können Sie hier einen kleinen Spaziergang unternehmen. Ca. 1 Stunde brauchen Sie bis zum schönen Wasserfall **Schaikh Jenaid**, der Quelle des Ostarms vom Nahr 'Akkar.

Tagestour 4: Beirut – Wadi Qadischa – Amiun – Bscharré – Les Cèdres – Ehden – Beirut

Das **Wadi Qadischa** gehört neben den Chouf-Bergen zu den schönsten und eindrucksvollsten Landschaften des Landes. Seit 1998 UNESCO **Naturdenkmal** ist das heilige Tal, so der Name in Deutsch, vor allem für die Geschichte des frühen Christentums von größter Bedeutung. Im Laufe des 6. Jh. kamen hierher aufgrund innerchristlicher Streitigkeiten aus dem Orontestal im heutigen Syrien die ersten Christen, um sich in den Höhlen des Bergmassivs zu verstecken. Streitpunkt war das Monophysitentum. Denn es war die Lehre von der reinen, einen göttlichen Natur Christi, die sich hier gegenüber der orthodoxen Vorstellung, dass Christus wahrer Gott und Mensch in einer Person sei, durchsetzte. Es kam zur ersten Spaltung im Christentum! Als auf dem Konzil von Chalkedon 451 Christus in zwei Naturen unvermischt, unverwandelt und ungetrennt anerkannt wurde, trennten sich die ägyptische Kirche, die Westsyrer/Jakobiten und die Armenier von der byzantinischen Reichskirche. Im Vorderen Orient waren die Monophysiten stärker als in Byzanz, so dass sich in der Orontesebene die Ablehner der monophysitischen Richtung, die in jenem Gebiet in der Minderheit waren, um den Mönch Johannes Maro sammelten. Die nach ihm benannten Maroniten ließen zwar nichts unversucht, gegen die nach ihrer Meinung Irrlehre der Jakobiten zu kämpfen, unterlagen allerdings und mussten sich in Sicherheit bringen. So zogen sie in die nördlichen Libanonberge und fanden im Qadischa-Tal ein geeignetes Versteck. Im Laufe der Jahrhunderte führten die frommen Einsiedler in Höhlen ein asketisches Leben, das ihnen später den Ruf von Heiligen brachte. Sie bauten vor ihren Höhlen Klöster, die fast wie Nester an den Felsen zu kleben scheinen. In dieser natürlichen Festung überlebten die Maroniten die Auseinandersetzungen durch die Jahrhunderte. Für die Libanesen ist dieses Tal die geistige Wiege ihrer christlichen Gemeinschaft, und der maronitische Patriarch besitzt hier immer noch seinen Sommersitz.

Qadischa-Tal

Wir verlassen Beirut wieder Richtung Norden und fahren auf der Küstenstraße (s. Tagestour 2) Richtung Tripolis bis kurz vor den Ort **Schakka** (66 km). Hier biegen wir linkts in die Straße zu den Zedern ab, bis wir auf 400 m Höhe **Amiun** erreichen (76 km).

Fortsetzung auf Seite 284

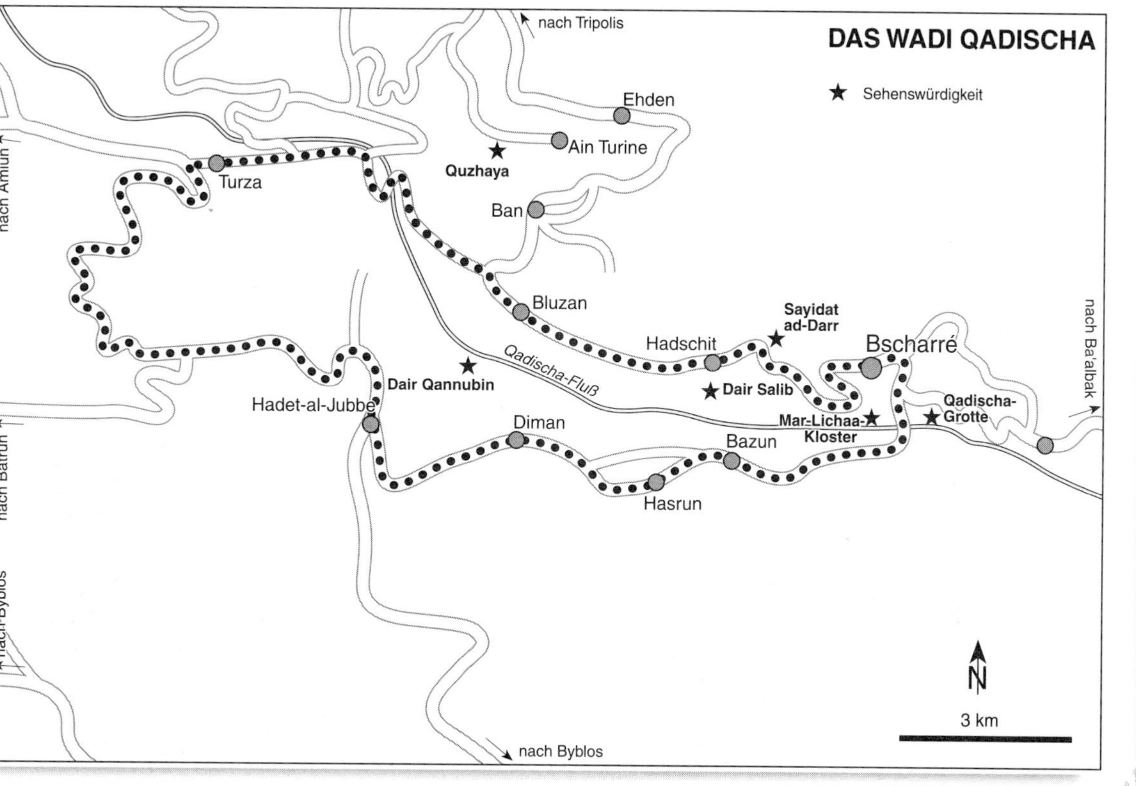
DAS WADI QADISCHA
Sehenswürdigkeit
nach Tripolis
Ehden
Ain Turine
Quzhaya
Ban
Turza
nach Amiun
Bluzan
Sayidat ad-Darr
Hadschit
Bscharré
Dair Salib
Qadischa-Fluß
Dair Qannubin
Hadet-al-Jubbe
Diman
Mar-Lichaa-Kloster
Qadischa-Grotte
nach Ba'albak
Bazun
Hasrun
nach Batrûn
nach Byblos
N
3 km
nach Byblos

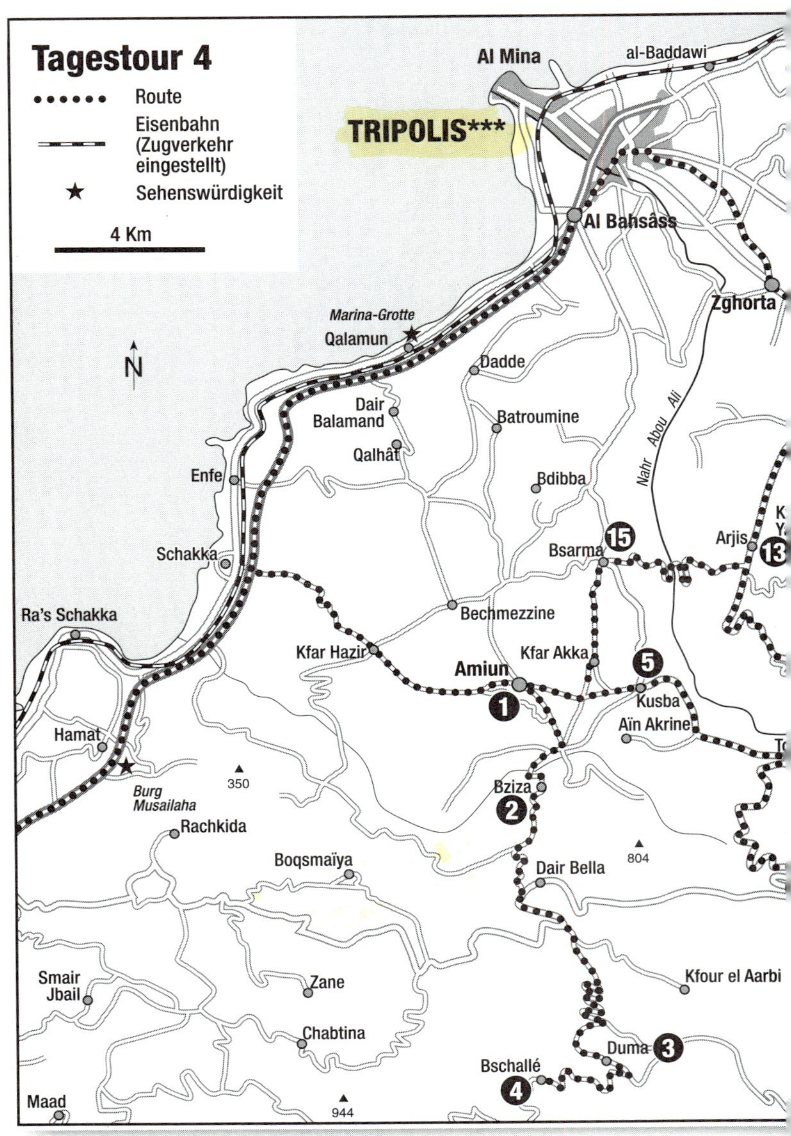
Tagestour 4
Route
Eisenbahn (Zugverkehr eingestellt)
Sehenswürdigkeit
4 Km
N
Al Mina
al-Baddawi
TRIPOLIS***
Al Bahsâss
Zghorta
Marina-Grotte
Qalamun
Dadde
Dair Balamand
Batroumine
Qalhât
Nahr Abou Ali
Enfe
Bdibba
Schakka
Bsarma
Arjis
Ra's Schakka
Bechmezzine
Kfar Hazir
Kfar Akka
Amiun
Kusba
Aïn Akrine
Hamat
Burg Musailaha
350
Bziza
Rachkida
Boqsmaïya
Dair Bella
804
Smair Jbail
Zane
Kfour el Aarbi
Chabtina
Duma
Bschallé
Maad
944
1
2
3
4
5
13
15

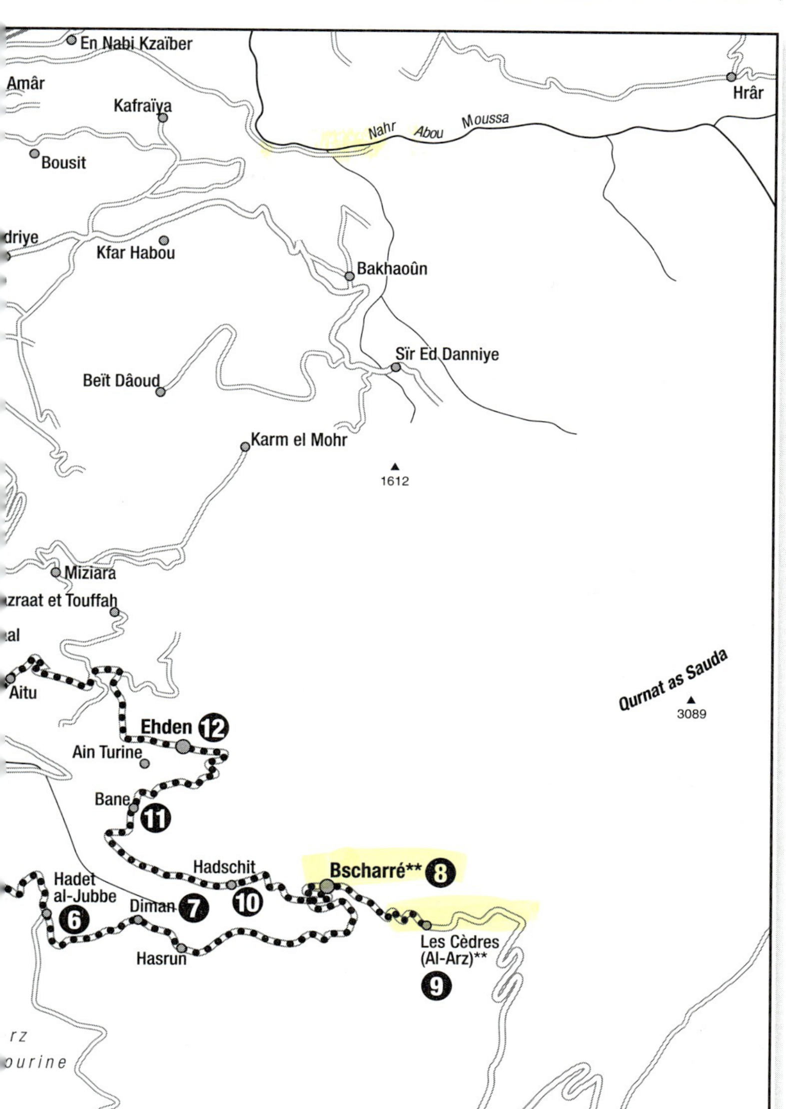
En Nabi Kzaïber
Amâr
Kafraïya
Bousit
Hrâr
Nahr Abou Moussa
driye
Kfar Habou
Bakhaoûn
Sïr Ed Danniye
Beït Dâoud
Karm el Mohr
1612
Miziara
zraat et Touffah
al
Aitu
Qurnat as Sauda
3089
Ehden 12
Ain Turine
Bane
11
Hadet al-Jubbe
6
Hadschit
Bscharré** 8
Diman 7
10
Hasrun
Les Cèdres (Al-Arz)**
9
rz
ourine

Amiun

Amiun **[1]**, ein vorwiegend griechisch-orthodoxes Dorf, liegt am Rande des Kura-Waldes. Mehrere Kirchen des Ortes gehen auf die byzantinische Zeit zurück.

Die heute moderne **Johannes-Kirche**, deren ältester Teil auf das 4. Jh. zurückgehen soll, ist an eine Felswand gebaut; die Kuppel stammt aus dem 14. Jh. Sie ist umgeben von mehreren phönizischen und römischen Grabkammern, die in den Felsen gehauen worden sind.

Im oberen Ostteil von Amiun ruht die große **St. Georg-Kirche** auf antiken Fundamenten. Die Säulenbasen sowie die ionischen Kapitelle weisen auf ein römisches Bauwerk.

In der Ortsmitte steht die **St. Fokas-Kirche** aus dem 12. Jh. Diese schlichte dreischiffige Basilika aus der Kreuzzugszeit gehört zu den sehenswertesten in Amiun. Die spitztonnengewölbten Kirchenschiffe werden voneinander durch rechteckige Pfeiler, mit Bögen überspannt, getrennt. Das Mittelschiff endet in einer Apsis im Osten. Diese zeigt eine für den Vorderen Orient besondere Bauweise. So ist sie innen rund, außen jedoch in eine rechteckige Anlage eingebaut, so dass die Rundung von außen nicht zu erkennen ist. Der Chorabschluss wurde in diesem Jahrhundert restauriert. An einigen Stellen erkennen wir Reste von Wandmalereien. Am besten sind jene in der Kuppelschale aus dem 16. Jh. erhalten. Wir sehen rechts David und seinen Sohn Salomo, links Adam und Christus, denen Eva und Abel folgen, und darunter die zwölf Apostel. Bei den übrigen Malereien könnte es sich um Abraham, die Taufe Christi und den Heiligen Fokas handeln.

In der Nähe, etwas tiefer gelegen, steht die **St. Marina-Kapelle** auf den Resten eines römischen Tempels. Die Grabkammer in der Südwand des Felsens wurde in eine Kapelle zu Ehren der heiligen Marina (s. Tagestour 2, S.260) umgewandelt. Vor dem Eingang der Kapelle liegen die Ruinen einer kleineren Kirche aus dem Mittelalter.

Tipp: Jedes Jahr im Herbst findet in Amiun ein großes Oliven-Fest statt.

Abstecher nach Bziza und Duma

Nach Amiun geht rechts eine Nebenstraße nach **Bziza [2]** (5 km) ab, einem kleinen Dorf, auf einem Hügel oberhalb der Straße im Osten gelegen. In der Nähe der Hauptkirche des Ortes liegt die **Mar Elias-Kapelle**, deren antike Mauern mit Resten übermalter byzantinischer Fresken heute fast vollkommen verschüttet sind.

Wir halten uns im Ort links, um den **römischen Tempel** zu erreichen. Seine Fassade ist mit einem schön verzierten Portikus geschmückt, dessen vier Säulen einen Architrav mit ionischem Fries stützen. In der byzantinischen Zeit wurde das römische Heiligtum in eine Kirche mit zwei Apsiden umgebaut.

Wir fahren weiter auf der Nebenstraße über **Dair Bella** (10 km) bis nach **Duma [3]** (20 km). Von Duma führt ein kleiner Weg über **Bschallé [4]** zu den sehenswerten Ruinen von **Qalat al-Husn** (ca. 1 Std. zu Fuß). Auf einer Hochebene (1260 m) gelegen, haben Sie von hier einen schönen Rundblick. Die Ruinen aus römischer Zeit rund um den pilzförmigen Felsen sind mit einem doppelten Wall umgeben. Zu sehen ist auf dem Gipfel des Felsens ein Opferbecken und in der Nähe eine Felsnekropole.

Bscharré: einer der beliebtesten Ausflugsorte im Wadi Qadischa (s. S.287)

Weiter auf der Hauptstraße zu den Zedern erreichen wir **Kusba [5]** (86 km), ein vorwiegend griechisch-orthodoxes Dorf auf 500 m Höhe, gelegen am Fuße einer hohen Gebirgskette. Dieser Ort ist das Handelszentrum der Region, in der bis heute noch Taschen aus Ziegenleder hergestellt werden.

1 km westlich, auf einem Hügel inmitten von Olivenbäumen, steht die Kapelle **Dair Barbara** mit byzantinischen Malereien und griechischen Inschriften, die leider zum größten Teil übermalt wurden. 4 km südöstlich liegen auf einem Berggipfel die Ruinen des römischen Tempels von **Na'us**. Ernest Renan besuchte dieses Heiligtum während seines Libanonaufenthaltes und beschrieb es ausführlich in seinen Aufzeichnungen. Zu jener Zeit waren die Tore mit Architraven und geflügelten ägyptischen Sonnenscheiben geschmückt. Bis heute stellt die Anlage trotz einiger Zerstörungen aber noch ein eindrucksvolles Ganzes dar.

Bei der Ausfahrt von Kusba führt eine Nebenstraße auf der linken Seite in das **Tal des Nahr Qadischa**, des heiligen Flusses. Das Flussbett ist auf einer Strekke von 20 km über 200 m tief in die Kalksteinmasse des Gebirges eingeschnitten. Wir fahren weiter und betrachten die faszinierende Landschaft. Auf der gegenüberliegenden Seite erkennen wir mehrere Klöster. Kurz nach Kusba, auf einem Vorsprung, der die Brücke über den Fluss überragt, steht die **Mar Elias-Kapelle**, deren Innenraum in einer Höhle eingerichtet ist und deren Wände noch Reste byzantinischer Fresken mit syrisch-aramäischen Inschriften überziehen. Vorbei an dem griechisch-orthodoxen **Kloster Hammatura**, dessen Kirche zur Hälfte in eine Höhle hineingebaut wurde, führt die Straße in Serpentinen über **al-Mghara** (89 km) bis **Hadet al-Jubbe [6]** (94 km) auf 1450 m Höhe. Sollten Sie nicht im Sommer durch die einzelnen Orte fahren, so wird Ihnen auffallen, dass diese fast menschenleer sind. Einige Einwohner ziehen in der kalten Jahreszeit das milde Klima der Küste vor, die meisten aber leben in Südamerika, vor allem in Argentinien und Brasilien. Nach Hadet al-Jubbe öffnet sich der Blick auf den Felskessel, der das Qadischa-Tal abschließt, auf den anschließenden Ort Hasrun sowie Bscharré auf der gegenüberliegenden Seite des Tales und im Hintergrund Qurnat as-Sauda, den höchsten Berg Libanons (3088 m). Über **Haret Bait Ra'ad** (105 km) erreichen wir auf 1350 m Höhe **Diman [7]** (106 km). Oberhalb des Ortes liegt der Sommersitz des maronitischen Patriarchen, der von hier aus über das Heilige Tal zu wachen scheint.

Abstecher nach Dair Qannubin

Von Diman führt ein steiler Pfad in die Schlucht hinunter bis zur malerischen Brücke über den Qadischa-Fluß (ca. 2 Std. zu Fuß). Auf der gegenüberliegenden Seite führt ein schmaler Weg am Hang hinauf zum **Kloster** Dair Qannubin (30 Min.). Diesen schönen Spaziergang unternimmt der Patriarch jedes Jahr mehrere Male.

Es ist das bedeutendste Kloster des Tales. Von Theodosius dem Großen 379–95) gegründet, wurde es im 15. Jh. Residenz der maronitischen Patriarchen. Ihre Gräber liegen in einer 150 m weiter westlich gelegenen Kapelle, die vor der Grotte, in der die Hl. Marina lebte (s. Tagestour 2) und starb, gebaut wurde. Die Leichname der Patriarchen liegen in senkrecht aufgestellten Sarkophagen mit Glasdeckel, die an die Wände der Krypta angelehnt sind. Der Glasdeckel erlaubt Besuchern, einen Blick auf die Leichname zu werfen, die sich aufgrund der Trockenheit verhältnismäßig gut erhalten haben.

Die der Muttergottes geweihte Klosterkirche wurde in einer natürlichen Höhle angelegt. Sie soll den Leichnam des ehemaligen geistlichen Würdenträgers, des Patriarchen Tyan bergen, der um die Mitte des 19. Jhs. gestorben sein soll. Wandmalereien aus dem 15./16. Jh. zeigen u. a. in der Apsis Christus, zu dessen linker Seite nicht wie üblich der Hl. Johannes, sondern der Hl. Stephanus steht. In einer der Nischen sehen wir den Hl. Daniel und den Hl. Joseph, in der Nordwand eine großangelegte Marienkrönung, zu deren Füßen die Bildnisse der maronitischen Patriarchen zu erkennen sind.

Die Straße steigt nun weiter in Serpentinen durch eine faszinierende Landschaft mit Felsformationen, Wäldern und Wasserfällen über **Hasrun** (110 km) bis nach **Bazhun** (112 km). Auf der gegenüberliegenden Seite erblicken wir bereits den malerischen Ort **Bscharré [8]** (117 km).

Bevor Sie den Ort Bscharré erreichen, sollten Sie zwei Abstecher unternehmen: einen zum im Tal gelegenen Kloster **Mar Lichaa**, den zweiten zum **Museum von Khalil Gibran**.

Abstecher Mar Lichaa-Kloster

Das Mar Lichaa-Kloster erreichen Sie auf dem Talweg, der links vor dem Ort beim Neubau des gleichnamigen Klosters abzweigt. Im Gegensatz zu vielen Kirchen und Klöstern im Qadischa-Tal können Sie dieses bequem mit dem Auto erreichen und sich so ein Bild von der Innenraumaufteilung der zu jener Zeit vor den Höhlen errichteten Sakralbauten machen.

Abstecher zum Museum von Khalil Gibran

Bekannt ist Bscharré vor allem wegen des großen libanesischen Schriftstellers, Philosophen und Malers **Khalil Gibran** (vgl. auch die nächsten Seiten). Hier in seiner Geburtsstadt können Sie sein Elternhaus im Zentrum des Ortes besuchen wie auch seine Grabstätte, die sich in einer Grotte am Kloster des Hl. Sergius befindet, heute ein kleines Museum für die Schriften und Bilder Gibrans. Bevor wir Bscharré erreichen, sehen Sie auf der rechten Seite ein großes Hinweisschild. Sie biegen in einen schmalen, steilen Weg ein und fahren wenige Meter bis zum Eingang des Klosters bzw. Museums.

Öffnungszeiten: tägl. außer Montag 8–16 Uhr; **Eintritt**: 3000 L. L.

Bscharré

Dieses vorwiegend maronitische Dorf auf 1400 m Höhe gehört zu den beliebtesten Ausflugsorten im Wadi Qadischa. In der Zeit der Kreuzzüge *Buissera* genannt, gehörte es zur Grafschaft Tripolis und wurde mit mehreren Kirchen versehen, die allerdings im Laufe der Jahrhunderte alle überbaut wurden.

Hotels

Hotel Chbat***
Mit ca. 40 $ für das DZ relativ günstig. Für Gruppen ab 10 Personen bietet das Hotel außerdem günstige Schlafsäle, die allerdings vorher reserviert werden müssen; Tel. 06/67 12 70, Fax 06/67 12 37.

Hotel L'Aiglon
Das kleine Hotel bietet DZ ab 30 $; Tel. 06/67 15 29.

Hotel Palace**
Kleineres Hotel in Hasrun; Tel. 06/67 51 15.

Hotel Central
Kleine, saubere Zimmer, zentral, DZ 35 $.

Restaurants

Hotel Chbat (s. o.)
Restaurant mit Blick auf das Qadischa-Tal; viele Vorspeisen, Grillgerichte und eine hervorragende Linsensuppe.

Hotel L'Aiglon (s. o.)
Von der Terrasse des Restaurants haben Sie einen fantastischen Blick.

Am Ende des Tales, kurz vor Bscharré, liegen mehrere Restaurants, die eine wunderschöne Aussicht auf das Qadischa-Tal bieten:

Fortsetzung auf Seite 291

Khalil Gibran in einem Selbstporträt

Khalil Gibran – der Prophet Libanons

Mit dem Buch „Der Prophet" hat sich Gibran Khalil Gibran für immer ein Denkmal gesetzt. Ein Werk, das in vierzig Sprachen seinen Siegeszug um die Welt antrat und den internationalen Ruhm des Schriftstellers und Malers begründete. Ein Werk, das der Autor selbst als seine Religion, als das Heiligste in seinem Leben bezeichnete und das seinen Nimbus als Nationalheld in Libanon nur noch steigern konnte und ihn zur Legende werden ließ. Ein Werk, dessen Worte von manchem als Prophetie empfunden wurden. War Gibran der Prophet Libanons? Wer war Gibran?

Eine vielseitige Persönlichkeit – nicht frei von Widersprüchen. Angefüllt mit Spiritualität, die durchdrungen war von unterschiedlichen religiösen und philosophischen Gedankenwelten. Stets beseelt von dem Wunsch nach religiöser Offenheit und Toleranz und deshalb immer wieder im Konflikt mit kirchlichen Autoritäten. Mit Blick auf den Menschen und dessen Frage nach dem eigentlichen Sinn des Daseins. Voll Sensibilität und Reife, die eine Folge der zahlreichen Enttäuschungen seines Lebens war.

Wer war Gibran? Als Kind schon war er von der Natur seiner Heimat, dem nördlichen Libanongebirge, fasziniert. Euphorie erfüllte ihn, wenn er sich selbst beim Malen und Zeichnen ganz vergaß. Er war der Stolz seiner Mutter, die sein Talent erkannte und vielleicht seinen späteren Ruhm ahnte. Geprägt von einer christlichen Umwelt des ausgehenden 19. Jhs. und angezogen von der Person Jesu, dem er viele Jahre später mit seinem Buch „Jesus Menschensohn" – von zahlreichen Kritikern als das „Evangelium nach Gibran" bezeichnet – ein unvergessenes Denkmal setzte. Voll Respekt für die islamische Religion, erfüllt vom Glauben an die Reinkarnation, erzürnt über die Doppelmoral kirchlicher Würdenträger, die er in seiner Novellensammlung „Rebellische Geister" als Verräter, Ausbeuter und Heuchler anprangerte. Und dafür der Exkommunizierung nur knapp entging.

Wer war Gibran? Ein Junge mit wachsendem Selbstbewusstsein. Inzwischen in die Vereinigten Staaten emigriert, wurde er bald der Lieblingszögling bekannter Kunstmäzene. Frühe Erfolge weckten in ihm einen Hang zur Selbststilisierung, der in all seinen Schriften spürbar werden sollte. Und immer wieder wühlte ihn Sehnsucht nach der alten Heimat auf, in die er drei lang Jahre zurückkehrte.

Wer war Gibran? Immer wieder verwundet, durch den Tod seines Halbbruders und seiner Schwester, bald darauf seiner Mutter. Er wurde von Frauen geliebt, bewundert, unterstützt und geleitet – lebenslanger Balsam für seine Wunden. Die jahrelange Korrespondenz mit May Ziadé, der berühmten in Ägypten lebenden libanesischen Schriftstellerin und Journalistin, war ein wichtiger intellektueller Austausch, seine Brücke zur arabischen Geisteswelt. Und schließlich wurde er Schützling von Mary Elisabeth Haskell, der er zahlreiche seiner Werke widmete. Es war tiefe Freundschaft, die für ihn zur Liebe seines Lebens wurde. Und ihn wieder verwundete, als Mary seinen Heiratsantrag ablehnte. Und doch sein Schutzengel blieb und durch jahrelange finanzielle Unterstützung zu seinem Erfolg als Schriftsteller und Künstler entscheidend beitrug.

Wer war Gibran? Ein Maler, dessen künstlerische Entwicklung im Paris des frühen 20. Jhs. geformt wurde. Wo er Claude Debussy, Auguste Rodin, ... – die großen Persönlichkeiten seiner Zeit – porträtierte. Ein Maler, der bevorzugt meist nackte menschliche Wesen auf die Leinwand zauberte. Und es verstand, in diesen symbolisch Naturphänomene und mythisch-religiöse Vorstellungen transparent zu machen.

Wer war Gibran? Ein homo politicus, beseelt von dem Wunsch, zur Selbstbestimmung der arabischen Länder und deren Befreiung vom türkischen Joch beizutragen. Deswegen wurde er ein engagierter Mitarbeiter im „Komitee der Freiwilligen von Syrien und dem Libanongebirge". Mit beunruhigtem Blick auf die europäischen Interessen im Vorderen Orient, mahnte er die arabischen Völker zur Vorsicht und nahm so die weitere politische Entwicklung vorweg.

Wer war Gibran? Maler, arabischer Nationalist, Dichter, Philosoph, Schriftsteller und schließlich Gründer der „Liga der Feder", in der sich in die USA emigrierte arabische Schriftsteller vereinten und die letztlich entscheidend zur Renaissance der arabischen Literatur beitrug.

Wer war Gibran? Nach arbeitsreichen Jahren, gekrönt mit Erfolgen, schließlich ein kranker Mann, voll Sehnsucht nach seiner Heimat, die er jedoch nicht noch einmal sehen sollte. Er war eine Legende, deren sterbliche Überreste heute in seinem Geburtsort Bscharre ruhen.

Wer war Gibran? Ein Mythos, ein Heiliger, ein Prophet?

Werke

„Der Prophet", „Gebrochene Flügel", „Rebellische Geister", „Sand und Schaum", „Jesus Menschensohn", „Die Götter der Erde"

Werke über Gibran:

Jean-Pierre Dahdah, „Khalil Gibran. Eine Biographie", Walter Verlag, Zürich/Düsseldorf 1997; Barbara Young, „Gibran Khalil Gibran", Aquamarin Verlag (nur noch im Antiquariat erhältlich).

Ausschnitt aus „Der Prophet" (Von der Liebe):

Da sagte Almitra: Sprich uns von der Liebe.
Und er hob den Kopf und sah auf die Menschen, und es kam eine Stille über sie.
Und mit lauter Stimme sagte er:
Wenn die Liebe dir winkt, folge ihr,
sind ihre Wege auch schwer und steil.
Und wenn ihre Flügel dich umhüllen, gib dich ihr hin,
auch wenn das unterm Gefieder versteckte Schwert dich verwunden kann.

Und wenn sie zu dir spricht, glaube an sie, auch wenn ihre Stimme deine Träume zerschmettern kann wie der Nordwind den Garten verwüstet.
Denn so, wie die Liebe dich krönt, kreuzigt sie dich.
So wie sie dich wachsen läßt, beschneidet sie dich.
So wie sie emporsteigt zu deinen Höhen und die zartesten Zweige liebkost, die in der Sonne zittern,
steigt sie hinab zu deinen Wurzeln und erschüttert sie in ihrer Erdgebundenheit.
Wie Korngarben sammelt sie dich um sich.
Sie drischt dich, um dich nackt zu machen.
Sie siebt dich, um dich von deiner Spreu zu befreien.
Sie mahlt dich, bis du weiß bist.
Sie knetet dich, bis du geschmeidig bist.
Und dann weiht sie dich ihrem heiligen Feuer, damit du heiliges Brot wirst für Gottes heiliges Mahl.
All dies wird die Liebe mit dir machen, damit du die Geheimnisse deines Herzens kennenlernst und in diesem Wissen ein Teil vom Herzen des Lebens wirst.
Aber wenn du in deiner Angst nur die Ruhe und die Lust der Liebe suchst, dann ist es besser für dich, deine Nacktheit zu bedecken und vom Dreschboden der Liebe zu gehen.
In die Welt ohne Jahreszeiten, wo du lachen wirst, aber nicht dein ganzes Lachen, und weinen, aber nicht all deine Tränen.
Liebe gibt nichts als sich selbst und nimmt nichts als von sich selbst.
Liebe besitzt nicht, noch läßt sie sich besitzen;
denn die Liebe genügt der Liebe.
Wenn du liebst, solltest du nicht sagen: „Gott ist in meinem Herzen“, sondern: „Ich bin in Gottes Herzen.“
Und glaube nicht, du kannst den Lauf der Liebe lenken, denn die Liebe, wenn sie dich für würdig hält, lenkt deinen Lauf.
Liebe hat keinen anderen Wunsch, als sich zu erfüllen.
Aber wenn du liebst und Wünsche haben mußt, sollst du dir dies wünschen:
Zu schmelzen und wie ein plätschernder Bach zu sein, der seine Melodie der Nacht singt.
Den Schmerz allzu vieler Zärtlichkeit zu kennen.
Vom eigenen Verstehen der Liebe verwundet zu sein; und willig und freudig zu bluten.
Bei der Morgenröte mit beflügeltem Herzen zu erwachen und für einen weiteren Tag des Liebens dankzusagen.
Zur Mittagszeit zu ruhen und über die Verzückung der Liebe nachzusinnen;
Am Abend mit Dankbarkeit heimzukehren.
Und dann einzuschlafen mit einem Gebet für den Geliebten im Herzen und einem Lobgesang auf den Lippen.

River Roc hat gutes Essen, aber erhöhte Preise, **Mississippi** und **Kadischa** bieten zu durchschnittlichen Preisen sowohl Snacks als auch volle Mahlzeiten an.

Paragliding

Wer sich für Paragliding begeistert, kann in der gut ausgerüsteten **„L'Ecole de Parapente Thermique"** einen Kurs besuchen, der sowohl Theorie als auch Praxis bietet. In der Nähe des Zedernwaldes des nordlibanesischen Bscharré liegt der Landeplatz in wunderschöner Umgebung.

Ein **Anfängerkurs** gilt als abgeschlossen, wenn der Schüler fünf sog. Mittelflüge gemacht hat. Ein Mittelflug hat einen Höhenunterschied von 500 Metern und dauert 4–5 Minuten. Je nach individueller Begabung braucht man zum Erlernen 4–10 Tage. Die Schule ist vom Frühjahr bis Mitte Oktober geöffnet. Mehr Informationen über Raja Saade, den Gründer und Leiter der Schule (Tel. 03/28 81 93, Handy).

Les Cèdres

An Weinreben, Maulbeerbäumen, Obstgärten – die Gegend ist bekannt für ihre guten Äpfel, die Sie auf jeden Fall kosten sollten – und Wasserfällen entlang fahren wir hinter Bscharré die inzwischen kargen Berge hinauf, bis wir **Les Cèdres** (al-Arz) **[9]** auf fast 1920 m erreichen (124,5 km). Zahlreiche Stände mit Holzschnitzarbeiten, allerdings nur noch wenige aus Zedernholz, reihen sich an der Eingangsstraße in den Zedernwald aneinander. Die Zedern stehen unter Naturschutz! Hier dürfen Sie weder rauchen, essen, vom vorgeschriebenen Weg abkommen noch die Zedern berühren. Im Winter ist der eingezäunte Wald geschlossen; auch verhindert der starke Schneefall oft ein Durchkommen nach Les Cèdres.

Die Zeder: der „Baum Gottes"

Öffnungszeiten: tägl. von 8 Uhr bis Einbruch der Dunkelheit außer im Winter (Ende Nov. bis Ende April, je nach Schneefall); **Eintritt:** 1500 L. L.

Die Zedern Libanons! Heute bilden sie einen der wenigen Reste jener ausgedehnten Wälder, die im 4.–2. Jt. v. Chr. die Libanonberge bedeckten. In den Hafenstädten Byblos, Sidon und Tyros wurde das Zedernholz exportiert, das vor allem zum Bau von Schiffen, Tempeln und Palästen diente. Verwandt mit der *Cedrus Deodara* (im Himalaya und Tibet) und der *Cedrus Atlantica* (Atlasgebirge), finden wir die Libanonzeder aber auch im Taurus- und Amanus-Gebirge in der Türkei. Sie ist gerade gewachsen und kann über 30 m hoch werden mit einem Stamm von 30–40 m Umfang. Ihre Äste wachsen in unregelmäßigen Abständen voneinander und teilen sich in Zweige, die horizontale Fächer bilden. Das Holz ist glatt und rötlich mit einem angenehmen Geruch (Zedernöl). Im Libanon-Gebirge stehen noch Zedern bei **Ehden, Hadet al-Jubbe** und in den **Baruk-Bergen**. Die bei Bscharré sind jedoch die ältesten. Die jüngsten unter ihnen zählen 200, die ältesten 1000, manche sagen sogar 2000 Jahre, von denen es allerdings nur noch zwölf gibt. Botanikern zufolge können sie jedoch nur ein Alter von 1500 Jahren erreichen. Eine der größten steht schräg gegenüber dem Eingang am Straßenrand: sie ist 25 m hoch und hat einen Stammumfang von 12 m.

Die Maroniten widmen der Zeder eine fromme Verehrung, wird sie doch im Alten Testament als Baum Gottes bezeichnet. 1843 ließ der zu jener Zeit amtierende Patriarch im Nordwesten des Zedernwaldes eine kleine Kapelle errichten und verbot ausdrücklich, die „heiligen Zedern" zu verletzen oder gar zu fällen. Sogar Königin Viktoria von Großbritannien zeigte sich im letzten Jahrhundert besorgt und unterstützte finanziell den Bau einer Mauer zum Schutz der Zedern. Jedes Jahr im August wird hier in Anwesenheit des maronitischen Patriarchen ein großes Fest zu Ehren der Zedern gefeiert. Nördlich der Kapelle steht eine der größten Zedern mit einem Stammumfang von 16 m, in ihrer Nähe zwei mit Inschriften: die eine vom englischen Poeten Lord Byron, die zweite vom französischen Dichter Lamartine und seiner Tochter Julie.

Ausflüge von Les Cèdres

Besteigung des Qurnat as-Sauda

Hinter dem Jabal Makhmal, zu dessen Fuße die Zedern wachsen, erhebt sich imposant der höchste Berg Libanons, der **Qurnat as-Sauda** (3088 m). Da er fast das ganze Jahr über mit Schnee bedeckt ist, sollte man ihn nur im Sommer besteigen (ca. 4 Std.). Für die Besteigung benötigen Sie auf jeden Fall eine Bergausrüstung und eine Karte; ferner ist es nicht ratsam, die Wanderung ohne einen Bergführer zu machen. Die Besteigung ist verhältnismäßig leicht. Wegen der Sichtverhältnisse sollten Sie am frühen Morgen aufbrechen, da ab Mittag meistens Wolken und Nebel die Sicht versperren.

Tipp: Sollten Sie einen Führer brauchen, so fragen Sie im Hotel Chbat in Bscharré nach dem Besitzer, Herrn Chbat!

Wanderung 1

Vom Zedernwald aus gehen Sie nach Nordosten (ca. 1 Std.) bis **'Ain al-Jura**, ein kleiner Kessel mit einem Bach. Hier beginnt der eigentliche Aufstieg. Sie gehen ca. 90 Min. den steilen Pfad in Richtung Nordosten am Hang entlang bis

Der Baum Gottes

„Siehe, ein **Zedernbaum** auf dem Libanon, mit schönen Ästen und dichtem Laub und sehr hoch, so daß sein Wipfel in die Wolken ragte. Wasser ließ ihn groß werden und die Flut der Tiefe in die Höhe wachsen. Ihre Ströme gingen rings um seinen Stamm her, und ihre Rinnsale sandte sie zu allen Bäumen auf dem Felde. Darum ist er höher geworden als alle Bäume auf dem Felde und trieb viele Äste und lange Zweige; denn er hatte Wasser genug, sich auszubreiten." (Hesekiel 31, 3–5)

Die ältesten Nachrichten über den Export von Zedern nach Ägypten stammen aus der Mitte des 3. Jts. v. Chr. Sie berichten über die Verwendung für den Schiffsbaum, für den Totenkult und -bestattung sowie für die Ausfüllung der Leibeshöhlen von Mumien mit dem konservierenden Zedernharz. Aber auch für kultische Zwecke, wie zum Räuchern und Parfümieren der Heiligtümer und für die Innenausstattung von Tempeln wurde das wertvolle Holz, mit dem man sparsam umging, verwendet.

„So baute er [Salomo] das Haus und vollendete es. Und er deckte das Haus mit Balken und Tafelwerk von Zedern. Und er baute Gänge um das ganze Haus herum. Je fünf Ellen hoch, und verband sie mit dem Hause durch Balken von Zedernholz." (1. Könige 6, 9/10)

König David hatte König Hiram von Tyros nicht nur um die Entsendung von geschickten Handwerkern gebeten, sondern vor allem um die Sendung von Zedern- und Zypressenholz für den Bau des Tempels (s. Tagestour 6). Über das Fällen und den Transport informieren uns heute nicht nur Stellen aus dem Alten Testament (1. Könige 5, 15; 20–24), sondern auch Reliefs an den Wänden des Amun-Tempels in Karnak/Ägypten. Amoriter, Assyrer, Neubabylonier kamen, um das wertvolle Holz in die Heimat zu transportieren, und überall waren die Zedern aus dem Lande „Laban" (= Libanon) begehrt.

Aber auch als ästhetisches Naturerlebnis, wegen des angenehmen Geruchs und des prachtvollen Anblicks wurde sie geschätzt, widmete doch auch König Salomo in seinen dreitausend Sprüchen und tausendundfünf Liedern einige Verse den Bäumen, den Tieren und der Zeder aus Libanon (1. Könige 5, 12-14). Denn die Zeder ist nicht irgendein Baum – sie ist der Baum Gottes in Gottes Garten. „So war ihm kein Zedernbaum gleich in Gottes Garten, und die Zypressen waren seinen Ästen nicht zu vergleichen, und die Platanen waren nichts gegen seine Zweige. Ja, er war so schön wie kein Baum im Garten Gottes. Ich hatte ihn so schön gemacht mit seinen vielen Ästen, daß ihn alle Bäume von Eden im Garten Gottes beneideten." (Hesekiel 31, 7–11)

Die Zeder ist ein Naturdenkmal, sie ist ein Symbol der an Stürmen reichen Geschichte Libanons und zugleich seiner alle Veränderungen überdauernden, unverwüstlichen Lebenskraft. Nicht ohne Grund schmückt daher auch die Zeder die Nationalflagge Libanons.

Sie zu einer Senke kommen. Dieser folgen Sie 7 km weiter Richtung Nordosten (ca. 1 Std.). Die Mittelachse der nördlichen Libanonberge wird durch eine lange Furche mit einer durchschnittlichen Höhe von 2800 m gebildet, unterbrochen von Mulden und Hügeln, in denen sich bis in den Sommer hinein der Schnee sammelt. Da diese Mittelachse im Westen und Osten von hohen Gipfeln überragt wird, ist von hier aus ein Rundblick zur Küste und zur Bekaa-Ebene nicht möglich. Wollen Sie diese dennoch überblicken, so müssen Sie eine der folgenden Wandertouren machen.

Wanderung 2

Sie gehen nach Westen Richtung Qurnat as-Sauda. Dieser Weg bietet Wanderern einen schönen Blick bis zur Küste. Bereits beim Aufstieg (4 Std.) sehen Sie über das Wadi Qadischa, im Südwesten die Mergelspitzen des Ra's Schakka, im Westen die fruchtbare Küstenebene um Zghorta und die niedrige Bergkette des Jabal Tarbol sowie die Stadt Tripolis mit dem Hafenviertel. Sollte das Wetter gut und der Himmel über dem Meer klar sein, so können Sie, 250 km entfernt, die Troodos-Bergkette (1950 m) auf der Insel Zypern sehen, die geologische Fortsetzung der Bergketten um Antiochia in der Türkei. Im Nordwesten erstreckt sich die grüne Ebene um 'Akkar mit dem Delta des Nahr al-Kabir und im Hintergrund die Alawiten-Berge Syriens.

Wanderung 3

Sollten Sie den östlichen Teil, also die Bekaa-Ebene, überschauen wollen, so müssen Sie nach Osten gehen, zur Mittelfurche absteigen und dann etwa 45 Min. einen danebenliegenden Gipfel des Qurnat as-Sauda besteigen. Von hier aus können Sie im Osten das Antilibanon-Gebirge, Ba^calbak, die weite fruchtbare Ebene und im Hintergrund die Pyramide des Hermel sehen.

Von Les Cèdres führt eine Gebirgsstraße durch eine wunderschöne Landschaft in die Bekaa-Ebene nach Ba^calbak (64 km), die allerdings wegen des im Winter starken Schneefalls nur im Sommer geöffnet ist.

Abstecher zur Qadischa-Grotte

Bevor Sie auf dem Rückweg Bscharré wieder erreichen, können Sie kurz vor Ortseingang einen Abstecher zur **Qadischa-Grotte** (130 km) machen. Durch die Grotte mit Stalaktit- und Stalagmitformationen strömt der Qadischa-Fluss, der sich in Tripolis, wo er den Namen Abu 'Ali trägt, ins Mittelmeer ergießt.

Öffnungszeiten: von 9–16 Uhr, im Winter geschl.; **Eintritt**: 2000 L. L.

Weiter nach Bscharré (132 km) sehen wir nach wenigen Minuten auf einem Felsen die **Mar Thedros-Kapelle** (134 km) und darunter die der **Sayidat ad-Darr** (die stillende Muttergottes).

Die Felswände dieser Wallfahrtskapelle sind mit zum Teil übermalten Fresken geschmückt, von denen sich oberhalb des Altars Reste erhalten haben, u. a. eine Darstellung der Taufe Christi mit griechischen Inschriften im byzantinischen Stil des 6. Jhs. In einer Zelle hinter der Kapelle können wir Spuren von sechs gemalten Heiligenfiguren erkennen; griechische Inschriften nennen den Hl. Barnabas (oder Bartholomäus), den Hl. Salomon (oder Salomo) und die Hl. Barbara.

Verkauf von Holzarbeiten in Les Cèdres (Foto: L. Huber)

Es geht weiter nach **Hadschit [10]** (136 km), einem maronitischen Dorf auf einem Felssporn oberhalb der Qadischa-Schlucht. Von Hadschit führt ein bequemer Pfad zunächst nach Süden, dann nach Osten hinauf zur Grotte **Dair Salib** auf 1550 m Höhe.

Die Doppelkapelle aus Lehmziegeln und Steinen wurde in eine große Kluft hineingebaut, die sich im Osten durch einen ovalen Bogen öffnet. Die Apsiden sind mit Fresken geschmückt, im Norden sehen wir sieben Heiligenbilder, von denen vier sehr gut erhalten sind, im Süden die Darstellung der Verkündigung Marias und die Hl. Barbara mit einem Kind. Diese Malereien überdecken ältere, von denen lediglich die Szene der Kreuzigung oberhalb eines Pfeilers erhalten ist.

Ein Pfad unterhalb der Grotte führt ins Tal **'Ain al-Qantara**, vorbei an der mittelalterlichen Felskapelle **Mar Anton Baddawi** (Hl. Antonius von Padua) und der **Mgharat Ahqlat as-Sayid**, der Höhle eines ehemaligen Einsiedlers in einem Steilfelsen. Weiter talabwärts liegen die Einsiedler-Grotten **Mar Salwan**, **Mar Schalita** und **Mar Jurius**. Wir gehen das Tal des **Wadi al-Antira** wieder hinauf und halten uns nach einer Steinbrücke rechts, um den Pfad zu erreichen, der nördlich zurück nach Hadschit führt. Am Wegrand liegt die Grotte **Mar Juhanna**. Diese Wallfahrtskirche nimmt den Unterteil einer zweistöckigen Grotte ein, die in einem Steilfelsen von über 100 m Höhe liegt. Die Fresken, die einst die Kapelle schmückten, wurden übermalt.

Von Hadschit fahren wir weiter über **Bluzan** (139 km), vorbei an einem Pfad, der zum **Kloster Qannubin** führt (1 Std.) bis nach **Ban [11]** (141,5 km).

Von hier führt auf der linken Seite eine schmale Straße in das Wadi Qadischa zum Kloster Quzhaya.

Quzhaya

Dieses **Felsenkloster** des Hl. Antonius ist eines der größten und schönsten des Tales. Aus Quellen wissen wir, dass es seit dem 12. Jh. bewohnt ist. Während die in den Felsen hineingebaute Kirche auf das Jahr 1864 zurückgeht, wurden die Klostermauern und der dekorative Eingang 1926 gebaut. Neben dem Eingang, der in vollendeter Form die harmonische Mischung christlicher und islamischer Kunst zeigt, liegt die Grotte des Hl. Antonius, auch die „Grotte der Verrückten" genannt. In dieser kann man bis heute noch die Ketten sehen, mit denen „die Verrückten", die der Wachsamkeit des Heiligen anvertraut waren, angekettet wurden. Das kleine Druckereimuseum im Kloster aus der Zeit 1820–23 zeigt eine Sammlung liturgischer sowie ethnographischer Gegenstände und illustriert eindrucksvoll die Geschichte und Entwicklung des Buchdrucks in der Region. Bereits 1585 und 1610 besaß das Kloster bewegliche Druckerpressen, mit deren Hilfe in jener Zeit das Buch der Psalmen gedruckt wurde. Die heutige Druckerei wurde 1871 gekauft. Der Besuch des Klosters lohnt sich nicht nur wegen der Anlage, sondern auch wegen des herrlichen Panoramablicks über das Tal.

Das Skigebiet Al-Arz (Les Cèdres)

Das älteste und bekannteste Skigebiet, in dem auch die erste Skischule Libanons gegründet wurde und in dem bereits ab 1962 internationale Skiwettbewerbe stattfanden, ist **Al-Arz,** bekannt auch als **Les Cèdres,** in der unmittelbaren Nähe zu Bscharré (s. o). Die außerordentliche Höhe des „Pic des Dames" von 2800 m, den Sie mit einem Sessellift erreichen können, beschert dem Gebiet eine im Allgemeinen längere Saison und ein unvergessliches Panorama. Die Zedern runden das landschaftliche Bild aufs Schönste ab. Mit vier Liften gehört das Gebiet zu den kleineren des Landes, dessen Loipen jedoch sowohl für Anfänger als auch für Profis geeignet sind.

Hotels

Saint Bernard****, Tel. 03/28 96 00
Alpine***, Tel. 06/67 00 57
Cortina**, Tel. 06/67 15 33

Restaurants und Nachtclubs

Für den Après-Ski bietet sich eine Vielzahl von Restaurants an, z. B. **Le Pichet des Cèdres** und **Mon Refuge** (französische Küche) an der Hauptstraße oder **L'Equipe** direkt bei den Loipen. In Al-Arz befinden sich außerdem mehrere Night-Clubs: **La Caverne**, **Tony Arida**, **L'Isba** u. a.

Skilifte

Tägl. von 8.30–16 Uhr in Betrieb; Preise: **Tagespass** für Erwachsene und Kinder 16,5 $ (am Wochenende 23 $), **Halbtagespass** 13 $ (am Wochenende 16,5 $).

Ehden

Kurz vor Ehden **[12]** (144 km) liegt **'Ain Turine**, wo in einer Grotte Mitglieder der libanesischen Widerstandsbewegung 1866 im Kampf gegen Dawud Pascha und seine osmanischen Truppen

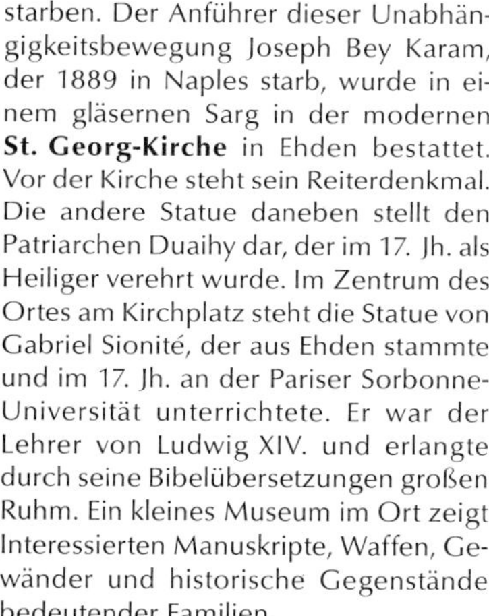

starben. Der Anführer dieser Unabhängigkeitsbewegung Joseph Bey Karam, der 1889 in Naples starb, wurde in einem gläsernen Sarg in der modernen **St. Georg-Kirche** in Ehden bestattet. Vor der Kirche steht sein Reiterdenkmal. Die andere Statue daneben stellt den Patriarchen Duaihy dar, der im 17. Jh. als Heiliger verehrt wurde. Im Zentrum des Ortes am Kirchplatz steht die Statue von Gabriel Sionité, der aus Ehden stammte und im 17. Jh. an der Pariser Sorbonne-Universität unterrichtete. Er war der Lehrer von Ludwig XIV. und erlangte durch seine Bibelübersetzungen großen Ruhm. Ein kleines Museum im Ort zeigt Interessierten Manuskripte, Waffen, Gewänder und historische Gegenstände bedeutender Familien.

Im Süden des Ortes erstrecken sich die Ruinen der alten **St. Georg-Kirche** aus dem Mittelalter, die Reste von Wandmalereien im byzantinischen Stil und Heiligenbilder mit syrisch-aramäischen Inschriften schmücken. Nordwestlich von Ehden erhebt sich auf einem Hügel die Kapelle **Sayidat al-Husn** (die Frau von der Burg). Dieses Bauwerk soll unter den Römern ein Wachturm gewesen sein.

Ehden ist neben Bscharré der bedeutendste Ausflugsort im Wadi Qadischa. Im Winter ein Geisterdorf, platzt der Ort im Sommer aus allen Nähten. Die Libanesen kommen hierher, um das angenehme Klima auf 1450 m Höhe und vor allem um das berühmte gute Essen zu genießen. Zahlreiche Hotels und Restaurants mit großen Terrassen und herrlichem Blick über das Tal und die Landschaft mit den vielen Wasserfällen bieten eine ausgezeichnete Küche. Auch Wochenendurlauber können hier viel unternehmen, wie z. B. Spaziergänge zu den Quellen der Umgebung, u. a. zum Nabi' Mar Sarkis und 'Ain al-Qunaitra, oder 5 km östlich von Ehden zum **Zedernwald des Wadi Firan**.

Hotels

La Mairie****
Tel. und Fax 06/56 01 08

Belmont***
Tel. 06/56 00 91

Restaurants

Nabaa Mar Sarkis bietet zu relativ hohen Preisen Vorspeisen und verschiedene typische Gerichte.

Preisgünstiger essen Sie ebenfalls typisch einheimische Speisen im Restaurant **Rabia** oder **Père Joup** direkt an der Hauptstraße des Ortes.

Fest

Erntedankfest im September

Vorbei an der Zubringerstraße nach **Baslukit** (149 km), über **Aybe** (150 km) geht die Straße in Kurven abwärts ins Tal bis **Aitu** (153 km) auf 1100 m Höhe nach **Arjis [13]** (161 km). Hier gabelt sich die Straße. Auf zwei Strecken kommen Sie zurück zur Küstenstraße.

Die eine führt über **Kfar Hata** (167 km), **Zghorta [14]** (169 km), einen großen Ort am Rande der Zawiya-Ebene, **Majdelaya** (174 km) zur Küste nach **Tripolis** (180 km) und wieder zurück nach **Beirut** (268 km).

Die zweite führt über **Bsarma [15]** (167 km) auf die gegenüberliegende Seite des Qadischa-Tales, vorbei an der Ruine der **St. Nura-Kirche** aus der Kreuzritterzeit, über **Kfar 'Akka** (172 km) und die Reste einer kleinen Kreuzritterburg, **Amiun** (178 km) bis **Schakka** (189 km) und wieder zurück auf der Küstenstraße nach **Beirut** (255 km).

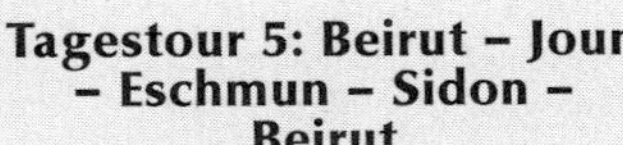

Tagestour 5: Beirut – Joun – Eschmun – Sidon – Beirut

Wir verlassen Beirut Richtung Süden nach Sidon und Tyros über den Vorort **Uza'i** (3 km), in dem vorwiegend Schiiten wohnen, die Südlibanon im Laufe der 80er Jahre wegen der anhaltenden Angriffe der israelischen Armee verließen. Die Regierung plant seit längerem den Ausbau der Straße nach Beirut, der den Abriss zahlreicher Häuser zur Folge haben würde. Obwohl die meisten Häuser illegal gebaut wurden, konnte die Regierung ihre Pläne bis heute wegen der starken Lobby der Schiiten nicht realisieren. 1997 begann sie daher mit dem Bau einer Umgehungsstraße. Entlang des internationalen Flughafens fahren wir weiter nach **Khalde [1]** (14 km), dem Sitz der drusischen Emiren-Familie Arslan, in dessen Nähe Archäologen einen phönizischen Friedhof mit zahlreichen Grabbeigaben entdeckten.

Tipp: Wer gerne badet, kommt in Khalde auf seine Kosten. Schöne, saubere Sandstrände finden Sie im „Beach Club", „Deauville" und „Villamar" (Eintritt 10–15 000 L. L).

In Khalde fahren wir auf der inzwischen sehr gut ausgebauten Autobahn, die bis Sidon (Stand Jan. 1999) fertiggestellt ist. Das bedeutet für die im folgenden genannten Orte, dass wir für die einzelnen Besichtigungen von der Autobahn abfahren müssen; Schilder weisen auf die jeweiligen Abzweigungen hin. Über **an-Na'me** (22 km), das antike Leontopolis, und das inmiten von Obstgärten und Bananenhainen gelegene **ad-Damur** (24 km) erreichen wir **Sa'diyat** mit seinem Vorgebirge **Ra's Sa'diyat** (29 km), auch Ra's ad-Damur genannt. Einigen Historikern zufolge soll 218 v. Chr. die Schlacht zwischen Antiochos dem Großen und Ptolemaios IV. hier stattgefunden haben. Vorbei an **al-Jiye** (30 km) erreichen wir **an-Nabi Yunis [2]** (31 km). Eines der in der näheren Umgebung im letzten Jahrhundert gefundenen Mosaiken machten die Libanesen 1863 Kaiser Napoleon III. zum Geschenk.

Jonas im Koran

Auch Jonas war (oder: ist) wirklich einer der (von Gott) Gesandten. (Damals) als er (vor uns floh und) auf das gedrängt volle Schiff davonlief! Da loste er (mit der Besatzung des Schiffes) und verlor dabei (worauf man ihn ins Meer warf). Und der Fisch verschlang ihn, der (mit seinem Verhalten) schweren Tadel verdiente. Wenn er nun nicht (Gott) gepriesen (und sein Vergehen bereut) hätte, wäre er bis zu dem Tag, da die Menschen (allesamt vom Tod) auferweckt werden, in seinem Bauch geblieben. Doch wir warfen ihn (geschwächt und) krank an einer kahlen Stelle (an Land) und ließen eine Kürbispflanze (?) über ihm wachsen. Und wir sandten ihn zu Hunderttausenden oder mehr (als unseren Boten und Warner). Da wurden sie gläubig. Und wir gaben ihnen Nutznießung auf eine (beschränkte) Zeit (indem wir sie ihr Leben zu Ende leben ließen).

(Sure 37, Vers 139–148; Übersetzung nach Rudi Paret, Der Koran)

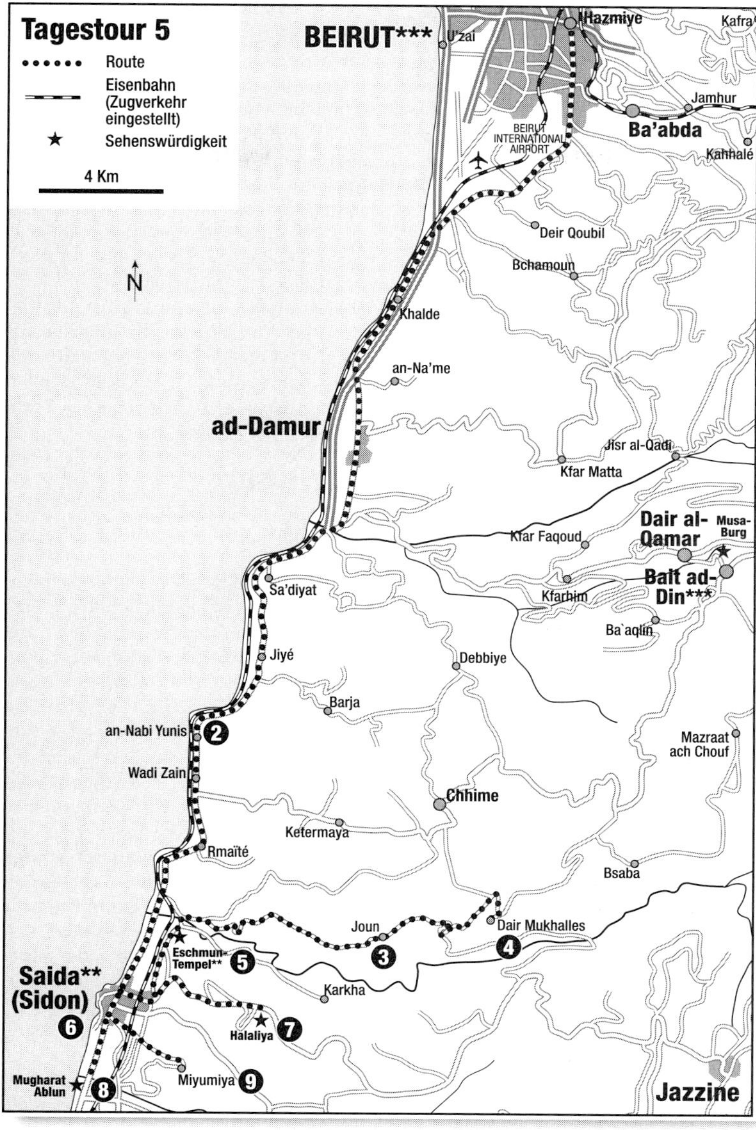

Tagestour 5 – Übersichtskarte

Tagestour 5

•••••• Route
Eisenbahn (Zugverkehr eingestellt)
★ Sehenswürdigkeit
4 Km

N

BEIRUT***
U'zai
Hazmiye
Kafra
Jamhur
Ba'abda
Kahhalé
BEIRUT INTERNATIONAL AIRPORT
Deir Qoubil
Bchamoun
Khalde
an-Na'me
ad-Damur
Jisr al-Qadi
Kfar Matta
Dair al-Qamar
Musa-Burg
Kfar Faqoud
Bait ad-Din***
Kfarhim
Ba`aqlin
Sa'diyat
Jiyé
Debbiye
Barja
an-Nabi Yunis
2
Wadi Zain
Mazraat ach Chouf
Chhime
Ketermaya
Rmaïté
Bsaba
Joun
3
Dair Mukhalles
4
Eschmun-Tempel**
5
Saida** (Sidon)
6
Karkha
Halaliya
7
Mugharat Ablun
8
Miyumiya
9
Jazzine

In an-Nabi Yunis (der Prophet Jonas) steht ein Heiligtum zu Ehren des Propheten. Der islamischen Überlieferung zufolge soll Jonas an diesem Abschnitt der Küste unversehrt dem Bauch eines Fisches entstiegen sein (vgl. auch AT, Jona 1–2).

Die beiden Dörfer al-Jiye und an-Nabi Yunis werden mit dem phönizischen Porphyraion identifiziert, dessen Name auf den Fang von Murexschnekken zur Herstellung des roten Purpurs zurückgeht.

Nach dem Vorgebirge **Ra's an-Nabi Yunis** können wir bereits die ersten Häuser Sidons sehen. Über **Wadi Zain** (42 km) und **Ra's as-Sakhri** (46 km) gelangen wir zum **Nahr al-Awali** (48 km).

Joun

Wir biegen vor der Brücke links ab, folgen dem Flusstal wenige Kilometer und fahren dann nach Nordosten bis nach Joun **[3]** (12 km). Nach ca. 15 Min. zu Fuß erreichen wir auf einem Pfad, der eine Schlucht nördlich des Dorfes überquert, einen Hügel, auf dessen Gipfel, inmitten von Granatäpfel- und Feigenbäumen ein kleines, zerstörtes Gutshaus steht, das zum nahegelegenen Erlöserkloster gehört. Hier wohnte **Lady Hester Stanhope** (vgl. Text nebenan). 1839 starb sie in ihrem Haus einsam, verlassen und vollkommen verarmt. Ihre ca. 50 m südwestlich gelegene Grabstätte aus vier Steinplatten bedeckt eine Marmorplatte mit der Inschrift: „Lady Hester Stanhope, born 12th March 1776, died 23rd June 1839".

Hinter Joun führt eine Straße zum **Dair Mukhalles [4]** (15 km), dem Erlöserkloster. 1711 gegründet, gehört es dem griechisch-katholischen Orden des Hl. Erlösers an, dem bis heute noch zahlreiche Klöster in Libanon und Syrien unterstehen.

Vom Kloster aus kann man auf einem schmalen Pfad in das Tal des Awali-Flusses gehen. Nach ca. 90 Min. ist **Qal'at al-Hasan**, eine kleine Burg auf einem Felssporn, erreicht. Erhalten aus dem Mittelalter sind nur einige Mauerreste und ein unterirdischer Gang, der den ganzen Gebirgsvorsprung durchquert.

Zurück zur Küstenstraße (63 km), überqueren wir den Awali-Fluss und biegen nach der Brücke die erste Straße links ab. Wir folgen der Straße und erreichen nach wenigen Minuten den im Bustan asch-Schaikh gelegenen **Eschmun-Tempel [5]** (65 km).

Eschmun

Geschichte und Bedeutung

Die Tempelanlage des Gottes Eschmun ist eine der wenigen erhaltenen phönizischen Stätten Libanons. Im 19. Jh. begannen Archäologen mit der Freilegung des kleinen **Kult- und Heilortes**, dessen Geschichte in das **7. Jh. v. Chr.** zurückgeht. Reliefs, Inschriften und Statuen kamen zutage, die von der Bedeutung des Ortes zeugen. In der Nähe Sidons wurden in einer phönizische **Königsnekropole** zwei schwarze Sarkophage entdeckt: 1887 der **Sarkophag des Königs Tabnit** (6. Jh. v. Chr.), 1856 der **Sarkophag seines Sohnes Eschmunazar** (5. Jh. v. Chr.); der eine befindet sich heute im Museum in Istanbul, der andere im Louvre in Paris. Letzteren überzieht eine Inschrift, die zu den wenigen Originaltexten jener Zeit gehört: „Ich Eschmunazar, König der Sidonier [...]. Wir sind es, die die Tempel der Götter bauten. Den Tempel der Ascherat im

Lady Hester Stanhope – Königin der Araber

Joun, Südlibanon, 1839
Durch den fahlen Schein, den der Mond in das kleine, bescheidene Zimmer wirft, versucht der junge Mann vergeblich, die Gestalt der Frau besser wahrzunehmen. Endlich, nach einer beschwerlichen Fahrt, die ihn von England hierher nach Südlibanon geführt hat, sitzt er, wie so viele andere vor und nach ihm, der „wahren Schloßherrin Libanons" gegenüber. Sie, die einst Umschwärmte des Londoner Gesellschaftslebens, die als unerschrockene Reisende von den bedeutendsten Persönlichkeiten des Vorderen Orients empfangen wurde, die „Königin des Orients", zu deren Ehren gar **Muhammad Ali** keine Mühen scheute – sie spürt das Alter und so soll kein Besucher sie je wieder bei Tageslicht sehen. Nimmt sie seine – vielleicht etwas zu drängenden – Fragen über die zahlreichen Höhepunkte und Tiefschläge ihres aufregenden, ja sagenumwobenen Lebens überhaupt wahr?

Plötzlich scheint sie ihn anzuschauen und beginnt ganz langsam zu sprechen. Ihre Stimme zeugt noch immer von ihrer starken Persönlichkeit, wenn sie von den Visionen anderer erzählt, die ihre große historische Bedeutung – ob sie wohl immer noch daran glaubt? –vorausahnten: **Lady Hester Stanhope** als die Inkarnation von König David und dazu berufen, als neue Königin von Israel am Ende des 18. Jhs. nach Jerusalem zurückzukehren.

Die neue Königin der Araber, in Nachfolge der großen Zenobia, die einst Palmyra in der syrischen Wüste beherrschte.

Lady Stanhope erreichte beide Städte – Herausforderungen hatte sie ihr Leben lang geliebt, und vor vielen ihrer Reisen hatten sogar als stark gepriesene Männer zurückgeschreckt. Doch Jerusalem hatte sie – trotz aller Vorhersagen – nicht sonderlich beeindruckt. Der großartige Empfang in Palmyra jedoch schien ihr zu bestätigen, die zweite Zenobia zu sein. Der junge Engländer meint nun, Anflüge einer geistigen Verwirrtheit wahrzunehmen, die – so heißt es – auf eine lang vergangene, aber nie wirklich geheilte Erkrankung zurückzuführen sei. Ohne ihren Stolz zu verbergen, schildert Lady Stanhope in schillernden Worten ihre Ankunft in Palmyra, ihren Ritt durch den Triumphbogen, den sie als erste europäische Frau passierte – zweifellos der Höhepunkt ihres rastlosen Lebens.

Unvermittelt bricht sie ab, schweigt sehr lange, bis sie von den Jahren nach ihrer Krankheit zu sprechen beginnt. Wie sie anfing, in innerlibanesische Angelegenheiten einzugreifen und damit den Zorn lokaler Führer auf sich zog. Ihre Stimme wird unruhig, wenn sie von **Baschir II.,** dem einflussreichen Emir der Chouf-Berge spricht, der sie doch einst nach Bait ad-Din eingeladen und dort ehrenvoll empfangen hatte. Der sie dann aber demütigte, nachdem sie denjenigen, die vor seiner harten Führung flohen, in ihrem Haus Aufnahme gewährte. Hatte Baschir ihr nicht befohlen, für den Transport von Steinen für seinen Palastbau ihre Kamele zur Verfügung zu stellen?

Sie schweigt erneut und der Reisende scheut sich, ihr die Frage zu stellen, die seine Gedanken so sehr beschäftigt: Wie konnte es damals zu diesem fürchterlichen Blutbad an 300 Menschen im syrischen Küstengebirge kommen, als sie 52 Dörfer zerstören ließ? Ein grausamer Akt der Rache für den Mord an einem französischen Offizier?

Eine Überschätzung der eigenen Position? Aber auch – so denkt er für sich alleine – ein Zeichen ihres verwirrten Verstandes, an Wahnsinn grenzend?

Er hängt noch diesen Gedanken nach, während sie von der Zeit spricht, die sie im verfallenen Kloster Mar Elias in der Nähe von Sidon zubrachte und wie sie sich dann in ihrem Haus in Joun den Armen und Bedürftigen widmete. Er weiß, dass ihre vielfältigen karikativen Aktivitäten der Grund dafür sind, dass sie heute verarmt und verschuldet lebt.

Ihre Stimme wird leiser, bricht plötzlich ab. Wohl erschrocken darüber, ganz gegen ihre Gewohnheit so viel erzählt zu haben, verliert sich ihr Blick wieder in sich selbst und mit einer knappen Handbewegung bedeutet sie ihm zu gehen.

Ohne ein Wort der Verabschiedung verlässt er das Haus, geht durch den Garten, nicht ahnend, dass die Dorfbevölkerung die Hausherrin hier bald begraben wird. Die einzigen Menschen, die auch das zweite, das nächstenliebende Gesicht Lady Stanhopes gekannt haben und diese in Ehren halten.

meerländischen Sidon, und ließen dort wohnen die Ascherat [...]. Und wir bauten dem Eschmun einen Tempel, dem heiligen Fürsten, in En Jidlal am Berge und ließen ihn dort wohnen [...]." Aus der Inschrift geht hervor, dass der Tempel im 5. Jh. v. Chr. umgebaut wurde, ein älterer demnach existierte. Die inzwischen geborgenen Reste aus späteren Jahrhunderten, seien es die römischen oder die byzantinischen, belegen die anhaltende Bedeutung dieses Kult- und Heilortes.

Der Tempel Eschmun gehörte zu **Sidon**. Dieser Platz wurde wegen der Quelle gewählt, deren Wasser für die Heilungsriten unentbehrlich war. Zur Zeit der achämenidischen Herrschaft (6.–4. Jh. v. Chr.) gelangte Sidon zu Reichtum und Ehre. Zu verdanken hatte es dies nicht nur seiner Kultur, seiner geschätzten Kunsthandwerke oder regen Handelstätigkeit, sondern vor allem der Unterstützung der Perser. So erreichten die Sidonier vor allem durch die Teilnahme ihrer Flotte auf Seiten der Perser gegen die Ägypter und Griechen bei den persischen Königen höhere Wertschätzung und unschätzbare Gunstbeweise. In jene Zeit fällt auch die Regentschaft König Eschmunazars, der seine ganze Aufmerksamkeit dem Eschmun-Tempel widmete, dessen Kultplatz er nun imstande war auszubauen. Die Ausgrabungen ergaben, dass der in der Mitte des 4. Jhs. v. Chr. zerstörte Tempel nie wieder vollständig aufgebaut wurde; lediglich einige kleinere Bauwerke und Becken für rituelle Waschungen kamen hinzu.

Mythologie

Der Legende nach soll sich die Göttin Astarte in den Jäger Eschmun unsterblich verliebt haben. Um sich ihrer Wer-

Mythologische Szene: Europa nach der Entführung durch Zeus

bung zu entziehen, fügte er sich Verstümmelungen zu, an denen er starb. Verzweifelt und in tiefer Trauer beschloss Astarte, ihn wieder zurück ins Leben zu holen: als Gott! Durch seinen Tod und seine Wiedergeburt wurde Eschmun fortan auch zum Fruchtbarkeitsgott, der jährlich stirbt und im Frühjahr wiederkehrt – hier finden sich Parallelen zum Baal-Mythos oder zum Adonis-Kult!

Eschmun war also der Heil- und Fruchtbarkeitsgott. Die Lage seines Heiligtums an der Quelle, deren Wasser die Erde ergrünen lässt, bestätigt seine Bedeutung als Gott der Fruchtbarkeit, die letztendlich Leben bedeutet. Aber auch als Heilgott war er für die Menschen von großer Wichtigkeit, worauf die Eigennamen hindeuten, in denen er vorkommt: Eschmunazar (Eschmun half), Eschmunchalas (Eschmun errettete) und ähnliche. Es war Sitte, dem Gott Statuen darzubringen, die die Namen derer trugen, die um Heilung baten. Die Tatsache, dass es sich bei den meisten gefundenen Statuen um Kinder handelt, läßt vermuten, dass Eschmun ein Heilgott für Kinder war. Die Identifizierung Eschmuns mit Apollo/Asklepios setzt eine verwandte Funktion voraus. Die uns bekannten Symbole, die heilige Schlange und der in die Achsel gestützte Stab, begegnen uns auf den Reliefs mit den Darstellungen Eschmuns. So zeigt eine hier geborgene goldene Tafel die Gesundheitsgöttin Hygieia und Eschmun mit einem Stab, um den sich eine Schlange windet.

Der mit ihm identifizierte Gott der Heilkunst Asklepios war der Sohn der Koronis und des Apollo. Er wurde bei seiner Geburt von Hermes oder seinem Vater aus dem Leib der toten Mutter gezogen, die Artemis getötet hatte. Der Kentaure Chiron zog ihn auf und brachte ihm die medizinische Kunst bei. Trotz seiner Göttlichkeit glaubte man, dass er gestorben sei, hatte doch seinen Tod Zeus bewirkt, der ihn mit einem Donnerkeil erschlug, weil er es gewagt hatte, Tote lebendig zu machen. Schlangen waren ihm heilig; er soll sich sogar in ihnen verkörpert haben. So z. B. als ihn die Römer nach seiner Aufnahme in den Olymp als Heilgott 293 v. Chr. aus seinem Kultort Epidaurus nach Rom brachten. Asklepios wurde durch Apollo zum Sternbild des Schlangenträgers am Himmel.

Besichtigung

Öffnungszeiten: 9–16 Uhr. Da die Armee das Gelände bewacht, ist es jedoch möglich, auch nach 16 Uhr Zutritt zu bekommen; **Eintritt:** zur Zeit noch nicht, das Ministerium plant allerdings, demnächst Eintrittsgeld zu verlangen.

Das Heiligtum erhebt sich auf der linken Uferseite des Flusses al-Awali. Der Abhang zum Flusstal, an der Nordseite des Tempels, war durch Terrassen gegliedert, die teils in den Felshang gehauen, teils durch Aufschüttungen hinter mächtigen Mauern aus Quadern errichtet wurden. Am Fuße der Terrassenanlage liegen die **Reste kleinerer Kultbauten**. Der Bau der Terrasse spiegelt die persische Architektur wider, während der Grundriss dem eines spätphönizischen Tempels folgt, an dem allerdings auch der neubabylonische Einfluss nicht spurlos vorüberging.

Folgen wir der römischen Kolonnadenstraße zum rechts gelegenen **Tempel**, so erkennen wir einige Stufen, die zum ältesten Teil des Tempels gehören. Diese pyramidenähnliche Konstruktion mit einem Treppenaufgang und einer rechts gelegenen Wand aus dem 6. Jh. v. Chr. zeigt den neubabylonischen Einfluss, unter dem die phönizischen Städte in jener Zeit standen. Das höhergelegene Podium gehört in die Regierungszeit Eschmunazars. Eine **Inschrift** auf einer der Platten an der Innenseite der Stützmauern informiert über diese Erweiterungsarbeiten im 5. Jh. v. Chr. Direkt davor liegt der eigentliche Kultplatz. Mehrere **Wasserbassins**, Reste des **Kanalsystems**, ein würfelartiger **Sockel für das Kultbild** des Gottes in der Mitte und **Sitzreihen** haben sich erhalten. Das Wasser musste von der oberhalb des Tempels entspringenden Quelle abgezweigt werden, die Eschmunazar als *En Jidlal* bezeichnet. Durch einen unterirdischen Kanal wurde es auch nach Sidon geleitet. Die Reste antiker Wasserleitungsrohre im Tempel bezeugen das komplizierte Verteilungssystem. Zwischen dem oberhalb gelegenen Kanalsystem und dem Bekken für die rituelle Reinigung steht ein großer viereckiger Sockel, der mit einem Kapitell aus vier Stierköpfen geschmückt war (Nationalmuseum Beirut) – eine Kunstform, die uns aus dem persischen Raum bekannt ist.

Im 3. Jh. wurde an der äußersten Ecke ein weiterer Tempel hinzugefügt. Auf einem Originalfries in situ auf der gegenüberliegenden Wand erkennen wir Darstellungen von Anbetenden, Jagdszenen und Kinderspielen. In der nordwestlichen Ecke des Tempels liegt

Eschmun-Tempel

1 Röm. Kolonnadenstraße
2 Tempel
3 Podium
4 Wasserbassins
5 Kanalsystem
6 Sitzreihen
7 Heiligtum der Astarte
8 Hof mit Mosaiken
9 Becken für rituelle Waschungen
10 Aufgang für Prozessionen
11 Nymphäum
12 Byzantinische Kirche

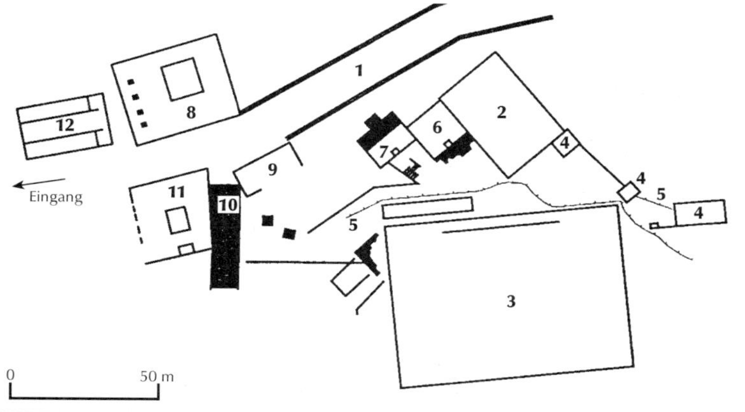

Eingang

0 50 m

das **Heiligtum der Astarte**. Hier steht ein von zwei Sphingen flankierter Thron, der mit einem ägyptisierenden Gesims verziert ist. Darüber hat sich ein Fries mit einer Jagdszene erhalten und auf der 22 m langen Mauer links die Darstellung eines Gelages sowie des Fangs eines gefederten Hahns, um ihn nach griechischer Sitte Asklepios zu opfern. Die Reliefs und Weiheinschriften bestätigen wiederum die Identifizierung Eschmuns mit Asklepios/Apollo, ferner ist uns auch die Verbindung von Kult- und Kurort aus dem griechischen Raum bekannt.

Die **Mosaiken** der Anlage gehören in die römische und byzantinische Zeit. So schmückten die Römer einige Räume des Tempels mit Mosaiken, legten Becken für rituelle Waschungen an und bauten einen Aufgang für Prozessionen sowie ein Nymphäum. Von den Mosaiken haben sich lediglich Reste erhalten, so die Darstellung des Dionysos-Zuges auf der rechten und die der vier Jahreszeiten auf der linken Seite am Eingang der Anlage.

Sidon: Eingang zum Seekastell

Mehrere bedeutende Funde, die heute im Nationalmuseum in Beirut zu sehen sind, wurden in Eschmun geborgen. Zum einen **Reste eines Altars** mit einem griechischen Relief aus dem 4. Jh. v. Chr., das Apollo, Athena, Artemis, Leto, Hera und Zeus zeigt; zum anderen **Weihgeschenke**, u. a. mehrere Kinderstatuen, unter ihnen der berühmte Jüngling mit langem, auf die Schultern flutenden Haar, aus einer phönizischen Kolonie, eventuell Zypern. Die unzähligen anderen Marmorbruchstücke, Reliefs und die Reste der Anlage lassen die Pracht des Tempels im 5. und 4. Jh. v. Chr. erahnen.

Sidon

Wir fahren wieder zur Küstenstraße zurück und erreichen Sidon **[6]** (arab. *Saida*), Provinzhauptstadt und Verwaltungssitz Südlibanons mit ca. 200 000 Einwohnern (70 km). Am südwestlichen Rand der Stadt leben im größten Lager des Landes 'Ain al-Hilwa ca. 100 000 Flüchtlinge aus Palästina. Das Bild der Stadt ist modern. Die **Neustadt** erstreckt sich nördlich und östlich des Riad as-Sulh-Platzes, dem Zentrum Sidons, die **Altstadt** am alten Hafen im Westen und Süden, kurz nach der Einfahrt in die Stadt.

Tipp: Auf keinen Fall sollten Sie versäumen, durch die engen, verwinkelten Gassen des Suq zu gehen und die berühmten Süßigkeiten der Stadt zu

Tagestour 5

Apollo bei Ovid

Als sie [die Römer], des Leichentragens [aufgrund einer schrecklichen Seuche] müde, sahen, daß alles Menschenwerk, alle Künste der Ärzte nichts vermögen, da nehmen sie ihre Zuflucht zum Himmel und suchen den Nabel der Welt, das Orakel des Phöbus [der „Strahlende", Beiname Apollos] in Delphi, auf und flehen, er solle ihnen in ihrer Trübsal durch heilsamen Rat helfen und dem Unglück einer so großen Stadt steuern. Der Ort und der Lorbeerbaum und der Köcher, den Phöbus selbst trägt, erbebten zugleich, und die Priesterin ließ sich aus dem Innersten des Heiligtums mit den folgenden Worten vernehmen und erfüllte die ängstlichen Herzen mit Hoffnung: „Was du hier suchst, das hättest du, Römer, nicht so weit in der Ferne zu suchen brauchen. Suche es auch nun nicht so weit in der Ferne! Denn nicht Apollos bedürft ihr zur Linderung eurer Not, sondern Apollos Sohn. Zieht hin unter glücklichen Zeichen und holt unseren Sproß heim!" [...] Nacht hatte den Erdkreis in Dunkel gehüllt, da erschien der heilbringende Gott dir, Römer, im Schlaf und trat an dein Lager, ebenso, wie man ihn gewöhnlich im Tempel sieht: Er trug einen knotigen Stab in der Linken, strich mit der Rechten den langen, wallenden Bart und ließ mit huldreichem Sinn die folgenden Worte vernehmen: „Fürchte dich nicht! Ich werde kommen und von meinem Bildnis scheiden. Betrachte nur diese Schlange, die sich um meinen Stab schlingt und windet, und merke sie dir genau, damit du sie wieder kennst! In sie will ich mich verwandeln, doch werde ich größer sein und so stattlich erscheinen, wie es einem Himmlischen geziemt." [...] Und so weit man das schnelle Schiff stromaufwärts zieht, wird Weihrauch zu beiden Seiten am Ufer auf reihenweise erbauten Altären knisternd verbrannt und erfüllt die Luft mit Wohlgerüchen, und Schlachtopfer röten mit ihrem Blut das Meer, das ihnen den Tod gab. Schon war der Gott in der Hauptstadt der Welt, in Rom eingezogen, da erhebt sich die Schlange, umschlingt den Mastbaum, läßt von seiner Höhe ihre Blicke schweifen und sieht sich nach einer passenden Heimstatt um.

(Aus: Ovid, Metamorphosen. Das Buch der Mythen und Verwandlungen. dtv-Verlag, 15. Buch, S. 383–86)

probieren. Vor allem die für Sidon typische „Jazariya", ein Konfekt aus Orangen, Rosenwasser und Zuckersirup, und die „Bunduqiya", ein Gebäck mit Haselnüssen, Mandeln oder Pistazien: wir empfehlen die Konditorei „al-Baba".

Geschichte und Bedeutung

Sidons Kind zu sein, der erzdurchschimmerten, rühm ich mich.
Homer

Der Legende nach soll Sidon um **3000 v. Chr.** durch den Meeresgott **Jam** gegründet worden sein. Dieser hatte einen Sohn namens Poseidon und eine Tochter namens Sidona, nach der er die Stadt benannte. Nach dem AT soll die Stadt sogar älter als Tyros sein, wurde sie doch um 4000 v. Chr. durch Noahs Enkel Sidon ben Kanaan gegründet: „Kanaan aber zeugte Sidon, seinen ersten Sohn, und Het, und den Jebusiter, den Amoriter, den Girgaschiter [...]" (1. Mose 10, 15–19).

Seit **Anfang des 2. Jts. v. Chr.** unter der Schutzherrschaft der Pharaonen, gelang es den Sidoniern nur langsam ihre Unabhängigkeit wiederzuerlangen, was nicht das Ergebnis eines Freiheitskampfes, sondern die Folge einer allmählichen Entwicklung war. Die Beziehungen zu Ägypten blieben aber erhalten, lediglich der Charakter änderte sich. So war die Zeit der Tributleistungen beendet und die wirtschaftliche Aktivität lag nun ausschließlich in den Händen der phönizischen Handels- und Schiffahrtsunternehmen, die sogar in Unterägypten Kontore unterhielten.

Im Laufe des **11. Jhs. v. Chr.** traten die **Assyrer** auf die politische Bühne des Vorderen Orients: Tiglatpilesar I. unternahm den ersten militärischen Vormarsch nach Syrien bis zur Küste. Gegen **900 v. Chr.** begann sich eine Wende im Kräfteverhältnis der vorderasiatischen Stadtstaaten abzuzeichnen, führten doch die zahlreichen erfolgreichen **Feldzüge der Assyrer** zur Unterwerfung und territorialen Einverleibung der eroberten Städte und somit zu Tributverpflichtungen. Unter Salmanassar III. gelangten 841 v. Chr. die Truppen erstmals in den südlichen Teil der Levante; die älteste assyrische Inschrift am Nahr al-Kalb berichtet von dieser Expedition. Die beiden bedeutendsten Hafenstädte Sidon und Tyros unterwarfen sich, um von Verwüstungen verschont zu bleiben. Als sich Tyros weigerte, weiterhin Tribute zu zahlen, stellten die Sidonier den Assyrern **726 v. Chr.** sogar Kriegsschiffe für die Belagerung von Tyros zur Verfügung – **die Vorrangstellung ging von Tyros auf Sidon über**, vor allem da die Assyrer ihnen Handlungsfreiheit gewährten, was zu einem Aufschwung der wirtschaftlichen Aktivitäten führte. Als sich im **7. Jh. v. Chr.** Sidon allerdings weigerte, weiter Tribute zu zahlen, reagierte der assyrische König Asarhaddon mit Härte: „Sidon, die befestigte Stadt, die inmitten des Meeres liegt, machte ich dem Erdboden gleich. Ich zerstörte ihre Mauern und Häuser und warf sie ins Meer. Auf eine Orakelanweisung Assurs, meines Herrn, fing ich aus dem Meere wie einen Fisch Abdimilkutti, ihren König, der vor meinen Waffen hinaus aufs Meer geflohen war, und schnitt ihm den Kopf ab. Seine Frau, seine Söhne und Töchter, seine Höflinge, Gold, Silber, Wertsachen, Edelsteine, Kleider aus bunten Woll- und Leinenstoffen, Elefantenhäute, Elfenbein, Ebenholz und Buchsbaum, alles, was kostbar war in seinem Palast, trug ich in großer Menge

davon. Nach Assyrien verschleppte ich seine Untertanen, die ohne Zahl waren, Rinder, Kleinvieh und Esel." In der Nähe Sidons wurde eine **neue Stadt** gegründet, die den Namen des siegreichen Assyrerkönigs **Asarhaddon** erhielt. Durch die zahlreichen Kämpfe geschwächt, begann allerdings in jener Zeit bereits der Niedergang Assurs. Sidon versuchte währenddessen, den Handel weiter auszudehnen, scheiterte jedoch zusehends seit der Mitte des 8. Jh. v. Chr., zum einen an der Expansion der mesopotamischen „Großreiche", zum anderen an der griechischen Konkurrenz, die nach phönizischem Vorbild nun auch Kolonien im Mittelmeerraum gründete. Die Monopolstellung im Mittelmeerhandel begann ins Wanken zu geraten, zumal auch Ägypten wieder auf die Bühne trat und um die Seeherrschaft im Mittelmeer zu kämpfen begann.

Ein Hoffnungsschimmer zeichnete sich mit der zunehmenden Stärke des Achämenidenreiches ab. Nachdem **538 v. Chr**. die Levante den **Achämeniden** kampflos zugefallen war, eroberte 525 v. Chr. Kambyses mit phönizischer Flottenunterstützung Zypern, Ägypten und Libyen und Darius I. ab 517 Makedonien und Thrakien bis zur Donau. Aber der Traum, wieder zur führenden See- und Handelsmacht zu werden, erfüllte sich nicht, da die Perser weder die griechische noch die ägyptische Konkurrenz einzudämmen vermochten. Auch führten inzwischen Aufstände in Babylonien und Ägypten zu ihrem Macht- und Stärkeverlust.

Eine Wende zeichnete sich zur Zeit **Alexanders des Großen** ab. Die Bewohner der Küstenstädte begrüßten die Makedonier mit Jubel als Befreier vom persischen Joch. Während Tyros Wider-

Ansicht des neuen Sidon vom alten Seekastell aus

stand leistete, unterwarf sich Sidon kampflos und erhielt dafür Landbesitz sowie das **Selbstverwaltungsrecht** zurück. Auch der römische Feldherr Pompeius stieß 64/63 v. Chr. während seines Eroberungszuges in der Küstenregion auf keinen Widerstand. Die römischen Verwaltungsmaßnahmen zur Sicherung ihrer Herrschaft und zur Maximierung der Einkünfte brachten der Wirtschaft neuen Schwung. Sogar in Rom und seinen Häfen richteten phönizische Kaufleute ihre Kontore ein, und viele Phönizier wohnten in der Hauptstadt. Bis heute noch kann man in der Via Campana in Rom die Siedlungsreste dieses berühmten Seevolkes sehen. Handelsleute, Handwerker und Vertreter der Dienstleistungsgewerbe suchten nun im Römischen Reich ihr Auskommen.

Nachdem Sidon in **byzantinischer Zeit** Bischofssitz geworden war, beendeten die Sassaniden 614 die Zeit der *Pax Romana*. **667** nahmen die **Araber** Sidon ein. Die Stadt erhielt einen neuen Namen: Saida.

Unruhig wurde es für Sidon erst wieder zur Zeit der **Kreuzzüge**. 1111 musste die Stadt nach einer Belagerung von 47 Tagen kapitulieren und wurde daraufhin der Lehensherrschaft von Cäsarea, später der des Königreiches Jerusalem unterstellt. Nachdem **Saladin 1187** die Stadt kampflos eingenommen hatte, ließen seine Krieger die Verteidigungsmauern schleifen, die nach der erfolgreichen **Rückeroberung durch die Kreuzritter 1197** wiederaufgebaut wurden. 1291 wurde Sidon nach dem Fall von Akkon endgültig von den Kreuzrittern aufgegeben.

Die Bedeutung als Hafenstadt verlor Sidon niemals. Ab dem **15. Jh.** war sie der **Hafen von Damaskus**, und Emir Fakhr ad-Din II. verhalf der Stadt im **17. Jh.** zu neuem Glanz und Ruhm: Paläste und Karawansereien wurden gebaut, der **Handel mit Frankreich** gefördert und der Hafen wurde zum Umschlagplatz für Waren und zum Treffpunkt europäischer Kaufleute aus Florenz, Venedig und Frankreich, die libanesische Seide, Olivenöl und Getreide exportierten.

Das **Erdbeben von 1837** zerstörte nahezu alle Bauwerke aus den vorausgegangenen Jahrhunderten; viele wurden abgerissen, so auch der Palast Fakhr ad-Dins II., und Sidon versank in Bedeutungslosigkeit. Die Niederlassungen der europäischen Kaufleute wurden aufgegeben, und die Monopolstellung des Handels begann sich nach Aleppo und Beirut zu verlagern.

Rundgang

Auch wenn von der antiken Siedlung heute kaum noch etwas zu sehen ist, so sprechen doch für Sidons wirtschaftliche und politische Bedeutung, die es vom Mittelalter bis in die Neuzeit innehatte, die beiden **Kreuzritterburgen** einerseits und die **Karawansereien** andererseits.

Beim Hineinfahren in die Stadt sehen wir bereits von weitem das Wahrzeichen Sidons: **Qal'at al-Bahr**, das Seekastell, errichtet auf einer kleinen vorgelagerten Insel am Nordhafen (Öffnungszeiten: tägl. von 8–16 Uhr; Eintritt: 2000 L. L.). Der heutige Baubestand geht auf das 13. Jh. zurück. 1227 beschlossen die Kreuzritter, den Küstenstreifen zurückzuerobern und stärker zu befestigen, erwarteten sie doch die Ankunft des Stauferkaisers Friedrich II. Ein Jahr vor der Ankunft des Kaisers in Akkon 1229 begannen sie mit dem Bau des Kastells, das im Nordosten die Ein-

Und sie fuhren über die Meere

„Dies ist die Last für Tyrus: Heulet, ihr Tarsisschiffe, denn Tyrus ist zerstört, daß kein Haus mehr da ist [...]. Die Bewohner der Küste sind still geworden, die Kaufleute von Sidon. Ihre Boten zogen übers Meer; und was von Früchten am Schihor (Arm des Nils) und von Getreide am Nil wuchs, brachte man nach Sidon hin über das große Meer, und du warst der Völker Markt geworden." (Jesaja 23, 1–3). Viele Stellen im AT weisen auf den maritimen Charakter der phönizischen Städte hin. Sie waren die „Küstenbewohner", die „Seefahrer", deren Häfen mit Waren angefüllt waren – der „Völker Markt". Sie betätigten sich im Tauschhandel, erwarben Güter aus anderen Gegenden mittels überschüssiger eigener Produkte und nutzten geschickt die Bedürfnisse des Marktes aus, indem sie sich nicht nur auf ein Produkt konzentrierten und stets neue Absatzmärkte erschlossen. Die verkehrsgeographisch günstige Lage begünstigte diesen Zwischenhandel. Schnell erkannten sie, dass umfangreicher Handel nur gedeihen konnte, wenn sie sichere eigene Transportmittel in hinreichendem Umfang besaßen.

Das Mittelmeer lag vor der Tür – und die Lösung auf der Hand. Die Gefahren, die die Küstenbewohner kannten, brachten sie schnell unter Kontrolle. So fuhren sie nur in der günstigen Jahreszeit und in Sichtweite der Küste, da Sicherheit wichtiger als Geschwindigkeit war. Ein Wagnis war die Nachtfahrt, die allerdings nicht zu vermeiden war. Aber sie lernten, sich am Polarstern zu orientieren und so auch diese Schwierigkeit zu meistern. Bald waren die Phönizier in der Schifffahrt führend, und ihre Steuerleute hatten den besten Ruf. So konnten die Händler selbst ihre Kunden aufsuchen, ohne für fremde Transportmittel zahlen zu müssen. Der Überseehandel wurde so zur wichtigsten Quelle des Reichtums!

Die Phönizier waren die ersten, die zur Hochseefahrt übergingen. Dafür benötigten sie allerdings auch eigene stabile Handelsschiffe. Die ältesten Reliefs zeigen Schiffe in ägyptischer Bauweise, spätere hingegen einen starken ägäischen Einfluss. Letzterer Schiffstyp wurde bevorzugt, da er stabiler und seetüchtiger war als der ägyptische. Mit Holz mussten die Phönizier nicht sparen, so dass sie hochbordige Schiffe bauten, um die Ladefähigkeit zu vergrößern. Wir kennen mehrere Typen von Schiffen: Verdecklose Schiffe mit Rudern, deren Heck und Bug sich im Bogen hochzogen und in Pferdeköpfe ausliefen; größere Schiffe mit 25 Riemen auf jeder Seite, mit einer Ruderbesatzung auf dem Unterdeck in zwei Reihen und Seesoldaten auf dem offenen Oberdeck. Um die Antriebskraft zu vergrößern, wurden in persischer Zeit die Ruderreihen auf drei und später auf vier und fünf erweitert. Die breitesten waren die rundbäuchigen Seehandelsschiffe mit einem tiefen Laderaum, deren hochgezogene Vorder- und Achtersteven das runde Aussehen verstärkten – die Vorläufer der griechischen *Gauloi* (Melkeimer). Die Tragfähigkeit der 50 m langen Frachtschiffe betrug max. 250 t. Länger durften die Schiffe nicht sein, da die Naturhäfen zu klein waren und die Möglichkeit zum künstlichen Ausbau beschränkt war.

SIDON (SAÏDA)

Qal'at al-Bahr (Seekastell)
nach Beirut
Serail-Moschee
Sahet en-Nejmeh
Hafen
Khan al-Faranj (Karawanserei d. Franken)
Rue Riad al-Solh
Rue Shakrieh
d'Orient
MITTELMEER
Rue Fakhr al-Din
Große Moschee
Qal'at al-Mazze (Kastell Ludwig d. Heiligen)
Murex-Hügel
Ägyptischer Hafen
N
nach Tyros
Hotel
Bank
Post
Moschee
Sehenswürdigkeit
300 m

fahrt in den Nordhafen sichern sollte. Seine Wehrmauern hielten sogar dem Angriff von 1253 stand.

Der Steg, der heute das Festland mit dem Seekastell verbindet, wurde erst nach den Kreuzzügen angelegt. Zur Zeit der Kreuzritter stand hier ein Vorwerk, von dem eine Brücke zum Tor der kleinen Burg führte. Um die Insel zog sich eine gemauerte Grabenböschung. Zwei durch eine Mauer miteinander verbundene Türme dienten der Verteidigung der Stadt und Burg. Der größere Ostturm, der Donjon, hat die Form eines unregelmäßigen Vierecks, in dessen Unterbau Zisternen liegen. Der besser erhaltene Westturm besteht aus einem ersten Stockwerk mit Kreuzgewölbe. Von hier führt eine Treppe auf das Dach; schöner Blick über die Burg und einen Teil Sidons. Überall im Kastell kann man in die Wehrmauern eingebaute Säulen sehen. Nach den erhaltenen Inschriften könnte an dieser Stelle der Tempel der Ascherat gelegen haben: „Wir [König Eschmunazar] sind es, die die Tempel der Götter bauten. Den Tempel der Ascherat im meerländischen Sidon, und ließen dort wohnen die Ascherat." Andere Vermutungen gehen dahin, dass an dieser Stelle der Tempel des phönizischen Malqart/Herakles stand.

Der **Hafen** Sidons folgt dem natürlichen Felsenriff. Er gehörte wegen seiner Lage zu den sichersten phönizischen Häfen. Die Kraft der Wellen, die durch Wellenbrecher und ein Becken gemildert wurde, diente auch zur Aufrechterhaltung eines ständigen Wasserstromes, um die Anlage vor Versandung zu bewahren. Der außerdem durch die Maueranlagen der Stadt geschützte Hafen konnte durch eine Kette über den Einschnitt im Osten gesperrt werden – es handelte sich also hier um eine Art geschlossenen Hafen. Ein weiterer Ankerplatz liegt hinter der Felsinsel. Hier haben sich eine große Anzahl von Ankerpflöcken im Fels erhalten, die in die vorchristliche Zeit zurückgehen. Im Süden des Vorgebirges, auf dem sich das antike Sidon erstreckte, liegt ein dritter Hafen. Dieser Hafen in der kleinen runden Bucht wird durch die Unterbrechung des Dünenstreifens gebildet, der die Küste an dieser Stelle säumt.

Gegenüber dem Nordhafen liegt der **Khan al-Faranj** (Öffnungszeiten: tägl. außer Fr 8–14 Uhr, Eintritt: frei). Die **Karawanserei der Franken** wurde im 17. Jh. in der Regierungszeit Fakhr ad-Dins II. gebaut, als Sidon Umschlagplatz für begehrte Waren war. Sie folgt dem typischen Grundriss von Karawansereien: ein rechteckiger Hof, in dessen Mitte ein Becken mit Brunnen zur Tränkung der Tiere liegt, umgeben von einer überdachten zweistöckigen Galerie. Im 19. Jh. diente der Khan dem französischen Konsul als Residenz, später richteten die Franziskaner hier eine kostenlose Grundschule ein, die während der israelischen Invasion 1982 aufgegeben wurde. Seit einigen Jahren wird der einstige Handelsplatz restauriert. Der bis Nov. 1998 amtierende Ministerpräsident Rafik al-Hariri, der aus Sidon stammt, finanziert mit seiner Stiftung die Arbeiten. Heute finden in den Räumen Ausstellungen statt; geplant ist nach Abschluss der Restaurierungsarbeiten die Einrichtung eines Kulturzentrums in der Karawanserei.

Wir gehen nach Süden durch den malerischen Suq und rechts zum Platz des alten Serail mit der **Serail-Moschee**. Nach Überquerung des Platzes folgen wir nach Süden einer Straße entlang des Serail und biegen am Ende rechts, dann links ab. Nach der rechtsgelegenen Moschee halten wir uns rechts und erreichen die festungsartige **Große Moschee**, auch Umari-Moschee genannt (nur in Ausnahmefällen zu besuchen; für Frauen Kopftuch und Mantel erforderlich).

Im 12./13. Jh. stand an dieser Stelle ein Hospital des Johanniterordens. Nach dem Abzug der Kreuzritter Ende des 13. Jhs. wurde das Krankenhaus in eine Moschee umgewandelt. Vom ursprünglichen Bau stehen noch die vier Fassaden; die Gewölbe sind neu. Im überkuppelten Raum mit dem Minarett sehen wir noch einige Spuren der Vergangenheit: einen Reinigungsbrunnen aus antiken Säulen mit jüngst übermalten korinthischen Kapitellen.

Zum Kastell Ludwigs des Heiligen können wir entweder mit dem Auto fahren oder zu Fuß gehen. Wir folgen der Straße zunächst entlang der Küste nach Süden, dann nach Osten.

Qal'at al-Mazze, auch bekannt unter dem Namen „Kastell Ludwig des Heiligen", ist heute wegen Restaurierungsarbeiten geschlossen. Die Burg wurde im 12. Jh. von den Kreuzrittern auf der Akropolis der antiken Stadt Sidon errichtet. Der französische König Ludwig IX. der Heilige (1226–1270), hielt sich während seines ersten Kreuzzuges (1248–1254) vier Jahre (1250–1254) in Palästina auf, in denen er auch Sidon besucht haben soll. Er regierte das Heilige Land mit ganzer Autorität und ließ zahlreiche Befestigungen, u. a. die von Akkon, Jaffa und Sidon wiederaufbauen. Heute ist die Burg in schlechtem Zustand. Man geht davon aus, daß sie nach der Einnahme der Stadt von den Arabern zerstört wurde. Zwar begannen die Eroberer mit dem Wiederaufbau, jedoch verfiel sie im Laufe der Jahrhunderte; nur noch Reste von Sälen, Wehrmauern und -türmen weisen heute auf ihren einstigen Charakter als Verteidigungsanlage hin.

Das Kastell liegt auf einem Bergvorsprung, der zum Teil künstlich angelegt wurde. Die untersten Schichten des Tall, des archäologischen Hügels, gehen bis in das 2. Jt. v. Chr. zurück. Ausgrabungen ergaben, dass der Ostteil im 2. Jh. v. Chr., der Nordteil in griechischer und römischer Zeit besiedelt war. Lediglich der Südteil besitzt keine Siedlungsspuren; er wurde im Mittelalter künstlich aufgeschüttet, um eine ebene Fläche für den Bau der Burg zu schaffen. Sicherlich der bedeutendste Fund war die phönizische Nekropole aus dem 17. Jh. v. Chr.

Südlich des Kastells schließt sich der **Murex-Hügel** an, auf dessen Gipfel sich ein schiitischer Friedhof erstreckt. Entstanden durch die Aufschüttung der Abfälle der Purpur-Gewinnung (Schneckengehäuse), misst er eine Breite von ca. 100 m und eine Höhe von etwa 50 m.

Polizei

Tel. 07/20 03-3

Hotel

Das einzige Hotel am Ort ist das **Hotel d'Orient** in der Altstadt. Es besitzt nur sechs Zimmer und ist sehr einfach. Ein DZ ist ab 13 $ zu haben.
Tel. 07/72 03 64

Sidon: Blick auf das Seekastell Qal'at al-Bahr

Essen und Trinken

The Rest House/Istirahat Saida
Gleich neben der Wasserburg liegt dieses äußerst stilvoll eingerichtete Café und Restaurant, von dessen Terrasse aus Sie den Meerblick genießen können; Tel. 07/72 24 69.

Zahlreiche preisgünstige Bars und Schaurma-Stände findet man um den Platz Sahat an-Nejme herum.

Baden

Al-Jisr
Von Sidon aus Richtung Beirut, in der Nähe der Brücke, die in die Chouf-Berge führt. Eintritt 10 000 L. L.

La Fregate Orasse
Autostrade Jiye, Wadi el-Zeina, Tel. 07/86 82 72.

Mina Beach
Autostrade Jiye, Wadi el-Zeina.

Mounes
Khaizarane, zwischen Sidon und Tyros, Tel. 03/66 66 57 (Handy) oder 07/72 49 32.

Ausflüge von Sidon

Halaliya [7]

Wir verlassen Sidon von Nordosten und fahren Richtung Osten auf der Straße nach Jazzin und erreichen Halaliya (4 km). Hier wurde die bisher bedeutendste **Königsnekropole** Sidons entdeckt – der sensationellste Fund seit dem letzten Jahrhundert!

1887 stieß ein Bauer durch Zufall auf eine unterirdische Höhle. Der aus Sidon gebürtige amerikanische Missionar William King Eddy wurde von dem Bauern über seine Entdeckung informiert und beide machten sich auf, um das „Mysterium" zu erforschen. Wegen der Dunkelheit konnten sie zunächst nur erahnen, was die Gruft für Schätze barg. Eddy ging von einer Kammer in die andere und fand nacheinander vier skulpturierte Marmorsarkophage. Er konnte seinen Augen zunächst nicht trauen! Noch nie zuvor kamen solche Schätze zutage, noch nie zuvor wurden solch gut erhaltene Sarkophage von hoher künstlerischer Qualität mit solch einer Vielfalt an Darstellungen entdeckt. Schnell machte die Nachricht von der Entdeckung der königlichen Grabstätte die Runde. Als Sultan Abd al-Hamid von diesem Fund hörte, veranlasste er sofort die Überführung der Sarkophage nach Istanbul. Dort stehen sie heute im Archäologischen Museum.

Der Sarkophag des Lykiers. Die beiden mit Eierstab am oberen Rand geschmückten Längsseiten zeigen eine Löwen- bzw. Eberjagd mit Pferden und Wagen, auf denen die jungen Jäger stehen. An den Vorderseiten sind Sphingen, Mischwesen und mythologische Szenen zu erkennen. Den Sarkophag krönt ein hoher, spitzbogenförmiger Deckel, dessen vier Ecken hervorstehende Löwenköpfe schmücken. Spuren von verschiedenen Farben zeigen, dass er bemalt gewesen war.

Der Sarkophag der Weinenden. In der Form eines griechischen Tempels mit kannelierten, ionischen Halbsäulen an den Seiten und Pilastern an den vier Ecken, ist dieser Sarkophag ebenfalls mit einem Eierstab- und Zahnschnittfries geschmückt. Zwischen den Halbsäulen stehen 18 traurige, ja weinende Frauen. Auf dem Deckel sind Pferde, Wagen und Männer zu erkennen.

Alexander-Sarkophag. Dieser berühmteste Sarkophag zeigt auf der einen Längsseite eine Schlacht zwischen Alexander dem Großen und den Persern, auf der anderen eine Jagdszene. In

Bezug auf das künstlerische Schaffen sind die Darstellungen der Personen kaum an Präzision, Plastizität und Schönheit zu überbieten. Alexander ist auf beiden Seiten zu sehen: auf der einen hält er einen Speer hoch, bereit die Perser zu schlagen, und trägt ein Löwenfell auf seinem Kopf wie der Gott Herakles; auf der anderen sitzt er auf einem Pferd, auf dem Haupt die makedonische Krone.

Der Sarkophag des Satrapen. Die Skulpturen dieses Sarkophages sind stark gräzisierend, sowohl durch den Charakter der Szenen wie auch durch die Eierstab- und Palmettenornamente, die sie umgeben. Bart und Gesichtszüge der sitzenden Personen können ebensogut einem Satrapen wie einem König von Sidon angehören (letzterem eher), der von seinen Untertanen, Dienern und Begleitern umgeben ist.

Bis heute sind die Fragen, ob es sich um eine Arbeit griechischer oder sidonischer Künstler handelt und für wen die Sarkophage bestimmt waren, noch ungeklärt.

Mugharat 'Ablun [8]

Folgen wir der Küstenstraße nach Tyros, so erreichen wir eine Brücke über den meist ausgetrockneten Nahr al-Barghut, den antiken Fluss Ardupia oder Asklepios (3 km). Auf der linken Seite verläuft ein Pfad am rechten Flussufer. Der zweite Weg rechts führt nach Süden zu zwei kleinen Anhöhen. In der westlich gelegenen (rechts) liegt eine Grotte, **Mugharat 'Ablun** (Apollo-Höhle), eine der bedeutendsten phönizischen Grabstätten.

Ein kleiner Vorraum führt in die einst verputzte Grotte mit Spuren von Bemalungen. Die drei Seiten schmückten Rundbogennischen, in denen die Sarkophage standen. In der kleinen Aushöhlung außen an der Ostwand wurde 1856 der bereits erwähnte Sarkophag des sidonischen Königs Eschmunazar gefunden. 1861 entdeckte Ernest Renan sechs anthropoide (griech. anthropos = Mensch) Marmorsarkophage in der Nähe der Höhle (heute im Louvre in Paris). Die Sarkophage aus dem 5./4. Jh. v. Chr. nehmen die Form menschlicher Körper an und zeigen den starken ägyptischen Einfluss, ähneln sie doch sehr den Mumiensarkophagen des Pharaonenreiches. Die Köpfe sind hingegen im griechischen Kunststil gearbeitet, vor allem die Form der Augen und die sorgfältig ausgearbeitete Haartracht. Die Gesichter unterscheiden sich alle voneinander.

1914–20 nahm Dr. Contenau die Ausgrabungsarbeiten wieder auf und entdeckte ein ausgedehntes Grabgewölbe mit zehn Grabkammern. Ein schön gearbeiteter Sarkophag mit dem Relief eines phönizischen Schiffes aus dem 2. Jh. sowie andere Schätze konnten geborgen werden (Nationalmuseum Beirut).

Miyumiya [9]

Wir verlassen die Stadt auf der Rue 'Ain al-Helwe nach Südosten bis zum Miyumiya-Hügel (3 km). Am Fuße des Hügels liegt eine amerikanische Schule und die Villa Ford, genannt nach dem ehemaligen Schulleiter.

Im Park der Villa entdeckte Dr. Ford die bisher größte Zahl (26!) an anthropoiden **Marmorsarkophagen** aus dem 5./4. Jh. v. Chr. (Nationalmuseum Beirut). Nach eingehender Erforschung der Stelle entdeckte der Direktor auch Kapitelle mit Stiervorderteilen, uns bekannt aus Susa und Persepolis im Iran. Während diese besondere Kapitellform auf den starken persischen Einfluss während der Achämenidenherrschaft hinweist, zeigen die Formen der Sarkophage die phönizische und griechische Kunstverschmelzung.

Sayidat al-Mantara

Wir verlassen Sidon Richtung Südosten auf der Saidun-Straße und biegen an der Kreuzung rechts in die Humane-Straße ein. Nach Überquerung des Nahr al-Barghut gelangen wir zum Fuß eines Ausläufers des Libanongebirges. Ein Weg führt von hier zur christlichen Stätte **Sayidat al-Mantara**, auch „Notre Dame de la Gard" genannt (6 km). Zu diesem großen **Marienwallfahrtsort** pilgern jedes Jahr am 8. September Tausende von Christen. Die kleine, der Maria geweihte Kapelle liegt in einer Felshöhle, die auf ein Heiligtum der phönizischen Astarte zurückgehen soll. Der Name der Kapelle (die Herrin der Warte/Aussicht) bezieht sich auf den Aufenthalt Marias an dieser Stelle: Hier soll sie auf Jesus gewartet haben, als er in Sidon lehrte; ferner sollen beide in der Felshöhle übernachtet haben, bevor sie am folgenden Tag nach Galiläa zurückkehrten. Das NT berichtet, dass Jesus auf seinen Wanderungen in das Gebiet zwischen Sidon und Tyros kam und eine Frau heilte: „Und Jesus ging weg von dort und zog sich zurück in die Gegend von Tyrus und Sidon. Und siehe, eine kanaanäische Frau kam aus diesem Gebiet und schrie: Ach, Herr, du Sohn Davids, erbarme dich meiner! Meine Tochter wird von einem bösen Geist übel geplagt" (Matthäus 15, 21/22). Es sei an dieser Stelle erwähnt, dass spätere Überlieferungen diesen Vorgang nach

Sidon: Karawanserei der Franken

Sarafand/Zarepta verlegten. Das NT erwähnt allerdings keinen Ortsnamen: „[...] und aus der Umgebung von Tyrus und Sidon kam eine große Menge zu ihm, die von seinen Taten hörten." (Markus 3, 8).

Am Nordende des Hügels stehen die Ruinen einer Burg, **Qasr al-Mantara**, die *Franche Garde* der Kreuzritterzeit. Trotz des schlechten Erhaltungszustandes – es sind nur noch die Zisternen und einige Wehrmauern zu sehen – lohnt sich wegen des Blickes auf Sidon ein kurzer Abstecher.

Zurück auf der Küstenstraße nach Beirut (113 km).

Tagestour 6: Beirut – Sarafand – Tyros – Beirut

Wir verlassen Beirut von Süden und fahren nach Sidon (s. Tagestour 5) auf der Küstenstraße (50 km). Vorbei am **Kastell Ludwig des Heiligen** (52 km) gelangen wir nach einer kurzen Durchfahrt Sidons wieder auf die Küstenstraße. Nach Überquerung des **Nahr al-Barghut** (53 km), **Nahr al-Sanik** (55 km) und **Nahr al-Zahrani [1]** (59 km) erreichen wir eine Straßengabelung. Hier geht es links nach Nabatiya und Marja'yun im Sicherheitsstreifen. An der Kreuzung steht ein Mahnmal in Erinnerung an den Libanesen Bilal Fahs, der 1983 das erste Selbstmordattentat an israelischen Soldaten verübte. Wir fahren weiter Richtung Tyros, vorbei an **Tall al-Buraq**, dem antiken *Ornithopolis*, überqueren den Wadi al-Akhbiya (64 km) und erreichen **Sarafand [2]**, das antike *Zarepta* bzw. *Zarephat* (66 km).

Sarafand

„Da kam das Wort des Herrn zu ihm: Mach dich auf und geh nach Zarepta, das bei Sidon liegt, und bleibe dort; denn ich habe dort einer Witwe geboten, dich zu versorgen" (1. Könige, 8/9). Das AT berichtet ausführlich vom Aufenthalt Elias in Sarafand und seinem Wunder (Wiederbelebung des Kindes der Witwe). Auch historische Quellen erwähnen an mehreren Stellen diesen Ort, dessen Name auf das aramäische Wort „zaraph" (schmelzen) zurückgeht. In Zarepta stellten die Sidonier ihre Glaswaren her. Heute sind die phönizische Siedlung und der Hafen nicht mehr zu erkennen, man geht allerdings davon aus, dass sich die Siedlung entlang der Küste in den drei kleinen Buchten erstreckte. Zur Zeit der Kreuzzüge gehörte Sarafand zur Grafschaft Sayette und war von einer mächtigen Wehrmauer umgeben. Von der Burg, die sich am Meer auf dem Hügel erhob, haben sich keine Reste erhalten. Auch von der Kirche des Hl. Elias, von der die Quellen berichten, finden sich keine Spuren; wahrscheinlich stand sie an der Stelle des gegenwärtigen Wali al-Khadar.

Hotel

Hotel Mounes
Zwischen Sidon und Tyros liegt dieses Restaurant und Hotel direkt am Meer. Dazu müssen Sie in Khaizarane von der Hauptstraße nach rechts abbiegen; günstige Zimmer (ca. 50 $ pro DZ); Tel. 07/72 49 32.

Restaurant

Mounes (s.o.)
Serviert werden zahlreiche Mezze und exzellent zubereiteter frischer Fisch; Tel. 07/72 49 32.

Einkaufen

In Sarafand können Sie unterschiedlichste **Glasprodukte** von sehr guter Qualität erwerben.

Weiter auf der Küstenstraße überqueren wir den Nahr Abu al-Aswad (81 km) und den bedeutenden Fluss **Nahr al-Litani**, den Leontes, im Alten Testament unter dem Namen *Chihor Libnat* erwähnt (86 km). Hier in der Nähe kamen zahlreiche Reste einer antiken Stätte ans Tageslicht: Aquädukte, Zisternen, Ölmühlen, Thermen und Schachtgräber. Vorbei an der Thermalquelle **'Ain Abrian** erreichen wir schließlich **Tyros** (94 km).

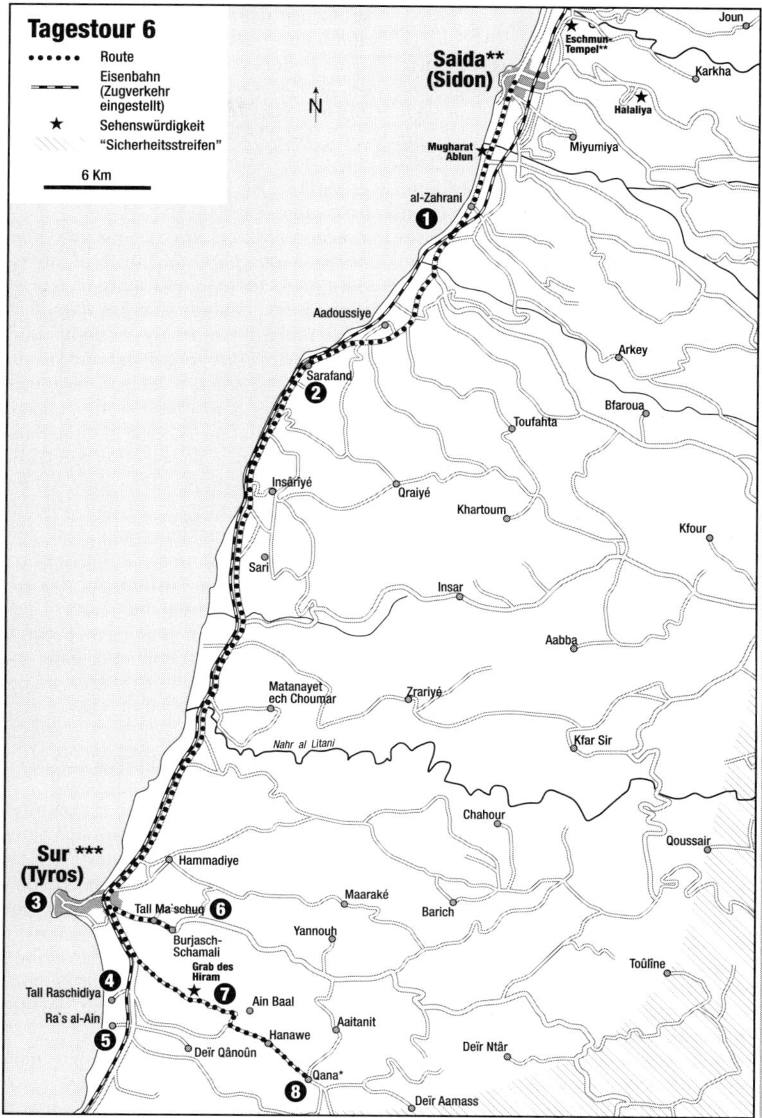

Tagestour 6: Sarafand / Übersichtskarte

Tagestour 6

- •••••• Route
- Eisenbahn (Zugverkehr eingestellt)
- ★ Sehenswürdigkeit
- "Sicherheitsstreifen"

6 Km

N

Joun
Eschmun-Tempel**
Saida** (Sidon)
Karkha
Halaliya
Mugharat Ablun
Miyumiya
al-Zahrani
1
Aadoussiye
Arkey
Sarafand
2
Bfaroua
Toufahta
Insâriyé
Qraiyé
Khartoum
Kfour
Sari
Insar
Aabba
Matanayet ech Choumar
Zrariyé
Nahr al Litani
Kfar Sir
Chahour
Qoussair
Sur *** (Tyros)
3
Hammadiye
Maaraké
Tall Ma`schuq
6
Barich
Burjasch-Schamali
Yannouh
Grab des Hiram
7
Toûlîne
4
Tall Raschidiya
Ain Baal
Ra`s al-Ain
Aaitanit
5
Hanawe
Deïr Qânoûn
Deïr Ntâr
Qana*
8
Deïr Aamass

Tyros

Tyros **[3]** (arab. *Sur),* Bezirkshauptstadt mit ca. **100 000 Einwohnern,** liegt zum Teil auf einer Halbinsel, die früher vollkommen vom Festland abgeschnitten war (s. Geschichte Tyros). Auf der Spitze der Landzunge lag die antike Stadt, im Norden und Westen kleine Fischerhäfen und mehrere sehr gute Fischrestaurants sowie das Serail, im Süden die römische und byzantinische Nekropole mit Triumphbogen und Hippodrom. Tyros bietet den Touristen viel. Als UNESCO-Kulturdenkmal sind weitläufige Ausgrabungen und Verbesserungen der touristischen Infrastruktur in den nächsten Jahren geplant.

Erschrecken Sie sich nicht wegen der Anhäufung von Soldaten. Die libanesische Armee und die UNIFIL-Truppen, die seit 1978 hier stationiert sind, haben die Aufgabe, den Frieden zum besetzten Sicherheitsstreifen hin zu sichern.

Die Legenden über Tyros

Die Entdeckung des Farbstoffes Purpur soll in Zusammenhang mit der Legende um den tyrischen König **Malqart** stehen. Er und Königin **Astarte** gingen mit ihrem Hund am Strand spazieren, dessen Schnauze sich rot färbte, nachdem er an einer Schnecke gerochen hatte. Begeistert von der roten Farbe, sagte Astarte zu Malqart, dass sie ihn für immer lieben werde, wenn er ihr ein Kleid mit dieser so schönen Farbe bringe. Daraufhin ließ der König nichts unversucht: er entdeckte den roten Farbstoff, seine Geliebte bekam das wunderschöne rotgefärbte Kleid, worauf sie ihm ewige Liebe schwor.

Die Tochter des Königs von Tyros, **Elyssa**, war nach Erb- und Thronstreitigkeiten und der Ermordung ihres Mannes durch ihren Bruder um **814 v. Chr.** aus Tyros geflohen und mit einigen Getreuen an der Küste Tunesiens gelandet. Dort gewährte ihr ein Fürst ein Stück Land, auf dem sie die Stadt **Karthago** – der Name stammt von den Römern – gründete. Die Griechen kennen Elyssa unter dem Namen Dido.

König Agenors Tochter **Europa** wurde nach der phönizischen Entführung der Prinzessin Io von Kreta auf die Insel verschleppt. Agenor schickte daraufhin seine drei Söhne, um sie zu finden und zu befreien: Phoenix gab auf und kehrte nach Tyros zurück; Cilix gab ebenfalls auf und gründete Cilicia in der Türkei; Cadmus gründete Theben in Griechenland. Er fand zwar seine Schwester Europa, allerdings hatte diese inzwischen den König von Kreta, Asterion, geheiratet. Die Griechen glaubten, dass verschiedene Aspekte ihrer Kultur aus Tyros stammten: Die **Einführung des Alphabets** in Griechenland wurde Cadmus zugeschrieben und nach Europa, die – nach den Griechen – aus ganz anderen Gründen aus Tyros entführt wurde, wurde der Kontinent benannt.

Geschichte und Bedeutung

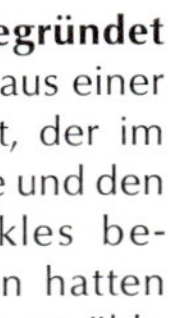

Tyros soll um **2750 v. Chr. gegründet** worden sein. Dieses Jahr wird aus einer Quelle Herodots rekonstruiert, der im 5. Jh. v. Chr. die Stadt besuchte und den Tempel des Malqart/Herakles beschrieb. Nach seinen Worten hatten ihm die Priester des Tempels erzählt, dass dieser vor 2300 Jahren zur Zeit der Gründung von Tyros gebaut wurde, d. h. 2750 v. Chr.

Tyros war aufgrund seiner günstigen Lage und seines nicht zuletzt auch durch überseeische Besitzungen erwor-

Das Gold der Antike

„Zebulon sprach zum Allmächtigen, gepriesen sei er: Meinen Brüdern hast du Ackerland gegeben; mir aber hast du nur Meere und Flüsse gegeben! Er aber sprach zu ihm: Sie alle werden von dir abhängig sein wegen der Purpurschnekke." (Babylonischer Talmud).

Purpur – das Gold der Antike. Die Phönizier waren zwar nicht die einzigen, die den Purpurfarbstoff herzustellen vermochten, aber sie waren die besten. An der besonderen Qualität, der Erzeugung spezieller Farbnuancen und der Verbindung mit einer alten, gut ausgebildeten Textilindustrie zeigte sich die Geschicklichkeit dieser erfahrenen Meister. Über das Gewinnungsverfahren des Farbstoffes erzählt Plinius der Ältere (23–79 n. Chr.) in seiner *Historia Naturalis*. So benötigte man 8000 Murex-Schnecken für die Herstellung von 1 g Purpur. Nach dem Zerschlagen des Schneckengehäuses und dem Entfernen der kleinen Hypobranchialdrüse begann die eigentliche Arbeit, die sich zehn Tage hinzog. Das Ergebnis: eine beige-braune Masse. Jetzt konnte der wichtigste Arbeitsvorgang beginnen: Wolle, Leinen oder Seide wurde in die Masse getaucht. Aber nur durch die Einwirkung des Lichts entstand der rote Farbton. Dabei war es wichtig, mehrere Farbschattierungen zu erzielen. Diese Abstufungen von einem düsteren Rot bis zu einem schwärzlichen Dunkelviolett erreichten die Phönizier durch unterschiedliche Zusammensetzung und Behandlung des Ausgangsmaterials, durch mehrfaches Tränken der Stoffe und andere handwerkliche Kunstgriffe. Die Qualität der Produkte maß sich an ihrer Lichtbeständigkeit und Waschfestigkeit; zu einer Kostbarkeit wurde es wegen des hohen Arbeitsaufwandes, den die Herstellung erforderte, und der Abhängigkeit von einer begrenzten Rohstoffmenge. Der Höchstpreis für ein Pfund Purpurseide lag bei 150 000 Denaren, tyrische Purpurwolle von bester Qualität kostete 50 000 Denare, ein Pfund Scharlachwolle hingegen „nur" 1500 Denare. Hohe Preise für Stoffe, vergleicht man diese mit den damaligen Preisen für ein Pfund Barrengold, der bei 50 000 Denaren lag.

Purpur – das Gold der Antike. Nicht jeder konnte sich diese gefärbten Stoffe leisten. So bezeugt das AT Purpurgewänder insbesondere für Herrscher und als Zeichen königlicher Vollmacht für Beamte: „Mordechai aber ging hinaus von dem König in königlichen Kleidern, blau und weiß, und mit einer großen goldenen Krone, angetan mit einem Mantel aus Leinen und Purpurwolle. Und die Stadt Susa jauchzte und war fröhlich" (Esther 8, 15). Die Könige kleideten sich aber nicht nur mit diesem kostbaren Stoff, sondern verwendeten ihn auch zum Veredeln von Möbelstücken: „Der König Salomo ließ sich eine Sänfte machen aus Holz aus dem Libanon. Ihre Säulen machte er aus Silber, ihre Lehnen aus Gold, ihren Sitz mit Purpur bezogen, ihr Inneres mit Ebenholz eingelegt" (Hohes Lied 3, 9/10).

Auch in den Tempeln wurden die Decken zum Verhüllen kultischer Geräte sowie die Vorhänge aus Purpurstoff gefertigt (Chroniken 3, 14) und die Priester schmückten sich mit Gewändern, gleich den Königen: „Den Priesterschurz sollen sie machen aus Gold, blauem und rotem Purpur, Scharlach und gezwirnter feiner Leinwand, kunstreich gewirkt" (2. Mose 28, 6).

Purpur – das Gold der Antike. Zebulon hat unwissend geklagt. Der Allmächtige hat wissend geantwortet: „Sie alle werden von dir abhängig sein wegen der Purpurschnecke."

benen Reichtums die führende Macht unter den Städten in Libanon geworden. Als **Handels- und Seemacht** bedeutender als Sidon, das Tyros lediglich in seinen Kunsthandwerken übertraf, bestätigt das AT die vorrangige Stellung der Seestadt: „Und des Herrn Wort geschah zu mir: Du Menschenkind, stimm ein Klagelied an über Tyrus und sprich zu Tyrus: Die du wohnst am Zugang zum Meer und für die Völker mit vielen Inseln Handel treibst! So spricht Gott der Herr: O Tyrus, du sprichst: Ich bin die Allerschönste! Dein Gebiet liegt mitten im Meer, und deine Bauleute haben dich aufs allerschönste erbaut. Sie haben all dein Plankenwerk aus Zypressenholz von Senfir [Hermon] gemacht und die Zedern vom Libanon geholt, um deine Mastbäume daraus zu machen; deine Ruder haben sie aus Eichen von Baschan gemacht und deine Wände mit Elfenbein getäfelt, gefaßt in Buchsbaumholz von den Gestaden der Kittäer [Zypern]. Dein Segel war beste bunte Leinwand aus Ägypten als dein Kennzeichen, und deine Decken waren blauer und roter Purpur von den Gestaden Elischas. Die Edlen von Sidon und Arwad [Ruwad] waren deine Ruderknechte, und die kundigsten Männer von Tyros hattest du als deine Seeleute. Die Ältesten von Gebal [Byblos] und seine Kundigsten mußten deine Risse abdichten. Alle Seeschiffe und ihre Schiffsleute fanden sich bei dir ein, um mit deinen Waren Handel zu treiben." (Hesekiel 27, 1–9).

Im 2. Jt. v. Chr. teilte Tyros das Schicksal Sidons. Nach der **ägyptischen Herrschaft** (17.–13. Jh. v. Chr.) folgte eine Phase der Unabhängigkeit, die zu wirtschaftlicher Aktivität der phönizischen Handels- und Schifffahrtsunternehmen führte. Ca. 200 Jahre später wurde Tyros unter **Abibaal** zum **Königreich**, dessen Macht bis nach Sidon reichte, so dass es ihm gelang, diese Stadt in seine Abhängigkeit zu bringen und über die Zedernwälder in seinem Hinterland zu verfügen. Unter seinem Sohn König **Hiram (ca. 1011 v. Chr.)** war die Hafenstadt zur **wichtigsten Handelsmetropole** aufgestiegen. Das AT schildert Tyros zur Zeit Davids und seines Sohnes Salomo als gleichrangigen Partner, mit dem es in wirtschaftlichem Kontakt stand: „Und Hiram, der König von Tyrus, sandte eine Botschaft zu Salomo; denn er hatte gehört, daß sie ihn zum König gesalbt hatten an seines Vaters statt. Denn Hiram liebte David sein Leben lang. Und Salomo sandte zu Hiram und ließ ihm sagen: So befiel nun, daß man mir Zedern im Libanon fällt, und meine Leute sollen mit deinen Leuten sein. Und den Lohn deiner Leute will ich dir geben, alles, wie du es sagst. Denn du weißt, daß bei uns niemand ist, der Holz zu hauen versteht wie die Sidonier. Als Hiram aber die Worte Salomos hörte, freute er sich sehr und sprach: Gelobt sei der Herr heute, der David einen weisen Sohn gegeben hat über dies große Volk. Und Hiram sandte zu Salomo und ließ ihm sagen: Ich habe die Botschaft gehört, die du mir gesandt hast. Ich will alle deine Wünsche nach Zedern- und Zypressenholz erfüllen. Meine Leute sollen die Stämme von den Libanonbergen hinabbringen ans Meer, und ich will sie in Flöße zusammenlegen lassen auf dem Meer bis an den Ort, den du mir sagen lassen willst, und will sie dort zerlegen, und du sollst sie holen lassen. Aber du sollst auch meine Wünsche erfüllen und Speise geben für meinen Hof. So gab Hiram Salomo Zedern- und Zypressenholz nach allen seinen Wünschen. Salomo aber gab Hiram zwanzigtausend Sack Weizen zum Unterhalt für seinen Hof und zwanzigtausend Eimer gepreßtes Öl. Das gab Salomo jährlich dem Hiram. Und der Herr gab Salomo Weisheit, wie er ihm zugesagt hatte. Und es war Frieden zwischen Hiram und Salomo, und sie schlossen miteinander einen Vertrag." (1. Könige 5, 15; 20–26)

Als einzige Stadt unter seinen Nachbarn führte Tyros **mit Israel keine Kriege**; wahrscheinlich war die Stadt sogar Israel überlegen, hatte doch Israel zur Zeit Davids und Salomos wirtschaftliche Schwierigkeiten und Machteinbußen wegen der Auseinandersetzungen mit den benachbarten Territorien und der inneren Konflikte mit den nach

Tyros: Triumphbogen

Tyros: die Nekropole an der Kolonnadenstraße

Selbstständigkeit strebenden nördlichen Israelitenstämmen hinnehmen müssen.

In seinen 34 Regierungsjahren gelang es Hiram, die Macht seiner Stadt im gesamten Mittelmeerraum auszudehnen. Nach seinem Tod wurde Tyros durch **Nachfolgekämpfe** erschüttert, bis König Itobaal, der Etbaal des AT (1. Könige 16, 31), die Herrschaft an sich reißen konnte. In jene Zeit fallen auch die Gründung Karthagos und die Eroberungszüge der Assyrer, die zur Unterwerfung, territorialen Einverleibung und zu Tributverpflichtungen führten. Wie Sidon, so ergab sich auch Tyros dem **Assyrer Salmanassar III.**, dessen Truppen 841 v. Chr. die Südlevante erreichten, kam den Tributleistungen nach und einigte sich mit dem überlegenen Gegner auf vertraglicher Basis. Als Tyros ca. 50 Jahre später die Oberhoheit der Assyrer nicht mehr anerkannte und die Tributzahlungen einstellte, entbrannte ein Kampf, der sich zehn Jahre hinzog. Tyros konnte anfangs nicht besiegt werden, wurde dann allerdings um 700 v. Chr. wieder abhängig. Die Vormachtstellung Tyros' war zu Ende. An seinen Platz trat Sidon. In der **neubabylonischen Zeit** kam es zu erneuten Befreiungsversuchen. Der tyrische König fiel nach den erfolgreichen ägyptischen Seeschlachten von Nebukadnezar ab. Daraufhin wurde die Hafenstadt belagert und widerstand 13 Jahre (585–573 v. Chr.): „Nebukadnezar, der König von Babel, hat sein Heer in hartem Dienst vor Tyrus arbeiten lassen, so daß alle Häupter kahl wurden und alle Schultern wund gerieben waren; und doch ist weder ihm noch seinem Heer all die Arbeit vor Tyrus belohnt worden." (Hesekiel 29, 18)

Tyros erholte sich nur schwer, zumal inzwischen auch die griechische Konkurrenz im Mittelmeerraum den Handel schwer beeinträchtigte. So gab der **Auf-**

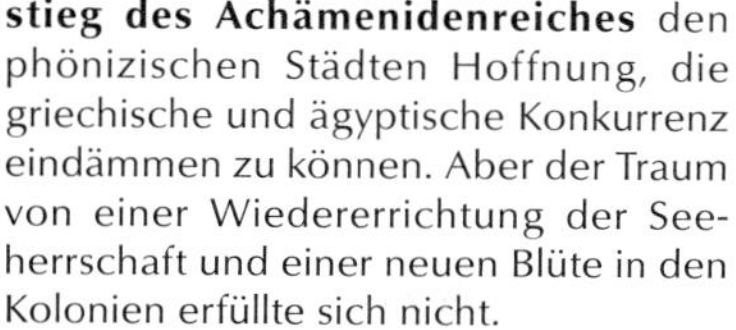

stieg des Achämenidenreiches den phönizischen Städten Hoffnung, die griechische und ägyptische Konkurrenz eindämmen zu können. Aber der Traum von einer Wiedererrichtung der Seeherrschaft und einer neuen Blüte in den Kolonien erfüllte sich nicht.

Während die Makedonier im 4. Jh. v. Chr. überall an der Levante als Befreier gefeiert wurden, gedachte Tyros nicht, sich ihnen zu unterwerfen und erneut in Abhängigkeit zu fallen. Sieben Monate lang belagerte **Alexander der Große** 332 v. Chr. die Stadt, die sich inzwischen lediglich auf der vorgelagerten Insel erstreckte. Aus einem Zitat des Makedoniers geht die Bedeutung der Stadt für ihn hervor: „Wäre aber Tyrus bezwungen, so kämen wir dadurch in den Besitz von ganz Phönizien." Unter großen Opfern gedachte er die Stadt allerdings nicht zu erobern, war sie doch als Flottenbasis und Handelszentrum für seine Eroberungspläne von unschätzbarem Wert. Nach einer siebenmonatigen erfolglosen Belagerung entschloss sich Alexander, einen Damm aufzuschütten, durch den er die Inselstadt mit dem Festland verband. So war er in der Lage, seine Belagerungsmaschinen in Stellung zu bringen und die Stadtmauern zu zerstören. Tyros wurde erobert. Die Siegesfeier erhielt ihren Akzent durch die feierliche Darbringung des Opfers im Malqart-Tempel, den die Griechen mit Herakles identifizierten. Der Verlust an Einwohnern war groß: 6000–8000 Tote, 2000 sollen nach der Eroberung ans Kreuz geschlagen und Tausende in die Sklaverei verschleppt worden sein. Bei seinem zweiten Besuch 331 v. Chr. zog der Makedonier als Befreier Ägyptens von der persischen Herrschaft, begleitet von Paraden, sportlichen Wettkämpfen und repräsentativen Kulturveranstaltungen in Tyros ein. Noch im selben Jahr begann er, zum Krieg zu rüsten. Phönizische Schiffsbauer und Seeleute wurden zu unmittelbarer Hilfeleistung aufgefordert und 324 v. Chr. erfolgte der Transport zerlegter Schiffe zum Euphrat, und die ersten Schiffer sowie Rudersklaven gelangten in Alexanders Heerlager nach Babylon. Alexander beabsichtigte, die ostarabischen Küsten durch phönizische Ansiedlungen zu erschließen. Sein Tod 323 v. Chr. setzte diesem Plan ein Ende.

Nach den Diadochenkriegen im **3. Jh. v. Chr.** und einem Wechsel zwischen ägyptischer, seleukidischer und ptolemäischer Herrschaft kam Tyros endgültig unter die **Herrschaft der Seleukiden**. Während dieser Zeit entschied sich der Machtkampf im westlichen Mittelmeer zugunsten Roms: Karthago und die wichtigen Rohstoffgebiete in Spanien wurden zu römischen Kolonien. Ein schwerer Schlag für Tyros. Inzwischen war es an der Küste unter Antiochos IV. zu einer intensiven Hellenisierung gekommen: die Grenzen griechischer Kolonien wurden geöffnet, die Stadtkultur nach hellenistischem Vorbild ausgebaut, Kultfeste nach griechischen Sitten ausgestaltet, wie die alle fünf Jahre zu Ehren des Herakles veranstalteten Spiele, die Kultfeier mit sportlichem Wettkampf verbanden. Es kam zu einer Verschmelzung der beiden Kulturen, wie sich vor allem an der Begründung der stoischen Philosophie durch den phönizischen Kaufmann **Zenon aus Zypern** (etwa 333–261) zeigt. Es ist auch kein Zufall, dass zu Beginn des 1. Jh. v. Chr. die phönizische Schrift und Sprache aus den Inschriften verschwindet. Nur noch in den zweisprachigen Münzen hält sich das Phönizische bis ins 1. Jh. n. Chr.

In der **römischen Zeit** ab 64 v. Chr. teilte Tyros das Schicksal aller Städte des Vorderen Orients. Der wirtschaftlichen Expansion folgte ein starker **kultureller Aufschwung**, der seinen Höhepunkt unter Septimius Severus im 2. Jh. erreichte. Die Städte begannen sich zu öffnen. Die äußere Sicherheit beruhte nicht mehr allein auf befestigten Stadtmauern. Man genoss den weit in den Osten vorgeschobenen Schutz der befestigten Straßen, Wachtürme und Kastelle des römischen Limes, der von Palästina bis zum Tigris die Provinz Syrien vor Einfällen der Perser bewahrte.

Nach einer kurzen Zeit byzantinischer Herrschaft fiel die Stadt im 7. Jh. den **Arabern** zu, und 1124 wurde sie von den **Kreuzrittern** mit Hilfe der venezianischen Flotte nach einer fünfmonatigen Belagerung eingenommen.

Für das **Christentum** ist die Stadt von großer Bedeutung: Jesus und Maria sollen sich in der Nähe aufgehalten haben, und Paulus, als er von der dritten Missionsfahrt nach Palästina zurückkehrte und seine letzte Reise als Gefangener nach Rom antrat, soll im Hafen von Tyros angelegt haben.

Rundgang

Öffnungszeiten: tägl. 8–16 Uhr
Eintritt: 5000 L. L.

Wir beginnen mit der Besichtigung der römischen und byzantinischen Anlage mit **Nekropole, Hippodrom, Triumphbogen** und **Säulenstraße**.

Das **Hippodrom** im Westen der Anlage zählt zu den eindrucksvollsten Überresten aus römischer Zeit und gehört mit 480 m Länge und einer Breite von 92 m zu den größten seiner Art. Für solche aufwendigen und großen Anlagen, aber auch für Theater oder Arenen, war wegen des beschränkten Terrains auf der tyrischen Insel kein Platz. Sie mussten auf dem Festland gebaut werden. Auf den Resten des Alexanderdamms hatte sich inzwischen durch Aufschwemmungen eine feste Landbrücke gebildet, auf der die Römer eine Kolonnadenstraße von ca. 2 km anlegten, um das Festland mit der einst vorgelagerten Insel zu verbinden. Da das Hippodrom bei der Nekropole lag, geht man von einem mächtigen Bauherrn aus, wahrscheinlich war es der römische Kaiser Septimius Severus. Aufwendige Hippodrom-Gründungen für Wagenrennen gehen meistens auf kaiserliche Stiftung zurück, war doch die Errichtung repräsentativer Bauten auch ein Zeichen der kaiserlichen Huld. Aber auch reiche Privatleute und hohe römische Beamte gehörten zu den Stiftern öffentlicher Einrichtungen, wobei letztendlich die Finanzierung dieser sog. Schenkungen von Kultbauten, Kultur- und Sportstätten aus dem Steueraufkommen der Provinzen bewerkstelligt wurde.

Bei der Freilegung des Hippodroms fanden Archäologen Reste einer Skulptur und Kolossalstatue des Malqart/Herakles. Dies deutet auf eine Verbindung mit den Festspielen für Herakles, die Alexander der Große begründete, Antiochos IV. erneuerte und Septimius Severus förderte. Bei der Säkularfeier im Jahre 204 stellte der römische Kaiser das beginnende Weltzeitalter sogar unter den Schutz von Malqart/Herakles.

In der **Kolonnadenstraße** steht der 1962 wiederaufgebaute **Triumphbogen**, dessen Baubestand auf das 2. Jh. zurückgeht. Links und rechts der Säulenstraße liegt die römische und byzantinische **Nekropole**. Hunderte von Sarkophagen aus Marmor und Kalkstein

Die Jungfrau auf dem Stier

[...] Er sprach es, und sofort waren die jungen Stiere vom Berg getrieben und streben, wie befohlen, der Küste [Phöniziens] zu, wo des großen Königs Tochter, von Mädchen aus Tyrus begleitet, sich gewöhnlich vergnügte. Nicht gut vertragen sich (und bleiben deshalb auch nicht zusammen) Hoheit und Liebe. Also läßt sein schweres Szepter der mächtige Vater und Lenker der Götter beiseite, er, dessen Rechte der dreifach gezackte Blitz bewehrt, er, der mit einem Nicken die Welt erschüttert, nimmt die Gestalt eines Stieres an, mischt sich brüllend unter die Rinder und wandelt auf weichem Gras in blendender Schönheit, denn seine Farbe ist wie Schnee, in dem noch kein fester Tritt seine Spur hinterließ und den noch nicht der regenbringende Südwind durchweichte. Der Hals beeindruckt durch Muskeln, vorn hängt die Wamme hernieder, die Hörner sind zwar klein, doch könnte man sie für das Werk eines Künstlers halten: Sie sind durchsichtig wie ein heller Edelstein. Nicht bedrohlich ist seine Stirn, sein Blick nicht erschreckend, Friedfertigkeit spricht aus seinem Gesicht. Da staunt Europa, Agenors Tochter, wie schön er ist und so gar nicht auf Kampf aus. Doch wenn er auch sanftmütig erscheint, scheut sie sich doch zuerst, ihn zu berühren. Bald aber kommt sie heran und hält ihm Blumen an den weißen Mund. Da freut sich der Verliebte, und während er auf die Erfüllung seines Verlangens hofft, küßt er ihre Hände. Kaum noch, kaum noch erträgt er weiteren Aufschub. Bald spielt er mit ihr und springt auf dem grünen Rasen herum, bald streckt er die schneeweiße Flanke im gelblichen Sand aus. Allmählich schwindet Europas Furcht; nun läßt er sich von den Händen des Mädchens die Brust kraulen, nun um die Hörner frische Kränze schlingen. Endlich wagt es die königliche Jungfrau sogar, ohne zu ahnen, wer sie da tragen soll, sich auf den Rücken des Stieres zu setzen. Da entfernt sich der Gott unmerklich vom Land und der trockenen Küste und setzt listig den Fuß in die äußersten Wellen, geht mehr und mehr hinein und trägt durch die Weiten des Meeres seine Beute. Ängstlich blickt die Entführte nach dem verlassenen Gestade zurück und hält sich mit der Rechten an einem Horn fest. Die Linke stützt sich auf den Rücken. Flatternd bauscht sich im Winde ihr Gewand.

(Ovid, Metamorphosen. Das Buch der Mythen und Verwandlungen. dtv-Verlag, 2. Buch, S. 60/61).

liegen auf dem Gelände in mehreren Etagen übereinander oder verstreut nebeneinander. Während die byzantinischen Sarkophage einfach und kaum mit Verzierungen, es sei denn mit Kreuzen, geschmückt sind, zeigen die römischen Schmuckborten, Figuren, mythologische Szenen, Fabel- oder Mischwesen. Die wertvollsten Sarkophage sind im Nationalmuseum in Beirut zu bestaunen, vornehmlich mit Szenen aus Homers *Ilias*, auf denen u. a. Priamus, der Leichnam Hektors und Achilles zu sehen sind.

Wir fahren entlang der Küstenstraße bis zur **zweiten Ausgrabungsstätte** auf der einst vorgelagerten Insel, die durch den Damm Alexanders mit dem Festland verbunden wurde.

Der kleine **Hafen** in der Bucht an der Nordseite ist der alte Hafen der Stadt. Luft- und Unterwasseraufnahmen brachten den Beweis, dass auf dem Meeresgrund mehrere Molen und Wellenbrecher aus der Regierungszeit König Hirams liegen. Die nordwestliche Hafeneinfahrt war durch Türme geschützt. Ein zweiter Hafen, der sog. ägyptische, lag im Süden und war ebenfalls durch mächtige Molen geschützt. Viele wertvolle Gegenstände wurden in den letzten Jahren, vor allem während des Bürgerkrieges, auf dem Meeresgrund gefunden und verkauft.

Archäologen legten bereits vor 1975 mehrere Schichten frei, die bis in die phönizische Zeit zurückgehen. Rechts des Eingangs wurden einige Säulen einer **Kolonnadenstraße** aufgerichtet, die die einst vorgelagerte Insel mit dem Festland verband. Die zweite, die vom Süd- zum Nordhafen verlief, wurde in römischer Zeit mit Mosaiken geschmückt, von denen Reste zu sehen sind. Der südliche Abschnitt dieser Kolonnadenstraße, die mit Säulen aus grünlich geädertem Cippolin-Marmor gesäumt ist, führte in das Viertel, das vornehmlich Sportstätten vorbehalten war. Hier liegt eine rechteckige **Arena** für 2000 Zuschauer, gegenüber die ausgedehnten **Thermen** und daneben der Komplex der **Palästra**, der Ringschule. Ursprünglich waren auf diesem Gelände beim Hafen Handwerk und Gewerbe, die ab dem 1. Jh. v. Chr. dem Ausbau der Sportstätten weichen mussten. Um 400 ersetzte man die Arena durch einen Neubau; aber bald geriet die Anlage in Verfall. Ende des 5. Jhs. wurde die Palästra zerstört und das Gelände wieder der industriellen Nutzung zugeführt. Gegenüber der römischen Thermenanlage mit Hypokausten-Heizung sieht man überall grünliches Glas. Für die Herstellung von **Glaswaren** waren die Phönizier berühmt. Von der Glasproduktion zeugen die in die antike Welt exportierten, begehrten phönizischen Parfumfläschchen und die in den Gräbern geborgenen Schmuckstücke mit mehrfarbiger Glaspaste.

Die **Reste aus der Zeit der Kreuzzüge** liegen außerhalb der Ausgrabungsanlage, auf der gegenüberliegenden Seite der Straße. Sie sind heute von einem Zaun umgeben und daher nicht zu besuchen. Erkennen kann man den Grundriss einer dreischiffigen Kirche mit einer Apsis und zwei Apsiden. Diese wurde von Paulinus, dem Bischof von Tyros, im 12. Jh. auf den Fundamenten einer **Basilika** aus dem 4. Jh. gebaut und war dem Hl. Markus geweiht. Nach mittelalterlichen Quellen wurden in der Kirche die Reliquien des großen alexandrinischen Lehrers Origines aus der Zeit der Kreuzzüge verehrt.

Fortsetzung auf Seite 332

S. 319

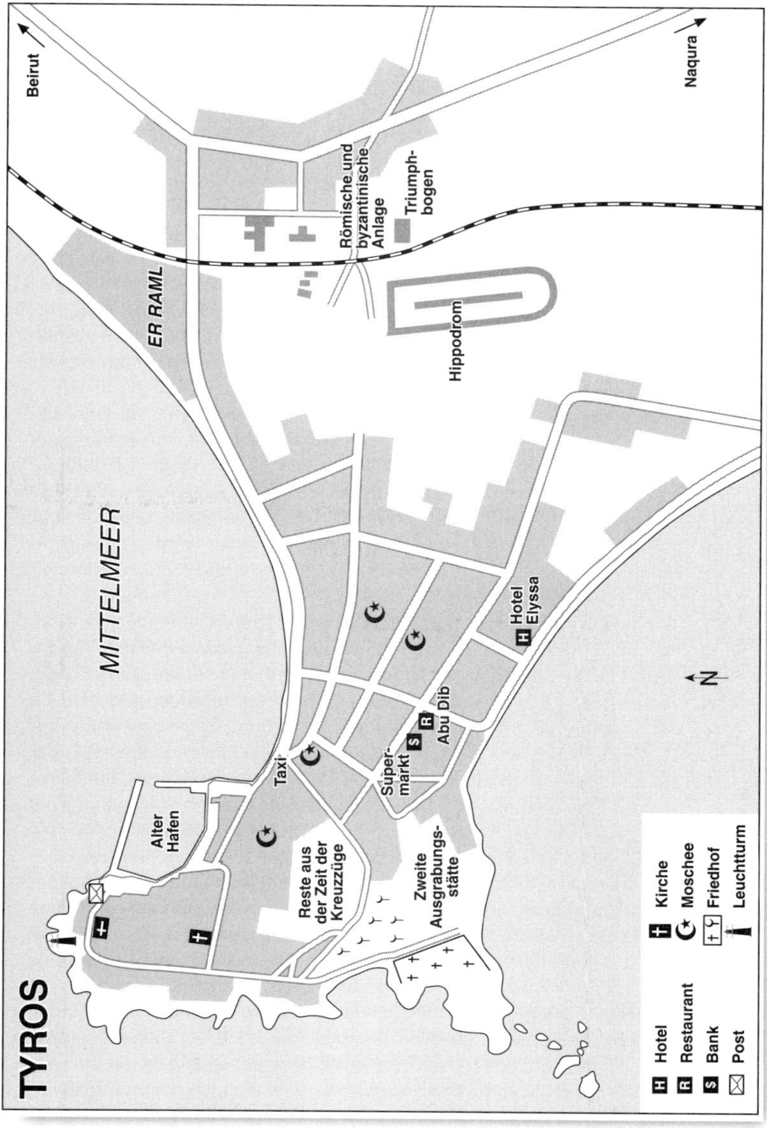
TYROS
Beirut
Naqura
MITTELMEER
ER RAML
Römische und byzantinische Anlage
Triumph-bogen
Hippodrom
Hotel Elyssa
Abu Dib
Super-markt
Taxi
Alter Hafen
Reste aus der Zeit der Kreuzzüge
Zweite Ausgrabungs-stätte
N
H Hotel
R Restaurant
S Bank
Post
Kirche
Moschee
Friedhof
Leuchtturm

Freizeitvergnügen in römischer Zeit

An Massenunterhaltung mangelte es nicht in römischer Zeit. Im Theater, Zirkus oder **Hippodrom** kamen die Menschen auf ihre Kosten. Grausame Gladiatorenkämpfe und Tierhetzen, bei denen unzählige Menschen vor den Augen des Publikums um ihr Leben kämpften, Wagenrennen und Schaukämpfe von Berufsathleten, bei denen sich besonders Ringer und Boxer hervortaten, liefen Theateraufführungen bald den Rang ab. Zu den beliebtesten Freizeitvergnügungen gehörte der Besuch eines Hippodroms, der in der Popularität nur noch von den Gladiatorenkämpfen übertroffen wurde. Ein Spielkalender für Rom verrät, dass an 15 Tagen im Monat **Wagenrennen** stattfanden. Die Schaulust und Pferdeleidenschaft der Römer war so groß, dass manche sich an den Veranstaltungstagen im Morgengrauen, andere sogar bereits in der Nacht, zu Hunderten anstellten, um gute Plätze zu bekommen. Das Gedränge am Eingang kann man sich vorstellen!

Die Kosten für die Ausrichtung der Rennen waren sehr hoch, so dass die Bevölkerung zur Kasse gebeten werden musste. Aber auch die Kaiser verschuldeten sich, und die römischen Provinzen mussten für ihr Vergnügen höhere Steuern zahlen, damit „würdige" Spiele ausgerichtet werden konnten. Im Laufe der Zeit wurden die Spiele immer aufwendiger; das Personal stieg auf über hundert Personen an. So standen auf der Lohnliste Rennfahrer, Magazinverwalter, Stallmeister, Agenten, die die Pferde beschafften, Ärzte, Boten, Kellermeister, Trainer, Schneider und Wagenmacher.

Der Ursprung der Spiele ist religiöser Natur und reicht bis in das 6. Jh. v. Chr., in die Zeit der Etrusker, zurück. An den ursprünglich religiösen Charakter der Spiele erinnerten in römischer Zeit nur noch die feierlichen Rituale und sakralen Vorschriften. Wie verlief also ein Renntag? Es begann am frühen Morgen. Zu jeder Veranstaltung gehörte ein Festzug, der den Charakter einer großen Prozession hatte. Ein Beamter – nicht mehr der Priester wie einst –, gekleidet in der Tracht eines triumphierenden Feldherrn, stand auf dem ersten Wagen und führte den Zug an. Ihm folgten junge Männer zu Fuß und auf Pferden, dann die Wagenlenker und andere Athleten. Musiker, Tänzer und als Satyrn verkleidete Männer begleiteten den Zug. Den Abschluss bildeten Priester, Bilder von Gottheiten und dem Kaiser, teils auf Wagen, teils von Helfern getragen. Erreichte der Festzug das Hippodrom, so erhoben sich die Zuschauer und klatschten. Der erste Beamte ging dann zu seiner Ehrenloge über den Haupteingang und leitete von dort das Renngeschehen. Als nächstes kam das Auslosen der Reihenfolge und Plätze in den Boxen; dadurch sollte sichergestellt werden, dass der Zufall über eine bessere Startbox entschied. Hatten die Vierergespanne ihre Plätze in den Boxen eingenommen, so warf der Ausrichter der Spiele ein weißes Tuch von seiner Loge auf die Rennbahn. Das Startsignal war gegeben, die Boxen öffneten sich und das Rennen begann. Die Strecke musste siebenmal durchfahren wer-

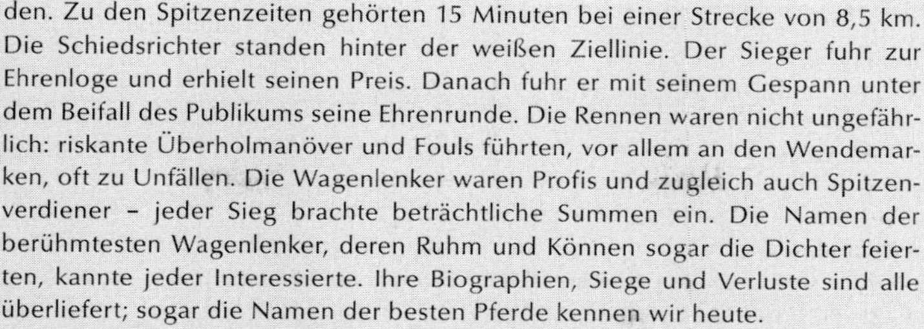

den. Zu den Spitzenzeiten gehörten 15 Minuten bei einer Strecke von 8,5 km. Die Schiedsrichter standen hinter der weißen Ziellinie. Der Sieger fuhr zur Ehrenloge und erhielt seinen Preis. Danach fuhr er mit seinem Gespann unter dem Beifall des Publikums seine Ehrenrunde. Die Rennen waren nicht ungefährlich: riskante Überholmanöver und Fouls führten, vor allem an den Wendemarken, oft zu Unfällen. Die Wagenlenker waren Profis und zugleich auch Spitzenverdiener – jeder Sieg brachte beträchtliche Summen ein. Die Namen der berühmtesten Wagenlenker, deren Ruhm und Können sogar die Dichter feierten, kannte jeder Interessierte. Ihre Biographien, Siege und Verluste sind alle überliefert; sogar die Namen der besten Pferde kennen wir heute.

Und die Zuschauer? Sie fieberten mit ihren Favoriten. Parteien wurden gebildet, von denen jede über eine fanatische Anhängerschaft verfügte. Das Unterscheidungsmerkmal war die Farbe des Trikots, die der von einer Gesellschaft gestellte Wagenlenker trug. Sie wetteten und hofften, bangten und erwarteten ängstlich den Ausgang eines Rennens – das war das eigentliche Salz der Renntage, der Grund, daß Zehntausende fiebernd vor Aufregung zur Rennbahn eilten. Im Laufe des 2. Jhs. entwickelte sich ein regelrechter Fanatismus und nicht selten kam es vor, dass Wagenlenker von anderen Parteien vergiftet und Pferde entführt wurden. Aber auch nach dem Rennen konnte jeder auf seine Kosten kommen. Unterhalb der Arkaden der Zuschauerränge gab es eine Ladenstraße, in der es alles zu kaufen gab, was das Herz eines Rennliebhabers begehrte: Souvenirs, Bilder der Lieblinge der Rennbahn auf Lampen oder Bechern, kleine Statuetten der Wagenlenker mit Namen. Im Gewühl versuchten Wahrsager und Astrologen ihre Geschäfte zu machen, aber auch Prostituierte, die an den Eingängen standen und auf reiche Kunden warteten.

Hotels

In Tyros gibt es nur drei Hotels:

Hotel Elyssa
Kleineres Hotel mit vernünftigen Preisen (ca. 60 $ das DZ); Tel. 07/28 78 55.

Abu Dib Motel
Preise zwischen 50 $ und 100 $ für das DZ; Tel. 03/23 46 30 (Handy).

The Rest House****
Die Preise sind unter der Woche relativ günstig (80 $ das DZ), steigen am Wochenende aber erheblich an (200 $ für das DZ); schöner Badestrand, Restaurant (s. u.) und Bar; Tel. 07/74 06 77.

Restaurants

Abu Dib
Hier bekommt man Mezze (Vorspeisen) und Grillgerichte, aber auch hervorragenden Fisch; Tel. 07/74 08 08.

Le Phenicien
Hier bekommen Sie frischen Fisch, sehr lecker zubereitet; Tel. 07/74 05 64.

The Rest House/Istirahat Sour
Das Restaurant bietet exzellente Küche und guten Service. Außerdem ist ein Sandstrand angeschlossen, der sehr sauber und kostenfrei ist; Tel. 07/74 06 77.

Baden

Rest House - Tyre
Sehr guter Badestrand (Sandstrand); Tel. 07/74 06 77.

Mounes
Khaizarane, zwischen Sidon und Tyros, felsig; Tel. 03/66 66 57 (Handy) oder 07/72 49 32.

Tyros-Festspiele

Wie in Beirut, Bait ad-Din oder Baᶜalbak finden auch in Tyros im Sommer **Festivals** statt, deren Programm sehr facettenreich ist – das Repertoire reicht von Jazz, Opern und Spirituals über Ballett und klassische Musik bis hin zu arabischen Tanzveranstaltungen.

Busse

Nach Tyros fahren **Mikrobusse** von Beirut und Sidon aus. Genaue Abfahrtszeiten gibt es nicht.

Nach Beirut geht es zurück auf der Küstenstraße (188 km).

Ausflüge von Tyros

Tall Raschidiya [4] und Ra's al-'Ain [5]

Fahren wir auf der Küstenstraße südwärts weiter nach Naqura, so erreichen wir **Tall Raschidiya** (5 km), genannt nach Raschid Pascha, der hier im 19. Jh. einen Gutshof anlegte. Historikern zufolge handelt es sich hier um **Palätyros** (Tyros auf dem Festland), das nach Angaben des Geographen Strabo ca. 5 km südlich der Seestadt Tyros lag und in neubabylonischer Zeit aufgegeben wurde, nachdem die Stadt auf die Insel verlegt worden war. Ca. 2 km östlich des Tall identifiziert der französische Archäologe Dussaud das antike **Ouchou**, das in assyrischen und ägyptischen Schriften wie in den berühmten Amarna-Briefen des 2. Jts. v. Chr. erwähnt ist.

Ca. 1 km weiter liegt **Ra's al-'Ain,** die Hauptquelle von Tyros in phönizischer Zeit. Bei den Quellen haben sich noch **antike Wasserbehälter** und -reservoirs erhalten. Archäologen legten die Aquädukte frei, die das Wasser in die Stadt leiteten; Reste sind in der Nähe des Triumphbogens zu sehen. Die Wasserbekken werden König Salomo zugeschrieben; er soll sie als Dank für die Hilfe König Hirams der Stadt Tyros geschenkt haben.

Tall Ma'schuq [6]

Wir fahren im Norden von Tyros auf der Küstenstraße bei al-Bass ostwärts auf der Straße nach Burj asch-Schamali zum **Tall Ma'schuq** (2 km).

Auf dem Felshügel liegen die beiden **Gräber** von 'Abbas ibn Muhammad al-As'ad und von Ahmad ibn Saif ad-Din 'Arnus (Nabi Ma'schuq). Der Name des Talls, Vielgeliebter bzw. Liebster, geht auf ein vorislamisches Heiligtum zurück. So sind die Gräber an Stelle eines antiken Tempels zu Ehren des Herakles Astrochiton angelegt worden, der wiederum den des Malqart, des Liebhabers der Astarte aus phönizischer Zeit ersetzte. Der Hügel war wohl einst die Akropolis, die Kultversammlungsstätte der See- und Festungsstadt Tyros und Palätyros. Archäologen fanden eine Treppe, die eine Höhe von 8 m hatte und zum Eingang des Tempels führte. An den Süd- und Osthängen des Tall wurden Gräber entdeckt, deren Eingänge heute allerdings verschüttet sind. Im Süden liegt ein Becken aus Rosengranit mit einem Mühlstein. Wenige Meter im Nordosten liegt eine Grotte mit drei Kammern, deren Datierung und Zuweisung wegen des Fehlens von Inschriften nicht möglich ist.

Am Tall liefen die Quellwasser von Ra's al-'Ain, die durch einen Kanal hergeleitet wurden, zusammen, bevor sie weiter nach Norden in die Gärten und die Seestadt flossen. Der Kanal ist bis heute zu erkennen; er verläuft teils unterirdisch, teils in einem Bett oder als Aquädukt, dem Gelände angepasst, in hohem Bogen. Dieses Kanalsystem wurde bereits in assyrischer Zeit erwähnt. Während der im Fels angelegte unterirdische Teil in die phönizische Zeit zurückgeht, ist der überirdische Abschnitt ein Werk der Römer, das jedoch in späteren Jahrhunderten mehrmals verändert wurde.

Grab des Hiram [7] und Qana al-Jalil [8]

Wir folgen der Straße nach Süden und biegen kurz nach Tyros nach Osten Richtung Qana al-Jalil ab. Über **'Ain Baal** (5 km) erreichen wir das rechtsgelegene **Grab des Hiram** (6 km).

Das Grab des Königs Hiram von Tyros ist ein großer, aus einem Stein gefertigter **Sarkophag** (4 m lang, 3 m breit, 2 m hoch) mit pyramidenförmigem Deckel. Dieser erhebt sich auf einem 3 m hohen Postament, an dessen Fuß im Norden eine in den Fels gehauene schräglaufende Treppe liegt, die sich an die Mauern des Mausoleums anschließt und zu einer großen überwölbten Gruft führt. Diese Form von Gräbern erinnert an die Meghazils von Amrit in Syrien. Obwohl trotz eingehender Erforschung des Grabes bisher keine Inschriften gefunden wurden, glauben doch die meisten, dass es sich um die Grabstätte des tyrischen Königs Hiram handelt. Zu datieren in das 5. Jh. v. Chr. zeigt die Stätte einen phönizisch-persischen Architekturstil.

Wenige Meter vor dem Grab wurden 1923 Spuren eines **Heiligtums** und Grabes mit mehreren Grabnischen entdeckt. Die Platten im Inneren zeigen Symbole, so einen Schlangenstab und das Zeichen von Tanit, der Göttin Karthagos. Der geborgene Bleisarg steht heute im Louvre in Paris.

Über **Hanawe** (7 km), das sich auf einem Hügel erstreckt, erreichen wir **Qana al-Jalil** (10 km). Erwähnt man den Ort Qana, so denken heute einige an

Die Hochzeit zu Kana

Und am dritten Tage war eine Hochzeit in Kana in Galiläa, und die Mutter Jesu war da. Jesus aber und seine Jünger waren auch zur Hochzeit geladen. Und als der Wein ausging, spricht die Mutter Jesu zu ihm: „Sie haben keinen Wein mehr." Jesus spricht zu ihr: „Was geht's dich an, Frau, was ich tue? Meine Stunde ist noch nicht gekommen." Seine Mutter spricht zu den Dienern: „Was er euch sagt, das tut." Es standen aber dort sechs steinerne Wasserkrüge für die Reinigung nach jüdischer Sitte, und in jeden gingen zwei oder drei Maße. Jesus spricht zu ihnen: „Füllt die Wasserkrüge mit Wasser!" Und sie füllten sie bis obenan. Und er spricht zu ihnen: „Schöpft nun und bringt's dem Speisemeister!" Und sie brachten's ihm. Als aber der Speisemeister den Wein kostete, der Wasser gewesen war, und nicht wußte, woher er kam – die Diener aber wußten's, die das Wasser geschöpft hatten –, ruft der Speisemeister den Bräutigam und spricht zu ihm: „Jedermann gibt zuerst den guten Wein und, wenn sie betrunken werden, den geringeren; du aber hast den guten Wein bis jetzt zurückbehalten." Das ist das erste Zeichen, das Jesus tat, geschehen in Kana in Galiläa, und er offenbarte seine Herrlichkeit. Und seine Jünger glaubten an ihn. Danach ging Jesus hinab nach Kapernaum, er, seine Mutter, seine Brüder und seine Jünger, und sie blieben nicht lange da (Das Evangelium nach Johannes, 2, 1–12).

Heilung des Sohnes eines königlichen Beamten

Aber nach zwei Tagen ging er von dort weiter nach Galiläa. Denn er selber, Jesus, bezeugte, daß ein Prophet daheim nichts gilt. Als er nun nach Galiläa kam, nahmen ihn die Galiläer auf, die alles gesehen hatten, was er in Jerusalem auf dem Fest getan hatte; denn sie waren auch zum Fest gekommen. Und Jesus kam abermals nach Kana in Galiläa, wo er das Wasser zu Wein gemacht hatte. Und es war ein Mann im Dienst des Königs, dessen Sohn lag krank in Kapernaum. Dieser hörte, daß Jesus aus Judäa nach Galiläa kam, und ging hin zu ihm und bat ihn, herabzukommen und seinem Sohn zu helfen; denn der war todkrank. Und Jesus sprach zu ihm: „Wenn ihr nicht Zeichen und Wunder seht, so glaubt ihr nicht." Der Mann sprach zu ihm: „Herr, komm herab, ehe mein Kind stirbt!" Jesus spricht zu ihm: „Geh hin, dein Sohn lebt!" Der Mensch glaubte dem Wort, das Jesus zu ihm sagte, und ging hin. Und während er hinabging, begegneten ihm seine Knechte und sagten: „Dein Kind lebt." Da erforschte er von ihnen die Stunde, in der es besser mit ihm geworden war. Und sie antworteten ihm: „Gestern um die siebente Stunde verließ ihn das Fieber." Da merkte der Vater, daß es die Stunde war, in der Jesus zu ihm gesagt hatte: „Dein Sohn lebt." Und er glaubte mit seinem ganzen Hause. Das ist nun das zweite Zeichen, das Jesus tat, als er aus Judäa nach Galiläa kam (Das Evangelium nach Johannes, 4, 43–54).

die israelische Bombardierung des UNO-Stützpunktes 1996, die Hunderten, vor allem Kindern und Frauen, das Leben kostete, und weniger an das historische Qana, das 1993 vom Tourismusministerium zur historischen Stätte ernannt wurde. Der Name „Qana al-Jalil" bezieht sich auf den kanaanäischen Propheten, für den jüngst ein Schrein errichtet wurde, der auf die bedeutende Vergangenheit des Ortes hinweist. Nach Stellen des AT ist Qana eine der Städte des Stammes Aser: „Das fünfte Los fiel auf den Stamm Aser für seine Geschlechter. Und sein Gebiet war Helkat, Hali, Beten Achschaf, Alammelech, Amad, Mischal, und die Grenze stößt im Westen an den Karmel und an den Fluß Libnat und wendet sich gegen Osten nach Bet Dagon und stößt an Sebulon und an das Tal Jiftach-El nordwärts, stößt an Bet-Emek, Neriël und läuft hin nach Kabul zur Linken, Abdon Rehob, Hammon, Kana bis nach Sidon, der großen Stadt, und wendet sich nach Rama bis zu der festen Stadt Tyrus und wendet sich nach Hosa und endet am Meer." (Josua 19, 24–29).

Aber nicht nur im AT ist der Ort erwähnt. Auch das NT weiß einiges über Qana in Galiläa zu erzählen: hier weilten einst Maria, Jesus und seine Jünger, hier vollzogen sich die ersten Wunder des Messias.

Aufgrund des Aufenthaltes Jesu in Qana hat der Ort eine große Bedeutung für das Christentum. Besucher des kleinen schiitischen Dorfes sind fasziniert von den interessanten, mächtigen Felsreliefs. Die besonderen Details dieser Figuren im Fels mit den christlichen Bildsymbolen der Frömmigkeit und Anbetung lassen eine frühchristliches Gebiet vermuten. Das wohl interessanteste

Qana: Stätte zum Gedenken an das israelische Bombardement von 1996 (Foto: I. Weinrich)

Felsrelief ist eine Frau in einem Brautkleid. Bekannt unter dem Namen „die Braut von Qana", ist sie das Symbol der Wunder Jesu. Bei den anderen Personen handelt es sich um seine Jünger, die größte unter ihnen ist Jesus Christus selbst. Bei den Felsreliefs liegt eine Höhle, in der sich, der Tradition nach, Jesus und seine Jünger während der Hochzeitsfeier aufhielten. Die Christen glauben an die magischen Kräfte dieser Höhle. Ihnen zufolge soll das Wasser, das von der Decke der Höhle tropft, stillenden Müttern die Milch in der Brust vermehren. Vor der Höhle steht ein Maulbeerbaum, der an der Stelle der Fußspuren Jesu gewachsen sein soll. Den Blättern des Baumes sprechen die Menschen Heilwirkung zu. In der Höhle steht ein einfacher Altar zur Verehrung Jesu.

In Qana wurde eine Gedenkstätte eingerichtet für die zahlreichen Opfer des israelischen Angriffs im April 1994.

Sollten Sie noch Zeit und Lust haben, so fahren Sie ca. 5 km östlich von Qana bis in die Nähe des Dorfes **al-Mazra'a**. Hier können Sie eine Zelle im Fels besuchen mit einer großen, viereckigen Öffnung, deren Rahmen aus zurückgestuften Simsbändern gearbeitet wurde. In der Nische hat sich ein Basrelief im ägyptischen Stil erhalten, auf dem schemenhaft eine Opferszene unter einem geflügelten Globus und einer doppelt geheiligten Schlange zu erkennen ist. Links darunter sieht man die Umrisse einer Figur mit erhobener Hand, vor ihr eine zweite sitzende im Profil, vor der Gottheit die Silhouetten von zwei Anbetern, die auf diese zugehen.

Hinweis: Zahlreiche historische Stätten, wie z. B. die Kreuzritterburg Beaufort, liegen südlich und östlich von Tyros in dem seit 1978 von Israel besetzten Sicherheitsstreifen. Zwar bekommen Sie eine Reisegenehmigung, jedoch ist wegen der anhaltenden Kämpfe zwischen Hizb Allah und der israelischen Armee von einem Besuch abzuraten. Da über einen Abzug der israelischen Truppen aus Südlibanon z. Z. diskutiert wird, könnte ein gefahrloser Besuch der Orte im Laufe des Jahres möglich sein. Sollte sich die politische Situation ändern, so werden diese Orte in der zweiten Auflage aufgenommen.

Tagestour 7: Beirut – Dair al-Qamar – Bait ad-Din – Baq'ata – Mukhtara – Beirut

Für die Geschichte Libanons zur Zeit der osmanischen Herrschaft (1516–1918) sind die **Chouf-Berge** von großer Bedeutung. Hier war der Sitz der beiden Herrscherfamilien Ma'an und Schahab, hier kam es 1860 zu dem grausamen Massaker an den Maroniten, hier wurde als Folge der religiösen Streitigkeiten 1861 die autonome Provinz *Mont Liban* eingerichtet – hier liegen die Wurzeln der Auseinandersetzungen zwischen Maroniten und Drusen.

Im 19. Jh. kam es in den Chouf-Bergen zu einer demographischen Veränderung. Die jahrhundertelange Feudalherrschaft der Drusen zog den Zuwachs der Maroniten nach sich, die bei den drusischen Großgrundbesitzern im Chouf Arbeit fanden. Erst die Protegierung Frankreichs gab den christlichen Untertanen das Selbstbewusstsein, das ihnen letztendlich zu einem ökonomischen Aufschwung und zur Machtgewinnung verhalf. Hinzu kam, dass die Maroniten auch den Schutz Roms genossen, als sie sich gegen die Feudalher-

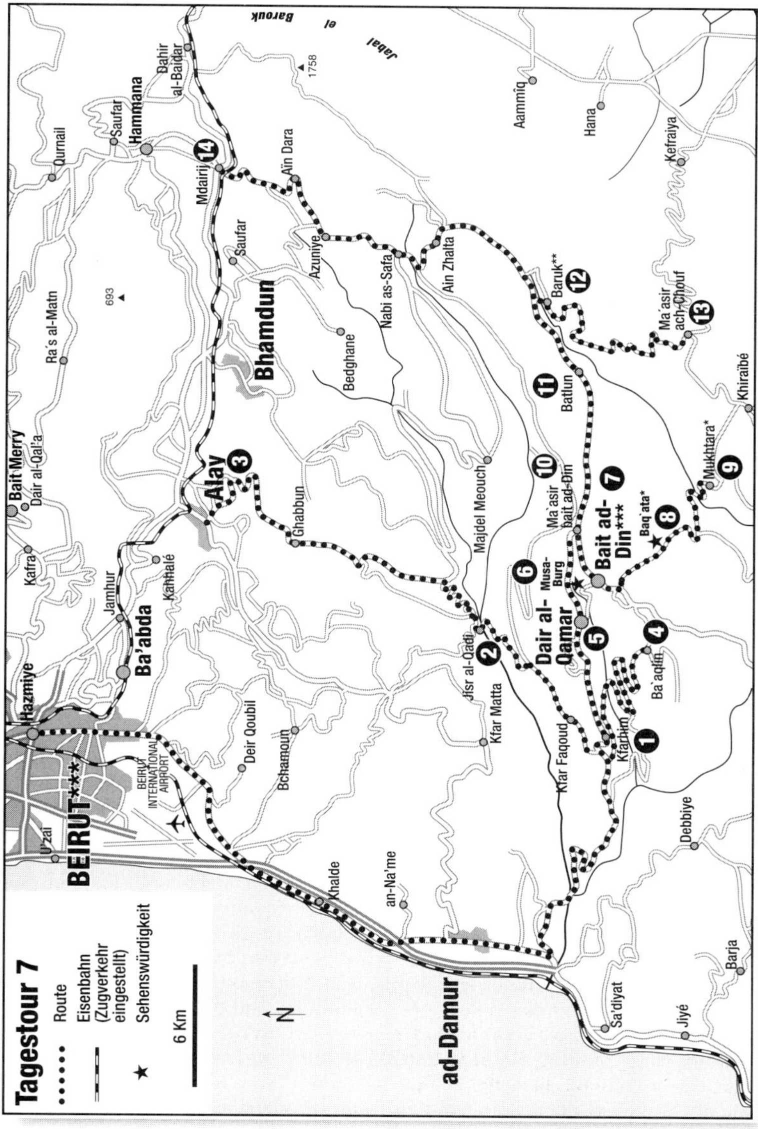

Tagestour 7 – Übersichtskarte

Dair al-Qamar: der Dorfkern mit Moschee

ren aufzulehnen begannen. Die Folge: die Hegemonie der Drusen wurde erschüttert. In jener Zeit erhielt vor allem die Schahab-Familie, nachdem sie – wie auch andere drusische Familien – zum Christentum konvertiert war, einen Zuwachs an gesellschaftlichem und politischem Prestige. Baschir II. Schahab leitete eine Politik der Ausschaltung der führenden drusischen Familien und der Begünstigung der Maroniten ein, die zu einer Veränderung des Kräfteverhältnisses in dieser Region führte. Die veränderte soziale, politische und wirtschaftliche Lage führte einerseits zur Zentralisierung der Drusen, andererseits aber auch zur Verbitterung dieser Religionsgemeinschaft über das Vordringen der Maroniten in „ihrem" Gebiet. Dazu kam, dass aufgrund zahlreicher Kämpfe und der daraus resultierenden Auswanderung vieler Drusen in den Hauran/Syrien (1845 und 1860), diese langsam zu einer Minderheit wurden. 1860 explodierte die Bombe! Die Drusen griffen die maronitischen Dörfer an und Tausende wurden grausam niedergemetzelt. Lediglich durch die Einschaltung Frankreichs und die Einrichtung der autonomen Provinz *Mont Liban*, die durch einen europäischen Konsul regiert wurde, nominell aber noch dem Osmanischen Reich unterstand, konnten die Kämpfe beendet werden.

Wir verlassen auch bei dieser Tagestour Beirut Richtung Sidon und Tyros (s. Tagestour 5 und 6) über den schiitischen Vorort **Uza'i** (3 km), **Khalde** (14 km), **al-Na'me** (22 km) bis nach **ad-Damur** (24 km) auf einer inzwischen sehr gut ausgebauten Autobahn. In ad-Damur

biegen wir kurz vor der Brücke rechts (28 km) hinauf in die Chouf-Berge ab. Nach wenigen Kilometern eröffnet sich vor uns bereits eine herrliche Landschaft: bewaldete Berge, Wasserfälle, Quellen und kleine Flüsse, die dieses Gebiet inzwischen zum beliebtesten Ausflugsziel gemacht haben. Hier kann jeder im Grünen, am Ufer des Flusses picknicken, in einem der zahlreichen Restaurants speisen oder in anderen auch nur einen Tisch mieten und sein Essen selber mitbringen – jeder entsprechend seinem Geldbeutel. Entlang eines Tales, in dem der Nahr ad-Damur fließt, geht es bergauf zum ersten größeren Ort **Kfarhim [1]** (39 km). 1974 wurde hier eine kleine **Tropfsteinhöhle** (680 m lang) entdeckt, die einen Besuch wert ist (Eintritt: 5000 L. L., geöffnet 10 bis 16.00 Uhr)!

Abstecher von Kfarhim

Von Kfarhim geht links eine Straße hinunter durch kleine verträumte Dörfer bis zum **Jisr al-Qadi [2]** (5 km), einem grünen Flusstal, und wieder auf einer von Bäumen gesäumten Straße in Kurven hinauf bis **'Alay [3]** (21 km, s. Halbtagestour 1). Achtung: Die Straße ist sehr schlecht!

Eine zweite schlechte, schmale Straße geht rechts in ein Tal bis nach **Ba'aqlin [4]** (11 km) über mehrere verlassene und während des „Kriegs der Berge" 1982/83 zerstörte Häuser und vorbei an einem Mahnmal in Erinnerung an Kamal Junbulat (vgl. S.346), der hier im März 1977 mit zwei seiner Gefährten bei einem Attentat ums Leben kam.

Wir bleiben auf der Hauptstraße und fahren weiter bis auf 863 m Höhe nach **Dair al-Qamar [5]** (43 km).

Dair al-Qamar

Dieses vorwiegend maronitische Dorf wurde in den letzten Jahren nach dem Ende des Bürgerkriegs wieder stilgerecht aufgebaut und gehört zu den **schönsten Dörfern Libanons**. Das *Kloster des Mondes*, so der Name in Deutsch, wird überragt durch ein Kloster mit einer Madonnenstatue auf einem Halbmond, der den Sieg der Christen über das Heidentum symbolisieren soll. Bedeutend ist der Ort aber dadurch, dass hier vom 16.–18. Jh. die drusischen Statthalter, die Emire der Familie Ma'n und Schahab residierten, bevor sie ihren Sitz nach Bait ad-Din verlegten.

Rundgang

Alle Besichtigungspunkte liegen am Dorfplatz. Hier steht die **Fakhr ad-Din-Moschee**, die nach einer Inschrift auf den Fundamenten eines mamlukischen Baues errichtet wurde. Fakhr ad-Din II. (1590–1635) aus der Familie Ma'an hatte nach seiner Rückkehr aus Italien 1618 Dair al-Qamar zu seiner Sommer-, Sidon zu seiner Winterresidenz auserwählt (s. Exkurs im Kapitel „Die Herrschaft der Osmanen"). Er ließ die von den Osmanen und der mit ihm verfeindeten Familie Saifa zerstörten Häuser, Paläste und Karawansereien, wie er geschworen hatte, mit den Steinen aus 'Akkar wiederaufbauen (s. Exkurs „Die Steine aus Akkar", Tagestour 3). Da er von der italienischen Kunst beeindruckt war, zeigen zahlreiche Bauwerke einen Baustil, der uns an jenen des 16./17. Jhs. in Italien erinnert. Das **Serail** auf der gegenüberliegenden Seite des Platzes ist ein gutes Beispiel für die Vermischung der europäischen und arabischen Architekturformen. In diesem kleinen Palast des Statthalters Emir Milhim Schahab (1732–54) haben sich in einigen Räumen Reste der dekorativen Verzierungen, geschnitzte und bemalte Holzdekken und Intarsienarbeiten erhalten, aber auch ein Kamin und Erker, die der arabischen Baukunst unbekannt waren. Während ihres Aufenthaltes in Libanon hatte Lady Hester Stanhope die Ehre, hier Emir Baschir II. vorgestellt zu werden (s. Essay Tagestour 5).

Rechts hinter der Moschee geht eine Treppe hinauf, die, vorbei an Häusern mit schönen Portalnischen aus dem 17./18. Jh., zu der rechtsgelegenen **Seidenkarawanserei** führt, heute ein französisches Kulturinstitut mit reichem Angebot. Hier wurden die kostbaren Stoffe aus den Kokons der Seidenraupen von den Maulbeerbäumen gelagert, bevor sie nach Sidon und weiter nach Europa verschifft wurden. Auf der rechten Seite führt nach der Karawanserei, vorbei an dem ehemaligen Jesuiten-Kloster und der Synagoge, ein Weg auf das Dach: von hier haben Sie einen herrlichen Blick über die schöne Berglandschaft bis nach Ba'aqlin und Bait ad-Din. Wieder auf dem Platz sehen wir rechts den **Palast Ahmad Schahab**, heute bewohnt, mit schönen Holzerkern.

Tipp: Besuchen Sie das 1998 eröffnete Museé Marie Baz, ein Wachsfigurenkabinett mit Personen aus der libanesischen Geschichte. Eingang am Platz, rechts neben den Stallungen der Seidenkarawanserei; geöffnet tägl. außer Mo 10 bis 16 Uhr; Eintritt 5000 L.L.

Wir verlassen Dair al-Qamar. Auf der gegenüberliegenden Seite erkennen wir den terrassenförmig angelegten Ort Bait ad-Din sowie einen Teil des Palastes. Nach wenigen Minuten sehen Sie auf der rechten Seite die **Musa-Burg [6]** (44 km). Benannt nach dem Syrer, der sich seinen Traum, eine Burg zu bauen, 1963 erfüllte, ist sie mit ihren Restaurants, Cafés und einem Folklore-Museum ein beliebtes Ausflugsziel. Besonders Kinder können sich hier vergnügen, bietet ihnen doch Herr Musa die Möglichkeit, auf Pferden, Eseln und Kamelen zu reiten und einen Platz zum Spielen. Die Burg gleicht von weitem – Sie können sie am besten von der gegenüberliegenden Seite, kurz vor Bait ad-Din fotografieren – mit ihren Türmen, Fenstern und Vorsprüngen einem Märchenschlösschen aus unseren Kinderträumen. Ein Blick auf das Mauerwerk zeigt das Besondere: alle Steine haben verschiedene Motive! (Geöffnet: tägl. 9–18 Uhr; Eintritt: 5000 L.L.)

Nach **Ma'asir Bait ad-Din** (47 km) biegen wir bei dem Posten der libanesischen Armee rechts nach **Bait ad-Din [7]** (49 km) ab. Im Dorfzentrum gabelt sich die Straße. Die eine führt hinauf zu den nächsten Ortschaften, die zweite hinunter zu dem auf einem Steilfelsen oberhalb der Schlucht errichteten **Palast** aus dem 19. Jh.

Bait ad-Din

Geschichte und Bedeutung

Emir Baschir II. Schahab (1788–1840) war über dreißig Jahre unabhängiger Herrscher der Libanonberge. Der Beginn seiner Karriere war allerdings alles andere als ruhmreich. Indem er sich über seine Cousins erhob und sich über sie in der Erbfolge des Emirats hinwegsetzte, versuchte er stets mit Waffengewalt die Macht an sich zu reißen. Grausam ging er gegen seine Feinde vor und nichts hinderte ihn daran, auch seine

Cousins zu blenden, ihnen die Zungen abzuschneiden, zu inhaftieren und schließlich zu exekutieren. Die zahlreichen Auseinandersetzungen innerhalb der Familie bewogen ihn schließlich dazu, seinen Sitz von Dair al-Qamar nach Bait ad-Din (Haus des Glaubens) zu verlegen. Um den Klerus für sich zu gewinnen, konvertierte er heimlich zum Christentum, da er sich als Maronit eine größere Unterstützung und politischen Einfluss erhoffte. Sein Bündnis mit Mehmet Ali, dem Pascha Ägyptens, gegen die Osmanen brachte ihm jedoch mehr Nach- als Vorteile. Denn nachdem 1840 „der kranke Mann am Bosporus", wie das Osmanische Reich im 19. Jh. genannt wurde, unter den Schutz der Europäer gestellt worden war, wurde Baschir II. von den Engländern an die Türken ausgeliefert. Dies war sein Ende. Nach seinem Tod wurde seine Asche nach Bait ad-Din überführt.

Der **Palast** ist von außergewöhnlicher Schönheit! Er ist ein besonderes Beispiel für die Vermischung der europäischen und der arabischen Kunst. Die Baumeister, die Baschir II. aus Damaskus holen ließ, haben hier ein Werk vollendet, dessen Glanz bis heute noch nicht erloschen ist. Bis zum Ausbruch des Bürgerkrieges Sommersitz des libanesischen Präsidenten, stand er bis Mai 1999 unter Schutz und Aufsicht des Drusenführers Walid Junbulat, der den Palast aus eigenen finanziellen Mitteln restaurierte und einige Räume in ein Museum umwandelte.

Bait ad-Din: Innenhof

Rundgang

Öffnungszeiten:
tägl. 9–17 Uhr außer Montag
Eintritt: 6000 L. L.

Hinweis: Da seit neuestem der Präsident Bait ad-Din als Sommerresidenz benutzt, kann es zu Änderungen der Öffnungszeiten kommen. Es kann auch sein, dass in Zukunft nicht mehr alle Teile des Palastes frei zugänglich sind.

Wir betreten den Palast und gelangen in einen großen Hof. Rechts liegt der Raum zu Ehren von **Kamal Junbulat**, in dem Bilder und Schriften über das Leben und Wirken des großen Politikers informieren (s. Essay „L'enfant terrible"). In der Mitte des Platzes erinnert das ewige Feuer, umgeben von Basaltsteinen, an die Toten im „Krieg der Berge" 1982/83, eine Granitbüste, ein Geschenk der ehemaligen Sowjetunion, die Kamal Junbulat zeigt, zierte einst den Platz. Sie wurde nach der Übernahme des Palastes durch die Regierung entfernt.

Wir halten uns rechts und gehen gegenüber dem Souvenir-Geschäft in die ehemaligen Stallungen, in denen eine Treppe zur Galerie hinaufführt. Hier folgen wir dem Pfeil nach rechts und erreichen am Ende der Galerie den ersten Raum. Ein Schaubild zeigt Besuchern den gesamten Palast, an der Wand hängt ein Porträt Baschirs II. Der Palast besteht aus drei Teilen: Empfangsbereich für Gäste, Verwaltungs- und Empfangsbereich für besondere Gäste und Wohnbereich der Familie.

Im ersten Teil, dem **Empfangsbereich** für Gäste, die täglich kamen, um kleine wie große Sorgen mit dem Emir zu besprechen, ist heute ein Museum. In den Räumen sind phönizische, römische, byzantinische und arabisch-islamische Exponate ausgestellt. Einst waren es die Schlaf-, Ruhe- und Essräume der Gäste, kamen doch auch viele von weither. War der Emir nicht vor Ort oder mit wichtigen Landesangelegenheiten beschäftigt, so mussten die Besucher einige Tage warten, ehe er sie empfangen konnte. Bis zu 500 Gäste konnten hier unterkommen. Unterbrochen wird die Reihe der Räume durch den zentralen Empfangsraum mit drei großen Holztüren, die heute allerdings geschlossen sind. Auf den in Form eines Hufeisens angelegten Sitzgelegenheiten aus Stein lagen Matratzen. Hier konnte jeder sein Anliegen vorbringen und auf Lösungen oder Unterstützung hoffen. Die folgenden Räume zeigen Waffen sowie Fotos von Kamal Junbulat inmitten seiner Kämpfer während des Aufstandes 1958, Kleidungsstücke aus dem 18./19. Jh. mit feinen Stickereien und Bilder von aristokratischen Damen mit ihren trichterförmigen Kopfbedeckungen.

Wir verlassen den Empfangsbereich, halten uns rechts und kommen wieder in den großen Hof, der sich nach Westen auf die umliegende Landschaft bis zum Meer hin öffnet. Eine Doppeltreppe führt in den Hof des **Verwaltungs- und Empfangsbereiches** für besondere Gäste. Der Hof mit dem Springbrunnen in der Mitte, die dekorative Farbigkeit der Pfeiler- und Bogenfassungen und die Marmorintarsien sind von besonderer Schönheit. Die privaten Audienzräume mit den geschnitzten und bemalten Holzdecken und der kostbaren Einrichtung geben ebenso einen Eindruck vom Wohlstand der Emiren-Familie, wie auch die Marmormosaike an den Wänden und auf dem Fußboden und die Holz-

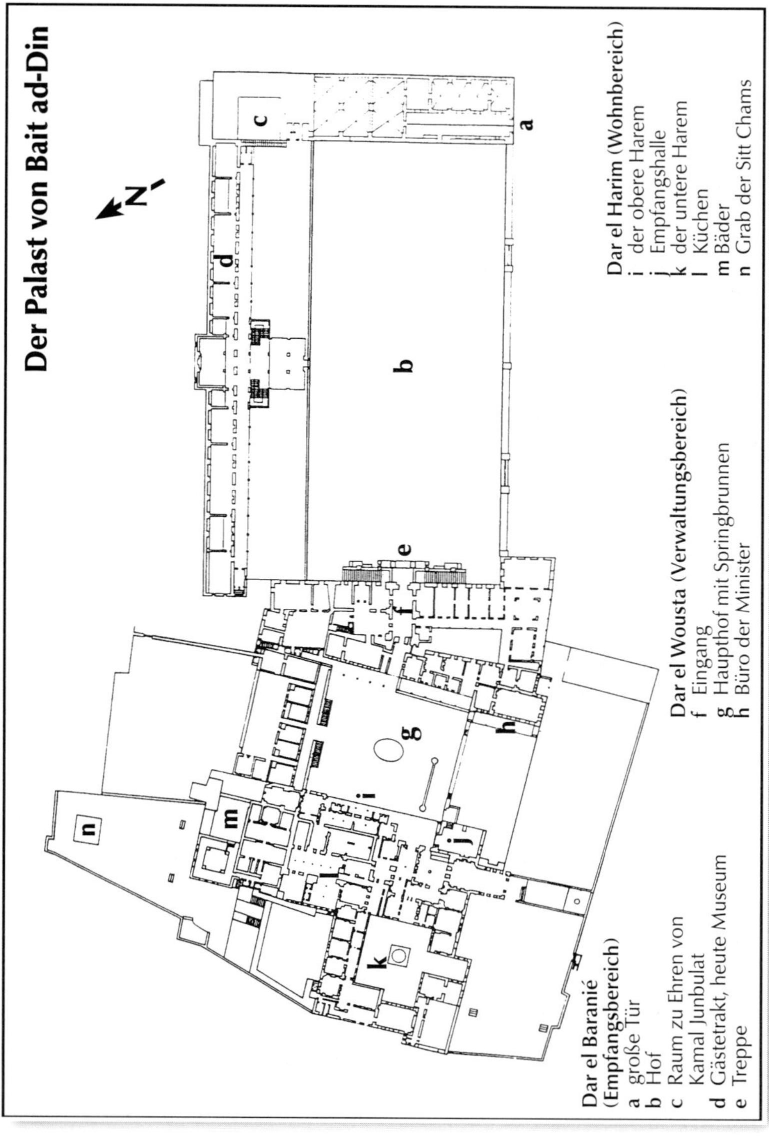
Der Palast von Bait ad-Din
N
a
b
c
d
e
f
g
h
i
j
k
m
n
Dar el Baranié
(Empfangsbereich)
a große Tür
b Hof
c Raum zu Ehren von
Kamal Junbulat
d Gästetrakt, heute Museum
e Treppe
Dar el Wousta (Verwaltungsbereich)
f Eingang
g Haupthof mit Springbrunnen
h Büro der Minister
Dar el Harim (Wohnbereich)
i der obere Harem
j Empfangshalle
k der untere Harem
l Küchen
m Bäder
n Grab der Sitt Chams

Bait ad-Din: Portal des Empfangsraums

vertäfelung der Wände mit ihren dekorativen Mustern und Darstellungen von Landschaften, Tieren und Blumen. In fast jedem Zimmer ist ein Brunnen, denn, wie ein arabisches Sprichwort sagt: Da, wo kein Wasser ist, da ist auch kein Leben. Wir betreten den größten Audienzsaal, der sich durch seinen prächtig geschmückten Eingang von allen anderen abhebt und auf eindrucksvolle Weise die Vermischung der verschiedenen Kunststile zeigt. Nach einem Vorzimmer gelangen wir in den Empfangssaal, den Marmorintarsien, eine Holzdecke, Marmorfußboden, Stuckarbeiten und ein Erker mit bunten Fenstern schmücken.

Eine Doppeltreppe führt zur oberen Galerie (Räume geschlossen). Hier lagen die Schlaf- und Gästezimmer sowie der private **Wohnbereich**. Von den Aufenthaltsräumen der Familie konnte man zu einem weiteren Innenhof mit einer schönen Aussicht auf das Tal gelangen (geschlossen). Wir halten uns im Innenhof zunächst rechts und besuchen das schöne kleine **Bad** mit Resten von Decken- und Wandmalereien sowie Intarsien. Achten Sie auf die Deckenverkleidung des letzten Raumes, in der die Form eines Kreuzes zu erkennen ist!

Links vom Hof führt eine Treppe zu den Stallungen hinunter, die sich auf den geometrisch angelegten Garten mit Springbrunnen, Blumen, Wiesen und Zypressen hin öffnen. Dieser Bereich ist heute der byzantinischen Mosaikenkunst des 5./6. Jhs. vorbehalten. In einer Ecke am äußersten Ende des Palastes weist ein Schild auf die *Khalwa*. Um diesen geheimen Versammlungsraum der Drusen hatte Baschir II. 1789 mit dem Bau des Palastes begonnen.

Tipp: Besuchen Sie in Bait ad-Din den Mir Amin-Palast, den Baschir II. für einen seiner Söhne bauen ließ. Heute ein Hotel, können Sie hier im Sommer auf der Terrasse einen Drink oder Tee/Kaffee zu sich nehmen. Das Hotel bietet Gästen mehrere Restaurants und, falls Sie übernachten wollen, stilvolle Zimmer. Genießen Sie den Blick über die Berglandschaft bis Dair al-Qamar auf der gegenüberliegenden Seite und auf den unterhalb des Hotels gelegenen Palast.

Hotels

Mir Amin Palace****

Auf dem Hügel oberhalb des Palastes von Bait ad-Din befindet sich eines der schönsten Hotels Libanons, das Mir Amin Palace. Es ist in dem Palast untergebracht, den Baschir II. einst für seinen Sohn Amin erbauen ließ. Die nur 22 Zimmer sind in orientalischem Stil eingerichtet und verfügen über allen Kom-

fort. Die Preise liegen um 120 $ für das DZ. In der Hauptsaison sollte vorher reserviert werden; Tel./Fax 05/50 13 15, e-mail: miramin@bookinn.com.

Rif Hotel
Das einfachere, preisgünstige Hotel (15 $ für das DZ) befindet sich 3 km südlich von Bait ad-Din in dem kleinen Ort Samqaniya, Richtung Mukhtara; Tel. 05/50 16 80.

Restaurants

In dem kleinen **Snack direkt vor dem Palast** von Bait ad-Din bekommen Sie zu günstigen Preisen verschiedene Sandwiches, u. a. die leckeren Falafel.

Hatemia Restaurant
Gute Speisen, etwas überteuert.
Al Wasr Restaurant & Snacks
Libanesische Gerichte.
Restaurant Al-Diwan
Im Mir Amin Palace-Hotel, s. o.; hier erhalten Sie köstliche libanesische Speisen, außerdem befindet sich hier ein italienisches Restaurant. Der Blick von der unteren Terrasse beim Swimmingpool zeigt den tiefer gelegenen Palast in all seiner Pracht, das nahegelegene Dorf Dair al-Qamar und die umliegenden Berge; Tel. 05/50 13 15.

Bait ad-Din-Festspiele

Wie in Beirut, Tyros oder Ba^{c}albak finden auch in Bait ad-Din im Juli und August **Festivals** statt. Im Innenhof des Palastes von Bait ad-Din finden Aufführungen aller Art statt: Symphonien, Opern, Jazz, Theaterstücke, klassische sowie moderne arabische und europäische Musik. Inzwischen sind neben den Festspielen in Ba^{c}albak jene in Bait ad-Din zu den meist besuchten geworden. Infos **im Internet** unter:
http://www.beiteddine.org.lb

Baq'ata

Wir fahren weiter über **Ba'aqlin** (52 km) nach **Baq'ata [8]** (55 km). Kurz nach dem Ortseingang liegt auf der linken Seite, verdeckt von hohen Bäumen, ein **drusischer Friedhof**. Den Schlüssel bekommen Sie in dem Elektro-Geschäft auf der gegenüberliegenden Seite der Straße.

Der von Kamal Junbulat konzipierte **Friedhof zu Ehren der Gefallenen 1958** erzählt mit eindrucksvollen Symbolen die Geschichte der Menschheit, des Seins, des Werdens. Kurz nach dem Eingang sehen wir **zwei Reliefs**. Auf dem rechten erkennen wir Soldaten und den ägyptischen Präsidenten Jamal Abd an-Nasser, auf dem linken die Nationalflaggen der drei Länder Libanon, Syrien und Ägypten. Kamal Junbulat war ein

Baq'ata: Auf dem drusischen Friedhof

Kamal Junbulat – L'enfant terrible

„Er war ein großer Mann! Sein Tod war der größte Verlust für den Libanon." – „Ja, er war der größte Verlust! Er war ein pragmatischer Politiker, der, wenn auch durch wechselnde Allianzen, seine Politik, seine Ziele durchzusetzen versuchte und zum Teil auch vermochte." – „Aber er schreckte auch nicht vor militärischer Gewalt zurück. Erinnern wir uns doch an 1958. Bewaffnete drusische Kämpfer eröffneten damals den Krieg gegen die libanesische Armee. Nach den heftigen Kämpfen im Chouf verschärfte sich die angespannte innenpolitische Lage, als er mit seinen Milizionären am 13. Mai Bait ad-Din, den Sommersitz des Präsidenten, angriff. Der damals amtierende Präsident Camille Scham'un bat daraufhin die israelische und amerikanische Regierung sogar um Hilfe. Erst als Präsident Eisenhower den Sonderbeauftragten Robert Murphy hierher sandte, kam es zur Kampfeinstellung." – „Was redest du da? Er war der einzige, der sich für die Abschaffung des Konfessionalismus einsetzte, und das ging nur auf diese Weise." – „Er verhielt sich stets paradox. Er zeichnete sich durch einen Gegensatz zwischen idealistischem Anspruch und praktischer Politik aus. Seine Persönlichkeit, sein politisches Auftreten war zwar facettenreich, aber..." – „Nein. Er war ein *enfant terrible* der libanesischen Politik, Wortführer verschiedener Oppositionen, er setzte sich für die Bedürftigen, für die Palästinenser ein; er war ein großer feudaler Reformer! Er versuchte den Ausgleich zwischen unterschiedlichen Vorstellungen hinsichtlich seines politischen und nationalen Selbstverständnisses. Er suchte stets nach einem staatstragenden Kompromiss zwischen Christen und Muslimen." – „Seine Politik? Seine Vorstellungen? Was redet ihr da? Er war doch zu stark vom europäischen Gedankengut und der sozialistischen Ideologie beeinflusst. Daher gründete er auch 1949 die *Progressive Sozialistische Partei...*" – „Ja, um sich damit selber eine Plattform zur Propagierung seiner Ideen und Ziele zu schaffen." – „Aber nur so konnte er seine politischen Aktivitäten, vor allem seine national-patriotischen Ideen vortragen." – „..., die aber zu den zahlreichen Auseinandersetzungen mit der Staatsobrigkeit führten." – „Er war eben der sozialistische Wortführer. Einerseits Parteiführer, andererseits, wegen seiner traditionell ererbten Stellung, der za'im (Führer) der Drusen – das ist nicht einfach. Er war Panarabist. Er war Anhänger der Idee des arabischen Nationalismus." – „Aber in einem hatte er recht. Seine Kritik am politischen System des Libanon, seine Kritik an der fehlenden Zugehörigkeit und an dem mangelnden Nationalbewusstsein seiner Landsleute." – „Ja, in diesem hatte er recht. Und auch mit seinem Bild vom *Volk in den Geburtswehen*, mit dem er den mangelnden Grundkonsens der Libanesen über ihr nationales Interesse darlegte." – „Ja, aber dadurch wurde er für viele unbequem..." – „... ja, das wurde er... er war eben *l'enfant terrible*!"

Am 17. März 1977 kam Kamal Junbulat bei einem Attentat ums Leben.

S. 337

großer Verehrer Nassers, dessen Charisma viele Araber in den Bann zog und den bis heute noch viele verehren. Sein größtes Ziel war die Vereinigung der arabischen Länder, die Schaffung der arabischen Nation. Die drei Fahnen sollen diese Einheit symbolisieren. Nasser hatte 1958 mit der Gründung der Vereinigten Arabischen Republik (VAR) zwischen Syrien und Ägypten einen ersten Schritt zur Realisierung seiner Zeile unternommen. Kamal Junbulat, getragen von der Idee des Panarabismus, hoffte auf einen Anschluss Libanons. Dass 1961 die VAR für beendet erklärt wurde, war für viele Panarabisten und Nationalisten jener Zeit sicherlich eine große Enttäuschung.

Zwischen den beiden Reliefs wird ein **Becken mit Wasser** aus einem Ei – dem kosmischen Ei – gespeist. Es ist die Entstehung von Leben: Wasser, Pflanzen, Fische, Tiere und die ersten menschlichen Fußstapfen – jene von Adam und Eva. Ein großer Adler aus Stein breitet im folgenden seine Flügel aus. Hinter ihm stehen in der Mitte eine Kerze vor einem Obelisk, rechts davon das kosmische Ei mit den Zeichen Ying und Yang, links die Miniaturform eines asiatischen Tempels. An diesen Symbolen offenbart sich das Gedankengut Kamal Junbulats. Zum einen war er ein großer Verehrer Ghandhis, und nach seinen zahlreichen Indienreisen fühlte er sich dem hinduistischen Glauben stark verbunden, vor allem wegen der vielen Parallelen zur drusischen Religion (s. Kapitel „Die Abspaltungen von den Schiiten"). Zum anderen bestand für ihn der eine Glaube aus der Vereinigung aller Religionen, wie die Symbole zeigen sollen: ägyptische Motive wie die Obeliske und die Sonnenscheibe, mystische wie die Kerze (vgl. S.272) oder das *Alif* (erster Buchstabe im arabischen Alphabet) für den Anfangsbuchstaben von *Allah* (Gott).

Restaurants 

Chouf Touristic, Tel. 05/50 31 60
Ad-Dawar, Tel. 05/50 13 09
Tamiraz
Kurz vor Ain al-Zhalta; von der großen Terrasse herrlicher Blick auf das Barouk-Gebirge; Tel. 05/50 11 88.

Mukhtara

Nur wenige Kilometer trennt Baq'ata von **Mukhtara [9]** (60 km), dem Sitz der Familie Junbulat. Kurz nach dem Ortseingang liegt die Hauptpforte des Palastes der berühmten drusischen Familie an einem kleinen Platz auf der linken Seite. Bitten Sie die Wache, die jeden Gast freundlich empfängt, um Einlass. Einer der Sekretäre wird Sie dann empfangen, Ihnen einen Teil des Palastes aus dem 18. Jh. zeigen und sicherlich einen Kaffee servieren. Der Sitz der Feudalfamilie erinnert in seiner Ausführung an das Schloss in Bait ad-Din. Besonders schön sind die zahlreichen antiken Stücke in den Wohnräumen, die Mosaiken im Garten und der römische Sarkophag aus Tyros rechts vor dem Eingang in den Empfangsbereich.

Tipp: Fragen Sie, ob der Hausherr, Walid Junbulat, anwesend ist. Vielleicht haben Sie Glück, und er begrüßt Sie in seinem Domizil.

Wir fahren die Strecke wieder zurück bis **Ma'asir Bait ad-Din [10]** (73 km), weiter geradeaus, vorbei am Posten der libanesischen Armee, über **Batlun [11]** (78 km), die Baruk-Berge (2000 m) entlang bis zum gleichnamigen Ort **Baruk [12]** (81 km) auf 1170 m Höhe.

Abstecher zu dem Zedernwald von Baruk

Von Baruk aus erreichen Sie **Ma'asir ach-Chouf [13]** (9 km). Hier müssen Sie, falls Sie den Zedernwald besuchen wollen, einen Spaziergang (ca. 1 Std.) machen. Die Zedern des Baruk sind zwar nicht so alt wie jene bei Bscharré (s. Tagestour 4), jedoch sind es weitaus mehr. Auf 1800 m Höhe stehen noch hunderte von Bäumen zu beiden Seiten einer Schlucht. Gehen Sie von dort auf einem Pfad wenige Meter weiter (ca. 15 Min.), so kommen Sie zu einem Pass, der einen prachtvollen Blick auf den südlichen Teil der Bekaa-Ebene mit dem Leontes-Fluss, Qara'un-Staudamm und im Hintergrund dem Antilibanongebirge mit dem Hermon-Berg öffnet.

Von Baruk fahren wir über **'Ain Zhalta** (86 km) und **Nabi' as-Safa** (88 km), zwei Ausflugsorte mit vielen Restaurants, Cafés, Wasserfällen und Quellen, über **'Azuniye** (91 km) bis zu dem an der Verbindungsstraße Damaskus-Beirut gelegenen Posten **Medairij [14]** (96 km) und weiter (s. Halbtagestour 1) nach Beirut (126 km).

Im Schloß der Familie Junbulat: römischer Sarkophag im Hof

Tagestour 8: Beirut – Anjar – Beirut

Wir verlassen Beirut auf der Straße Richtung Damaskus über **Hazmiye**, **Ba'abda** (5 km), **Yarze** (8 km), **Jamhur** (11 km), **Kahhale** (14 km) bis nach **'Alay** (19 km). Weiter hinauf die Libanonberge erreichen wir **Bhamdun** (25 km) und auf 1280 m Höhe **Saufar** (28 km), ein beliebter Sommerort vor 1975. Nach Saufar sollten Sie einen kurzen Stopp einlegen und die Landschaft genießen. Bei klarer Sicht haben Sie einen unvergesslichen Panoramablick über das gesamte Matn-Gebirge und das nach dem französischen Dichter benannte Lamartine-Tal bis zum Meer im Westen. Im ehemaligen Gendarmerieposten **Medairij** (30 km), heute ein syrischer Militär- und Geheimdienststützpunkt, gabelt sich die Straße: links geht es in das Matn-Gebirge, rechts in die Chouf-Berge (zum ersten Teil der Strekke Beirut – Medairij s. Halbtagestour 1). Die inzwischen gut ausgebaute Straße steigt weiter zwischen den Hängen des Jabal Knaise im Norden und des Jabal Baruk im Süden. Wir folgen der Straße über den im Winter schneebedeckten Paß **Dahir al-Baidar** (1532 m) entlang den auf der rechten Seite gelegenen Überresten von einst übertunnelten Gleisen einer Zahnkettenbahn, die zu Beginn dieses Jahrhunderts Damaskus und Beirut miteinander verband. Beim Hinunterfahren öffnet sich der Blick auf die fruchtbare **Bekaa-Ebene.** In dieser in der Antike *Kölesyrien* genannten Hochebene mit einer durchschnittlichen Höhe von 900–1000 m entspringen die beiden für die Landwirtschaft wichtigsten Flüsse, Nahr al-Litani, der Leontes, und Nahr al-'Asi, der Orontes. Sobald wir **Schtura [1]** (44 km) erreichen, sehen wir auf der rechten Seite beim syrischen Posten ein Reiterdenkmal des ältesten Sohnes des syrischen Präsidenten, Basil al-Asad, der 1994 bei einem Verkehrsunfall ums Leben kam. An der Kreuzung im Ort (45 km), an der sich die Taxen nach Damaskus sammeln, lassen wir die links gelegene Straße nach Zahle und Ba'albak liegen und folgen der Straße bis kurz vor den libanesischen Grenzübergang nach Syrien **Masna' [2]** (58 km). Überall links und rechts der Straße reiht sich ein Supermarkt an den anderen. Ein Massenandrang an „kaufsüchtigen" Syrern, die – sollten sie es sich leisten können – an Wochenenden hier einkaufen, da es in ihrem Land entweder die begehrten ausländischen Produkte nicht gibt oder diese zu teuer sind. Vor Masna (55 km) weist ein großes Schild auf der linken Seite den Weg nach **Anjar [3].** Wir folgen der Straße und erreichen nach 2 km die Ausgrabungsstätte, die zu den UNESCO-Kulturdenkmälern gehört.

Anjar

Franz Werfel wählte diesen in der Nähe der Quelle des Leontes gelegenen Ort als einen der Schauplätze in seinem Roman *Die vierzig Tage des Musa Dagh*. Einst *Haouch Musa*, liegt das armenische Dorf malerisch an den Ausläufern der Hänge des Antilibanongebirges. Hier, mit Blick auf die Ebene und die im Westen sich erstreckenden Libanonberge, können wir mühelos den Satz aus einem der Lieder der libanesischen Sängerin Fairuz nachvollziehen: *Lubnan al-akhdar...*, der grüne Libanon. Die Libanesen haben schon lange die Vorzüge der Umgebung entdeckt. Sobald die ersten Sonnenstrahlen nach den kalten

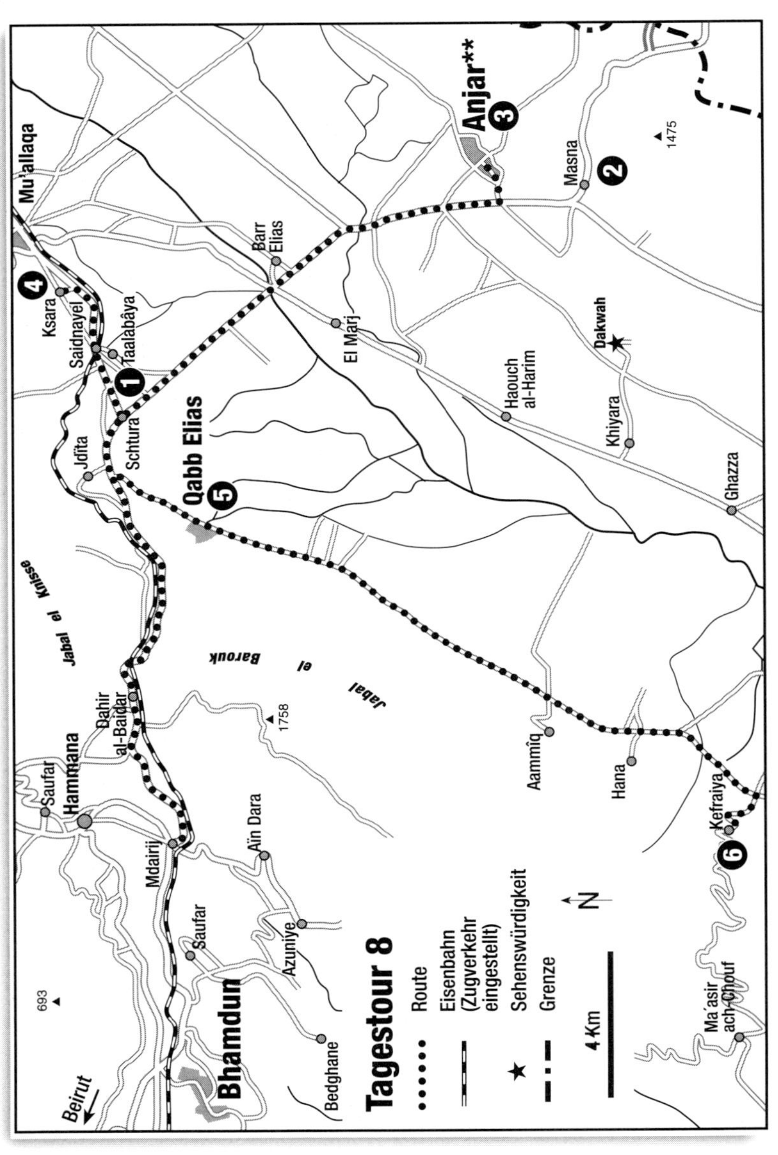
Tagestour 8
Route
Eisenbahn (Zugverkehr eingestellt)
Sehenswürdigkeit
Grenze
4 Km
N
Beirut
Bhamdun
Bedghane
Azuniye
Saufar
693
Mdairij
Aïn Dara
Hammana
Saufar
Dahir al-Baidar
1758
Jabal el Baruok
Jabal el Knisse
Aammîq
Hana
Kefraiya
6
Ma´asir ach-Chouf
Qabb Elias
5
Jdîta
Schtura
1
Saidnayel
Taalabâya
Ksara
4
Mu'allaqa
Barr Elias
El Marj
Haouch al-Harim
Khiyara
Ghazza
Dakwah
Masna
2
1475
Anjar**
3

Wintertagen die Luft erwärmen, strömen sie hierher, um im Schatten der Bäume zu picknicken oder in einem der zahlreichen Restaurants zu speisen.

Tipp: Genießen Sie in einem der Restaurants – besonders schön sind jene an der Quelle in Anjar – die Forellen und die besonders schmackhafte armenische Küche!

Geschichte und Bedeutung

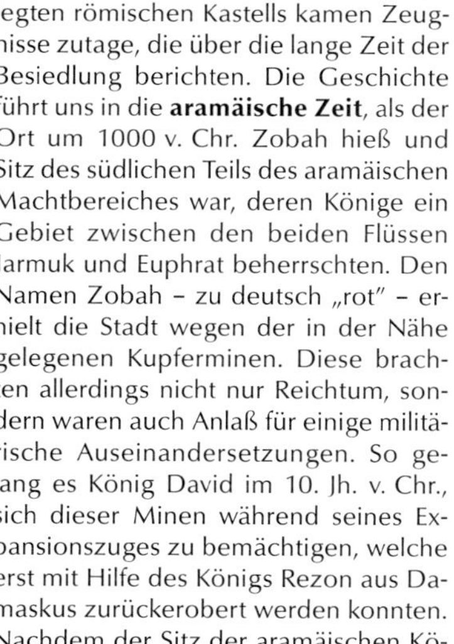

1949 begannen die Ausgrabungen in Anjar. Innerhalb des quadratisch angelegten römischen Kastells kamen Zeugnisse zutage, die über die lange Zeit der Besiedlung berichten. Die Geschichte führt uns in die **aramäische Zeit**, als der Ort um 1000 v. Chr. Zobah hieß und Sitz des südlichen Teils des aramäischen Machtbereiches war, deren Könige ein Gebiet zwischen den beiden Flüssen Jarmuk und Euphrat beherrschten. Den Namen Zobah – zu deutsch „rot" – erhielt die Stadt wegen der in der Nähe gelegenen Kupferminen. Diese brachten allerdings nicht nur Reichtum, sondern waren auch Anlaß für einige militärische Auseinandersetzungen. So gelang es König David im 10. Jh. v. Chr., sich dieser Minen während seines Expansionszuges zu bemächtigen, welche erst mit Hilfe des Königs Rezon aus Damaskus zurückerobert werden konnten. Nachdem der Sitz der aramäischen Könige nach Damaskus verlegt worden war, kam Chalkis, wie die Griechen später die Stadt nannten, unter die Herrschaft des arabischen Stammes der **Ituräer**, dann der **Römer**. Während die Stadt immer im Gefecht der großen Mächte war, wechselten die Herrscher in Anjar, wobei es in erster Linie um die wirtschaftlichen Vorteile ging. Ein Blick auf die Karte mit den wichtigsten Straßen und Städten in römischer Zeit macht es deutlich: Anjar lag an einer der großen Handelsstraßen. Hier wurden Waren aus Gerasa, Bosra, Damaskus oder Palmyra gekauft, bevor die Karawanen weiter über Heliopolis/Ba'albak oder Sidon zur Mittelmeerküste zogen.

Als wichtiger Handelsknotenpunkt wurde die Stadt nach der **Einverleibung ins Römische Reich** von einer Hand zur anderen weitergereicht: an Marcus Antonius, Kleopatra, ihren Sohn Zenodrus – bis schließlich der römische Kaiser Augustus die Stadt **Herodes** verlieh, auf den die auf dem Hügel in der Nähe gelegene Tempelruine zurückgeht. Zur Zeit der Kreuzzüge wurde sie von den **Ayyubiden** und **Mamluken** im 12./13. Jh. erweitert und stärker befestigt und ragt heute noch über diesen Teil der Bekaa-Ebene.

Blick in die Bekaa-Ebene

Anjar: die Überreste des Umayyaden-Palastes

Die letzte Blüte hatte Anjar in **umayyadischer Zeit**. Die in Damaskus residierenden Kalifen wählten diesen Ort, um sich auf den Resten aus römischer Zeit im 8. Jh. ein Sommerschloß bauen zu lassen, und verhalfen der Stadt so zu neuem Glanz. Der Grundriß des römischen Lagers wurde beibehalten, die Säulenstraße wieder ausgebaut und mit Arkaden geschmückt, an denen bis heute noch trotz zahlreicher Erdbeben die Kunstfertigkeit an vielen Stellen ins Auge fällt, die den Stein in Blumen, Blätter und Palmetten verwandelt.

Auf die Frage, warum sich die Umayyaden fern von der Metropole Damaskus Paläste bauen ließen, gibt es mehrere Erklärungsversuche. Sicherlich spielten wie bei ihren Vorgängern die wirtschaftlichen Vorteile eine erhebliche Rolle. Von Anjar aus konnten sie über die Kornkammer Roms und über einen Knotenpunkt der Karawanenstraßen Kontrolle ausüben, was wiederum beträchtliche Einnahmen, vor allem aus dem Zolltribut, mit sich zog. Ferner dienten einige Schlösser in den fruchtbaren Ebenen auch als agrarische Gutshäuser und kamen Landvillen gleich, in denen man sich zu bestimmten Zeiten traf, um z. B. gemeinsam auf Jagd zu gehen. Und nicht selten zogen die Umayyaden das offene, freie Land der Enge der Stadt vor, kamen sie doch aus der Weite der Wüste. Aber auch die politischen Umstände während ihrer Regierungszeit spielten eine große Rolle: So dienten die Paläste in der Wüste vor allem als Instrument der Nomadenkontrolle, um die Beduinen politisch an sich zu binden und sich somit ihrer Loyalität zu versichern, käme es zu militärischen Auseinandersetzungen mit ihren Kontrahenten – die Geschichte beweist,

dass es Grund für diese Befürchtungen gab. In den Quellen aus dem 9./10. Jh. finden wir mehrere Stellen, die die Umayyaden als Usurpatoren und Ketzer beschuldigen und sie der Leichtlebigkeit und Zügellosigkeit bezichtigen, weil sie angeblich lediglich abseits der Städte lebten, um Wein, Weib und Gesang genießen zu können (vgl. S.355).

Rundgang

Öffnungszeiten:
tägl. 8–18 Uhr
Eintritt: 6000 L. L.

Anjar wurde aus einem Mischmauerwerk, abwechselnd aus Stein- und gebrannten Ziegellagen, gebaut. Diese Bauweise wurde von den Byzantinern übernommen, da sie in erdbebengefährdeten Gebieten den Bauwerken eine gewisse Elastizität verlieh. Die Gesamtanlage des einst römischen Kastells besteht aus einem rechteckigen Mauergürtel mit Wehrtürmen. Die zwei Hauptstraßen, *Cardo* (N–S) und *Decumanus* (W–O), an deren Schnittpunkt sich Reste eines wiederaufgerichteten **Tetrapylons** aus römischer Zeit erheben, laufen am Ende jeweils auf ein von zwei Doppeltürmen flankiertes Tor der Umfassungsmauer zu.

Wir betreten die Stadt von Norden. Auf der linken Seite lag das **Bad**, dessen Boden Mosaiken schmückten. Eine luxuriöse Badeanlage gehörte zu jedem „guten Haus". Aus besser erhaltenen Schlössern wissen wir, dass es prachtvoll ausgestattet gewesen sein muß. Ein Blick auf das mit wunderschönen Fresken bemalte Bad im Schlößchen 'Amra in Jordanien oder auf die Badehalle des Prunkbaues in Khirbat al-Mafjar in Palä-

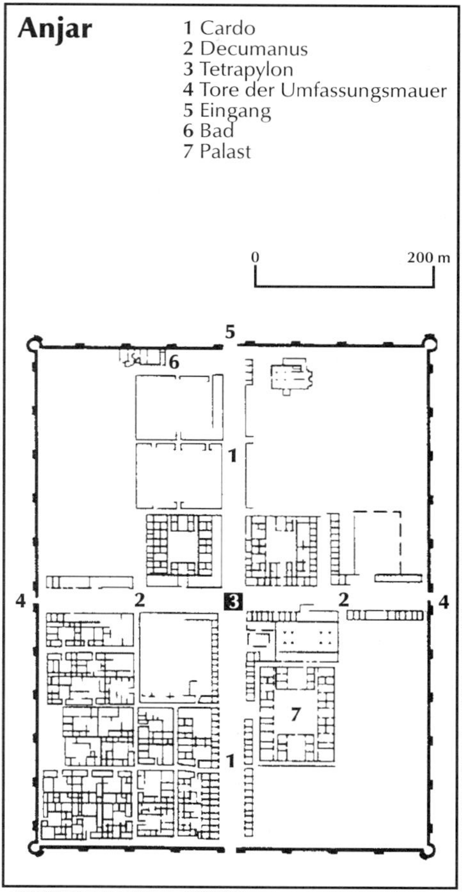

Anjar

1 Cardo
2 Decumanus
3 Tetrapylon
4 Tore der Umfassungsmauer
5 Eingang
6 Bad
7 Palast

0 200 m

stina verdeutlicht die Bedeutung von Bädern, in denen die Umayyaden auch wichtige Gäste für geheime Unterredungen empfingen. Ob, wie die Überlieferung uns mitteilt, die Umayyaden in ein Becken, gefüllt mit parfümiertem Wasser oder gar Wein, stiegen, ist allerdings nicht gesichert. Gesichert hingegen ist, dass die erste Dynastie in der islamischen Geschichte die Tradition des Bades von den Griechen und Römern übernommen hatte. Mit dieser Nachahmung der Antike erhoben die Umayyaden den Anspruch, den gleichen zivilisatorischen Standard zu besitzen. Traditionalismus und Legitimation: Topoi, die sich durch die frühislamische Geschichte ziehen.

An die **Kolonnadenstraße** schlossen sich die Läden und Werkstätten an, deren Grundrisse zum großen Teil erhalten sind. 600 haben die Archäologen bis heute gezählt. Die davor verlaufenden Arkaden sind kunstvoll gearbeitet: Die einzelnen Dekorationsformen und die reich verzierten Bögen und Kapitelle zeigen die Feinheit frühislamischer Bildhauerkunst.

Von weitem ragen die vier aufgerichteten Säulen des **Tetrapylons** aus römischer Zeit in den Himmel. Eine Mischung ohnegleichen: römische, byzantinische und islamische Kunst sind hier in Anjar vereint. Diese Übernahme und Vermischung verschiedener Stilelemente vorausgegangener Kulturen rührte von dem Bewußtsein der Umayyaden, Erben der Griechen, Römer, Byzantiner und Sassaniden zu sein, worauf sie auch ihre Herrschaftsansprüche gründeten. Ihre Umgestaltung und Vollendung zu einem besonderen künstlerischen Stil begegnet uns in ihrer reinsten Form an der Eingangsfront des Palastes im Südosten der Anlage. Der **Palast** aus dem 8. Jh., dessen Fassade in den fünfziger Jahren wiederaufgerichtet wurde, vermittelt einen Eindruck von der einstigen Pracht und der künstlerischen Fertigkeit: Relieffriese, mit Skulpturen versehene Türstürze, Fenstergesimse, spitzblättrige Akanthusblätter, Palmetten, Kleeblätter verzieren die Außenwände. Abbildungen von Lilien, Weinranken und Muscheln erinnern an griechisch-römische Städte, Personen- und Tierreliefs an sassanidische Vorbilder.

Wenn auch in städtebaulicher Hinsicht das Beibehalten überlieferter Formen und Strukturen auffallend sein mag, so sind dennoch charakteristische Züge der frühislamischen Kunst festzustellen – einer Kunst, die überkommene Formen veränderte, da sie das Ornamentale und Dekorative sowie die Stilisierung und Abstraktion von Naturformen bevorzugt. Durch die flächenhafte Überspielung mit ornamentalen Mustern gelang es den Künstlern, die Schwere und Wucht der mächtigen Eingangsfront aufzulösen und das Materielle und Statische fließender und leichter zu gestalten.

Alles in allem ist Anjar eine besondere Komposition von Architektur und Landschaft und ein gutes Beispiel für die erste Kunstausbildung im Islam. Hier können wir gut nachvollziehen, warum die Umayyaden gerade diesen Platz zu einem ihrer Sitze auserkoren: die Landschaftskulisse mit Blick auf die grüne, fruchtbare Ebene und die im Hintergrund hochragenden Libanonberge bieten eine Antwort ohne Worte. Reste einer Handelsstadt liegen vor uns, teilweise noch verborgen unter Sand und grünen Sträuchern, gelegen in einer Landschaft, in der sich der Blick verliert, so dass man nicht weiß, wo man mit seinen Augen verweilen soll.

Und sie genossen Wein, Weib und Gesang

Das mehrbändige Werk *Buch der Lieder* von Abu'l-Faraj al-Isfahani aus dem 10. Jh. enthält die Biographien von Dichtern, Kalifen und Gelehrten. Die Umayyaden werden, abgesehen von ihrem Dichtertalent, alles andere als gelobt. So wird der Kalif al-Walid II. (reg. 744) zwar als einflußreicher und großherziger Umayyade bezeichnet, aber auch seine Schlechtigkeit und sein Unglaube werden betont. Auch soll sich nach dem *Buch der Lieder* keiner der umayyadischen Prinzen und Kalifen dem Genuß von Wein, Weib und Gesang entzogen haben. In aller Ausführlichkeit wird von ihren Handlungen berichtet, werden ihre Aussagen wiedergegeben und wird immer wieder auf ihre unmoralische Lebensweise hingewiesen, einem Herrscher des islamischen Reiches unwürdig.

In ihren Gedichten besangen die umayyadischen Kalifen und Prinzen die Schönheit der Frauen und lobten den Wein. Ihre Sprache zeugt von Bildung, und die Wortwahl bei der Beschreibung von Frauen deutet auf Kenntnisse der altarabischen Dichtung:

So köstlich wie der Speichel Salmas mundet nichts:
der Honig nicht, wenn du Kamelmilch auf ihn gießt,
und nicht der Moschus, den du noch mit Ingwer mischst,
auch nicht das süße Wasser, das im Schlauche fließt.
Nie in meinem Leben werd' ich je vergessen
wie du mich von deiner Tür vertreiben ließ'st.

Die Kalifen umgaben sich mit den schönsten Frauen, die für ihre Herren aus dem edlen Geschlecht tanzten, sangen und Musik spielten. Aber auch andere kleine Gefälligkeiten mußten sie den Prinzen und Kalifen gewähren, wollten sie nicht deren Gunst verlieren. Vorrang hatten, nach dem Schönheitsideal der damaligen Zeit, füllige Frauen. In ihren Gedichten loben die Umayyaden Frauen, deren Brüste voll und rund, Taille schmal und anmutig, Unterleib flach, Hüften

ausladend und Hinterbacken fleischig sind. Sie besingen ihre Schenkel, die wie Säulen aus Alabaster oder Marmor aussehen, ihren gazellenähnlichen Nacken und ihre wohlgerundeten Arme, mit feinen, weichen Ellenbogen, vollem Handgelenk und langen Fingern. Der große Dichter und Denker des islamischen Mittelalters al-Jahiz beschreibt in einem seiner Werke bis ins kleinste Detail, was eine schöne Frau auszeichnet: „Ihre Figur muß vortrefflich und wohlgeformt sein, ihre Schultern müssen ebenmäßig und ihr Rücken muß gerade sein. Die Bedeckung der Knochen soll so sein, dass sie sich zwischen Wohlbeleibtheit und Magerkeit die Waage hält. Sie muß einen sehnigen und festen Körper haben, ohne schlaffes Fleisch darunter und frei von zusätzlichem und überflüssigem Fett. Der gleichmäßige, wiegende Gang ist das Schönste an einer Frau, aber eine Dicke, Korpulente und eine, die zuviel Fleisch an sich hat, kann nicht so gehen. Der obere Teil des Körpers muß eine Gerte und sein unterer Teil ein Sandhügel sein. Auch ist es erforderlich, dass die Rundungen des Kopfes gleich- und ebenmäßig sind, der Wuchs aufrecht und sehr ebenmäßig ist, weder stark ausgezehrt noch stark verfettet, dass das Fleisch fest, die Hautfarbe weiß und sichtbar gerötet ist und die Gliedmaßen schön sind. Sie soll liebenswürdig sein und dichtes Haar haben, da das Haar die Ergänzung des Gesichts ist. Das Gesicht soll hübsch und das Lachen wohltönend sein, denn es ist das erste, durch das eine Frau die Liebe eines Mannes erweckt. Das Auge soll schwarz, der Vorderzahn gespalten und die Augenbrauen sollen schön gewölbt sein."

Zu allen Festen gehörte der Genuß von Wein. Saßen die Prinzen mit ihren Gästen beisammen, umgeben von schönen Frauen, so wurden die Gedichte vertont und es wurde zur Musik getanzt. Dabei sparte man nicht mit Speise und Trank. Der Wein floß in Strömen, und wenn alle das Glas erhoben, so fehlten niemals die entsprechenden Verse:

Laß deinen heimlichen Kummer entschweben!
Genieße die Zeit bei der Tochter der Reben.
Begegne dem Dasein in all seiner Frische!
Und wehre dich gegen die Sorgen im Leben!
Ergötz dich am Wein, den sein Alter verziert, wie
sich Greisinnen über die Zeiten erheben.
Es bedeutet mir mehr, mich dem Wein zu vermählen,
als Ehen mit adligen Frau'n zu erstreben.

(Übersetzung der Gedichte aus: Abu l-Faradsch, Und der Kalif beschenkte ihn reichlich. Auszüge aus dem „Buch der Lieder". Aus dem Arabischen übertragen und bearbeitet von Gernot Rotter. Goldmann Verlag, S. 113, 115; Übersetzung der Textstelle von al-Jahiz aus: Gerhard Hoffmann (Hrsg.), Die Blütezeit der islamischen Welt. Ein Lesebuch. Piper Verlag, S. 285).

S. 350

Hotels

Park-Hotel***
Schtura; luxuriöses Hotel mit sehr schönen Zimmern und hervorragender Küche; Tel. 08/54 00 11, Fax 08/54 26 86.

Hotel Khater***
Schtura; das Hotel besitzt einfache, saubere Zimmer, jedoch kein Restaurant, also auch kein Frühstück. Das DZ gibt es ab 20 $. Da sich das Hotel an der Hauptstraße befindet, empfiehlt es sich, nach einem Zimmer zu fragen, das auf der anderen Seite des Gebäudes liegt; Tel. 08/84 01 33.

Restaurants

Akl

Schtura; außerordentlich große Auswahl an Mezze; Tel. 08/84 06 99.

al-Khader
Kurz vor Schtura rechts; hervorragendes Essen; Tel. 08/80 69 49.

Tipp: Probieren Sie in Schtura die Molkereiprodukte. Käse und Joghurt, Quark und 'Arischi, eine Art körniger Käse mit Honig überträufelt (Besonderheit des Ortes), in hauchdünnes Fladenbrot gerollt, bekommen Sie in

Anjar: die Säulenstraße

den zahlreichen kleinen Geschäften der privaten Molkereibetriebe; zu empfehlen sind: „Hedwan", „Jaber" und „Na'me".

Über Schtura fahren wir wieder zurück nach Beirut (114 km). Auf dem Rückweg können Sie einen Abstecher nach **Ksara** und **Kefraiya**, den **beiden Weingütern Libanons,** unternehmen und bei einer Weinprobe die beiden besten Weine des Landes kennenlernen und genießen.

Abstecher nach Ksara und Kefraiya

Ksara [4]
An der Kreuzung in Schtura, an der die gelben Sammeltaxen stehen, fahren Sie rechts Richtung **Zahle** entlang den Hängen des Libanongebirges. Nach 3 km erreichen Sie **Saidnayel** und biegen kurz nach Verlassen des Dorfes (1,5 km) links zum **Ksara**-Weingut ab.

Das Weingut Ksara wurde im Jahre 1857 durch Jesuitenpater gegründet. Als ein sehr kleines Weingut mit nur zwanzig Hektar Anbaugebiet konzentrierte es sich zunächst darauf, Meßwein herzustellen, bis es durch folgendes Ereignis zu einem der wichtigsten Weinanbaugebiete der gesamten Region wurde: Als im Jahre **1863** zwei Jesuitenpater von Türken ermordet wurden, versuchte der erschreckte osmanische Gouverneur der Region, die aufgebrachten Gemüter schnellstmöglich zu beruhigen. Er brachte dem französischen Konsul ein Pferd und bot ihm an, ein Gebiet mit diesem zu umreiten, das er dann dem Weingut als Ausgleich für die Morde zusprach. Als im Jahr **1906** einige Jagdhunde einen Fuchs bis in eine Höhle verfolgten, entdeckte man eine Grotte, die bereits den Römern bekannt war und von ihnen mit Gängen zu einem wahren Labyrinth erweitert wurde. Die Jesuiten machten sich daran, die Vielzahl von Gängen, heute als „Höhlen von Ksara" bekannt, auszubauen. Die klimatischen Bedingungen der Bekaa-Ebene mit seltensten Regenfällen während der Reifeperiode und die unterirdischen Lagerräume, in denen die Temperaturen das ganze Jahr über zwischen 11 und 13°C liegen, machen die insgesamt neun Weinsorten des Gutes zu den besten des Landes.

Wenn Sie das Weingut besuchen (**geöffnet tägl. zwischen 10 und 14 Uhr**), so können Sie sich durch einen Film über die Geschichte des Weines und die des Weingutes informieren, eine kostenlose Weinprobe vornehmen und durch einen Teil der Gänge einen kleinen Rundgang unternehmen.

Kefraiya [6]
Sollten Sie noch Lust und Zeit haben, so besuchen Sie das zweite Weingut in der Bekaa-Ebene, **Kefraiya.** Sie fahren zurück bis zur Kreuzung nach Schtura. Auf der Straße Richtung Beirut biegen Sie beim syrischen Posten, an der Stelle des Reiterdenkmals für Basil al-Asad, links ab und erreichen über **Qabb Elias [5]** (3 km), **Hana** (17 km) das kleine Dorf **Kefraiya** (20 km).

Das Weingut Kefraiya ist der größte Hersteller von libanesischem Wein und produziert eine Million Flaschen im Jahr. 40% seiner Produktion exportiert es ins Ausland, v. a. nach Frankreich und führt dennoch den inländischen Markt an. Das 300 Hektar große Anbaugebiet ist durch ein sonniges Klima und einen sehr günstigen Boden geprägt. Hier gedeihen die Trauben, mit denen das Weingut bereits mehrere renommierte internationale Preise gewinnen konnte, wie z. B. das „Diplome d'honneur" in Brüssel oder eine Silber- und eine Bronzemedaille des Weinwettbewerbs von Bordeaux. Wie in Ksara werden auch hier die berühmten französischen Traubensorten wie Sauvignon, Cabernet Sauvignon, Mourvedre u. a. verwendet. Sie haben auch hier die Gelegenheit zu einer Weinprobe.

Tagestour 9: Beirut – Zahle – Ba'albak – Beirut

Wir verlassen Beirut auf der Straße Richtung Damaskus und fahren über den Paß Dahir al-Baidar bis nach **Schtura** (45 km, s. Tagestour 8). Hier biegen wir an der Kreuzung im Zentrum Richtung Zahle und Baᶜalbak links ab und erreichen nach mehreren kleineren Orten **Mu'allaqa** (52 km). Am Ortseingang halten wir uns links und gelangen nach **Zahle** (54 km).

Zahle

Zahle **[1]** ist mit ca. **50 000 Einwohnern** die größte Ansiedlung in der Bekaa-Ebene. Die Stadt ist terrassenförmig an zwei Hängen des Jabal al-Chaara, einem Ausläufer des Libanongebirges, angelegt, die der Nahr al-Bardaune trennt. Dieser entspringt im Jabal Sannin und fließt malerisch durch eine bewaldete Felsschlucht den Gebirgszug hinunter. Eine große **Marienstatue** ist das erste, was ins Auge fällt, sobald wir uns Zahle nähern. Aus dieser mehrheitlich christlich bewohnten Stadt stammt der bis November 1998 amtierende Staatspräsident Elias Hrawi. Der Ort lebt im Wesentlichen von der Landwirtschaft und vom Weinanbau. Das Zentrum Zahles liegt im Tal. Wir fahren entlang des Flusses, an dessen Ufern sich die beiden Hauptstraßen erstrecken, bis zum Ende des Ortes. Am Ufer des Bardaune-Flusses liegen die zahlreichen, sehr guten Gartenrestaurants, die u. a. die berühmten Vorspeisen von Zahle servieren. Mit einem Glas Wein oder Arak aus der Bekaa-Ebene werden sie zu einem unvergeßlichen Genuß!

Hotels

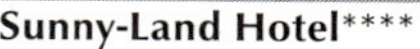

Sunny-Land Hotel****
Luxus und hervorragende Küche; Tel. 08/82 69 41.

Monte Alberto***
Über der Stadt gelegen, bietet das Hotel nicht nur von seinem Drehrestaurant aus einen wunderschönen Blick auf die

Fortsetzung auf Seite 362

Die Bedeutung des Weines in Geschichte, Kultur und Religion

Wein – Trank der Götter, Helden und Könige

Es waren **semitische Stämme,** die den Wein von seiner ursprünglichen Heimat südlich des Kaspischen Meeres an den unteren Euphrat brachten. Sie erkannten seine spezifische Wirkung und hielten den Saft seiner Beere auf einer bestimmten Gärungsstufe fest – um ihn so als einen anregenden, gar betäubenden Trank genießen zu können. Der Wein setzte seine Reise über ganz Kleinasien fort, bis er schließlich die griechische Halbinsel erreichte – um in den Dichtungen **Homers** als „edelste Reben" (Odyssee 9, 132 ff.) besungen zu werden. Deren „purpurne Trauben" umgaben die Grotte der Kalypso (Odyssee 5, 69), jener sehnsüchtigen Göttin, die dem scheidenden Helden „roten, herzerfreuenden Wein" mit auf den Weg gab (Odyssee 5, 165 f.). Er wurde zum Sinnbild von **Dionysos,** des Weingottes, dessen orgiastischer Kult die Frauen dazu verführte, ihn als den „Brauser und Löser ... Vater des Jubels, den Jauchzer und Johler" zu bezeichnen (Ovid, Metamorphosen IV 11–15). Die griechischen Seefahrer brachten den Wein an die italienischen Küsten und Dionysos wurde dort zu **Bacchus.** In dessen Land wuchsen die Reben so üppig, dass ihr Saft bald billiger als Wasser war.

Der Wein setzte seine erfolgreiche Reise unaufhaltsam fort – um schließlich um die Zeitenwende nach Frankreich und Burgund zu gelangen, wo man seine Traube aufs edelste verfeinerte und wo sich noch heute sein wichtigstes Anbaugebiet befindet.

Im Kult, im Mythos, im Leben – immer gebührte dem Wein ein ehrenvoller Platz. So war er auf den trunkseligen Festen in den phönizischen **Mythen** das „Blut der Bäume", das die Götter ausgiebig kosteten. Als **Trankopfer** war er für den Kult unentbehrlich, bei Babyloniern, Ägyptern, Persern, Indern. Er hielt Einzug in die großen, verschwenderischen Bankette, bei denen nicht selten Unmengen von Wein serviert wurden. So bei König Assurnasirpal II., der zur Einweihung seines Palastes 70 000 Gäste mit dem edlen Tropfen bewirtete.

Wein – die göttliche Rebe

Die Götter begannen zu weichen – nicht so der Wein. Er fand seinen Weg in das **Alte** wie in das **Neue Testament.** War doch Noah der erste Winzer, wie uns die Genesis berichtet – „Noah aber, der Ackermann, pflanzte als erster einen Weinberg" (1. Mose 9, 20). Amphoren mit spitz zulaufenden Unterteilen, die man ohne Mühe in den Boden rammen konnte, bargen das wertvolle Gut. Man nahm es zu den geheiligten Stätten mit (1. Sam. 10, 3) – kostbares „Traubenblut", das nicht nur dem Stamm Juda Wohlstand brachte (1. Mose 49, 11–12). Denn nicht zuletzt war er auch der Ruhm Libanons, wie uns Hosea 14, 8 berichtet. Der Wein wurde zum Segen, aber auch zum Zeichen göttlichen Zorns, den das Volk

wegen seines Unglaubens auf sich zog: „Denn so sprach zu mir der HERR, der Gott Israels: Nimm diesen Becher mit dem Wein meines Zorns aus meiner Hand und laß daraus trinken alle Völker, zu denen ich dich sende, dass sie trinken, taumeln und toll werden vor dem Schwert, das ich unter sie schicken will" (Jeremia 24, 15–16).

Wein – Zeichen des Bundes

Im Neuen Testament nun Jesu Worte, Taten und Wunder – und immer wieder der Wein. Beim Wunder zu Qana wird Wasser zu köstlichem Wein (Joh. 2, 1–12, s. a. S.334). Und in einer der schönsten Parabeln, dem Gleichnis der bösen Winzer, symbolisiert der Weinberg das Feld, auf dem die Früchte des Reiches Gottes heranwachsen (Mt 21, 33–46).

Gott als der Weingärtner, Jesu als der wahre Weinstock, die Jünger als die Rebe – die „keine Frucht bringen kann aus sich selbst, wenn sie nicht am Weinstock bleibt" (Joh. 15, 4) – ein Sinnbild des Bundes zwischen Christus und seinen Anhängern. Die Weinranken, die frühchristliche Sarkophage so häufig schmücken, beschreiben so, als ein Symbol Christi, die Hoffnung auf Erlösung und ewiges Heil. Der Wein wird zum Sinnbild auch des letzten Abendmahles – als Jesu „Blut des Bundes, das vergossen wird für viele zur Vergebung der Sünden" (Mt. 26, 28). Und er wird Teil einer großen Verheißung – „Ich sage euch: ich werde von nun an nicht mehr von diesem Gewächs des Weinstocks trinken bis an den Tag, an dem ich von neuem davon trinken werde mit euch in meines Vaters Reich" (Mt. 26, 29).

Wein – irdische Sünde und paradiesische Frucht

Wein und Glücksspiel – „in ihnen liegt eine schwere Sünde. Und dabei sind sie für die Menschen (auch manchmal) von Nutzen. Die Sünde, die in ihnen liegt, ist aber größer als ihr Nutzen" (Koran, Sure 2, Vers 219). Nach dem **Koran** sollte der Wein im Diesseits sehr wohl gemieden werden (Sure 5, 90). Seinen Genuß verspricht jedoch das Paradies – wo Bäche mit „Milch, die (noch) unverändert (frisch) schmeckt, andere mit Wein, den zu trinken ein Genuß ist, und (wieder) andere mit geläutertem Honig" fließen (Sure 47, Vers 15).

Dass aber religiöse Verbote nie gänzlich beachtet wurden – davon weiß auch die Geschichte der islamischen Welt mehrfach zu berichten. Die Worte von **Abu Nuwas,** dem berühmten Dichter des späten 8. Jhs., sprechen Bände: „Weine nicht um Laila und gib dich nicht hin dem Gesang von Hind, sondern trinke – auf einem Meer aus Rosen von dem Roten, der gleich einer Rose ist – ein Glas, das, wenn es die Kehle desjenigen, der es genießt, hinunterrinnt, seine Röte in dessen Auge und auf dessen Wange zaubert.

Der Wein ist ein Rubin und das Glas ist eine Perle in der Hand einer Sklavin von schlankem Wuchs, die dir aus ihrer Hand und aus ihrem Mund Wein schenkt. So bleibt dir keine andere Wahl, als zweimal trunken zu werden."

Bekaa-Ebene. Vergewissern Sie sich beim Einchecken, dass Sie ein Zimmer mit Aussicht haben; Tel. 08/80 14 51.

Hotel Arabi
Nettes, kleines Hotel mit Restaurantbetrieb im Freien; Tel. 08/80 01 44.

New Versailles*
DZ ab 20 $; Tel. 08/82 09 55.

Hotel America
Sehr einfaches Hotel mit DZ ab 20 $; Tel. 08/82 05 36.

Hotel Akl
Alt, aber schön, DZ 30 $ (ohne Frühstück).

Restaurants

Etwas außerhalb von Zahle kommt auf der Straße des Wadi al-Arayech nach 7 km die kleine Ortschaft Qaa er-Rim. Dort können Sie im **Casino al Berdawini** in schöner Umgebung gut speisen; Tel. 08/82 30 71.

In Zahle selbst befindet sich das **Casino Arabi,** das wegen seiner guten Küche ebenfalls zu empfehlen ist; Tel. 08/80 12 14.

Wieder zurück auf der Hauptstraße erreichen wir **Karak Nuh** (53,5 km), in dessen Ortsmitte eine Moschee steht, die der Überlieferung nach das Grabmal Noahs sein soll. Arabische Inschriften in der Moschee erwähnen, dass die Muslime sich beim Bau der Moschee der Steine eines römischen Tempels bedienten. Nach dem katholischen Dorf geht links (56,5 km) eine kleine Straße nach **Furzul [2]** (58 km). Dieses Dorf, das in den frühchristlichen Chroniken erwähnt ist, wird von Historikern mit dem römischen *Mariamnansis* gleichgesetzt. Nachdem es im 5. Jh. Bischofssitz geworden war, trugen die Bischöfe von Zahle fortan den Titel „Bischof von Zahle, Furzul und der Bekaa".

Abstecher von Furzul

Wer Lust auf einen **Spaziergang** hat, kann vom nahe gelegenen Tal Wadi al-Habis einen Pfad an einem Felsmassiv entlang hinaufsteigen (20 Min.). In den Felshängen sind zahlreiche, in regelmäßigen Abständen angelegte Höhlen, denen die Einwohner der Gegend den Namen **Mugharat al-Habis** (Einsiedlergrotten) gaben. An den Innenwänden einiger Höhlen sehen wir Spuren von Malereien in roter Farbe und Vertiefungen in der Mitte, bei denen es sich um Senkgräber mit bogenüberwölbten Nischen handelt. In einigen von ihnen hebt sich reliefförmig ein als Kegel zugehauener Stein hervor. Am rechten Ufer des Baches erkennen wir einen viereckigen Hof, der in den Fels hineingeschnitten wurde. Eine Treppe führt von hier in einen Raum im Fels, der ein Grab oder ein Heiligtum gewesen sein könnte.

Ein zweiter Spaziergang führt von Furzul nach der Überquerung des Baches auf einen steilen Pfad in der Bergkette des Ostens zu einer sehenswerten **Relief-Stele** in einer Felsnische (10 Min.). Ein Mann zu Pferd in einem langen Gewand, dessen Mantel hinter ihm her flattert, ist zu erkennen. Seinen Kopf umgibt ein Strahlenkranz, in der rechten Hand hält er die Zügel und mit der linken pflückt er eine Frucht von einem vor ihm stehenden Baum. Gegenüber ist eine zweite Figur zu sehen, die eine große Weintraube hält.

Wir fahren wieder zur Hauptstraße (59,5 km) bis zur Gabelung (60 km) am libanesischen und syrischen Militärposten: die Hauptstraße nach Ba'albak biegt gegen Osten ein, eine zweite ge-

Tagestour 9 – Übersichtskarte

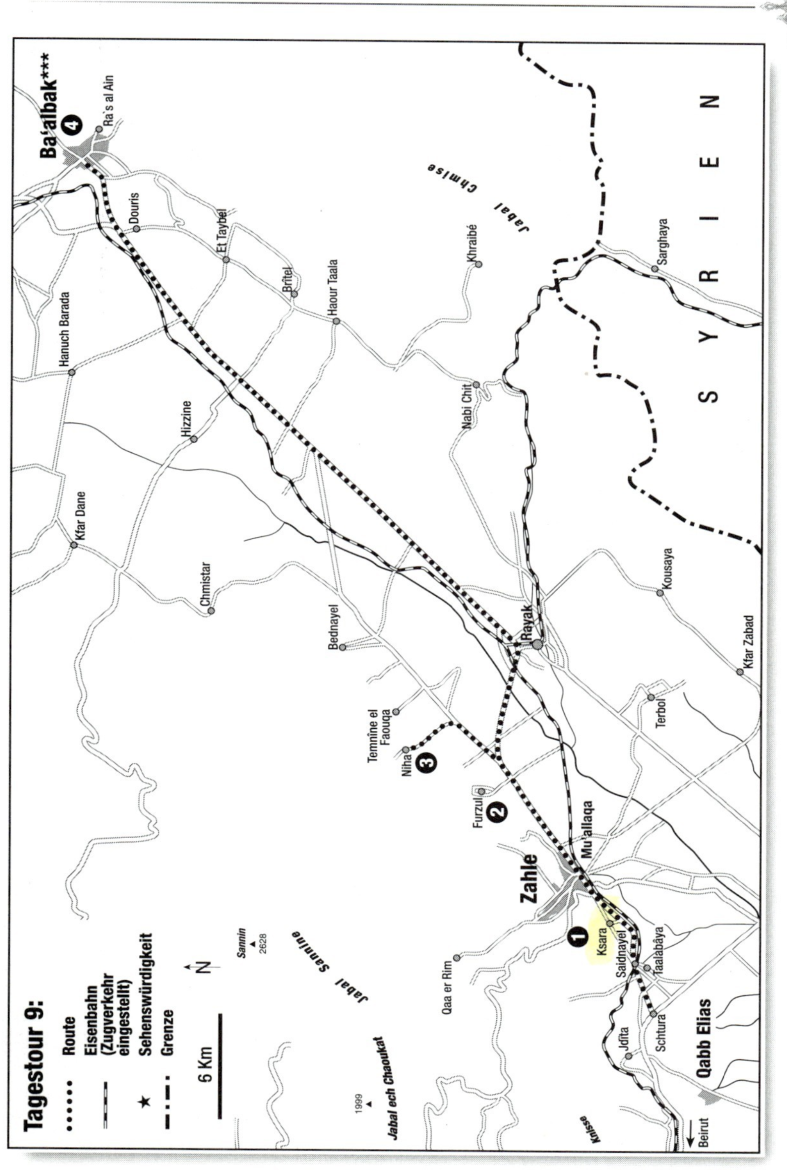

Idylle auf dem Land (Foto: National Council of Tourism, Lebanon)

gen Nordosten nach **Niha**. Wir machen einen kurzen Abstecher zu den Resten der **römischen Tempelanlage** von Niha und fahren bis zu einer Abzweigung auf der linken Seite (63 km), die zu diesem christlichen Dorf führt (64,5 km).

Abstecher nach Niha [3]

Niha liegt hinter einem Hügel, an dessen Fuß sich die **Ruinen eines römischen Heiligtums** erstrecken. Die lateinischen Inschriften erwähnen den syrisch-phönizischen Gott Hadaranus, zu dem die büßenden Jungfrauen pilgerten. Die Stufen, die in die Cella führten, geben heute einen Eindruck von dem einst imposanten Tempel, der zum Teil wieder aufgerichtet wurde. Links von den Stufen sehen wir ein Relief eines Priesters, der dem Gott Weihegaben darbringt. Nach eingehender Erforschung des Gebietes legten 1944/45 Archäologen 200 m südwestlich den Grundriß eines zweiten Tempels auf dem Hügel Sahl al-Knaise frei.

Zu den Ausläufern des Libanongebirges westlich von Niha führt links vom Tempel ein kleiner, teils nicht asphaltierter Weg 300 m hinauf zu **al-Husn** oder **Husn Niha** (1344 m), wo **Reste von zwei römischen Tempeln** stehen. Die Architektur erinnert an jene der großen Tempelanlage in Ba^{c}albak – seien es der dekorative Schmuck oder die als Wasserspeier dienenden Löwenköpfe des Gebälks. Reste im Heiligtum verraten, dass einer der Tempel in byzantinischer Zeit in eine Kirche umgewandelt wurde; auch einige christliche Grabstätten wurden in der Nähe gefunden.

Zurück an der Straßengabelung beim Militärposten (69,5 km) fahren wir über **Ablah** (70 km), **Rayak** (74 km) immer auf der Hauptstraße bis nach **Ba^calbak [4]** (98 km).

Ba^calbak

Die Bezirkshauptstadt Ba^calbak mit ca. **30 000 Einwohnern** liegt am Fuße des Westhanges des Antilibanongebirges 1175 m hoch. Wegen ihrer Lage, Höhe und ihres Klimas war die Stadt bis zum Bürgerkrieg ein begehrter Ferienort. Heute wird dieser allerdings vor allem wegen der besterhaltenen und größten Tempelanlage aus römischer Zeit jeden Monat von Tausenden von Touristen besucht. Als **UNESCO-Kulturdenkmal** versucht Ba^calbak den Ruf von einst wieder zu erlangen, war die Stadt doch ab 1957 wegen der berühmten Festspiele weltbekannt, denen der Krieg ein Ende setzte. 1997 erweckten die Libanesen dieses jährliche Spektakel wieder zum Leben.

Aber auch die Beleuchtung abends lädt zum Verweilen ein, und der Sonnenauf- wie untergang bleibt jedem unvergessen. Daher sollten Sie am besten in Ba^calbak übernachten. Empfehlenswert ist das Hotel Palmyra (s. S.375).

Geschichte und Bedeutung

Phönizier, Griechen, Römer, Christen und Muslime – sie alle prägten das Schicksal der Stadt und gaben ihr eine besondere Note, die bis heute eine große Anziehungskraft auf die Menschen ausübt. Aus „Baal Beqa'", der „Herr der Bekaa", so der Name der Stadt in phönizischer Zeit, soll sich der heutige Name ableiten. Es ist allerdings nicht gesichert, dass die Stadt in phönizischer Zeit gegründet wurde, auch konnten bis heute noch keine Hinweise auf einen Tempel für Baal entdeckt werden. Gesichert hingegen ist, dass die **Seleukiden** hier im 3. Jh. v. Chr. einen Tempel bauen ließen, dessen Fundamente sich unterhalb der heutigen Cella erstrecken. Da sie den in Ba^calbak verehrten Gott Baal mit Helios identifizierten, gaben sie dem Ort einen neuen Namen: **Heliopolis**, die Stadt des Sonnengottes Helios.

Unter dem römischen Kaiser **Augustus** wurden 16 v. Chr. Berytus und Heliopolis zu römischen Kolonien. Die Glanzzeit Ba^calbaks begann, als es zu einem bedeutenden Kulturzentrum im Vorderen Orient wurde. Für den Sonnengott Helios/Baal, den die Römer in Jupiter Heliopolitanus umbenannten, begannen sie um die Zeitenwende eine **große Tempelanlage** zu bauen. Über 300 Jahre bauten und verschönerten sie, aber wie die meisten großen Heiligtümer der Antike wurde der Jupiter-Tempel niemals vollendet. Um 70–80 war die Cella fertiggestellt, im 2. Jh. der Altarhof und der sechseckige Vorhof wie auch der Bacchus-Tempel, im 3. Jh. das Propylon.

Zur Zeit des frühen **Christentums** kam es zu tiefgreifenden Veränderungen in der gesamten Region. Nachdem Kaiser **Konstantin** (324–37) die Anbetung der römischen Götter und in Ba^calbak den Venuskult verboten hatte, begann Kaiser **Theodosius** der Große (379–95) in den großen Hof des Jupiter-Tempels eine Kirche hineinzubauen und den Venus-Tempel zu einem christlichen Sakralbau zu Ehren der Hl. Barbara umzugestalten. Kurz nach der Eroberung der Stadt durch die **Muslime** im 7. Jh. wurde sie durch ein Erdbeben 645 heimgesucht. Im **Mittelalter** kam es zu großen Umbauten: der Jupiter-Tempel wurde zur Festung. Erst diente er den Seldschuken als Basis gegen die Fatimiden, später den Zengiden und Ayyubiden gegen die Kreuzritter. Mongolen und Naturgewalten taten ihr Übriges – vor allem das **große Erdbeben 1759** hinterließ überall in der Anlage seine Spuren. Mit dem **Besuch Kaiser Wilhelms II.** und seiner Gemahlin 1898 im Vorderen Orient profitierte Bacalbak: einer kurzen Stippvisite nach Bacalbak in Begleitung des osmanischen Sultans 'Abd al-Hamid folgte die erste Ausgrabungskampagne. Eine Tafel zu Ehren der beiden Herrscher können Sie in der Cella des Bacchus-Tempels sehen.

Die Götterwelt

Jupiter, Venus, Merkur – sie standen an der Spitze des römischen Pantheons in Bacalbak. Aber diese römische Triade verdeckte in Wirklichkeit eine alte phönizische Dreiheit: Vater, Mutter und Sohn. Der Vater Haddad, einst Baal/Helios, war der Blitz-, Sturm- und Wettergott, der Herr des Himmels und des Universums, die Mutter Atargatis, die Natur-, Fruchtbarkeits- und Wassergöttin, und der Sohn, ein junger Gott, der die Idee des Vegetationsgeistes und Wachstums verkörperte und Mittler zwischen den Göttern und Menschen war. Die Griechen und Römer gaben ihnen neue Namen: Haddad wurde zu Zeus/Jupiter, Atargatis zu Aphrodite/Venus und den jungen Gott identifizierten sie mit Hermes/Merkur.

Aber diese Identifizierung der Götter ist nicht so einfach, wie sie erscheinen mag. Es bleibt für die Trias von Heliopolis ungeachtet aller Forschungen die Ungewißheit, ob es sich um Jupiter, Venus und Merkur oder Jupiter, Venus und Bacchus handelt. Dies liegt vor allem daran, dass die Untersuchungen mit Rücksicht auf die römischen Götter durchgeführt wurden, während die Kulte lokale Aspekte besaßen, welche den einheimischen Göttern galten. Diese Eigenschaften der einheimischen Götter waren nicht mit denen der olympischen Gottheiten zu vereinen. Daher wurden die Charakteristika, die dem Gott Merkur fehlten, ergänzt, um die wahre Natur der phönizischen Sohngottheit darstellen zu können. Er wurde zu einer Art Adonis, der wie Merkur Mittler zwischen den Göttern und Menschen ist, aber auch zum Vegetationsgott wie Bacchus.

Für den überall bedeutenden Fruchtbarkeitskult, der die Wiederkehr des Frühlings bewirken sollte und der den Menschen die Hoffnung gab, nach ihrem Tod wieder geboren zu werden, wurde der junge Gott auserkoren. Für die Mysterienkulte, die im 2. Jh. ihren Höhepunkt erreichten, war er der wichtigste von allen. In seinem Tempel fanden die mystischen Zeremonien und die geheimen Einweihungsriten statt, bei denen nur die Priester anwesend sein durften.

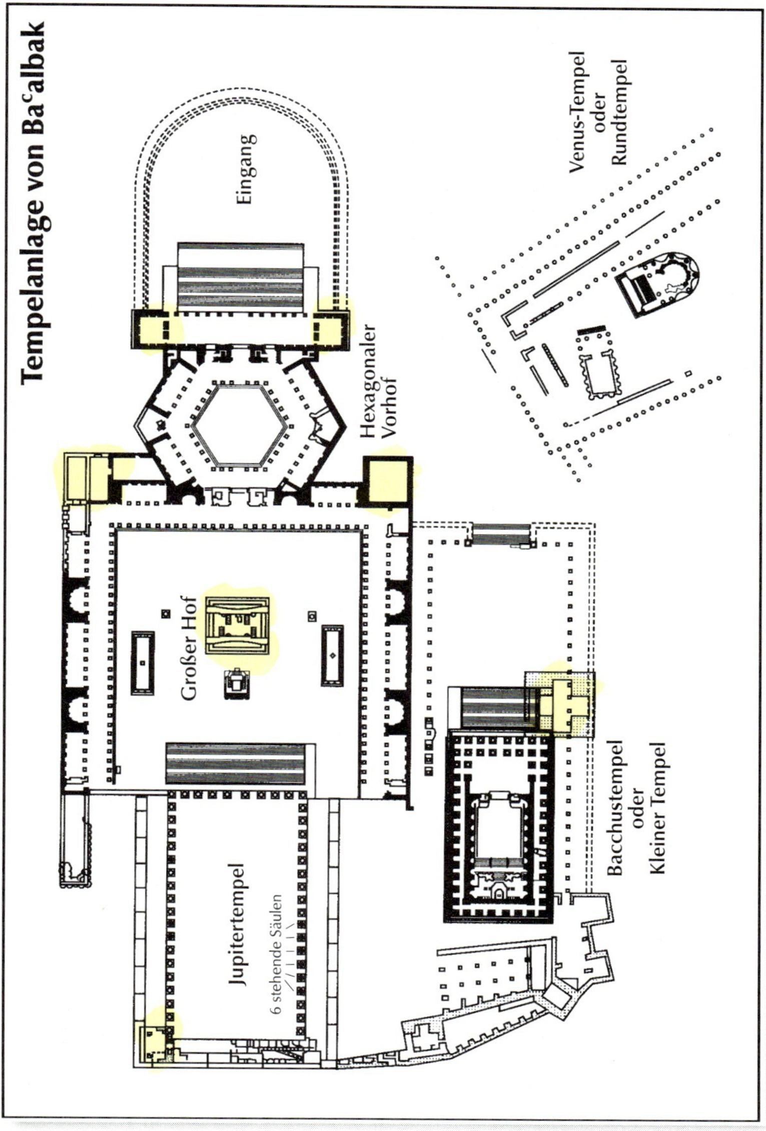

Tempelanlage von Ba^{c}albak

Eingang

Hexagonaler Vorhof

Großer Hof

Jupitertempel

6 stehende Säulen

Venus-Tempel oder Rundtempel

Bacchustempel oder Kleiner Tempel

Jupiter-Tempel: wasserspeiender Löwe

Am Ortsanfang führt ein Weg auf der rechten Seite zum **Steinbruch**, aus dem die Römer die mächtigen Kalksteinblökke zum Bau der Tempelanlagen beschafften. Ein kurzer Abstecher lohnt sich, da dort noch ein zugehauener Steinblock an der Stelle liegt, an der er gebrochen wurde. Sein Gewicht wird auf 2000 t geschätzt! Sicherlich war er für den Unterbau bzw. für die Umfassungsmauer des Jupiter-Tempels bestimmt. In seinen Ausmaßen (21,50 m lang, 4,20 m hoch, 4,80 m breit) übertrifft er die größten Blöcke des Unterbaus der Cella des großen Heiligtums.

Während wir uns der Tempelanlage nähern, sehen wir einen Teil der Säulenstraße, den Grundriß eines Forums und mehrere Sarkophage. Bis heute noch birgt der geschichtsträchtige Boden Hunderte von Schätzen aus der Blütezeit Ba^calbaks und nicht selten werden bis heute noch vor allem Sarkophage, zum Teil sogar mit Gold gefüllt, durch Zufall gefunden. Die Häuser der modernen Stadt sind auf den römischen Katakomben gebaut, die allerdings seit langem geplündert wurden. Auch das Theater von Heliopolis ist überbaut. Es lag an der Stelle des „Palmyra-Hotels"; einige Quader sind vor dem Hotel noch zu sehen.

Die Tempelanlage

Öffnungszeiten: tägl. 8–18 Uhr
Eintritt: 10 000 L. L.

• Jupiter-Tempel

„Die größte Tempelanlage der römischen Welt, an Schönheit nicht zu übertreffen", schwärmten zahlreiche Reisende im 18./19. Jh. Ein Blick genügt, um festzustellen, dass es sich bei diesem gewaltigen Heiligtum nur um ein kaiserliches Bauvorhaben handeln kann, das aus dem römischen Staatsschatz finanziert wurde – hier ging es weniger um Religion, sondern vielmehr um kaiserliche Machtpolitik.

Die Stufen führen hinauf zu dem **Propylon**. Nach kanaanäisch-phönizischer Bautradition wird es durch zwei mit korinthischen Pilastern geschmückte Türme mit einer Säulenhalle dazwischen gebildet. Die zwölf Säulenbasen trugen Säulen aus Rosengranit, der aus Assuan/Ägypten beschafft wurde. 174 Granitsäulen wurden im gesamten Tempel gezählt – sie sind zum Teil wieder aufgerichtet. Lateinischen Inschriften zufolge stiftete Kaiser Caracalla (211–17) drei vergoldete Bronzekapitelle, die allerdings nicht gefunden wurden. Nur noch vereinzelt können wir die Dekorationen der Eingangsfront erkennen, wurden doch der Zierrat und die Nischen von den Arabern während des Festungsbaus abgeschlagen, um den Feinden jede

Möglichkeit des Erkletterns der Mauer zu nehmen. Heute wird der obere Teil der Mauern von Schießscharten und Zinnen aus dem 12./13. Jh. bekrönt.

Drei einst reich dekorierte Eingänge, von denen der mittlere der höchste ist, führen ins Innere des Heiligtums. Wir stehen im sechseckigen **Vorhof**. Ein Blick zeigt uns, dass auch hier die Araber vieles zerstörten und umbauten. Römisch ist lediglich der Grundriß der Außenmauer, der durch vier rechteckige Exedren variiert wird. Die Innenarchitektur folgt der äußeren; hier standen einst Granitsäulen in Form eines Sechsecks und bildeten den Innenhof, der unter freiem Himmel lag, während der Säulengang sowie die Exedren, in denen die Götterstatuen standen, überdacht waren. Die Bedeutung dieses Vorhofes, der als Verbindung zwischen Propylon und Altarhof eingeschoben wurde, ist nicht gesichert. Vermutungen gehen dahin, dass er einen heiligen Baum umschlossen haben könnte, wie wir es nicht nur von hellenistischen Heiligtümern (Ölbaum der Athena auf der Akropolis), sondern auch von orientalischen Kulten kennen.

Ein großer viereckiger, von Säulenhallen umgebener **Altarhof** mit Opferplatz, Hochaltar und Wasserbecken schließt sich an. Die Folge der Höfe entspricht weniger dem römischen, sondern vielmehr dem „orientalischen" Geist – ein phönizisch-semitischer Tempel, gekleidet im römischen Gewand. Wir achten weniger auf die Architektur, sondern widmen uns den Dekorationen: Gesims mit verzierten Konsolen, Zahnschnitt, Eierstab, Blätter und Blüten sowie eine Dachrinne mit Löwenköpfen als Wasserspeier, von denen einige wieder aufgerichtet sind, andere am Boden im Hof liegen. Nicht nur die römischen Bildhauer ließen sich hier verewigen, sondern auch Stifter, Kaiser und deren Familien – auf den zum Teil großen Postamenten in situ mit ihren Namen in lateinischer Sprache standen die fast lebensgroßen, repräsentativen Statuen. Aber auch Götterstatuen (240!) schmückten den Hof. Die zu den drei Seiten liegenden halbrunden und rechteckigen Exedren mit einer Doppelreihe von gesimsgekrönten Nischen, die mit Holzdecken überdacht waren, öffneten sich zum Hof durch vier Granitsäulen. Vor allem die apsidialen Nischen im Süden und Norden sind von virtuoser Ausführung. Bei genauem Hinsehen erkennen wir Öffnungen im Boden der Hallen, die zur Beleuchtung der Gewölbe im Souterrain dienten. In der Nordostecke der Säulenhallen führt rechts eine Tür zu mehreren – heute geschlossenen – Nebenräumen, in denen das Opferfleisch vor dem gemeinsamen Verzehr gekocht und gebraten wurde. Beson-

Die sechs Säulen des Jupiter-Tempels

Tagestour 9

ders dekorativ sind die beiden Wasserbecken mit ihren zum Teil noch unfertigen Reliefs, die u. a. den Meeresgott Triton (Sohn Poseidons und Amphitrites), die Nereiden (die 50 Töchter des alten Meergottes Nereus und der Doris), Medusenhäupter und Cupiden (Götter der Liebe) zeigen. Sie dienten zur Reinigung und Lustration derer, die opferten oder den Tempel betraten. Zwischen ihnen steht der Altar, der während des Baus der Basilika im 5. Jh. zum Teil zerstört wurde, wie auch die Stufen, die zur erhöhten Cella führen. Eine Treppe im Inneren des Hochaltars führt auf das Dach (schöner Panoramablick; Vorsicht beim Hinaufgehen!). Hier verbrannten die Priester die inneren Organe der Opfertiere, nachdem sie mit ihrem Blut den Altar besprengt hatten. Solche turmförmigen Hochaltäre sind für die phönizisch-semitischen Riten typisch und zeigen hier im Jupiter-Tempel das Fortbestehen alter Bräuche im Gewand der klassischen Kunst.

Die **Cella** war der wichtigste Bereich des Tempels. Auf einem erhöhten gewaltigen Unterbau errichtet, zu dem in der Breite des Allerheiligsten Stufen hinaufführen, war sie von 54 Säulen umgeben. Von diesen stehen heute nur noch sechs, richteten doch die Naturgewalten, vor allem das verheerende Erdbeben 1759, den größten Schaden am Sitz des Gottes an. Diese Säulen sind mit einem Durchmesser von 2,20 m und einer Höhe von 23 m, auf denen ein Gebälk von 5 m Höhe ruhte, die gewaltigsten und höchsten im Vorderen Orient. Wir verlassen die Cella auf einer Treppe am Ende des Allerheiligsten, der zu einem tiefer gelegenen Weg führt. Von hier können wir den Schmuck des Gebälks betrachten: durch Laubgewinde miteinander verbundene Stier- und Löwenköpfe, Kranzgesims, Perlen- und Ei-

Ba'albak: Teilansicht der Anlage mit Säulenstraße

Damit die Götter uns wohlgesonnen bleiben!

Tausende drängen zum großen Tempel. Mit Hoffnungen in ihren Herzen, Wünschen und Lobpreisungen auf ihren Zungen streben sie dem Tempel ihres obersten Gottes zu. Es ist ein besonderer Tag. Heute ist das Fest Jupiters, heute werden ihm Tausende von Tiere „geschenkt", heute wird ihm Kraft und Macht gespendet, heute ist der Tag der Erfüllung.

Das Opfern für einen Gott verlangt etwas Lebendiges – Tiere oder Pflanzen. Da die Götter ihrem Wesen nach Götter des Handelns sind, die Menschen beschützen und Unheil fernhalten, ist zum Handeln Lebenskraft notwendig, die ständig gestärkt und erneuert werden muß.

Ihre Aktivität darf nicht erlahmen, damit sie weiterhin Wirksames leisten können, wie z. B. Mißernten oder Seuchen fernhalten. Die Opferdiener haben bereits seit Tagen auf dem Viehmarkt eingekauft, Tiere, die auf dem Weg zum Tempel scheuten, wurden gleich wieder zum Verkäufer zurückgebracht. Ein schlechtes Omen, wenn sie wider Willen den Weg zum Tempel gehen, denn solche Tiere werden bei den Göttern kein Wohlgefallen finden können. Ist der erste Schritt beendet, beginnen die „Proben" für die Zeremonie – nichts darf schief gehen, alles muß genau stimmen, die vorgeschriebene Abfolge muß eingehalten werden, die Wünsche, Segnungen und Anrufe zum richtigen Zeitpunkt ausgesprochen werden... damit die Götter uns wohlgesonnen bleiben!

Die Massen strömen in den großen Hof. Es ist ein Gedränge, fast droht man zu ersticken. Aber jeder will einen guten Platz haben, jeder will das Spektakel aus der Nähe sehen. Es kehrt ein wenig Ruhe ein, als über 10 000 brüllende Rinder, deren Hörner Bänder schmücken, in den Hof zum Altar geführt werden, auf dem bereits ein großes Feuer brennt. Sind alle im Hof versammelt, erscheinen Opferpriester und -diener. Die Zeremonie beginnt. Priester und Opfernde reinigen in einem besonderen Becken ihre Hände mit dem heiligen Wasser eines fließenden Gewässers. „Hütet die Zungen!" Nach diesen Worten kehrt Stille ein. Nur noch die stetige Musik des Flötenspielers ist zu hören. Die Priester ziehen die Toga über den Kopf und nehmen ein quadratisches Holzbrett in die Hand, auf dem heiliges, gesalzenes Schrotmehl aufgehäuft ist. Sie stäuben das Mehl über das Opfermesser und zwischen die Hörner, die die Diener festhalten. Den Tieren werden die Bänder und der Stirnschmuck abgestreift, während der Opfernde ihnen symbolisch mit dem Messer über den Rücken fährt und ein weiterer Diener, der ein Kästchen mit Weihrauch in den Händen hält, diesen ins Feuer zu streuen beginnt. „Mögest du gestärkt werden!" Der Priester beginnt, mit dem Blick zur Kultnische im Tempelinneren, zu beten. Die Gabe soll dem Gott frische Lebenskraft verleihen und ihn befähigen, die vorgetragene Bitte zu erfüllen. Alles ist eingeübt, denn verspricht sich der Priester, ist alles umsonst. Jetzt ist der Höhepunkt erreicht. „Soll ich schlagen?", fragt der rechts von dem Tier stehende Opferschläger. Keine Worte, nur ein zustimmendes Nicken. Er schlägt mit

Relief mit der Darstellung des Helios/Jupiter

dem Hammer auf die Stirn des Tieres. Ist es ein gut gezielter Schlag, wird es so betäubt, dass es in die Knie sinkt. Daraufhin zieht er den Kopf nach oben und schneidet ihm die Kehle durch. Das Blut schießt heraus, fließt... die Erde ist rot gefärbt! Etwas wird in einem Gefäß für den rituellen Gebrauch aufgefangen und der Altar wird mit dem Blut des Opfertieres gesprengt. Das meiste Blut allerdings fließt auf den Boden und wird später abgewaschen. Alle erwarten den Augenblick des Todes mit großer Spannung. Sie sind ängstlich und darauf konzentriert, dass das Tier geschickt und rasch getötet wird. Läuft es halbtot davon, muß die Zeremonie beendet, ein neuer Termin festgelegt und alles noch einmal durchgeführt werden.... damit die Götter uns wohlgesonnen bleiben!

Der Opferdiener beginnt jetzt das Tier in einzelne Teile zu zerlegen und die inneren Organe herauszuschneiden, den eigentlichen Sitz des Lebens: Herz, Nieren und Leber. Jeder ist darauf bedacht, dass ihm kein Fehler während der Zeremonie unterläuft, zumal es sich um jene lebenswichtigen Teile des Tieres handelt, die ausschließlich den Göttern vorbehalten sind. Ist alles gut verlaufen, werden die Organe in kleine Stücke geschnitten und auf den Altar gelegt, damit die Götter sie verspeisen können. Sie werden verbrannt. Das restliche Fleisch hingegen wird verzehrt.

Berauscht, glücklich und voller Hoffnung verlassen die Menschen den großen Opferplatz. Sie haben ihren Teil dazu beigetragen, dass alles Unheil von ihnen ferngehalten wird. Nun ist es an den Göttern, diese ihnen gespendete Kraft in die Tat umzusetzen, ist doch jeder Schritt, jede Handlungsvorschrift eingehalten und erfolgreich beendet worden... damit die Götter uns wohlgesonnen bleiben!

erstabmuster, Zahnschnitt und Konsolen, Mäanderstreifen, Voluten und Akanthusblätter. Den oberen Abschluß bekrönen in regelmäßigen Abständen Löwenköpfe als Wasserspeier. Am Ende des Weges und im Garten davor liegen zwei von diesen prächtigen Köpfen des „Königs der Tiere". An dieser Stelle werden uns auch die Ausmaße des Unterbaus, des **Trilithons**, bewußt. Dieses Fundament aus Steinen mittlerer Größe und einer Reihe von Blöcken stützen die Mauern; jeder dieser Steine wiegt an die 750 000 kg!

• Bacchus-Tempel

Der sehr gut erhaltene Bacchus-Tempel zählt zu den Prachtstücken römischer Kunst im Vorderen Orient. Unabhängig vom Jupiter-Tempel wurden hier die geheimen Mysterienkulte gefeiert, von denen oben die Rede war. Im Gegensatz zum Jupiter-Tempel, der vom römischen Staatsschatz finanziert wurde, beteiligten sich an der Finanzierung des Bacchus-Tempels die Städte der Provinzen. In der Decke des **Peristylhofes** sind die Gottheiten der Städte zu sehen, die ihren Beitrag zu diesem Kunstwerk leisteten. Aber diese prächtige Kassettendekke, z. Z. noch am Originalplatz, zeigt auch andere Motive: z. B. Mars mit Rüstung, eine geflügelte Siegesgöttin, Diana mit Pfeil und Bogen, Tyche mit Füllhorn, Vulkan mit seinem Hammer und Ceres mit der Korngarbe. Auch Helios-Jupiter, mythologische Szenen und Personen wie der schöne Jüngling Ganymed und der Adler des Zeus sowie Medusen hatten ihren festen Platz.

Im Osten führt eine breite Treppe zur Cella, um die eine Säulenhalle läuft, wobei die vorderen Kolonnaden kanneliert sind. Ein großes **Tor** (13 m hoch, 7,50 m breit) mit schön verziertem Gesims, dessen dekorativer feiner Schmuck zu den schönsten seiner Art zählt, führt ins Innere. Ähren- und Mohnsträuße, Wein- und Efeuranken bilden ovale Felder, in denen Frauen und Männer in verschiedenen Körperhaltungen mit Weintrauben in den Händen zu tanzen scheinen. Aber auch mythologische Szenen wie ein Kind (Dionysos), das von einer Nymphe gestillt wird, Pan, Satyrn und Bacchantinnen sind zu erkennen. Die Dekke des Türsturzes ist mit einer Szene geschmückt, die bis heute noch nicht vollkommen gedeutet werden konnte: Ein Adler hält mit seinem Schnabel eine mit Granatäpfeln und Zedernzapfen geschmückte Girlande, deren Enden zwei Putten ergreifen. In seinen Klauen trägt der König der Vögel einen Stab. Rechts des Eingangs ein Relief mit einer Opferszene, links und rechts die Eingänge zu den Treppen, die auf das Dach des Tempels führten und im Inneren der Cella durch Pilaster kaschiert werden.

Die Innenwände der **Cella** sind mit kannelierten Halbsäulen geschmückt, zwischen ihnen Nischen, in denen Figuren standen. Das erhöhte **Adyton**, das Allerheiligste, in dem die Götterstatue stand, liegt gegenüber dem Eingang. Zu ihm führten Stufen, deren Rampen Reste von Schmuck zeigen. An den vier Wandpfeilern der Rückwand war ein Baldachin befestigt, unter dem die Götterstatue stand. Auf den beiden erhaltenen Sockeln erkennen wir tanzende Figuren, die den Bezug zu Dionysos/Bacchus herstellen: Ariadne und Dionysos/Bacchus, der auf einem Panther steht, sowie sein Gefolge von Bacchantinnen und Satyrn.

Merkur oder Bacchus? Welcher Gott wurde hier verehrt? Wie bereits oben erwähnt, ergaben sich bei der Gleichsetzung der lokalen mit den römischen

Göttern Schwierigkeiten beim Angleich ihrer Eigenschaften, die ergänzt werden mußten. So ist die Sohngottheit, der Merkur der Römer, auf dem Relief des Türsturzes seines Tempels durch sein Emblem *caduceus*, den Heroldsstab, repräsentiert, den der Adler in seinen Fängen hält. Wegen den Verzierungen wurde er allerdings Bacchus-Tempel genannt. Die Römer versuchten mittels des Dekors die Wesenszüge, die dem Gott Merkur fehlten, zu ergänzen, um auf diese Weise die wahre Natur der phönizischen Sohngottheit darzustellen, kam er doch – wie bereits erläutert – in Bezug auf seine Mittlerfunktion zwischen Göttern und Menschen Merkur und in Bezug auf den Vegetationsgeist Bacchus gleich.

Gegenüber dem Eingang des Tempels ist in einem von den Ayyubiden errichteten Burgturm ein kleines **Museum** untergebracht. Hier sind Exponate aus der islamisch-mittelalterlichen Periode ausgestellt, angefangen bei Keramik, über Stelen bis hin zu Inschriften. Im Untergeschoß stehen Sarkophage mit ihren Grabbeigaben, die in der Umgebung gefunden wurden.

Zwischen dem Bacchus- und Jupiter-Tempel liegt ein 120 m langer **Tunnel**. Er gehört zum Unterbau des großen Altarhofes, um ihn zu erhöhen. Dieses Untergeschoß wird von mehreren parallel laufenden Gängen gebildet, die durch ein drittes lotrecht verbunden sind. Es diente als Galerie an den Kellern der Exedren, Läden oder Pilgerunterkünften.

Im Tunnel ist im November 1998 ein kleines Museum eingeweiht worden – termingerecht zum Jahrhundertjubiläum des Besuchs von Wilhelm II. in Ba'albak. Die wissenschaftliche Direktorin des DAI, Margarete van Ess, und ihre libanesische Kollegin Helen Sader von der AUB konnten in Zusammenarbeit mit der libanesischen Antikenverwaltung und zahlreichen Archäologen der AUB dieses Projekt realisieren. Und für die Finanzierung wurden deutsche und libanesische Firmen als Sponsoren gewonnen. Das Museum zeigt uns die Ergebnisse der 100jährigen Ausgrabungsgeschichte des Ortes. Mehrere Statuen von Göttern, Architekturfragmente und Mosaiken sind ausgestellt, aber auch Stiche, Fotografien und Schilderungen von Reisenden wurden in einer Sonderschau angefügt. Besonders interessant sind die von Annegret Nippa, Leiterin des Völkerkundemuseums Dresden, ausgewerteten Fotografien von Hermann Burchardt, der 17 Jahre durch den Orient gereist war.

- **Venus-Tempel**

Der außerhalb der großen Anlage gelegene Venus-Tempel ist heute nicht zu besichtigen. Nach Norden ausgerichtet, steht er auf einem erhöhten Podium, zu dem Stufen hinaufführen. Die geradlinige Fassade hat eine doppelte Säulenreihe. Ein Tor öffnet sich auf die runde Cella, die innen mit übereinander liegenden Nischen geschmückt und mit einer Kuppel überwölbt war. In der Wand der Cella ersetzen Pilaster die Säulen und flankieren die Nischen, die mit Laubgewinde geschmückt waren, das von den Pilasterkapitellen hinunterfiel. Das Besondere an diesem fast barocken Tempel ist das Zerbrechen der orthogonalen Normen. Wir haben hier den Beginn einer besonderen Kunst vor uns: Die Befreiung der Architektur vom rechten Winkel, um mit geschweiften Linien und großzügig eingesetzten Ebenen zu spielen. Ein fantastischer Beitrag der syrischen Baumeister.

In byzantinischer Zeit wurde der Tempel in eine Kirche zu Ehren der Hl. Barbara umgebaut.

Hotels

Palmyra Hotel***
Das Drei-Sterne-Hotel im Kolonialstil bietet Gästen zwar keinen Fünf-Sterne-Luxus wie jene in Zahle oder Schtura, ist aber wegen der besonderen Atmosphäre ein Genuß! Die freundlichen Besitzer zeigen auf Wunsch das illustre Gästebuch. Hier haben schon Jean Cocteau, General de Gaulle und andere berühmte Persönlichkeiten übernachtet und gespeist; DZ ab 50 $, Tel. 08/37 02 30.

Pension Shuman
Die kleine Pension in der Nähe der Tempelanlage verfügt nur über vier Zimmer, die ab 10 000 L. L. pro Person kosten; Tel. 08/37 01 60.

Hotel As-Shams
Vier sehr einfache, aber saubere Zimmer zu sehr günstigen Preisen (ab 6 $ pro Person). Toilette und Bad sind auf dem Gang; Tel. 08/37 32 84.

Camping

Es gibt zwar keinen offiziellen Campingplatz, man kann aber problemlos auf dem großen **Parkplatz unterhalb des Palmyra-Hotels** und im **Garten des Maronitenklosters** übernachten!

Restaurants

Im **Hotel Palmyra** (s. o.), gegenüber der römischen Säulenstraße und direkt an der heutigen Hauptstraße gelegen, bekommen Sie Vorspeisen und verschiedene Grillgerichte in stilvoller Atmosphäre und zu günstigen Preisen; Tel. 08/37 02 30.

Abu Mahmud
Am großen Busparkplatz in unmittelbarer Nähe zum Eingang der Tempelanlage ist das kleine Café von Abu Mahmud, der leckere Fatayir, gefüllte Teigtaschen, serviert. Bei großem Andrang empfiehlt es sich, diese vor dem Besuch der Tempelanlage zu bestellen, da Sie ansonsten mit längeren Wartezeiten rechnen müssen. Das Café ist stets von Touristen aus aller Welt besucht.

Scheherazade
Fünf Minuten von der Tempelanlage entfernt befindet sich in der Altstadt das Restaurant Scheherazade, das leckere Vorspeisen und verschiedene Grillgerichte anbietet. Es liegt im 6. Stock eines Gebäudes und bietet deshalb einen fantastischen Blick auf die Tempelanlage, der nicht nur Fotografen begeistert.
Tel. 08/37 18 51

Ba[c]albak: die Propyläen des Bacchus-Tempels

Bacalbak-Festspiele

1997 erweckten die Libanesen das alljährliche Spektakel wieder zum Leben, für das die Stadt von 1957 bis zum Ausbruch des Bürgerkrieges weltbekannt war. Sollten Sie im Juli/August in Libanon sein, dürfen Sie auf keinen Fall eine der Aufführungen (Klassik, Jazz, arabische Musik/Tanz) versäumen.

Informationen und Karten erhalten Sie u. a. in der Librairie Antoine in Beirut/Hamra oder über das Komitee der Bacalbak-Festspiele, Tel. 01/37 08 34.

Infos auch **im Internet** unter: http://www.baalbeck.org.lb; e-Mail: baalbeck@inco.com.lb

Ausflüge von Bacalbak

Nahle [1]

Wir verlassen Bacalbak nach Nordosten und fahren entlang der Hänge des Antilibanongebirges bis zum Dorf **Nahle** (6 km), das malerisch über einem Tal, in dessen Tiefe ein Wildbach fließt, liegt.

Um die Ruinen eines kleinen **römischen Tempels** in der Dorfmitte gruppieren sich die Häuser des Ortes. Der Unterbau des Heiligtums ist noch erhalten, ebenso können wir anhand der Fundamente und Reste die Aufteilung rekonstruieren. Es bestand aus zwei Teilen: einem offenen Hof und einem großen überdachten Saal. Die Mauerkerben in den Wänden dienten der Aufnahme von Holzbalken für die Decke. Östlich des Ortes wurden **byzantinische Gräber** entdeckt.

Ra's al-'Ain [2]

1 km östlich von Bacalbak liegt die Quelle Ra's al-'Ain am Fuße des Antilibanongebirges. Diese mit Bäumen umgebene Stelle lädt viele in den Sommermonaten zum Verweilen ein, eignet sich der schattige Platz doch gut zum Picknicken. In der Nähe liegen die Ruinen einer alten Moschee.

Y'at [3], Qasr al-Banat und Yammune [5]

Wir fahren zur Straße Richtung Beirut und biegen am Ortseingang von Ba'albak rechts in die anfangs parallel laufende Straße ein. Nach 2 km geht links eine Straße die Libanonberge hinauf zu den Zedern nach Bscharré über den 'Ain 'Ata-Paß. Im Sommer ist dieser Weg wegen der Landschaft sehr zu empfehlen, im Winter und Frühling ist der Paß wegen Schnee geschlossen! Oben auf der Spitze haben Sie, bei klarer Sicht, einen wunderschönen Blick nach Osten auf die Bekaa-Ebene, nach Westen auf das Qadischa-Tal bis zum Mittelmeer. Nach **Y'at** (5 km) sehen wir auf der rechten Seite eine ca. 18 m hohe **korinthische Säule** einsam in der Ebene stehen, die sich auf einem vierstufigen Sockel erhebt. Auch wenn der Überlieferung nach die Säule der Hl. Helena zugeschrieben wird, die an dieser Stelle einen ihrer zahlreichen Rastorte angelegt haben soll, so handelt es sich wohl eher um ein Grabdenkmal.

Nach kurzer Fahrt erreichen wir den links gelegenen Hügel **Chlifa [4]** (11 km) mit den Ruinen eines römischen Tempels, **Qasr al-Banat** (das Mädchenschloß). Ca. 20 Min. dauert der Fußmarsch zur Spitze des Hügels. Zisternen, Wasserbecken, Fundamente, Räume, Stufen und ein Giebel mit römischem Schmuck, zu datieren in die griechisch-römische Zeit, geben einen Eindruck von der einstigen Bedeutung des Heiligtums. Da die lateinische Inschrift an der einen Mauer nicht zu entziffern ist, können wir den Tempel keinem Gott zuweisen.

Nach **Dair al-Ahmar** (16 km) steigt die Straße entlang einen kleinen Abschnitt von Steineichen- und Wacholderwäldchen. Kurz vor **Mschaitiye** (21 km) biegen wir links ab und erreichen **Yammune** (28 km).

Dieses Dorf am Abhang des Libanongebirges auf 1375 m Höhe liegt malerisch am Ufer eines Sees, der von zahlreichen Quellen in der Umgebung gespeist wird. Von dem griechisch-römischen Tempel südlich des Ortes hat sich ein großer Teil der Umfassungsmauer und des Unterbaus erhalten. In der phönizischen Mythologie kommt der See im Zusammenhang mit Astarte vor. So soll sich die phönizische Göttin in ihm auf der Flucht vor Typhon, dem Drachen mit hundert feuerspeienden Köpfen und hundert verschiedenen Stimmen, in einen Fisch verwandelt haben. Die Einheimischen glauben sogar, dass das Wasser des Adonis-Flusses aus diesem See kommt.

Labwe [6], Ra's Ba'albak [7], Dair Mar Marun und Hermel [8]

Wir fahren zur Straße Richtung Beirut und biegen am Ortseingang von Ba'albak rechts in die anfangs parallel laufende Straße ein. Nach 2 km geht links eine Straße die Libanonberge hinauf zu den Zedern nach Bscharré über den 'Ain 'Ata-Paß. Wir fahren weiter durch die inzwischen kahle Landschaft über die Wasserscheide des Nahr al-Litani (Leontes) und Nahr al-'Asi (Orontes), den Weiler **Rasm al-Hadet** (25 km) und gelangen nach **al-Labwe** (28 km).

Der Name des Ortes geht auf das aramäische Wort *Leboa* (Eingang zu) zurück. Da der benachbarte Weiler Rasm al-Hadet „Grenzziehung" bedeutet, gehen Historiker davon aus, dass an dieser Stelle der Beginn des Gelobten Landes war. In Labwe selbst liegen verstreut die Reste eines **römischen Tempels**, der von den Arabern in eine Festung umgebaut wurde. 1170 fand in diesem Gebiet eine Schlacht zwischen den Truppen des Großmeisters des Johanniterordens, dem Lehnsherrn von Husn al-Akrad/Craq des Chevaliers, heute in Syrien, und den muslimischen Truppen statt, in der die Kreuzritter vernichtend geschlagen wurden.

In den Reisebeschreibungen der Antike taucht das Dorf unter dem Namen *Lybo* auf. Sein Umland wird durch zahlreiche Bäche, die 5 km östlich entspringen, und eine Quelle im Unterdorf bewässert. Königin Zenobia von Palmyra (268–72 n. Chr.) ließ hier, der Überlieferung nach, einen Kanal bauen, um das Wasser in die Oasenstadt Palmyra zu leiten. Am Berghang wurden tatsächlich Spuren einer großen Kanalanlage gefunden; ebenso entdeckten Archäologen im Norden einen antiken Tunnel durch die Ausläufer des Antilibanon.

Über **al-'Ain** (32 km) und **Mu'allaqat al-Jdaide** (36 km) gelangen wir an eine Straßengabelung, an der wir rechts zu dem 2 km entfernten Ort **Ra's Ba^calbak** abbiegen.

Das *Conna* der Antike und das in den Akten des Konzils von Chalkedon 451 erwähnte *Chonochora* der byzantinischen Zeit ist heute ein kleines, unbedeutendes griechisch-katholisches Dorf. Lediglich zwei Kirchen vergegenwärtigen uns die einstige Bedeutung. Diejenige im Dorf wurde aus Steinen

Fortsetzung auf Seite 381

Tagestouren von Beirut

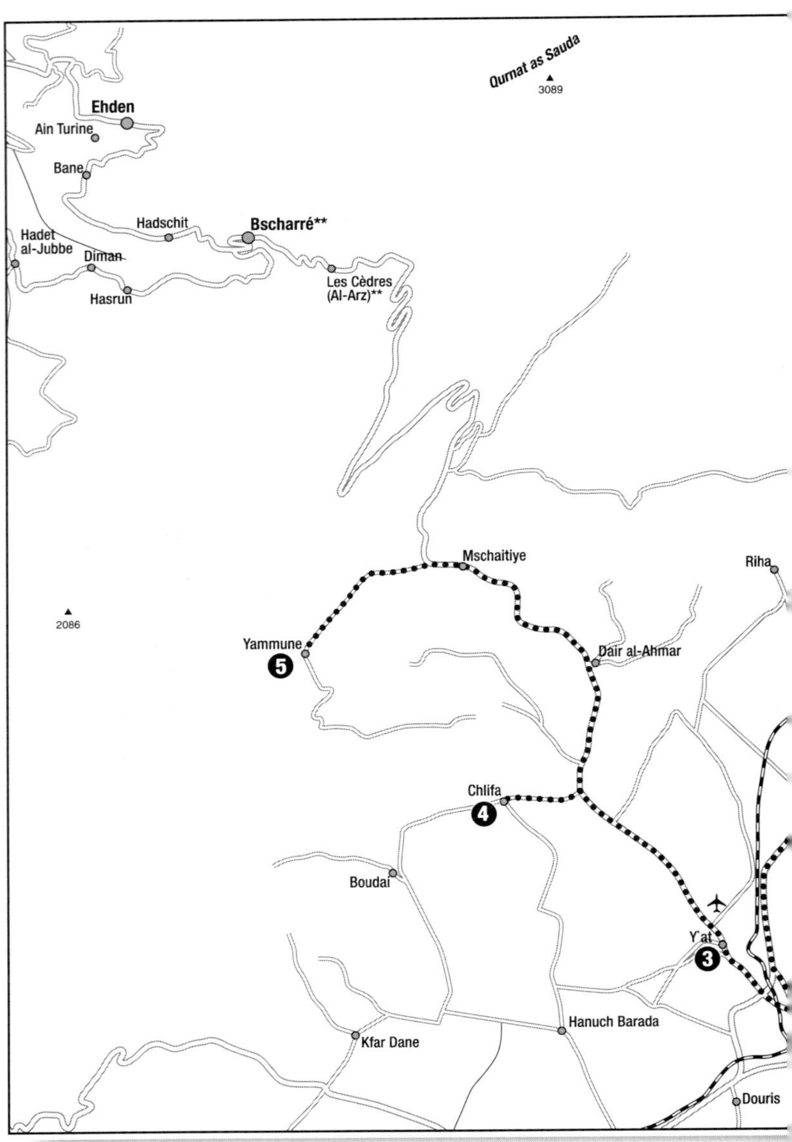

Ausflüge von Ba^calbak – Übersichtskarte

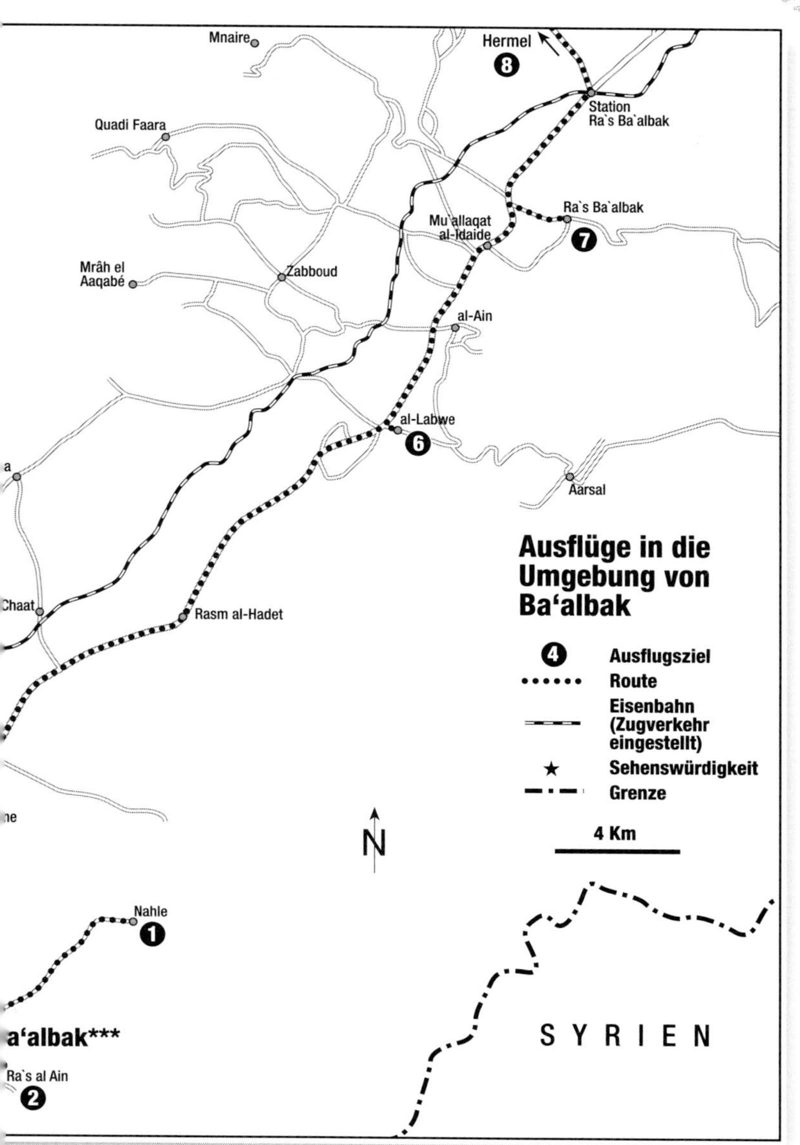

Die Pyramide von Qamwat al-Hermel

römischer Bauwerke errichtet, die andere außerhalb des Ortes im Westen nimmt das Innere eines römischen Tempels ein.

Tipp: Besuchen Sie die Werkstätten des Ortes. Hier werden bis heute noch Saiteninstrumente wie Lauten, Gitarren und Violinen gearbeitet!

Wieder an der Straßengabelung fahren wir bis zur ehemaligen Bahnstation **R'as Baᶜalbak** (40 km) und biegen links nach Hermel ab. Die erste Straße links (48 km) führt zu dem 1 km entfernt liegenden **Ra's al-'Asi** bzw. **Ain az-Zarqa** (die blaue Quelle), der Hauptquelle des Orontes – eine Landschaft, die zum Verweilen einlädt.

500 m flußabwärts von der Quelle wurde eine dreistöckige Höhle von Menschenhand in einen ca. 90 m hohen Steilfelsen gehauen: **Dair Mar Marun** (Kloster des Hl. Marun) oder **Mugharat ar-Rahib** (Höhle des Mönchs). An der Außenwand des Felsens sind Reste von Altären, eine Treppe und einige kleine Zellen zu erkennen. Die einstige Zufluchtstätte des Hl. Maruns, nach dem sich die Maroniten nennen, wurde im Mittelalter in eine kleine Festung umgebaut; die Reste behauener Steine und Schießscharten stammen aus jener Zeit. Sollten Sie keinen Spaziergang durch das Flußtal machen wollen, so können Sie auch zum Kloster fahren (2 km).

Zurück zur Straße Richtung Hermel sehen wir nach wenigen Metern von weitem auf eine hohe Pyramide, die einsam auf einem Hügel steht: **Qamwat al-Hermel** (50 km). Die Pyramide ruht auf einem dreistufigen Unterbau aus Basaltsteinen und zwei übereinander liegenden Würfeln, die zwei Stockwerke, getrennt durch ein Kranzgesims, bilden. Eine Jagdszene, in der mehrere Personen und Tiere zu erkennen sind, schließt den oberen Rand des unteren Geschosses ab. Die Darstellung an der Ostseite wird von einem Eber bestimmt, der von drei Lanzen durchbohrt ist und von zwei Hunden angegriffen wird. Über den Hunden wurde ein von Stricken umschlungenes oder aus einer Reihe von Scheiben zusammengesetztes zylinderförmiges Gebilde eingeschoben. Der Rahmen oberhalb enthielt einst eine Inschrift, von der keine Reste erhalten sind. An der Nordseite stehen sich zwei Hirsche über zwei gekreuzten Lanzen unter einer Hirschfalle gegenüber. Die Westseite nimmt ein großer Stier ein, der von zwei Wölfen oder Bären angegriffen wird; im Hintergrund sehen wir Lanzen und Stricke. Die Südseite ist fast völlig zerstört; lediglich einige Gegenstände und ein Tierkörper, bei dem es sich um einen Hirsch handeln könnte, sind schemenhaft zu erkennen. Das Obergeschoß, über dem sich die 3 m hohe Pyramide erhebt, ist an allen vier Seiten mit dorischen Pilastern geschmückt. Das Bauwerk war wahrscheinlich die Grabstätte eines Herrschers und ist in das 2./1. Jh. v. Chr. zu datieren. Es erinnert in seiner Bauweise an das hellenistische Mausoleum von Halikarnassos.

Nach der Überquerung des Orontes (53 km) erreichen wir **Hermel** (55 km), das sich auf drei Hügeln in einer schönen, malerischen Landschaft erstreckt.

Im Ort selber ist nichts zu sehen. Jedoch glauben Historiker, dass er in römischer Zeit eine große Bedeutung hatte, bargen doch Archäologen zahlreiche Schätze aus dem Boden, u. a. einen Altar, der Jupiter Heliopolitanus geweiht war (Nationalmuseum Beirut).

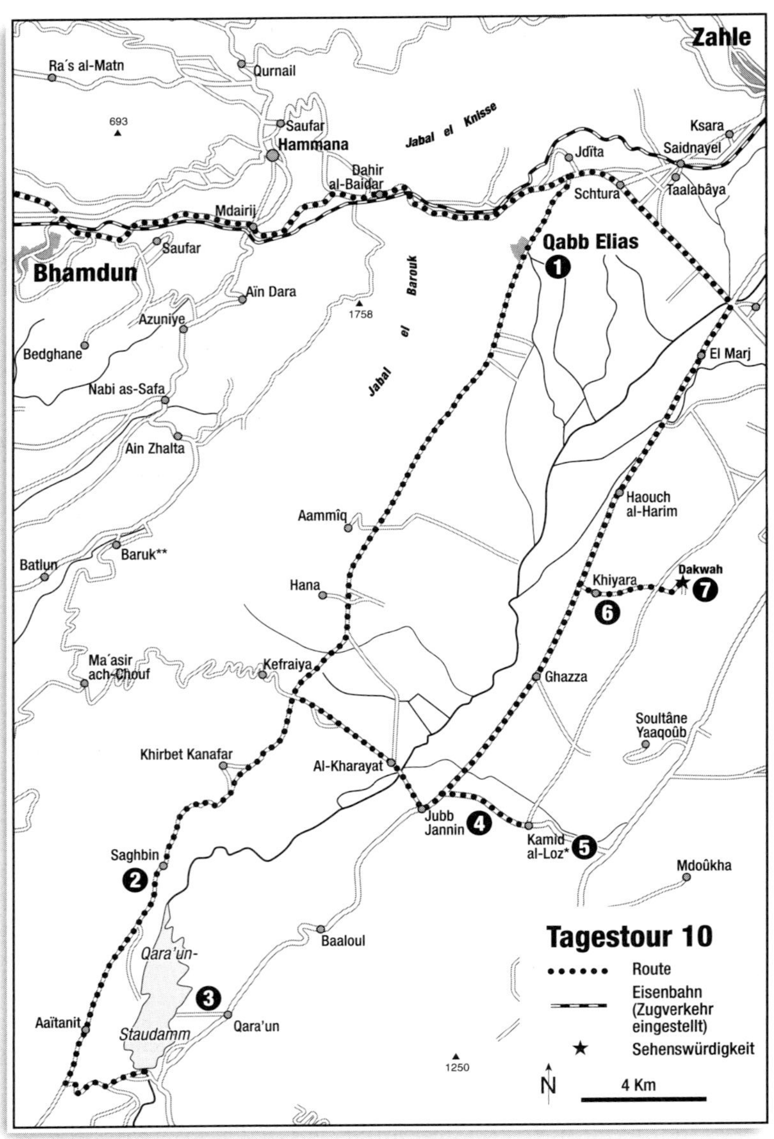
Zahle
Ra´s al-Matn
Qurnail
693
Saufar
Hammana
Jabal el Knisse
Ksara
Jdîta
Saidnayel
Dahir al-Baidar
Schtura
Taalabâya
Mdairij
Qabb Elias
Saufar
1
Bhamdun
Jabal el Barouk
Aïn Dara
1758
Azuniye
Bedghane
El Marj
Nabi as-Safa
Ain Zhalta
Haouch al-Harim
Aammîq
Baruk**
Batlun
Dakwah
Khiyara
7
Hana
6
Ma´asir ach-Chouf
Kefraiya
Ghazza
Soultâne Yaaqoûb
Khirbet Kanafar
Al-Kharayat
Jubb Jannin
4
Kamid al-Loz*
5
Saghbin
2
Mdoûkha
Baaloul
Tagestour 10
Qara'un-
Route
Eisenbahn (Zugverkehr eingestellt)
3
Aaïtanit
Qara'un
Staudamm
Sehenswürdigkeit
1250
N
4 Km

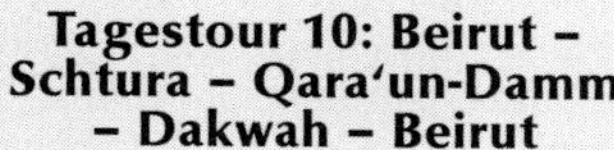

Tagestour 10: Beirut – Schtura – Qara'un-Damm – Dakwah – Beirut

Wir verlassen Beirut auf der Straße Richtung Damaskus und fahren über den Paß Dahir al-Baidar bis nach **Schtura** (s. Tagestour 8). Bevor wir Schtura erreichen, biegen wir am syrischen Posten gegenüber dem Park Hotel rechts ab (44 km). Über **Qabb Elias [1]** (47 km), vorbei am Denkmal für die 1860 in Libanon gefallenen französischen Soldaten (48 km) fahren wir durch das kleine Dorf **Hanna** (62 km) bis zum Weindorf bzw. -gut **Kefraya** (65 km). Sobald es in Serpentinen bergab in das Litani-Tal geht, sehen wir den Stausee. Nach dem malerischen Ort **Saghbin [2]** (73 km) gelangen wir zum **Qara'un-Staudamm [3]** (75 km).

Qara'un-Damm

1959 begannen jugoslawische Ingenieure mit dem Bau des Dammes und des Stromkraftwerkes. Der See mit einer Fläche von 11 m² dient u. a. zur Bewässerung der landwirtschaftlichen Felder der Ebene: 31 000 ha in Südlibanon und 8000 ha in der Bekaa-Ebene. Der Damm ist 60 m hoch und 1350 m lang. Eine Galerie von 6,5 m leitet das Wasser zu der unterirdischen hydroelektrischen Station, in der Transformatoren bis zu 185 Megawatt produzieren können.

Tipp: Genießen Sie die Landschaft in einem der zahlreichen Restaurants am Stausee! Falls es Ihnen hier gefallen sollte, bieten die kleinen Hotels auch Übernachtungsmöglichkeiten.

Wir fahren zurück bis zur Kreuzung bei **Kefraiya** (85 km). Die Straße rechts führt über **al-Kharayat** (90 km) bis nach **Jubb Jannin [4]** (92 km). Vor dem Ort biegen wir links ab und fahren bis zu der Abzweigung (94 km), die uns rechts zu der bekannten Ausgrabungsstätte **Kamid al-Loz [5]** (97 km) führt.

1963–1981 legten deutsche Archäologen in mehreren Grabungskampagnen eine **phönizische Siedlung** frei, deren Geschichte bis in die chalkolitische Zeit (5./4. Jt. v. Chr.) zurückgeht. Im Laufe von mehreren Jahren wurden wertvolle Schätze geborgen, u. a. eine aus Elfenbein geschnitzte Statue einer sitzenden Göttin vom ägyptisierenden Typus aus dem 2. Jt. v. Chr., deren Gesicht allerdings charakteristische Züge der griechischen Kunst des 6. Jhs. v. Chr. zeigt, die die Künstler von Kamid al-Loz vorwegnahmen.

Die Lage der Stadt an einer der großen Handelsstraßen in der Bekaa-Ebene brachte ihr Reichtum und Ansehen. Ihre Stellung im Handelsgeflecht, das in der Bronzezeit (2000–1600 v. Chr.) zwischen den Städten der Bekaa-Ebene bestand, verhalf Kamid al-Loz auch zu großer politischer Bedeutung. Weitere Funde belegen, dass der imposante Tall auch in der Spätbronzezeit (1600–1100 v. Chr.) besiedelt war und hier der ägyptische Statthalter residierte.

Nahe der Ausgrabungsstätte liegt ein großer Steinbruch. Wahrscheinlich ließ die umayyadische Dynastie hier die Steine für den Bau ihres Schlosses in Anjar brechen. In der Nähe erkennen wir einige Felsengräber mit aramäischen Inschriften, die in das 1. Jt. v. Chr. datiert werden.

Wieder zurück auf der Hauptstraße (100 km) halten wir uns gen Norden. Nach **Ghazza** (105 km) gelangen wir zum Dorf **Khiyara [6]** (109 km), in dem ein rechts gelegener Weg nach **Dakwah** [7] führt (112 km).

Dakwah

Das Dorf ist unbedeutend, nicht hingegen der **gut erhaltene römische Tempel**. Die vier Wände der Cella haben sich bis zum oberen, mit einem Gesims verzierten Abschluß erhalten. Die beiden Ecken des Eingangs schmücken korinthische Pilaster, zwischen denen Säulen stehen.

Auf dem nahegelegenen Hügel (10–15 Min. zu Fuß) wurde eine Felsnekropole entdeckt. Zwei der Grabkammern sind heute zugänglich. Die Reste des bogenüberspannten Gewölbes, die Grabnischen und die Steinsarkophage geben einen Eindruck von der Innenraumaufteilung von Gräbern in römischer Zeit.

Wir fahren zurück zur Straße (115 km) über **Haouch al-Harim** (118 km) bis zur großen Verbindungsachse Beirut–Damakus (125 km): Rechts geht es zur libanesisch-syrischen Grenze, links über **Schtura** (131 km) zurück nach Beirut (176 km).

Anhang

Glossar

Arabische und persische Begriffe

Bab
Tor, Tür, auch Stadttor

Badiya
Weideland, Beduinenland

Bait
Haus. Eine in sich geschlossene Wohneinheit eines großen arabischen Hauses oder Palastes. I. d. R. gruppieren sich vier Räume oder mehr um einen Innenhof oder eine Mittelhalle.

Din
Religion, Glaube; kommt häufig als Bestandteil von Namen und Titeln vor wie z. B. Nur ad-Din (Licht des Glaubens) oder Saladin (Güte des Glaubens).

Emir
Eingedeutscht für arab.Amir . Ein Ehrentitel mit der Bedeutung Prinz, Fürst, Statthalter, Befehlshaber u. ä.

Hammam
Traditionelles, arabisches Bad

Iwan
Ursprünglich persische Bezeichnung für die Audienzhalle eines Königs. Später eine gewölbte Halle, die sich mit großem Bogen auf einen Innenhof hin öffnet.

Jabal
Berg, Gebirge

Khan
An Karawanenwegen gelegene Herbergen mit Räumen für Waren, Lasttiere und Menschen; in Städten nur für Waren.

Kufi
Nach der irakischen Stadt Kufa am Euphrat benannte eckige Form der arabischen Schrift.

Nahr
Fluß

Qal'a
Burg, Festung

Qasr
Burg, Schloss; oft zur Bezeichnung monumentaler antiker Bauwerke verwendet.

Qibla
Die Wand in einem Betsaal einer Moschee, an der die Gebetsnische liegt; sie zeigt die Gebetsrichtung nach Mekka an.

Scharia
Islamisches Gesetzeswerk

Suq
Arabisches Wort für eine Geschäftsstraße; pers.: Basar.

Sufi
Mystiker

Tall
Hügel. In der Archäologie heute als Ruinenhügel bezeichnet, der durch Übereinanderschichtung der Trümmer und Hinterlassenschaften lang bewohnter Siedlungen entsteht.

Tekke/Tekiye
Ursprünglich türkische Bezeichnung für die Ordensklöster der muslimischen Sufis.

Wadi
Tal, ausgetrocknetes Flusstal, Flussbett in der Wüste.

Archäologische und kunsthistorische Fachbegriffe

Adyton
Griech. „das Unzugängliche"; nur den Priestern zugängliches Allerheiligstes in der Cella des Tempels, in dem das Kultbild des Gottes steht.

Agora
Griech. „Markt"; öffentlicher Platz in einer griechischen Stadt, Markt- und Versammlungsplatz.
Akropolis
Griech. „Hochstadt"; hoch gelegener, befestigter Teil einer griechischen Stadt. Verwaltungszentrum und Ort des Kultus und der Repräsentation.
Amarna-Briefe
1887 in Amarna, der Königsstadt von Amenophis IV. in Mittelägypten, entdeckte Tontafeln in babylonischer Keilschrift mit Schreiben vorderasiatischer Fürsten des 15./14. Jh. v. Chr. an Amenophis III. und IV. (Echnaton).
Anthropoid
Aus dem griech. anthropos = Mensch; menschenähnlich.
Apsis
Halbrunder, recht- oder vieleckiger Nebenraum. In der christlichen Baukunst der östliche Abschluss einer Kirche, in dem der Altar steht.
Architrav
Den Oberbau tragender Hauptbalken über Säulen oder Pfeilern.
Arkade
Bogenstellung über Säulen oder Pfeilern in fortlaufender Reihung.
Atrium
Von Säulen getragener Innenhof eines römischen Wohnhauses mit mittlerer Öffnung im Dach.
Baptisterium
Kirchliches Bauwerk für die Taufe.
Basilika
Ein drei- oder mehrschiffiges Bauwerk. In der römischen Architektur Markt- und Gerichtshalle, in der christlichen Baukunst früh bevorzugter Kirchentyp.
Betyl
Aus dem aramäischen Bethel = Haus Gottes; flache Abbildung des Gottessteins.
Cardo
Nord-südlich verlaufende Säulenstraße in römischen Städten.
Cavea
Halbkreisförmig angelegter, in Stufen ansteigender Zuschauerraum römischer Theater.
Cella
Fensterloser Hauptraum für den Kult in einem Tempel, der sein Licht nur vom Eingang her erhält.
Decumanus
Ost-westlich verlaufende Säulenstraße in römischen Städten.
Donjon
Wehrhafter Hauptturm in Burgen, der auch zu dauerndem Wohnen eingerichtet war.
Eierstab
Zierleiste aus abwechselnd eiförmigen Gebilden und spitzen Stegen.
Exedra
Erweiterung in den Säulengängen öffentlicher Plätze und in Gebäuden in Form eines Halbkreises oder Rechtecks.
Forum
Meist längsrechteckiger Hauptplatz in römischen Städten, Marktplatz und Versammlungsort.
Fresko
Wandmalerei, bei der mit Kalkwasser angerührte Farben auf noch feuchten Kalkverputz aufgetragen werden; Farben und Verputz sind nach dem Trocknen unauflöslich miteinander verbunden.
Gebälk
Oberer Teil einer Säulenordnung, bestehend aus Architrav, Fries und Kranzgesims.
Hippodrom
Pferderennbahn

Hypokausten
Römische Fußbodenheizung, bei der Warmluft in Hohlräume und Kanäle, gebildet durch Ziegelpfeiler, geführt wird.
Ikonographie
Bildsprache
Intarsie
Holzeinlegearbeit
Kanneliert
Bezeichnet Säulen, Pfeiler und Pilaster mit durchgehenden senkrecht-konkaven Rillen.
Kastell
Römisches Fort; Wehrbau vor allem an der Grenze des Reiches.
Kolonnade
Säulenreihe
Konsole
Vorspringendes Trageelement als Auflage von Balken oder Bogen; auch Träger von Büsten und Figuren an Säulen oder Pfeilern.
Kreuzgewölbe
Gewölbeform, die aus der Durchdringung zweier gleich hoher Tonnengewölbe entsteht, wobei sich einander überkreuzende Grate bilden.
Limes
Befestigte Grenzlinie des Römischen Reichs zur Abwehr von Feinden.
Muqarnas
Konkave, gewölbte Bauzellen, die seit dem 12. Jh. ein beliebtes Dekorationselement über Portalen waren.
Narthex
Westliche Vorhalle der altchristlichen Basilika
Nekropole
Gräberstadt; größerer Friedhof
Nymphäum
Quellenheiligtum der Nymphen; besonders in römischer Zeit repräsentative Prachtbrunnenanlage einer Stadt.
Obelisk
Pyramidaler monolithischer Steinpfeiler
Oktogon
Gebäude mit achteckigem Grundriss
Orchestra
Runder, später halbrunder Platz des Chores im griech.-röm. Theater.
Palästra
Sportkampfstätte der Antike, vor allem für Ringkämpfe bestimmt.
Peristylhof
Säulenhof eines Hauses, Tempels oder frühchristlichen Kirche.
Pilaster
Flache, pfeilerartige Wandvorlage mit Basis und Kapitell.
Portikus
Von Säulen getragener Vorbau vor der Hauptfront eines Gebäudes, zumeist von einem Giebel bekrönt.
Propylon, Propyläen
Monumentale Tor- und Treppenanlage eines geschlossenen Tempels.
Protomen
Skulptierte Konsole an Stützgliedern und Fassaden.
Spolie
Wiederverwendetes Werkstück aus älteren Bauten.
Stele
Aufrecht stehender, meist reliefierter und mit einer Inschrift versehener Gedenkstein.
Tetrapylon
Monumentaler vierseitiger Torbau mit Öffnung an jeder Seite, meist an den zentralen Straßenkreuzungen antiker Städte.
Triklinium
Speiseraum der Antike, der an drei Seiten von Bänken umgeben ist, auf denen die Gäste beim Essen lagen.
Triumphbogen
Ein- oder dreitoriger römischer Ehrenbogen.

Register

A

B

Die Autorinnen

Dr. Laila Atrache (geb. 1963) studierte Arabistik, Mittlere und Neuere Geschichte und Politikwissenschaften an der Universität Göttingen. Als Studienreiseleiterin bei Studiosus Reisen München führen sie ihre Reisen nach Libanon, Syrien und Jordanien. Seit 1996 lebt sie in Libanon.

Margit Brenner-Elias (geb. 1967) studierte Islamwissenschaft, Iberoromanische Philologie und Germanistik an der Universität Erlangen. Für Studiosus Reisen München arbeitet sie als Studienreiseleiterin in Libanon, Syrien und Jordanien.

Platz für Notizen

Programm-übersicht

REISE KNOW-HOW Bücher werden von Autoren geschrieben, die Freude am Reisen haben und viel persönliche Erfahrung einbringen. Sie helfen dem Leser, die eigene Reise bewußt zu gestalten und zu genießen. Wichtig ist uns, daß der Inhalt nicht nur im reisepraktischen Teil „Hand und Fuß" hat, sondern daß er in angemessener Weise auf Land und Leute eingeht. Die Reihe REISE KNOW-HOW soll dazu beitragen, Menschen anderer Kulturkreise näherzukommen, ihre Eigenarten und ihre Probleme besser zu verstehen. Wir achten darauf, daß jeder einzelne Band gemeinsam gesetzten Qualitätsmerkmalen entspricht. Um in einer Welt rascher Veränderungen laufend aktualisieren zu können, drucken wir bewußt kleine Auflagen.

RAD & BIKE:
REISE KNOW-HOW RAD & BIKE sind Radführer von lohnenswerten Reiseländern bzw. Radreise-Stories von außergewöhnlichen Radtouren durch außereuropäische Länder und Kontinente. Die Autoren sind entweder bekannte Biketouren-Profis oder „Newcomer", die mit ihrem Bike in kaum bekannte Länder und Regionen vorstießen. Wer immer eine Fern-Biketour plant – oder nur davon träumt – kommt an unseren RAD & BIKE-Bänden nicht vorbei!

Welt

Abent. Weltumradlung (RAD & BIKE)
ISBN 3-929920-19-0
Äqua-Tour (RAD & BIKE)
ISBN 3-929920-12-3
Auto(fern)reisen
ISBN 3-921497-17-5
CD-Rom Reise-Infos Internet
ISBN 3-89416-658-4
Erste Hilfe effektiv
ISBN 3-89416-689-4
Fahrrad-Weltführer
ISBN 3-9800975-8-7
Der Kreuzfahrtführer
ISBN 3-89416-663-0
Motorradreisen
ISBN 3-89662-020-7
Outdoor-Praxis
ISBN 3-89416-629-0
Die Welt im Sucher
ISBN 3-9800975-2-8
Wo es keinen Arzt gibt
ISBN 3-89416-035-7

Europa

Amsterdam
ISBN 3-89416-231-7
Andalusien
ISBN 3-89416-679-7
Bretagne
ISBN 3-89416-175-2
Budapest
ISBN 3-89416-660-6
Bulgarien
ISBN 3-89416-220-1
Costa Brava
ISBN 3-89416-646-0
Dänemarks Nordseeküste
ISBN 3-89416-634-7
England, der Süden
ISBN 3-89416-224-4
Europa Bike-Buch (RAD & BIKE)
ISBN 3-89662-300-1
Gran Canaria
ISBN 3-89416-665-7
Großbritannien
ISBN 3-89416-617-7
Hollands Nordseeinseln
ISBN 3-89416-619-3
Irland-Handbuch
ISBN 3-89416-636-3
Island
ISBN 3-89662-035-5

Europa

Kärnten
ISBN 3-89662-105-x
Kreta
ISBN 3-89416-685-1
Litauen & Königsberg
ISBN 3-89416-169-8
Das Tal der Loire
ISBN 3-89416-681-9
London
ISBN 3-89416-673-8
Madrid
ISBN 3-89416-201-5
Mallorca
ISBN 3-89662-156-4
Mallorca für Eltern und Kinder
ISBN 3-89662-158-0
Mallorca, Reif für
ISBN 3-89662-168-8
Mallorca, Wandern auf
ISBN 3-89662-162-9
Malta
ISBN 3-89416-659-2
Nordspanien und der Jakobsweg
ISBN 3-89416-678-9
Nordtirol
ISBN 3-89662-107-6
Oxford
ISBN 3-89416-211-2
Paris
ISBN 3-89416-667-3
Polens Norden Ostseeküste/Masuren
ISBN 3-89416-613-4
Prag
ISBN 3-89416-690-x
Provence
ISBN 3-89416-609-6
Pyrenäen
ISBN 3-89416-610-x
Rom
ISBN 3-89416-670-3
Salzburger Land - Salzkammergut
ISBN 3-89662-109-2
Schottland-Handbuch
ISBN 3-89416-621-5
Sizilien - Liparische Inseln
ISBN 3-89416-627-4
Skandinavien – der Norden
ISBN 3-89416-653-3
Toscana
ISBN 3-89416-664-9
Tschechien
ISBN 3-89416-600-2
Warschau/Krakau
ISBN 3-89416-209-0
Wien
ISBN 3-89416-213-9

Deutschland

Hauptsadt Berlin mit Potsdam
ISBN 3-89416-226-0
Insel Borkum
ISBN 3-89416-632-0
Insel Fehmarn
ISBN 3-89416-683-5
Harz/Ost
ISBN 3-89416-228-7
Harz/West
ISBN 3-89416-227-9
Insel Langeoog
ISBN 3-89614-684-3
Mecklenburg/Brandenburg Wasserwandern
ISBN 3-89416-221-x
Mecklenburg/Vorpommern Binnenland
ISBN 3-89416-615-0
München
ISBN 3-89416-672-x
Norderney
ISBN 3-89416-652-5
Nordfriesische Inseln
ISBN 3-89416-601-0
Nordseeinseln
ISBN 3-89416-197-3
Nordseeküste Niedersachsens
ISBN 3-89416-603-7
Ostdeutschland individuell
ISBN 3-89622-480-6
Ostfriesische Inseln
ISBN 3-89416-602-9
Ostseeküste/Mecklenburg-Vorpom.
ISBN 3-89416-184-1
Ostseeküste Schleswig-Holstein
ISBN 3-89416-631-2
Rügen und Hiddensee
ISBN 3-89416-654-1
Sächsische Schweiz
ISBN 3-89416-630-4
Schwarzwald
ISBN 3-89416-611-8
Schwarzwald/Nord
ISBN 3-89416-649-5
Schwarzwald/Süd
ISBN 3-89416-650-9
Insel Sylt
ISBN 3-89416-682-7
Thüringer Wald
ISBN 3-89416-651-7

Amerika

entinien/Urug./Parag.
N 3-89662-051-7
nta & New Orleans
N 3-89416-230-9
bados, St. Lucia ...
N 3-89416-639-8
ada Ost/USA Nord-Osten
N 3-89662-151-3
adas Westen
Alaska
N 3-89662-157-2
e & Osterinseln
N 3-89662-054-1
a Rica
N 3-89416-641-x
inikanische Republik
N 3-89416-643-6
ador/Galapagos
N 3-89662-055-x
emala
N 3-89416-214-7
aii
N 3-89416-860-9
duras
N 3-89416-666-5
mbien
N 3-89662-058-4
inamerika BikeBuch
N 3-89662-302-8
iko
N 3-89662-310-9
Orleans
N 3-89416-686-x
York City
N 3-89416-687-8
ama
N 3-89416-671-1
/Bolivien
N 3-89662-330-3
abenteuer Panamericana
& Bike)
N 3-929920-13-1
Francisco
3-89416-232-5
ucia, St. Vincent, Grenada
N 3-89416-624-8
dad und Tobago
N 3-89416-638-x
/Canada
N 3-89662-154-8
/Canada Bikebuch (Rad & Bike)
3-929920-17-4

Amerika

USA mit Flugzeug und Mietwagen
ISBN 3-89662-150-5
USA, Gastschüler in den
ISBN 3-89662-163-7
USA für Sportfans
ISBN 3-89416-633-9
USA - Südwest
Natur- und Wanderführer
ISBN 3-89662-169-6
USA-Westen
ISBN 3-89662-165-3
Venezuela
ISBN 3-89662-040-1

Afrika

Agadir, Marrakesch
und der Süden Marokkos
ISBN 3-89662-072-x
Ägypten individuell
ISBN 3-89662-470-9
Äthiopien
ISBN 3-89662-043-6
Bikeabenteuer Afrika (Rad & Bike)
ISBN 3-929920-15-8
Durch Afrika
ISBN 3-921497-11-6
Kairo, Luxor, Assuan
ISBN 3-89662-460-1
Kamerun
ISBN 3-89662-032-0
Libyen
ISBN 3-89662-005-3
Madagaskar, Seychellen,
Mauritius, Réunion, Komoren
ISBN 3-89662-062-2
Marokko
ISBN 3-89662-081-9
Namibia
ISBN 3-89662-320-6
Simbabwe
ISBN 3-89662-026-2
Tansania Handbuch
ISBN 3-89662-048-7
Tunesien
ISBN 3-921497-74-4
Tunesiens Küste
ISBN 3-89662-076-2
Westafrika - Küstenländer
ISBN 3-89662-002-9
Westafrika - Sahel
ISBN 3-89662-001-0

Asien

Auf nach Asien (Rad & Bike)
ISBN 3-89662-301-x
Bali & Lombok mit Java
ISBN 3-89416-645-2
Bali: Ein Paradies wird erfunden
ISBN 3-89416-618-5
Bangkok
ISBN 3-89416-655-x
China Manual
ISBN 3-89416-626-6
China, der Norden
ISBN 3-89416-229-5
Chinas Osten mit Bejing
und Shanghai
ISBN 3-89416-680-0
Emirat Dubai
ISBN 3-89662-094-0
Hongkong, Macau
und Kanton
ISBN 3-89416-235-x
Indien, der Norden
ISBN 3-89416-223-6
Israel, palästensische Gebiete,
Ostsinai
ISBN 3-89662-451-2
Jemen
ISBN 3-89622-009-6
Jordanien
ISBN 3-89662-452-0
Kambodscha
ISBN 3-89416-233-3
Komodo/Flores/Sumbawa
ISBN 3-89416-060-8
Ladakh und Zanskar
ISBN 3-89416-176-0
Laos
ISBN 3-89416-637-1
Malaysia mit Singapur
und Brunei
ISBN 3-89416-640-1
Mongolei
ISBN 3-89416-217-1
Myanmar (Burma)
ISBN 3-89662-600-0
Nepal-Handbuch
ISBN 3-89416-668-1
Oman
ISBN 3-89662-100-9
Phuket (Thailand)
ISBN 3-89416-182-5
Rajasthan
ISBN 3-89416-616-9

Asien

Singapur
ISBN 3-89416-656-8
Sri Lanka
ISBN 3-89416-170-1
Sulawesi (Celebes)
ISBN 3-89416-635-5
Taiwan
ISBN 3-89416-614-2
Thailand Handbuch
ISBN 3-89416-675-4
Thailand: Küsten und Stränden
ISBN 3-89416-622-3
Thailands Süden mit Bangkok
ISBN 3-89416-662-2
Tokyo
ISBN 3-89416-206-6
Vereinigte Arabische Emirate
ISBN 3-89662-022-3
Vietnam-Handbuch
ISBN 3-89416-661-7

Ozeanien

Neuseeland Campingführer
ISBN 3-921497-92-2
Bikebuch Neuseeland
(Rad & Bike)
ISBN 3-929920-16-6

Edition RKH

Mallorca, Geschichten aus dem
anderen
ISBN 3-89662-161-0
Mallorquinische Reise
ISBN 3-89662-153-x
Yanomami- Massaker
ISBN 3-89416-624-x

Praxis

Kanu-Handbuch
ISBN 3-89416-725-1
Wildnis-Ausrüstung
ISBN 3-89416-750-5
Wildnis-Küche
ISBN 3-89416-751-3

Verzeichnis der Karten

- In den Karten sind viele Orte mit **Sternchen** * versehen; von einem bis zu drei Sternchen aufsteigend, wird damit die Sehenswürdigkeit des Ortes/der Stätte bewertet.
- Die arabischen Ziffern, mit denen viele Ortschaften/Stätten in den Karten versehen sind, haben ihre Entsprechung im Text.
- In den Umschlagkarten stellen die fett gepunkteten Linien die Tagestouren dar; zur genauen Übersicht vergleiche man die einzelnen Tagestour-Karten.